7章 食生活

調理の基本とマナー

食生活と栄養素

食品成分表

食事摂取基準と食品構成

知っておきたい 生活の知識

デジタルコンテンツ もくじ

アクセスキー
n9724

本書に関連した動画などをご用意しております。
QRコードまたはURLにアクセスしてご利用ください。
https://dc.jikkyo.co.jp/d2/ka/lfdn
アクセスキーを入力すると、メニュー画面が表示されます。
※コンテンツ使用料は発生しませんが、通信料は自己負担となります。

防災

1章 自立・家族

2章 子ども

3章　高齢者・共生

4章　衣生活

5章　住生活

6章　消費・経済

7章　食生活

調理の基本とマナー

食品成分表

・本書の使い方・

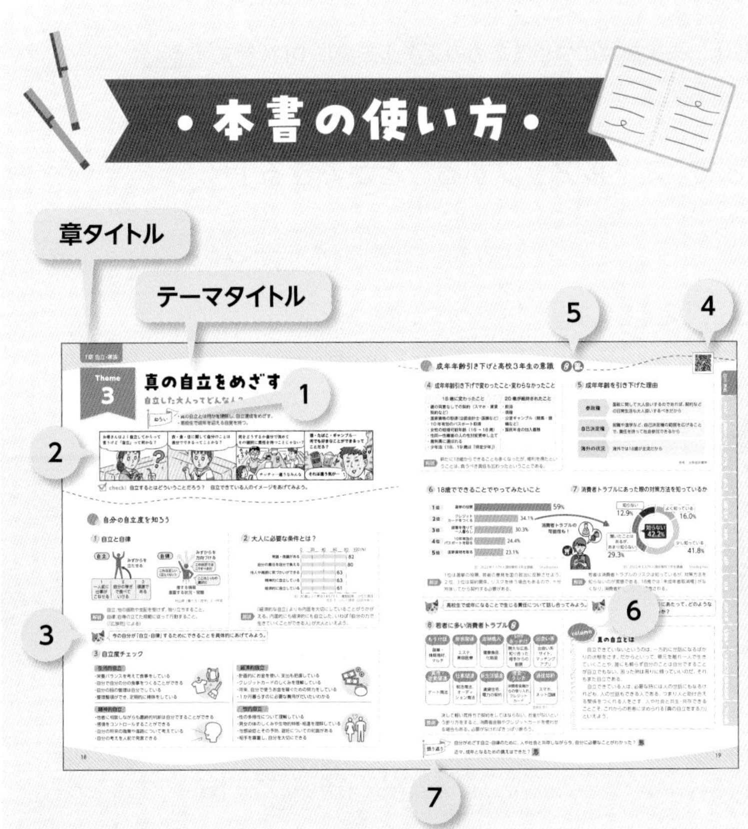

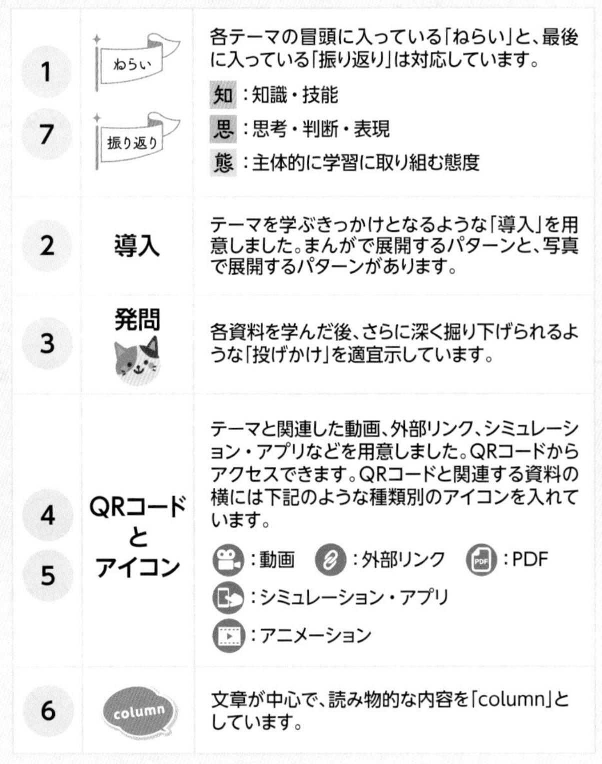

1 7	ねらい 振り返り	各テーマの冒頭に入っている「ねらい」と、最後に入っている「振り返り」は対応しています。 知：知識・技能 思：思考・判断・表現 態：主体的に学習に取り組む態度
2	導入	テーマを学ぶきっかけとなるような「導入」を用意しました。まんがで展開するパターンと、写真で展開するパターンがあります。
3	発問	各資料を学んだ後、さらに深く掘り下げられるような「投げかけ」を適宜示しています。
4 5	QRコードとアイコン	テーマと関連した動画、外部リンク、シミュレーション・アプリなどを用意しました。QRコードからアクセスできます。QRコードと関連する資料の横には下記のような種類別のアイコンを入れています。 ：動画　：外部リンク　：PDF ：シミュレーション・アプリ ：アニメーション
6	column	文章が中心で、読み物的な内容を「column」としています。

はじめに

参加型学習の進め方

参加型学習ってどうやるの？

ねらい ・学びを活性化し、より多くの気づきを得る手立てとなる参加型学習について理解する。

世界中には課題がありすぎるな〜
ぼくも何かやるべきだよね…
うーん。悩む。
とりあえず寝よう！
ま、いっか〜
ほんとにそれでいいの？
う〜ん
ギリギリギリ
こわ〜

check! 一人の行動で、世界を変えることはできるだろうか？ □そう思う □そう思わない

参加型学習は、実践的・体験的な活動を通して学ぶ学習方法である。「遠いところで起きていることで自分には関係ない」と感じがちな地域や世界の問題を自分事にとらえ、課題を解決しながら共に生きる力を身につけよう。

知らないからやらない・やらないからできない

↓ **知る** 自分自身のことを知る、身近な他者のことを知る、社会のことを知る

知っているけど、やらない

↓ **気づく** 社会で起きていることは、他人事ではなく自分にも関わりのあることだと気づく

知っているけど、まだできない

↓ **行動する** 課題解決とよりよい未来を共につくるためのスキルを身につけ、行動する

知ってるから、わかる！ できる！

実践と振り返りを繰り返すことで、スキルアップすることができる！

参加型学習って何をするの？

1 参加型学習とは

参加型学習とは、学習者が積極的に参加し、自ら考え、問題解決に取り組むことで学びを得る形式の学習方法。(⇔講義型学習)

参加型手法を使うメリット

①より多様な視点からクリエイティブに話し合うことが可能になる。
②多様な視点や考え方を持つ人同士が、共通の枠組みで話し合うことができる。
③1つのテーマについてある枠組みに当てはめて分析することで、発見や共通理解を得られる。
④話し合いの内容が視覚化され、共有しやすくなる。
⑤個人で考え、さらにグループで共に考えたプロセスが視覚的に残り、参加の満足感や達成感を得られる。

▶学習への取り組み姿勢をチェックしよう。

答えを教えてくれるまで待っていよう

学んでいることについて、深く考えたことはないな

今やっているところは、自分には必要なさそうだ

よくわからないけどこのまま黙って話を聞いていよう

特定非営利活動法人NIED・国際理解教育センター「よりよい未来をともに学び・ともに創るファシリテーターのための参加型アクティビティ集 コミュニケーション編 他者に関わる力を育もう」および「家庭科への参加型アクション志向学習の導入」（大修館書店）より作成

参加型学習で身につく力は、どんな力だろう？

参加型学習の方法例

2 グループディスカッション

小グループに分かれて話し合った後、全体の場で意見を共有する。少人数だと意見が出しやすく、異なる視点の理解や学びの深化が期待される。

3 ロールプレイ、シミュレーション

設定された状況において、特定の役割を担当して演じたり、問題に対処したりする。状況に応じた対応力の向上、自己理解や他者への理解が深まることが期待される。

4 KJ法

各自のアイデアや意見をラベルに書き、そのラベルを集め、グルーピングし、見出しをつける。グループ間の相互関係を明確にしていく。

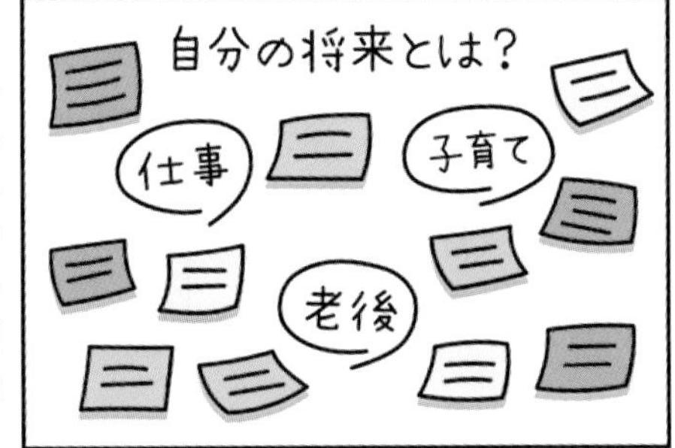

5 イメージマップ

最初の1つの言葉(概念)から、思いついた新しい言葉(概念)、さらにどのような関係がそれぞれの概念の間に存在するかをマップに書く。

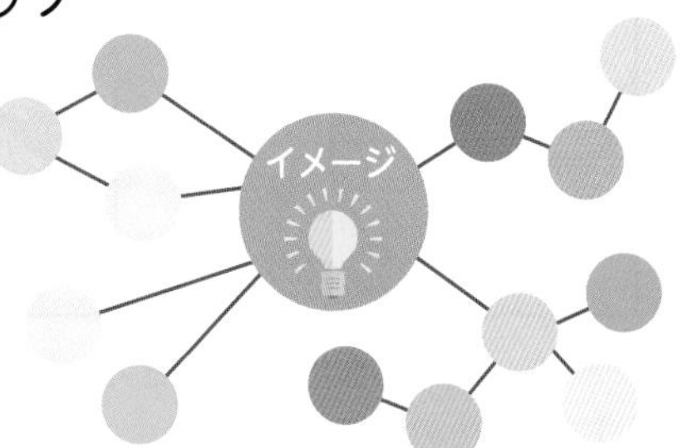

6 知識構成型ジグソー法

学習者同士が協力し合い、グループ内で互いに教え合いながら学習を進めていく方法。自分の知識を他の生徒に教えることで、理解が深まり記憶に定着しやすくなることや、多様な視点やアイデアが共有されるというメリットがある。

①問いに対し、はじめに自分の考えを書いておく

②エキスパート活動で専門家になる

同じ資料を読み合うグループをつくり、その資料に書かれた内容や意味を話し合い、グループで理解を深めます。

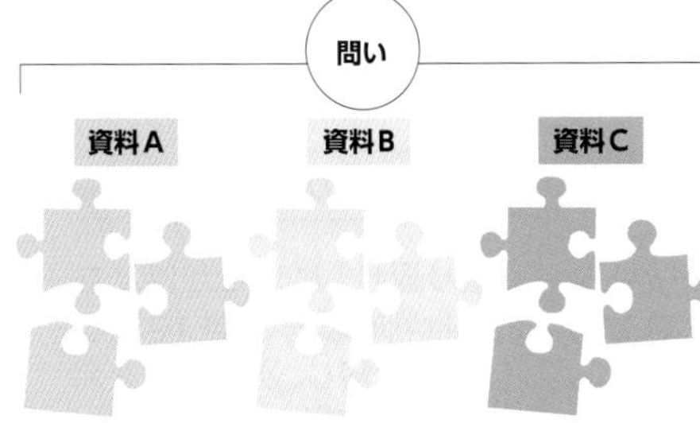

③ジグソー活動で交換・統合する

違う資料を読んだ人が一人ずつ入る新しいグループに組み替え、エキスパート活動でわかってきた内容を説明し合います。元の資料を知っているのは自分一人なので、自分の言葉で自分の考えが伝わるように説明することになります。互いに理解が深まったところで、それぞれのパートの知識を組み合わせ、問いへの答えをつくります。

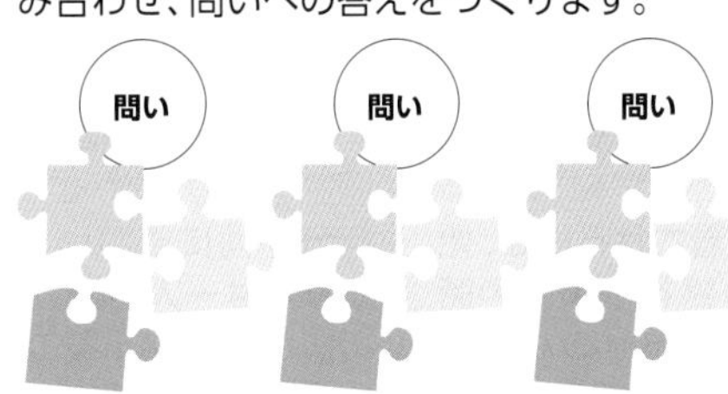

④クロストークで発表し、表現を見つける

答えが出たら、その根拠もあわせてクラスで発表します。各グループから出る答えは同じでも根拠の説明は少しずつ違うでしょう。互いの答えと根拠を検討し、その違いを通して、一人ひとりが自分なりのまとめ方を吟味するチャンスが得られ、一人ひとりが納得する過程が生まれます。

⑤最後は一人で問いに対する答えをまとめる

(一社)教育環境デザイン研究所より作成

7 参加型学習の効果を高めるポイント

①積極的に参加する

参加型学習では、自分から積極的に意見やアイデアを発信することが大切です。他の生徒とのコミュニケーションを楽しみましょう。

②聴く姿勢も大切

他者の意見や視点を尊重し、互いに学び合う態度を持つことも大切です。オープンマインドで取り組むことが、新しい知識や視点を吸収するためのカギとなります。

③学んだことを実生活にいかす

参加型学習で得た知識やスキルを、日常生活にいかしましょう。実践を通じて学んだことが定着し、さらなる成長へとつながります。

振り返り　参加型学習を通して家庭科を学ぶことの意義を理解することができた？ 知

はじめに

学んだことを振り返る

成長につながる振り返り(リフレクション)とは?

・学んだことを振り返り、次の成長につなげていくための考え方や手法について理解する。

check! あなたは普段、どんな場面で振り返りをしている?

なぜ、振り返りが大事なの?

1 振り返りを行う場面

①授業の終わりに
自分が理解できたことやわからなかったことを振り返る。今後の学習計画を立てたり、自分で調べる必要があることを洗い出したりする。

②テスト後
自分ができたところ、できなかったところを振り返る。できなかったところがわかったら、次回に向けて復習する。

③クラブ活動の後
自分自身の取り組みや試合内容を振り返る。

④宿題やレポートの提出前
自分の取り組み内容を振り返り、確認する。友だちや先生からフィードバックを受け取り、今後にいかす。

2 振り返りの効果

①学びの整理
活動を通して「何を感じたのか」「何に気づいたのか」「何がわからなかったのか」などを自分自身で整理することにより、もともと持っていた知識や経験と関連づけ、理解することができる。

②学びの定着
学びを定着させるには、始まりから終わりまでの時間を十分に自分のなかで整理し、言葉や文章などにしてアウトプットする段階が必要になる。

③学びの増幅
自分が何に気づいたかを振り返る作業は一人で行うが、それを他の誰かと共有することによって、さらに新たな気づきを得るチャンスが増える。気づきに気づくという意味においてはメタ認知がなされている状態でもある。

④学びの進展
「振り返り」がきっかけとなり、批判的思考を伴いながら自身が変容し、次の課題を発見して、学びが次へと展開していくことが理想の学びといえる。

「リフレクション　自分とチームの成長を加速させる内省の技術」(ディスカヴァー・トゥエンティワン)より作成

3 今後活躍し続けるために求められる力

人生100年時代の社会人基礎力

どう活躍するか【目的】
自己実現や社会貢献に向けて行動する

3つの視点

どのように学ぶか【統合】
多様な体験・経験、能力、キャリアを組み合わせ、統合する

何を学ぶか【学び】
学び続けることを学ぶ

リフレクション(振り返り)

前に踏み出す力
主体性、働きかけ力、実行力

3つの能力　12の能力要素

チームで働く力
発信力、傾聴力、柔軟性、状況把握力、規律性、ストレスコントロール力

考え抜く力
課題発見力、計画力、創造力

解説
リフレクション(Reflection)は、自分の内面を客観的・批判的に振り返ること。経済産業省が提唱する「人生100年時代の社会人基礎力」を発揮する上で重要なスキルとされている。

経済産業省「社会人基礎力」

「感想」と「振り返り(リフレクション)」の違いは何だろう?

成長につながる振り返り（リフレクション）とは？

4 リフレクションのレベル

リフレクションのレベルが高いほど、経験から学べるものが増える。

自分の内面
自分の行動
他者・環境
できごと・結果

レベル4　内面のリフレクション
意見、感情、経験、価値観

レベル3　自分の行動についてのリフレクション
自らの行動を振り返り、結果と結びつけることで、次に取るべき行動が見えてくる。

レベル2　他者や環境についてのリフレクション

レベル1　できごとや結果についてのリフレクション
事実を正しくとらえるためのリフレクションはとても大切だが、経験の振り返りがこのレベルに終始していると、経験を学びに変えることができない。

解説
リフレクションには、4つのレベルがある。レベル1や、レベル2の振り返りも大切だが、自分自身をバージョンアップさせていくためには、レベル3「自分の行動」やレベル4「自分の内面」に視点を向ける必要がある。リフレクションのレベルが高いほど、経験から学べるものが増える。

「リフレクション 自分とチームの成長を加速させる内省の技術」より作成

振り返りのフレームワーク

5 目標に対する結果を振り返り、次にいかす［PDCA］

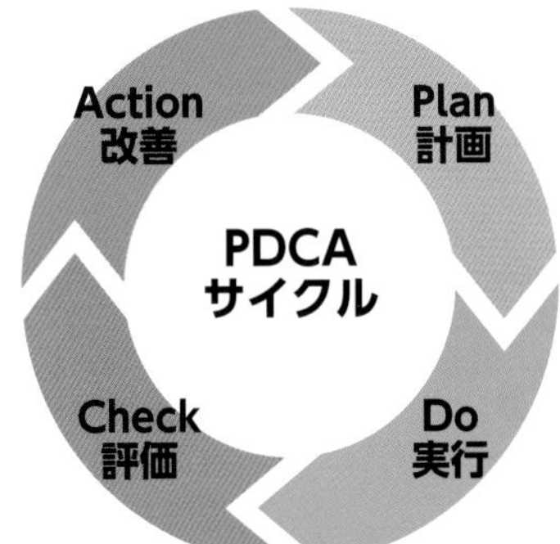

①計画を立てる［Plan］
何をどのように実施するのか、目標も一緒に書き出す。
②実行する［Do］
具体的に実行した内容や、生じたできごと、計画とのずれを整理する。
③評価する［Check］
よかった点、問題のある点と、それらの要因を分析してまとめる。
④改善する［Action］
次に向けての改善策を考える。考えた内容を次の計画に反映し、以降①～④を繰り返す。

目標と結果のずれの原因は？

今回の取り組みから学んだことは何？

解説
「PDCAサイクル」は、Plan（計画）、Do（実行）、Check（評価）、Action（改善）の4ステップを繰り返し、あらゆる場面の改善につなげる。振り返りはCheck（評価）にあたる。

「ビジネスフレームワーク図鑑」より作成

6 経験を学びに変えて次にいかす［YWT］

①Y：やったこと
・ポリ袋の中に材料を入れ、湯せんで調理をした。
・湯の中に全部入りきらないので、上から皿で押さえておいた。

②W：わかったこと
・中まで火を通すのは時間がかかる。
・火が通ったかを確認することが難しい。
・なべの側面が当たると、ポリ袋が溶ける。
・途中で味見ができない。

③T：次にやること
・湯の中に入れたら、ポリ袋が平らになるように広げておく。
・エネルギー節約のため、なべはふたをして加熱する。
・備蓄しておくなら、細めのスパゲティか早ゆでタイプのものにする。
・プラスチックごみやラップのごみを減らすように工夫したい。

①具体的経験を行う
活動の中で取った行動や発言の内容、それらによって得られた結果に着目する。やったこと（Y）を書き出す。

②省察的内省を行う
経験の内容を振り返り、それらにどのような意味があったのかを考える。やったことの中から、わかったこと（W）を書き出す。学びや気づきを見出すステップ。

③抽象的概念化を行う
①と②の内容から、次にやること（T）を考える。経験の中から「教訓」を引き出すステップといえる。一度振り返って終わりではなく、継続的に実施していくことが大切。

解説
「YWT」とは、「Y（やったこと）」「W（わかったこと）」「T（次にやること）」の3つの項目で振り返りを行い、次につなげていくもの。

今後、それはどのようにいかしていけるだろう？

次にまた、同じような場面がきたら、どのようしたい？

「ビジネスフレームワーク図鑑」より作成

振り返り　リフレクションの考え方や手法について理解することができた？ 知

Theme 1 「もしも」のときに備えよう

防災を意識して、普段をどう暮らす？

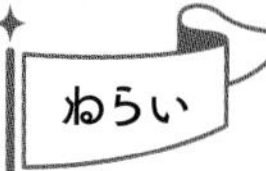

ねらい
・日常の暮らしを続けるために、日頃から防災意識を高め、備えておくことの重要性を理解する。
・安全な住生活を営み、災害に強い生活環境を整えるための基礎知識を身につける。

Q. 学校や外出先で非常ベルが鳴っているのを聞いたとき、あなたはどうしましたか？
A. ①点検だと思って何もしなかった
②みんなが避難していないので、大丈夫だと思った
③煙が出ていないし、大丈夫だと思った
④安全な場所に避難した

これは、簡単にできる「正常性バイアス」と「同調性バイアス」の診断方法である。この中でバイアス（先入観・偏見）がないのは④のみ。①と③は正常性バイアスが働いており、②は同調性バイアスが働いている。

正常性バイアス
異常なことが起こったときに落ち着こうとする心の安定機能のようなもの。

エレベーターが急に止まった
「すぐ動き出すから大丈夫」

同調性バイアス
集団の中にいると他人と同じ行動をとってしまう心理。

非常ベルが鳴った
「みんな逃げていないし、大丈夫」

日本赤十字社Webサイトより作成

check! 災害への備えはできている？

「その日」に備えるためにおさえておこう

1 災害とは

自然災害
地震　津波　噴火
大雨　台風　竜巻
土砂災害　大雪

人為的災害
航空機墜落
原子力事故
列車事故など
テロ
暴動

解説 日本は、世界でも自然災害が特に多い国として有名である。地震だけでなく、さまざまな種類の自然災害が発生し、その頻度や被害規模も年々増加している。

過去の災害について調べてみよう。

2 ハザードマップ

解説
国や自治体のハザードマップにより、避難所・避難場所や、災害の危険性のある場所を調べることができる。常に災害のリスクが身近にあることを意識して生活しよう。

国土交通省「ハザードマップポータルサイト」Webサイト

3 災害用伝言サービス

災害用伝言ダイヤル（171）
安否情報（伝言）を音声で**録音（登録）**し、全国からその音声を**再生（確認）**できる。「171」に電話をかけ、ガイダンスに従って操作する。

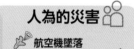

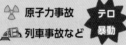

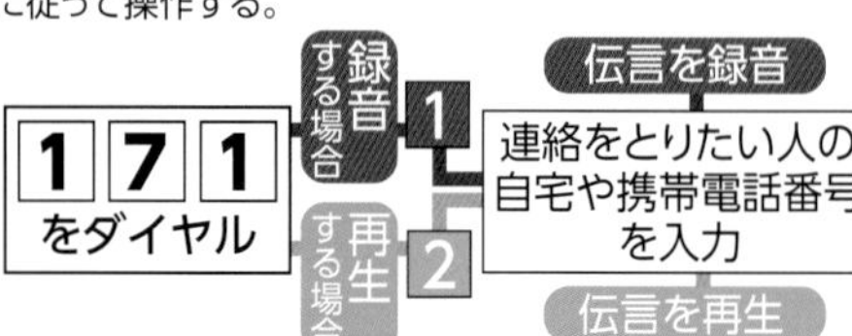

災害用伝言板（web171）
インターネットを利用して被災地の人の安否確認ができる。
福岡県庁「福岡県防災ハンドブック」より作成

伝言サービスで伝えること
あ なたの名前は？
い まいる場所は？
た゛れと一緒か？
い たいところはあるか？
よ こく（次の連絡はいつか？）
高校生新聞Webサイトより作成

他にはどのような連絡方法があるだろうか？

4 LINE「位置情報送信機能」

【現在地を送る方法】
①「設定」アプリ＞「LINE」＞「位置情報」が許可になっていることを確認
②トーク画面の「＋」マークから「位置情報」を選ぶ
③表示された地図上に現在地が表示されるので、「送信」をタップ

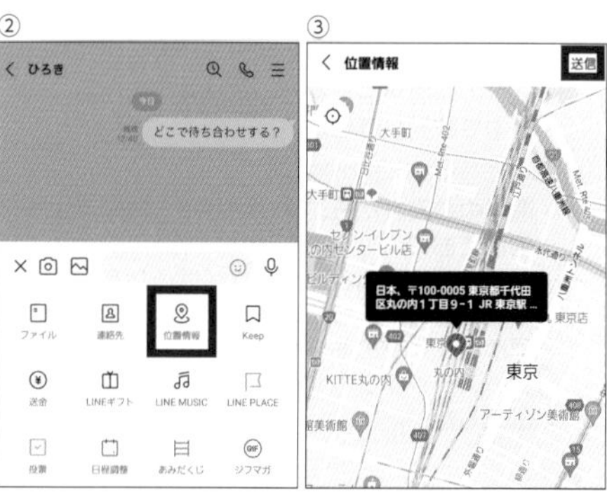

LINEみんなの使い方ガイド

「その日」がきたら、日常の暮らしはどうなる？

5 もしも大都市で地震が起きると…

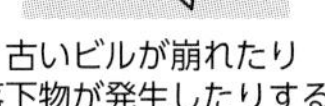

古いビルが崩れたり
落下物が発生したりする

電話がつながりにくくなる

道路が通れなくなる

電車が動かなくなる

電気・ガス・水道が使えなくなる

6 ライフラインが復旧するまでにかかる日数

	電気・水道・ガスが9割程度復旧するまでの日数		首都直下地震などによる東京の被害想定（各ライフラインの復旧目標日数）
	阪神淡路大震災（1995/1/17）	東日本大震災（2011/3/11）	
電気	2日	6日	6日
水道	37日	24日	30日
ガス	61日	34日	55日

日本気象協会「tenki.jp」Webサイトより作成

解説 ライフラインとは、日常生活に必要不可欠な電気・水道・ガスといった設備や機能のこと。大災害が発生すると、元通りの生活に戻るまでに、2か月近くかかる。

ライフラインが止まった場合の、自宅での避難生活を想像してみよう。

災害時の避難行動

7 避難場所と避難所は何が違う？

種類	名称		意味など
避難場所 命を守るために避難する場所	避難場所		自宅近くの公園、広場、知人や親戚宅、自宅の2階（垂直避難）など。
	指定緊急避難場所		各自主防災会で選定した「地域の避難場所」を市が指定。 地区公会堂、公共施設、津波避難施設など。
避難所 自宅に住めなくなった場合に避難生活をする所	地域の避難所		自主防災会が設置する。 地区公会堂、地区防災センターなど。
	指定避難所	広域避難所	市が指定する小中学校など。 各自主防災会の連合体が運営し、市・施設管理者がサポートする。救護所を併設しているところもある。
		福祉避難所	市が指定する災害発生時に必要に応じて開設される二次的な避難所。 一般の避難所での生活が困難な要配慮者を受け入れる。

掛川市「防災ガイドブック」より作成

解説 避難先には「避難場所」と「避難所」の2種類がある。命を守るために移動するのは、高台や学校の上層階などに指定される「避難場所」である。

8 防災グッズとして必要なもの

飲料水　食料

衛生用品・生理用品　医薬品

貴重品

照明器具　情報収集ツール

季節用品

個人的に必要なもの

小物類

解説 避難所には、多数の物を持って行くことはできない。基本の防災グッズを準備し、被害を最小限におさえて命を守れるよう対策を立てておこう。

9 災害弱者（要配慮者）への配慮

掛川市「防災ガイドブック」より作成

身体の不自由な人

障がいの部位や程度によって自分自身で行動できることが異なる。どのような支援が必要か、本人に確認をとってから行動しよう。

高齢者

発災前後には必ず声をかけ、安否の確認を行う体制をつくろう。

妊産婦・乳幼児

出産や育児に対する不安に加え、避難生活に対する大きなストレスが加わることを理解し、周囲の皆で配慮しよう。

外国人

外国人の中には、地震や津波の知識がない人もいる。また習慣が日本人と異なる場合があるので、配慮が必要となる。

解説 災害弱者とは、身体の不自由な人、高齢者、妊産婦、乳幼児、日本語の理解が十分でない外国人、当該地域の地理に疎い観光客など、ハンディキャップがあるため災害時に被害を受けやすい立場にいる人のこと。

振り返り

日頃から防災意識を高め、備えておくことが大切だと理解できた？ 知

災害が起きても安心して暮らせる住まいの環境を整えるため、必要な知識を身につけることができた？ 知

Theme 2

災害時クッキング

災害時の食に関して、何を心がけるとよいだろう？

・災害時における食生活の課題に対応するための知識を身につける。
・水を節約できる「パッククッキング」の調理法を理解する。

check! あなたの家ではふだん、どんな食料をどのくらい備蓄している？

「ふだんの味」をバランスよく

1 食料備蓄のバリエーション

主食（エネルギーとなるもの）

主菜（たんぱく質を多く含むもの）

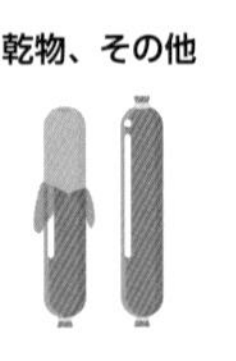

副菜（ビタミン・ミネラル・食物繊維）

その他

※備蓄食料は1か所にまとめず、クローゼットや車などに分散して保管しよう。

天野勢津子「家族でそなえる防災・被災ハンドブック」より作成

解説 非常時に大切なのは体調を崩さず元気を保つこと。食欲が落ちている時でも食べやすいよう、備蓄食料は、食べ慣れている「ふだんの味」がおすすめである。また、主食・主菜・副菜・その他に分けてバランスよく備えよう。不足しやすいビタミン類は、サプリメントや青汁・野菜ジュースなどで補うことができる。

2 ローリングストックとは

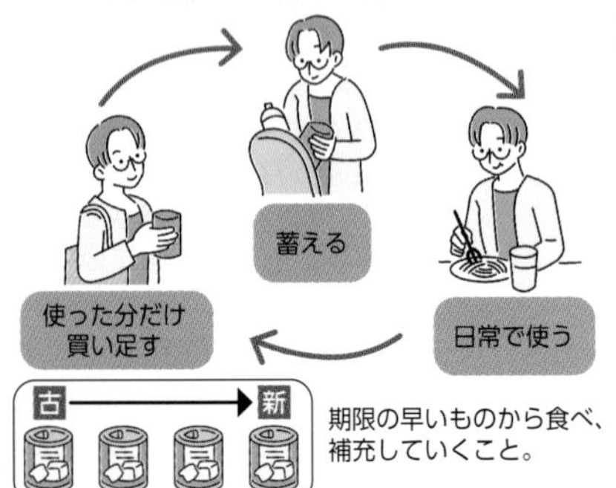

解説 ローリングストックとは、ふだんから保存のきく食材を少し多めに購入し、定期的に日常生活の中で消費していき、食べた分を買い足して備えるを繰り返す備蓄方法。

3 災害時の調理・食事に使えるものづくり

ペットボトルでお皿をつくろう

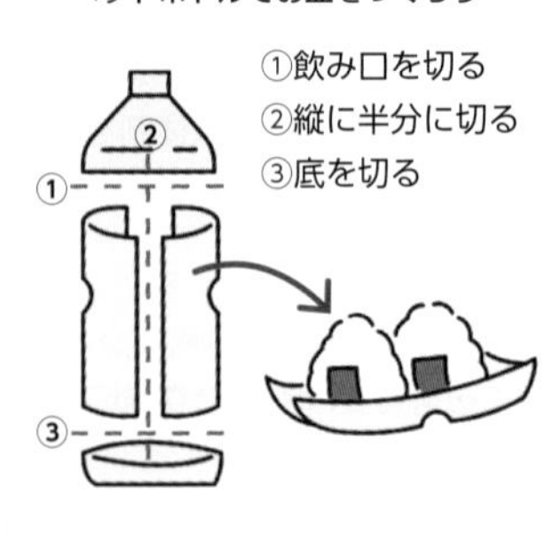

紙パックでスプーンをつくろう

「トヨタの防災」Webサイトより作成

節水できる「パッククッキング」

4 パッククッキングとは

ワタナベ工業(株)

岩谷マテリアル(株)

解説 パッククッキングは、食材を耐熱性のあるポリ袋に入れて、袋のまま湯せんする調理法。洗い物を出さずに、簡単に温かい料理をつくることができるため、災害時の調理法として注目されている。

メリット

- ●複数の調理を同時にできる。
- ●加熱用の水は飲用でなくてよい。また下処理から調理・配膳まですべて袋の中でできるので、洗い物がなく水の節約になる。
- ●個別に加熱時間や水分量を変えて、柔らかさの調節ができる(子ども向け、高齢者向けなど)。
- ●少量でもつくりやすい。
- ●少ない調味料でも味がつきやすい。

注意点

- ○ポリ袋の材質は「湯せん対応可」の表示がある高密度ポリエチレンを選ぶ。
- ○ポリ袋は尖ったものに弱いので、穴が開いていないか確認する。
- ○**なべ底に皿などを敷き**、ポリ袋が直接鍋底に触れないようにする。
- ○高温の湯での調理のため、やけどには注意する。

5 パッククッキングの調理方法

材料(1人分)
- ●かぼちゃ…100g
- ●しょうゆ…小さじ1(6g)
- ●砂糖…小さじ1(3g)
- ●水…大さじ1(15g)

1

食材と調味料をポリ袋に入れたら、空気をしっかり抜く。加熱すると膨らむので、袋の上のほうで結ぶ。

2

なべに耐熱皿を敷く。中の食材を均一に広げてなべに入れ、25分ほど加熱する。

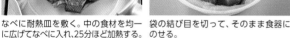

3

袋の結び目を切って、そのまま食器にのせる。

6 災害時レシピ①「蒸しパン」

材料(2人分)
- ●ホットケーキミックス…150g
- ●水…100mL
- ●砂糖…大さじ3(27g)
- ●コーヒーホワイトナー(粉末)…スティック1本(3g)

※好みにより、レーズン・くるみ・甘納豆などを入れてもよい。

作り方
①ポリ袋にすべての材料を入れ、粉っぽさがなくなるまで袋の上から手でもむ。
②ポリ袋の空気をしっかり抜いて、上のほうを結ぶ。厚くなりすぎないよう生地の形を整える。
③沸騰したなべに入れてふたをする。20分たったら上下を返し、さらに20分加熱する。

7 災害時レシピ②「キャベツのみそ汁」

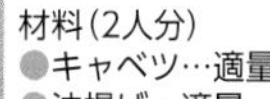

材料(2人分)
- ●キャベツ…適量
- ●油揚げ…適量
- ●みそ…大さじ2(36g)
- ●水…400mL

作り方
①キャベツは好みの大きさに切る。油揚げはうす切りにする。
②キャベツと油揚げをポリ袋に入れ、水を加える。みそを軽くもんでできるだけ溶かす。
③ポリ袋の空気を抜いて結び、沸騰したなべに入れて10分加熱する。

8 災害時レシピ③「さばとトマトの水漬けパスタ」 応用

材料(2人分)
- ●ペンネ…100g
- ●水…200mL
- ●トマトソース缶…1缶
- ●さば水煮缶…1缶
- ●塩…小さじ1/2(3g)

作り方
①フライパンにペンネと水を入れ、2時間以上浸ける。
②①に塩・トマトソース缶・さば水煮缶を加える。強めの中火で5分加熱し、全体を混ぜながら煮詰める。とろみがついたらでき上がり。

災害時の食に関する課題や調理の工夫について、理解することができた？ **知**

「パッククッキング」の調理法を理解し、実践することができた？ **知**

Theme 3 防災グッズは手づくりできる！

身近な日用品で、頭と手を使って課題解決に取り組もう。

ねらい

・必要なものが手に入らなくても、身近な日用品を使って工夫し、課題を解決することができる。

災害時の備え、何かやっている？
ううん、いつ起こるか
わからないから優先順位が低くて…
でも必要なものをすべて
買わなくても…
あるもので工夫できるよね！

たしかに！ささっとつくっちゃう人
ってかっこいいかも！
ムム…
だよねー
僕だったらどうするかな…
僕はいざとなったら…
周りを頼る！
コミュ力には
自信がある…！
図々しいにも
ほどがある！

check! 外出先で弁当を食べようとしたらはしがない！ どうやって食べる？

断水してもあせらない！

1 雨水のろ過装置（非常時の生活用水）

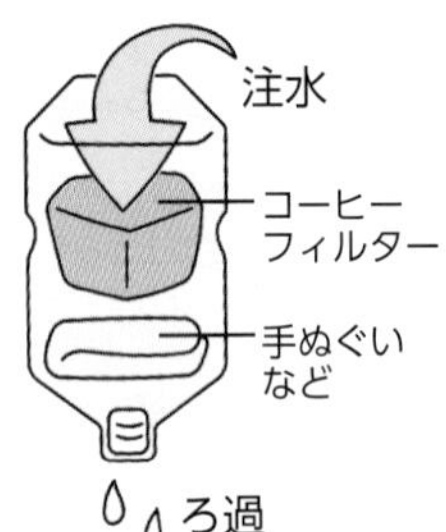
注水
コーヒーフィルター
手ぬぐいなど
ろ過

コーヒーフィルター

anan「最新版 女性のための防災BOOK」より作成

解説 コーヒーフィルターがあれば、空きペットボトルで簡易的な浄水器をつくることができる。なるべく清潔な手ぬぐいやガーゼ・綿布を詰め、コーヒーフィルターの上から注水する。

2 紙食器をつくろう

長方形の紙の場合は正方形にする

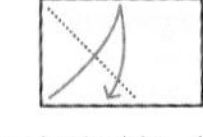

角を三角形に折る。折った三角形を開く。

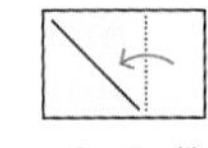

三角形の折り目の端に合わせて、四角形に折る。（余ったところを切り離してもよい）

❶端と端を合わせ、三角形に折る。

❷縁と縁を合わせ、折り目をつけもどす。

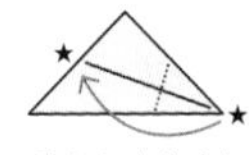

❸★と★を合わせるように折る。

❹★と★を合わせるように折る。

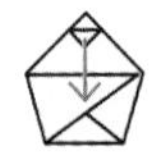

❺上の三角形の部分を1枚手前に折る。

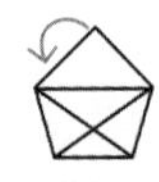

❻反対側も同じように折る。

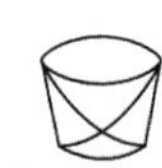

❼上部を広げて形を整えたら、できあがり！

ラップやポリ袋をかぶせて使おう

（特非）プラス・アーツ Webサイトより作成

災害時、飲料以外の水はどのように節約できるだろうか？

困ったNo.1 災害時のトイレ問題

3 災害用トイレの種類

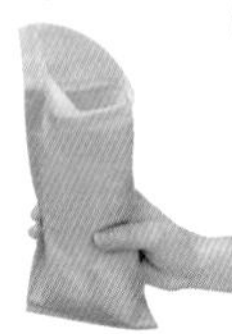

（株）サンコー

携帯トイレ
・自宅や車内などで使用できる
・電気や水を使わず使用可能
・コンパクトで安価

（株）ケンユー

簡易トイレ（紙製）
・持ち運びが簡単
・電気や水を使わず使用可能
・安価
・使い捨て可能

（株）サンコー

簡易トイレ（プラスチック製）
・持ち運びが簡単
・水を使わずに使用可能
・電気を必要とするものもある
・耐久性が高い
・水分・湿気に強い

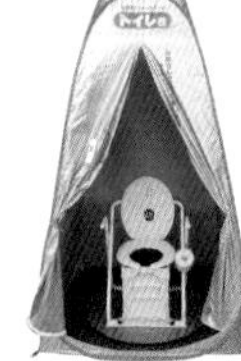

（株）ハセック

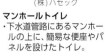

マンホールトイレ
・下水道管路にあるマンホールの上に、簡易な便座やパネルを設けたトイレ。

日野興業（株）

仮設トイレ
・通常時は建設現場などで使用されている一時的なトイレ。

解説 凝固剤や吸水シートで排泄物を固めて処理する。簡易トイレは、袋をセットして使う。

4 緊急用トイレのつくり方

《材料》
- 段ボール箱＝1個
- ポリ袋(大)＝2枚
- 新聞紙＝適量

《道具》
- カッター
- ガムテープ

❶ガムテープで補強した段ボール箱の上面に便座型の穴を開ける。

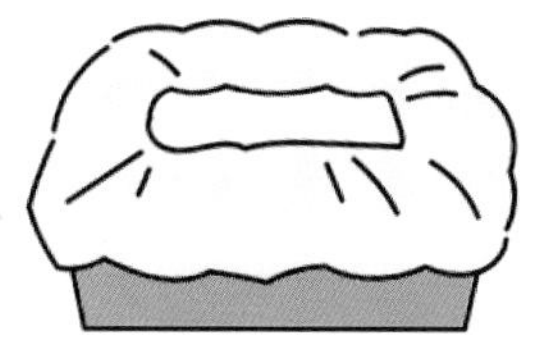

❷大きめのポリ袋を2枚重ねにして段ボール箱の穴にセットする。

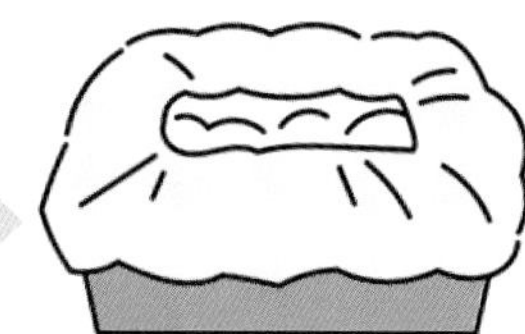

❸細かくちぎって丸めた新聞紙をポリ袋の中に入れて完成。

CHINTAI情報局Webサイトより作成

ペット用のトイレ砂

・新聞紙の代わりに、ペット用のトイレ砂や紙おむつなどでも代用できる。
・使用後、ごみ収集が再開されるまではふたつきのごみ箱で保管し、自治体の指示に従って回収してもらう。
・便器にポリ袋をかぶせて、新聞紙を入れることでも可能。

日用品の活用テクニック 

5 1枚あると大活躍　はっ水性の大判風呂敷

ストールにする

レインコートの代わりに

両端を結んでバッグやバケツに

避難所では荷物の目かくしやほこりよけに

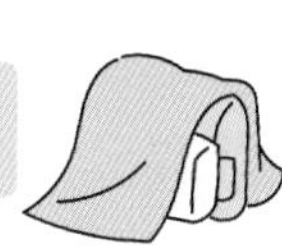

絞ればシャワーのように水が出てくる

天野勢津子「家族でそなえる防災・被災ハンドブック」より作成

解説 手ぬぐいや大判ハンカチ・風呂敷などは、非常時にも多用途に役立つ。

6 停電してもあわてない！ ランプのつくり方

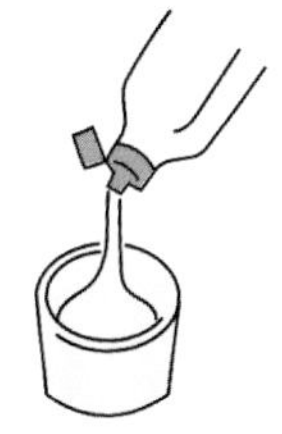

❶耐熱性の容器に油を入れる。(あかりは、サラダ油5gで約3時間もつ)。

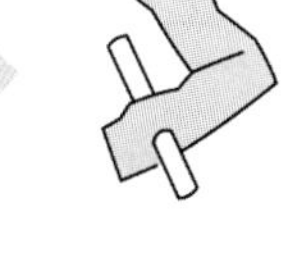

❷ティッシュでこより(よりをかけてひも状にしたもの)をつくり、穴を開けたアルミホイルに通して、ろうそくのような形をつくる。

❸アルミホイルの端を容器の縁に掛けて固定し、こよりに油を吸い上げさせるようにして火を灯す。

※火災を誘発する危険があるので、換気と消火の準備も忘れずに行い、細心の注意を払う。

MS＆ADホールディングスWebサイトより作成

7 多機能防災グッズのいろいろ

ガムテープ　油性マジック

家族や知人にメッセージなどを残す時に使用

レインコート

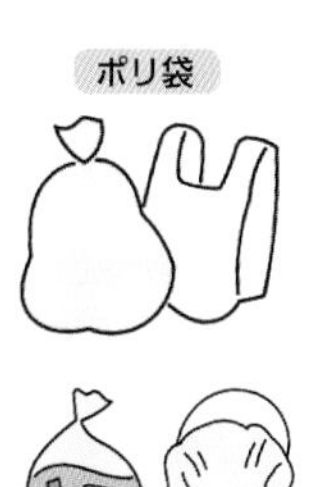

ポリ袋

調理、水の運搬など多用途に有効。

地震イツモプロジェクト「地震イツモマニュアル」より作成

解説 身近な日用品は、工夫次第で活用できる。過去に被災した人たちが編み出したサバイバルテクニックを調べてみよう。

8 懐中電灯で部屋全体を明るく照らす方法

❶a) 懐中電灯を上向きに立てる。不安定でうまく立たない時は、コップの中に上向きになるように入れると倒れない。
b) 上のレンズ部分に水の入ったペットボトルを立てる。

❷ペットボトルがない場合、白いポリ袋を広げるようにかぶせ、根元をしばってもよい。

神谷明宏「いざ！に備える 遊びで防災体験BOOK」より作成

よりよい暮らしのために、身近なものを代用したり工夫したりすることに意欲的に取り組んだ？ 態

Theme 1 社会と私たちのかかわり

社会と家族・家庭生活はどうかかわる？

・社会の変化が家庭生活に及ぼす影響について考える。
・ライフスタイルや価値観が変化していくことを理解する。

消費者
卵を買いに行ったら、ひと家族1パックまでだったよ。値上げもしていてビックリ。

スーパーの店員
卵はもともと12月に値段が高くなる傾向があります。クリスマスケーキやおでんなどに使われるからですね。

生産者
政府からの要請で、業務用よりも家庭向けを優先させて出荷しました。プリンや焼き菓子が店頭から消えていましたね。

経営者
卵を扱った商品を販売しているため、かなり影響があります。値上げすれば客が離れる心配があり、利益がなければ会社は経営できません。

check! 食品の値上げによって、意識や行動が変化しただろうか？

相次ぐ食品の値上げ

1 エッグショック（鶏卵1kgの価格推移）

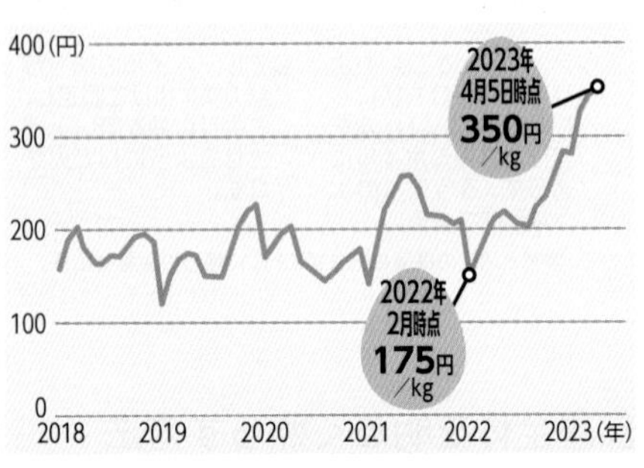

解説
価格高騰の背景には①ロシアのウクライナ侵攻、②鳥インフルエンザの感染拡大といった理由があるとされる。

注）鶏卵の月間平均卸価格の推移 東京Mサイズ
「JA全農たまご」

2 卵メニューの休止・制限

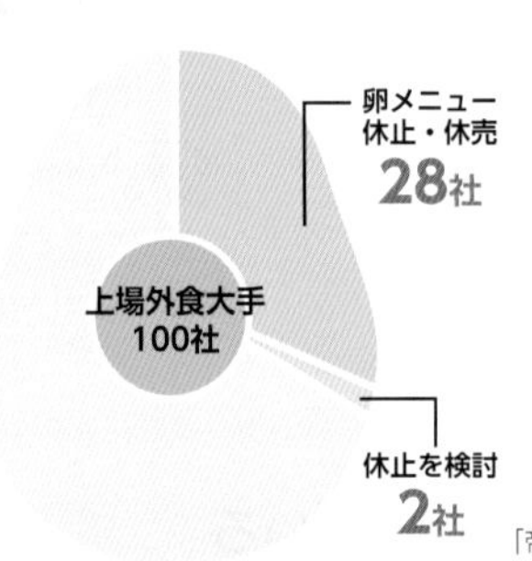

解説
食品メーカーや飲食店では卵の供給が不足し、「卵メニュー」の休止・休売の動きが広がった。

注）上場外食100社 卵メニュー休止・休売動向
「帝国データバンク（2023年4月）」

3 卵は物価の優等生？

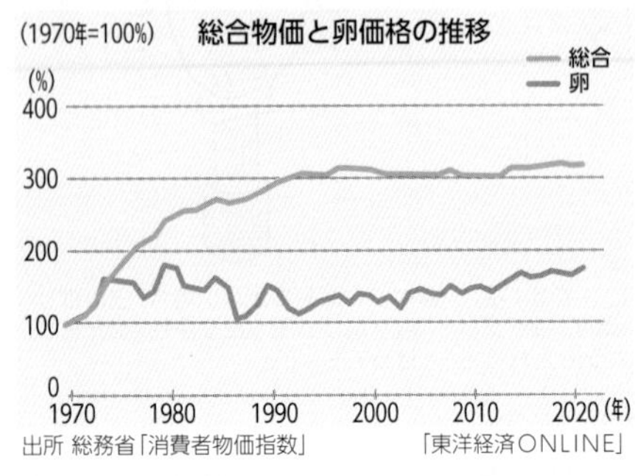

出所 総務省「消費者物価指数」　「東洋経済ONLINE」

解説
卵は30年以上、小売価格がほぼ変わっていない。「物価の優等生」とは、小売価格がほとんど変わらない商品をさしていう言葉である。

4 アニマルウェルフェア

解説
欧米を中心に世界中に広がりを見せている、家畜にとってストレスや苦痛の少ない飼育環境をめざす考え方のこと。

卵は安くて当たり前？ 適正価格はどのくらい？

アニマルウェルフェアにどう向き合う？

新型コロナウイルス感染症の流行が「働き方」に与えた影響

「テレワーク」の増加：テレワークとは、「離れた場所」という意味を持つ「tele」と「仕事」の「work」を組み合わせた造語で、場所や時間にとらわれない柔軟な働き方をすること。

5 テレワークのメリット

通勤時間を有効活用できる	79.0%
ストレスが軽減される	37.5%
むだな会議が減った	35.0%
家事を両立しやすい	30.3%
家族といられる時間が増える	29.0%
仕事に集中できる	21.8%
仕事の生産性がアップする	11.8%

解説 家事や育児の負担がより均等に分担されるようになる。余暇時間の増加により、QOL（quality of life）の向上につながるという声もある。

6 テレワークのデメリット

運動不足になる	46.8%
社内コミュニケーションが減った	45.3%
プリンターなどがなく紙の書類のやり取りができない	40.8%
勤務時間の線引きが難しい	29.0%
仕事のオンオフがしにくい	26.8%
集中して仕事ができない	24.5%
通信光熱費が増えた	22.5%

注）⑤⑥とも400人 複数回答 「スタッフサービス調査」

解説 仕事と家庭の境界が曖昧になる。食費・光熱費が増えることも。

7 どんなモノが増えた？ 価値観の変化は？

- 家庭での調理用食材やお菓子づくり材料の購入
- 在宅での健康管理やリラックス、美容、趣味に関連する商品やサービスの購入
- 宅配サービスや通販での購入
- テレワークに必要な機器やソフトウェア、セキュリティ関連商品の購入
- 自然や環境に対する関心の高まり
- オンラインでのコミュニケーション　など

8 親子関係・夫婦関係への影響は？

メリット

夫婦や親子が一緒に過ごす時間が増え、コミュニケーションが増えた。子どもの自宅学習や家庭教育にかかわる時間が増えた。

デメリット

在宅の時間が増えたことでストレスが増えたり、仕事の負荷が増えて夫婦の時間が減ったりした。

解説 働き方の変化に伴い、家庭での家事・育児の役割分担、さらには夫婦の関係性の変化につながった。

暮らしを変えるデジタルトランスフォーメーション（DX）

9 AI×家電

解説 お掃除ロボットなど、外出先から家電製品をスマートフォンで操作することができるようになり、家事の負担軽減、家族間のコミュニケーション時間が増加。

10 IoT×玄関ドア

顔認証ユニット

YKK AP（株）

解説 センサーで顔を自動認証し、かぎの施錠・解錠ができるようになり、防犯・セキュリティ面・利便性が強化される。

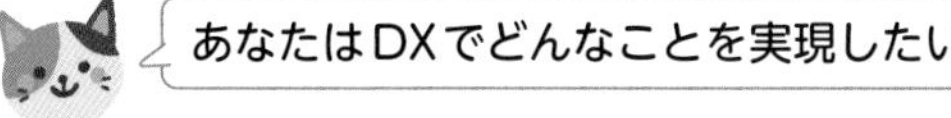

30年後はどんな社会になっていると思う？

振り返り

あなた自身の生活と、社会状況を結びつけて考えることができた？ 知

社会や生活の変化に対して、どのように対応していきたいか、考えることができた？ 思

Theme 2 自分を知る

将来どんな人生を送りたい？

ねらい ・自分の強みを知り、適切な価値観と意思決定を行う力を磨き、自己実現をめざそう。

あ〜、困った…どうしよう…
陽菜、どうしたの？
じっ実は…
昨日お母さんとケンカしちゃって…
十数分後
ありがとう！
よかった〜
何だか話したらスッキリした！
七海ってほんと聞き上手だよね！
大人になっても相談に
よくのってくれそう！
うんうん
え？
そう？

check! あなたの強みは何だろう？ 自分が得意なこと、好きなことをまずはあげてみよう。

自分を知り自己を確立させよう

1 自分を見つめる

好きなこと
苦手なこと
将来やりたいこと
人から見た、私のイメージ
自分で思う、私のイメージ

解説 なりたい自分になるためにはまず、今の自分を知ることから始めてみよう。自分の知る自分と、他人から見たあなたは違うかもしれない。

2 高校生の将来の夢

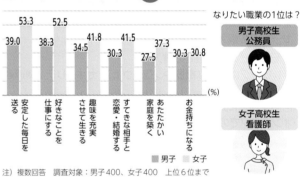

	男子	女子
安定した毎日を送る	39.0	53.3
好きなことを仕事にする	38.3	52.5
趣味を充実させて生きる	34.5	41.8
すてきな相手と恋愛・結婚する	30.3	41.5
あたたかい家庭を築く	27.5	37.3
お金持ちになる	30.3	30.8

(%)

なりたい職業の1位は？
男子高校生 公務員
女子高校生 看護師

注）複数回答　調査対象：男子400、女子400　上位6位まで
ソニー生命保険「中高生が思い描く将来についての意識調査（2023年）」

自己実現のために今やるべきことは何だろう？ なりたい職業はどう変化してきただろう？

3 エリクソンの発達課題

	ポジティブな面	成長させる面	ネガティブな面
老年期	統合	英知	絶望・嫌悪
壮年期	生殖性	世話(ケア)	停滞
成人初期	親密性	愛	孤立
青年期	同一性	誠実	同一性拡散
学童期	勤勉性	有能感	劣等感
幼児期	自主性	目的	罪悪感
幼児初期	自律性	意志	恥・疑惑
乳児期	基本的信頼	希望	基本的不信

解説 発達心理学者エリクソンは、人はどの時期においても発達し、どの段階でもクリアーにするべき課題がある（生涯発達）と説いた。高校生の発達課題は自己の確立である。

4 アイデンティティの確立

自分自身に満足しているか？

	そう思う	どちらかといえばそう思う	どちらかといえばそう思わない	そう思わない
日本	10.4	34.7	30.8	24.2
韓国	36.3	37.2	18.2	8.3
アメリカ	57.9	29.1	8.8	4.2
イギリス	42.0	38.1	13.4	6.6

(%)

調査対象：各国13〜29歳の男女、回答数：各国1051〜1134人。注）我が国と諸外国の若者の意識に関する調査（2018年度）
内閣府「子供・若者白書（2019年版）」

解説 日本人は他者との比較で自己肯定感を判断する傾向がある。アイデンティティが形成されることで、自分を受け入れ、物事を肯定的にとらえられるようになる。

日本の若者の満足度が低いのはなぜ？

自分の強みを知り、人生をデザインしよう

5 ライフコースを考える

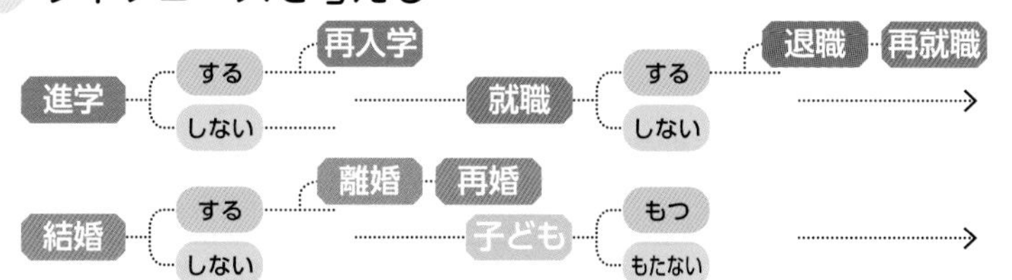

解説 さまざまなライフイベントをどのように選択し、どのようなライフコースを歩んでいくか。自身の意思決定により、人生がデザインされる。

6 ジョハリの窓

	自分は知っている	自分は気づいていない
他人は知っている	開放の窓 自分も他人も知っている自己	盲点の窓 自分は気づいていないが、他人は知っている自己
他人は気づいていない	秘密の窓 自分は知っているが、他人は気がついていない自己	未知の窓 だれからもまだ知られていない自己

解説 自分で気づかない自分、他人から見た自分を分析して自己理解を深めよう。

7 私の四面鏡

①グループのメンバーそれぞれのイメージに合う項目を下から５つ選んで○をつけよう。
②「私から見た私」に合う項目を下から５つ選んで○をつけよう。
③お互いの結果をシェアしよう。
④結果をジョハリの窓にあてはめてみよう。

1. 何でもできそうな	12. 公平な	23. ユーモアのある	34. かわいい	45. 素朴な
2. 頭のよさそうな	13. 礼儀正しい	24. 好奇心旺盛な	35. 誠実な	46. 気取らない
3. ものわかりのよい	14. 清潔な	25. ひかえめな	36. 親しみやすい	47. 温かい
4. 知的な	15. 決断力のある	26. 物知りな	37. 思いやりのある	48. お兄さんのような
5. しっかりしている	16. 勇敢な	27. がまん強い	38. 鍛えられた	49. お姉さんのような
6. 頼りになる	17. エネルギッシュな	28. 意志の強い	39. 親切な	50. さわやかな
7. 信念のある	18. 強い	29. 味のある	40. 落ち着いている	51. おおらかな
8. 責任感のある	19. 陽気な	30. シャープな感性の	41. 優しい	52. ねばり強い
9. 堂々たる	20. 無邪気な	31. 静かな	42. 愛想のよい	53. 人情のある
10. 心くばりのある	21. 人なつっこい	32. 穏やかな	43. 寛大な	54. 正直な
11. まじめな	22. 活発な	33. てきぱきとした	44. 率直な	

結果はジョハリの窓でチェック！

解説 四面鏡の項目はすべてプラス思考の項目である。

なりたい自分になるために

8 5段階欲求と自己実現

解説 心理学者アブラハム・マズローは、「人間は自己実現に向かって絶えず成長する生き物」と説いた。1つ下の欲求が満たされると次の欲求を満たそうとする。

column

真の意味で自己実現するとは？

自己実現とは言葉の通り「自己を実現する」ことであって、何をもって自己実現を果たすかは人それぞれである。仕事の成功、好きなことを貫く、地位を得る、有名になる、社会に貢献する。大切なのは何を実現させたかではなく、自分らしい可能性を見つけ出し、そこに向かって思う存分力を発揮できるかである。自分らしさを最大限に生かしつつ、それを現実化させることが、真の自己実現だといえよう。高校生の今、本当の自分を見つめ、自分が納得できる自己実現への道を歩み始めよう。

未知の自分に出会い、理想のライフコースをイメージできた？ 思
価値判断や意思決定能力を高め、真の自己実現をめざそう。態

Theme 3

真の自立をめざす

自立した大人ってどんな人？

・真の自立とは何かを理解し、自立達成をめざす。
・高校生で成年を迎える自覚を持つ。

お母さんはよく自立してからって言うけど「自立」って何かな？

衣・食・住に関して自分のことは自分でできるってことかな？

何をどうするか自分で決めてその選択に責任を持つことじゃない？

カッコイイ～

チッチッ…違うなみんな

酒・たばこ・ギャンブル…何でも好きなことができるってことだろ？

BEER

それは違う気が…

check! 自立するとはどういうことだろう？　自立できている人のイメージをあげてみよう。

自分の自立度を知ろう

1 自立と自律

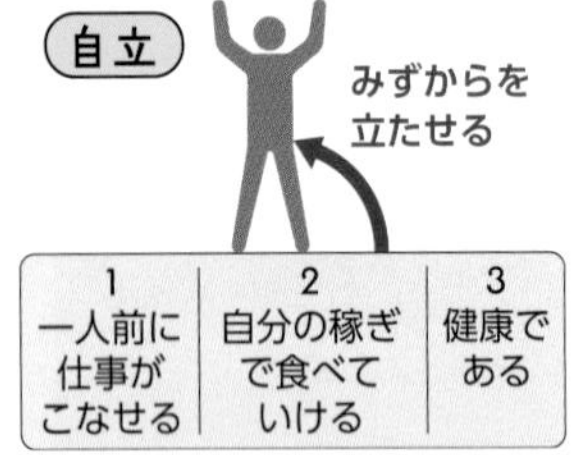

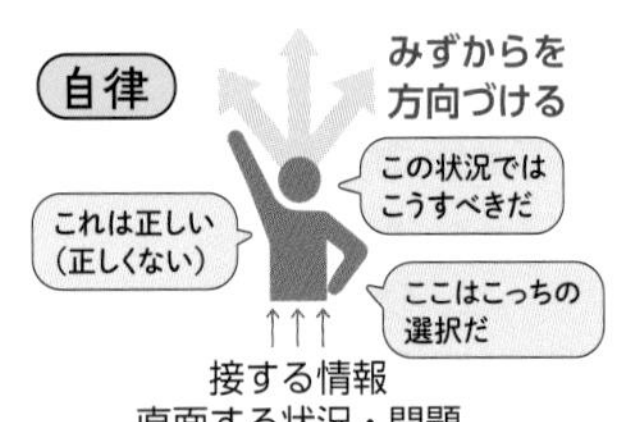

村山昇「働き方の哲学」より作成

解説　自立：他の援助や支配を受けず、独り立ちすること。
自律：自身の立てた規範に従って行動すること。
（「広辞苑」による）

2 大人に必要な条件とは？

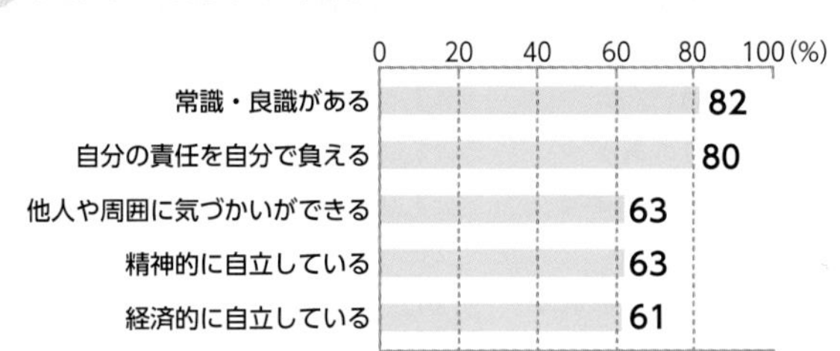

注）20歳以上の男女14,573人、複数回答、上位5項目
花王「くらしの研究（2018年）」

解説　「経済的な自立」よりも内面を大切にしていることがうかがえる。内面的にも経済的にも自立した、いわば「自分の力で生きていくことができる人」が大人といえよう。

今の自分が「自立・自律」するためにできることを具体的にあげてみよう。

3 自立度チェック

生活的自立
・栄養バランスを考えて食事をしている
・自分で自分の分の食事をつくることができる
・自分の服の管理は自分でしている
・整理整頓ができ、定期的に掃除をしている

経済的自立
・計画的にお金を使い、支出も把握している
・クレジットカードのしくみを理解している
・将来、自分で使うお金を稼ぐための努力をしている
・１か月暮らすのに必要な費用がだいたいわかる

精神的自立
・他者に相談しながらも最終的判断は自分ですることができる
・感情をコントロールすることができる
・自分の将来の職業や進路について考えている
・自分の考えを人前で発言できる

性的自立
・性の多様性について理解している
・男女の体のしくみや生物的特徴・相違を理解している
・性感染症とその予防、避妊についての知識がある
・相手を尊重し、自分を大切にできる

成年年齢引き下げと高校3年生の意識

4 成年年齢引き下げで変わったこと・変わらなかったこと

18歳に変わったこと	20歳が維持されたこと
・親の同意なしでの契約（スマホ・賃貸契約など） ・国家資格の取得(公認会計士・医師など) ・10年有効のパスポート取得 ・女性の結婚可能年齢（16→18歳） ・性同一性障害の人の性別変更申し立て ・裁判員に選ばれる ・少年法（18、19歳は「特定少年」）	・飲酒 ・喫煙 ・公営ギャンブル（競馬・競輪など） ・国民年金の加入義務

解説 新たに18歳からできることも多くなったが、権利を得たということは、負うべき責任も加わったということである。

5 成年年齢を引き下げた理由

参政権	国政に関して大人扱いするのであれば、契約などの日常生活も大人扱いするべきだから
自己決定権	就職や進学など、自己決定権の範囲を広げることで、責任を持って社会参加できるから
海外の状況	海外では18歳が主流だから

参考　法務省民事局

6 18歳でできることでやってみたいこと

7 消費者トラブルにあった際の対策方法を知っているか

注）2022年1,379人現役高校3年生調査　Studyplus

注）2022年1,379人現役高校3年生調査　Studyplus

解説 1位は選挙の投票。若者の意見を国の政治に反映させよう。2位、3位は契約関係。リスクを伴う場合もあるので、十分吟味してから契約する必要がある。

解説 若者は消費者トラブルのリスクは知っているが、対策方法を知らないのが実態である。18歳では「未成年者取消権」がなくなり、消費者被害の拡大が懸念される。

高校生で成年になることで生じる責任について話し合ってみよう。

成年を迎える(迎えた)にあたって、どのような自覚が生まれただろうか？

8 若者に多い消費者トラブル

もうけ話	美容関連	定期購入	SNSきっかけ	出会い系
副業・情報商材、マルチ	エステ、美容医療	健康食品、化粧品	誇大な広告、知り合った相手からの勧誘	出会い系サイト、マッチングアプリ
異性・恋愛関連	**仕事関連**	**新生活関連**	**借金・クレカ**	**通信契約**
デート商法	就活商法、オーディション商法	賃貸住宅、電力の契約	消費者金融からの借り入れ、クレジットカード	スマホ、ネット回線

国民生活センター

解説 決して軽い気持ちで契約をしてはならない。お金がないという断り方をすると、消費者金融やクレジットカードを使わせる場合もある。必要がなければきっぱり断ろう。

column

真の自立とは

自立できていないというのは、一方的に世話になるばかりの状態をさす。だからといって、親元を離れ一人で生きていくことや、誰にも頼らず自分のことは自分ですることが自立でもない。困った時は周りに頼っていいのだ。それもまた自立である。

自立できている人は、必要な時には人の世話にもなるけれども、人の世話もできる人である。つまり人と助け合える関係をつくれる人をさす。人や社会と共生・共存できることこそ、これからの若者に求められる「真の自立をする力」といえよう。

振り返り

自分がめざす自立・自律のために、人や社会と共存しながら今、自分に必要なことがわかった？ 態

近々、成年となるための備えはできた？ 思

Theme 4 何のために働く？

将来、どんなふうに働きたい？

ねらい ・働き方に関する現状と課題を知り、将来の職業選択や働き方について考える。

1 動画クリエイター HIKAKIN ©UUUM

2 働く日本の高齢者

3 バングラデシュのアルミ工場で働く少年

check!
もし「生活するため」に働く必要がないとしたら…
□働く　□働かない

人生に占める仕事の大きさ 

1 一生のうちで働く時間

卒業後、(　　　)歳まで働くとしたら
1日(　　　)時間×週5日×4週×12か月
×(　　　)年　=(　　　　)時間

解説 通勤時間も含めると、人生でとても多くの時間を費やすだけでなく、職場の都合で転居したり、職場の人間関係に悩まされたりするなど、私たちは仕事からさまざまな影響を受ける。

働く時間は多い？ 少ない？

2 「仕事」とは？「3人のレンガ職人」の話

中世のとあるヨーロッパの町。
建築現場に3人の男が働いていた。
「何をしているのか?」ときかれ、それぞれの男はこう答えた。
「レンガを積んでいる。」最初の男はこう答えた。
2人目の男が答えて言うに、「金(カネ)を稼いでいるのさ」。
そして、3人目の男は明るく顔を上げて言った、
「後世に残る町の大聖堂を造っているんだ!」。

村山昇「働き方の哲学」

解説 どのように取り組むかで「仕事」はまったく違うものになる。

3 将来なりたい職業

	男子高校生	%
1位	公務員	15.8
2位	ITエンジニア・プログラマー	11.8
3位	会社員	10.0
4位	教師・教員	8.5
5位	学者・研究者	8.3
6位	ゲームクリエイター	8.0

	女子高校生	%
1位	看護師	14.2
2位	公務員	11.5
3位	保育士・幼稚園教諭	10.3
4位	歌手・俳優・声優などの芸能人	9.8
5位	デザイナー	8.5
6位	教師・教員	8.3

注）複数回答可（3つまで）。調査対象：男子400人、女子400人。上位6位。
ソニー生命保険「中高生が思い描く将来についての意識調査（2023年）」

4 代表的な雇用形態

正社員 雇用期間に定めのない雇用形態

契約社員 雇用期間に定めがある雇用形態

パートタイム労働者（パート・アルバイト） 所定労働時間が短く、雇用期間に定めがある雇用形態

派遣労働者 雇用主と就業先が異なる雇用形態

「ITトレンド」

解説 雇用形態とは、企業と従業員間で交わされる雇用契約の種類のこと。正社員志向は根強いが、考え方によっては正社員にもデメリットがある。

週5日勤務のアルバイトと正社員、どちらがよい？

5 労働時間の長さ（世界の年平均労働時間）

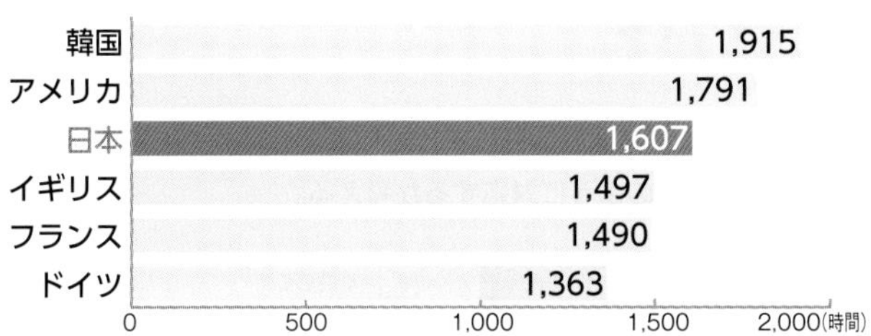

出典：OECD.Stat Average annual hours actually worked per worker
注）2021年
「RELO総務人事タイムズ」

解説 日本では、労働時間の長さが成果に比例するといった、誤った考え方による働き方が依然として根強く残っている。

6 女性の労働力率（M字型曲線）

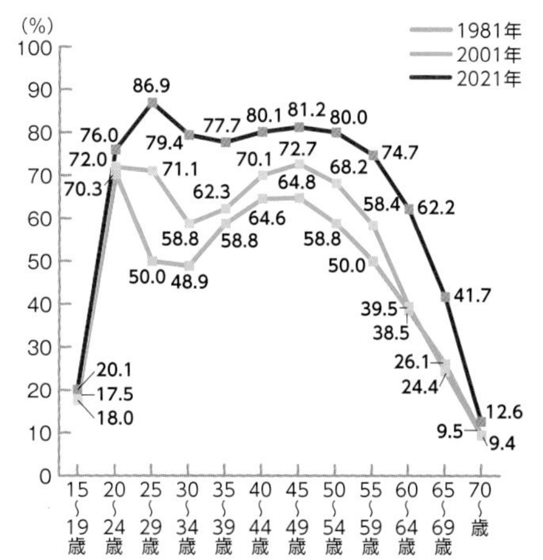

「男女共同参画白書（2022年）」

解説 M字型は、結婚・出産・育児などのために仕事をやめ、育児が落ち着いた後に復帰するという女性労働者の特徴を反映している。

長時間労働の原因は何だろう？

7 男女間賃金格差

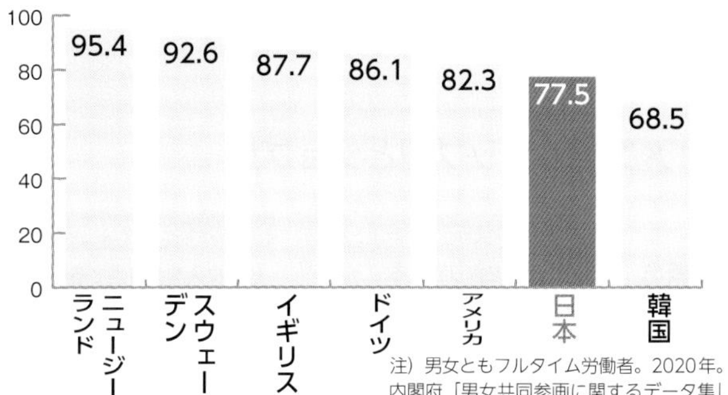

注）男女ともフルタイム労働者。2020年。
内閣府「男女共同参画に関するデータ集」

解説 男女間賃金格差とは、男性の賃金の中央値を100とした時に、女性の賃金の値がどの程度あるかを示したもの。

なぜ、男女間の賃金格差があるのだろう？

8 就業者・管理職の女性割合と非正規雇用比率

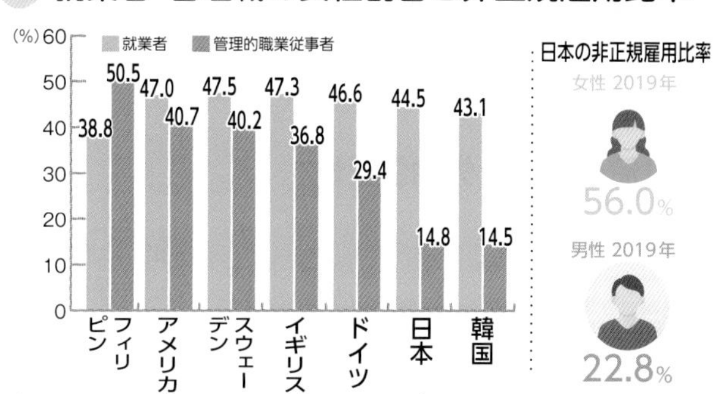

注）日本、スウェーデン、アメリカ、イギリス、フィリピンは2019年、その他は2018年の値。
内閣府男女共同参画局「ひとりひとりが幸せな社会のために」

解説 日本では特に管理職の女性の割合が低く、非正規雇用に就く女性の割合が高い。その結果として、女性の平均所得が男性より4割以上低いことが指摘されている。

9 ワーク・ライフ・バランス

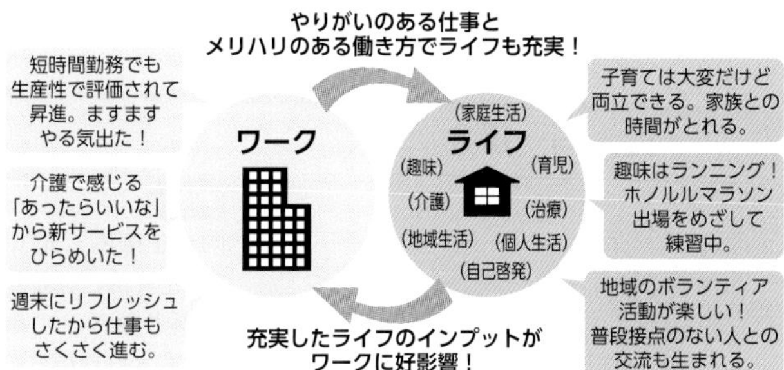

新潟県産業労働部「ワーク・ライフ・バランス（仕事と生活の調和）とは」より作成

解説 ワークとライフは相反するものではなく、よいワークがあってこそよいライフが得られるというように、相乗効果をもたらすものである。

column ヤマダイ食品（株）の取り組み例

ヤマダイ食品（株）は仕事だけでなく、従業員のプライベートも充実させたいと考えてきました。そこで、ノー残業デーを設けて従業員が早く帰りやすい環境をつくっています。

また、「有給消化率100％規定」という制度も導入しました。仮に有給休暇を未消化のままだった従業員がいれば、始末書を提出しなくてはなりません。「有給休暇は取得しなければならないもの」という価値観を植えつけることで、従業員の意識改革に成功しています。

その他では、育休や産休についての手厚いサポートも施されています。社長自らも育休を取得しており、従業員がならいやすい雰囲気をつくり上げました。

THANKS GIFTエンゲージメントクラウド「ワークライフバランスが充実している企業の取り組み内容」より作成

働くことに関する日本の現状と課題を理解することができた？ 知

将来の職業選択や働き方について、自分なりに考え、表現することができた？ 思

Theme 5

これからの働き方にどう向き合う？

働き方はどのように変化しているか？

・急速に変化する社会に伴い、働き方が多様化していることを知る。
・将来、よりよい職業人生を送るために、今からどのように対応するか考える。

1 外出困難者の従業員スタッフが遠隔操作する分身ロボットカフェ。 (株) オリィ研究所

2 商品の自動陳列ロボット。エラーが起きた場合には人が遠隔操作モードで対応。テレイグジスタンス (株)

check!
ロボット導入の最大のメリットはどんなことだと思う？

これからの働き方は、どう変わる？ 

1 1時間当たり労働生産性

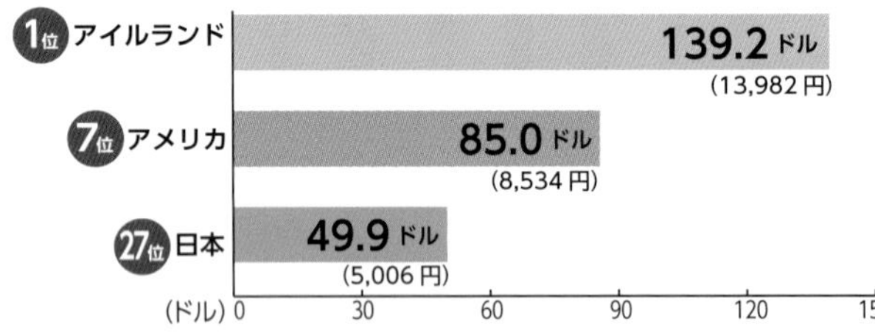

※2021年。就業1時間あたり付加価値。購買力平価(PPP)換算。順位はOECD加盟38か国中。
日本生産性本部「労働生産性の国際比較（2022年）」

解説 労働生産性とは、労働1時間あたりでどれだけの生産物を産出したかを図る指標である。人口減少が進む日本において、生産性の向上は喫緊の課題である。

どうすれば生産性が向上させられるのだろう？

2 メンバーシップ型とジョブ型

	メンバーシップ型	ジョブ型
■概念	人に仕事を割り当てる	仕事に人を割り当てる
■採用	新卒一括採用中心	経験者採用中心
■職務	明確化されていないケースが多い	職務記述書で職務内容や範囲を明確に決めている
■賃金	年齢や勤務年数による（年功賃金）	職務によって決まる
■教育	上司の指導、研修、ジョブローテーションなど未経験でも教育がある	基本は自己研鑽
■雇用の保障	終身雇用 不当な解雇はされない	職務がなくなれば解雇 能力不足でも解雇

解説 メンバーシップ型の雇用制度は、日本の高度経済成長を支えてきた。しかし時代に即さない部分が出てきたことで、一部の大企業でジョブ型の導入が始まっている。

3 時間外労働の上限規制

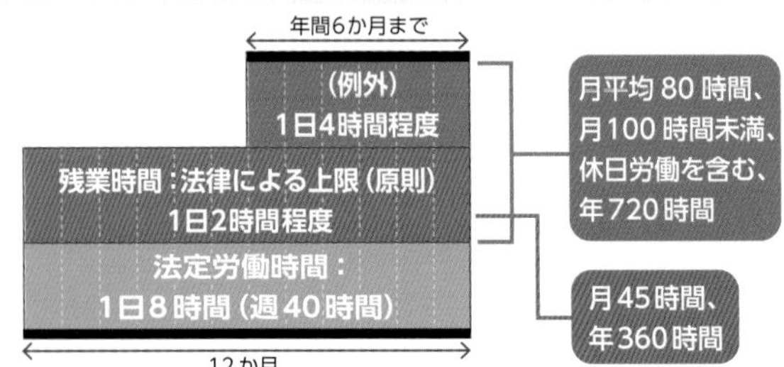

解説 残業時間の上限は、原則として月45時間・年360時間とし、臨時的な特別の事情がなければこれを超えることはできない。

4 同一労働同一賃金

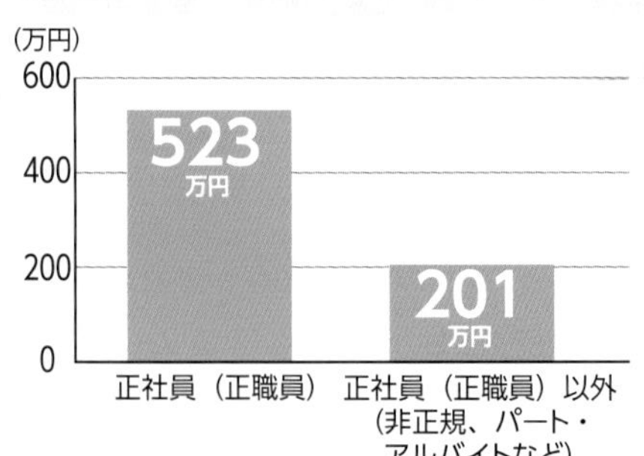

年間平均給与。 国税庁「民間給与実態統計調査（2022年）」

解説 同一企業内において、正社員と非正規雇用労働者との間で、基本給や賞与などのあらゆる待遇について、不合理な待遇差を設けることが禁止された。

5 テレワークの導入状況

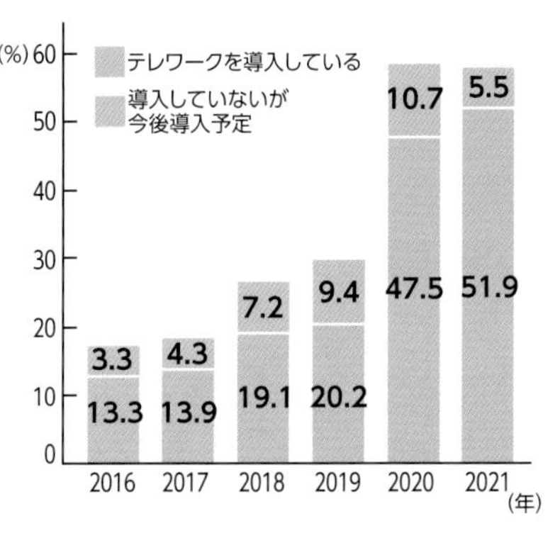

総務省「通信利用動向調査」

解説
テレワークを導入している企業の割合は51.9%に達し、半数を超えた。中でも「情報通信業」「金融・保険業」「不動産業」における導入割合が高い。

6 多様な働き方（サイボウズ（株）の取り組み）

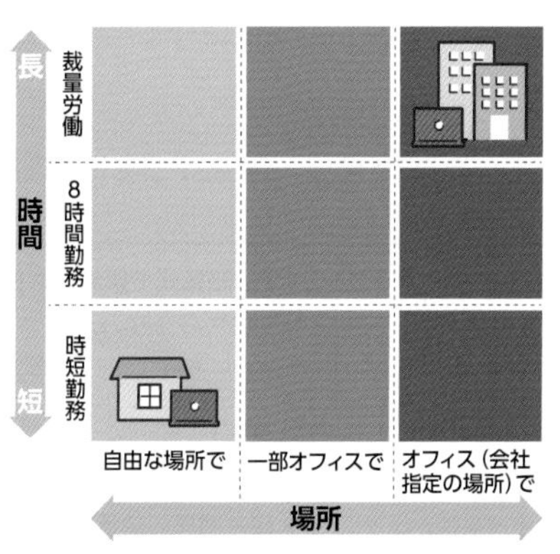

「少子化社会対策白書（2017年）」

解説
個人の事情に応じて、勤務の時間や場所を決めることができる柔軟な働き方を導入する企業もある。フリーランスや起業など、多様な働き方も増えている。

これから必要とされる資質・能力とは？

7 テクノロジーの進化（介護ロボット）

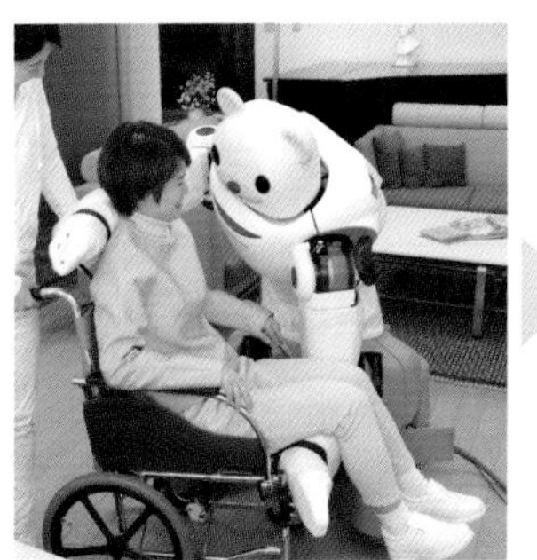

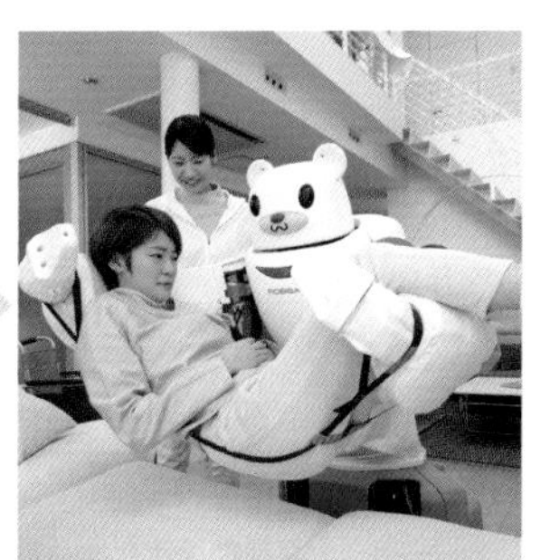

理化学研究所

解説 人と柔らかく接しながら力仕事を行うことができる介護支援ロボット。さまざまな業界でロボット化・AI化が進む一方、人によるサービスの付加価値が高まる面もある。

8 生成AIの普及が雇用にもたらす影響は？

対話型人工知能（AI）「チャットGPT」

解説 生成AIの進化により、AIを道具として利用し、高い生産性をあげる人への需要が高まる一方、AIができる業務を行っている人は職を失うことが予測される。

9 人工知能（AI）の活用が一般化する時代の重要な能力

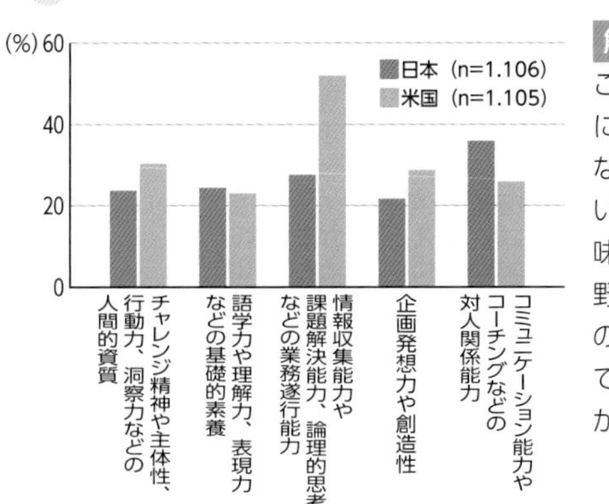

総務省「ICTの進化が雇用と働き方に及ぼす影響に関する調査研究（2016年）」より作成　「情報通信白書（2016年版）」

解説
これからの働き方に必要なのは、多様なスキルを持っていること。自分が興味を持っている分野や、将来的に需要の高い分野について、学び続けることが重要。

10 リスキリングの重要性

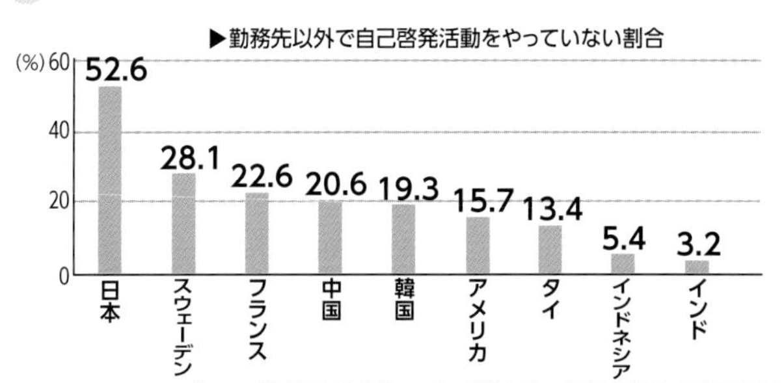

パーソル総合研究所「グローバル就業実態・成長意識調査（2022年）」

解説 AI等による業務削減や業務内容の変化などに対応するため、新たに必要とされるスキルと、自分の持つスキルとの差を埋めていくリスキリングが必要となる。

振り返り 働き方の多様化に関心を持ち、将来の職業生活に向けて、今何をすべきか考えて取り組もうとしている？ 態

Theme 6

結婚を考える

人生の一大イベント結婚、あなたはどうとらえる？

・結婚や子を持つことをイメージすることで人生を見つめる。

check! あなたが結婚するなら、順番はどうしたい？

結婚する？ しない？

1 生涯未婚率（50歳時点未婚率）

男性 28.3%
ほぼ4人に1人

女性 17.9%
ほぼ6人に1人

※不詳補完値による

総務省「国勢調査（2020年）」

2 結婚意思のある人が未婚にとどまる理由（上位3つ）

(%)

年齢	理由	男性	女性
18〜24歳	まだ若すぎる	47.8	41.2
	今は仕事（学業）にうちこみたい	34.8	42.1
	必要性をまだ感じない	31.3	40.4
25〜34歳	適当な相手にまだめぐり会わない	43.3	48.1
	自由さや気軽さを失いたくない	26.6	31.0
	必要性をまだ感じない	25.8	29.3

厚生労働省「第16回出生動向基本調査」

結婚の意思のある人の婚姻率を上げるためにはどんなサポートが必要だろうか。

3 結婚相手を決める時、どんなことが大切？

結婚相手を決める時に大切な条件を6つ選んでみよう。さらにグループメンバーと共有し、ランキングを練り上げよう。

①**性格**が合う
②**健康**である
③**収入**がよい
④**趣味**が合う
⑤**家事**ができる
⑥**容姿**がよい
⑦職業での**将来性**がある
⑧自分に対する**愛情**・信頼
⑨**子ども**が好き
⑩**金銭感覚**が似ている
⑪**学歴**が高い
⑫**年齢**
⑬**性的魅力**
⑭自分の**職業**への理解
⑮私の**親**とうまくやっていける
⑯**家庭**を大切にする

ブランド志向	・取り替えが可能な相手の属性 ・相手を比較的簡単にチェンジできる ・打算的ともいえるが、非常に現実的な考え方でもある ・②③⑤⑥⑦⑪⑫⑬がブランド志向の要素
関係志向	・自分の性格や価値観と相手のそれらが一致するかしないか ・相手を簡単に取り替えることができない ・相手と深いつながりになることもあれば、深みにはまり抜け出せない関係になることもある ・①④⑧⑨⑩⑭⑮⑯が関係志向の要素

自分はどんな要素に注目する傾向があるだろうか。6つ選んだ条件のうち、私はブランド志向（　　）個、関係志向が（　　）個だった。

自分は結婚相手に何を望み、それは友人と違っただろうか。作業を通して自分の価値観を知ろう。

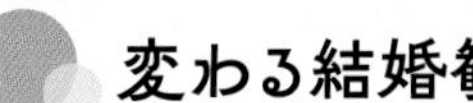

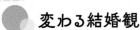

変わる結婚観

4 法律婚と事実婚の違い

	法律婚	事実婚
婚姻届の提出	提出する	提出しない
戸籍	同一戸籍	別の戸籍
住民票の続柄欄	夫・妻	夫（未届）、妻（未届）、同居人、など二人が選んだ続柄
姓	どちらかの姓を名乗る	変更なし
子どもの親権	共同親権	原則として母親のみ
相続権	あり	遺言の作成や生前贈与により可能
配偶者控除	あり	なし

解説 事実婚とは法律上の婚姻手続きを行わないが、夫婦と同等の関係を持った状態。自由度は高いが、税金や相続の面でデメリットがある。

5 同性婚を認めることについて

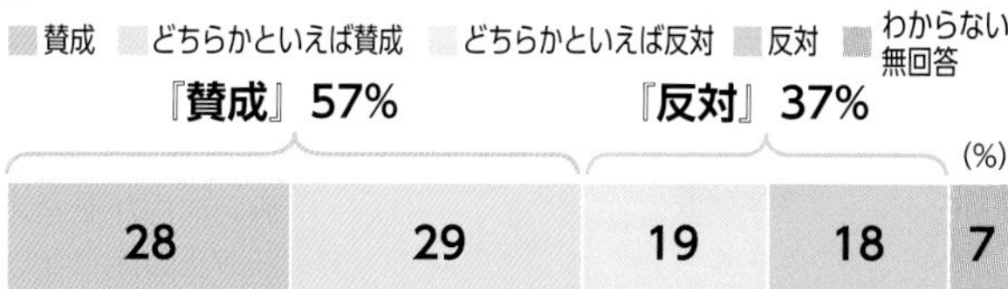

賛成理由
だれにでも平等に結婚する権利があるから
愛し合っていればよいと思うから

反対理由
子どもが生まれず少子化が進むから
結婚は男女ですべきものだから

NHK世論調査（2021年）

解説 同性婚を認めることに、約6割が賛成と答えているが、日本の現行法では同性婚は認められていない。

6 結婚してから子ども！？

未婚のまま子どもを持つことについて

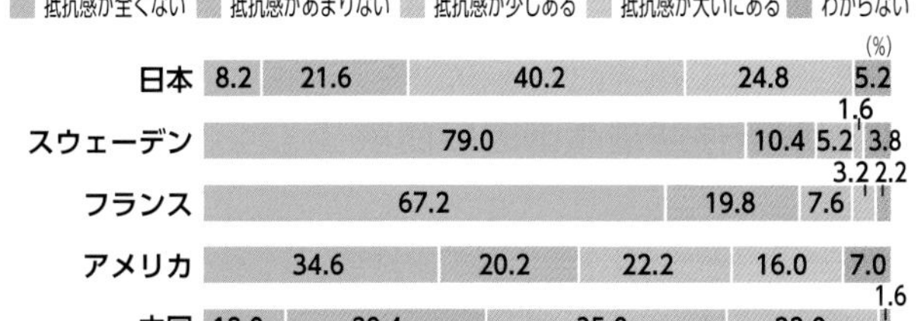

日本財団「1万人女性意識調査 特別編（2021年）」

解説 子どもを持つにあたって、アジア諸国は「結婚」を前提としている人が多いことがうかがわれる。

7 子どもが欲しくない理由

理由	男性 (%)	女性 (%)
経済的余裕がない	42.1	31.6
子育てするのが大変そう	41.9	54.4
自分のために使える時間やお金を減らしたくない	25.5	35.5
子育てしながら仕事をすることが難しそう	21.1	28.9
夫婦2人の生活を大事にしたい	20.8	30.3

内閣府「結婚・家族形成に関する意識調査（2010年）」

解説 理由は「お金の問題」と「負担感」が多い。少子化対策にはこれらの支援が必要と見られる。

結婚の形が多様化する中で、出生率を上げるためにはどのような政策が必要だろうか。

8 増えるネット婚

「マッチングアプリ」で出会った人

結婚した年	割合
~2009年	0.0%
2010年~2014年	2.4%
2015年~2019年	6.6%
2020年~2022年	18.8%

結婚した年別比較

結婚した年	割合
2020年	17.9%
2021年	16.9%
2022年	22.6%

明治安田生命「いい夫婦の日（2022年調査）」

解説 趣味や価値観が合う人と出会えるマッチングアプリやSNSでの出会いが急増している。

column

多様化するライフスタイル

未婚化・晩婚化・少子化は進む一方である。現代はライフスタイルが多様化し、子を持たないことも選択肢の一つになっている。

一方で、結婚したいけどできない人の割合も増えている。出会い方も昔とは変わってきているが、いずれにせよ、若者への結婚支援は必要となろう。

また、少子化の問題も大きい。少子化の要因は未婚化の増加と関係している。少子化対策の大半は既婚者向けだが、今後は未婚者に向けた対策も急務となるだろう。

結婚・子を持つことをどうとらえ、「自分らしい幸せ」の形をどのように描くか。今から考える必要がありそうだ。

結婚、子を持つということを自分ごととしてとらえ、自分はどうしたいか考えられた？ 思

将来の人生設計をイメージし、今から取り組むべきことは何か考えられた？ 態

Theme 7

多様化する家族と法律

あなたは将来、どんな家族をつくりたい？

・家族とは何かを考え、将来自分がつくりたい家族をイメージする。
・民法改正の流れを理解する。

check! あなたにとって家族の存在って何？

家族って…？

1 世帯類型別の構成比推移

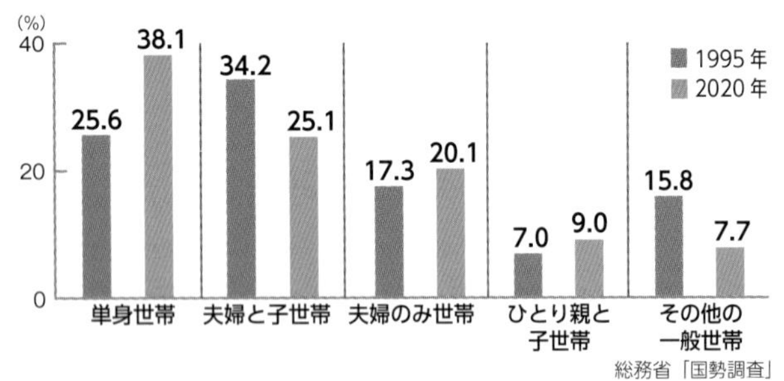

総務省「国勢調査」

解説 かつて世帯の中心は「夫婦と子」であったが、その構成比は年々減り、今や「単身世帯」がトップとなった。

2 家族依存型福祉国家の崩壊？

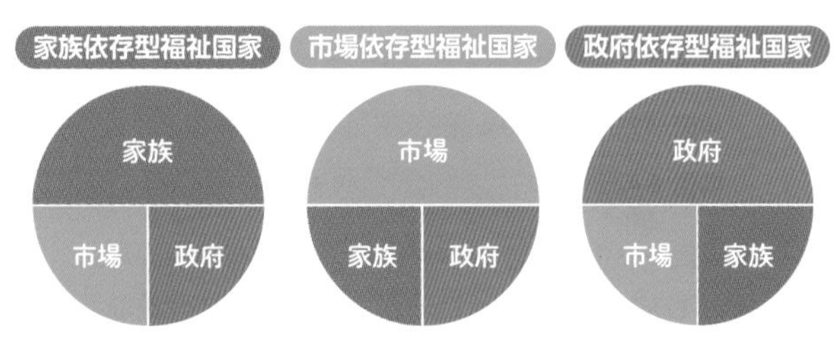

解説 日本は福祉サービスを家族内の支えあいに頼ってきた（家族依存型福祉国家）。しかし世帯規模が小さくなることで、その機能を果たせなくなってきている。

家族依存型の日本。今後はどのような市場や行政サービスの充実が必要となるだろうか。

3 二つの家族

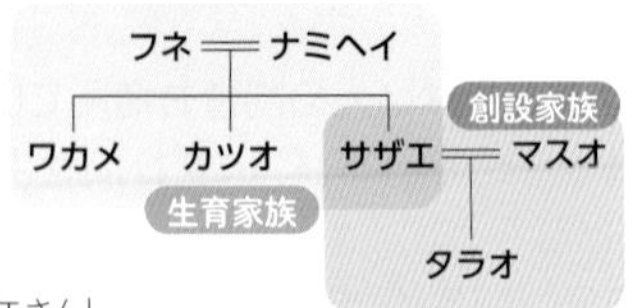

「サザエさん」

解説 人は一生に二つの家族を経験する。運命的な生育家族と自分の意思を反映できる創設家族である。もちろん、家族を創設しないという選択肢もある。

4 多様化する家族

母と息子＋父は単身赴任

おばあちゃんと孫

夫婦と養子の子ども

同性カップルとペット

シェアハウスの人々

夫婦とそれぞれの連れ子

解説 あなたはどの暮らし方を家族と思うだろうか。
あなたが家族と思う基準は血縁？ それとも同居？

さまざまな家族の形がある中で、あなたは将来どのような形の家族をつくりたいだろうか。

5 民法の歴史

	明治民法（1898 年）	現行民法（1947 年）	民法改正（案を含む）
家	「家」の尊重 戸主の権限は絶対	個人の尊厳 両性の本質的平等	
婚姻	戸主の同意が必要 男 30 歳、女 25 歳まで親の同意が必要 妻は夫の「家」に入る	両性の合意のみ 未成年者は親の同意が必要	男女共に 18 歳（2022 年 4 月施行）
夫婦	妻は法律行為の能力なし 夫の氏を称する	夫婦は平等 夫または妻のどちらか一方の氏	選択的夫婦別姓（案）→ 7
再婚		女性のみ 6 か月間の再婚禁止	女性は 100 日間再婚禁止（2016 年施行） 女性の再婚禁止期間廃止（2022 年改正、2024 年施行予定）→ 8
親子	親権は父	父母の共同親権 離婚後はどちらか一方	離婚後も共同親権（案）
相続	長男のみ（単独相続）	配偶者と子（分割相続） 非嫡出子は嫡出子の半分	嫡出子と非嫡出子は同等（2013 年施行）→ 6

青字が現行民法（施行予定を含む）

6 民法改正（相続）

3000万円の遺産を法定相続で分配すると…

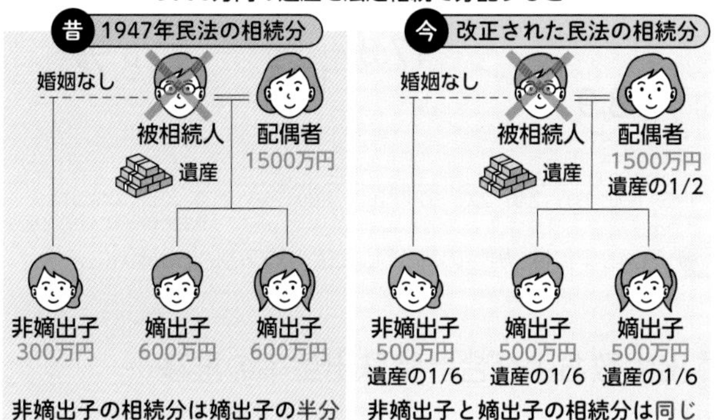

非嫡出子の相続分は嫡出子の半分　非嫡出子と嫡出子の相続分は同じ

解説 非嫡出子の相続分は嫡出子の半分とされていたが、2013年に「国民ひとりひとりが平等である」という憲法14条にのっとり、両者の相続分は同等となった。

7 民法改正案（選択的夫婦別姓）

▶賛成の理由は？

選択肢が広がるのはいいこと	56.9%
結婚して同姓にする必要性が特にない	29.3%
男女平等につながる	8.2%
結婚や離婚のハードルが下がる	3.3%

▶反対の理由は？

夫婦の子どもにとっては、同姓がいい	29.6%
旧姓を通称として使用すれば問題ない	25.9%
結婚後は家族として同姓にするべき	19.8%
特に今の制度に問題を感じないから	14.8%
離婚が増えると思うから	1.3%

日本財団「1万人女性意識調査 特別編（2021年）」

注）その他を除く　（株）ネクストレベル

解説 長年、選択的夫婦別姓制度の導入が検討され、8割近くが賛成と答えているが、未だに実現には至っていない。

8 民法改正（再婚）

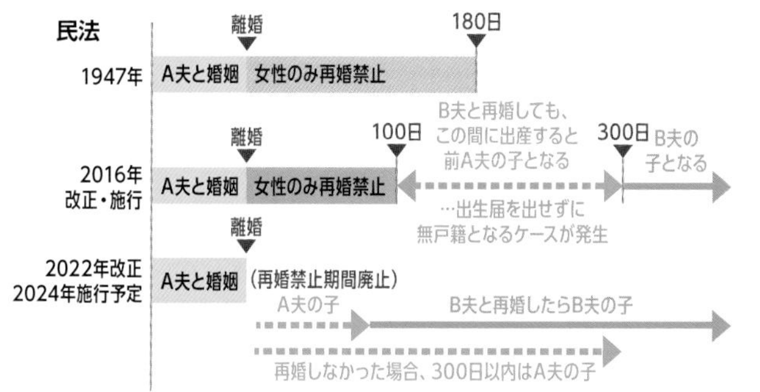

column 自分にとっての家族の形

近年は家族のあり方にも多様性が認められるようになった。法制度は従来の家族像をベースに考えられているので、現代の家族のあり方に合わない部分も浮き彫りになってきている。決して既存の法律のすべてが間違いであった訳ではないが、現代に合わなくなった部分の改正は必要であろう。

高校生のあなたは近い将来、今の家族を離れ自分の意思で家族をつくっていく。「家族とは何か」「自分にとって家族にはどんな意味があるのか」を考え、自分なりの答えを出す必要があるといえよう。将来の家族像をイメージすることは「自分探し」につながる。

家族観が大きく変わる中での民法改正の動きに、あなたはどのような意見を持つだろうか。

振り返り

多様化する家族を理解し、その中で将来自分はどのような家族を持ちたいか考えられた？ 態

時代に合った民法改正の必要性を理解した？ 知

なりたい自分 送りたい人生②

未来予想図を描いていますか？

・生活設計を考えるうえで必要な要素を理解する。
・生涯にわたってよりよい生活を設計する。

これからのライフプランを考えてみよう。

1. 進学率（1）、未婚率（2）、婚姻年齢（3）、合計特殊出生率（4）、平均寿命（5）を知る。
2. ライフステージおよびライフイベントを理解する。
3. 自分の人生に想定されるイベントを入力してライフイベント表を完成させる。（6）

1 18歳人口と高等教育機関への進学率

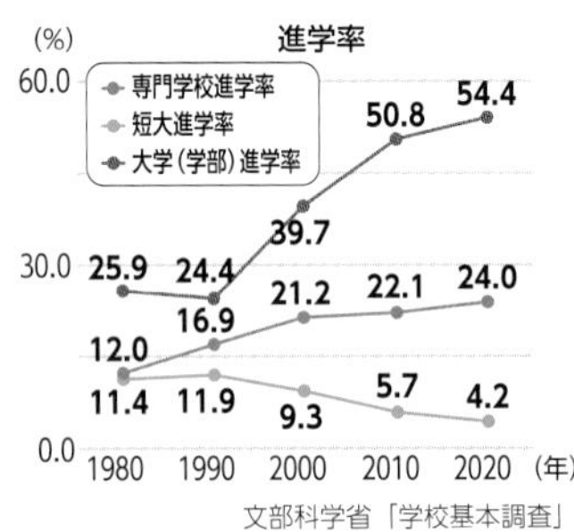

文部科学省「学校基本調査」

解説 18歳人口は減少、大学への進学率は上昇。

2 50歳時の未婚割合の推移

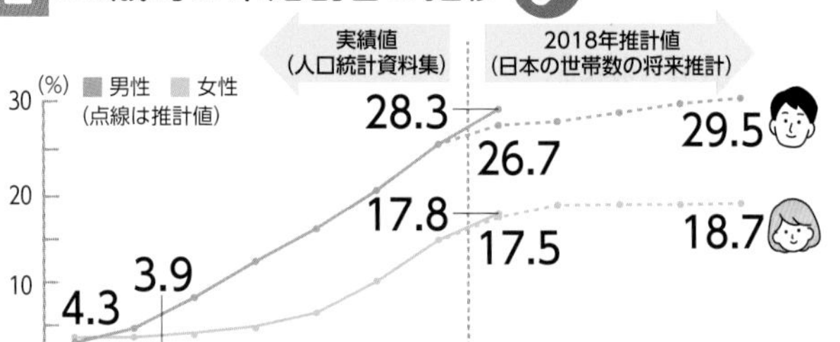

「厚生労働白書（2022年）」

解説 2040年には、男性の約3割、女性の約２割が50歳時に未婚。

3 婚姻年齢の推移

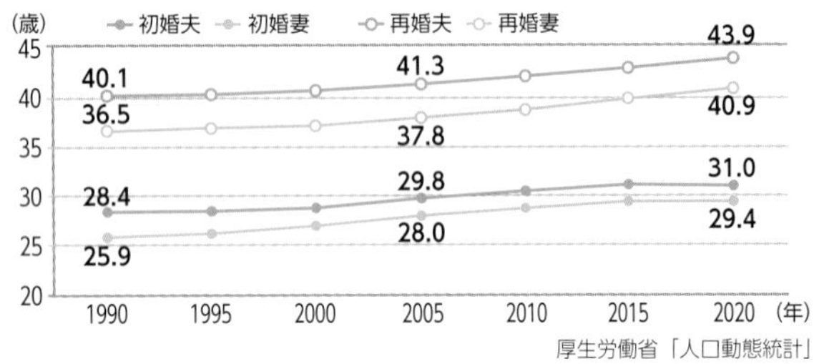

厚生労働省「人口動態統計」

解説 初婚年齢は男女ともに年々上昇。1990年からの30年間に夫2.6歳、妻3.5歳上昇。

4 出生数および合計特殊出生率の推移

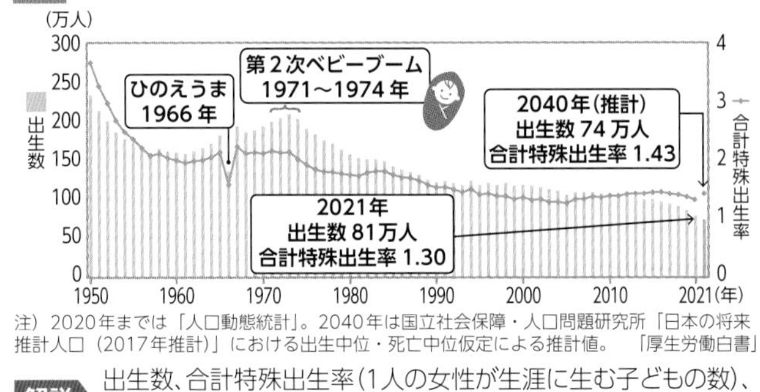

注）2020年までは「人口動態統計」。2040年は国立社会保障・人口問題研究所「日本の将来推計人口（2017年推計）」における出生中位・死亡中位仮定による推計値。　「厚生労働白書」

解説 出生数、合計特殊出生率（1人の女性が生涯に生む子どもの数）、共に減少。

5 平均寿命と健康寿命の推移

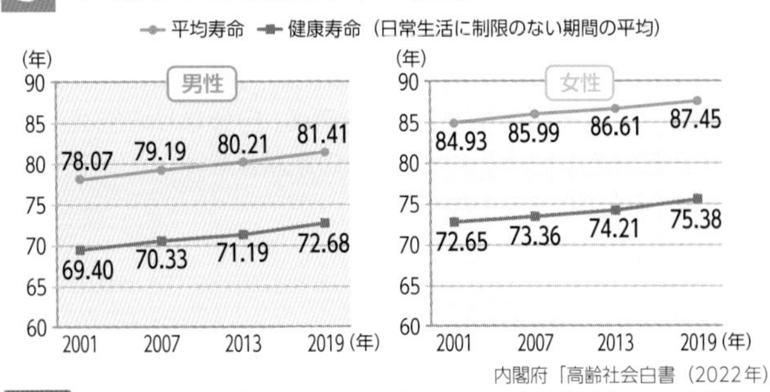

内閣府「高齢社会白書（2022年）」

解説 平均寿命、健康寿命共に延び、「人生100年時代」ともよばれる。

シミュレーションアプリ

6 「ライフプランを考えてみよう」

①高校卒業後の自分についてライフイベントを考える。

②ライフイベントについて質問に答える。

③「ライフイベントを追加しよう」ボタンを使って、質問外のライフイベントを追加する。

・使用するシミュレーションアプリ
「ライフプランを考えてみよう」・「職業適性チェック」

ライフイベントにかかる費用と準備 消費・経済

手順
1. ライフイベントにかかる費用を確認する。(7、8、9)
2. その費用を準備する方法について考えたり、調べたりして記録する。(7、8、9)

7 学歴、性、年齢別の賃金

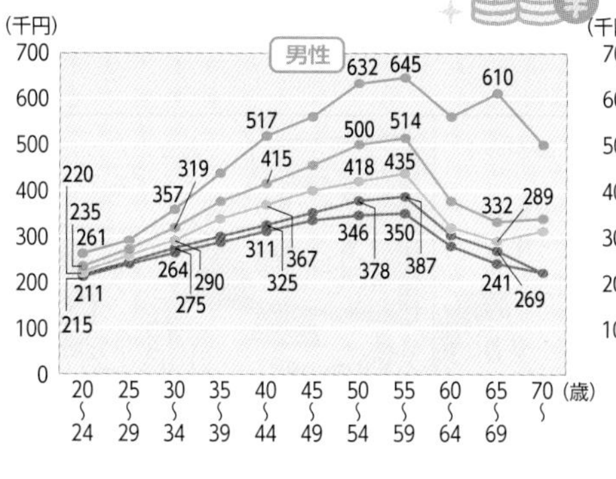

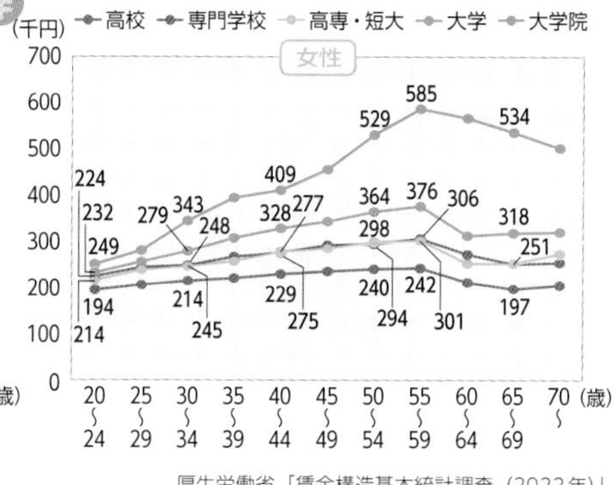

厚生労働省「賃金構造基本統計調査(2022年)」

8 雇用形態、性、年齢別の賃金

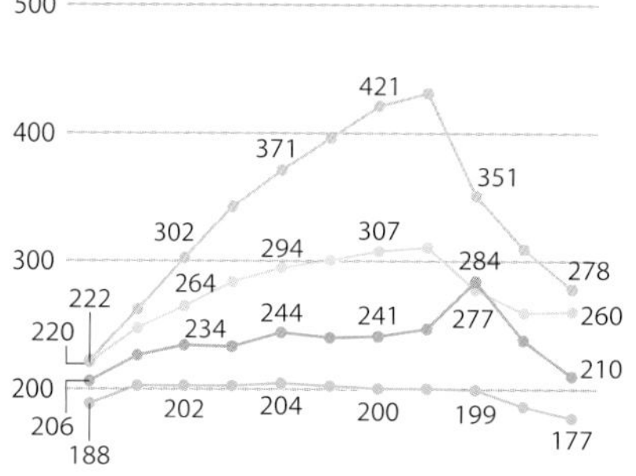

厚生労働省「賃金構造基本統計調査(2022年)」

9 シミュレーションアプリ「ライフプランを考えてみよう」

①ライフイベントをクリックして表示される費用を参照し、自己の選択を記録する。
②費用を準備する方法を記録する。　※望まないことも起こりうると想定して考えてみよう

自分の適性をいかした職業選択

手順
1. 職業労働に就く意義について考える。(10、11)
2. 離職率を知り、離職や転職の理由について意見を交換しよう。(12)
3. シミュレーションアプリ「職業適性チェック」を実施する。(13)

10 働く目的 注)2018年。20〜24歳。単数回答。

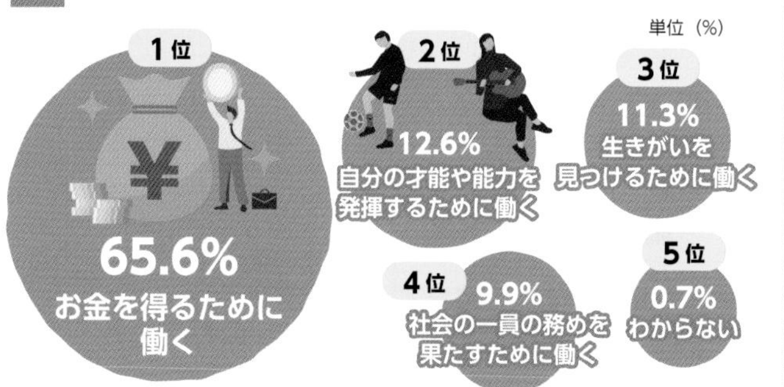

厚生労働省「労働経済の分析(2019年版)」

11 就職を決めるにあたり重視していること

単位(%)

企業などの安定性	57.3%
職場の雰囲気がよさそう	52.2%
自分のやりたい仕事ができる(やりがいがある)	49.8%
給与や賞与が高い／手当や社会保障が充実	48.4%
残業が少なく、休暇が取れるなどのワークライフバランス	40.6%
正社員として働ける	36.8%

注)2018年。就職活動を終えた・継続している・これから行う予定の大学4年生。複数回答。上位6つ。
厚生労働省「労働経済の分析(2019年版)」

12 新卒学卒者　就職後3年以内の離職率

厚生労働省「新規学卒就職者の離職状況(2021年)」

13 シミュレーションアプリ「職業適性チェック」

振り返り
ライフプランを考えるうえで必要な要素について具体的に理解できた? 知　ライフプランを立て、実現に向けて課題を考えた? 思
ライフプランの実現に向けた一連の活動を振り返って改善しようとした? 態

Theme 1 出生前検査

あなたは出生前検査を受けますか？

ねらい

・出生前検査の制度について正しく理解する。
・多角的な視点から自分らしいライフプランを考える。

そろそろ妊娠4ヶ月だね！
生まれるのが楽しみ！

胎児に障がいがあるかもしれません
えっ…
出生前検査を受けますか？

出生前検査？
○○ドラマ
障がい？
これから
どうする…？
へー、どうなるんだろう
あなただったら
どうする？
ぬっ…
わっ!!

check! あなたがこの状況になった場合、まず「知りたいこと」は何だろうか？

出生前検査とは

1 概要

出生前検査：希望した人のみ妊娠中に実施される、胎児に障がいや病気があるかなどを調べる検査。

この情報だけで出生前検査にどんな印象を持つだろうか。みんなと考えを共有してみよう。

2 妊娠中の検査の種類

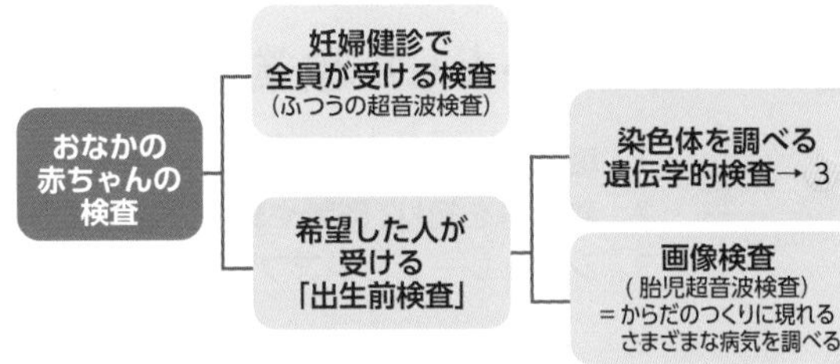
おなかの
赤ちゃんの
検査
妊婦健診で
全員が受ける検査
(ふつうの超音波検査)
希望した人が
受ける
「出生前検査」
染色体を調べる
遺伝学的検査→ 3
画像検査
(胎児超音波検査)
＝からだのつくりに現れる
さまざまな病気を調べる

解説 日本では出生前検査は義務ではなく、希望する人のみに実施される。2022年からは検査可能年齢の制限が撤廃された。

3 遺伝学的検査

	非確定的検査			確定的検査	
流産のリスク	なし			あり	
検査の目的	確定的検査を受けるかどうか検討する			赤ちゃん（じゅう毛）の染色体そのものを見る	
検査名	NIPT (非侵襲性出生前遺伝学的検査)	超音波マーカーの検査・コンバインド検査	母体血清マーカー検査	じゅう毛検査	羊水検査
実施可能期間	9～10 週以降	11～13 週	15～18 週	11～14 週	15～16 週以降
調べる病気	21 トリソミー (ダウン症候群) 18 トリソミー 13 トリソミー	21 トリソミー (ダウン症候群) 18 トリソミー 13 トリソミー	21 トリソミー (ダウン症候群) 18 トリソミー 開放性神経管奇形	染色体の 病気全般	染色体の 病気全般
検査方法	採血のみ	超音波検査・採血	採血のみ	じゅう毛を採取	羊水を採取

非確定的検査：胎児の病気の可能性を評価するための検査のこと。母体や胎児への負担やリスクはない。

確定的検査：胎児の病気を確定させるための検査のこと。母体や胎児への負担があり、流産の可能性も若干ある。

出生前検査認証制度等運営委員会
Webサイトより作成

出生前検査の実際

4 出生前検査でわかること

	21トリソミー（ダウン症候群）	18トリソミー	13トリソミー
身体的な特徴	特徴的な顔つき、発達障害など	発達障害など	発達障害など
合併症	心疾患(50%)、消化管奇形(10%)など	心疾患(50%)など	心疾患(50%)など
寿命	50～60歳	50%は1か月以内 90%は1年以内	90%は1年以内

eurofins Webサイトより作成

解説 先天性疾患(障害)のうち、1／4程度は把握できる。なかでも上記の染色体異常が代表的なものである。

5 NIPT検査陽性者のその後

	21トリソミー（ダウン症候群）	18トリソミー	13トリソミー	合計
陽性者数	943	470	141	1,556
偽陽性数※1	24	38	55	119
妊娠継続数	30	23	4	57
IUFD※2	81	142	22	245
妊娠中断※3	774	251	58	1,083
妊娠中断率	87.5%	60.3%	69.0%	78.2%
研究脱落	34	16	2	52

※1 偽陽性＝誤って陽性と結果が出てしまうこと ※2 IUFD＝子宮内胎児死亡のこと
※3 妊娠中断＝陽性の結果を受けて中絶を選択したこと
厚生労働省「NIPT受検者のアンケート調査の結果について」より作成

column 出生前検査に対する声

1『検査後に悩むことに…』

2年近い不妊治療の末、授かった子を2人立て続けに流産し、今の妊娠に至りますが、染色体異常であることがわかりました。中期中絶のリミットまであとわずか。高齢での初産であり、出産後も周囲に頼れる人はいません。現代の医学、技術で前もってわかることがあるならば知っておきたいと思い、出生前検査を受けましたが異常を指摘されてから泣かない日はありません。頭ではこの検査の意味や結果への覚悟について理解していたつもりでしたが、これほどまでに想像を絶する苦しみの中で厳しい現実と向き合わねばならないとは思っていませんでした。生むか生まないかを考えるよりも、生きるとは命とは幸せとは何かについて夫婦で考える日々です。胎児に異常が見つかったあと、情報も時間も少なく精神的に孤立する夫婦をケアする体制づくりの必要性を強く感じます。(女性 / 40代 / 母親)

2『後悔しないために検査をしない』

2人目は初期の段階で流産しました。その時に本当に悲しくて、あれから数年たちますが今でも忘れられません。その後高齢で3人目を妊娠しましたが、検査はしませんでした。2人目を妊娠する前に、もしも検査をして陽性だったら堕胎しようと思っていました。でも2人目の流産を経て、もし自分の選択で命を諦めるようなことがあれば、私は何年も後悔して悲しむと思い検査はやめました。2人目を亡くした私は、どんな命でも生まれて欲しかったからです。結果健康体で生まれましたが、もし病気を持って生まれてきたらどうなっているかはわかりません。検査があることは一つの選択肢として良いとは思いますが、周りの意見や一時の感情に惑わされずに判断することがとても難しいですが大事だと思います。(女性 / 40代 / 母親)

NHK福祉情報サイトハートネットWebサイト

さまざまな立場の考えに触れよう。
出生前検査をどう考える？また出生前検査は受ける？
みんなと考えを共有してみよう。

6 人工妊娠中絶の条件

妊娠中絶 意図的に妊娠を中断し、母体から胎児を排出すること。

- 母体保護法により、一定の要件では人工妊娠中絶の適法性が認められている。

母体保護法 目的 母体の生命・健康を保護すること

※人工妊娠中絶が認められる場合
①妊娠の継続や分娩が身体的・経済的理由により母体の健康を著しく害するおそれのあるもの
②暴行・脅迫によって、抵抗・拒絶することができない状態で性交させられて妊娠したもの

- 中絶可能期間は22週未満
  - ■初期中絶期間…5～11週
  - ■中期中絶期間…12～21週（死産届・埋葬必要）
- 堕胎罪にあたる場合は刑法で1年以下の懲役刑になる。

解説 日本では母体保護法によって中絶を可能とする条件が提示されているが、その条件を拡大解釈して出生前検査の結果によって中絶を選択する人が多いという現実がある。

7 リプロダクティブ・ヘルス／ライツ

リプロダクティブ・ヘルス 性や子どもを産むことにかかわるすべてにおいて、本人の意思が尊重され、自分らしく生きられること

リプロダクティブ・ライツ 自分の身体に関することを自分自身で選択し、決められる権利のこと

解説 「子どもを生む・生まない」という選択や決定の権利は、妊娠の当事者である女性にある。パートナー同士で話し合い、決定することが大事である。

出生前検査について賛否がある理由として、メリット・デメリットをまとめよう。**知**

あなた（またはパートナー）は出生前検査を受けるだろうか？ その理由をあなたの人生観や生き方に照らし合わせて記述しよう。**態**

Theme 2 新生児の身体の特徴と発育

新生児ってどんな特徴がある？

・新生児の身体の特徴と発育のしかたについて理解する。

check! 新生児の身体の特徴を知っている？

新生児の身体的特徴と生理的特徴

1 新生児と乳児

新生児

新生児とは生後４週までの乳児のこと。乳児のなかでも新生児は多くの特徴がある。

乳児（６か月）

乳児とは１歳までの子のこと。乳児は新生児期を含む。

2 母子健康手帳と父子手帳の活用

東京都品川区母子健康手帳

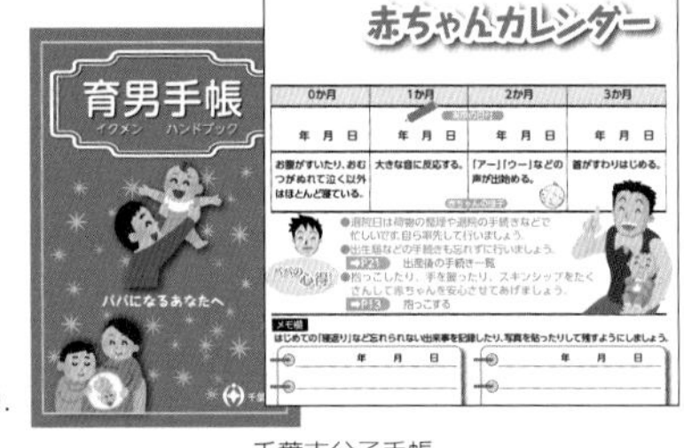

千葉市父子手帳

解説 新生児の特徴や親として注意すべき点は、母子健康手帳や父子手帳に記載されている。

3 新生児〜乳幼児の姿勢の違い

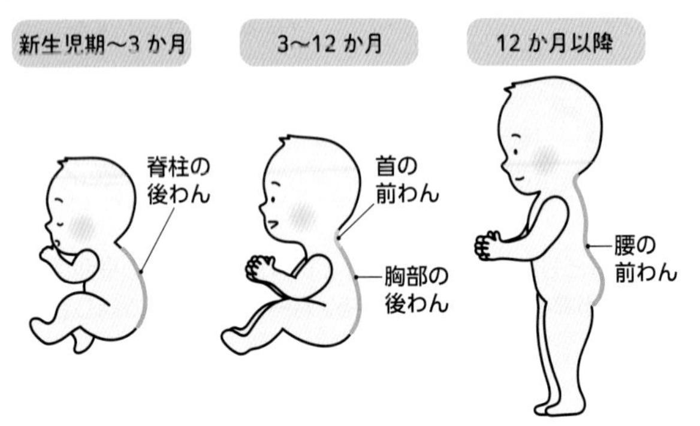

解説 脊柱（せきちゅう）がわん曲することによって、首の据わりや立位、歩行などの姿勢が可能になっていく。

4 新生児の頭蓋骨

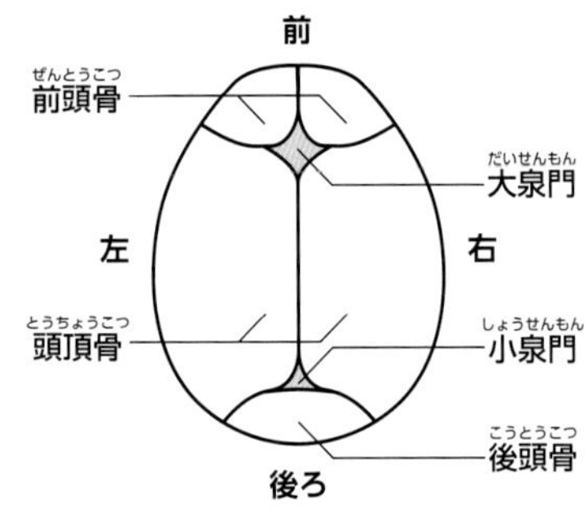

新生児の頭部に「大泉門」「小泉門」といった“すき間”があるのはなぜだろう？

5 新生児の皮膚

生理的黄疸（おうだん）

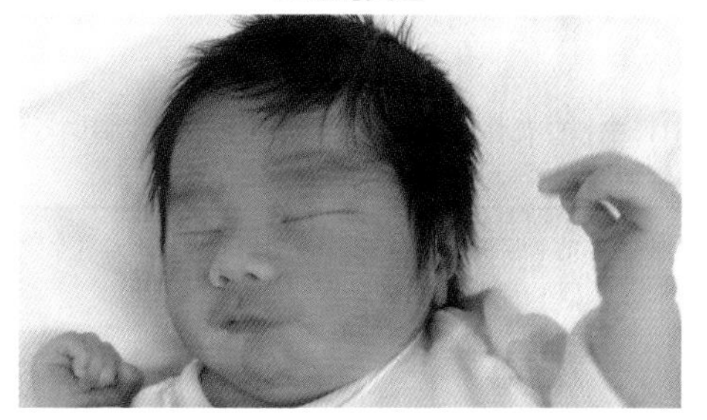

解説 新生児は、出生後３～４日から皮膚が黄色くなることが多い。これを**生理的黄疸**という。生後１週間ほどで元に戻るので過度に心配をしなくてよい。

6 新生児の便の色による健康チェック

便の色

1 2 3 4

5 6 7

解説 生後２～３日の便は暗緑色で粘り気がある。約７日で黄色い便（図の４番）、次第に茶色の便になっていく（図の５～７番）。便が図の１～３番の場合は、病気の可能性もある。

新生児の原始反射

7 把握反射と吸てつ反射

把握反射

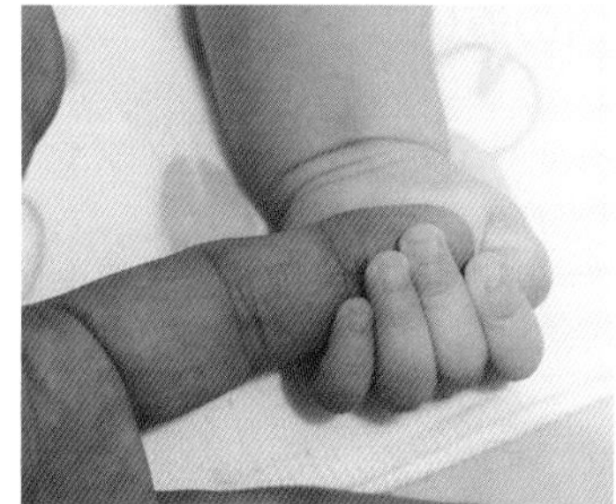

把握反射とは手のひらに何かが触れるとぎゅっと握りしめる反射のこと。

吸てつ反射

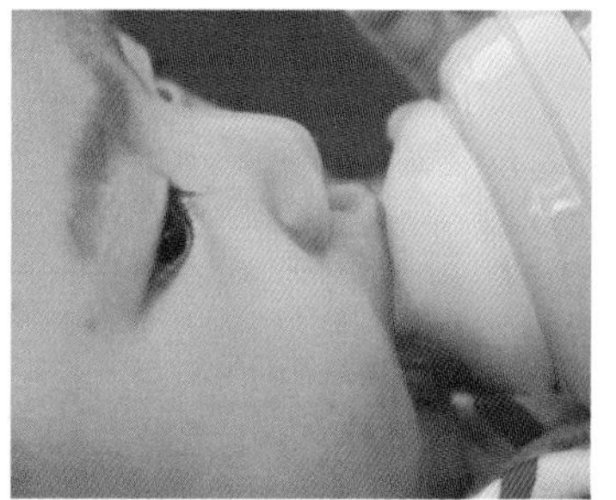

吸てつ反射は口に触れたものを吸う反射で、これにより乳児は生まれた直後からほ乳ができる。

8 モロー反射

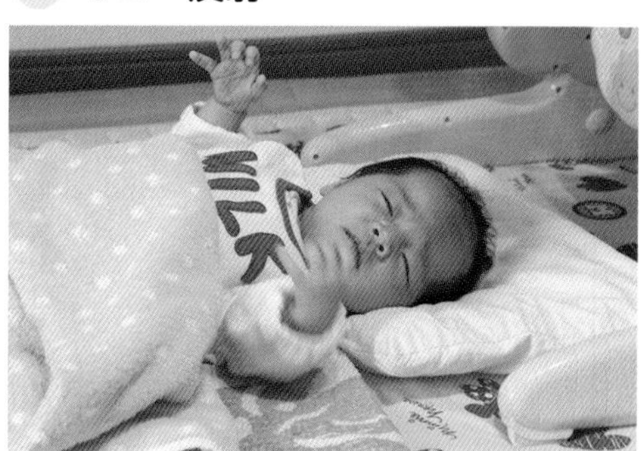

仰向けに寝かせて頭を少し上げた状態から急に下げると驚いたように両手を広げて何かに抱きつくような反射をする。大きな音を聞いたときにも見られる。

9 歩行反射

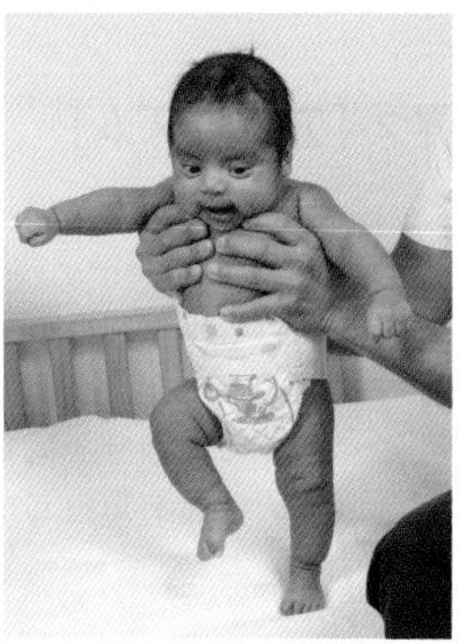

足の裏が平面に触れると歩くように足を動かす反射のこと。

column

原始反射の意味

反射とは、意識的に動かそうとしていないのに、筋肉が動いて体の一部が動くことをいう。原始反射は、乳児の生命維持、神経の発達を促すのに必要な動きで、生後1年ほどの間、乳児にはさまざまな反射が見られる。乳児は子宮の中で成長し、生まれた後すぐに外の環境に合わせることはできないので、初めての環境に適応して生きるためにこの反射が必要である。原始反射が本来出る時期に見られなかったり、逆に出なくなる時期にまだ見られたりする場合や、左右差がある場合は、脳や神経に異常がないかを確認する必要がある。定期的な乳児健診でも、原始反射を確認する。

振り返り　新生児の身体の特徴と発達のしかたについてまとめよう。知

Theme 3

乳幼児の心身の発達と特徴

乳幼児ってどんな発達をしていくのだろう？

ねらい ・乳幼児の心身の特徴と発達のしかた、それに合わせた保育者としてのかかわり方について理解する。

check! 乳幼児の特徴って？ 乳幼児とはどうかかわったらいいの？

乳幼児の身体的発達と特徴

1 各臓器の発育曲線（スキャモン曲線）

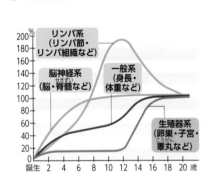

200%
180
160
140
120
100
80
60
40
20
0
誕生 2 4 6 8 10 12 14 16 18 20 歳

リンパ系（リンパ節・リンパ組織など）
脳神経系（脳・脊髄（せきずい）など）
一般系（身長・体重など）
生殖器系（卵巣・子宮・睾丸（こうがん）など）

解説
身体の発育のしかたは臓器によって異なる。この違いを大まかにまとめた左図を発育曲線という。

注）20歳までの発育量を100として、各年齢までの値をその100分比で示してある。

2 乳幼児と成人の胃の違い

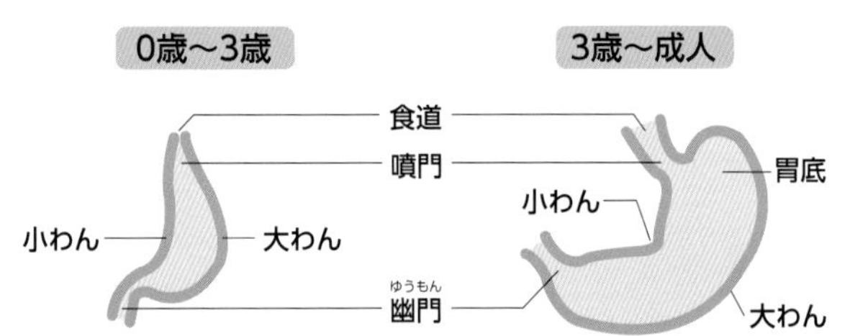

解説 乳幼児は特に胃の噴門部（入口）が未発達で、飲食したものを吐きやすいので、食事の与え方や食後の観察などの注意が必要である。

乳幼児のこころの発達と特徴

3 子どもの見ている世界①「自己中心性」

解説
４歳頃までの幼児は物事をすべて自分の立場でしかとらえられず、相手の立場で考えることができない。エゴイズム（利己主義）とは異なる。

4 子どもの見ている世界②「アニミズム」

お空さん
怒られ
ちゃった
のかな

解説
３～5歳頃の幼児は無生物（石やおもちゃなど）を含むすべてのものに自分と同じように命や気持ちがあると考える。

5 幼児（3歳頃）が描く絵

解説 頭部と胴体が1つの丸で、そこから直接手足が出ているように描かれる。これを「頭足人」という。国や文化に関係なく世界中の幼児に共通する絵である。

6 2つの微笑（ほほえみ）

①生理的微笑

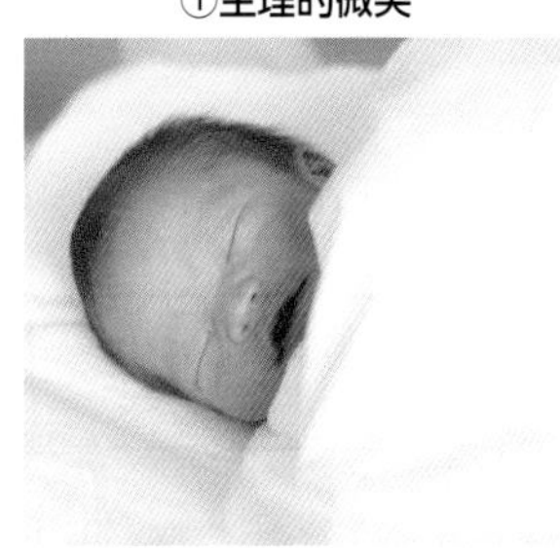

0～2か月頃まで見られる、感情とは関係ない反射的な微笑。

②社会的微笑

2か月頃から見られる、感情や感じたことに反応した微笑。

7 人見知り（7か月頃～）

解説 親しい人と見知らぬ人を区別できるようになり、見知らぬ人に対して警戒心や恐れを抱き、泣き出したりする。親しい人との間にアタッチメント（9）が形成されている証でもある。

8 だだこね（1歳頃～）・第一反抗期（2歳頃～）

①だだこね

②第一反抗期（いやいや期）

イヤ!

解説 自我が芽生え、発達している証で、自立に向けての必要な通過点である。

この発達を支えるためには保育者はどんな対応が必要だろうか？

乳幼児の発達を支える保育者のかかわり方

9 アタッチメント（愛着）

解説 特定の人との情緒的な結びつきのことをアタッチメントという。アタッチメント形成のためには、保育者からの安定したコミュニケーションと「スキンシップ」が重要な役割を果たす。

10 二項関係から三項関係へ（9か月頃～）

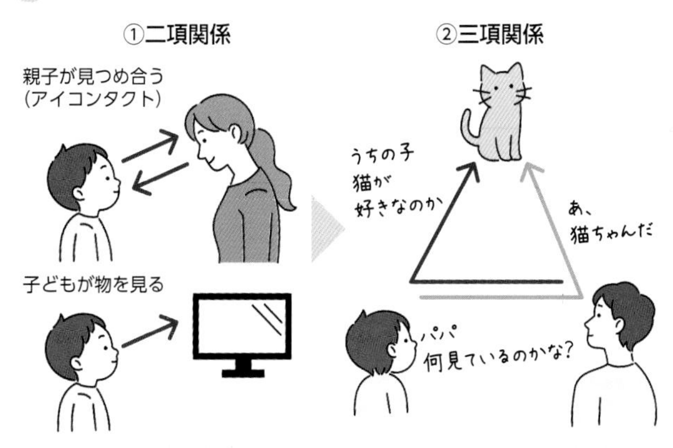

解説 三項関係になると子どもが自分の見ているものや思いを他者に伝えたり、他者と共有したりできる。このことによりコミュニケーションや社会性が発達していく。

振り返り　乳幼児の心身の特徴と発達のしかた、それに合わせた保育者としてのかかわり方についてまとめよう。**知**

Theme 4

子どもと遊び

子どもにとって“遊び”とはどんな意味があるのだろう？

ねらい

・子どもの遊びを取り巻く社会環境の課題を見いだし、解決策を構想する。

子どもは気楽でいいな〜
遊んでるだけでいいんだもんな…
まてまて〜!!
子どもにとって遊びは
とっても重要なんだ！
スッ
え？
子どもは遊ぶことで
いろんなことを学んでいるんだよ
・コミュニケーション力の向上
・自主性や創造力
でも最近は公園でできる遊びが
制限されていて…
この人だれだろう…！？

check! 子どもの“遊び”ってどうやってサポートしたらよいのだろう？

“社会性”から見た遊びの種類

1 遊びの種類

①ひとり遊び

②傍観遊び

興味を持って他の子の遊びを見ている状態。その子の遊びを真似することもある。

③平行遊び

同じような遊びを近くでしているが互いのかかわりがない状態。

④協同遊び

複数で目的や役割を持って共に遊んでいる状態。

児童文化財

2 伝承遊びと玩具の例

だるま落とし　けん玉　独楽（こま）　お手玉

解説　伝承遊びとは、古くから日本で親しまれ伝えられてきた遊びで、写真のような玩具を用いた遊びやかくれんぼ、童歌（わらべうた）などがある。

3 日本の絵本発行部数ランキング

（ミリオンぶっく2023累計発行部数）

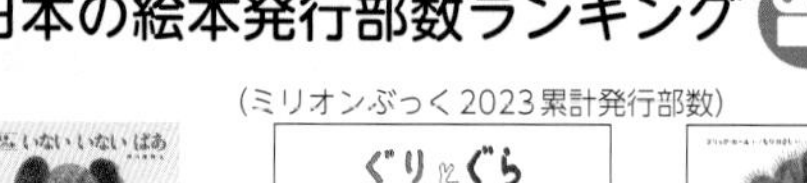

いないいないばあ
ぐりとぐら
はらぺこあおむし

1位 735万部
「いない いない ばあ」
松谷みよ子／文
瀬川康男／絵
童心社

2位 551万部
「ぐりとぐら」
中川李枝子／作
大村百合子／絵
福音館書店

3位 444万部
「はらぺこあおむし」
エリック・カール／作
もり ひさし／訳
偕成社

解説

一口に絵本といってもさまざまな楽しみ方がある。絵、リズム、物語など、子どもの年齢に合わせて絵本の選び方、楽しみ方は広がっていく。

子どもの遊びを取り巻く社会環境

4 実際にあった公園の張り紙の文章

このような看板や張り紙が公園に設置されていることをどう思う？

5 母親が子どもの遊びについて困っていること

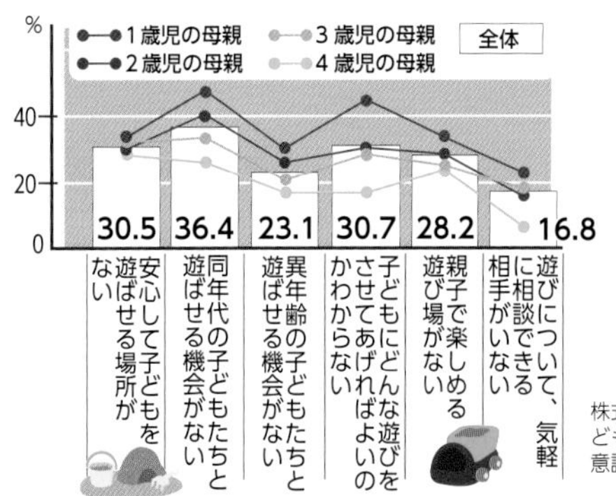

解説 約7割の母親が遊びに関して困っていることがわかった。特に低年齢児の母親ほど、多くの悩みを抱えている。

株式会社ボーネルンド「子どもの遊びに関する母親の意識調査（2012年）」

6 遊ぶ“空間”

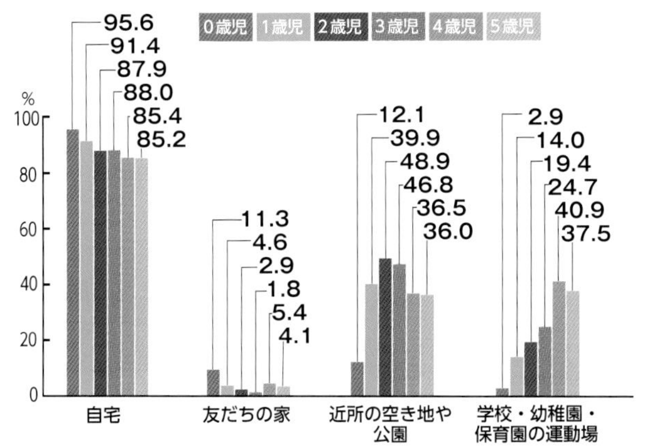

※2つ選択。
※0歳6か月～6歳11か月の子どもを持つ親の回答を分析。
ベネッセ教育総合研究所「第5回幼児の生活アンケート（2016年）」

解説 どの年齢でも遊ぶ場所で最も多いのは自宅である。次いで空き地や公園、保育園などの運動場となっている。

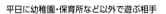

7 遊ぶ“仲間”

平日に幼稚園・保育所など以外で遊ぶ相手

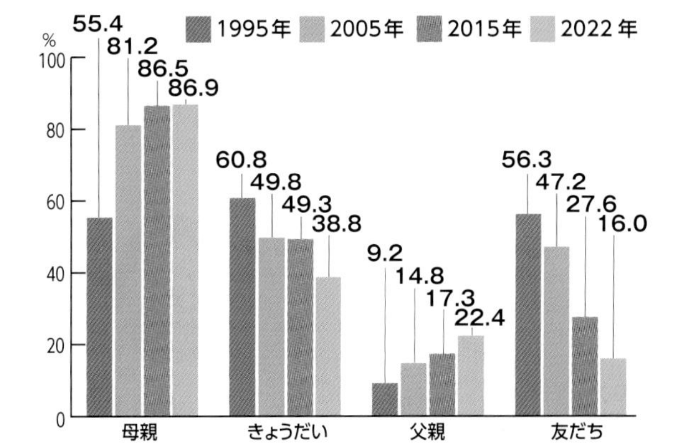

※複数回答。
※0歳6か月～6歳11か月の子どもを持つ親の回答を分析。ベネッセ教育総合研究所「第6回幼児の生活アンケート（2022年）」

解説 調査開始年以降、平日に一緒に遊ぶ相手は「母親」「父親」が増加し「きょうだい」「友だち」は減少していることがわかる。

8 遊ぶ“時間”

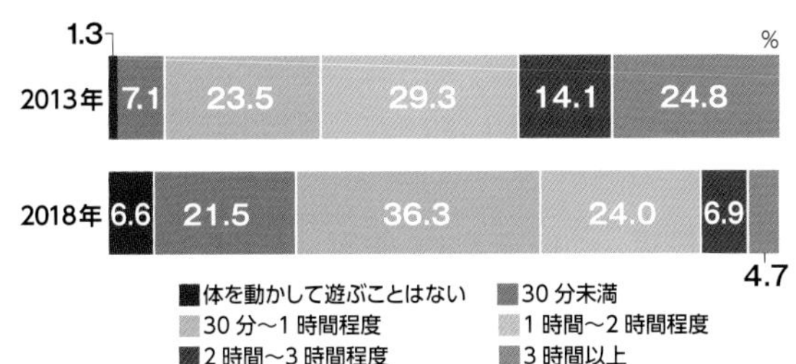

株式会社ボーネルンド「子どもの遊びに関する母親の意識調査（2018年）」

解説 子どもの体を使った遊びの時間が減少している。要因の1つとして、塾や習い事があげられる。

9 スマートフォンと子育て

※家族がスマートフォンを所有する人のみ回答。
※2013年は無答不明を除く。

ベネッセ教育総合研究所「乳幼児の親子のメディア活用調査（2017年）」

解説 スマートフォンを子育てに活用するケースや頻度は、0歳児を含むすべての年齢で増加している。

スマートフォンを子育てに活用するメリットとデメリットを考えてみよう。

振り返り 現在の日本における子どもの遊びを取り巻く社会環境の課題を2つあげ、その解決に向けて社会全体で取り組むべきことを説明してみよう。思

Theme 5

子どものいる暮らし

子どもの暮らしで大切なことは？

・子どもの生活習慣について理解し、健康管理や安全対策の方法を学ぶ。

check! あなたの小さい頃のお気に入りについて思い出すこと、家族から聞いたことをあげてみよう。

子どもの生活習慣を知ろう

1 基本的生活習慣とは

解説 基本的生活習慣を身につけることは、心身の健全な発達を促すために必要である。周囲の大人は模範となる行動を心がけ、適切な環境づくりをすることが求められる。

2 睡眠時間が短い日本の赤ちゃん

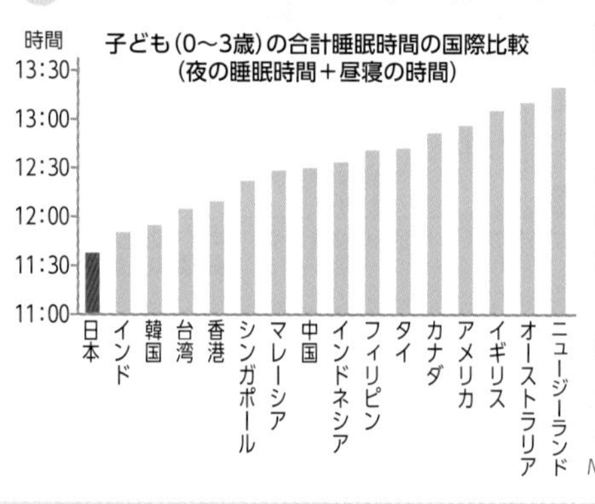

解説 十分な時間と質のよい睡眠は、子どもの運動能力や記憶能力を高めることがわかっている。子どもたちが十分な睡眠をとれるように環境を整えることが大切である。

Mindell他の論文（2010年）

子どもの基本的生活習慣の乱れが心身に及ぼす影響について調べてみよう。

子どもの食生活を知ろう

3 食育基本法の５つの目標

「楽しく食べる子ども」に成長するための５つの目標

- 食事を味わって食べる
- 食生活や健康に主体的にかかわる
- 一緒に食べたい人がいる
- 食事づくりや準備にかかわる
- 食事のリズムがもてる

解説 食育基本法は、食に関する問題が生じている状況を踏まえ、健全な食生活を取り戻していくことが必要となり、2005年に制定された。「楽しく食べる子ども」になることをめざしている。

子どもの食生活の問題点と改善点について調べてみよう。

4 食事を五感で楽しむ

味覚	聴覚	触覚	嗅覚	視覚
味	音	触る	匂い	見る

解説 味覚を育てるためには、離乳期からいろいろな食品に親しみ、自分で食べようとする意欲を大切にする。五感を使っておいしさの発見を繰り返す経験が重要である。

5 離乳食の進め方のめやす

離乳の開始 → 離乳の完了

	生後5〜6か月ころ	7〜8か月ころ	9〜11か月ころ	12〜18か月ころ
食べ方のめやす	1日1回1さじずつ始める。 母乳やミルクは飲みたいだけ飲んでよい。	1日2回食で食事のリズムをつけていく。 食品の種類を増やしていく。	食事のリズムを大切に1日3回食に進める。 家族一緒に楽しい食卓体験をさせる。	1日3回の食事リズムを大切に、生活リズムを整える。 自分で食べる楽しみを手づかみ食べから始める。
調理形態のめやす	なめらかにすりつぶした状態	舌でつぶせる固さ	歯ぐきでつぶせる固さ	歯ぐきで噛める固さ

解説 乳汁栄養から、固さや形のある食事を摂取できるようになるプロセスが「離乳」である。生後5、6か月になり、大人の食べ物に興味を示し始めたら離乳食を始める。

6 幼児のおやつ

解説
幼児にとってのおやつは「補食」としての役割が大きい。1日の総エネルギーの10〜20%をめやすとする。

子どもを危険から守ろう

7 危険な場所はどこ！？

解説
子どもは運動機能の発達とともにさまざまな事故にあう危険が伴う。子どもの行動を想定した家具・家電の配置や、整理整頓を心がける必要がある。

8 家の中は危険？

住生活

不慮の事故による子どもの死亡数

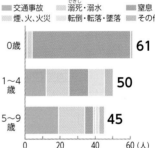

凡例：交通事故／溺死・溺水（できし）／窒息／煙、火、火災／転倒・転落・墜落／その他

0歳 61
1〜4歳 50
5〜9歳 45

0 20 40 60（人）

厚生労働省「人口動態統計（2021年）」

解説
子どもの不慮の事故の発生場所は、5歳未満の8割以上が家庭である。窒息や誤飲、水回りの事故、やけど事故、転落・転倒事故が起こらないように気をつける必要がある。

子どもの住生活を取り巻く危険について考えよう。

9 子ども服選びのポイントは？

衣生活

解説 子ども服のひもやフードは周囲の凹凸やすき間に引っかかり転倒や窒息のおそれがある。ひもをつける箇所は、JIS規格で安全基準が示されている。

10 誤飲による窒息事故を防ごう

子どもの口の大きさは

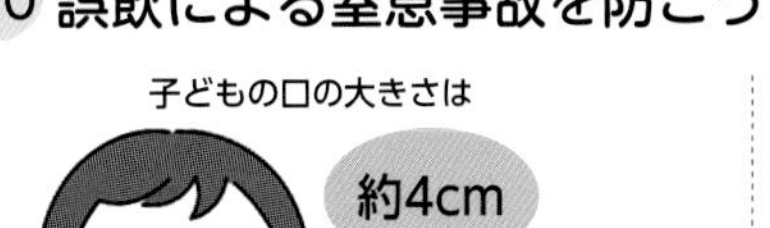

政府広報オンライン「暮らしに役立つ情報」webサイト

誤飲チェッカー®

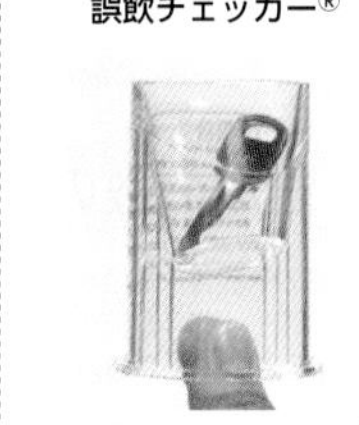

（一社）日本家族計画協会

解説 3歳児が口を開けたときの最大口径は約39mmである。トイレットペーパーの芯や誤飲チェッカーをめやすにして、これより小さいものは周りに置かないようにする。

子どもの生活について理解できた？ 知
安全で健全な発育を促す環境づくりについて考えることができた？ 思

Theme 6

子どもが育つ環境と支援

子育ての環境に必要な支援って？

ねらい ・子育て環境の現状と問題について学び、望ましい支援について考える。

check! 保育施設にはどのような種類があるか、あげてみよう。

出生率の低下　子どもの数の理想と現実とは？

1 出生率の低下が続いている

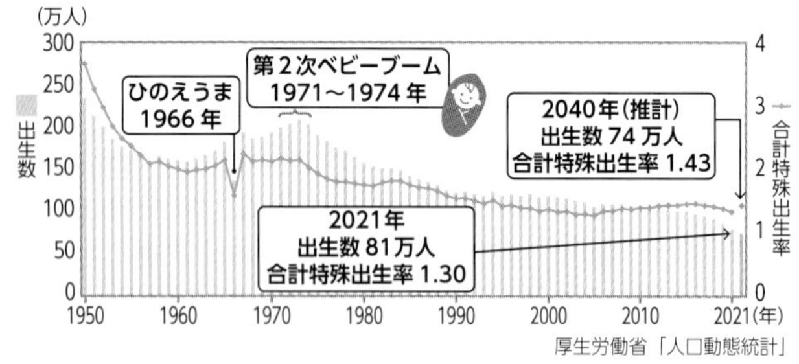

厚生労働省「人口動態統計」

解説 2021年における出生数は81万人と過去最低となり、将来推計人口における2040年の出生数は約74万人と推計されている。

2 子どもの数:理想と現実

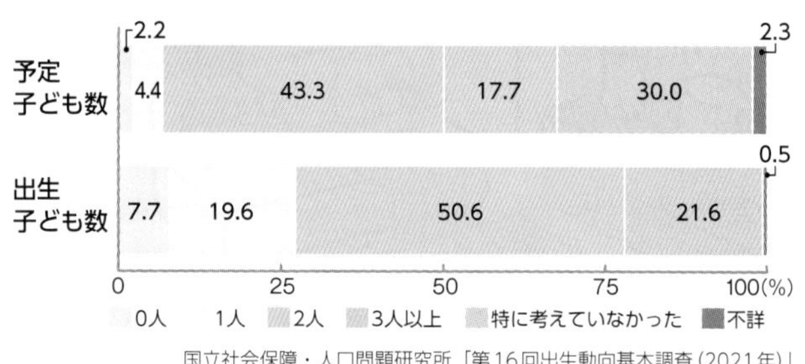

国立社会保障・人口問題研究所「第16回出生動向基本調査（2021年）」

解説 予定の子ども数では、子どもを持ちたいと思わない者は2.2%であったが、出生子ども数では、子どもを持たなかった者が7.7%となっている。

出生率が下がり続けると、どのような問題が起こるのか、調べよう。

子育てにかかわる不安とは？

3 理想の数の子どもを持たない理由

理由	(%)
子育てや教育にお金がかかりすぎるから	52.6
高年齢で生むのはいやだから	40.4
欲しいけれどもできないから	23.9
これ以上、育児の心理的、肉体的負担に耐えられないから	23.0
健康上の理由から	17.4
自分の仕事（勤めや家業）に差し支えるから	15.8

国立社会保障・人口問題研究所「第16回出生動向基本調査（2021年）」

解説 理想の数の子どもを持たない理由は、経済的な理由が最も多い。

理想の数の子どもを持たない理由について話し合ってみよう。

4 子育てについての悩みや不安

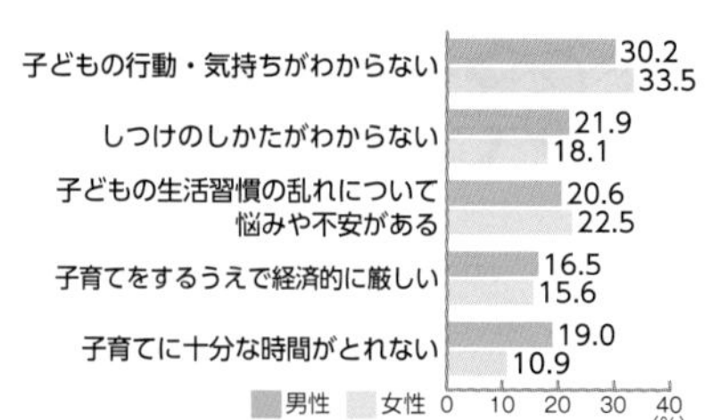

文部科学省「家庭教育の総合的推進に関する調査研究（2022年）」

解説 男性は、子育てに十分な時間がとれないと感じている者の割合が女性よりも高いが、休日はパートナーと協力して子育てを分担する人が増加している。

5 ワンオペ育児

6歳未満の子どもを持つ夫の育児・家事関連行動者率(週平均)

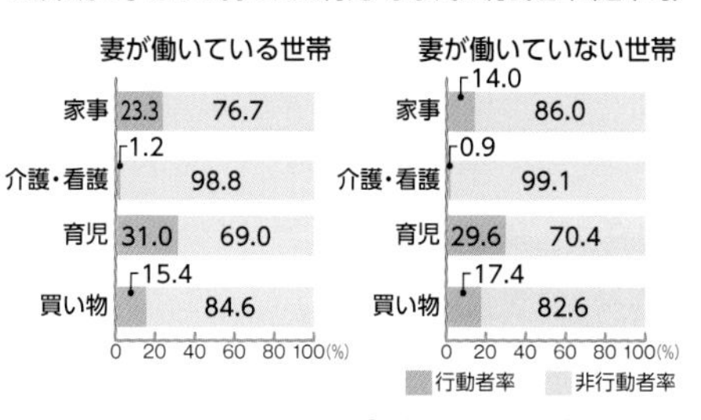

内閣府男女共同参画局「社会生活基本調査(2016年)」

解説 母親が長時間、1人で孤立した子育て(＝ワンオペ育児)を行っている現状がある。共働きの世帯でも7割以上の男性が家事をまったく行っていない。

男性の育児休業取得率と、取得を促進するための取り組みについて調べよう。

6 ファミリー・サポート・センター

相互援助活動の例

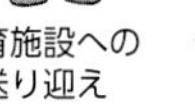

保育施設への送り迎え / 保育施設の時間外や、学校の放課後などに子どもを預かる / 保護者が買い物など外出の際、子どもを預かる / 保護者の病気や冠婚葬祭などの急用時に子どもを預かる

厚生労働省「ファミリー・サポート・センターのご案内」より作成

解説 子育て中の保護者を会員として、子どもの預かりなどの援助を受けることを希望する人と、援助を行うことを希望する人とをつなぎ、連絡・調整を行っている。

さまざまな保育施設と子育て支援

7 さまざまな保育施設

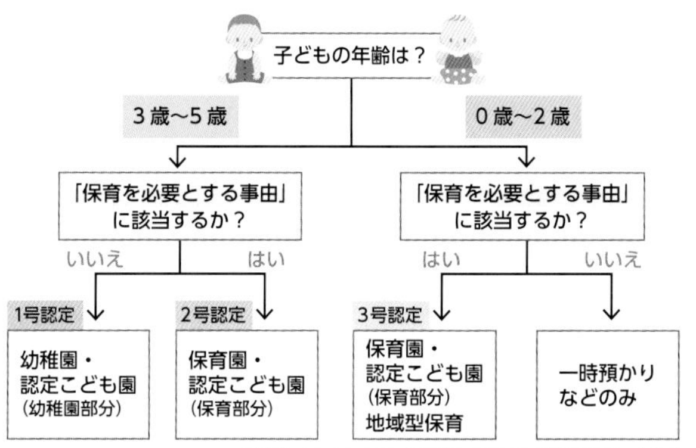

内閣府「よくわかる『子ども子育て支援新制度』」より作成

解説 子どもの年齢や「保育を必要とする事由」の有無により、3つの種類に認定が分かれる。その他、地方自治体の基準に基づいて運営している認可外保育施設がある。

8 充実させてほしい保育サービス

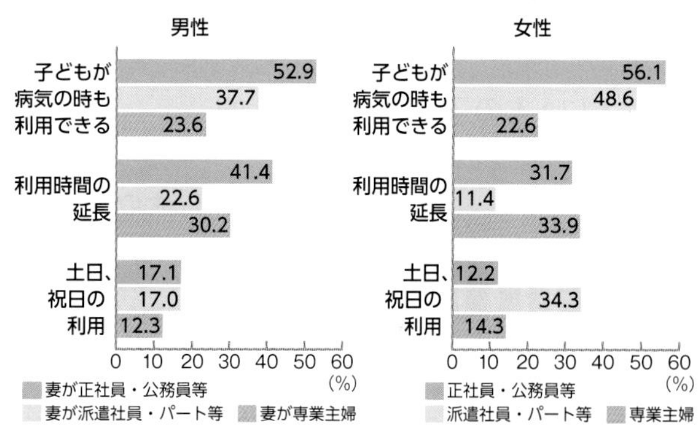

明治安田生活福祉研究所「結婚・出産に関する調査(2013年)」

解説 「子どもが病気の時でも利用できる」ことを今後の要望としてあげている割合が高い。病気の子どもを預かる施設が少なく、預け先に苦労していることがわかる。

9 NAVITIME for Baby

(C)ナビタイムジャパン

解説 子ども連れのお出かけをサポートする「NAVITIME for Baby」。ベビーカーや抱っこひもでの移動に適したルートや、外出先でのおむつ替えの場所や授乳室の検索ができる。

10 子育てサポート企業の証「くるみんマーク」

「子育てサポート企業」として認定された企業にはくるみんマークが付与される

優良な「子育てサポート企業」として認定された企業には、プラチナくるみんマークが付与される

解説 次世代育成支援対策推進法に基づいて行動計画を策定し、目標を達成するなどの一定の要件を満たした企業は、「子育てサポート企業」として厚生労働大臣の認定を受けることができる。

子育て環境の問題と課題、支援について理解できた？ 知

子育て支援の必要性や具体的内容について考えることができた？ 思

Theme 7 子どもを守る法律・権利・福祉

どうしたら子どもを守ることができるの？

・子どもを取り巻く問題を知り、子どもを守るための法律や福祉制度について学ぶ。

1 農園で働く子ども（コートジボワール）

2 レンガ工場で働く子ども（アフガニスタン）

check! 世界の5～17歳の子どもの何人に１人が児童労働者だろうか？

日本の子どもの貧困問題とは？

1 ７人に1人の子どもが貧困状態

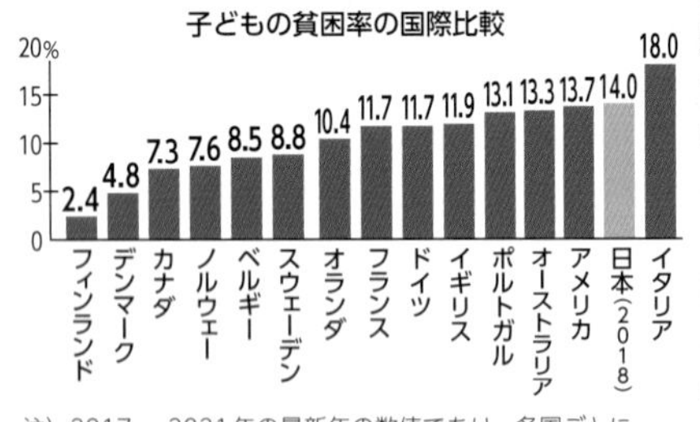

注）2017～2021年の最新年の数値であり、各国ごとに時点は異なる　OECD Statisticsほか

解説 子どもの貧困率とは、相対的貧困の状態にある18歳未満の子どもの割合であり、相対的貧困とは、その国の所得の中央値の半額以下しか所得がない状態のことである。

2 ひとり親世帯の貧困率が高い

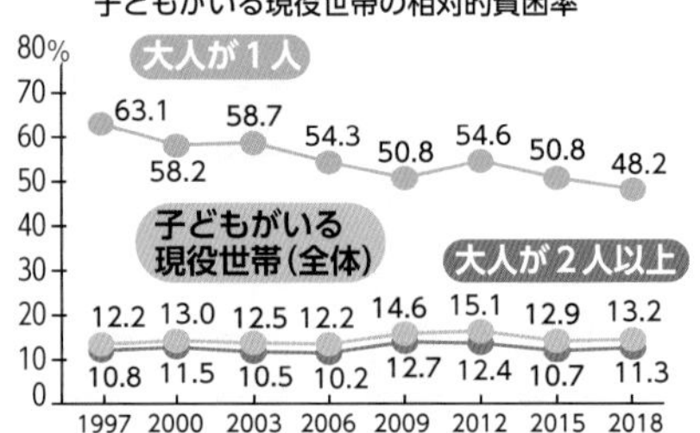

注）2018年はOECDの新基準による　厚生労働省「国民生活基礎調査」

解説 ひとり親世帯に相対的貧困世帯が多い現状があり、子どもの医療や食事、学習体験などに深刻な影響を与えている。貧困の連鎖から抜け出すための支援が必要である。

子どもの貧困が子どもの成長に与える影響と、具体的な支援について調べよう。

子どもを取り巻く問題

3 増加を続ける児童虐待相談件数

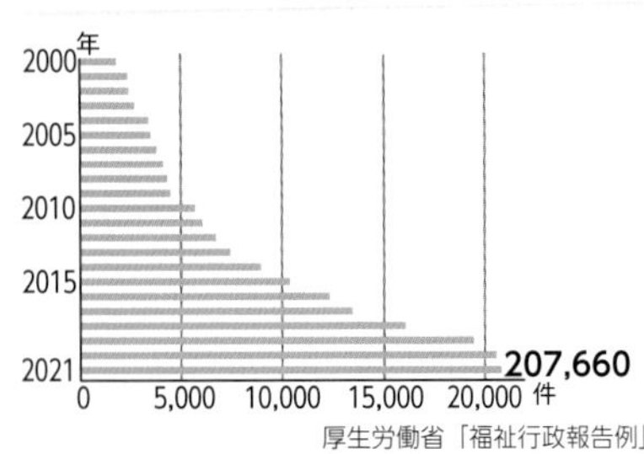

厚生労働省「福祉行政報告例」

解説 虐待には「身体的虐待」「性的虐待」「ネグレクト」「心理的虐待」がある。近年特に増加しているのは心理的虐待やネグレクトである。

4 虐待かなと思ったら、どうする？

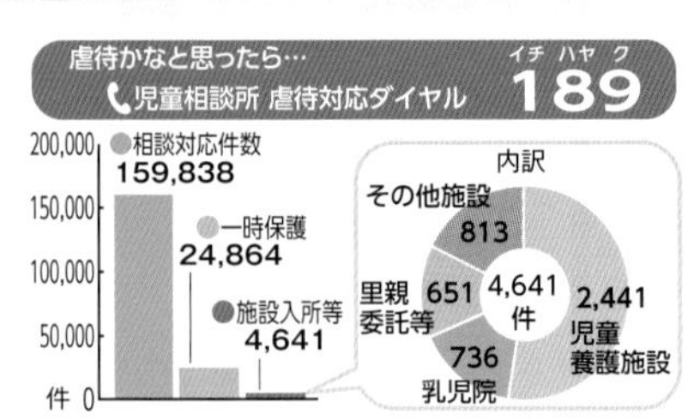

厚生労働省「福祉行政報告例（2018年）」

解説 児童相談所は、虐待の通報を受け、危険性があると判断した場合に一時保護という形で子どもを預かる。一時保護の後、児童養護施設などに入所するのは約２割である。

虐待が起きてしまう背景にはどのような問題があるのか調べよう。

5 子どもを性被害から守ろう！

みずぎでかくれるところは
じぶんだけの
だいじなところだからだよ

いろんなひとに
みせるところ
じゃないんだね！
くち・かお もだいじだよ！

男女共同参画局「教材・啓発資料イメージ　幼児期」

解説
児童ポルノ事犯の検挙件数および被害児童数は、10年で倍増している。自分のからだと同じように人のからだを大切にする意識を身につけることが必要である。

6 ストリートチルドレン

（バングラデシュ）

解説
路上に住む、あるいは路上で生計を立てている18歳未満の子どもたち（=ストリートチルドレン）は、世界で１億人ともいわれている。安全な住まい・食事・教育支援などが必要である。

子どもを守る法律と支援

7 子どもの権利条約

子どもの権利は大きく分けると以下のようになる。

生きる権利　育つ権利　守られる権利　参加する権利

解説 1989年、国連総会において採択された「子どもの権利条約（児童の権利に関する条約）」は、世界中すべての子どもたちが持つ権利を定めた条約で、日本は1994年に批准した。

子どもの権利条約が成立した背景について調べよう。

8 こども基本法

こども施策は、6つの基本理念をもとに行われる

1 すべてのこどもは大切にされ、基本的な人権が守られ、差別されないこと。
2 すべてのこどもは、大事に育てられ、生活が守られ、愛され、保護される権利が守られ、平等に教育を受けられること。
3 年齢や発達の程度により、自分に直接関係することに意見を言えたり、社会のさまざまな活動に参加できること。
4 すべてのこどもは年齢や発達の程度に応じて、意見が尊重され、こどもの今とこれからにとって最もよいことが優先して考えられること。
5 子育ては家庭を基本としながら、そのサポートが十分に行われ、家庭で育つことが難しいこどもも、家庭と同様の環境が確保されること。
6 家庭や子育てに夢を持ち、喜びを感じられる社会をつくること。

こども家庭庁

解説 子どもを取り巻くさまざまな問題に取り組むため、こども家庭庁が2023年4月に発足したと同時に、「こども基本法」が施行された。

9 発達障害の症状 

それぞれの障害の特性

自閉症
- 言葉の発達の遅れ
- コミュニケーションの障害
- 対人関係・社会性の障害
- パターン化した行動、こだわり

知的な遅れを伴うこともあります

広汎性発達障害

アスペルガー症候群
- 基本的に、言葉の発達の遅れはない
- コミュニケーションの障害
- 対人関係・社会性の障害
- パターン化した行動、興味・関心のかたより
- 不器用（言語発達に比べて）

注意欠陥多動性障害 ADHD
- 不注意（集中できない）
- 多動・多弁（じっとしていられない）
- 衝動的に行動する（考えよりも先に動く）

学習障害 LD
- 「読む」、「書く」、「計算する」等の能力が全体的な知的発達に比べて極端に苦手

※このほか、トゥレット症候群やきつ音（症）なども発達障害に含まれます。

政府広報オンライン「発達障害って、なんだろう？」

解説 発達障害のある人やその家族を支援する施設として、発達障害者支援センターがある。日常生活をサポートし、発達の相談や就労への支援を行っている。

10 里親制度

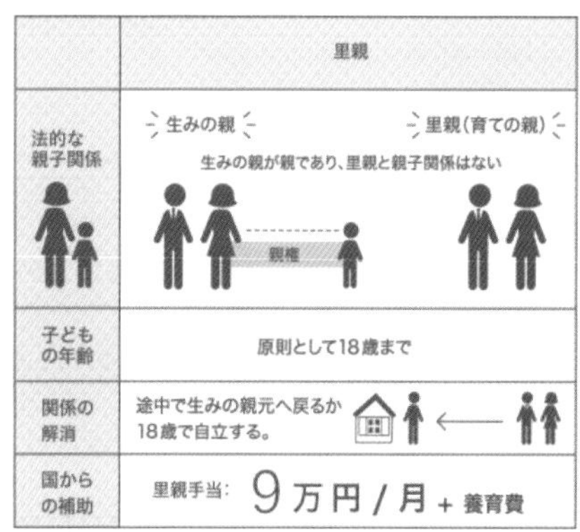

	里親
法的な親子関係	生みの親　里親（育ての親） 生みの親が親であり、里親と親子関係はない 親権
子どもの年齢	原則として18歳まで
関係の解消	途中で生みの親元へ戻るか18歳で自立する。
国からの補助	里親手当　9万円／月＋養育費

（公財）日本財団 Webサイト

解説 里親制度とは、親の代わりに一時的に家庭内に子どもを迎え入れて養育する制度である。生みの親が養育できない子どもは、養子縁組や里親など、家庭と同様の養育環境で継続的に養育されることが原則とされている。

振り返り
子どもを取り巻く問題について理解できた？ 知
子どもを支援する具体的な取り組みについて考えることができた？ 思

子どもの視点で安全点検

子どもを不慮の事故から守るには？

・子どもの不慮の事故原因を年齢別に理解する。
・子どもの家庭内事故を未然に防ぐ方策を知る。

子どもの不慮の事故の特徴を理解しよう。

1. 子どもの死亡事故の発生比率や場所を理解する。(1、2)
2. 子どもの不慮の事故について年齢別の特徴を理解する。(2、3)

1 年齢別の死亡事故発生比率

高齢者・共生

- 0歳 338件（28%）
- 1歳 138件（11%）
- 2歳 77件（6%）
- 3歳 69件（6%）
- 4歳 48件（4%）
- 5〜9歳 285件（23%）
- 10〜14歳 274件（22%）

- 0〜4歳 670件（55%）
- 5〜14歳 559件（45%）

注）2017年〜2021年の5年間で計1,229件

厚生労働省「人口動態統計調査」

解説 0歳は他の年齢層の子どもより死亡事故が多発しやすい。

2 年齢別の事故発生場所

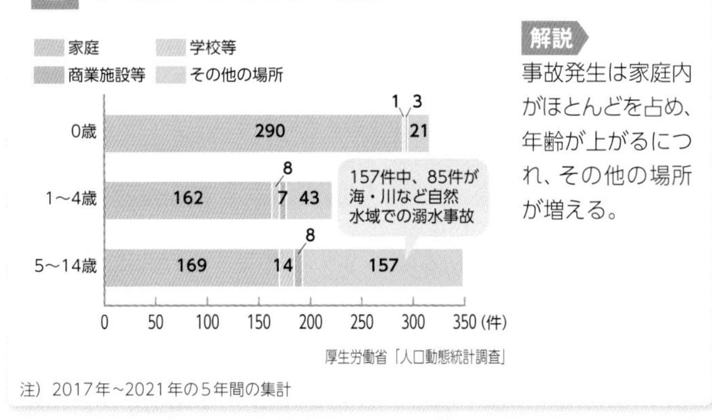

注）2017年〜2021年の5年間の集計

解説 事故発生は家庭内がほとんどを占め、年齢が上がるにつれ、その他の場所が増える。

3 子どもの発達と起こりやすい事故

消費者庁「子どもを事故から守る！事故防止ハンドブック」より作成

誕生 3か月 4か月 5か月 6か月 7か月 8か月 9か月 10か月 11か月 1歳 2歳 3歳 4歳 5歳 6歳

発達のめやす	首がすわる　足をバタバタさせる　離乳食を始める　寝返りをうつ　一人座り　ハイハイをする　指で物をつかむ　つかまり立ち　一人歩き　走る　階段を登り降りする　その場でジャンプ　高い所へ登れる
窒息・誤飲事故	〈就寝時の窒息事故〉 ・うつぶせで寝て、顔が柔らかい寝具に埋もれる ・掛布団、ベッド上の衣類、スタイなどで窒息 ・ベッドと壁の隙間などにはさまれる ・家族の身体の一部で圧迫される ・ミルクの吐き戻しによる窒息 ・食事中に食べ物で窒息　・おもちゃなどの小さなもので窒息 ・ボタン電池、吸水ボール、磁石などの誤飲 ・医薬品、洗剤などの誤飲　・たばこなどの誤飲　・包装フィルム・シールなどの誤飲 ・ブラインドやカーテンのひもなどによる窒息
水まわりの事故	・入浴時に溺れる ・浴槽に転落し溺れる ・洗濯機、バケツや洗面器などによる事故 ・ビニールプールやプールなどでの事故 ・海や川での事故・ため池、用水路、排水溝、浄化槽での事故
やけど事故	・お茶、みそ汁、カップ麺などでのやけど　・ポット、炊飯器でのやけど　・調理器具やアイロンでのやけど ・暖房器具や加湿器でのやけど ・ライター、花火によるやけど
転落・転倒事故	・大人用ベッドやソファからの転落　・ベビーベッドやおむつ替えの台からの転落 ・抱っこひも使用時の転落 ・ベビーカーからの転落 ・椅子やテーブルからの転落 ・階段からの転落、段差での転倒 ・ベランダなどからの転落　・窓や出窓からの転落 ・ショッピングカートからの転落 ・遊具（すべり台、ジャングルジム、ブランコなど）からの転落 ・ペダルなし二輪遊具、キックスケーター等での転倒
はさむ・切る・その他の事故	・エスカレーター、エレベーターでの事故 ・テーブルなどの家具で打撲 ・カッター、はさみなどの刃物やおもちゃでのけが ・小さなものを鼻や耳に入れる ・キッチン付近で包丁、ナイフでのけが ・ドアや窓で手や指をはさむ ・タンスなどの家具を倒して下敷きになる ・ドラム式洗濯機での事故 ・歯磨き中に歯ブラシでの喉突きなどの事故 ・機械式立体駐車場でのはさまれ事故

●使用するシミュレーションアプリ
「子どもの身のまわり危険チェック」

子どもの家庭内事故を未然に防ぐには？

手順
1. 不慮の事故による子どもの死亡数を確認する。(4)
2. シミュレーションアプリ「子どもの身のまわり危険チェック」を実施する。その後アンケートを実施し、結果をクラスで共有して見落としやすい危険を知る。(5)
3. 誤飲しやすいものとして、他にはどのような物があるのか確認する。(6)

4 不慮の事故による子どもの死亡数

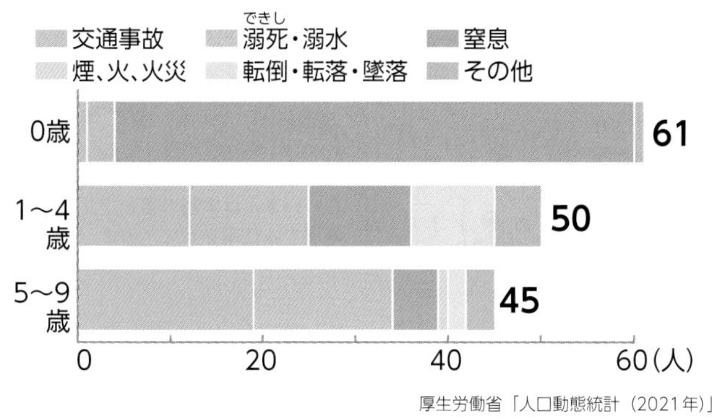

厚生労働省「人口動態統計（2021年）」

5 シミュレーションアプリ「子どもの身のまわり危険チェック」

①シミュレーションアプリを各自で実施する。
②アンケートを実施した後、結果をクラスで共有する。

子どもの身のまわり危険チェック

6 子どもの誤飲が多いもの

ボタン電池 / 磁石 / 薬 / たばこ / 洗剤 / トイレ用スタンプ洗剤 / 消毒用・除菌用製剤

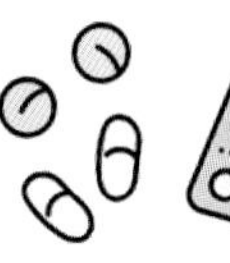
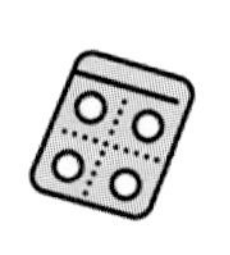

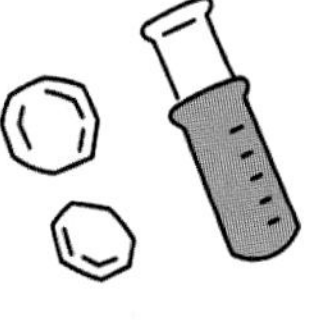

基本的に吐かせないで同じものがあれば持参して、すぐに受診する。

Panasonic「子どもを誤飲から守る！誤飲予防と対処法」Webサイトより作成

解説 誤飲するサイズは約39mm以下がめやす。あてはまるものは手の届かない高さ(1m以上)に置く。
誤飲を発見した時は子どもをおどろかせないように大声を出さない。

子どもの家庭内事故

手順
1. 離乳食やアレルギーに関して注意が必要な食材を理解する。(7)
2. 事故を起こしやすい子ども服について理解し、選択眼を養う。(8)

7 注意が必要な食材 食生活

●離乳食
- 1歳未満は、はちみつ使用禁止(乳児ボツリヌス症予防)
- 消化不良を起こしやすいもの
  (食物繊維が多い、味が濃い、脂質が多いなど)
- 誤えんや窒息の原因になりやすいもの
  (豆、もち、ミニトマト、ぶどう、飯、パン等)

和光堂（株）「わこちゃんカフェ」Webサイト

●アレルギー物質を含む食品
表示義務8品目、表示奨励20品目

8 衣服が原因の事故例 衣生活

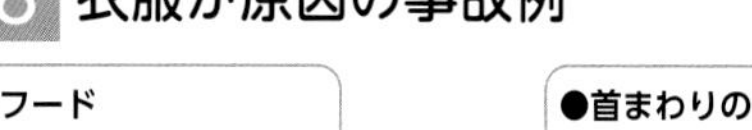

●フード
- ドアノブに引っかかった
- 子ども同士が引っ張り合って転倒した

●首まわりのひも
- すべり台の枠に引っかかった
- 通行人のかばんの金具に引っかかった

●ウエストや腰まわりのひも
- ひもが自転車のタイヤに巻き込まれた
- スクールバスのドアにはさまれた

●ズボンのすそのひも
- 電車のドアにはさまれた
- エスカレーターにはさまり転倒した

解説 子ども服の安全基準はJISによって定められているが、メーカーへの強制力はない。「この服は安全か？」という意識を持つことが大切だ。

振り返り
子どもに起きやすい不慮の事故の特徴を理解した？ 知
子どもの家庭内事故を未然に防ぐために、問題を見いだして方策を考えた？ 思

Theme 1

高齢社会を生きる

日本の高齢社会の特徴は？

・高齢社会の現状を知り、課題を発見する。
・高齢者に関心を持ち、理解を深める。

check! あなたが高齢者と交流する機会はどのくらい？

90歳まで生きる時代へ

1 人口ピラミッドの推移

	2020年 実績（総人口約1億2,600万人）	2040年 推計（総人口約1億1,100万人）	2065年 推計（総人口約8,800万人）
75歳〜	15%	20%	26%
65〜74歳	14%	15%	13%
20〜64歳	55%	50%	48%
〜19歳	16%	15%	14%

（縦軸：0〜98歳、横軸：0、1,000、2,000（万人））

解説 現在の高齢化率は約29%で、65〜74歳、75歳以上の割合は同じくらいである。今後は、75歳以上の割合が高くなり、90歳以上の人口が増えると推計されている。

2020年は総務省統計局「令和2年国勢調査」、2040年および2065年は国立社会保障・人口問題研究所「日本の将来推計人口（平成29年推計）出生中位（死亡中位）推計」

2 65歳以上の割合が7→14→25%に達する期間

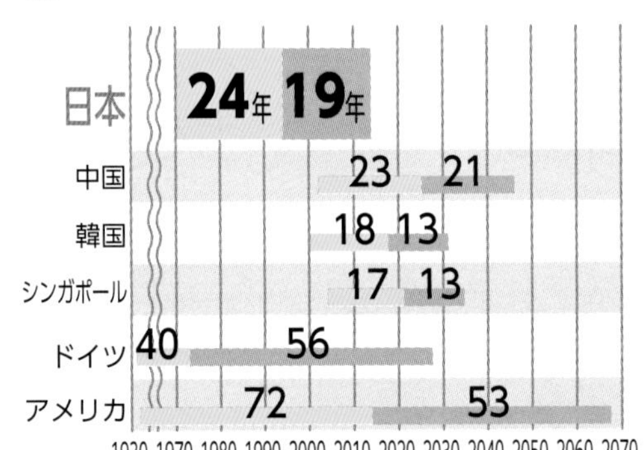

解説 日本の高齢化は急速に進行している。近年、アジア諸国の高齢化が日本を上回る速さで進み、注目されている。

内閣府「高齢社会白書（2022年版）」、国立社会保障・人口問題研究所「人口統計資料集（2022年）」

それぞれの人口ピラミッドで、親や自分がどこに位置するか印をつけてみよう。

3 平均寿命と健康寿命

	男性 2019年	女性 2019年
平均寿命	81.41	87.45
健康寿命	72.68	75.38
差（日常生活に制限のある「不健康な期間」）	8.73年	12.06年

注）健康寿命とは日常生活に制限のない期間の平均
内閣府「高齢社会白書（2023年版）」

解説 誰もがいきいきと活動的に暮らせる社会の実現をめざし、「健康寿命延長プラン」が策定された。2040年までに、健康寿命を75歳以上に延ばすことを目標にしている。

4 90歳を迎える者の割合

注）生命表上の特定年齢まで生存する者の割合

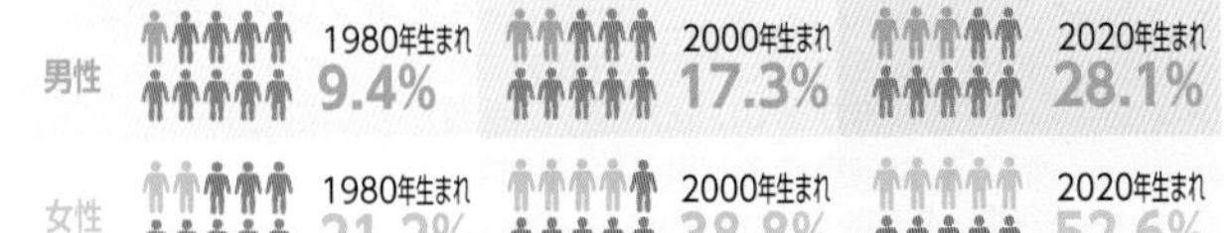

厚生労働省「簡易生命表の概況（2021年）」より作成

解説 90歳を超える人の割合が大きくなっている。「人生100年時代」に向けて、心豊かに生きていくための学びや人生設計、元気に活躍し続けられる社会づくりが求められる。

健康寿命を延ばすにはどうしたらよいか。効果が期待できそうな取り組みを3つあげてみよう。

高齢社会の背景と課題

5 少子化と人口減
子ども

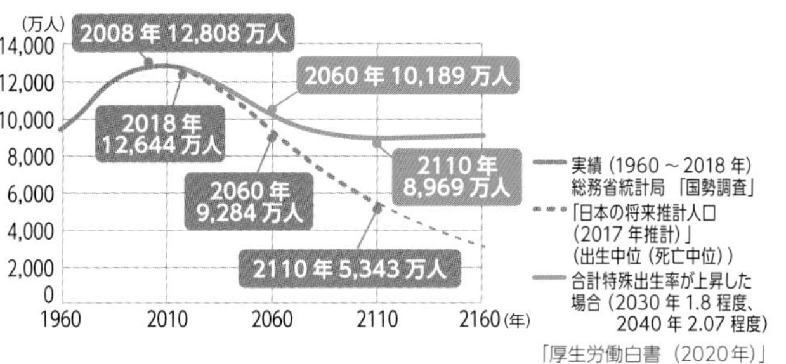

「厚生労働白書(2020年)」

解説 出生数が減少すると人口減が進み、高齢化率は上昇する。2017年推計によると人口は減少し続けるとされているが、合計特殊出生率が上がると人口減に歯止めがかかる。

6 都市と地方の課題
円の中の数字は全国の順位

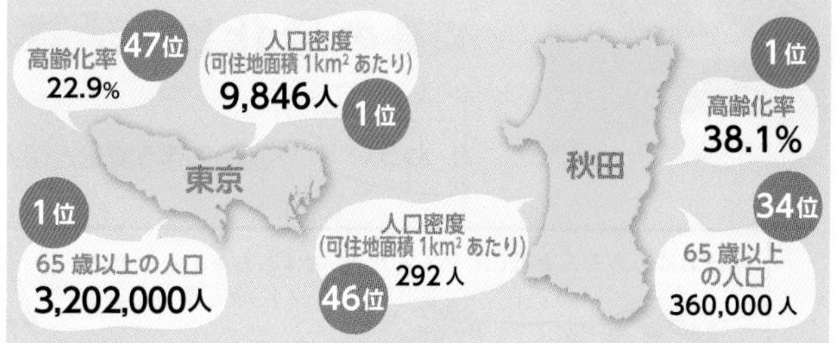

「高齢社会白書(2022年版)」、総務省統計局「社会生活統計指標(2022年)」より作成

解説 都市は高齢者の人口が多く、介護を必要とするすべての人に、質のよいサービスを提供できるかが課題である。地方は都市に流出する若者が多く、地域を支える人材の確保が課題である。

7 増える高齢者世帯

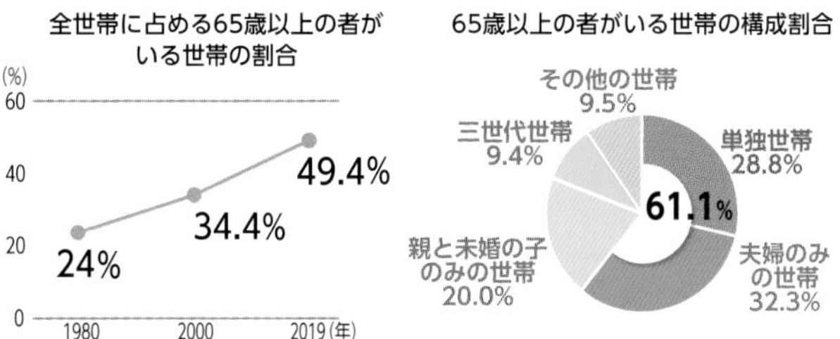

内閣府「高齢社会白書(2020年版)」

解説 全世帯の約半数は65歳以上の者がいる世帯で、約40年間で約2倍に増えている。そのうち、高齢者だけで暮らす世帯は61.1%で、今後も増え続けると予測されている。

高齢者だけの生活にどんな問題があるだろうか？

8 高齢者の技術を次世代につなぐ農業の試み
食生活

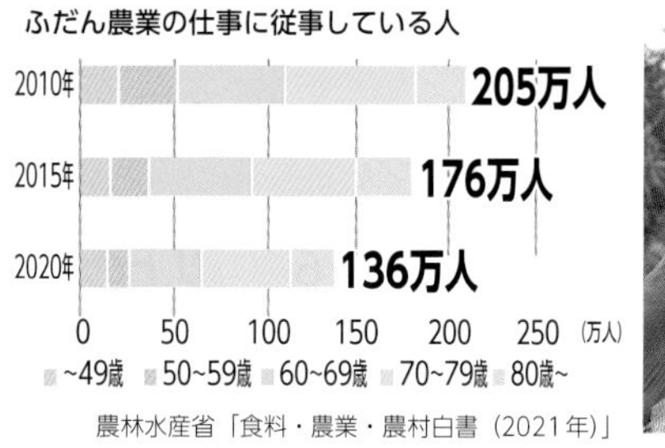

農林水産省「食料・農業・農村白書(2021年)」

解説 熟練農業者の経験や勘を若い世代が継承しやすくするために、適切な栽培管理方法のデータ化や作業負担の軽減をサポートする、IoT技術を活用したスマート農業が注目されている。

豊かな高齢期を過ごすために

9 エネルギッシュに生きる

手づくりのニットを着て 齋藤久子さん(93歳)と生徒さんたち

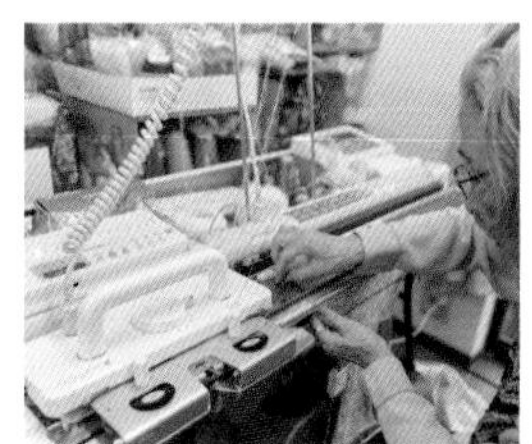

解説 齋藤さんは人の輪を築く達人である。20代から機械編みの指導者として、今も教室を主宰している。美容と健康づくりを広めるリーダー的な活動も40年以上続けている。

10 地域で高齢者の元気を支える

2023年

上勝町の総人口	1416人
65~79歳	342人
80歳以上	397人

(株)いろどり・(株)ドコモビジネスソリューションズ・徳島県上勝町

解説 徳島県上勝町は、高齢者がITを使って葉っぱ(つまもの)の受注を行うビジネスや、未来の子どものための環境活動、ゼロ・ウェイストなど、先進的な取り組みを行っている。

高齢者が元気に暮らしている地域の特徴を調べてみよう。いきいきと過ごす秘けつは？

高齢化の要因や進展状況を理解できた？ 知

高齢者の生活に関心を持ち、さまざまな生き方や価値観に触れる機会を持とうとすることができた？ 態

Theme 2

高齢者を知る

心身の変化と生活課題って？

・加齢に伴う変化と個人差について理解し、高齢者の生活課題について考える。

check! 「高齢者」と聞いて、思い浮かぶのは、どんな言葉？

高齢者の心身の変化を理解しよう

1 高齢者とは何歳の人のこと？ 60歳以上の回答

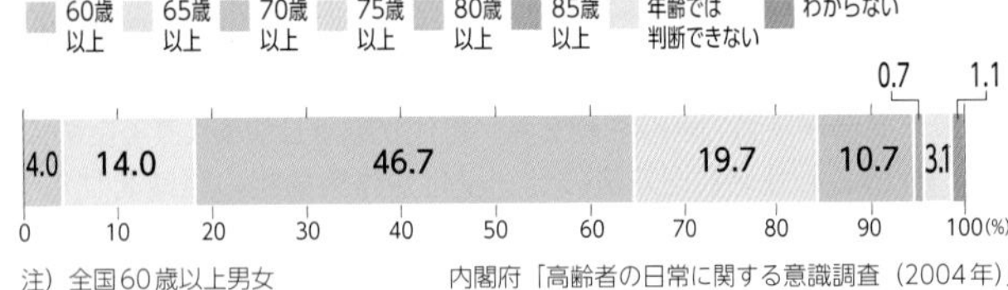

注）全国60歳以上男女　内閣府「高齢者の日常に関する意識調査（2004年）」

2 高齢者とは何歳の人のこと？ 20歳以上の回答

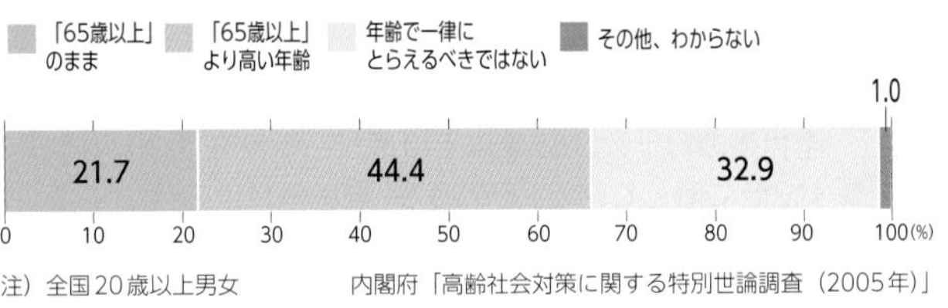

注）全国20歳以上男女　内閣府「高齢社会対策に関する特別世論調査（2005年）」

「高齢社会白書（2006年度）」

解説　60歳以上の人は全体の約78％の人が70歳以上を高齢者と認識していることがわかる。
一方、20歳以上の人は「年齢で一律にとらえるべきではない」が32.9％となっている。

何歳以上の人を高齢者だと考える？ 身近な高齢者のイメージをあげてみよう。

3 高齢者のイメージ

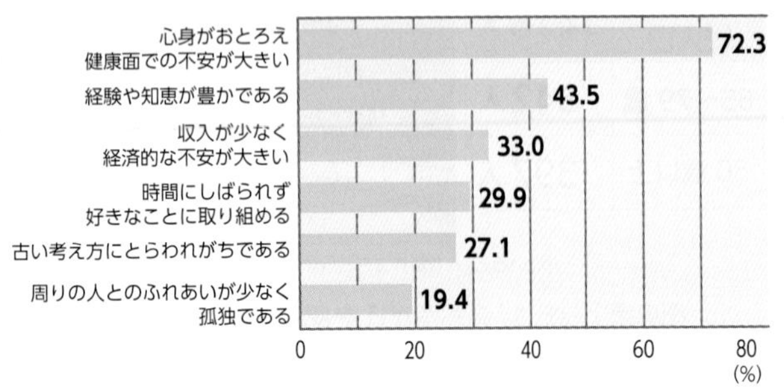

注）「年齢・加齢に対する考え方に関する意識調査（2004年）」「高齢者」「お年寄り」へのイメージ　3つまで回答。上位6位。
内閣府「高齢社会白書（2006年度）」

解説　「高齢者」のイメージとして、一般には、健康面、経済面では否定的にとらえ、知識や考え方の面では肯定的にとらえている。

4 高齢者のからだの変化

解説　加齢により、少しずつ身体機能や免疫力が低下する。脳の老化は、認知症や記憶力の低下につながる。

5 加齢による知的能力の変化

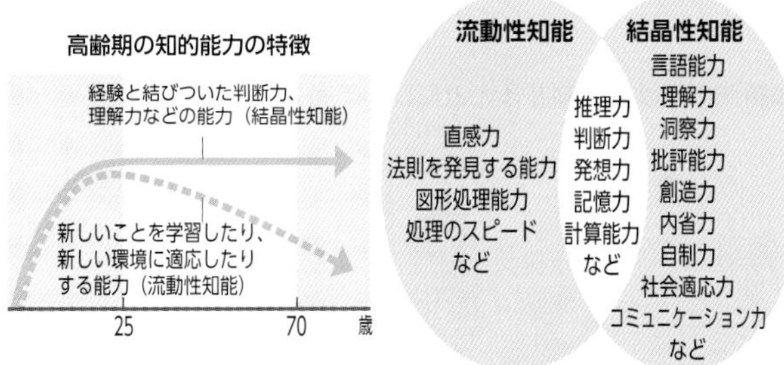

井上勝也・木村周「新版老年心理学」，佐藤眞一「知能の複数の下位側面」より作成

解説 経験にもとづいて獲得した知能（結晶性知能）は高齢になっても安定しているが、新しい環境に適応する知能（流動性知能）は加齢に伴い低下する。

6 平均寿命と健康寿命の推移

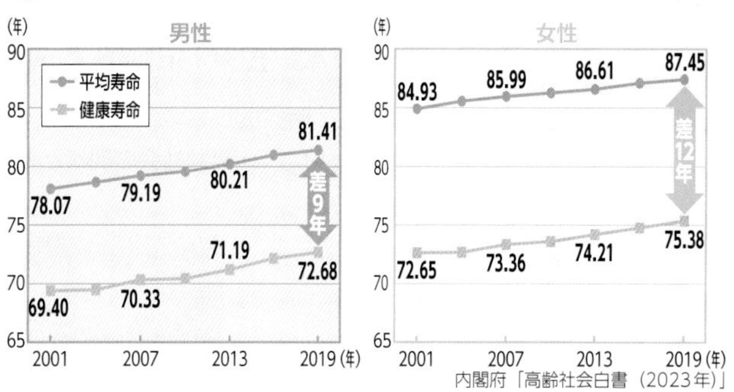

内閣府「高齢社会白書（2023年）」

解説 健康寿命とは、日常生活に制限のない期間の平均である。平均寿命と健康寿命との差が拡大すれば、医療費や介護費の増加により家計や社会保障費への負担が増大する。

平均寿命と健康寿命との差は何を意味する？

生きがいと自立について考えよう

7 ADLとIADL

解説 日常生活動作（ADL）は、日常生活を送るために最低限必要な動作である。低下すると、身体的、精神的機能の低下にもつながり、社会参加の機会も少なくなる。

ADLの低下を防ぐにはどうしたらよいだろう？

8 フレイル予防の３つの柱

「広報誌『厚生労働』2021年11月」より作成

解説 フレイルとは、加齢により心身の機能が低下した状態で、「健康」と「要介護」の中間の段階のことであるが、予防に取り組むことで健康な状態に戻すことができる。

9 生きがいを感じる程度

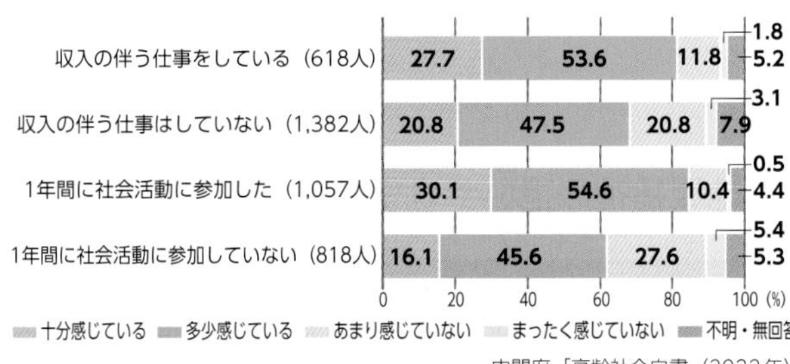

内閣府「高齢社会白書（2022年）」

解説 収入の伴う仕事をしている人や、社会活動（健康・スポーツ・趣味・地域行事など）に参加した人のほうが、生きがいを「十分感じる」と回答した人の割合が高くなっている。

column 高齢者のメンタルヘルス

高齢者特有のストレスは、心理的要因（退職、親しい人の死などの喪失体験）、身体的要因（身体機能の衰えによる孤独感や劣等感）、生物学的要因（脳の萎縮による記憶力、判断力の低下）、社会文化的要因（人間関係や精神的な病気などに対する偏見）など、若いときのものとは異なっている。

高齢者のストレスを解消するための方法としては、「話を聞いてもらう」が大多数を占めており、その他「スポーツなどをしてからだを動かす」「趣味の集いに参加する」などが報告されている。高齢者の不安なようすに気づいたら、まずはていねいに話を聞こう。

健康長寿ネット「健康長寿になるためのこころの持ち方」「高齢者のメンタルヘルス」より作成

高齢者とのコミュニケーションで気をつけることについて話し合ってみよう。

振り返り

加齢に伴う変化には個人差があることを理解できた？ 知

高齢者の生活課題と自立について考えられた？ 思

Theme 3

高齢社会の問題と地域支援

高齢社会の問題と解決策って？

・高齢社会の現状と課題を知り、問題解決に向けて行動することについて考える。

1自宅介護

2イクジイ

3高齢者施設イベント

check! 「高齢者」になったら、どのように暮らしたい？ 自宅？ 高齢者施設？ 理由は？

高齢者の家族形態と介護の現状

1 高齢者の家族形態(性別・年齢階級別)

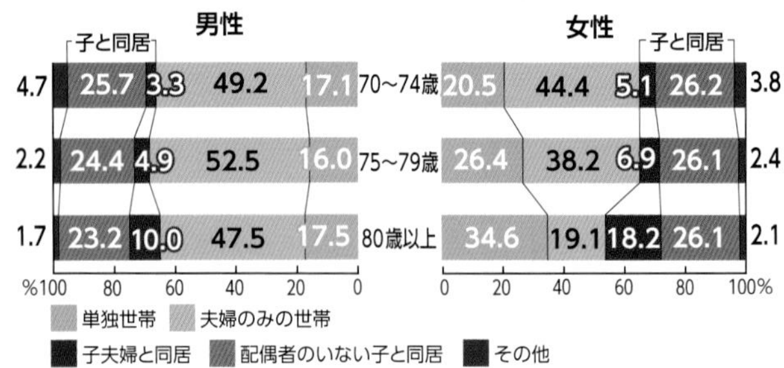

年齢	男性:その他	男性:配偶者のいない子と同居	男性:子夫婦と同居	男性:夫婦のみの世帯	男性:単独世帯	女性:単独世帯	女性:夫婦のみの世帯	女性:子夫婦と同居	女性:配偶者のいない子と同居	女性:その他
70～74歳	4.7	25.7	3.3	49.2	17.1	20.5	44.4	5.1	26.2	3.8
75～79歳	2.2	24.4	4.9	52.5	16.0	26.4	38.2	6.9	26.1	2.4
80歳以上	1.7	23.2	10.0	47.5	17.5	34.6	19.1	18.2	26.1	2.1

「その他」とは、「その他の家族と同居」及び「非親族と同居」をいう。
厚生労働省「国民生活基礎調査の概況（2022年）」

解説 年齢が高くなるにしたがって、男性は「子夫婦と同居」の割合が高くなっており、女性は「単独世帯」と「子夫婦と同居」の割合が高くなっている。

2 だれが介護をしているか

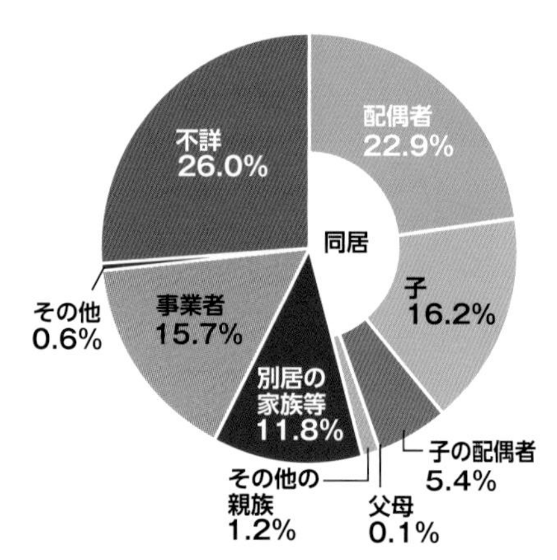

解説 主な介護者は、要介護者と「同居」の配偶者、子、子の配偶者で約45％を占めている。

厚生労働省「国民生活基礎調査の概況（2022年）」

3 介護離職

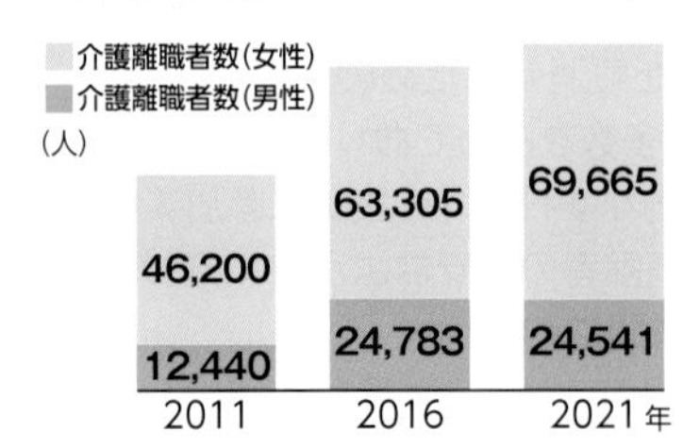

厚生労働省「雇用動向調査」

解説 介護や看護のために離職する介護離職者の数は、近年10万人程度で推移している。仕事と介護を両立できる職場環境の整備が求められる。

4 地域福祉の担い手「民生委員・児童委員」

民生委員・児童委員の活動
高齢者や障がい者世帯の見守りとともに

「あなたのまちの民生委員・児童委員～地域の身近な相談相手～」全国民生委員児童委員連合会

解説 地域住民の身近な相談相手や見守り役として、さまざまな生活上の相談に応じ、必要な支援を受けられるよう、地域の専門機関へつなぐ役割をしている。

介護者が抱える問題について調べてみよう。

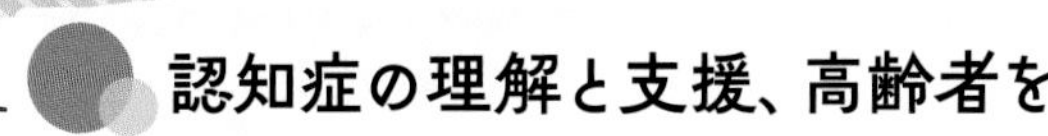

認知症の理解と支援、高齢者を取り巻く問題

5 認知症の症状

中核症状

記憶障害	理解・判断力の障害
物事を覚えられなくなったり、思い出せなくなる。	考えるスピードが遅くなる。家電やATMなどが使えなくなる。
実行機能障害	**見当識障害**
計画や段取りを立てて行動できない。	時間や場所、やがて人との関係がわからなくなる。

厚生労働省「認知症施策の総合的な推進について」より作成

解説 2025年には、65歳以上の高齢者の約5人に1人が認知症になると見込まれている。認知症にやさしい地域づくりをめざして2015年「新オレンジプラン」が策定された。

6 認知症を理解しよう

認知症サポーターキャラバン
(特非) 地域共生政策自治体連携機構
全国キャラバン・メイト連絡協議会

「認知症世界の歩き方」
(株) ライツ社

解説 認知症の人や家族を支援するために、市町村などで実施されている「認知症サポーター養成講座」を受講したり、書籍から学んだりして理解を深めることができる。

認知症予防運動プログラム「コグニサイズ」について調べ、実践してみよう。

7 ロコチェック

「ロコモチャレンジ！推進協議会」より作成

□片脚立ちで靴下がはけない

□家の中でつまずいたり滑ったりする

□階段を上るのに手すりが必要

□やや重い家事が困難 (掃除機の使用、ふとんの上げ下ろしなど)

□2kg程度の買い物をして持ち帰るのが困難(1リットルの牛乳パック2個程度)

□15分くらい続けて歩けない

□横断歩道を青信号で渡りきれない

解説 運動器の障がいのために移動機能が低下した状態を「ロコモティブシンドローム」という。要支援・要介護になることを防ぐために、ロコモ予防が必要である。

8 8050問題とは？

解説 80代の親が、引きこもっている50代の子どもの生活を支えている「8050問題」がある。引きこもりの高齢化が社会問題となっており、親の負担が増大している。

column ヤングケアラー／ダブルケアラー

ヤングケアラーとは、家族の看護や介護、家族の代わりに幼いきょうだいの世話や家事を担っている18歳未満の子どものことである。自分の時間を持つことが難しく、学校で孤立することや進学を諦めざるを得ないことがあり、自ら助けを求められないことが問題となっている。

また、晩婚化や出産年齢の高齢化により、介護と子育てを同時に行うダブルケアラーが増加するといわれている。介護については「地域包括支援センター」、子育てについては「子ども家庭支援センター」が相談窓口となっている。

高齢者を取り巻く問題について調べ、自分たちができることについて考えてみよう。

高齢者を取り巻く問題について理解を深められた？ 知
自分たちができる支援活動について考えられた？ 思

Theme 4

支え合う社会のしくみ

「社会保障制度」って知ってる？

・生涯を通じて私たちの生活を支える社会保障制度、特に「年金保険」について理解する。

check! 年金保険に加入すると、何歳から利用できる？

社会保障制度

1 社会保障制度の４つの柱と目的

社会保険
あらかじめお金を出し合い、病気、労働災害、失業など、貧困に陥る原因となる事故が発生した時に、お金やサービスを支給する。

社会福祉
社会生活をするうえで、立場が弱い人（障がい者、ひとり親の家庭など）が安心して暮らせるように支援する。

公的扶助
生活に困っている人に対して、最低限の生活を保障し、自立を助ける。

保健医療・公衆衛生
人々の健康を守るため、病気の予防や健康づくりを行う。

解説 個人の力だけでは自立した生活が維持できなくなる時がある。社会保障制度の4つの柱は、憲法第25条に定めた「健康で文化的な最低限度の生活」の保障を実現するしくみである。

2 4つの「助」と社会保障制度の役割

健康を維持するために運動をするなど、自分の力で生活の課題を解決する

基本 ①自助（個人）

②支える

互助（近隣）

買い物やごみ出し、見守りといった住民同士の助け合い ボランティアグループによる生活支援など

支える③

共助（保険）

医療保険・年金保険・介護保険など、被保険者の負担で成り立つ支援

④公助（行政）

３つの「助」で解決できない課題に対応

高齢者・障がい者・ひとり親家庭の生活保障や社会福祉事業など、税による負担で成り立つ支援

解説 自助・互助は自発的な、共助・公助は制度化された助け合いである。地域の特性を踏まえた支え合いのあり方を工夫して、社会保障制度を機能させる必要がある。

3 生涯を支える社会保障制度

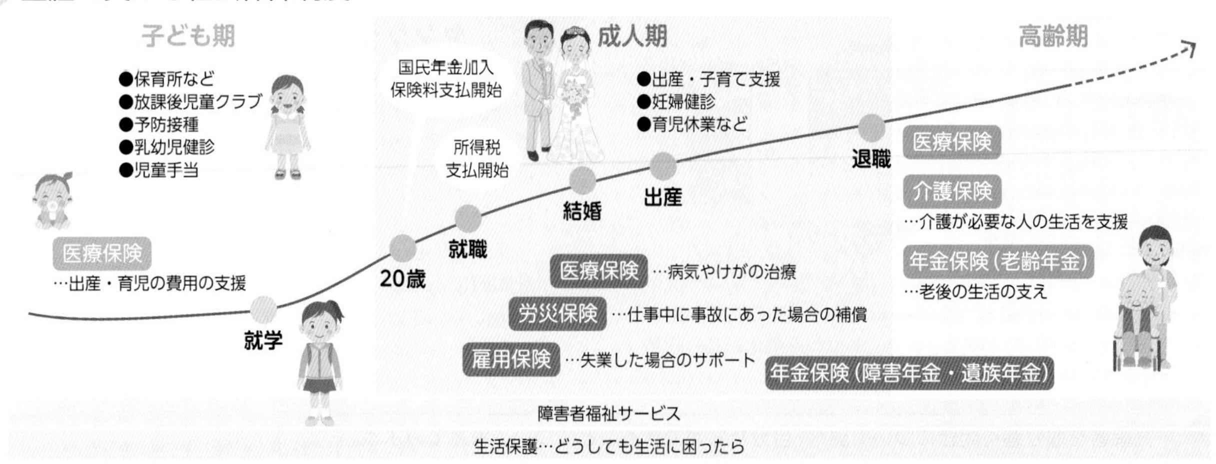

厚生労働省「社会保障教育のワークシート」より作成

社会保障制度＞社会保険

4 10年でどう変わった？

●日本を 100 人の国にたとえてみると…

	2012 年	2022 年
障がい者	5.8人	7.6人
病気やけがなどで通院している	37.0人	40.4人
老齢年金受給者	21.9人	27.5人
介護サービスを受けている	3.4人	4.1人

●日本で 1 日に起こるできごと

	2012 年	2022 年
仕事中にけが等(労働災害)をした	305人	411人

厚生労働省「人口 100 人でみた日本」と「日本の1日」を 2012 年→2022 年で比較。

解説 介助・介護が必要な状況は、本人や家族の働き方を制限することがある。孤立しやすくなり、貧困やヤングケアラーなど、個人で解決するのが難しい問題につながるおそれがある。

5 経済的なリスクに備える５つの社会保険

消費・経済

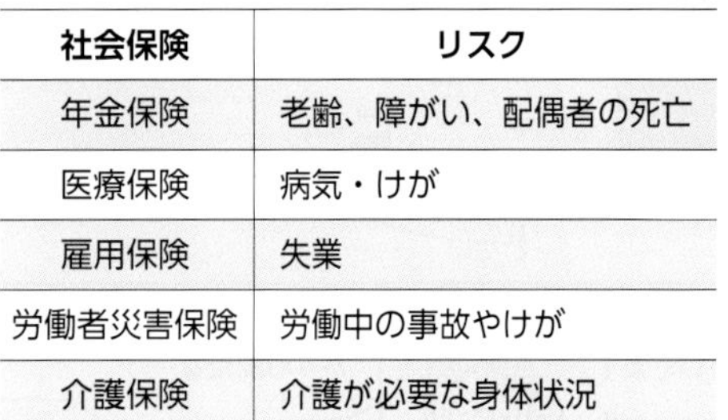

社会保険	リスク
年金保険	老齢、障がい、配偶者の死亡
医療保険	病気・けが
雇用保険	失業
労働者災害保険	労働中の事故やけが
介護保険	介護が必要な身体状況

解説 保険料を納めていなければ、必要な時に給付を受け取ることはできない。社会保険でカバーできる範囲を知っておき、民間保険(火災・地震・自動車保険など)も検討する。

自分や家族が病気やけがをした時に利用できる公的な経済支援は？

社会保障制度＞社会保険＞公的年金

6 年金保険の役割

人は、何歳まで生きるかは予測できない。(どれだけ貯蓄をすればよいのかわからない)	終身(亡くなるまで)で受給できる
50 年後の物価や賃金の変動は予測できない。(貯蓄しても、将来目減りするかもしれない)	実質的な価値を保障された年金を受給できる
いつ、働けなくなったり、小さな子どもがいる時に配偶者を亡くす(＝所得を失う)かわからない。	障害年金・遺族年金を受給できる

物の値段の変化
うどん1杯　1965 年 **54 円** ▶ 2010 年 **595 円**

厚生労働省「社会保障教育のワークシート」より作成

解説 年金は高齢者のための制度ととらえがちだが(老齢年金)、若い人も利用できる制度である。長生きに備える、物価の上昇に対応できるといった、貯蓄にはないメリットがある。

7 働き方によって変わる年金受給額

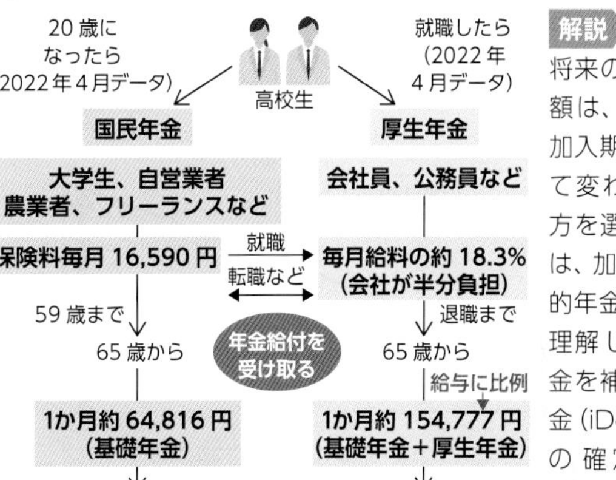

解説 将来の年金受給額は、働き方や加入期間によって変わる。働き方を選択する時は、加入する公的年金の特徴を理解し、公的年金を補う私的年金(iDeCo などの確定拠出年金)も活用する。

あなたはどんな働き方、暮らし方を選びたい？

8 負担と給付のバランス

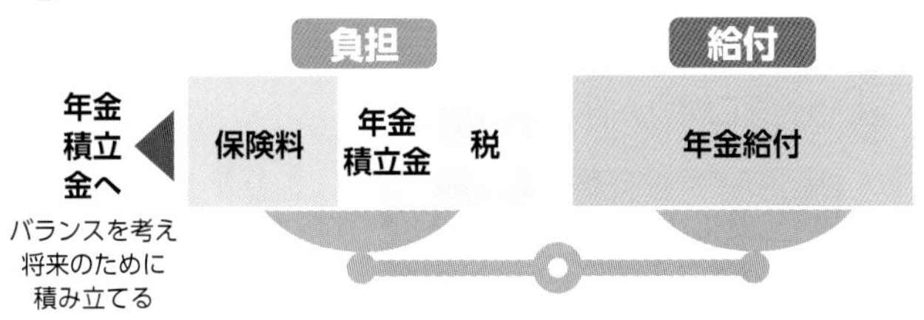

解説 年金制度は負担と給付のバランスを考えたしくみとなっている。安定して継続できるよう、長期的に計画し、前の世代が積み立てたお金も活用しながら財源を確保している。

9 公的年金Q＆A

保険料はいつから払い始める？

大学に進学する場合→20 歳から国民年金(基礎年金)に加入する。
中学や高校を卒業して就職する場合→勤め先で厚生年金に加入する。
☆勤め先が同額負担し、給料から引かれる。

保険料が納められない時は？

1. 学生は、在学中の保険料の納付を先延ばしできる。
→学生納付特例制度
2. 所得が一定額以下の場合に、保険料が免除になる制度がある。

社会保障制度の役割を理解し、自分の生涯を見渡すことができた？ 知 態
共に支え合う社会をつくるための課題を考えることができた？ 思

Theme 5 高齢社会を支えるしくみ

内容や利用方法を知ってる？

・高齢社会を支えるしくみを理解し、自分らしく生きることについて考える。

check! 「コミュニケーションロボット」と聞いて思い浮かぶものをあげてみよう。

高齢社会と介護ロボット

1 介護職員の不足

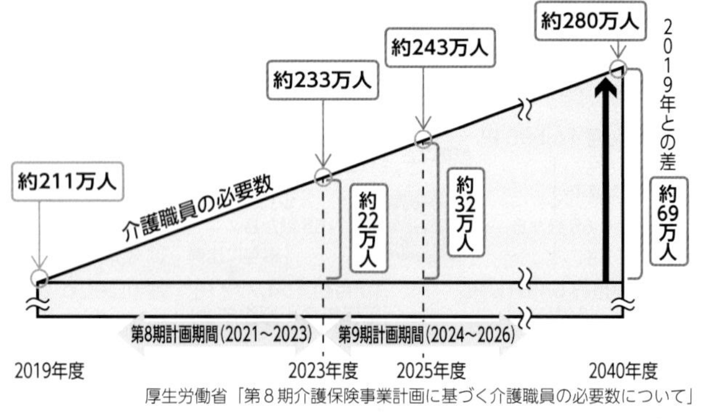

厚生労働省「第８期介護保険事業計画に基づく介護職員の必要数について」

解説 医療の進歩に伴い、平均寿命が延び、医療費や介護費などの社会保障費が増加している。介護職員の必要数は、2040年度には、280万人にもなると推計されている。

2 介護ロボットの導入割合

	(%)
見守り・コミュニケーション	4.5
移乗介助	2.2
入浴支援	1.8
介護業務支援	1.3
移動支援	0.6
排泄支援	0.3
いずれも導入していない	80.6

回答事業所数9,183。複数回答。　（公財）介護労働安定センター「事業所における介護労働実態調査（2020年）」

解説 ロボットを利用することで、介護職員の負担を軽減することができるが、コストが高いなどの理由で、ロボットを導入していない施設は80.6％にもなる。

福祉施設で導入されている介護ロボットのメリットとデメリットについて調べよう。

3 作業支援をする装着型サイボーグ

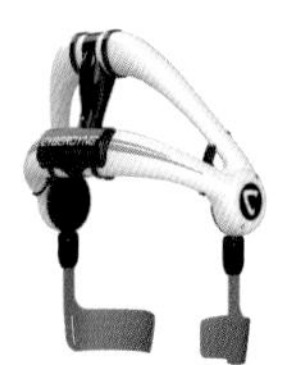

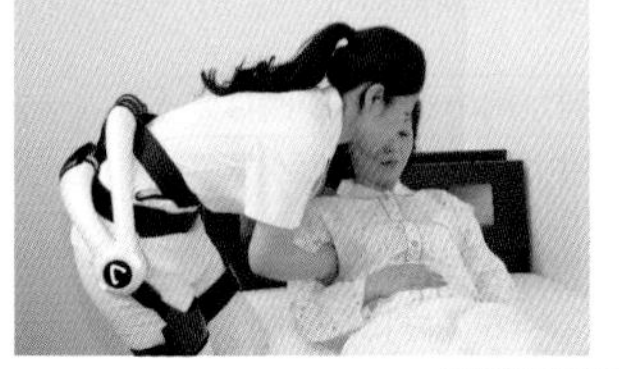

CYBERDYNE（株）

解説 腰部にかかる負荷を低減することで、腰痛を引き起こすリスクを減らす。

4 分身ロボットOriHime

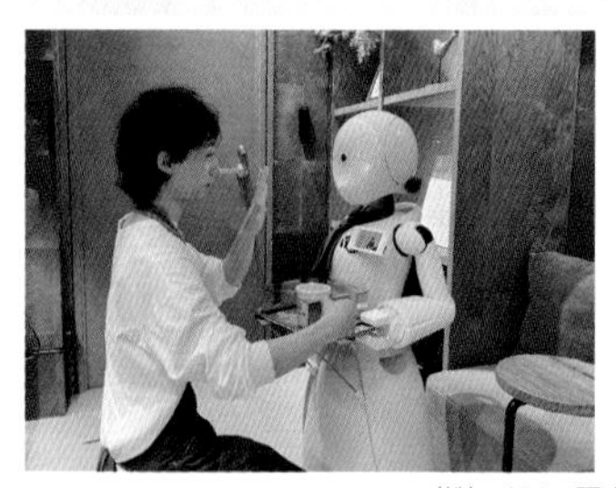

（株）オリィ研究所

解説 2021年グッドデザイン大賞を受賞したのが「遠隔就労可能なカフェと分身ロボット」。すべての人に社会とつながり続ける選択肢があることをめざしている。

5 介護保険制度とは

	65歳以上の方(第1号被保険者)	40歳から64歳の方(第2号被保険者)
対象者	65歳以上の方	40歳以上65歳未満の健保組合、全国健康保険協会、市町村国保などの医療保険加入者 (40歳になれば自動的に資格を取得し、65歳になる時に自動的に第1号被保険者に切り替わります。)
受給要件	・要介護状態 ・要支援状態	・要介護(要支援)状態が、老化に起因する疾病(特定疾病)による場合に限定。
保険料の徴収方法	・市町村と特別区が徴収(原則、年金からの天引き) ・65歳になった月から徴収開始	・医療保険料と一体的に徴収 ・40歳になった月から徴収開始

厚生労働省「介護保険制度について(40歳になられた方へ)」

解説 2000年に創設された制度で、40歳以上の人が被保険者となり、保険料を支払う。老後の不安の原因である介護を社会全体で支えるしくみである。

6 介護認定区分と利用可能サービス(非該当と要支援)

要介護度	要介護認定のめやすと状態の具体例	利用できるサービス
非該当	日常生活に支援や見守りが必要ない	介護予防事業
要支援1	基本的な日常生活動作はできるが、一部動作に見守りや手助けが必要。	介護予防サービス ●在宅サービス ●地域密着型サービスの一部
要支援2	歩行が不安定で、手すりや杖などが必要。介護が必要になる可能性が高い状態。	

解説 介護サービスの自己負担は1割、一定以上所得者の場合は2割または3割であるが、限度額を超えると全額自己負担になる。介護度に応じて限度額が決められている。

7 介護認定区分と利用可能サービス(要介護)

要介護度	要介護認定のめやすと状態の具体例	利用できるサービス
要介護1	排泄や食事、日常生活の一部に介助が必要。認知機能の低下が少しみられる。	介護サービス ●在宅サービス 訪問サービス、 通所サービス 短期入所サービス、 その他のサービス (介護環境を整える) ●地域密着型サービス ●施設サービス
要介護2	基本的な日常生活動作に介助が必要な状態。お金や薬の管理など、細かいことができない状態。	
要介護3	ほぼすべての日常生活動作に介助が必要な状態。	
要介護4	自力で座る、歩くことが困難で、生活上のあらゆる場面で介助が必要。思考力や理解力にも低下がみられる。	
要介護5	ほぼ寝たきりの状態で、コミュニケーションをとるのも難しい状態。	

8 地域包括ケアシステム

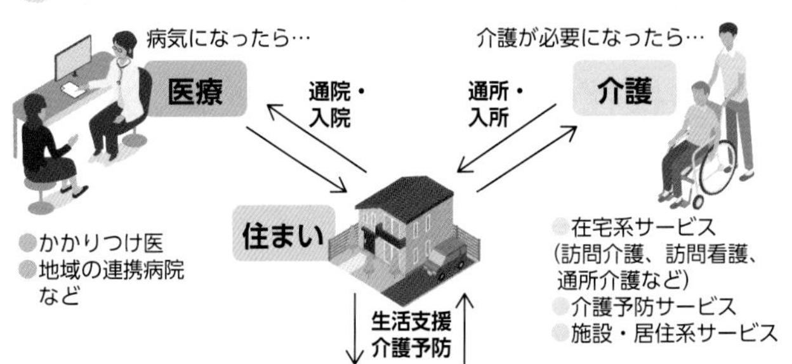

解説 介護状態になっても住み慣れた地域で自分らしい暮らしを続けることができるよう、必要な支援を地域のなかで一体的に提供されるしくみである。

介護保険で利用できるサービスの具体例を調べてみよう。

9 通所介護(デイサービス)の1日の例

8:30 自宅にお迎え
9:30 施設到着
10:00 レクリエーション
10:30 機能訓練・趣味の時間
12:30 昼食
13:30 体操・趣味の時間
15:30 おやつ
16:30 自宅へお送り

いい介護「日刊介護新聞」

解説 自宅で自立した日常生活を送ることができるよう、利用者の孤立感の解消や心身機能の維持、家族の介護の負担軽減などを目的として実施されている。

column 自立・家族

レクリエーションの目的と意義

私たちの生活時間は、生理的時間・社会生活時間・余暇時間の3つに大別できる。

介護施設で生活する高齢者の1日は、余暇時間が長い。余暇時間の過ごし方として、レクリエーションが行われる。レクリエーションの主な目的は①身体機能の維持と向上、②脳の活性化、③コミュニケーションの促進である。体を動かすリズム体操や、指先を使う工作や手芸、クイズやパズルなどがあり、活動を通してコミュニケーションの促進につながる。レクリエーションが果たす役割は大きく、1日の生活の楽しみや生きがいにつながることもある。

高齢者施設で行うことができるレクリエーションを考えて実践してみよう。

振り返り
介護保険や地域包括ケアシステムのしくみを理解できた? 知
自分らしく生きることについて考えることができた? 思

Theme 6

共生社会を生きる

共に暮らしやすい社会とは？

ねらい ・自分の周りにいるさまざまな人に目を向け、共に生きるために必要なことを考える。

1 ロボットコンシェルジュARISA 東京都交通局

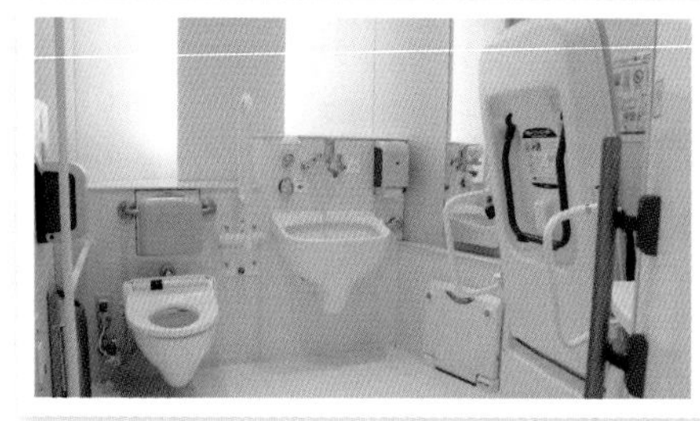

2 多機能トイレ

check!
「駅にあってよかった」と思っているのはどんな人だろう？

多様性の時代と新しい拠点づくり

1 社会にはさまざまな人がいる

解説 耳が聞こえない人、目が見えない人、車椅子を使用している人、言葉や習慣に慣れていない人など、日常生活の中で不便さを感じている人が身近なところにいる。

2 SDGsの目標10と、設定されている達成目標の一つ

2030年までに、年齢、性別、障がい、人種、民族、生まれ、宗教、経済状態などにかかわらず、すべての人が能力を高め、社会的、経済的、政治的に取り残されないように進める。

さまざまな人が利用しやすい、地域にあるとよいものやサービスは？

3 災害時に情報をどう伝達するか？

解説 聴覚、視覚、心身に障がいのある人、高齢者や外国人は、災害時にニュースや避難指示を理解するのが困難である。→p.9 9

4 日常生活を支援する地域のコンビニエンスストア

(株) ローソン

解説 買い物、預金の出し入れや支払い、行政手続きなどの他に、社会の多様なニーズに応えるコンビニエンスストアが登場している。

災害時に、避難所にあるとよい情報伝達の方法を考えてみよう。

SDGsを実現するための概念

5 ノーマライゼーション

バリアフリー	ユニバーサル・デザイン（UD）
「すでにあるもの」から障壁（バリア）を取り除く【事後的対策】	「これからつくるもの」に障壁がないようにデザインする【事前的対策】

解説 障がいがある人も、そうでない人と同様に、普通の生活を地域で共に送れる社会をめざす考え方をいう。その実現・実行のためにバリアフリーやユニバーサル・デザインの考え方がある。

6 制度のバリアと盲導犬

（公財）日本盲導犬協会

解説 高齢者や障がい者が感じる障壁（バリア）には、社会のルールや制度、情報伝達の方法、偏見や差別の意識などがある。視覚障がい者の目となる盲導犬の入店拒否はその一例である。

7 アクセシブル・デザイン

右きき用　右きき・左きき対応　右きき・左きき・目の不自由な人への対応　右きき・左きき・目の不自由な人への対応・手の不自由な人への対応

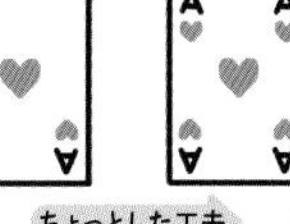

ちょっとした工夫　四隅にマークと数字を入れます

ちょっとした工夫　カードを少し大きめにして、数字やマークを見やすくして、点字をつけます

ちょっとした工夫　さらにカードホルダーをつけて持ちやすくします

共用品推進機構「共用品って何だろう？共用品って知ってる？」

解説 製品やサービスに感じる「不便さ」をニーズととらえ、それぞれの身体機能の特性に応じて、利用者と一緒に使いやすくなるように変更したデザインやものづくり。「共用品」ともいう。

8 インクルーシブ・デザイン

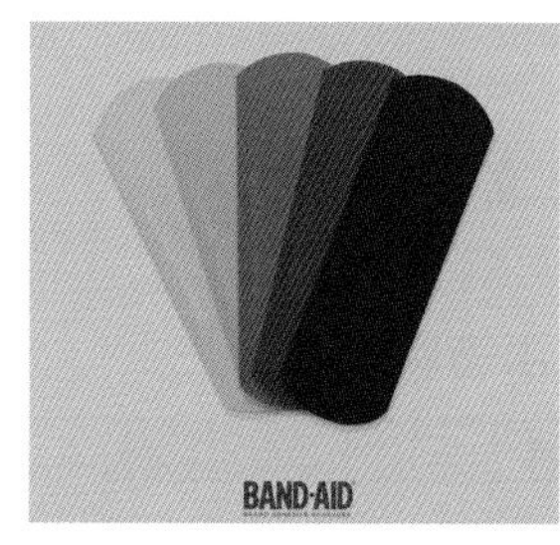

さまざまな肌色の絆創膏

Kenvue

解説 これまで商品化の過程で排除（Exclusion）されていた多様なニーズを持つ人たちを、製品の設計や開発過程から積極的に巻き込んだ（Inclusion）デザインやものづくり。

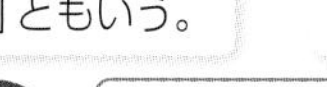

アクセシブル・デザインやインクルーシブ・デザインの実例を調べてみよう。

誰もが暮らしやすい社会をめざして

9 歩道と横断歩道の段差は「2センチ」

解説 白杖を使う視覚障がい者にとって、段差は車道を走る車から身を守る手がかりとなる。2 cmの段差の設置は、車椅子使用者の利害も検証し、バリアフリー新法で定められた。

column　良かったこと調査

公益財団法人 共用品推進機構は、高齢者や障がいのある人に、「レストランを利用した時に良かったこと」、「家電製品・家事の道具に関する良かったこと」、「地域における良かったこと」など、さまざまな「良かったこと調査®」を行っている。

身体機能に制限のある人たちにとって、どんなことが便利さにつながるのか？ 調査の結果は、製品やサービスの不便さを解消し、さらに「良かった」と感じてもらえるような工夫や新しいアイディアを生み出す力となっている。

columnを読んで、あなたが体験した「良かったこと」をあげてみよう。

振り返り　多様な人々が、共によりよい生活を送れるように、自分の役割や実現する方法を考えられた？ 思 態

Theme 1 日本と世界の衣服

和服と洋服、何がどう違う？

・衣服の構成の相違による主な特徴を理解し、衣服の機能について考える。
・世界の気候や風土に合わせた衣服について学び、その地域の文化や生活様式を理解する。

1和服　2和服　3洋服　4洋服

check!
どれを着てみたい？
なぜ、選んだか理由もあげてみよう。

平面構成と立体構成

1 構成の違いによる特徴

	立体構成	平面構成
特徴構成	立体的 着装しなくても、被服自体が人体の形に立体化するように構成。	平面的 着装することによって、人体に合わせて立体化。
縫製	曲線断ち、曲線縫いが多い。 裁断時に端布が出る。 ダーツ・ギャザー・タックなどの技法を使って、体型に近い形に仕上げる。	直線断ち、直線縫い。 裁断時に端布が出ない。
着装	ファスナー・ボタンなどでとめるなどして着装する。	帯・ひもなどで体型をつくる。またはそのまま体に巻きつけてフィットさせる。帯の結び方や布の巻きつけ方で、着装に違いをつける。ゆとりが多く融通性がある。
代表的なもの	ジャケット・スカート・パンツなど	インドのサリー、和服（浴衣など）、メキシコのポンチョ

解説　衣服は、平面的な布で立体的な人体を包むように組み立てたものである。この組み立て方に立体構成と平面構成がある。

2 和服の名称

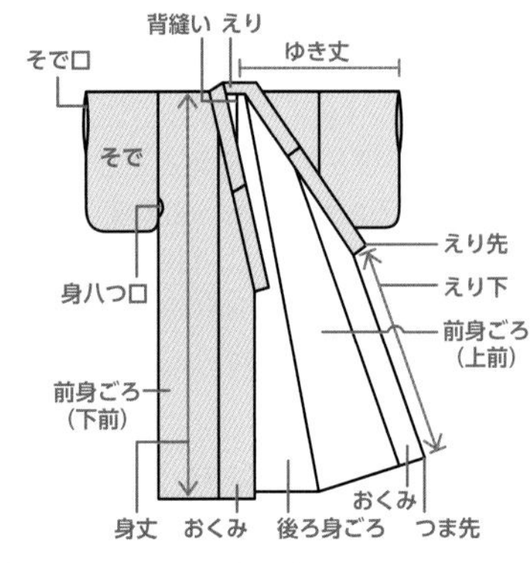

解説　和服の名称は、洋服と異なる。女物の浴衣を買うときは、身丈が自分の身長と同程度のものを選ぶ。ゆき丈は背中心から手首までの長さに合わせる。

3 十二単（じゅうにひとえ）と大垂髪

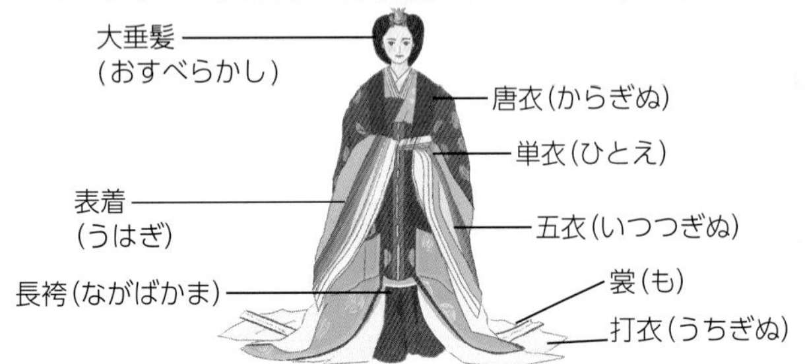

解説　十二単は近世からの呼び名である。正式には平安時代から呼ばれる「五衣（いつつぎぬ）・唐衣（からぎぬ）・裳（も）」である。

4 洋服の名称（ワイシャツの例）

解説　明治の終わり頃、日本にワイシャツが輸入されたが、white shirtのwhiteが、「ワイ」と聞こえたため「ワイシャツ」と呼ばれるようになったといわれている。

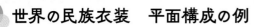

世界の民族衣装　平面構成の例

5 懸衣型

貫頭衣形式
中南米のポンチョ

巻衣形式
インドのサリー

解説 懸衣型は布を裁断したり縫ったりすることなく、身体に巻いたり掛けたりすることで衣服となるものをさす。

6 寛衣型

寛袍形式
中世ヨーロッパのブリオー

前開き服形式
トルコなどのカフタン

解説 寛衣型は緩やかなワンピース形式の衣服のこと。

各国の民族衣装を比べてみよう 

7 ヨーロッパの例

解説 フォーレンダム村はオランダの首都アムステルダムから近い港町である。三角形のとがった帽子や黒の衣装に、胸元とエプロン上部の花柄がかわいくて印象的である。

8 アジアの例

9 中央・南アメリカの例

10 アフリカの例

解説 ケンテはアカン族による民族衣装で、かつて存在したアシャンティ王国の王族のためにつくられた。その特徴はあざやかな色彩と芸術的な模様である。

あなたが着てみたい民族衣装はどの国の衣装だろうか。周りの人とも話し合ってみよう。

振り返り　世界のそれぞれの地域で、衣服が気候風土や歴史、文化、宗教などの影響を受けていることを理解できた？ 知

Theme 2

衣服の素材

衣服の素材を知ろう

・衣服の素材について種類や特徴を知る。
・用途に合った衣服の素材を選ぶことができる。

check! こんな時、衣服の素材で何が変わる？

繊維の原料は？

1 天然繊維

植物		動物	
綿（コットン）	麻（リネンなど）	毛（ウールなど）	絹
綿の実	麻の茎	動物の毛	蚕のまゆ

解説 天然繊維の特徴は布の性能にも影響する。共通しているのは吸湿性が優れていること。

2 化学繊維

再生繊維		合成繊維
レーヨン	キュプラ	ポリエステル ポリウレタン ナイロン アクリル
木材パルプ	コットンリンター	石油

解説 合成繊維にはさまざまな種類があるが、どれも石油などを原料としている。

繊維から布へ

3 繊維から直接布にする（不織布・フェルト）

不織布の製造

（株）加藤綿行

解説 不織布は繊維を何らかの方法でからませたり接着したりしてつくる。安価で通気性・吸水性に優れている。羊毛は縮絨（しゅくじゅう）することでフェルト化する。

4 繊維から糸をつくる

紡糸	製糸	紡績
合成繊維	絹	綿・麻・毛・合成繊維

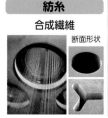

断面形状

TMTマシナリー（株） 日本ノズル（株）

解説 異なった繊維を混ぜて紡績し（混紡）性能を高めることもある。合成繊維は断面形状で機能が変わる。

5 糸から織物をつくる

平織　斜文織

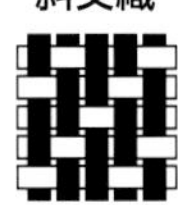

朱子織

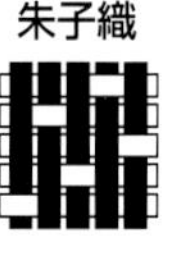

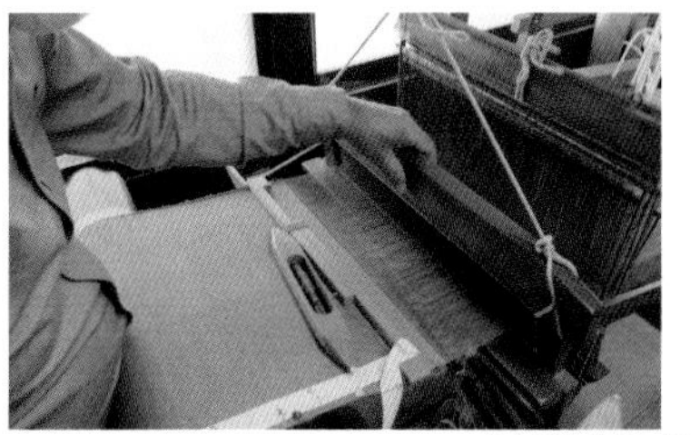

(有)澤井織物工場

解説 たて糸によこ糸を交差させてつくる。使用糸の太さ、織り方で布の性質も変わる。たて糸とよこ糸に違う糸を使うことができる。

6 糸から編物をつくる

よこ編み

たて編み

(株)島精機製作所

解説 糸をループ状にしてからみ合わせてつくる。既製服では生地をつくって縫製するものが多いが、無縫製のものもある。そのほうが糸のむだが少ない。

制服や体操服の素材を調べてみよう。

布の加工

7 染色

手書きの友禅染

インクジェットプリント

京美染色(株)

解説 繊維・糸・布をそれぞれの状態で染色することができる。染色方法も伝統的なものからさまざまある。染料などによっては取り扱いが変わる。

8 汗を弱酸性に変える高機能素材

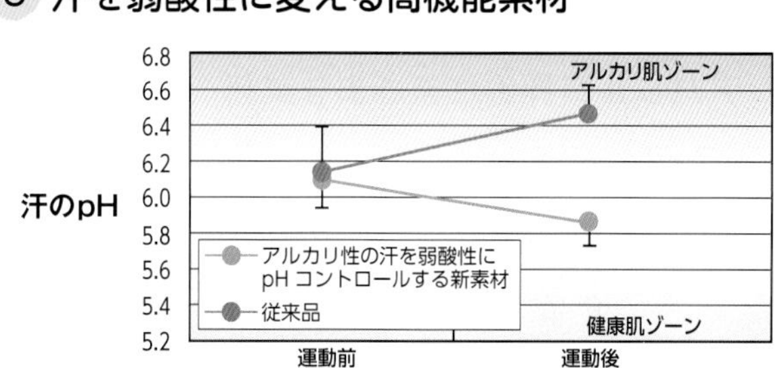

※バスケット選手7名の平均値。2h練習前後の肌pHを測定（実施：大妻女子大学）

帝人フロンティア(株)

解説 汗がついた生地表面を弱酸性にpHコントロールすることで悪玉菌の繁殖を抑制する。

9 毛細管現象を利用した吸汗速乾素材

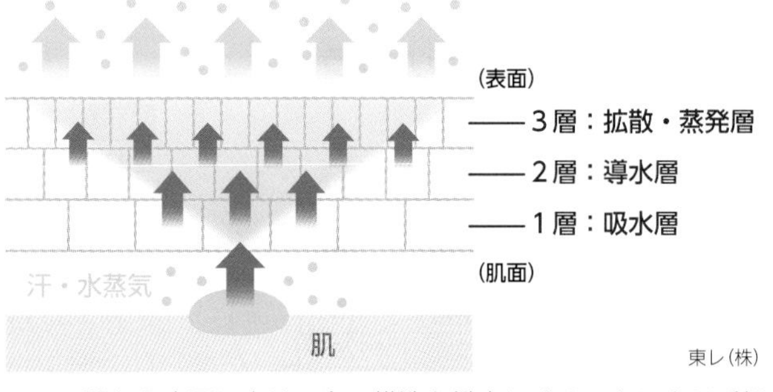

東レ(株)

解説 肌から表面に向けて布の構造を緻密にすることにより毛細管現象を発生させ、汗を素早く吸水・拡散・乾燥させる。

10 スマートテキスタイル

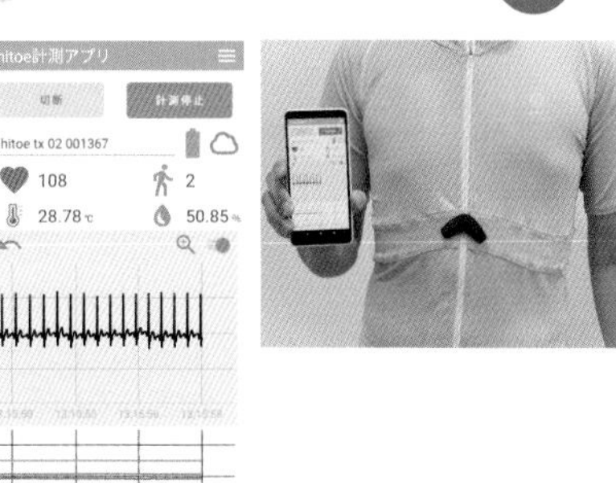

ウェア：東レ(株)
機器・システム：NTTテクノクロス(株)

解説 生地に電子デバイスを組み込み、心拍数や心電波形などの生体情報を測定できるようにした先端繊維素材。実用化に向けて研究開発が進められている。

その他にどのような加工を見たことがある？

振り返り　服の素材の種類や特徴を理解し、服に合わせて素材を選ぶことができるようになった？ 知

Theme 3

ファッションのできるまで

服ってどうつくるの？ ファッション流行はどう決まる？

ねらい
・衣服を手にするまでの流れを知り、衣生活の計画を考える。
・時代は大量生産から多種生産へ、新たな服飾需要が生まれていることを理解する。

ファッション特集
1980年代
わー
すごい格好！
ファッション特集
1990年代
ママ本当？
なつかしい！
これ履いてたよ！
え〜！
ファッション特集
2000年代
年代によって流行が
違うのね…！
ほんとだ！
これからどんなファッションが
流行るのかな〜？

check! どんなファッションが今後流行するだろうか、周りの人と話し合ってみよう。

既製服のつくられ方

1 アパレル業界のさまざまな業務

マーチャンダイザー　デザイナー

(株) オンワード樫山

解説 マーチャンダイザーが商品計画や販売戦略を立て、デザイナーがデザインし、パタンナーが服の設計をする。

2 裁断・縫製の工場

(株) KASHIYAMA SAGA

解説 生地を裁断して、縫製してアイロン仕上げ、検品、出荷という工程が縫製工場での一連の作業である。

ファッションができるまで

3 まずは流行色が決定！

2023年春夏レディスウェアカラー(一部)

(一社) 日本流行色協会 (JAFCA) 選定

解説 年に2回、実際のシーズンの約1年半前にカラーが決定している。

4 ニューニュートラルカラー

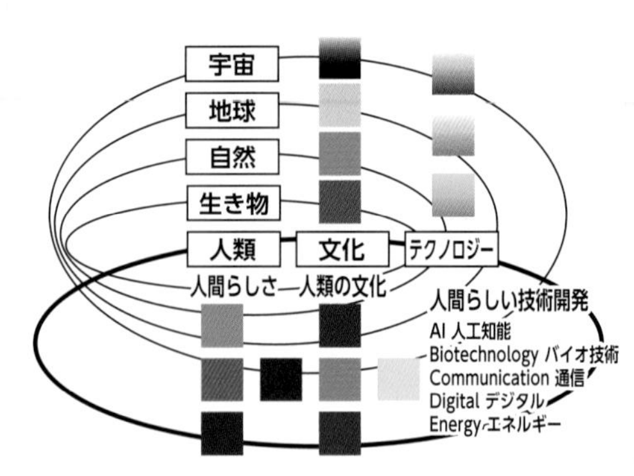
宇宙
地球
自然
生き物
人類
文化
テクノロジー
人間らしさ
人類の文化
人間らしい技術開発
AI 人工知能
Biotechnology バイオ技術
Communication 通信
Digital デジタル
Energy エネルギー

(一社) 日本流行色協会 (JAFCA) 選定

解説 これからの時代に大切になる、心身を最適な状態にしてくれる基本色「ニューニュートラルカラー」。多くの人に受け入れられ、トレンドに左右されない色である。

5 デザインや素材など総合的なトレンドが発信される！

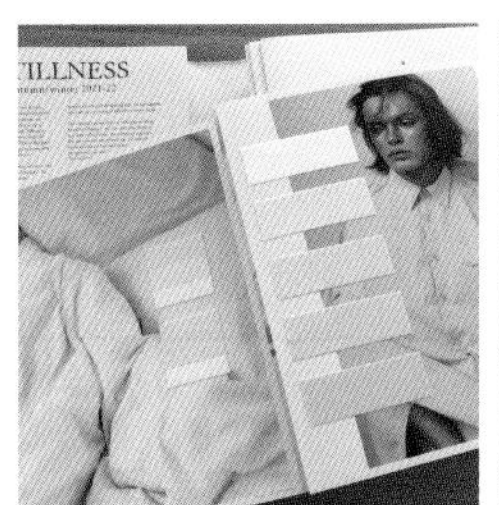

TREND UNION JAPAN

解説 発信元は、主にパリを中心としたスタイリングオフィスと呼ばれるファッショントレンド情報会社が中心になる。

6 素材の方向性の提案・決定

(一社)日本ファッション・ウィーク推進機構 主催「Premium Textile Japan」

解説 国際的流行色が決まってから半年後〜1年後くらいまでの期間にヤーン展、テキスタイル展が開催される。

7 ファッションショー

解説 パリコレクションやミラノコレクション、ロンドンコレクション、東京コレクションなどで披露される。

8 ファッション誌を中心とするファッションメディアからの情報発信

解説 ファッションメディアから新作情報が発信され、私たちのところに届く。また、より身近なファッション誌でも情報が出てくる。

従来のファッション流行の決まり方からの変化

9 SPAブランドの台頭

(株) ファーストリテイリング

解説 素材の調達と企画、製造、物流、在庫管理、店舗販売などの業務を、これまではさまざまな企業が分担していたが、SPAは1つのメーカーだけで一連の工程として行っている。

SPAブランドのメリットとデメリットは何だろうか。

column これからの流行を決めるのは、あなた自身！？

従来のファッション流行の決まり方に対して、現在は少々様変わりしている。今はSNSや写真共有アプリが普及し、個人や個人のセンスに注目が集まりやすい。

梅雨が明けたら夏。
涼しくて可愛い！
#肌見せ
#夏色
#梅雨明け
#いいね

トップスの
サイズ教えて！

振り返り

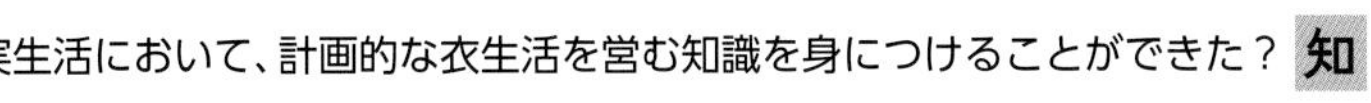

実生活において、計画的な衣生活を営む知識を身につけることができた？ 知

氾濫する情報に踊らされることなく流行やファッションを取り入れていく態度を養うことができた？ 思 態

Theme 4 衣服の選択

何を重視して洋服を選ぶ？

・衣服の表示にはどのような種類があるのかを理解し、衣生活の計画を見直そう。

check! 後悔しない洋服選びって？ 周りの人と意見交換してみよう。

衣服の選択

1 どのくらいの頻度で衣料品を購入しているか

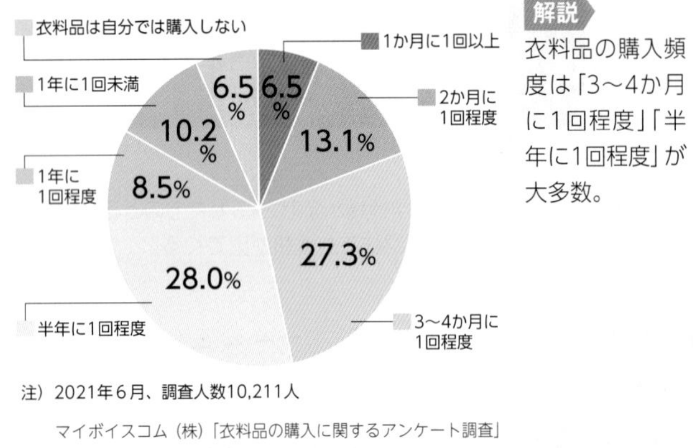

注）2021年6月、調査人数10,211人

マイボイスコム（株）「衣料品の購入に関するアンケート調査」

解説 衣料品の購入頻度は「3～4か月に1回程度」「半年に1回程度」が大多数。

2 直近1年間の衣料品購入場所

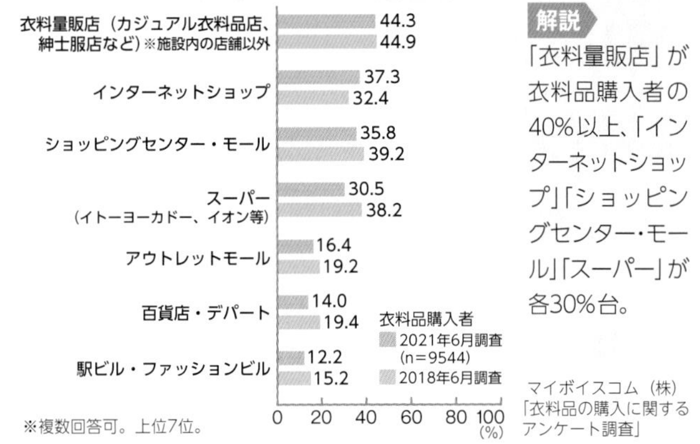

※複数回答可。上位7位。

解説 「衣料量販店」が衣料品購入者の40%以上、「インターネットショップ」「ショッピングセンター・モール」「スーパー」が各30%台。

マイボイスコム（株）「衣料品の購入に関するアンケート調査」

3 衣服選びのポイント

材質・性能

- どんな素材でできているか。
- 着心地、肌触りはどうか。
- 用途に合った性能か（保温性・通気性・吸湿性・吸水性など）。

デザイン・着装

- 自分のサイズを知り、自分のサイズに合った服を選ぶ。
- 試着をして動きやすいかなど、確認する。
- 色柄やデザインは手持ちの服との組み合わせが可能か考える。

解説 試着をする時は直立したまま見るのではなく、動きながらしっかりとサイズ感を確認する。しゃがんでみて、ウエストのきつさや太もも部分のサイズ感を確認する。

仕立て方

- 縫製がしっかりしているか。
- 衿・袖・ボタン・ファスナーの付け方
- 縫い代の幅やしまつ ●布目・縫い目

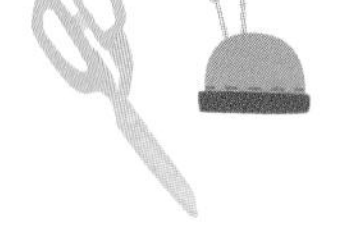

管理・購入

- 価格は適正か。
- 耐用年数はどのくらいか。
- お手入れの方法は？洗濯の方法は？
- 通販やネットの場合は購入先や支払い方法を確認する。

解説 アフターメンテナンスが楽か、耐久性のある繊維が使われているか、などを購入前に確認し、判断する。

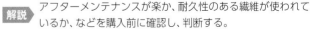

4 繊維製品の表示例

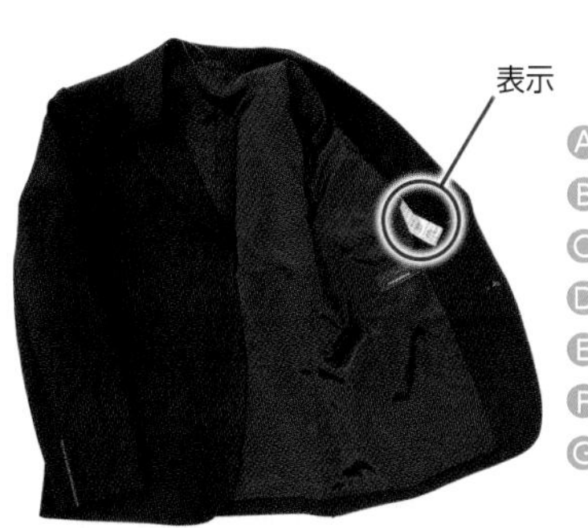

Ⓐ 組成表示
Ⓑ サイズ表示
Ⓒ 性能表示
Ⓓ 原産国表示
Ⓔ 表示者の表示
Ⓕ その他の表示
Ⓖ 取扱い表示
→p.72〜73

BL140
サイズ
160A Ⓑ
品質表示
表 ポリエステル100%
裏 複合繊維（ポリエステル）ポリエステル Ⓐ
Ⓖ

表示（表）

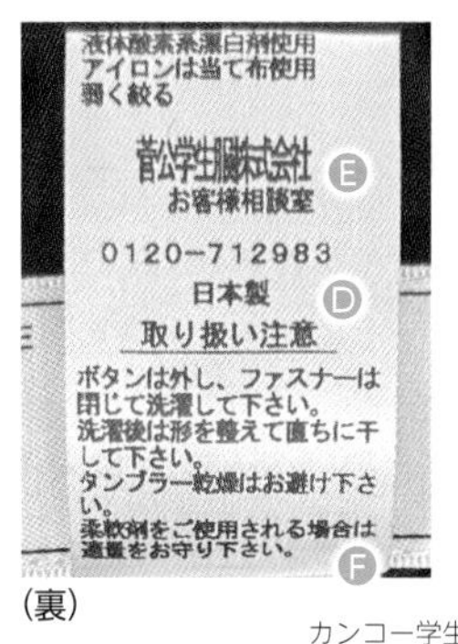

（裏）

カンコー学生服

解説 Ⓖの衣類の取扱い表示は、国際的な流通の増加に対応し、国際規格ISOに適合した。

5 組成表示Ⓐ

解説
購入した衣服には、家庭用品品質表示法にもとづき、繊維の組成表示がついている。

混用率表示

ポリエステル	65%
綿	35%

分離表示

表	毛	100%
裏	キュプラ	100%

指定用語がない場合

指定外繊維
（繊維の名称または商標）

6 サイズ表示Ⓑ

（JIS L4004, L4005による）

成人男性用

サイズ
チェスト 86
ウエスト 74
身長 175
86A6

チェスト（胸囲）

身長区分

番号	4	5	6	7	8	9
身長(cm)	165	170	175	180	185	190

体型区分

体型	J	JY	Y	YA	A	AB	B	BB	BE	E
ドロップ量(cm)	20	18	16	14	12	10	8	6	4	0

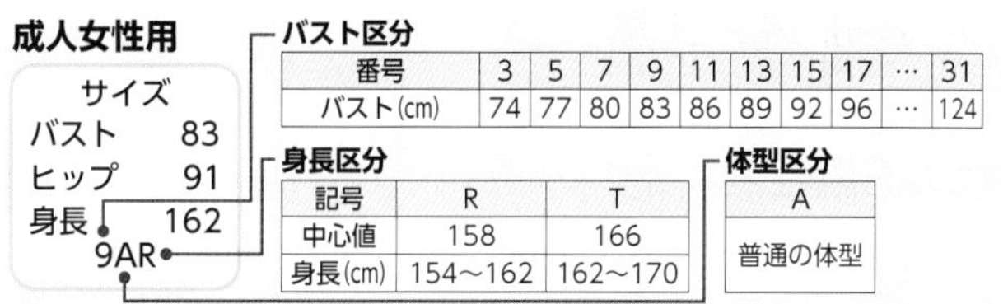

成人女性用

サイズ
バスト 83
ヒップ 91
身長 162
9AR

バスト区分

番号	3	5	7	9	11	13	15	17	…	31
バスト(cm)	74	77	80	83	86	89	92	96	…	124

身長区分

記号	R	T
中心値	158	166
身長(cm)	154〜162	162〜170

体型区分

A
普通の体型

解説 衣料品を購入する際、サイズ表示を販売店やアパレル企業が独自に決めてしまうと消費者が混乱してしまうため、業界基準としてJIS規格が使用されている。

7 性能表示・原産国表示・表示者の表示・その他の表示

Ⓒ 性能表示
（家庭用品品質表示法）

はっ水性表示
はっ水（水をはじきやすい）
（レインコート、傘など）

Ⓔ 表示者の表示
（家庭用品品質表示法）

株式会社○○○
TEL 06-3511-○○○○

Ⓓ 原産国表示
（不当景品類及び不当表示防止法）

（日本製）
（中国製）

Ⓕ その他の表示（任意）

デメリット表示の例
デニム製品の特徴として色が落ちやすいので、他の物と分けて洗ってください

column ダウンジャケットには寿命あり？

数年前から「シームレス加工」といわれるダウンジャケットが出てきています。

従来のダウンジャケットは、ダウンを仕切るのに糸と針を使っているため微細な穴ができてしまい、ダウンが飛び出してくるなどのデメリットがありました。

シームレスダウンは、ダウンジャケットのキルティング部分を樹脂による圧着加工という縫い目を減らした新技術でつくられているため、その点は優れた商品です。しかし、圧着に用いられる樹脂に劣化する「ポリウレタン」が使用されているケースが多く、着用状態などにもよりますが3年ほどで圧着部分がはがれてくる可能性が高いというデメリットもあります。

「東京都クリーニング生活衛生同業組合」より作成

自分の服についている表示を見てみよう！ 組成表示や取扱い表示を書き出してみよう。

あなたは、今後どのようなことに気をつけて衣服を選びますか？ 隣の人やグループで話し合ってみよう。

振り返り
衣服を購入する際、自分のサイズを把握し、表示から必要な情報を読み取ることができた？ **知**
衣服の選択や衣服管理において適切な判断ができた？ **思**

Theme 5 カラーコーディネート

自由に好きな服を着られるとしたら、どんな服装にしたい？

ねらい ・色の組み合わせを考えたファッションについて学び、快適で自分らしい衣生活について考える。

check! 自分の好きな色は？ 自分に似合う色は？

色の分類と三属性

1 色の三属性

色相	明度	彩度
色味（色合い）の違い	明るさの度合い	あざやかさ（色味の強さ）の度合い
赤・橙・黄・緑・青・紫…	明るい⇔暗い 高明度⇔中明度⇔低明度	あざやか（冴えた）⇔くすんだ（鈍い） 高彩度⇔中彩度⇔低彩度

解説 色の三属性とは、「色相」「明度」「彩度」で表される色が持つ3つの性質。

column
トーン

トーンは明度と彩度からつくられる。同一トーンは、明度・彩度の差が少ないのでまとまりやすい配色。類似トーンは、明度・彩度に共通性があるので、共通したイメージが強調される配色。対照トーンは、変化がより大きくコントラストが強調される配色。

色相が同じでも色の調子であるトーンの選び方が変わると、配色のイメージが一新される。

2 PCCS色相環から配色を考える

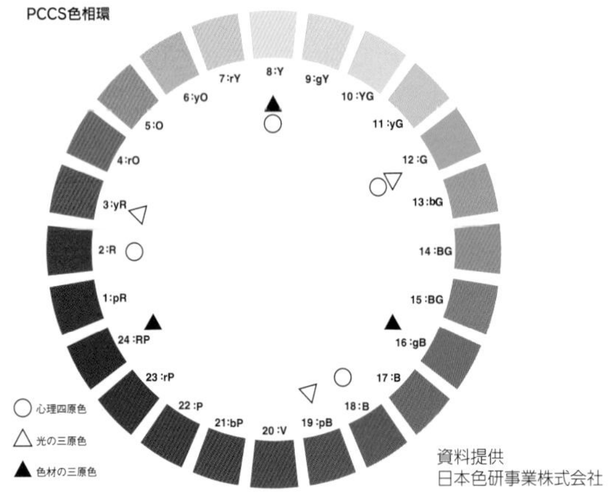

資料提供 日本色研事業株式会社

解説 PCCSとはPractical Color Co-ordinate Systemの略称。配色とは、2色以上の色を効果的に組み合わせること。配色を考えるときに大切なのが調和感である。

3 トーンから配色を考える

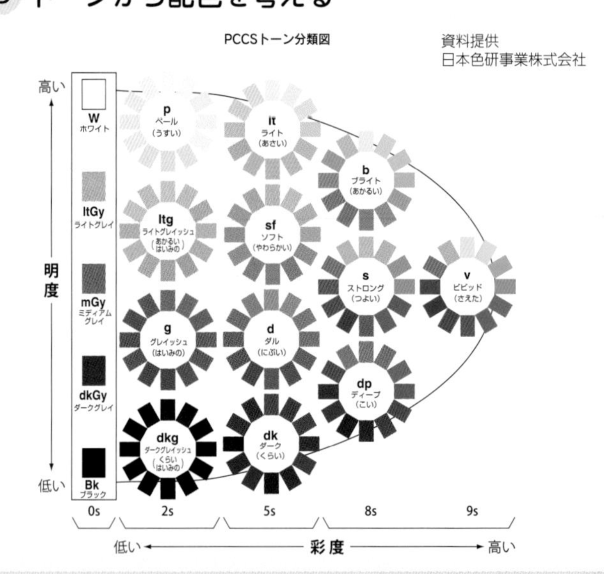

資料提供 日本色研事業株式会社

●使用するシミュレーションアプリ
「カラーコーディネート」

ファッションコーディネートにおける色彩

4 配色の基本的な技法

アクセントカラー

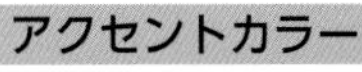

セパレーションカラー

グラデーションカラー

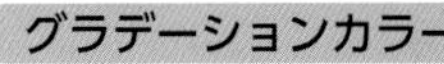

解説 配色全体にスパイスを足すのがアクセントカラーで、すでにある配色全体の見せ方をコントロールするのがセパレーションカラーである。

5 基本的なカラーコーディネート

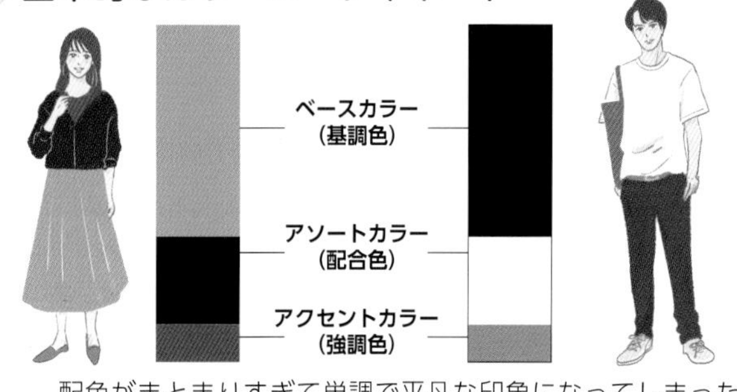

解説 配色がまとまりすぎて単調で平凡な印象になってしまったときに、使われている色とは異なる性質の色を挿入すると、変化が生まれ、全体が引き締まる。

6 色相を主体としたカラーコーディネート

同一色相　類似色相　対照・補色色相　多色色相

解説 対照や補色関係にある色相の組み合わせはバランスはよいものの、コントラストが強く、色によってはハレーションを起こして不快に感じられる場合もある。

7 トーンを主体としたカラーコーディネート

同一トーン　類似トーン　対照トーン

解説 同一色相のコーディネートは単調になりがちだが、トーンで差をつければ、まとまりがありながらメリハリの利いたコーディネートができる。

自分の好きなカラーコーディネートはどれだろうか。周りの人と話し合ってみよう。

「錯覚」を利用してスタイルアップ

8 ほっそりスマートに見せる

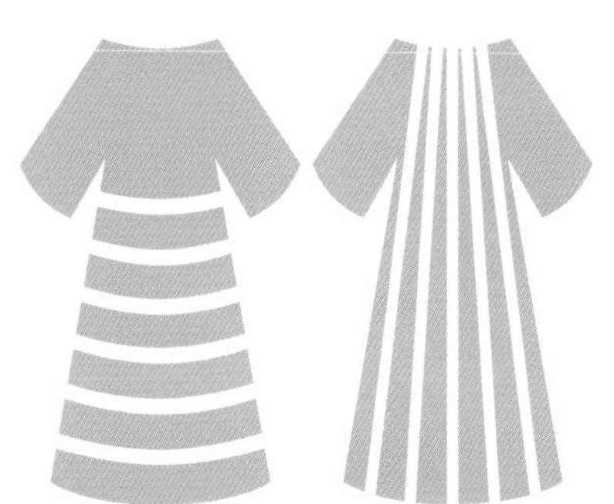

解説 たて線を強調したほうが細く見える。2色の場合、横並びよりもたてを強調するほうが細く見える。

9 身長を高く見せる

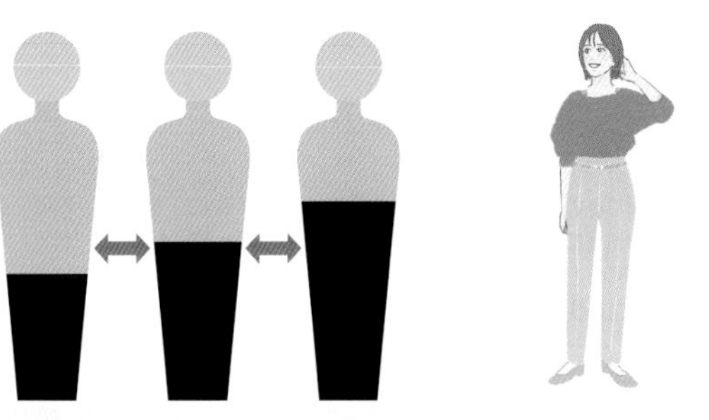

解説 ハイウエストの衣服は腰の高い位置に目線がいくので、身長が高く見える。

振り返り

色柄やデザイン・着装の視点から衣服の選択・購入を考えることができた？ 思

形や素材、柄、色などの要素をうまく組み合わせ、自分らしさを表現することができた？ 態

Theme 6

衣服の管理

衣服に合った手入れの方法を知ろう

・衣服に応じた適切な管理ができるようになる。

check! こういうことない？ 正しい衣服の管理を知ろう。

洗濯は必要？

1 汚れの見える化

5時間着用 →ニヒドリン噴射 →汚れに反応すると紫色に

（株）日本少年写真新聞社

解説 たんぱく質やアミノ酸のアミノ基($-NH_2$)と反応して紫色に変わる性質を利用して、汗や皮脂の汚れを「見える化」する。汚れを除去し、保健衛生と布の機能回復をする必要がある。

2 商業洗濯―クリーニング店の活用法

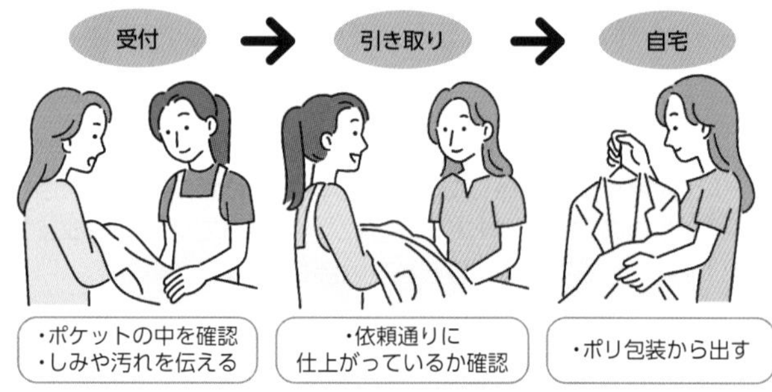

解説 家で洗えないものは商業洗濯を利用しよう。気がついたことがあったら、すぐに店に伝えることが大切。時間が経過してからでは、問題がこじれたりすることもある。

3 洗剤にはどんな種類がある？（種類と特徴）

種類	弱アルカリ性 石けん	弱アルカリ性 合成洗剤	中性 合成洗剤
特徴	○主原料はヤシ、米ぬか、牛脂などの天然油脂。手肌や環境に優しい。 ▼粉の場合、すすぎが不十分だと変色しやすい。	○洗浄力を高めるため、酵素・漂白剤・蛍光増白剤配合もある。	○酵素や蛍光剤が入っていないので、幅広く使用可。ドライマーク衣料対応もある。 ▼洗浄力は穏やか。
用途	綿、麻、ポリエステル、ナイロン、アクリルなどの合成繊維		毛、絹、レーヨンなどのアルカリに弱い素材

解説 洗濯には用途や目的に合った洗剤を選ぶことが大切。洗剤の使い過ぎは衣服にも環境にも負荷があるため、容器に記載された使用量を守ろう。

4 洗剤にはどんな種類がある？（商品）

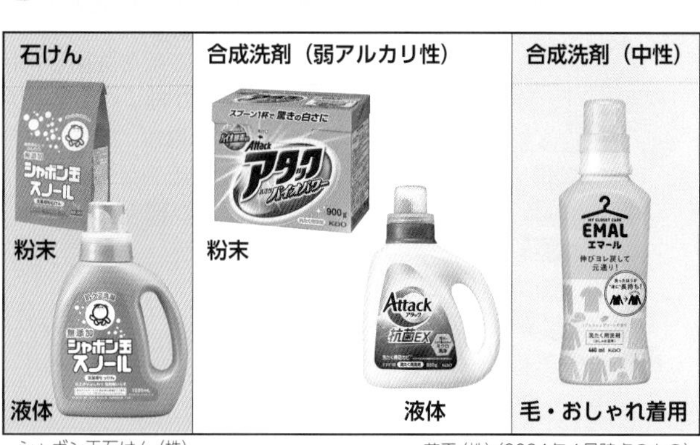

シャボン玉石けん（株）　花王（株）（2024年4月時点のもの）

5 洗剤と併用するもの　漂白剤

分類	酸化型			還元型
	塩素系	酸素系		
形状	液体	粉末	液体	
液性	アルカリ性	弱アルカリ性	弱酸性	弱アルカリ性
特徴	漂白力が強い。酸性と反応して塩素ガス発生	衣類のつけ置き漂白に適している。	洗濯の際、洗濯物と一緒に使う。	鉄分による黄ばみを漂白。
用途	白物※1	白物・色柄物※2	白物・色柄物	白物

金属製のボタン・ファスナーはすべて使用不可。
※1 毛・絹・ナイロン・ポリウレタン・アセテートなどは使用不可。
※2 毛・絹は使用不可。

花王（株）（2024年4月時点のもの）

6 洗剤と併用するもの　柔軟剤・しみ抜き剤・のり剤

柔軟剤　しみ抜き剤

静電気予防や香りづけ、消臭など。

のり剤

アイロン時に使用。型くずれ防止、汚れが落としやすい。

ライオン（株）　花王（株）（2024年4月時点）

解説　用途や目的を確認して選ぼう。使用量や使用のタイミングも確認してから使用しよう。

制服や体操服はどのような取り扱いが適している？

長期の保管

7 防虫

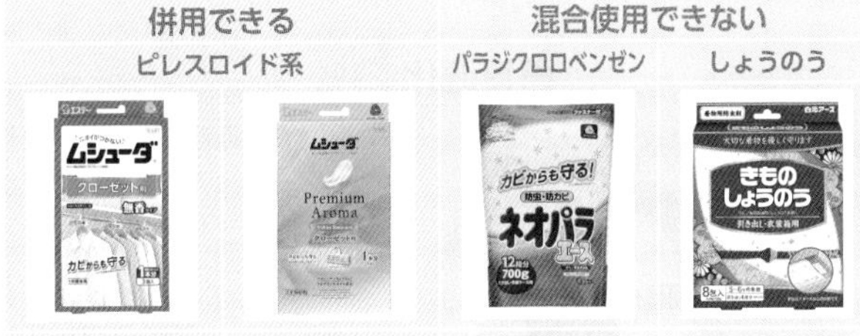

エステー（株）　白元アース（株）

解説　衣服の汚れは害虫やカビの発生源になるので、収納する前に必ず洗濯やクリーニングをしよう。用途や用法をよく見て使用する。しょうのう以外の天然由来成分のものもある。

8 防湿・除湿

エステー（株）

解説　衣服のカビ対策は、換気をする、一晩クローゼットの外でハンガーにかけてからしまう、定期的に掃除する。乾燥材や除湿剤も有効に利用しよう。

お直し

9 制服に必要なお直しは？

解説　修繕に使用する糸は、目立たない糸を選ぼう。破れたり、穴があいたりした場合には、プロに依頼しよう。

10 簡単補修グッズ

クロバー（株）

解説　手縫いなどが苦手な人向けに簡単な補修グッズも売っているので活用してみよう。

振り返り　服に合った取り扱い方法を確認し、管理することができるようになった？ 知 態

Theme 7 サステナブルファッション

今、私たちにできることは？

・サステナブルファッションの必要性を知る。
・衣生活で自分にできることを考える。

1 衣服ロス

2 ラナ・プラザ崩落事故

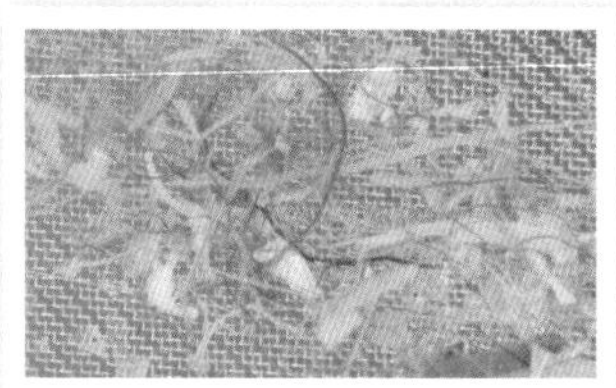
3 マイクロプラスチック
四日市大学 千葉 賢

4 ミンク

check! サステナブルファッションって知ってる？　写真を参考にして、衣服に関する問題を考えてみよう。

環境省の調査を見てみよう

1 1着の服にもこんなに資源が！

CO_2 排出量 約25.5kg → ペットボトル(500mL) 約255本製造分

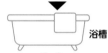

水消費量 約2,300L → 浴槽 約11杯分

※2019年時点における服の国内供給量約35.3億着をもとに算出しています

環境省「SUSTAINABLE　FASHION」

解説　服1着をつくるためにも環境に対してさまざまな負荷がかかる。大量に衣服が生産されている現在、その環境負荷は大きくなっている。

ファッションが環境に与える影響を考えよう。

2 家庭から手放される衣服の行方

可燃・不燃ごみに出される衣服の総量 508,000t

再資源化 5%　24,000t

焼却・埋め立て 95%　484,000t

環境省「SUSTAINABLE　FASHION」

家庭から手放される衣服の量は年間約75万トン。そのうち約50万トンがごみとして出されている。ごみに出された衣服が再資源化される割合はたった5％。

ファッション界の方向転換

3 環境・社会に配慮した選択

生分解・植物由来の化学繊維

植物由来原料 → 再生資源(グルコース) → 植物由来エチレングリコール → ポリエステル製造 → ユニフォーム

帝人フロンティア（株）

オーガニック繊維製品（GOTS認証）

解説　生分解・植物由来の化学繊維や、オーガニック繊維製品（GOTS認証）なども増えてきている。

4 エシカル消費

（株）岡田織物

解説　ラナ・プラザ崩落事故をきっかけに、労働問題や人権問題、動物福祉などエシカルな消費も求められるようになってきた。フェイクファー（エコファー）も見直されている。

できることって何だろう

5 どのような服を選ぶ？

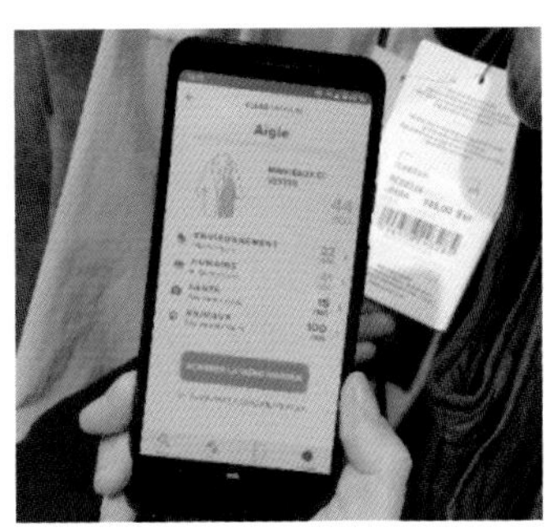

解説 服のタグを写真に撮るだけで、そのブランドがどの程度環境や人間に優しい行いをしているか採点するアプリ「Clear Fashion」(2019年　フランス)

ジェトロ「フランスを中心とする欧州アパレルブランドのサステナビリティ動向調査(2021年3月)」

6 服の管理できている？

JUSCLO　　パタゴニア

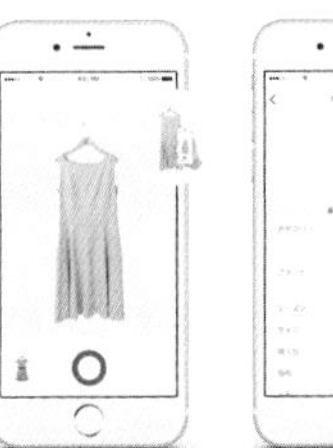

解説 持っているファッションアイテムをスマホで管理できるアプリ「JUSCLO」(左)。洗濯によって抜け落ちるマイクロファイバーの川や海への流出を削減するネット(右)。

海外の取り組みにも目を向けてみよう。良い服を選んでしっかり管理するには？

着なくなった服の活用を考えよう

7 服の回収とリユース

(株) ユニクロ

解説 不要になった服を回収し、難民キャンプや被災地への緊急災害支援など、世界中の服を必要としている人たちに届けてリユースしている。

8 服から服へのリサイクル

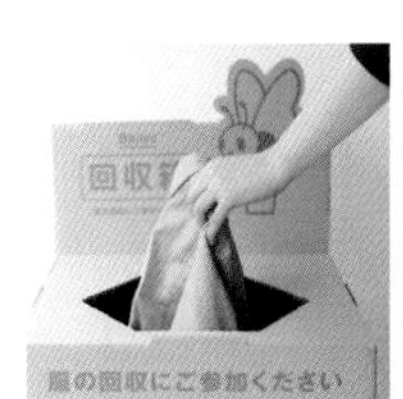

(株) JEPLAN

解説 不要になった服を回収し、ポリエステル100%繊維の服はケミカルリサイクルという独自の技術を用いて石油からつくった原料と同等品質の原料に再生し、再び服をつくることが可能。

9 リメイクして着用する

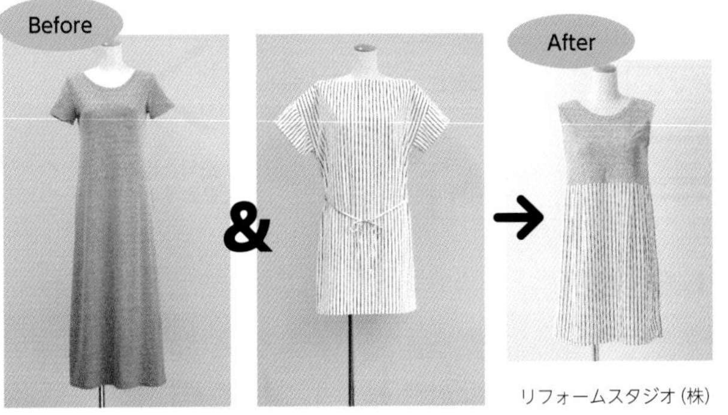

リフォームスタジオ (株)

解説 デザインが古い、サイズが合わない、好みが変わったなどの理由でしまいこんでいる洋服をリメイクする。

10 自分でリメイク

裂いた布をかぎ針で編む、裂き編み

フックドラグでアクセントをつけたバッグ　　染色したTシャツ

解説 自分でリメイクするときは、素材や縫製方法をよく調べてから始めよう。

サステナブルファッションの必要性について理解できた？ 知

次世代の環境につなげるため、自分の衣生活の見直しと改善について考えることができた？ 思

衣服の表示

どんな時に表示の情報を使うの？

・衣服の表示から読み取れる情報を理解する。
・購入や手入れの際に表示の情報を生かす。

衣服の表示（タグ）から情報を読み取ろう

1. 衣服の表示を見て、購入や管理の際に必要な情報について考える。（1・2・3）
　（繊維製品の表示例　→p.65）
2. 取扱い表示を理解し、シミュレーションアプリ「衣服のマーククイズにTRY！」で確認する。（4）

1 衣服を購入する時に

価格やデザインだけでなく、家庭で洗濯できるか、クリーニング店に依頼するのかなど費用や手間も考慮しよう。

スポーツ着、作業着、子ども服

手軽に家庭で洗濯をしたい衣類です。洗濯機の「標準コース」などが使える表示をめやすにするとよいでしょう。

例
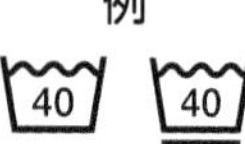

おしゃれ着やニット

家庭で洗いたいなら、「洗濯機での弱い洗い方」や「手洗い」ができる表示をめやすにするとよいでしょう。

例

夏の衣類

汗汚れは水洗いしたいので、「家庭洗濯」やクリーニング店での「ウェットクリーニング」ができる表示がある衣類がおすすめです。

例

コートやジャケット、ドレス

クリーニング店に依頼したい衣類は、「クリーニング」ができる表示を確認しましょう。

例

経済産業省・消費者庁「衣類の新しい『取扱い表示』で上手な洗濯！（2015年）」

2 取扱い表示の基本

▶5つの基本記号

▶付加記号（強さ）

付加記号	具体的な意味
線なし	通常の強さ
―	弱い
＝	非常に弱い

▶付加記号（禁止）

基本記号と組み合わせて、禁止を表す。

▶付加記号（温度の高さ）

付加記号	具体的な意味	
●●●		200℃まで
●●	普通の温度 最高80℃	150℃まで
●	低温で乾燥 最高60℃	110℃まで

▶干し方・脱水

マーク	意味
四角の中に縦線1本	**つり干し** ハンガーなどにかけるか、小物干しなどに吊るして干す。
四角の中に横線1本	**平干し** 平らな場所に広げて干す。

棒の向きで干し方を表現する。四角は日なたか日陰かを表現する。左上に斜線が入ると日陰を意味する。

マーク	意味
縦線1本と横線1本	脱水して干す。
縦線2本と横線2本	※脱水せず（絞らず）干す。

※線が2本であれば強さは非常に弱いを意味し、脱水しない。

東京都クリーニング生活衛生同業組合「新しい取扱い絵表示」

●使用するシミュレーションアプリ
「衣服のマーククイズにTRY！」

3 取扱い表示

洗濯のしかた	漂白のしかた	乾燥のしかた	アイロン仕上げ	クリーニングの種類
液温は40℃を限度とし、洗濯機で洗濯ができる。	塩素系および酸素系漂白剤が使える。	つり干しがよい。	底面温度200℃まで。	パークロロエチレンおよび石油系溶剤によるドライクリーニングができる。
液温は30℃を限度とし、洗濯機で弱い洗濯ができる。	酸素系漂白剤のみ使える。	日かげのぬれつり干しがよい。	150℃まで。	石油系溶剤によるドライクリーニングができる。
液温は40℃を限度とし、手洗いができる。	漂白剤は使えない。	日かげの平干しがよい。	110℃まで。	ドライクリーニング禁止。
家庭での洗濯禁止。		低い温度でのタンブル乾燥ができる（排気温度60℃）。		ウェットクリーニングができる。
		タンブル乾燥禁止。		

4 シミュレーションアプリ

「衣服のマーククイズにTRY！」

違いをおさえた衣服の正しい取扱い

手順
1. 洗剤・漂白剤（→p.68～69）、手洗い（5）、柔軟剤やのり剤（→p.69）、クリーニング（6）の違いを確認する。
2. 2～3人で1問クイズをつくり、スプレッドシートに書きこみ共有して解く。

5 手洗い

全体洗い

おしゃれ着

押し洗い 基本の洗い方

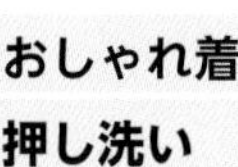
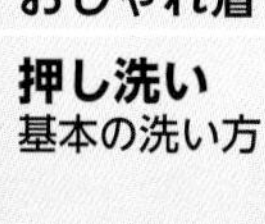

アコーディオン洗い 薄手のしわになりにくい衣服

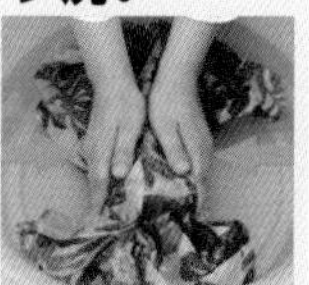

振り洗い 薄手の小さめの衣服、下着類

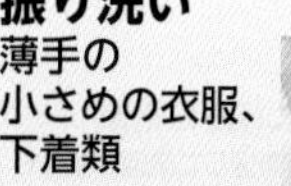
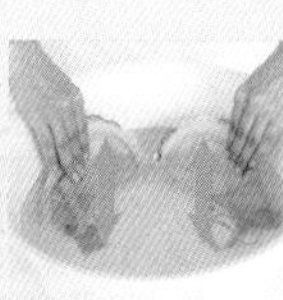

一般衣服

つけおき洗い がんこな汚れやにおい汚れがついた衣服

部分洗い

おしゃれ着

つかみ洗い 引っ張ると伸びてしまう衣服

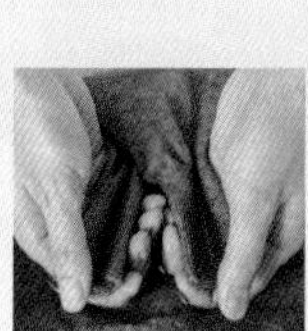

たたき洗い こするとダメージを与える衣服

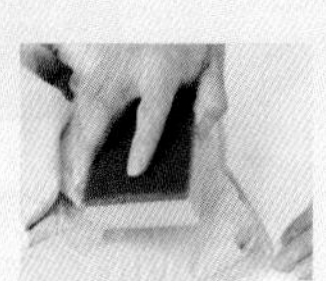

一般衣服

もみ洗い がんこな汚れがついた丈夫な衣服

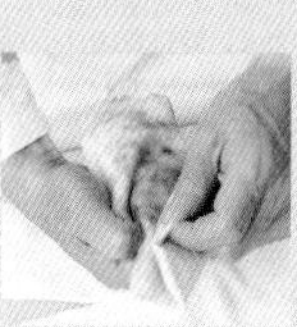

つまみ洗い 局所的な食べこぼし、しみや泥汚れなどがついた衣服

ライオン（株）「Lidea」

6 クリーニング

ランドリー	汚れ除去率が高く、殺菌効果あり。白度を要求される限られた衣類対象。
ウェットクリーニング Ⓦ	油性汚れも水溶性汚れも落とす。デリケートな衣類対象。比較的高価。
ドライクリーニング Ⓟ	油汚れに適し、水溶性汚れに適さない。収縮・型くずれ・色落ちがしにくい。

Ⓟがついていても

がついていなければ
家庭で洗うことができる。

振り返り
衣服の購入、手入れ、管理に必要な知識を理解した？ 知
衣服の表示にある情報を活用し、適切な判断ができた？ 思

Theme 1 気候・風土と住文化

気候や風土に応じた住まいって？

・気候や風土に応じた家づくりと住まい方について理解する。

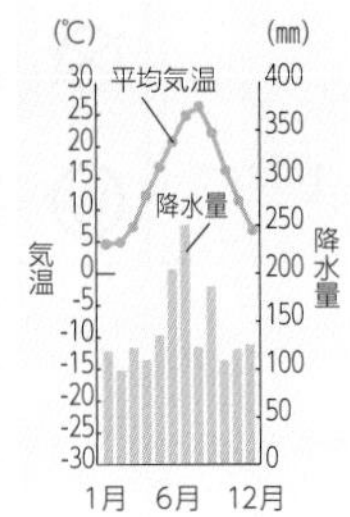

1島根県　築地松のある家

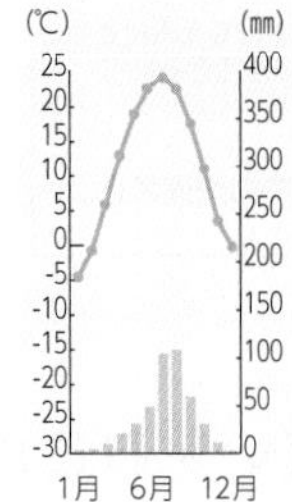

2中国・黄土高原　土の中の家「ヤオトン」

check! 2つの写真の住まいには、どのような気候・風土に応じた工夫がされているだろう？

日本の住文化

1 日本の気候区分

■日本海側の気候
冬は雨や雪が多く、降水量が多い。

■内陸性の気候
夏と冬で気温差が大きい。
1年を通して降水量が少ない。

■瀬戸内の気候
1年を通して降水量が少なめで、温暖。

■北海道の気候
年間を通して気温が低い。
降水量が少ない。

■太平洋側の気候
夏は降水量が多く、蒸し暑い。
冬は晴れが多く、降水量が少ない。

■南西諸島の気候
1年を通して気温が高い。
雨が多く、特に夏は降水量が多い。

解説　日本列島は、そのほとんどが温帯に属している。しかし南北に細長い日本は緯度の差が大きいため、北と南では気候が大きく異なる。

2 北海道　三角屋根の家

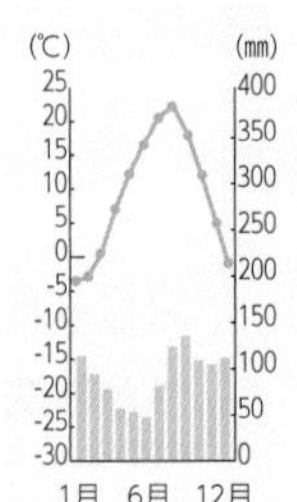

解説　雪が多く降る地域では、屋根に雪が積もらないような形になっている。また、玄関フード（風除室（ふうじょしつ））や二重窓など、寒さを防ぐように工夫されている。

3 岐阜県　白川村の合掌（がっしょう）造りの家

解説　積雪が多く雪質が重いという自然条件に適合するために、屋根が急勾配になっている。屋根裏の空間は、主に養蚕に使われていた。

4 沖縄県　石垣で囲まれた家

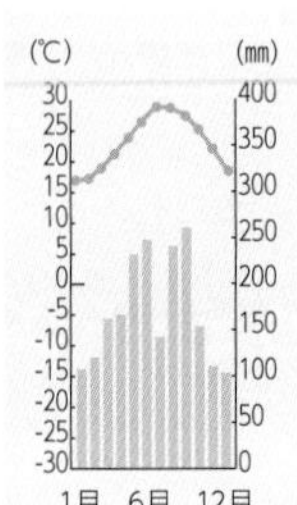

解説　台風の暴風から石垣で家を守っている。家屋は1階建てで屋根も丈夫である。また、降雨や強い陽射しから守るために、軒の出を深くしている。

5 世界の気候区分

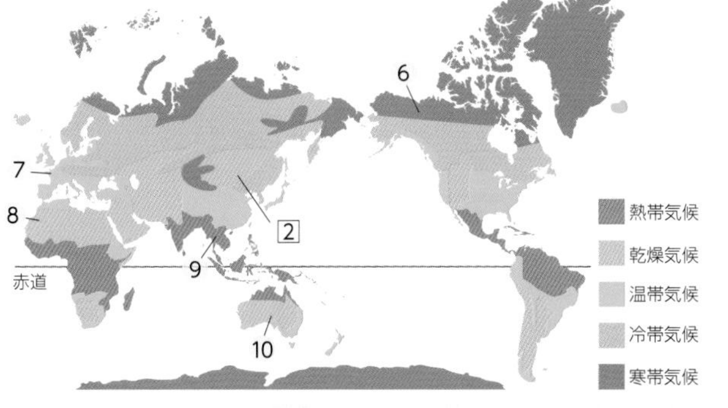

解説 世界の住居は、その土地の気候にあったつくりになっている。暑さや寒さ、乾燥や湿度に対応した工夫が、随所に見られる。

6 カナダ　イヌイットの氷の家「イグルー」

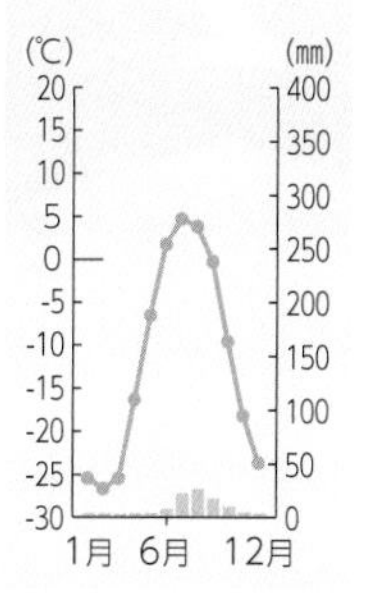

解説 イヌイットがアザラシなどの狩りをしながら移動生活を行う時に使う、氷や雪を固めてつくった冬の住居。床や壁に動物の毛皮を敷くなど、寒さ対策をしている。

7 フランス　北西部の村の茅葺(かやぶ)き民家

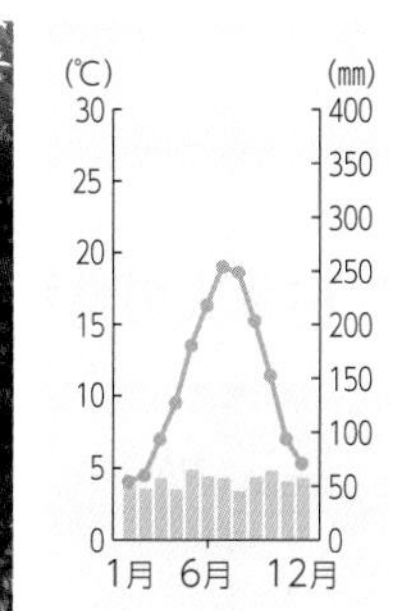

解説 風が強く降水量も多いため外壁は石を積み上げて、すき間には漆喰(しっくい)を埋め込んでいる。屋根の頂には草が植えられ、雨の浸透を防いでいる。

8 モロッコ　日干しれんがでつくられた家

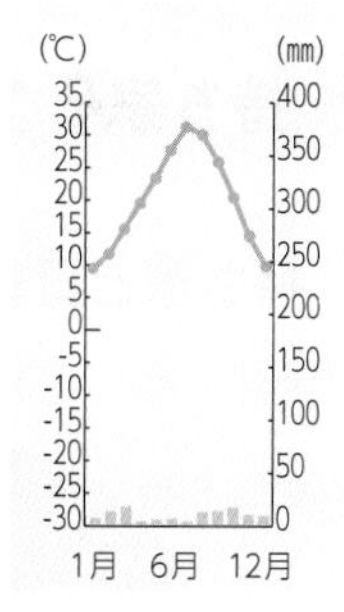

解説 日干しれんがでできている。夏期には40℃を超えることもあるが、窓を小さくして壁を厚くすることで断熱性を高め、室内を涼しく保てるように工夫している。

9 タイ 高床式の住居

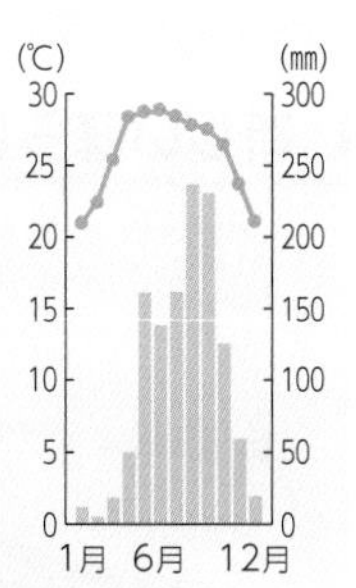

解説 雨季の洪水対策のため高床式住居となっている。また、高温多湿な気候のため、高床式住居とすることで、地表からの湿気や熱を防ぎ、風通しをよくしている。

10 オーストラリア　クーバーピディの地下の家

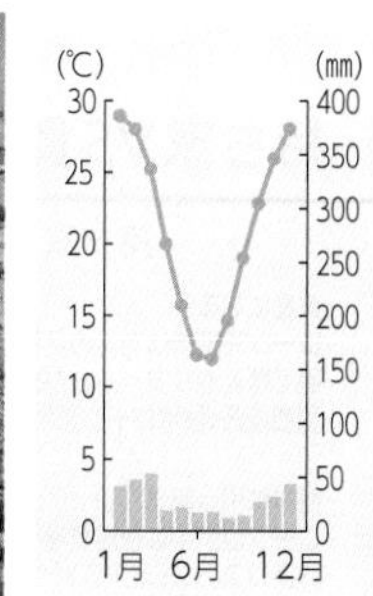

解説 地上に見えるのは換気筒。グレート・ビクトリア砂漠の縁の気候は、夏は非常に暑く、冬は寒い。地下は温度変化が少ないため快適に過ごせる。

私たちの住んでいる地域では、どんな気候・風土に応じた住まいの工夫がされているだろう？

気候や風土に応じた家づくりと住まい方が地域ごとに行われ、歴史的にも発展してきたことについて理解できた？ 知

Theme 2

家って何だろう？

あなたにとって家はどんな場所？

・住まいとライフスタイルの関連について理解する。
・住宅問題は人権にかかわる課題であることを知り、社会的援助の必要性に気づく。

1
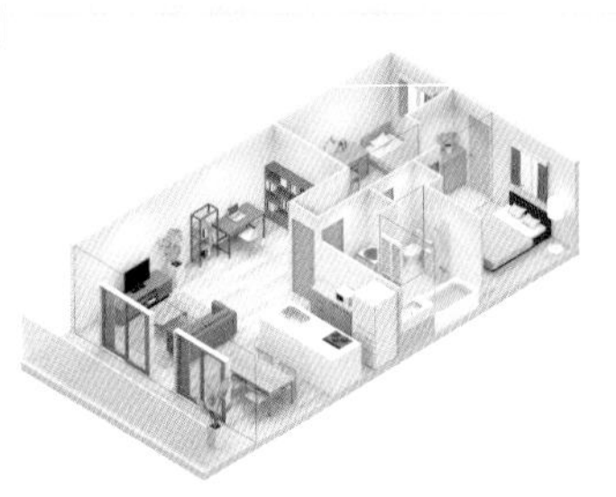

2

 check! 「いい家」ってどんな家？

持ち家？ 賃貸？ どちらがいいの？

1 持ち家と賃貸の割合（全国）

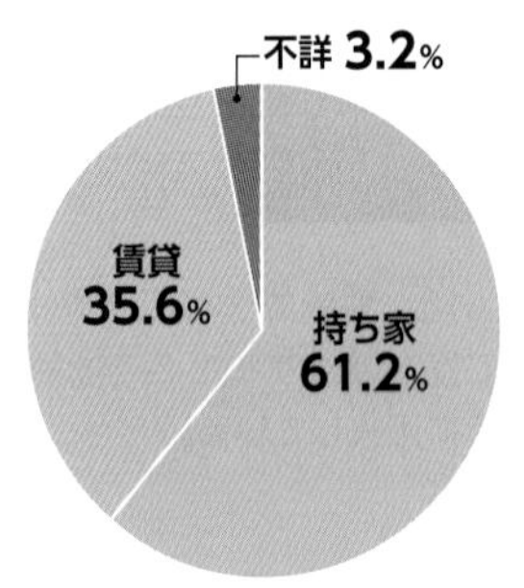

注）2018年調査　　スマイルすまいWebサイトより作成

解説 2018年時点の30歳未満の持ち家世帯率は6.4%。その他の年代は、30～39歳で35.9%、40～49歳で57.9%と、年代があがるにつれて持ち家率が高くなる。

2 日本人の持ち家志向

住宅を購入するとしたら、新築か中古か
わからない 1.5%
どちらでもよい 12.9%
中古がよい 3.4%
新築がよい 82.2%

新築がよいと思う理由
税制や融資の面で中古より有利だから1.6%
その他 1.9%
人が住んでいた後には住みたくないから 9.6%
間取りやデザインが自由に選べるから 41.9%
中古は住宅の品質に不安があるから 10.6%
すべてが新しくて気持ちがいいから 34.4%

内閣府「住宅に関する世論調査（2004年）」

解説 日本政府は、戦後、税制優遇などによる住宅政策を行った。安定した生活の象徴として、また財産形成の一環として、多くの人が持ち家を望むようになった。

3 持ち家VS賃貸

	持ち家	賃貸
メリット	・資産になる ・ローン完済後は老後の負担が軽くなる ・建て替えやリフォームが自由にできる ・税額控除（住宅ローン減税）が受けられる	・ライフスタイルに合わせて自由に住み替えできる ・住居費を下げることができる ・維持コスト（設備の交換や修繕費用）がかからない ・固定資産税などの税金や保険料などの負担がない
デメリット	・簡単に引っ越せない ・ローン返済中は住居費を下げられない ・維持コスト（固定資産税や管理費、修繕積立金など）がかかる ・物件価格が下がるリスクがある	・資産にならない ・老後も家賃を払い続けなければならない ・好みに合わせてリフォームできない ・高齢の場合、新規契約や契約更新がしにくいケースがある

「マネーポストWEB」Webサイトより作成

解説 「無理のない範囲」の金銭的な負担があることが前提で、自身のライフプランやライフスタイルに合っているかどうか、どちらを望むかを基準に判断するのがよい。

あなたは持ち家派？賃貸派？そう考えるのはなぜ？

4 新しい暮らし方「ホテル暮らし」

東急リゾーツ＆ステイ（株）

解説 リモートワークの広がりにより、各地を転々としながら生活する新しい暮らし方への人気が高まっている。また、ホテル側からもこうしたニーズに応える動きが出てきている。

あなたは「ホテル暮らし」をしてみたい？

家があるのは「当たり前」?

5 住宅価格の年収倍率(国際比較)

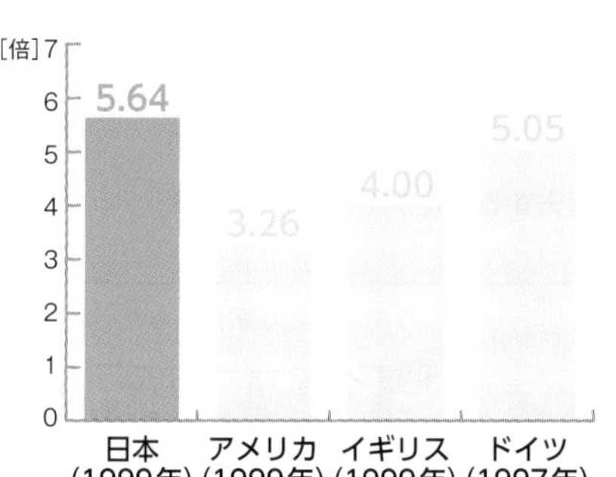

イザットハウスWebサイトより作成

解説
「年収倍率」とは、住宅の価格を年収で割った値のこと。年収倍率が低いほど住宅を購入しやすく、高ければ購入しにくいということになる。

6 住まいは人権

居住の権利を明記する条文

日本国憲法(1947年施行)	第25条第1項　すべて国民は、健康で文化的な最低限度の生活を営む権利を有する。 第2項　国は、すべての生活部面について、社会福祉、社会保障及び公衆衛生の向上及び増進に努めなければならない。
世界人権宣言(1948年採択)	第25条1項　すべて人は、衣食住、医療及び必要な社会的施設等により、自己及び家族の健康及び福祉に十分な生活水準を保持する権利並びに失業、疾病、心身障害、配偶者の死亡、老齢その他不可抗力による生活不能の場合は、保障を受ける権利を有する。

解説 居住の権利は、日本国憲法第25条の具体化である生活保護制度の中で、住宅扶助という形で保障されている。

7 高齢者の住宅難民問題

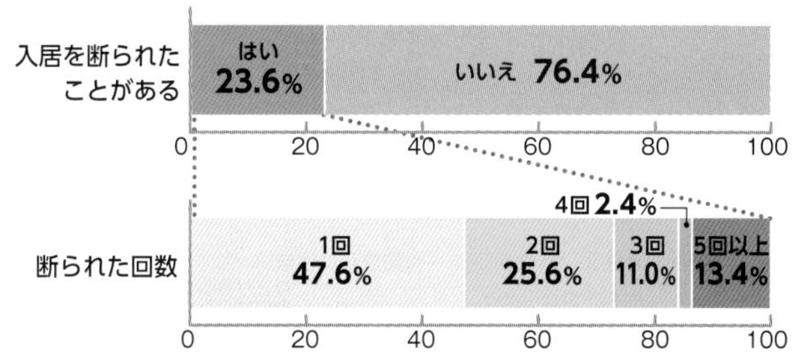

R65不動産Webサイトより作成

解説 日本は世界で最も高齢化が進んでいるにもかかわらず、高齢者が入居可能な賃貸物件は全体の約5%しかなく、「住宅難民」が社会問題となっている。

8 賃貸人の意識

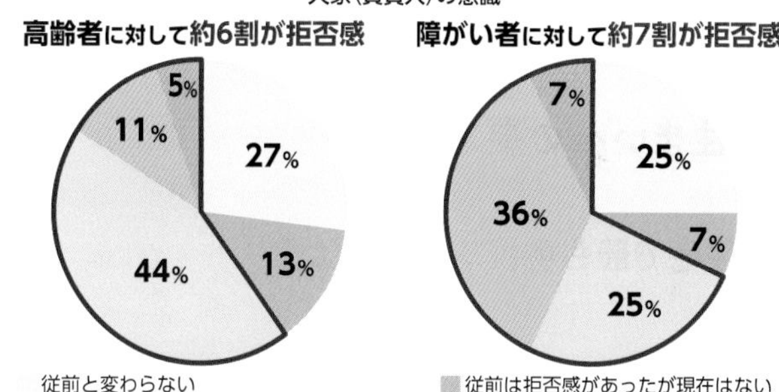

国土交通省「家賃債務保証の現状(2016年度)」

解説 高齢者や障がい者など一定の人々に対し、家賃の支払いに対する不安感や経済的な困難などを理由に、入居の対象から除外しているケースが見られる。

家を失うリスクは、どんな時に起こる?

さまざまな住宅支援

9 公営住宅

群馬県によるシングルマザー向けの住宅(共有リビング)

解説
公営住宅は、国や自治体が所有する住宅で、低所得者や高齢者・障がい者・シングルマザーなどの特定の層を対象として、家賃を抑えた住宅の提供を行っている。

10 東京こどもすくすく住宅認定制度

(例)チャイルドロック付きのコンロ

(例)室外機と手すりの間に距離を確保

解説 事業者の取り組み内容に応じて、子育てに配慮された優良な集合住宅は、東京都の認定を受けることができる。

住宅問題が人権にかかわる課題であることを知り、社会的援助の必要性に気づくことができた? 知

Theme 3 これからの住まいと住まい方

あなたはどんな住まいに住みたい？

・生活スタイルに応じた住まいや住環境について考え、工夫することができる。

check! あなたは、住宅についてどのようなことを最も重視するだろうか？

住まいへの要求

1 住宅で最も重視することは？

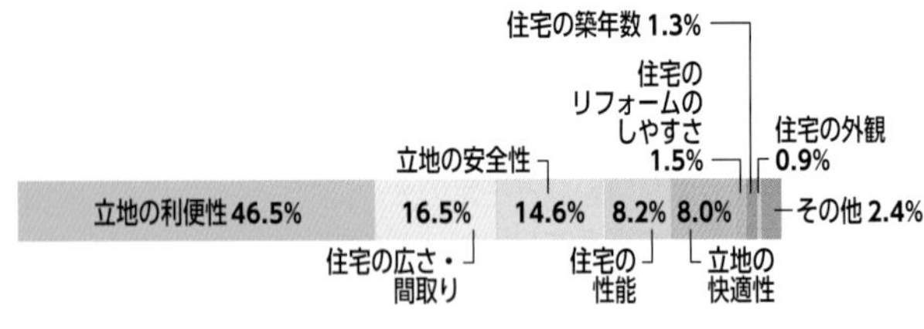

注）該当者数（1,736人）

内閣府「住生活に関する世論調査（2015年）」

解説 住宅についてどのようなことを最も重視するかたずねたところ、「立地の利便性」が46.5%で最も割合が高かった。

2 ライフステージと望ましい住まい

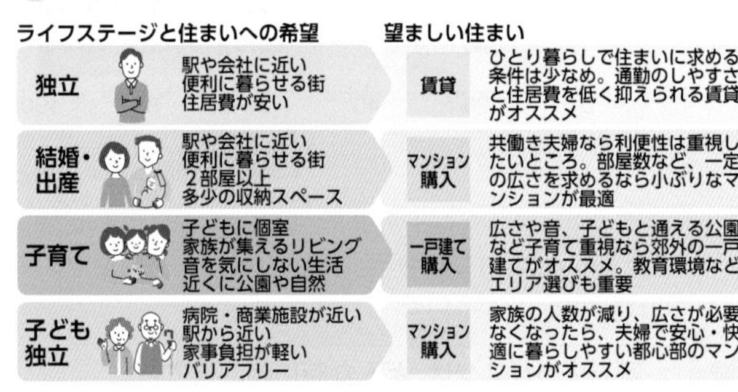

ライフステージと住まいへの希望		望ましい住まい	
独立	駅や会社に近い 便利に暮らせる街 住居費が安い	賃貸	ひとり暮らしで住まいに求める条件は少なめ。通勤のしやすさと住居費を低く抑えられる賃貸がオススメ
結婚・出産	駅や会社に近い 便利に暮らせる街 ２部屋以上 多少の収納スペース	マンション購入	共働き夫婦なら利便性は重視したいところ。部屋数など、一定の広さを求めるなら小ぶりなマンションが最適
子育て	子どもに個室 家族が集えるリビング 音を気にしない生活 近くに公園や自然	一戸建て購入	広さや音、子どもと通える公園など子育て重視なら郊外の一戸建てがオススメ。教育環境などエリア選びも重要
子ども独立	病院・商業施設が近い 駅から近い 家事負担が軽い バリアフリー	マンション購入	家族の人数が減り、広さが必要なくなったら、夫婦で安心・快適に暮らしやすい都心部のマンションがオススメ

（株）リクルートSUUMO Webサイトより作成

解説 住まいへの要求は、家族の人数の増減、子どもの成長、加齢による身体機能の変化など、ライフステージによって変化する。

3 ライフステージに応じた住まい方（同じ住居に住む場合）

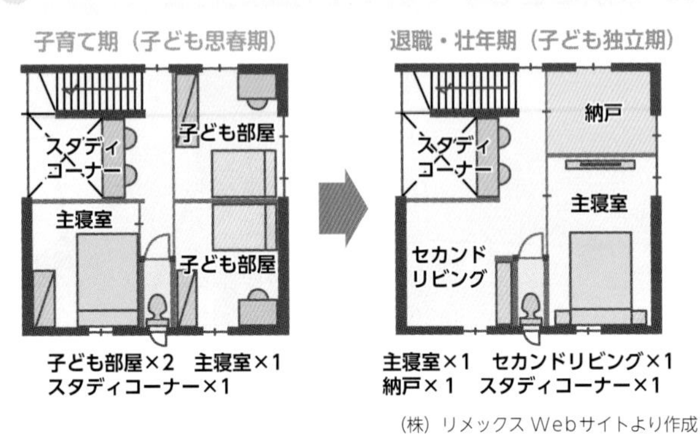

（株）リメックス Webサイトより作成

解説 住む人の各ライフステージにおける住まいへの要求に合わせて、簡単な改修工事で対応できるようになっている住居の例。

column 住まいの新しい考え方 二拠点生活・多拠点生活

ライフスタイルが多様化した現代では、二拠点生活、多拠点生活という新たな住まい方が注目されている。

二拠点生活とは、主な生活拠点とは別の地域に、もう一つ生活拠点を持つ暮らし方である。例えば、平日は都市部で仕事中心の生活をし、週末は地方で趣味を楽しむなどのケースがある。

さらに、多拠点生活となると、例えばサブスクリプション（定額）型住居サービスを利用することで、住まいの拠点を一つに定めないというような新たなライフスタイルで生活するケースなどがある。

●使用するシミュレーションアプリ
「平面計画」

ひとり暮らしを考えてみよう！

4 賃貸住宅情報を見るポイント

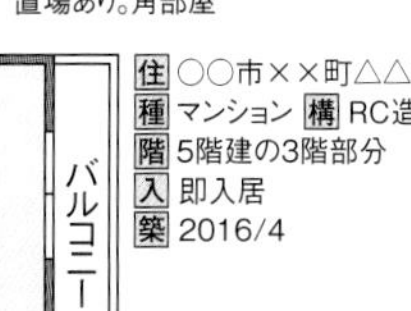

解説

賃貸住宅情報には、住まいに関する多くの情報が記載されているので、その情報を正しく理解することが、物件検討の際には大切である。

5 賃貸契約にかかる初期費用

敷金（保証金）	家賃の1～3か月分
礼金	家賃の1か月分がめやす
仲介手数料	家賃の0.5～1か月分
家賃先払い	入居日（日割り計算）と翌月分の家賃1か月分がめやす
家賃保証料	家賃＋共益費 0.5～1か月分
火災保険料	1～2万円程度

解説

地域によって異なるが、家賃の5～7か月分の費用は用意しておく必要がある。例えば、家賃6万円の物件なら約30～42万円（6万円×5～7か月）である。

ひとり暮らしをすることを想定して、インターネットなどを使って住まい選びをしてみよう。

6 家具を配置し、部屋のレイアウトを考えよう

コンセント
電話回線口
TVアンテナ口
換気扇
壁灯

7 動作寸法と家具を置くのに必要なスペース

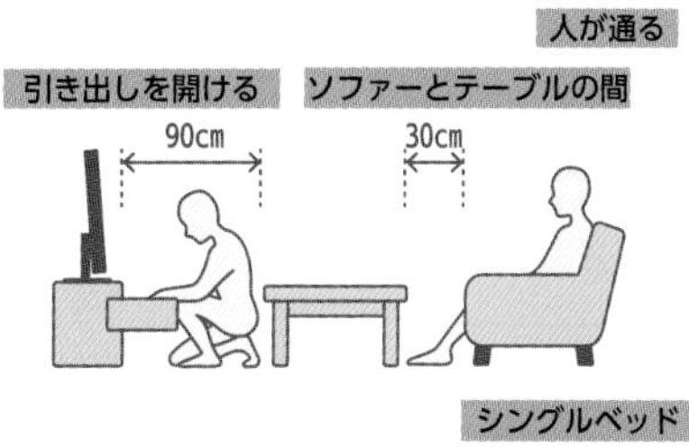

解説

家具を配置する時には、周囲に十分なスペースが必要となる。また、動作寸法も考えて家具を配置することが大切である。

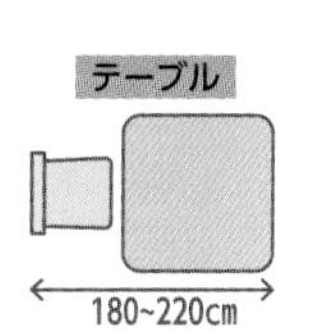

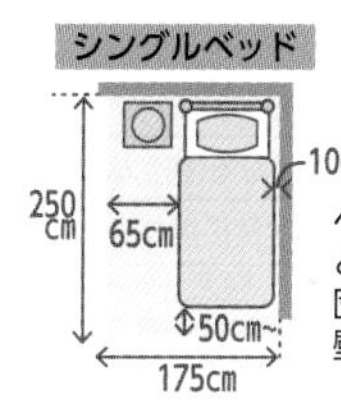

ベッドを壁にぴったりつけると、通気性が悪くなり、かけ布団がずり落ちてしまうため、壁から約10cm離すとよい。

住居のユニバーサルデザイン

8 ユニバーサルデザインとは

目的 あらゆる人が使いやすいデザインを用いる

対象者 あらゆる人

(例1) 階層間の移動
エレベーターは、車いす利用者に限定されず、誰もが便利に利用できる

(例2) トイレ
トイレを「多目的化」することで、オスメイト利用者はもちろん、赤ちゃんのおむつ替え、ベビーカー連れの人、ひとりで待たせることの難しい小さな子ども連れの人も安心して利用できる

9 住居のユニバーサルデザインの例

（株）主婦の友社「暮らしニスタ」Webサイトより作成

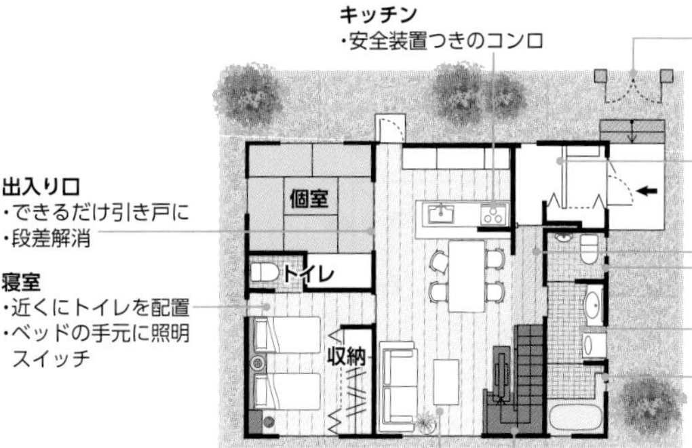

キッチン
・安全装置つきのコンロ

出入り口
・できるだけ引き戸に
・段差解消

寝室
・近くにトイレを配置
・ベッドの手元に照明スイッチ

リビング・ダイニング
・明るさを調節できる照明器具

階段
・ゆるい勾配、手すり
・できるだけ一直線ではない形状
・足元灯

アプローチ
・道路からポーチへいたるスロープ、手すり

玄関
・手すり、腰かけ
・スロープなどを設けられるゆとりのスペース

廊下
・車いすが通れる幅（80cm以上）

水回り（トイレ、洗面、浴室）
・ヒートショックのない温熱環境
・段差解消、手すり
・滑りにくい床材
・将来、車いすも利用可能な間取り

振り返り　生活スタイルに応じた住まいや住環境について考え、工夫することができた？ 思

Theme 4

持続可能な住まい

長く住み続けられる「家」とは？

・地球環境に配慮し、次世代まで長く快適に住むために設計された住まいの考え方を理解する。
・環境への負荷を減らすライフスタイルへの意識を高める。

check! 「持続可能な住まい」とは、どのような家のことだろうか？

居住環境の健康・快適性

1 CO_2濃度と人体の症状

CO_2濃度のめやす	主な症状
10,000ppm未満	人体への影響はほぼなし
10,000ppm超	眠気や頭痛、倦怠感など
30,000〜50,000ppm	めまい、呼吸が早くなる、錯乱など
90,000ppm	5分で最小致死濃度に達する
100,000ppm	視覚障害、耳鳴り、震え 1分で意識消失あるいは最小致死濃度に達する
300,000ppm	ほとんど即時に意識消失

注）1ppm＝0.0001%　AIR Lab.JOURNAL Webサイト

二酸化炭素濃度測定器

解説　CO_2濃度が高くなると、集中力の低下、頭痛、疲労感など、人体にさまざまな影響が出ることが示されている。適切な換気や、通気性の確保が重要である。

2 「不快指数」って何？

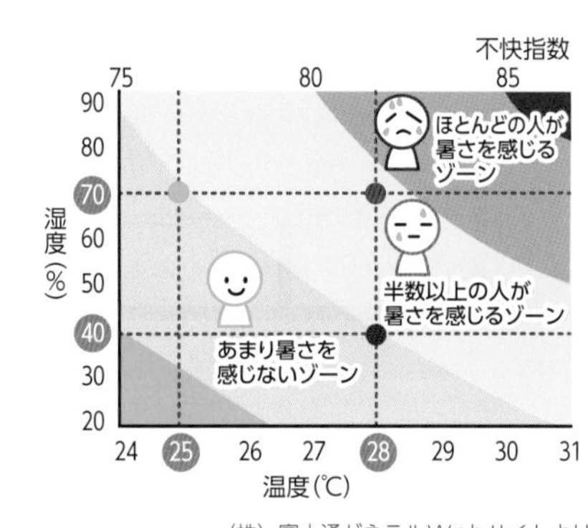

（株）富士通ゼネラルWebサイトより作成

解説　不快指数は、温度と湿度による「蒸し暑さ」の指数である。空調は温度だけでなく、湿度を調整することで、不快指数を下げることができる。

3 住まいの断熱

「住まい」から逃げる熱・「住まい」に入る熱

冬の暖房時に外に熱が逃げる割合の例：屋根5%、換気15%、開口部58%、外壁15%、床7%

夏の冷房時に外から熱が入る割合の例：屋根11%、換気6%、開口部73%、外壁7%、床3%

いわてわんこ節電所Webサイト

解説　壁・天井・床などに断熱材を施工したり、二重窓にしたりするなどして断熱性能を向上させ、すき間風が入らないようにするなど気密性を高めることで快適な室温が保たれる。

4 住まいの断熱性と健康

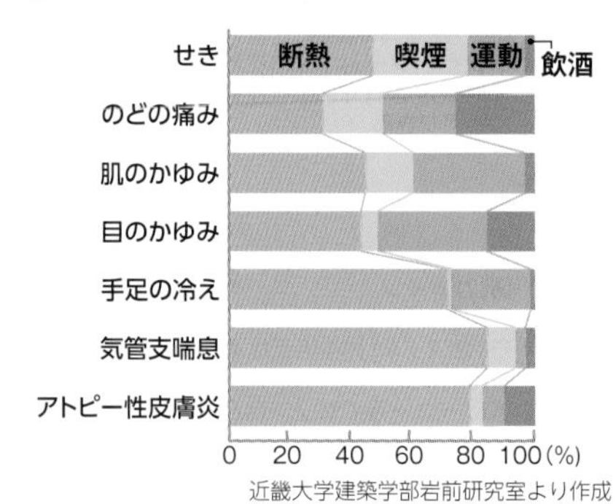

近畿大学建築学部岩前研究室より作成

解説　飲酒・運動・喫煙・断熱の4つの要因のうち、どれが健康改善への貢献度が高いのかを調査したもの。どの症状においても断熱が最も健康改善に貢献するという結果になった。

「長く快適に暮らせる家」に必要な住まいの性能とは？

再生可能エネルギーの活用

5 太陽光発電システム

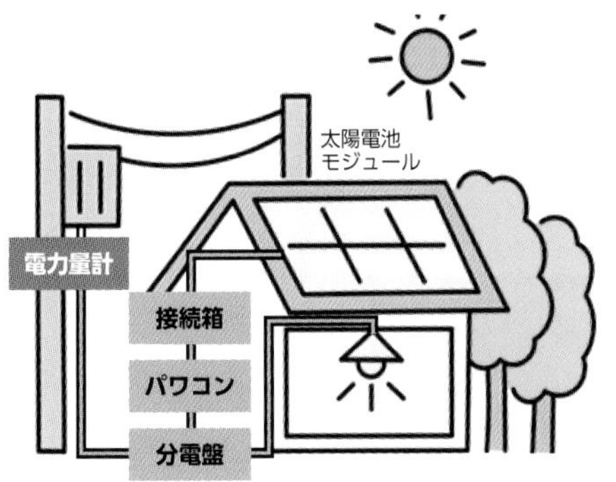

解説 太陽光発電は、シリコン半導体に太陽光を当てることで発電する。屋根や空き地などデッドスペースを活用できる。

6 地中熱利用システムのしくみ

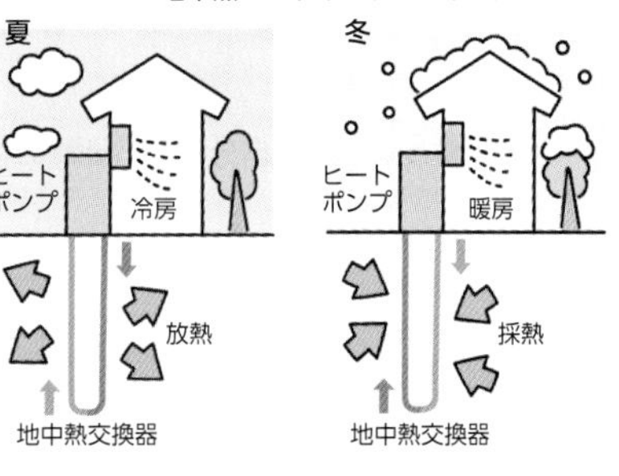

埼玉県「再生可能エネルギー」Webサイトより作成

解説 地中から熱を取り出すために地中熱交換器内に水や不凍液などを循環させる。ヒートポンプというシステムにより、循環させた液体から熱を取り出し、活用する方法。

再生可能エネルギーを活用するメリットは何だろうか？

長く住み続けられる住まい

7 日本と他国の住まいの寿命比較

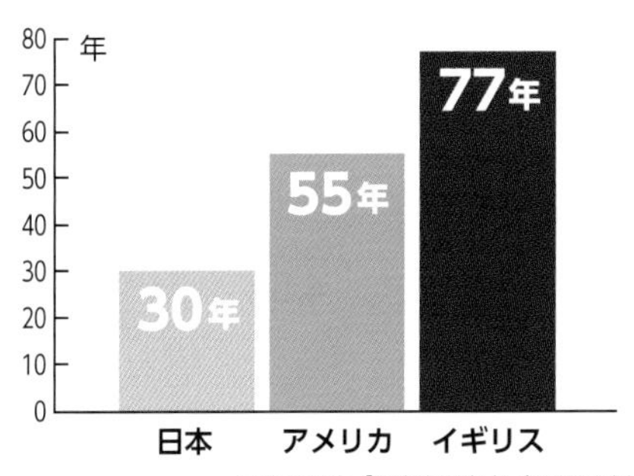

国土交通省「国土交通白書（2008年）」

解説 欧米では築100年という家も珍しくない。立地と環境がよく、きちんと修繕・リフォームされていれば、新築よりも資産価値が高くなるという。

日本の住宅の寿命が短いのはなぜ？

8 「安心R住宅」制度

①耐震性などの基礎的な品質を備えている

②リフォームを実施済みまたはリフォーム提案が付いている

③点検記録などの保管状況について情報提供が行われる

上記の条件を満たす既存住宅（中古住宅）の広告に、国が定めたマークを付ける仕組み。安心して購入できる住宅の目印になる。

9 スケルトンインフィル構造

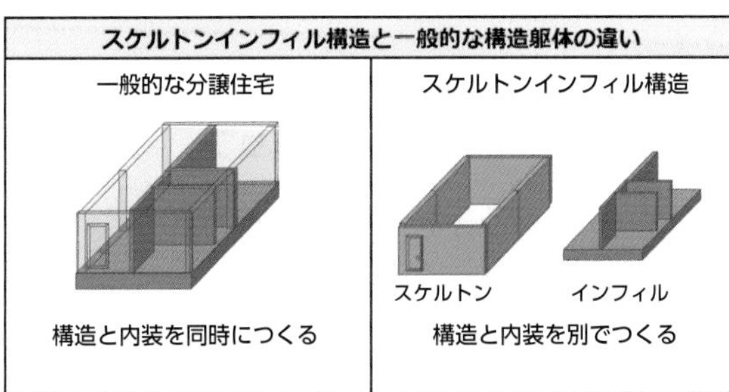

「不動産の教科書」Webサイト

解説 柱や梁（はり）などの構造部分と、内装・設備などを別々につくる工法。ライフスタイルの変化に合わせた間取りの変更や、バリアフリー化などの設備の取り替えが比較的容易にできる。

10 長屋を飲食店へコンバージョン（conversion）

（公社）大阪府建築士会　寺西家阿倍野長屋

解説 コンバージョンとは、既存の建物を用途変更して再生させること。既存の建物の骨組みなど使用可能な部分はいかすため、地球環境に配慮した建築のあり方として注目されている。

- 地球環境に配慮し、次世代まで長く快適に住むために設計された住まいの考え方を理解することができた？ 知
- 環境への負荷を減らすライフスタイルへの関心が高まった？ 思

Theme 5

持続可能なまちづくり

長く住み続けられるまちにしていくにはどうしたらいいだろうか？

・自分の住む地域の住環境を見直すとともに、暮らしやすいまちづくりのためにできることを考える。

1

2

(特非) カワゴエ・マス・メディア

check! シャッター通りを見かけたことはある？

全国で増え続ける「空き家」問題

1 地方都市の消滅の可能性(人口移動)

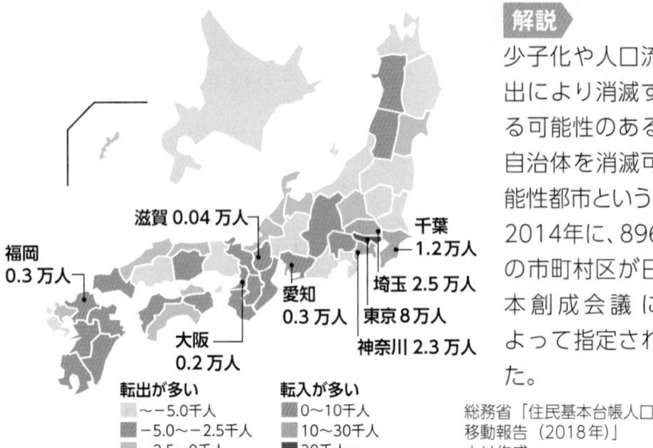

総務省「住民基本台帳人口移動報告（2018年）」より作成

解説
少子化や人口流出により消滅する可能性のある自治体を消滅可能性都市という。2014年に、896の市町村区が日本創成会議によって指定された。

2 空き家の種類別内訳

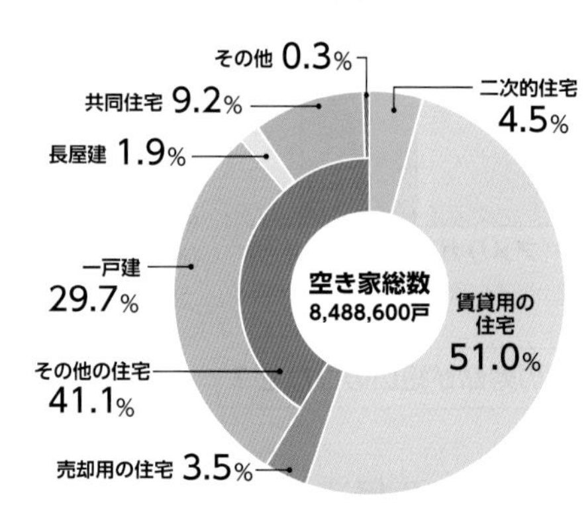

国土交通省「住宅・土地統計調査（2018年）」

解説
全国の空き家数は約849万戸、全住宅の7戸に1戸が空き家という状況である。なかでも、定期的な利用がされていない「その他の住宅」の空き家が問題になっている。

3 空き家のデメリット

政府広報オンライン「年々増え続ける空き家！空き家にしないためのポイントは？」

解説
空き家を放置していると、建物の劣化がどんどん進み、周辺住民とのトラブルにつながることもある。どのような事情であれ、所有者はきちんと管理する責任がある。

4 シェアハウスにリノベーション

関東学院大学の学生によるシェアハウス「びわの木テラス」作業風景（神奈川県横須賀市追浜）

解説
リノベーションとは、既存の建築物に改修を加え、価値を高めること。大学生が中心となって空き家のリノベーションを行い、シェアハウスとして活用している事例もある。

暮らしやすい住環境について考えてみよう

5 住みよさランキング(2022年)

順位	市区	順位	市区
1位	武蔵野市(東京都)	6位	金沢市(石川県)
2位	福井市(福井県)	7位	文京区(東京都)
3位	野々市市(石川県)	8位	つくば市(茨城県)
4位	倉吉市(鳥取県)	9位	長久手市(愛知県)
5位	白山市(石川県)	10位	越前市(福井県)

東洋経済ONLINE Webサイト

解説 住みよさを表すものとして、安心度・利便度・快適度・富裕度の4つのカテゴリーからなる20項目が、算出指標に用いられている。

6 住みやすいまちの条件とは？

居住環境水準に含まれる要素

- **安全・安心** 自然災害等に対する安全性、環境保全
- **美しさ・豊かさ** 緑や景観
- **持続性** 良好なコミュニティ、環境への配慮
- **日常生活を支えるサービスへのアクセスのしやすさ** ユニバーサルデザイン

解説 居住環境水準とは、地域の実情に応じた良好な居住環境の確保のための指針となるものである。

この他に、住みやすさを決める要素にはどんなものがあるだろう？

まちへの「思い」の実現に向けて

7 まちづくりに取り組む

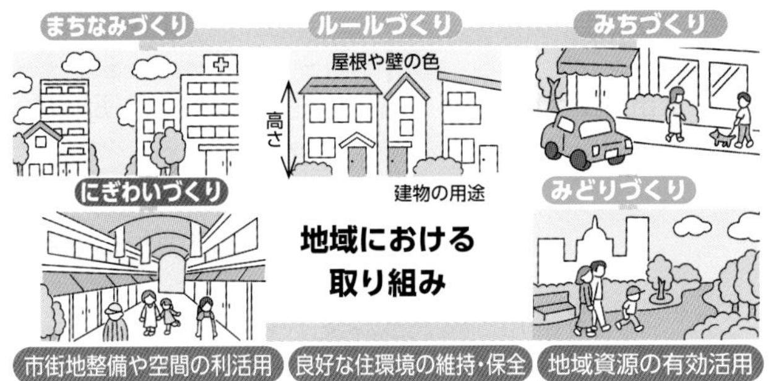

まちへの「思い」の実現

さいたま市「まちづくりガイド」より作成

解説 「自分たちの地域を自分たちの手でつくり、守り、よりよくしたい」というまちへの「思い」から、まちづくりは始まる。

8 循環型まちづくりをめざす

～奈良県生駒(いこま)市の例～

解説 住民が日常的に行う“ごみ捨て”の場所を、世代を超えた住民交流を促す拠点とし、つながりが増えた地域の力によって、さまざまな地域の課題解決をめざす取り組みを展開している。

9 まちづくりワークショップ

もっとワクワクし、楽しく住みよいまちになるよう、「2050年にも住みたい理想のまち」についてアイデアを出し合おう！

[ワークショップのすすめ方](例)

- ・アイスブレイク「私が○○市(○○町)で好きな場所、おすすめのお店」
- ・テーマ①「まちの魅力再発見」
  「○○ってこんなところ」
  「他にあって、○○にないもの」
  食べ物、産業、交通、学校、福祉…何でもOK！
- ・テーマ②「まちの未来予想図を描こう」
  「まちをもっとよくするためにできること」
  「こんなサービスや施設があったらいいな」
  「こんな方法でまちをPR」

暮らしやすい住環境について、理解することができた？ 知

これからも住み続けたいまちづくりのために、自分たちができることを考えることができた？ 思

平面図から考える住生活

平面図はどんな時に役立つの？

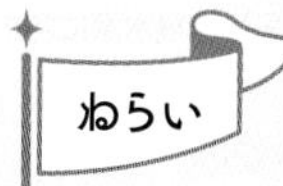

・平面表示記号を理解し、空間と生活を読み取る。
・住居の選択や計画に平面図を活用する。

平面図に描く快適な空間と生活

1. 平面図に用いられる表示記号を理解する。(1)
2. シミュレーションアプリ「住まいの間取りVR」を使って平面表示記号の使用場所を確認し、窓や扉などの追加や変更したい点などを考える。(2①②)
3. 不動産広告の見方を理解する。(3)

1 おもな平面表示記号(JIS A 0150)

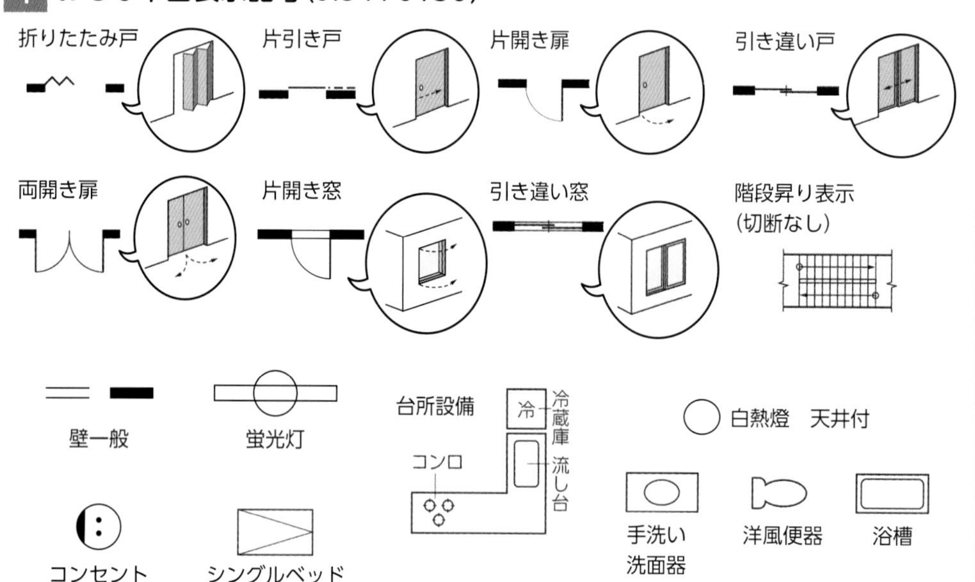

シミュレーションアプリ

2「住まいの間取りVR」

①平面表示記号の使用場所を確認する。
②窓や扉など追加や変更したい箇所について考える。
③子どもや高齢者へ配慮した改善点を考える。

3 不動産広告の見方

※費用については、シミュレーションアプリ「ひとり暮らしを始めるまでにかかる費用は？」

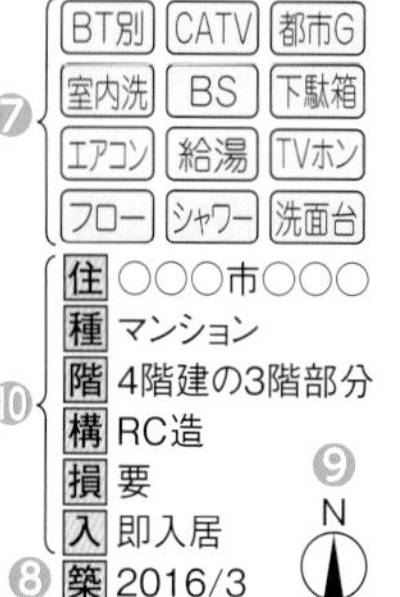

❶家賃
❷最寄り駅からの距離
道路距離80mを1分として計算
❸間取り
数字は居室の数、Lは居間、Dは食堂、Kは台所を表す。
❹広さ
居室の面積を示す。1畳は1.62m²の広さ

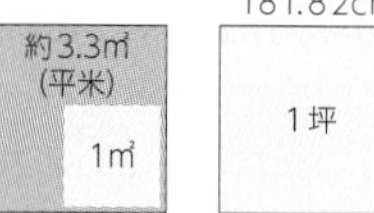

❺駐車場
❻家賃以外の費用
❼物件の付帯設備
❽築年月
❾方角(日当たり)
❿その他
構造は、強度順に、鉄骨鉄筋コンクリート(SRC造)、鉄筋コンクリート(RC造)、鉄構造(S造)、軽量鉄構造、木造などがある。

●使用するシミュレーションアプリ
「住まいの間取り VR」

ライフステージに応じた住まい

手順 1. 子どもに配慮した家(4)や高齢者に配慮した家(5)に関する資料を見て、VRの部屋の改善点を考えてみよう。(2③)

4 子どもに配慮した家

子ども

家や出窓からの転落防止(1歳以上)

窓に補助錠やストッパーをつけて、大きく開かないようにする。窓付近に踏み台になるものを置かない。

キッチン付近の包丁・ナイフによるけが防止(1歳〜6歳くらい)

刃物の収納場所の扉や引き出しにチャイルドロックをつける。キッチンに入れないようベビーゲートを設置する。

浴槽(よくそう)へ転落して溺れることの防止(0歳〜2歳くらい)

入浴後は、浴槽の水を抜き、外鍵をつけて子どもが入れないようにする。

階段からの転落や段差での転倒の防止(0〜1歳くらい)

転落防止の柵をつけ、ロックをかける。玄関やその他につまずきやすい段差がないか注意する。

消費者庁「子どもを事故から守る！事故防止ハンドブック」より作成

5 高齢者に配慮した家(改修例のイメージ)

高齢者・共生

①温熱環境

居室の開口部の断熱化(内窓の設置)

②外出のしやすさ

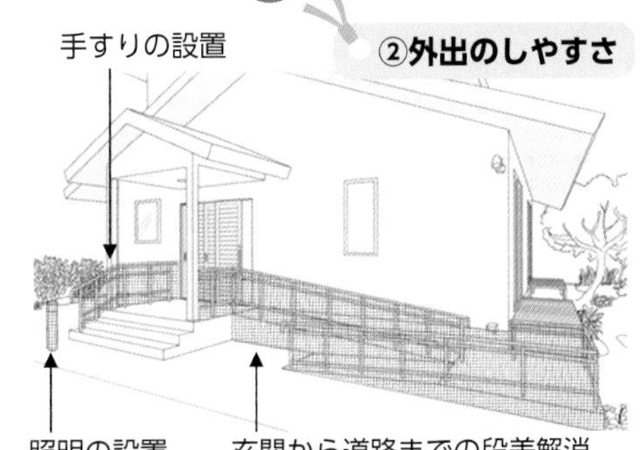

③トイレの利用のしやすさ

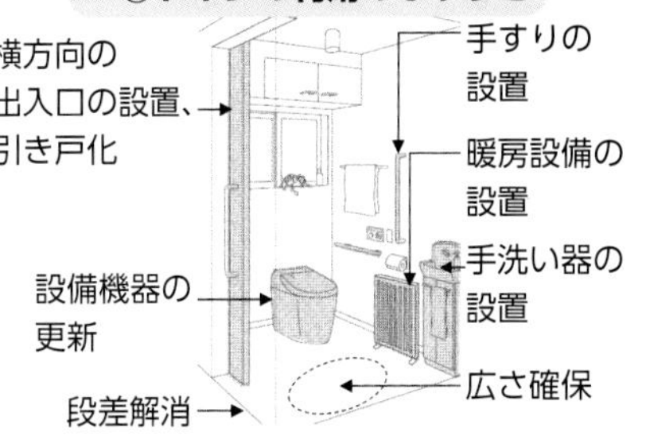

④日常生活空間の合理化

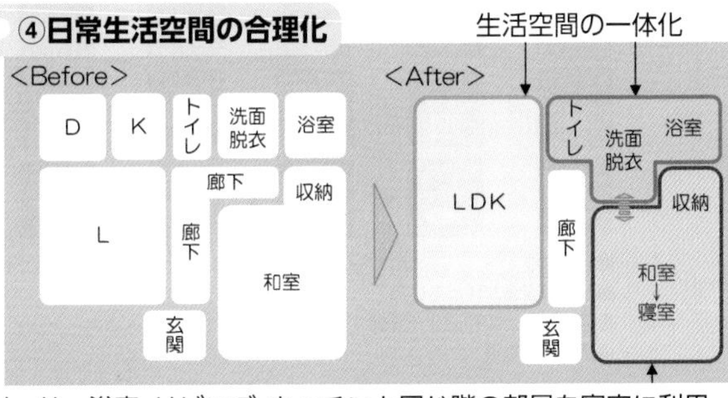

トイレ・浴室・リビング・キッチンと同じ階の部屋を寝室に利用

⑤主要動線上のバリアフリー

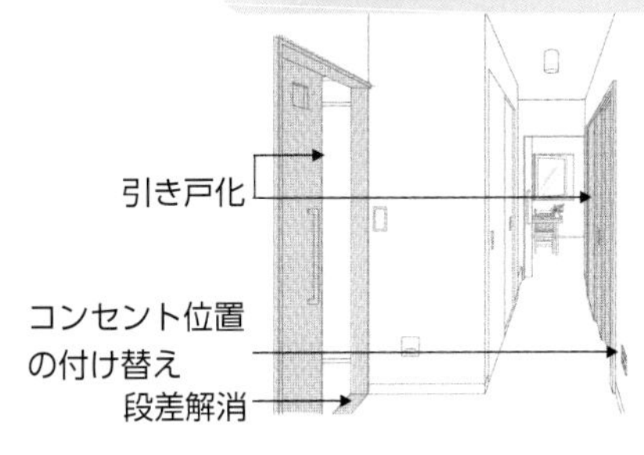

国土交通省「高齢期の健康で快適な暮らしのための住まいの改修ガイドライン概要」より作成

振り返り
平面表示記号を理解して、平面図が読み取れた？ 知
平面図を活用して住居の選択や計画を実践しようとしている？ 態

Theme 1

持続可能な消費

持続可能な社会に向けて私たちにできることは？

・持続可能な消費について理解する。
・持続可能な社会に向けてライフスタイルを工夫できる。

check! あなたのSDGsやエシカル消費に関する取り組み状況は？

持続可能な社会に向けての取り組み状況

1 SDGsやエシカル消費に関する興味や取り組み状況

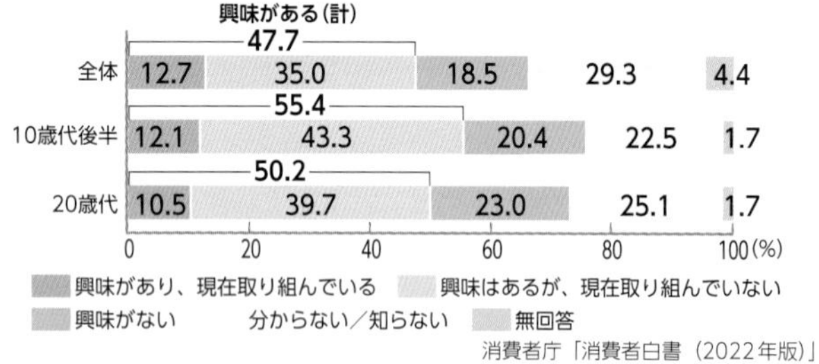

興味があり、現在取り組んでいる　興味はあるが、現在取り組んでいない　興味がない　分からない／知らない　無回答

消費者庁「消費者白書（2022年版）」

解説 「興味はあるが、現在取り組んでいない」の割合は、10歳代後半43.3%、20歳代39.7%で、SDGsなどに興味はあるが取り組んでいない若者が多い。

2 環境問題や社会課題解決への取り組み状況

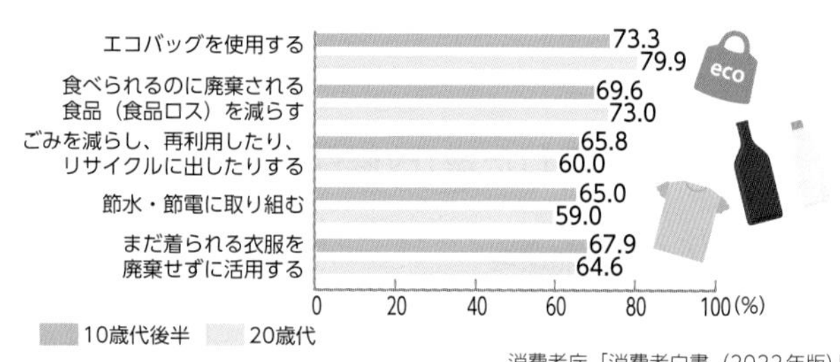

10歳代後半　20歳代

消費者庁「消費者白書（2022年版）」

解説 取り組んでいる割合が高い順にみると、「エコバッグを使用する」が最も高く、次いで「食べられるのに廃棄される食品（食品ロス）を減らす」の順となっている。

3 SDGs 達成度ランキング（2023年）

順位	国名（スコア）
1位	フィンランド（86.8）
2位	スウェーデン（86.0）
3位	デンマーク（85.7）
4位	ドイツ（83.4）
5位	オーストリア（82.3）
21位	日本（79.4）
39位	アメリカ合衆国（75.9）
63位	中国（72.0）
112位	インド（63.5）

Sustainable Development Report 2023

解説 SDGsの達成度は、日本は166か国中21位である。1位はフィンランドで、3年連続のトップ。20位までは欧州の国々が占めている。

日本は、SDGs17の目標のうち多くの目標が未達成と評価されたのはなぜだろう？

4 日本のSDGs各目標の達成状況（2023年）

■目標達成　■課題が残っている　■重要な課題が残っている　■主要な課題が残っている
↑目標達成／目標達成が順調　↗達成に向けて順調　→停滞している　↓悪化している　••データなし

Sustainable Development Report 2023

解説 SDGs各目標の達成状況を4段階で評価したところ、日本は「【目標12】つくる責任 つかう責任」を含む5つの目標について「主要な課題が残っている」とされた。

持続可能な社会に向けて私たちにできること

5 エシカル消費

エシカル消費って、つまり何を買うか考えるときの一つの尺度です

生物多様性への配慮

認証ラベルのある商品を選ぶ

環境への配慮

エコ商品を選ぶ
リサイクル素材を使ったものや資源保護等に関する認証がある商品を購入。

社会への配慮

フェアトレード商品を選ぶ
発展途上国の原料や製品を適正な価格で継続的に取引された商品を。

寄付付き商品を選ぶ
売上金の一部が寄付につながる商品。

地域への配慮

被災地の産品を買う
被災地の特産品を消費することで経済復興を応援。

地元の産品を買う
地産地消によって地域活性化や輸送エネルギーを削減。

人への配慮

障がいがある人の支援につながる商品を選ぶ
働きたい障がいがある人を支援している事業者の商品。

解説 エシカル消費とは、地域の活性化や雇用などを含む、人・社会・地域・環境・生物多様性に配慮した消費行動のことである。

消費者庁「エシカル消費ってなぁに？」より作成

6 社会への配慮・フェアトレードのしくみ

フェアトレード（Fair Trade）＝公正な貿易

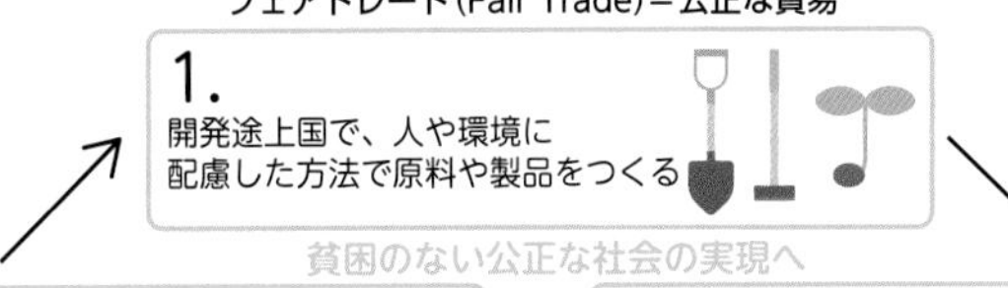

1. 開発途上国で、人や環境に配慮した方法で原料や製品をつくる

2. 適正な価格で、継続的に購入（認証ラベル付き商品など）

3. 開発途上国の生産者／労働者の生活が改善

貧困のない公正な社会の実現へ

解説 フェアトレードは、フェアトレードを通して、消費者や生産者をはじめ貿易にかかわるすべての人や地球に対して持続可能で公正な社会を実現することをめざしている。

7 認証ラベルの例

MSC「海のエコラベル」
水産資源と環境に配慮した持続可能な漁業で獲られた水産物に付けられる。

有機JASマーク
基準を満たした方法で栽培された有機農産物などに表示される。

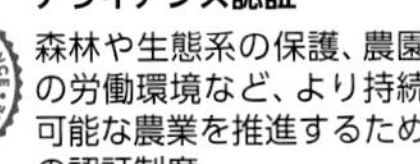

レインフォレスト・アライアンス認証
森林や生態系の保護、農園の労働環境など、より持続可能な農業を推進するための認証制度。

国際フェアトレード認証ラベル
①適正価格の保証、②プレミアム（奨励金）の支払い、③長期的な取引、④児童労働の禁止、⑤環境に優しい生産などの基準を満たした製品に付けられる。

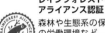

RSPO認証ラベル
RSPO（持続可能なパーム油のための円卓会議）から持続可能だと認められたパーム油が含まれた商品に付けられる。

FSC®マーク
適切に管理された森林からの木材や、適格だと認められたリサイクル資源からつくられた商品に付けられる。

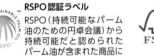

解説 エシカル消費を実践するためには、認証ラベルが手がかりとなる。

8 サステナブルファッションのイメージ

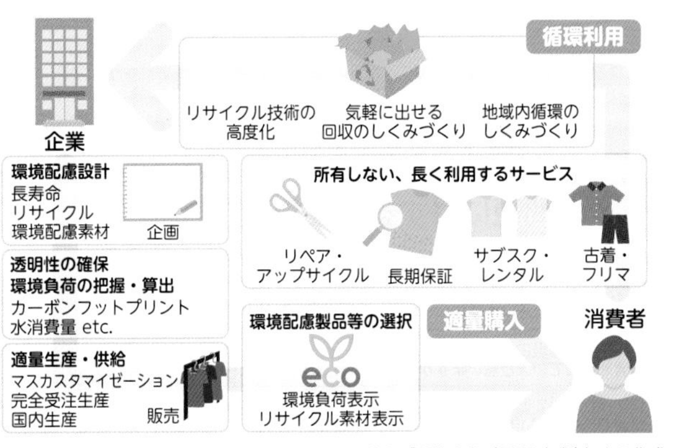

環境省「環境白書（2022年版）」より作成

解説 サステナブルファッションの実現には、生産者とともに消費者も一緒になって、「適量生産・適量購入・循環利用」へ転換させていくことが大切である。

9 シェアリングエコノミー

解説 例えば、モノのシェアを行うことによって、新品を購入する人が減少したり、ごみが減少したりするなど、持続可能な社会の実現に貢献することができる。

column SDGsウォッシュに注意！

実態が伴っていないのにSDGsに配慮しているように見せかける行為をSDGsウォッシュという。他にウォッシュがつく言葉には、グリーンウォッシュ（環境に配慮しているように見せかけて実態はそうではない）、ブルーウォッシュ（人権保護など社会的責任への取り組みを行っていると見せかけて実態はそうではない）がある。

企業や団体がSDGsウォッシュをしないことは重要だが、私たち個人が「あいまいな表現を使ってごまかしていないか」といった視点でチェックし、SDGsの達成に向けて真摯に取り組んでいる企業や団体かを見極めることが大切である。

持続可能な社会の実現のために、私たちにできることにはどんなことがあるだろうか？

振り返り
持続可能な社会をめざした取り組みについて理解できた？ 知
持続可能な社会をめざして行動できるようライフスタイルを工夫できた？ 思

Theme 2 環境負荷の少ない暮らし

環境負荷の少ない暮らしに向けて私たちにできることは？

ねらい
・生活と環境とのかかわりについて理解する。
・環境負荷を少なくするためにライフスタイルを工夫できる。

check! 環境問題は誰が（どこが）取り組むべきものだと思う？

環境問題に対する意識

1 環境問題に対する意識（思考・判断）

		高校生 %
環境問題は身近な問題だと思いますか	思う	89.6
	思わない	10.4
日常生活が環境に影響を与えていると思いますか	思う	87.5
	思わない	12.5
科学技術のみで環境問題を解決できると思いますか	思う	12.5
	思わない	87.5
人が生活するためなら、たくさんのごみを捨てても構わないと思いますか	思う	2.1
	思わない	97.9
環境問題を解決するには自分の生活スタイルを変えなければならないと思いますか	思う	93.8
	思わない	6.2

大藪 千穂、高橋 彩那「消費者教育　若者の環境意識と行動（2018年）」

解説 多くの問いで環境問題と自分の生活は強く結びついていると考えていることから、日常生活の変化が環境問題の解決にとって重要と考えていることがわかる。

2 環境問題に関する意識（実践・行動）

		高校生 %
環境問題は誰が（どこが）取り組むべきだと思いますか	家庭・自分	35.7
	政府や市町村	27.0
	企業	21.7
	学校	13.0
	その他	2.6
生ごみを減らすために、友人、家族などまわりの人とどうかかわりますか	何もしない	8.3
	話す	39.6
	行動する	52.1
あなたの家では生ごみをどう処理していますか	ごみ収集	83.7
	土に埋める	8.2
	コンポスト	2.0
	その他	6.1

大藪 千穂、高橋 彩那「消費者教育　若者の環境意識と行動（2018年）」

解説 環境問題は誰が取り組むべきものだと思うかを複数回答で尋ねたところ、「家庭・自分」と答えた人が一番多いが、その割合は35.7%にとどまっている。

私たちの生活が環境へ与える影響

3 私たちが使っている資源は地球何個分？

もし世界中の人々が下の国と同じように暮らしたら、地球は何個必要になるでしょうか？（2022年）

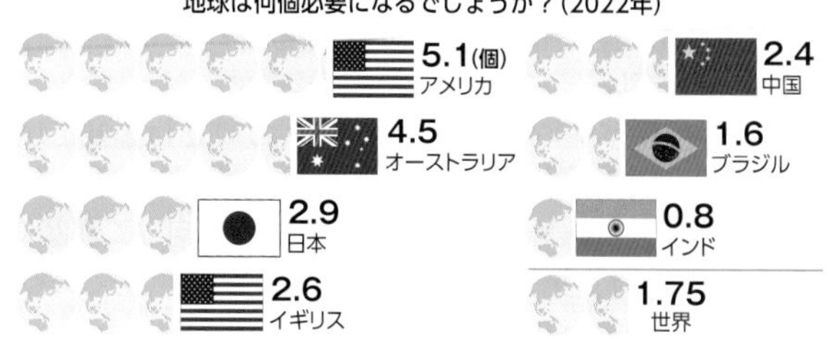

朝日新聞デジタル「SDGs ACTION」Webサイトより作成

解説 例えば世界中の人々が日本と同じ水準の暮らしをしたら、地球は2.9個必要となる。世界中の人々で地球1.75個分の資源を使っている。

4 日本のプラスチック資源のフロー

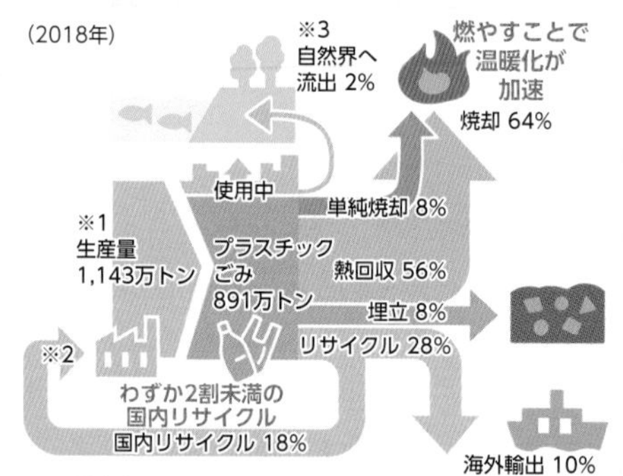

※1 樹脂生産量と再生樹脂投入量の合算値。※2 当年の再生樹脂投入量に含めていない。※3 2010年の推定値。便宜上、使用中のプラスチックから発生するとしている。

（公財）世界自然保護基金ジャパンほか「海洋プラスチックごみについて考えよう」より作成

解説 プラスチックごみによる海洋汚染が問題となっている。日本は年間約1千万トン（世界3位）のプラスチックが生産され、その約72%がリサイクルされていない。

5 消費ベースでの温室効果ガス排出量

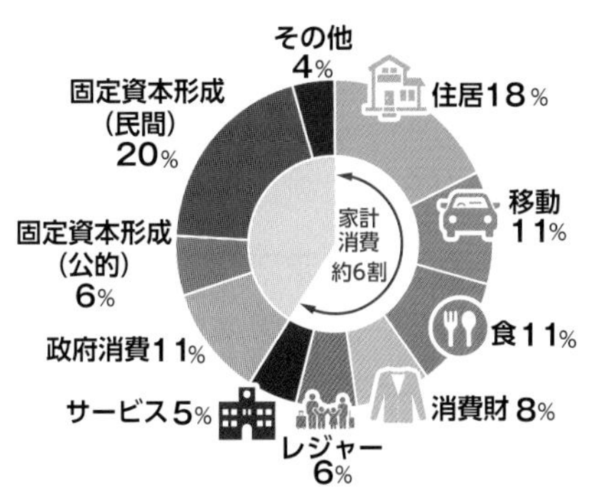

解説 日本の温室効果ガス排出量を消費ベースで見ると、全体の約6割が家計によるものと報告されている。

環境省「環境白書（2022年版）」

6 世界の平均気温の変化の予測

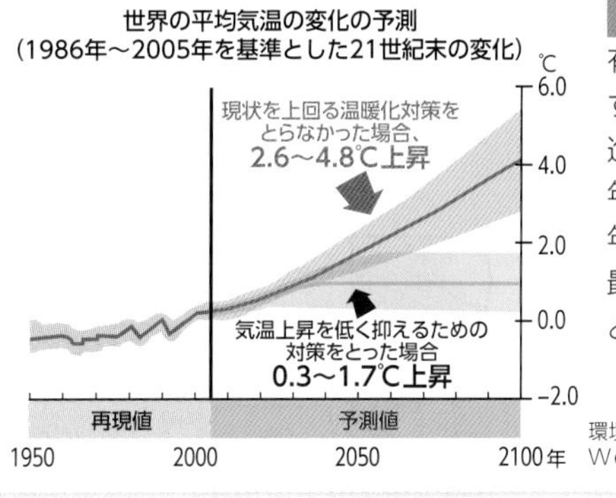

解説 有効な対策をとらずに地球温暖化が進行すると、2000年頃と比較し、2100年には平均気温が最大4.8℃上昇すると予測されている。

環境省「COOL CHOICE」Webサイトより作成

私たちの生活の中で環境に負荷を与えているものには、他にどんなものがあるだろう？

環境負荷の少ない暮らしに向けて

7 持続可能な循環型の社会　サーキュラーエコノミー

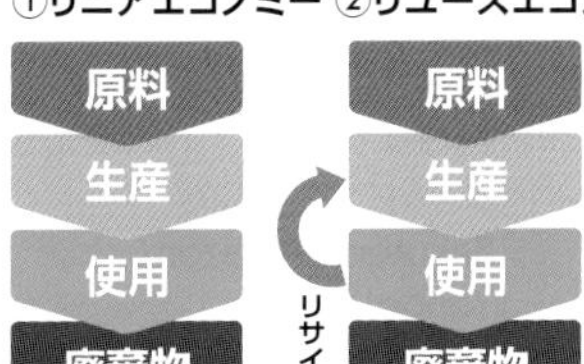

再利用せずに、ものを使い捨てにする社会

ある程度再利用できている社会

利用したもの（廃プラスチックなど）を100％近く回収し、資源として循環させる社会

（公財）世界自然保護基金ジャパンほか「海洋プラスチックごみについて考えよう」より作成

解説 現在の日本の社会は、リニアエコノミーからリユースエコノミーへ移行途中であるが、さらにリサイクルを進め、サーキュラーエコノミーへ移行する必要がある。

column カーボンニュートラルとは？ 

2020年10月、日本政府は2050年までに温室効果ガスの排出を全体としてゼロにする、カーボンニュートラルをめざすことを宣言した。

「排出を全体としてゼロ」というのは、二酸化炭素をはじめとする温室効果ガスの人為的な「排出量」から、植林、森林管理などによる人為的な「吸収量」を差し引いて、合計を実質的にゼロにすることを意味している。

カーボンニュートラルの達成のためには、温室効果ガスの排出量の削減と吸収作用の保全・強化をする必要がある。

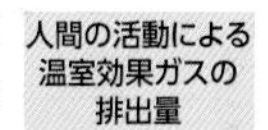

8 環境に配慮した取り組み

食
- 地産地消・旬産旬消の食材の利用
- 販売期限間際の食品の購入など

住
- 高性能省エネ機器への買い替え
- 節電の実施など

循環
- プラ製使い捨てスプーン・ストローの受取辞退
- ばら売り・簡易包装商品の選択
- リユース品の購入など

衣
- サステナブルファッションの選択
- 服のサブスクの利用など

移動
- カーシェアの利用
- シェアサイクルの利用など

解説 日常生活の中で環境に配慮した取り組みを行うことで、脱炭素・循環型へのライフスタイルを実現することができる。

環境省「環境白書（2022年版）」より作成

9 持続可能な社会のために　ナマケモノにもできるアクション・ガイド（抜粋）

レベル1 ソファに寝たままできること
- いいね!するだけじゃなく、シェアしよう。女性の権利や気候変動についてソーシャルメディアでおもしろい投稿を見つけたら、ネットワークの友達にシェアしよう。

レベル2 家にいてもできること
- 紙やプラスチック、ガラス、アルミをリサイクルすれば、埋立地を増やす必要がなくなる。
- 窓やドアの隙間をふさいでエネルギー効率を高めよう!

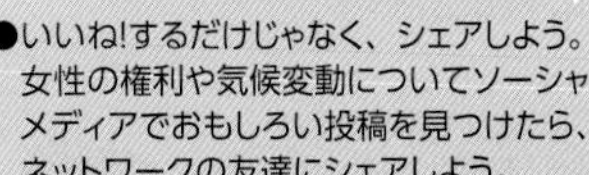

レベル3 家の外でできること
- 詰め替え可能なボトルやコーヒーカップを使おう。むだがなくなるし、コーヒーショップで値引きしてもらえることも!
- 買い物にはマイバッグを持参しよう。

レベル4 職場でできること
- 声を上げよう。人間にも地球にも害を及ぼさない取り組みに参加するよう、会社や政府に求めよう。パリ協定への支持を声にしよう。

国際連合広報センターWebサイトより作成

環境負荷の少ない暮らしに向けて、私たちにできることにはどんなことがあるだろうか？

振り返り
- 私たちの生活によって環境問題が生じていることを理解できた？ 知
- 環境負荷を少なくするためにライフスタイルを工夫できた？ 思

Theme 3 18歳からの契約

お金の使い方、何が変わるの？

ねらい ・契約のルールや責任を理解し、適切な消費行動ができるようになる。

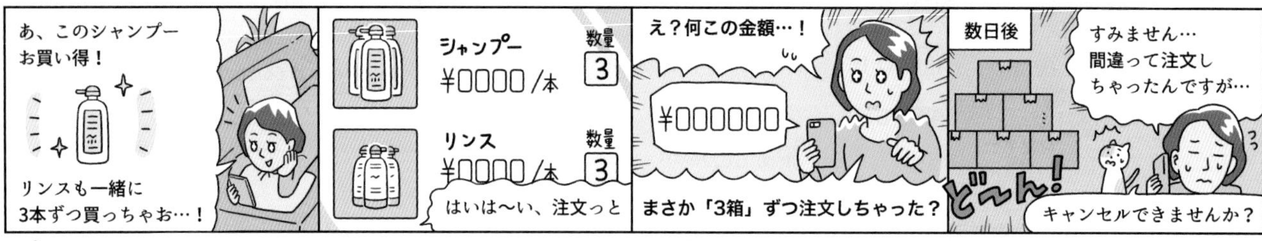

check! 契約が成立したタイミングはいつ？

商品やサービスを買うことは契約

1 契約の成立

契約は、法律で保護された約束

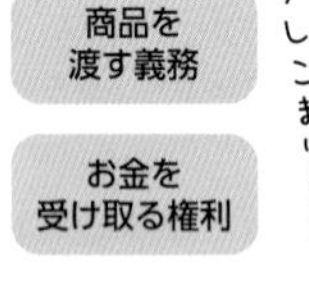

商品を受け取る権利

お金を支払う義務

解説 申し込みと承諾の意思表示が合致すると、契約は成立する。法律が適用され、原則、一方的な都合でやめられなくなる。また、権利と義務が生じて、互いに守る責任がある。

2 デジタルプラットフォームでの契約

デジタルプラットフォームのしくみ

買主 — 売買契約 — 売主
検索 / 出店
デジタルプラットフォーム

デジタルプラットフォーム企業の例

〈ショッピングモール〉
「Rakuten」「Amazon」「Yahoo!」 など

〈オークション・フリーマーケット〉
「mercari」「Rakuten Rakuma」「ヤフオク!」 など

日本弁護士連合会消費者問題対策委員会「狙われる18歳!?」より作成

解説 Web上のショッピングモールなどで商品やサービスを購入する時、取引相手は「場」を提供する企業ではない。売主はモールに出店する企業で、信頼性が不確かな個人の場合もある。

適切な消費行動をするために

3 主体的な意思決定と批判的思考

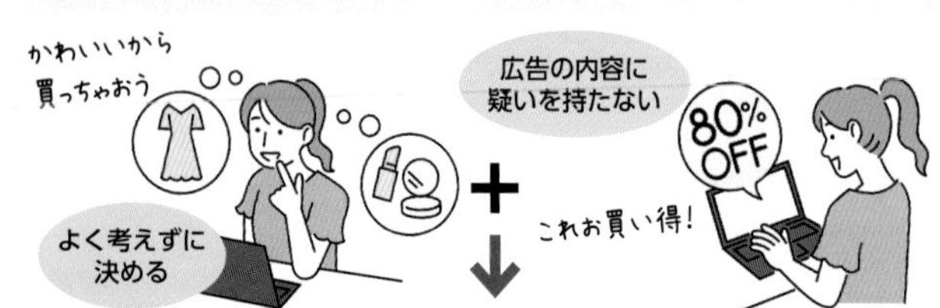

不要なものにお金を使う、さまざまなトラブルに巻き込まれる

解説 興味に応じた巧みな広告には、体験談や口コミなど、真偽があやしい情報で購買意欲をあおるものがある。情報をうのみにしないで、疑問や関心を持って判断する。

4 主体的な意思決定が妨げられる心理的要因

性格が影響する場合

人の勧めやお願いを断れない

無料や○○%OFFという言葉に弱い

悩みや不安などが影響する場合

容姿や能力の悩み

人間関係の悩み

消費者庁「デジタル社会の消費生活」より作成

解説 友人や先輩などの人間関係を利用した、断りにくい状況をつくられると、適切な判断と行動ができない時がある。また、不安や劣等感は、悪意のある人からつけこまれる恐れがある。

購買意欲をあおる表現を使ったネット広告を探してみよう。

大人として契約するということ

5 18歳になると、どうして狙われるの？

自分ひとりで
契約できる
（高額な買い物もできる）

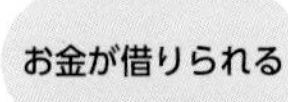
お金が借りられる

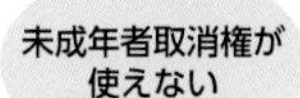
未成年者取消権が
使えない

エステ
¥20000円

取り消しはできないんですか？

など

解説 18歳になると、自分の意思でさまざまな契約ができるようになる。成年になりたての18・19歳は、契約に関する知識や社会経験が少なく、悪質業者のターゲットになりやすい。

6 消費者と事業者の間にある力の差

事業者
情報の質と量、
交渉力
消費者
知識や経験不足、
不安や悩みを
抱えている、
押し切られると断
れないなど…
民法

解説 契約のルールを定めている民法の基本は、互いに「対等」な関係が前提にある。実際には格差があり、悪質業者は消費者の弱点を狙い、強引な手段を使ってでも契約を結ぼうとする。

18歳・19歳が注意したい消費者トラブル

7 美容ともうけ話に関連したトラブル

若者の消費生活相談の商品・サービス別上位件数

15～19歳（件数 10,492）		
順位	商品・サービス	件数
1	脱毛	972
2	商品一般	669
3	健康食品	656
4	インターネットゲーム	515

20～24歳（件数 30,728）		
順位	商品・サービス	件数
1	他の内職・副業	2,557
2	賃貸アパート	1,631
3	商品一般	1,598
4	出会い系サイト・アプリ	1,302

消費者庁「消費者白書（2022年）」より作成

解説 15～19歳は、美容に関する相談が多く、通信販売による定期購入がきっかけとなっている。20歳からは、副業や投資を勧誘するもうけ話に関する相談が多く、契約金額も高額である。

8 SNSをきっかけとしたトラブル

この人感じいいなぁ
もっとやり取りしたい
代金を振りこんだら
連絡がつかなくなった…

解説 SNSで知り合った相手から購入したチケットやグッズが届かない、マッチングアプリ・出会い系サイトで知り合った相手から高額な契約をさせられるなどの被害が増加している。

「もうけ話」を誘う悪質業者は、消費者のどんな心の状態を利用しているだろうか。

9 詐欺（さぎ）サイト

URLの表記が正規サイト
と少しだけ異なる
https://〇〇〇
一般に流通している
価格よりかなり安い
SUPER SALE!!
¥〇,〇〇〇
連絡方法が
問い合わせフォームや
フリーメールのみ

・所在地の場所を調べると空き地や個人宅になっている
・振込先が個人名義の口座
など

解説 代金をだまし取ることを目的としたサイトもある。販売事業者の情報、返品条件や送料などの購入条件を必ず確認し、少しでもあやしいと感じたら、契約しない。

10 多重債務

多重債務のきっかけをつくらない

ラッキー！
チケット
当たった！
当選
①
今月お金
ないけど
借りれば
いいか
②
グッズも
いっぱい買おう
Goods Shop
③
④
えー、こんなに
払えないよー

解説 返済計画を立てずに借入契約を結ぶと、多重債務につながり、高い金利で返済が困難になる場合がある。安易な気持ちで消費者金融を利用しないように気をつけよう。

契約する前に確認したいことは？ チェックリストをつくってみよう。

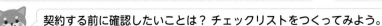

振り返り
契約のしくみと重要性が理解できた？ **知** **態**
消費者トラブルを未然に防ぐ方法を考えることができた？ **思**

Theme 4

問題商法を撃退しよう

トラブルから身を守るためには？

ねらい

・契約に関する法律を理解する。
・消費者トラブルを防ぐ方法や対処するための方法を考える。

1

路上などで声をかけて人をつかまえ、事務所や喫茶店などに連れていき、商品やサービスを買わせる。

エステの無料体験しませんか？

2

友だちに売ろう。知り合いを紹介するだけでももうかるよ！！
先輩に誘われると断りにくい…

もうかる方法を勧めて商品を買わせ、その人に次の人を勧誘させることを繰り返して売り上げを増やしていく。

check! 1と2は何と呼ばれている問題商法か知っている？

消費者を守る制度・法律

1 未成年者取消権

娘はまだ未成年なので
エステの契約は
取り消します!

解説 民法は、未成年者が保護者の同意を得ずに契約してしまった場合には、後から取り消すことができると定めている。ただし、成年であると偽って契約すると、取り消せない。

未成年者取消権には、どのような役割がある？

2 クーリング・オフ、中途解約

消費者トラブルが多い取引

類型	取引の内容、別のよびかた	クーリング・オフ	中途解約
訪問販売	キャッチセールス アポイントメントセールス	8日間できる*	できない
特定継続的役務提供	エステ　美容医療 語学教室　学習塾　など		できる
連鎖販売	マルチ商法(ネットワークビジネス)	20日間できる*	
通信販売	ネットショッピング	クーリング・オフはできない。 事業者は返品の条件等を表示する必要がある。表示がない場合、8日間は返品できる。	

＊誓約書などの書面を受け取った日を1日目と数える。

解説 特定商取引法は、消費者トラブルが特に多い取引について、契約の解除ができる制度を定めている。

お店（ネットショップを含む）で買うと、クーリング・オフはできない。なぜだろう？

3 消費者契約法（一部抜粋）

事故は起こしていません
（実は事故車）

●不実告知
重要な項目について事実と違うことをいう。

間違いなく
上がります!

●断定的判断
将来の変動が不確実なことを断定的にいう。

このセミナーを受けないと就職できないよ

●社会生活上の経験不足の不当な利用
不安をあおる告知や恋愛感情などに乗じた人間関係の乱用。

解説 消費者契約法は、事業者が問題のある契約手段をとった場合に、消費者が契約を取り消せると定めている。消費者に不当な契約内容も無効にできる。

4 製造物責任法（PL法※） ※Product Liability法の略

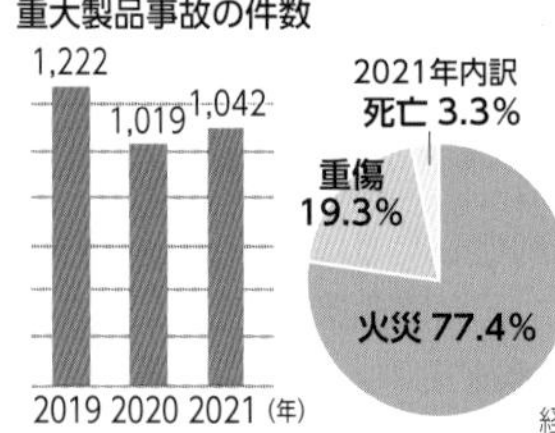
重大製品事故の件数
1,222
1,019
1,042
2019 2020 2021 (年)
2021年内訳
死亡 3.3%
重傷 19.3%
火災 77.4%

事故につながった製品の件数（上位品目）

順位／製品	2020年度
1位 自転車	150
2位 バッテリー・電池	148
3位 ヘアドライヤー	108
4位 照明器具	82
5位 エアコン	81
6位 パソコン	76

経済産業省「製品事故動向について（2021年）」

解説 製造物の欠陥が原因で、生命・身体や財産に損害が生じた場合、被害者は製造物責任法に基づいて、製造業者や加工・輸入業者に対して、損害賠償を求めることができる。

社会を変える消費者の行動

5 消費者トラブルにあったら、どうする？

商品やサービスによって被害を受けたとき

無回答 15.5%
相談・報告をした 43.7%
誰にも相談・報告をしていない 40.8%

相談や報告をした相手	割合
家族、知人、同僚などの身近な人	42.7%
メーカー等の事業者	35.7%
販売店、代理店など	23.8%
市区町村や消費生活センターなどの行政機関の相談窓口	9.4%
警察	3.6%
消費者団体	3.0%

消費者庁「消費者意識基本調査（2022年）」

解説 トラブルにあっても、「どうせ解決しない」「面倒だ」といって何も行動しないであきらめてしまうと、製品の事故が続いたり、悪質業者による不正な取引が拡大したりする。

6 困ったら、188（消費者ホットライン）へ

商品の購入やサービスの利用に関する質問、契約トラブルなど

消費者へのアドバイス
いやや 188
相談
事業者との交渉のお手伝い
交渉
相談員

相談者　消費生活センター　事業者

解説 契約内容に疑問や不安を感じたら、消費生活センターに相談し、正確な知識や最新情報をふまえて解決する。行政による注意喚起、新たな法律の制定や改正にも活用される。

7 ロールプレイング（役割体験）で消費者力を高めよう

解説 18・19歳に多い消費者トラブル事例のロールプレイングは、勧誘する側、される側の問題点を理解するのに役立つ。消費生活センターへの模擬相談も対処方法が学べる。

不意打ちの勧誘にあったらどうする？ ロールプレイングをしてみよう。

8 消費者トラブルから身を守る3つの心得

1. 「絶対にもうかる」、「簡単に誰でも稼げる」という話は信じない。
   「お金がない」というと、消費者金融や学生ローンから借金させられる場合がある。借金してまで契約する必要があるか、よく考える。
2. あれっ？と思ったら、きっぱり断ろう。
3. トラブルにあっても、あきらめない。一人で抱えず、誰かに話そう。

安心・安全な消費生活をめざして

9 消費者の権利と責任（国際消費者機構：CI）

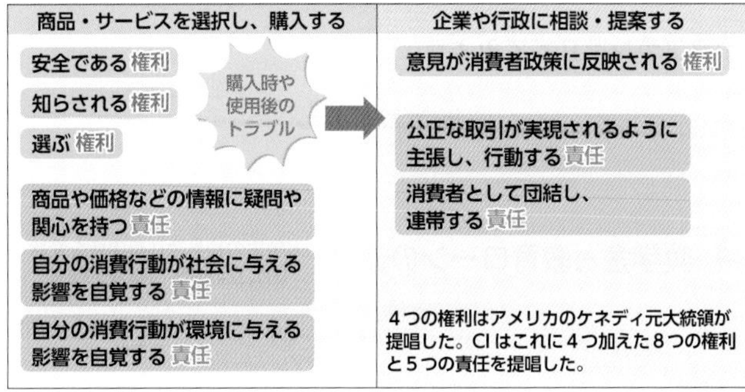

商品・サービスを選択し、購入する	企業や行政に相談・提案する
安全である権利 知らされる権利 選ぶ権利 （購入時や使用後のトラブル）	意見が消費者政策に反映される権利
商品や価格などの情報に疑問や関心を持つ責任	公正な取引が実現されるように主張し、行動する責任
自分の消費行動が社会に与える影響を自覚する責任	消費者として団結し、連帯する責任
自分の消費行動が環境に与える影響を自覚する責任	4つの権利はアメリカのケネディ元大統領が提唱した。CIはこれに4つ加えた8つの権利と5つの責任を提唱した。

解説 18歳になると、契約の主体者として権利と責任の重さが増す。日ごろから安全性や公正性、環境などに配慮し、持続可能な社会をめざした、責任ある消費行動を心がけたい。

もしも消費者の権利がなかったら？ 消費者の権利が生活の中で果たす役割を考えてみよう。

10 エシカルで持続可能な消費行動

くらしの中でできること

環境に配慮した消費	地域に配慮した消費	人・社会に配慮した消費
森林保全につながる木材製品・紙を選ぶ	地産地消を心がける	福祉作業所などの製品を買う
すぐに使うものなら期限のせまった商品を選ぶ（廃棄する食品を減らす）	地元で買い物をする	フェアトレード製品を選ぶ

解説 環境、地域、人や社会への影響を考えて商品・サービスを選択する消費行動は、お金のむだづかいやあやしいもうけ話などを遠ざけ、トラブルから身を守ることにつながる。

振り返り
消費者を守る法律や制度を理解できた？ 知 態
自分の消費行動を見直し、社会に与える影響を考えることができた？ 思

Theme 5

人生設計と経済計画

人生ではどんなことにお金がかかる？

ねらい ・自分の将来をイメージして、人生とお金のライフプランを考えよう。

うちのおにいちゃん、働き始めたら
選んでください
って言われて悩んでるんだって。
どんなこと？
お給料を振り込む銀行とか、生命保険に加入するかとか…
OXBANK
ふうん
確定拠出年金のプランも決めなきゃって
早くない？
ん？もう老後の話？
お金の管理、自分でできるかな…？
不安

check! あなたはお金の管理をしている？

人生に必要なお金を計画的に考える

1 ライフプランとお金

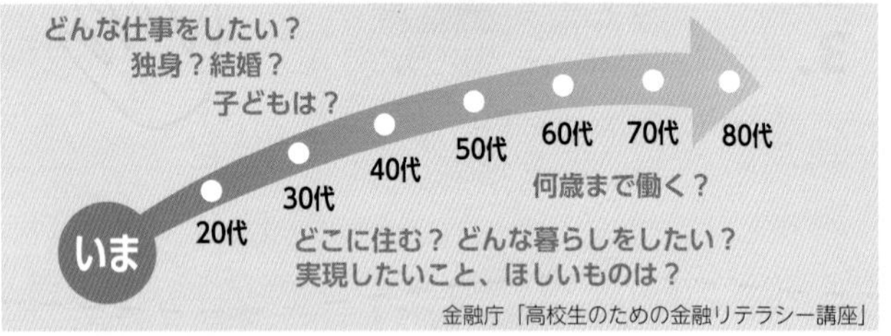

どんな仕事をしたい？
独身？結婚？
子どもは？
いま
20代
30代
40代
50代
60代
70代
80代
何歳まで働く？
どこに住む？ どんな暮らしをしたい？
実現したいこと、ほしいものは？

金融庁「高校生のための金融リテラシー講座」

解説 人生の希望を時系列で描いてみると、いつ、どのくらいのお金が必要になるかが見えてくる。どんな人生を送りたいかを考え、実現のために資金を確保する準備をしていく。

2 人生の3大費用とは

教育
幼稚園と大学のみ私立の場合
平均 1,033万円
(自宅通学の場合)
住宅
首都圏でのマンション購入価格
新築 平均 5,033万円
中古 平均 3,392万円
老後
60歳で退職、80歳までゆとりのある生活を送るために必要な金額
平均 3,384万円
(約14.1万円×12か月×20年)

アクサ生命保険（株）「高校生のための金融リテラシー力」より作成

解説 「教育・住宅・老後」のための費用は特に大きいが、これらの費用がかかる時期は、収入が多い時期と一致していない。教育や住宅費用は、必要に応じて借り入れ(ローン)を計画する。

3大費用の他にかかる大きなお金は？ 働き方を考えながら、ライフプランを立ててみよう。

お金を借りる

3 さまざまなローンと金利

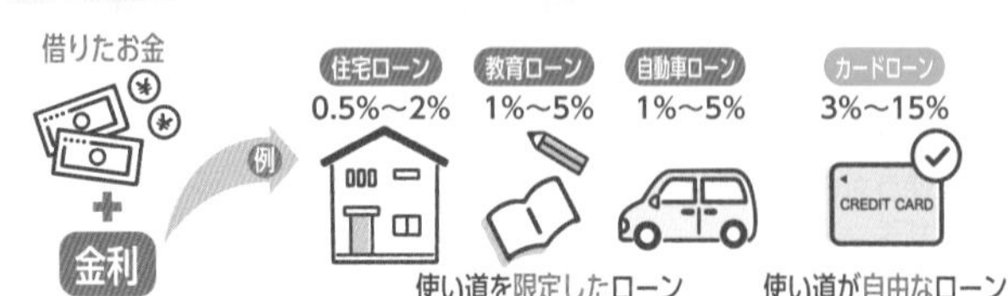

借りたお金
＋
金利
例
住宅ローン 0.5%～2%
教育ローン 1%～5%
自動車ローン 1%～5%
カードローン 3%～15%
CREDIT CARD
使い道を限定したローン
使い道が自由なローン

解説 お金を借りると金利(お金のレンタル料)が発生する。金利やお金を借りる期間の違いによって、返済総額が変わってくるので、あらかじめ計算して利用する。

4 奨学金と教育ローンの違い

大学生の約半数は奨学金を受給
国公立48.7%　私立50.8%

	日本学生支援機構			日本政策金融公庫 教育ローン
	給付型	貸与型　第一種奨学金(無利子)	貸与型　第二種奨学金(有利子)	
利用者	学生本人			保護者
金利	—	—	上限は３％(在学中は無利子)	固定金利1.95%(変動する場合あり)
条件	強い ⬅所得・学力要件あり➡ 弱い			保護者の収入に条件あり

日本学生支援機構、日本政策金融公庫Ｗｅｂサイトより作成

解説 大学・専門学校に進学するために費用を調達する方法のうち、利子がかかる貸与型の奨学金は、返済期間が長期にわたる。しくみや返済計画を理解してから利用を決める。

ローンを利用するメリットは何だろう。「住宅ローン」を例にあげて考えてみよう。

実教出版

調理の基礎

手洗い

●調理を始める前にはしっかり洗おう

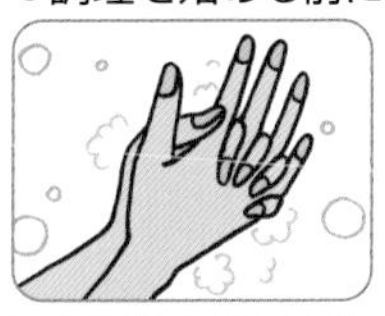
手を組むように指の間もていねいに。

手首は握るように回しながら。

水でよく洗い流し、清潔なタオルでふく。

計量の基本

●計量カップ

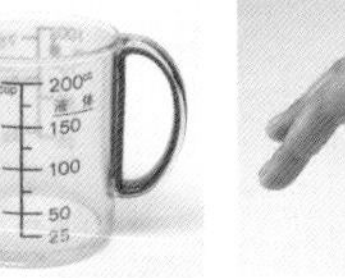
1カップ=200mL

●手ばかり

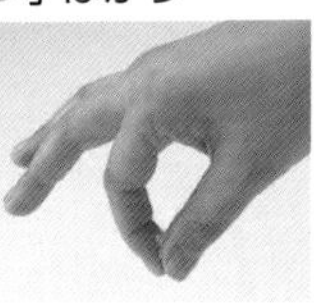
塩少量（少々）
2本の指で約0.5g

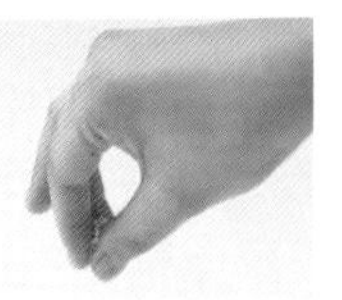
塩ひとつまみ
3本の指で約1g

計量スプーン

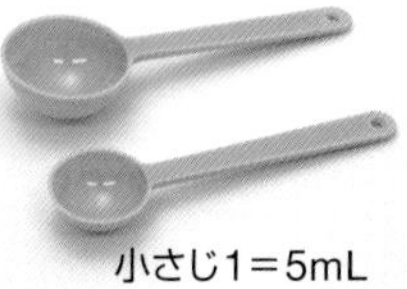

●粒子状

多めにとってから、すりきる。

2分の1は、一度すりきり、半分落とす。

●液体・ペースト

表面が盛り上がるくらいまで入れる。

2分の1は、6～7分目まで入れる。

火加減

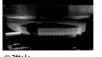

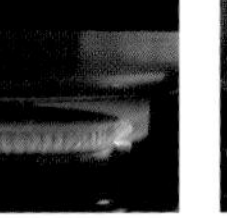
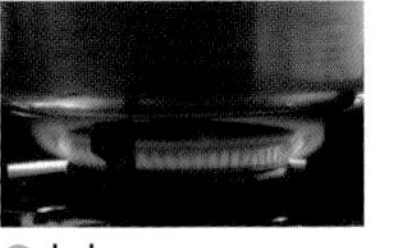
●強火
炎がなべの底全体にあたっている状態。

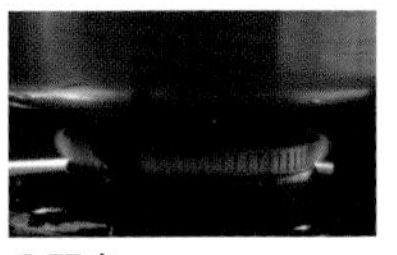
●中火
炎の先端がなべの底に少しあたるくらい。

●弱火
中火の半分程度で、なべの底にあたらない状態。

水加減

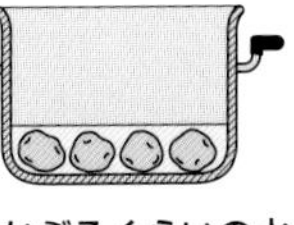
●ひたひたの水
材料が煮汁から少し頭を出した状態。

●かぶるくらいの水
材料が完全に煮汁の中に入った状態。

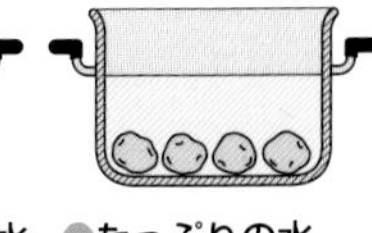
●たっぷりの水
煮汁が材料の高さの倍程度の状態。

包丁の使い方

包丁の名称

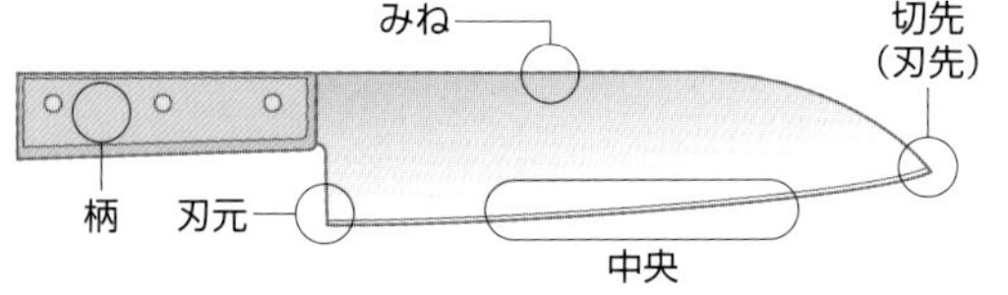
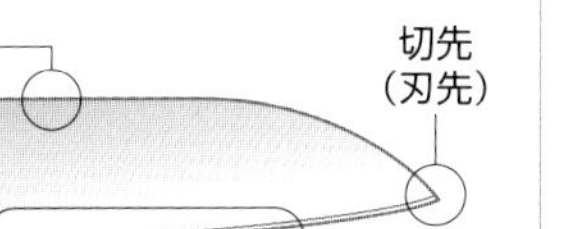

材料を持つ手

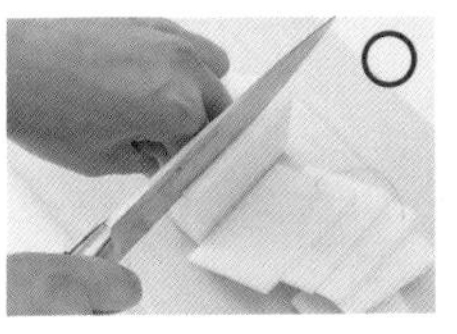

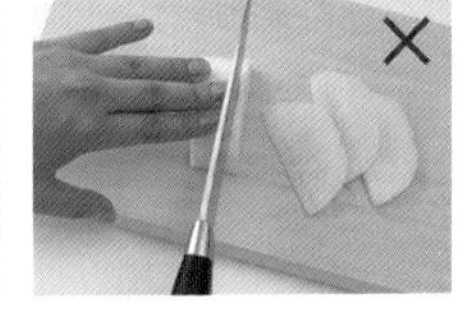

左手で材料を押さえ、切る幅に合わせて手をずらす。左手の指は内側に折り込む。指先を伸ばしたままだと危険。

基本切り

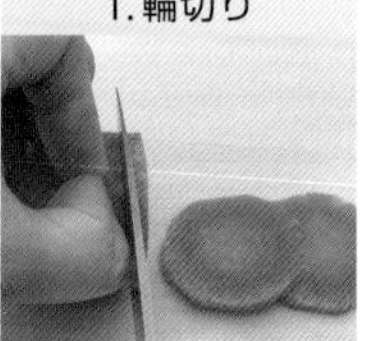
1. 輪切り

2. 半月切り

3. いちょう切り

4. 拍子木切り

5. さいの目切り

6. たんざく切り

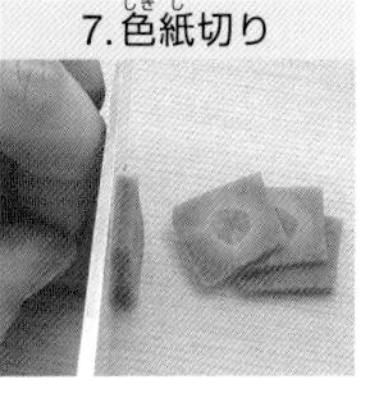
7. 色紙切り

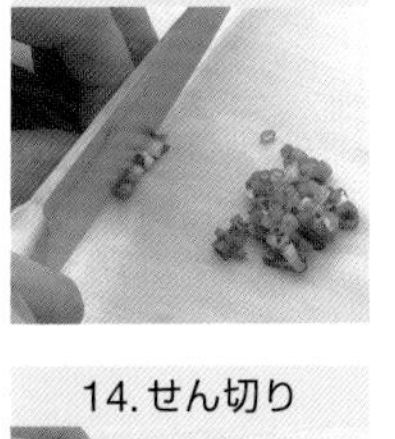
8. 小口切り

9. 乱切り

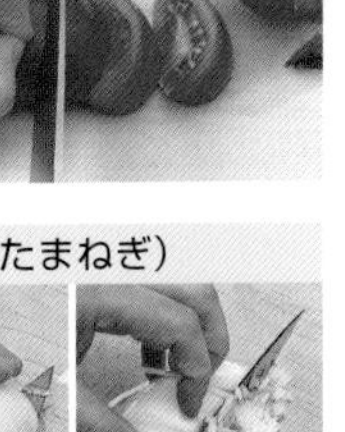
10. くし形切り

11. ささがき

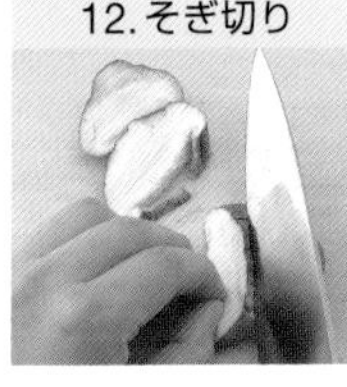
12. そぎ切り

13. 斜め切り

14. せん切り

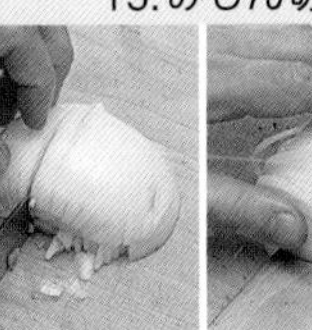
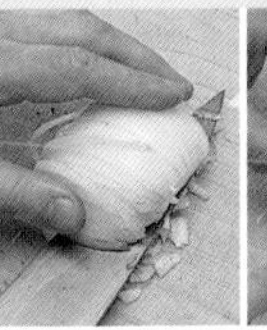
15. みじん切り（たまねぎ）

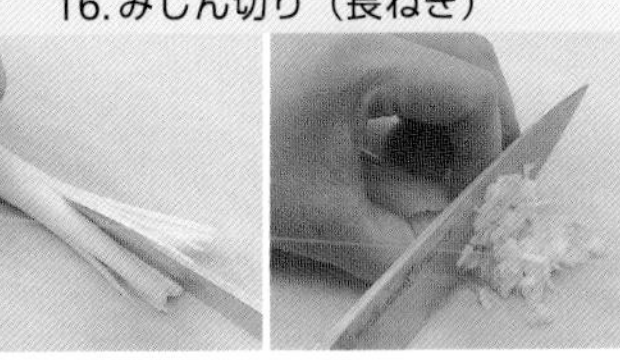
16. みじん切り（長ねぎ）

食品の重量のめやす(単位g)

廃棄率を使った食品の重量の求め方

$$可食部重量 = 購入重量 \times \left(1 - \frac{廃棄率}{100}\right) \qquad 購入重量 = 可食部重量 \times \left(\frac{100}{100 - 廃棄率}\right)$$

▼食品	小さじ[5mL]	大さじ[15mL]	カップ[200mL]
水・酢・酒	5	15	200
しょうゆ	6	18	230
みりん	6	18	230
みそ	6	18	230
砂糖 •上白糖	3	9	130
•グラニュー糖	4	12	180
食塩	6	18	240
油・バター	4	12	180
ショートニング	4	12	160
コーンスターチ	2	6	100
米 •精白米	–	–	170
•無洗米	–	–	180
小麦粉(薄力粉,強力粉)	3	9	110
米粉	3	9	100
かたくり粉	3	9	130
ベーキングパウダー	4	12	–
パン粉	1	3	40
粉ゼラチン	3	9	–
粉チーズ	2	6	90
牛乳(普通牛乳)	5	15	210
脱脂粉乳	2	6	90
いりごま、すりごま	2	6	–
トマトケチャップ	6	18	240
トマトピューレー	6	18	230
ウスターソース	6	18	240
マヨネーズ	4	12	190
レギュラーコーヒー	2	6	–
煎茶、番茶、紅茶(茶葉)	2	6	–
ココア	2	6	–
抹茶	2	6	–

女子栄養大学発表の標準値

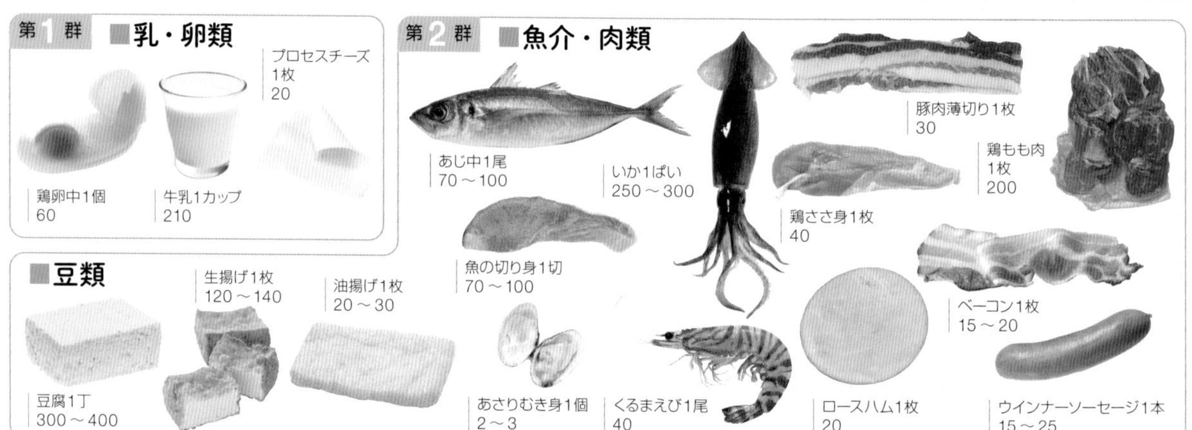

第1群 ■乳・卵類

鶏卵中1個 60

牛乳1カップ 210

プロセスチーズ1枚 20

■豆類

豆腐1丁 300～400

生揚げ1枚 120～140

油揚げ1枚 20～30

第2群 ■魚介・肉類

あじ中1尾 70～100

いか1ぱい 250～300

豚肉薄切り1枚 30

鶏もも肉1枚 200

鶏ささ身1枚 40

魚の切り身1切 70～100

ベーコン1枚 15～20

あさりむき身1個 2～3

くるまえび1尾 40

ロースハム1枚 20

ウインナーソーセージ1本 15～25

第3群 ■野菜・いも・果物・きのこ・藻類

キャベツ半分 350～500

キャベツ1枚 60

ほうれんそう1わ 200

だいこん1本 800

れんこん1節 200

バナナ1本 100～150

生しいたけ1個 10～30

じゃがいも中1個 150～200

こんにゃく1枚 170～200

根深ねぎ1本 100～150

ごぼう1本 180

さやえんどう1さや 3

しめじ1パック 100

いちご1個 15～20

キウイフルーツ半分 50

りんご1個 250

はくさい中半分 500～750

はくさい1枚 100

きゅうり1本 80～100

たまねぎ中1個 200

トマト中1個 100～150

ミニトマト1個 10～15

かぼちゃ半分 500～750

アスパラガス1本 20～25

なす1個 100

しょうが親指大 10～15

にんじん中1本 200～250

ブロッコリー1株 200

レタス中半分 100

ほしのり1枚 2

ピーマン中1個 30～40

しその葉1枚 0.5

にんにく1かけ 10

第4群 ■穀類

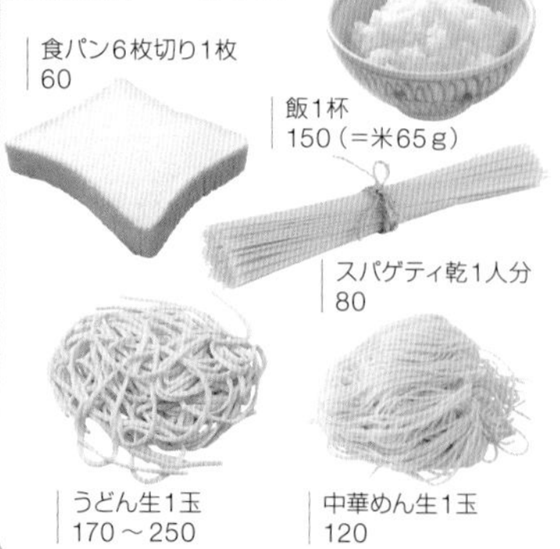

食パン6枚切り1枚 60

飯1杯 150(=米65g)

スパゲティ乾1人分 80

うどん生1玉 170～250

中華めん生1玉 120

※4群は、他に砂糖と油脂類も含む。

経済的なリスクに備える

5 保険の役割

高齢者

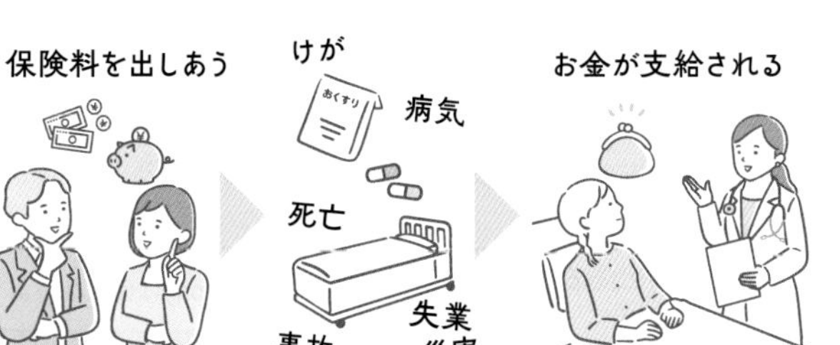

解説 保険は、不測の事態で生じる経済的な負担のリスクに備え、リスクが発生した場合に保険料を支払った人にお金が支給されるしくみ。国の社会保険と民間の保険（生命保険と損害保険）がある。

6 貯蓄と保険の違い

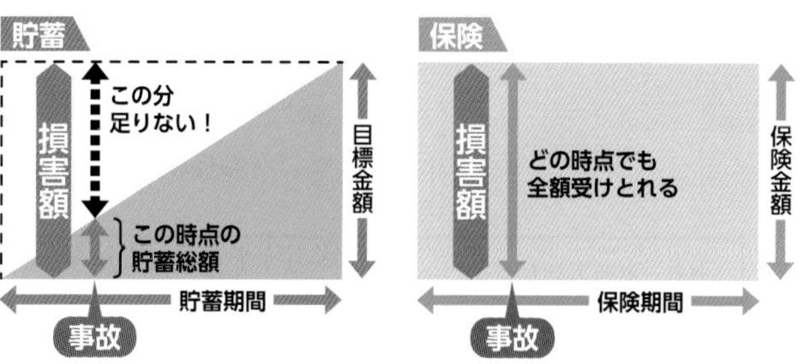

解説 「貯蓄は三角、保険は四角」という言葉がある。貯蓄は時間とともに金額が増え、保険は加入期間中の保障・補償は一定という特徴があり、どちらも、もしもの時に備えるものである。

7 老後の生活資金への備え

高齢者

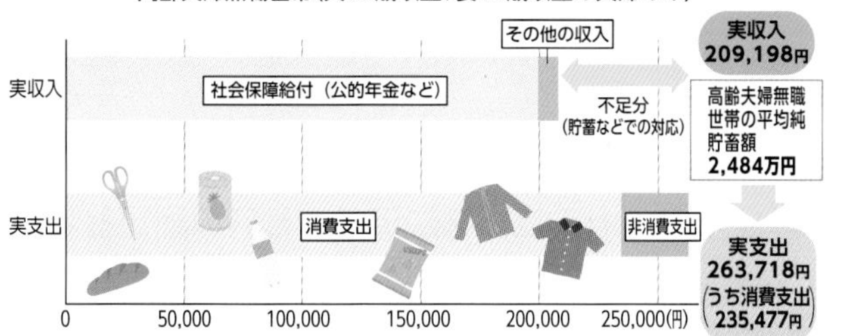

金融庁金融審議会「高齢社会における資産形成・管理」より作成

解説 無職の高齢夫婦世帯の平均的な赤字額は、毎月約5万円となっている。老後の生活を充実させるためには、20〜30年分の不足金を自分で準備しておかなければならない。

8 物価の上昇による影響

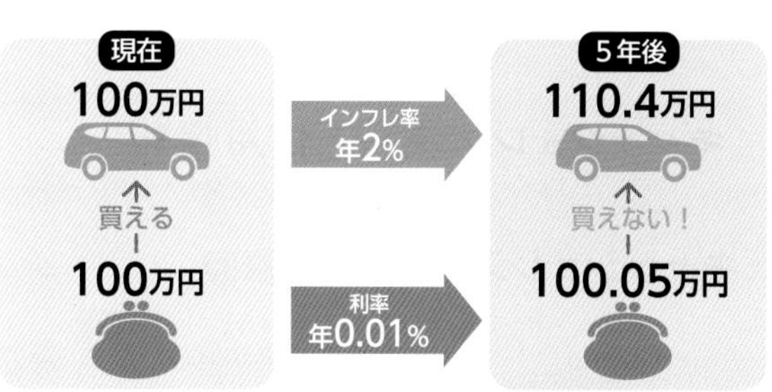

解説 1年間で物価が２％上昇すると、100万円で買えたものが1年後には102万円、5年後には110.4万円となり、利率２％以上で運用しないと、100万円の価値が減ってしまう。

経済的な自立をめざした家計管理

9 収入と支出

収入 給与明細の例（20歳代前半・独身）

	基本給	残業手当	通勤手当	家族手当	資格手当	住宅手当	総支給額
支給（円）	195,000	11,080	11,450	0	0	10,000	227,530

	社会保険料				税金		控除総額
	①健康保険	②厚生年金	③雇用保険	④介護保険	⑤所得税	⑥住民税	
控除（円）	5,688	12,836	1,365	0	4,550	14,000	38,439

差引支給額（円）	189,091

支出

- 食費
- 住居費
- 水道光熱費
- 通信費
- 交通費
- 被服費
- 教養娯楽費
- そのほか

解説 社会人は給与や賞与、学生は仕送り・アルバイト代・奨学金などが収入である。生活に必ずかかる項目を優先して支出額の内訳を決め、支出が収入を上回らないようにする。

10 家計管理をする

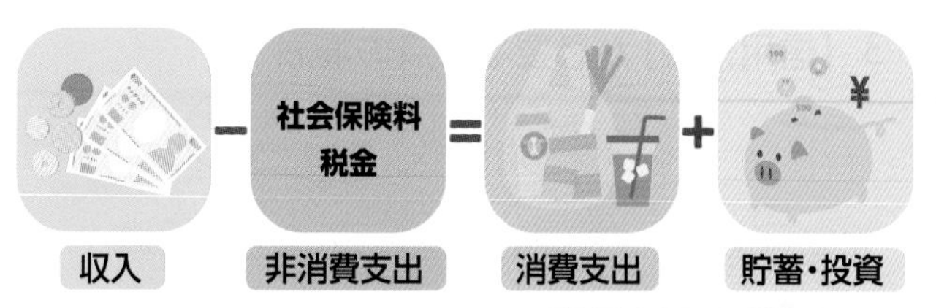

収支のバランスをチェックし、「貯蓄・投資」分を確保する

解説 収入から非消費支出を差し引いた後の金額が使えるお金の上限である。計画性のない支出を抑えるために、記録をつけて収入と支出の現状を把握する。

収支がプラスになるように、自分に合った家計簿で、何にいくら使ったかを記録しよう。

家計管理をしながら、生活に必要な資金の確保やリスクへの備えといった経済計画を行う重要性を理解できた？ 知 態

Theme 6

多様化する支払い方法

あなたはどの支払い方法を選ぶ？

ねらい ・多様な支払い方法の特徴を理解し、生活の場面に応じた支払い方法を選ぶことができる。

check! あなたは普段どのような支払い方法を使いたいと考えているだろうか？

キャッシュレス決済と信用情報

1 キャッシュレス決済の利用意向

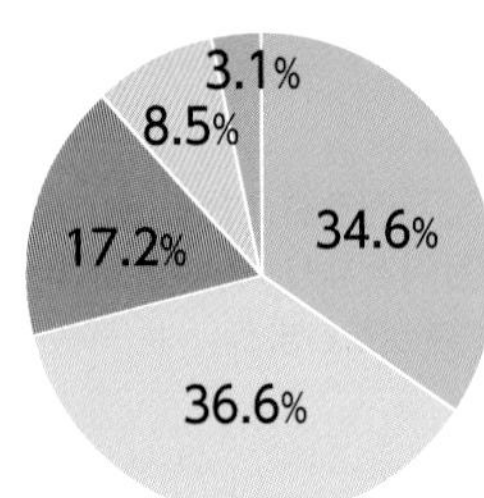

- どんな金額・場所等でもキャッシュレス決済で支払いたい
- どちらかというとキャッシュレス決済で支払いたい
- どちらともいえない
- どちらかというと現金で支払いたい
- どんな金額・場所等でも現金で支払いたい

解説 約70％の人が、キャッシュレス決済で支払いたいという意向がある。

(一社) キャッシュレス推進協議会「2021年度消費者インサイト調査」

キャッシュレス決済の特徴は何だろう？

2 主なキャッシュレス決済サービスの種類と特徴

	国際ブランド決済	国内 非接触IC決済	国内QRコード決済
後払い	クレジットカード VISA Mastercard JCB	ポストペイ QUICPay iD ・クレジットカードに合算して払う	QRコード決済 au PAY PayPay 楽天Pay ・IDをクレジットカードに紐づける後払いあり ・銀行の口座振替に紐づければ即時払いあり ・チャージ残高に紐づける前払いの決済サービスもあり
即時払い	ブランドデビットカード VISA JCB ・銀行が発行、利用即口座振替	みずほWallet ・銀行口座直結のスマホ決済アプリ	
前払い	ブランドプリペイドカード VISA Mastercard JCB ・事前にチャージ	電子マネー 楽天Edy Suica ・事前にチャージし、タッチで支払い	

解説 支払いのタイミングとインターフェース（接続）の違いから分類している。例えば、クレジットカードとは、後払いの国際ブランド決済の方式である。

3 「信用情報」が必要な決済の場面

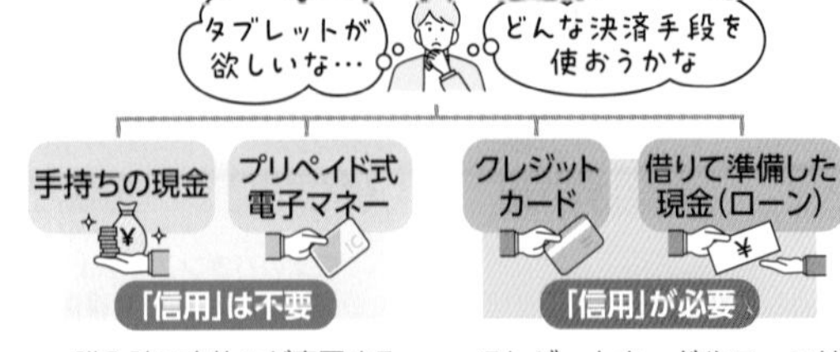

購入時に支払いが完了するので、支払い能力があるかどうかは関係ない。

クレジットカードやローンは、後で返済する必要があるため、将来の支払い能力があるかどうかという「信用」が必要。

解説 商品やサービスを購入する際の決済方法において、「信用」が不要な決済方法と「信用」が必要な決済方法がある。

4 指定信用情報機関

解説 指定信用情報機関は、金融会社から登録される信用情報を管理・提供している。消費者がローンなどの申し込みを行うと、金融会社は信用情報をもとに審査を行っている。

「信用」がないと、どんな困ることがあるだろうか？

5 クレジットの支払い方式の種類

	支払い方法	手数料
翌月一括（1回）払い	商品等を購入した翌月に一括して支払う。	一般的に手数料はかからない。
ボーナス一括（1回）払い	商品等を購入した翌ボーナス時期に一括して支払う。支払い時期は、通常、夏は7月か8月、冬は12月か1月である。	一般的に手数料はかからない。
分割払い	利用の際、商品等の金額等を考慮して、支払い回数、月々の支払い額を決めて支払う。	利用金額や支払い回数に応じた手数料がかかる。
リボルビング払い	月々の支払い金額を一定額または「（支払い）残高」に対する一定率に決めておき、その額を支払う。	手数料がかかり、手数料は「残高」に応じて計算される。

解説 クレジットにはいくつかの支払い方式があり、利用時に選択することができる。

6 リボルビング払いのしくみ

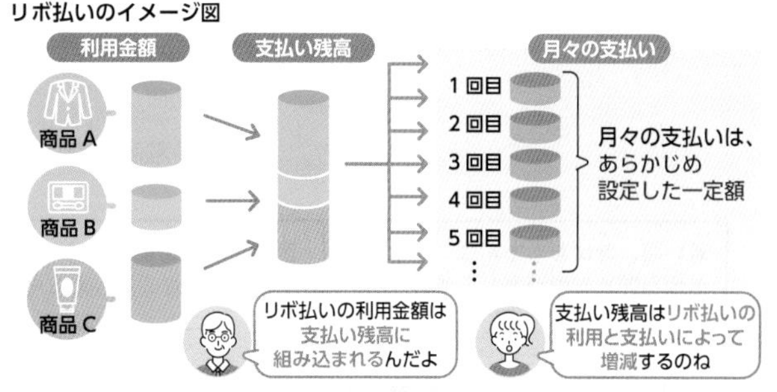

解説 支払いは支払い残高がなくなるまで続く。ただし、支払い残高の一部または全部を繰り上げて支払うこともできる。支払い残高に応じた手数料がかかる。

7 リボルビング払いの支払いイメージ

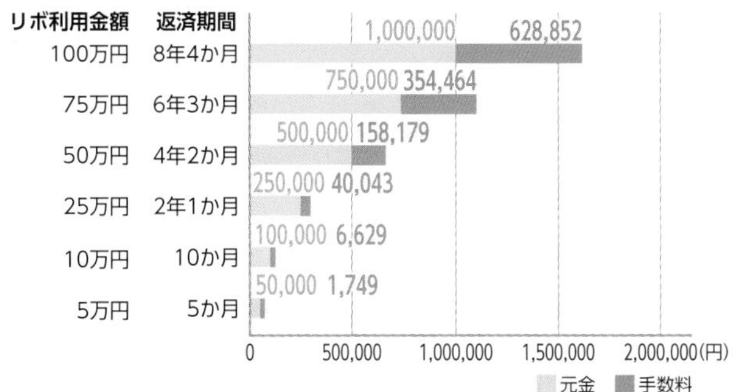

解説 定額方式で、毎月1万円＋手数料を支払った場合のイメージである。利用金額が増えるにつれて、返済期間が長くなり、手数料も増える。

8 分割払いとリボルビング払いのイメージ

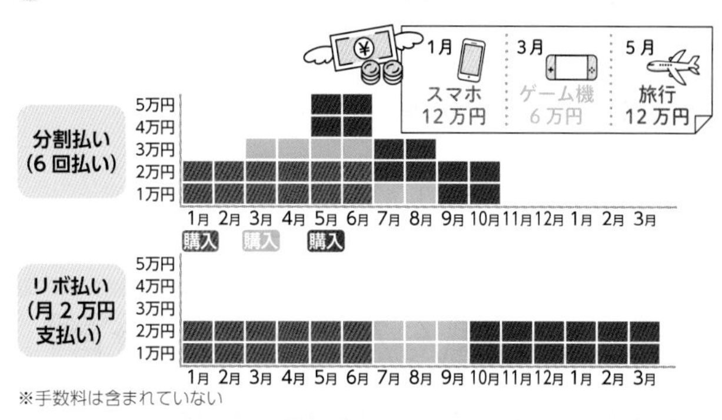

解説 分割払いは、各商品の代金が上乗せになる。一方、リボルビング払いは毎月の支払金額は一定だが、支払期間がのび、のびた分だけ手数料が増える。

分割払い・リボルビング払いのメリット・デメリット、気をつけるべきことは何だろう？

9 クレジットカードの支払い遅延とペナルティ

遅延損害金	支払い日に口座から引き落としができなかった場合、支払い日の翌日から支払いが完了した日までの期間に発生する利息「遅延損害金」が発生する。
「期限の利益」の喪失	クレジットを利用することで、私たちは契約に定められた日まで支払いをしなくてもよいという利益「期限の利益」を得ている。しかし、支払いの滞納の程度が著しくなると、クレジット会社に残金を一括して支払わなくてはならなくなる。
商品の引き上げ・強制執行	クレジットで購入した商品の所有権は、支払いが終わるまではクレジット会社にある（「所有権留保」）。そのため「期限の利益」を喪失した場合、クレジット会社は所有権に基づいて該当の商品を引き上げることができる。また、クレジット会社が債権者として裁判所に訴え、債務者の財産を差し押さえることもある（「強制執行」）。

「東京くらしWEB」Webサイトより作成

column

立替払い型の後払い決済サービス

近年、クレジットカードとは異なる、立替払い型の後払い決済サービスが登場している。一定の範囲内であれば、与信審査なしで後払い決済サービス会社が立替えし、その場で決済することが可能である。代金は、後日自宅に届いた請求書によって、コンビニや金融機関で支払う。後払い決済サービスには、手数料が無料のものと一定額の支払い手数料が必要なものがある。

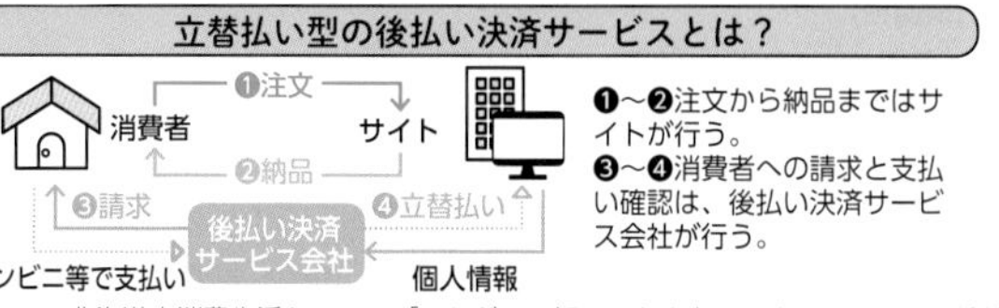

北海道立消費生活センター「これだけは知っておきたい！キャッシュレス決済!!」

振り返り
多様な支払い方法の特徴について理解できた？ 知
生活の場面に応じた支払い方法について工夫して選ぶことができる？ 思

Theme 7

お金を貯める、増やす

なぜ、資産形成が必要なの？

ねらい　・主な金融商品の特徴やしくみを理解し、生活に役立つ金融の知識と判断力を身につけよう。

若い頃、おばあちゃんは
お金を貯めるのが楽しみでね〜
しみじみ…
ふ〜〜ん
銀行に預けるとお金が
２倍になったこともあるのよ
ブイッ!
2倍!?
魔法みたい！
スゴイ！
じゃあ…
ぼくもお小遣いを銀行に預けようっと
海外旅行に連れて
行ってあげるね！
フフ…今は２倍になるのは
いつのことやら…！
おばあちゃん!?
カタカタカタ….
何やっているの?!

1974年の預金金利8.0%　　2023年の預金金利0.002%

check! お金が2倍になるのに何年かかる？（「72の法則」72÷金利＝お金が2倍になる年数）

資産を形成する金融商品

1 お金を貯める、増やすには？

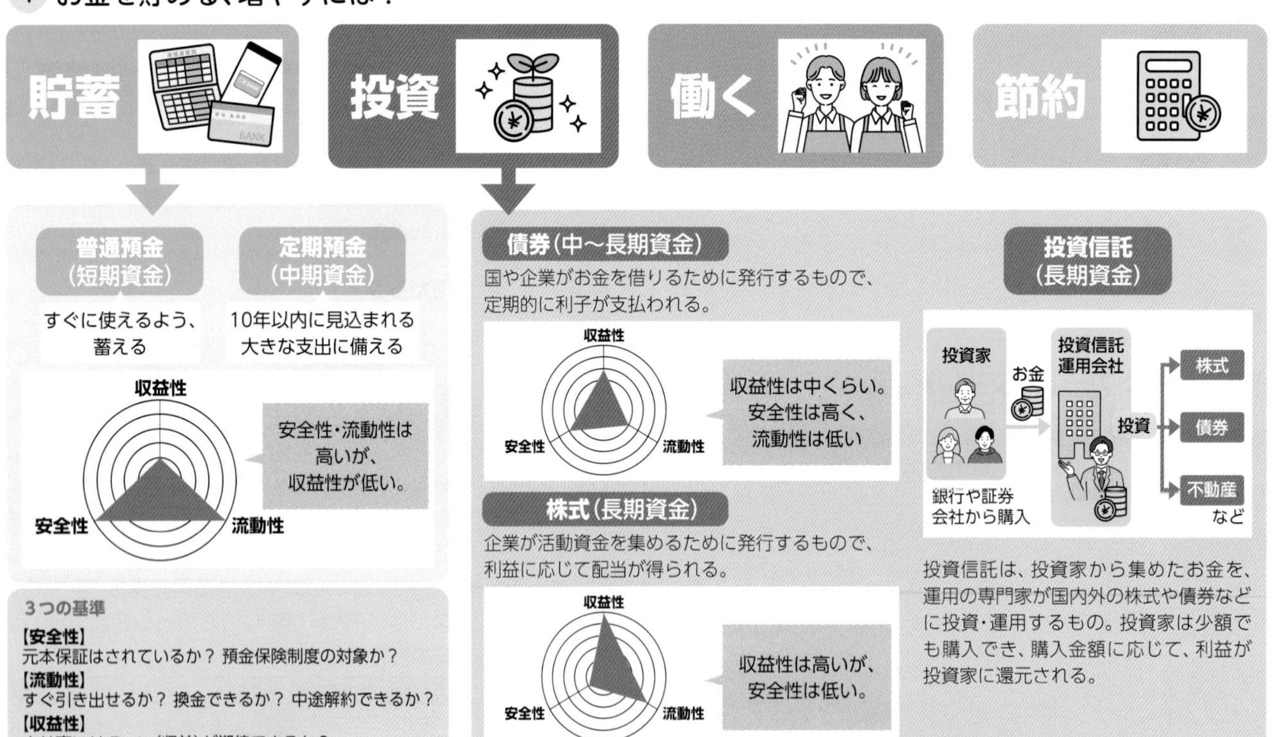

解説　低金利が続き、預貯金だけで物価の上昇をカバーしたりお金を増やしたりすることは難しい。また、３つの基準をすべて満たす金融商品はない。ライフプランに基づいた中・長期的な経済計画を立て、時々見直しながら、金融商品の特徴を活用した資産形成を行っていこう。

「必ずもうかる」「必ず株価が上がる」という話があやしいのはなぜだろう？

資産運用の基礎知識

2 リターンとリスクの関係

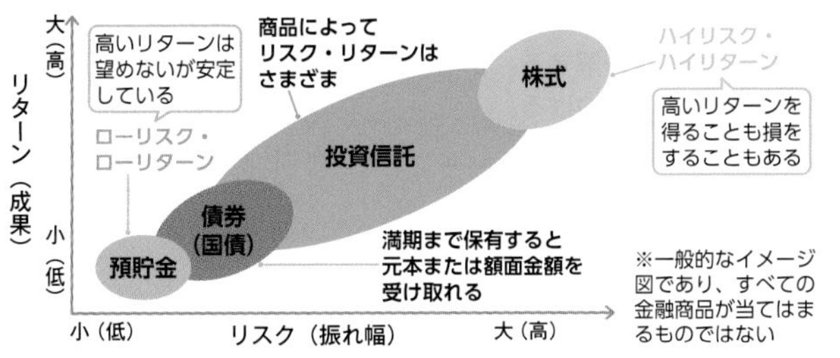

解説 お金を運用して得られる成果（収益）を「リターン」という。利益を得られることもあれば、損失が出ることもある。このようなリターンの不確実性（振れ幅）を「リスク」という。

3 複利と時間の効果

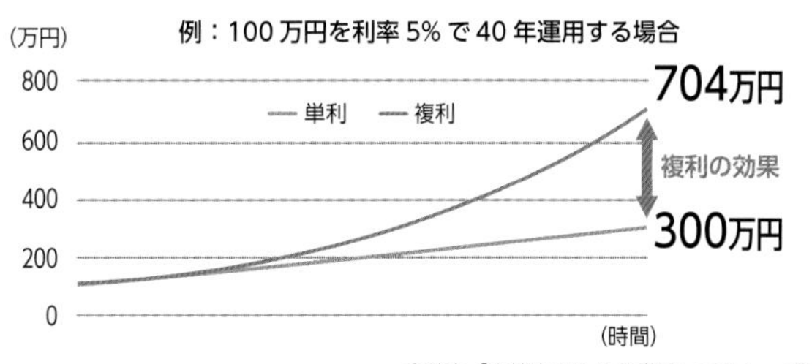

金融庁「高校生のための金融リテラシー講座」

解説 元本に定額の利子がつくのが「単利」、利子で増えた元本にさらに利子がつくのが「複利」である。金利が高いほど、投資期間が長いほど、複利の効果は大きくなっていく。

4 積立の効果

	1か月目	2か月目	3か月目	4か月目	
基準価額の推移	10,000円	8,000円	12,000円	10,000円	
1度に400万円購入した場合	400				購入総数 400万円 購入口数 400万口 平均購入単価（1万口あたり）10,000円
購入口数	400万口				
100万円ずつ、4回に分けて購入した場合	100	125	83	100	購入総数 400万円 購入口数 408万口 平均購入単価（1万口あたり）9,803円
購入口数	100万口	125万口	83万口	100万口	

三井住友トラスト・アセットマネジメントWebサイトより作成

解説 投資のタイミングは難しい。資産を分けて一定額ずつ投資すると、価格が高い時は少なく、安い時は多く買うことになり、購入価格が平準化され、相場の変動に伴うリスクを抑えられる。

5 分散の効果

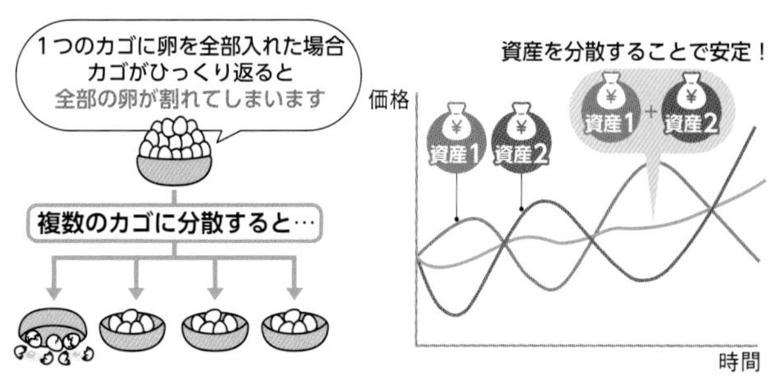

解説 投資には、「1つのカゴに卵を盛るな」という格言がある。資産を複数の種類に分散して投資すると、リスクが分散され、リターンの安定度が増す効果がある。

どんな投資をしたいか考えてみよう

6 非課税制度を活用した投資

	新 NISA （2024 年～）（少額投資非課税制度）	iDeCo（個人型確定拠出年金）
対象者	18 歳以上	20 歳以上
最低金額（月）	100 円から	5000 円から
年間運用額	360 万円まで	14.4 万円～ 81.6 万円（職業により異なる）
投資可能商品	国が定めた基準を満たす、長期・積立・分散投資に適した投資信託など	投資信託、保険商品、預貯金など
途中引き出し	いつでも現金化できる	原則 60 歳まで引き出せない

解説 投資で得た利益にはふつうは約20％の税金がかかるが、新NISAとiDeCoは一定の範囲で非課税になる。新NISAは少額から始められ、投資初心者でも始めやすい。

7 未来の生活を変えるESG投資

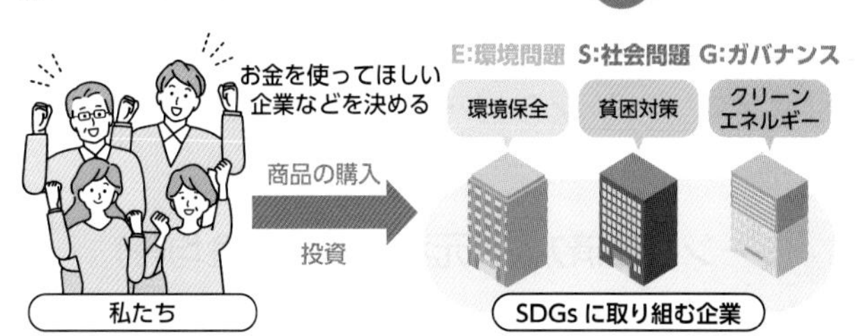

解説 ESGの視点で、社会の課題を解決しようとしている企業の取り組みを後押しする投資は、収益だけでなく、環境や社会がよくなるというリターンも期待できる。

金融商品を選ぶ時、適切な情報を得るにはどうしたらよいだろうか。

金融商品を活用して資産を形成する意味を理解できた？ 知 態

社会に役立つお金の使い方について考えることができた？ 思

販売方法と支払い方法の多様化

キャッシュレスは便利？ 危険？

・さまざまな販売方法と支払い方法を理解する。
・消費者信用の適切な活用スキルを身につける。

多様化する販売方法と支払い方法

1. さまざまな販売方法と支払い方法を理解し、メリット・デメリットについて考える。(1～4)

1 インターネット上の消費行動の経験について

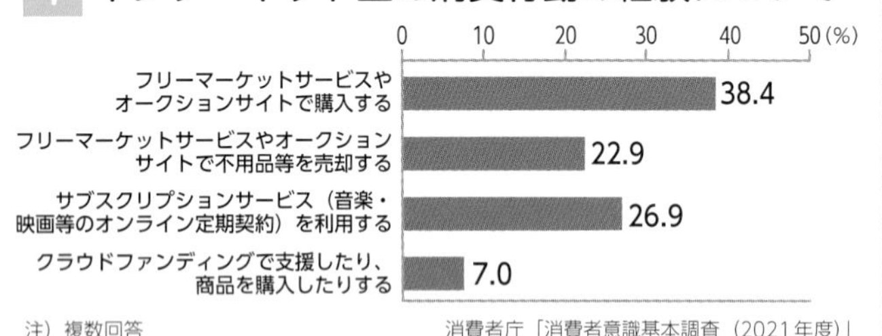

注）複数回答　　消費者庁「消費者意識基本調査（2021年度）」

解説 インターネット活用による物品売買や、一定期間のサービス利用料を支払う「サブスク」の経験がある者は2割を超える。

2 比較的利用頻度の高いキャッシュレス決済手段

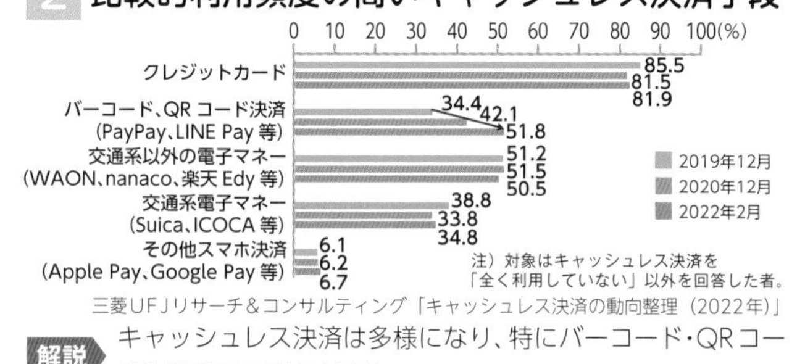

三菱UFJリサーチ＆コンサルティング「キャッシュレス決済の動向整理（2022年）」

解説 キャッシュレス決済は多様になり、特にバーコード・QRコード決済利用の増加が著しい。

3 キャッシュレス決済に対する意識

	かなりそう思う	ある程度そう思う	どちらともいえない	あまりそう思わない	ほとんど・全くそう思わない	無回答
支払い手続が簡単・迅速である	32.3	38.5	13.2	4.7	3.8	7.4
割引やポイントなどの特典がある	22.0	48.3	13.7	5.0	3.6	7.4
非接触なので感染予防・対策になる	30.4	37.6	15.2	5.7	3.7	7.5
現金を用意して持ち歩かなくていい	29.5	34.5	15.5	8.8	4.5	7.2
支払履歴がわかり、管理しやすい	17.7	32.2	25.4	11.8	5.3	7.6

消費者庁「消費者白書（2021年）」

解説 キャッシュレス決済について肯定的な意識が高く、問題意識は比較的低い。

4 コード決済利用時の不便・不安な点、利用していない理由

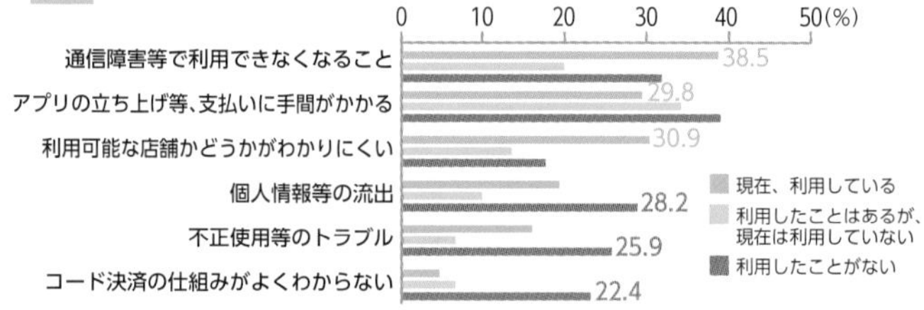

三菱UFJリサーチ＆コンサルティング「キャッシュレス決済の動向整理（2022年）」

解説 コード決済利用は、プラス面に加え、不便・不安な点や利用しない理由も考慮して検討しよう。

ローンやクレジットカードの利用法とリスク防止

1. ローンの返済方法や金利、クレジットカードについて理解する。(5～7)
2. シミュレーションアプリ「クレジットカードで買い物をしてみたら…？」を実施することにより、返済期間や総額の相違を確認する。(8)

5 ローンの返済方法（元利均等と元金均等）

借入金額：3,000万円、借入期間：35年（返済回数：420回）
借入金利：1.0%（全期間固定）、ボーナス払い：なし

		元利均等返済	元金均等返済
返済額	初回	84,685円	96,428円
	10年目	84,685円	89,344円
	20年目	84,685円	82,201円
返済総額		35,567,804円	35,262,332円
利息総額		5,567,804円	5,262,332円

差額 -305,472

みずほ銀行Webサイトより作成

解説 返済方法によって、返済総額や利息総額は異なる。

6 金利（利息）の計算方法（単利と複利）

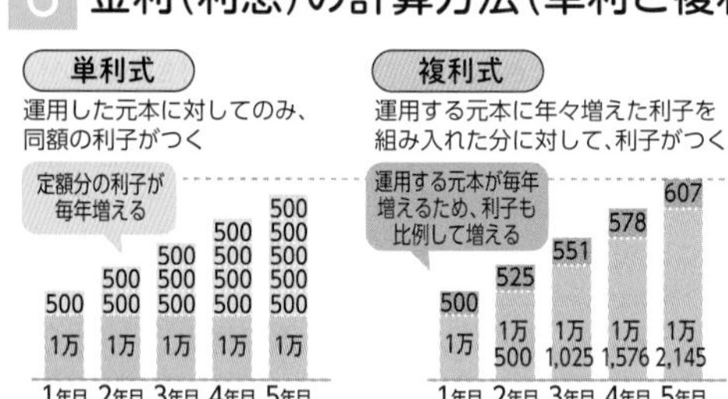

Rakuten Infoseek News Webサイトより作成

解説 単利式に比べ、複利式は利子も組み入れて次年度の利子を計算するので、増幅が大きい。

●使用するシミュレーションアプリ
「クレジットカードで買い物をしてみたら…？」

7 一回払い・分割払い・リボルビング払い

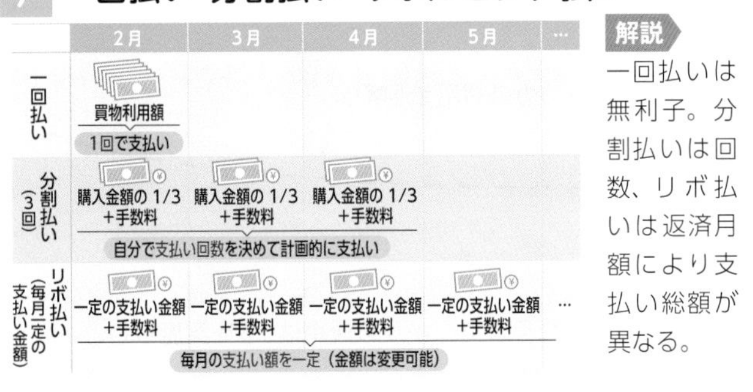

解説 一回払いは無利子。分割払いは回数、リボ払いは返済月額により支払い総額が異なる。

Rakuten Infoseek News Webサイトより作成

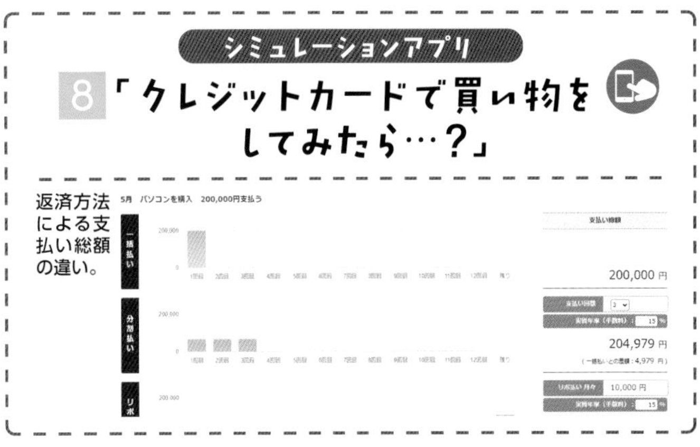

多重債務に陥らないためには

1．多重債務に陥らないための注意点を理解しよう。（9～12）
2．（発展）Googleスライド／ドキュメント、Power Pointを使って、多重債務防止啓発ポスターをつくろう。

9 貸金業者からの借入状況

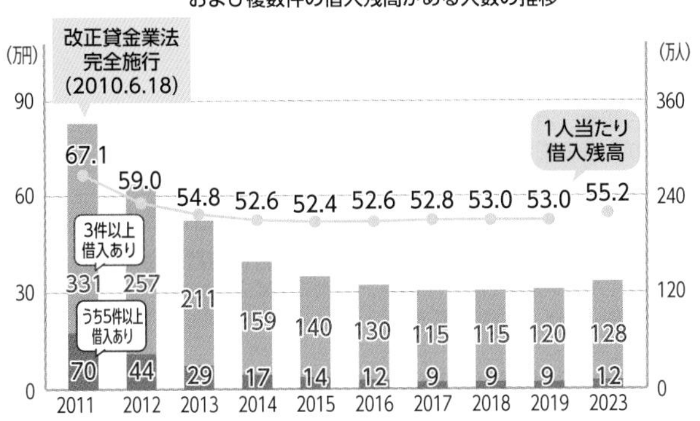

金融庁・消費者庁・厚生労働省・法務省「多重債務者対策をめぐる現状及び施策の動向」

解説 改正貸金業法により多重債務問題は改善に向かった。

10 借金をしたきっかけ

（2022年）

きっかけ	件数
低収入・収入の減少	2,034
商品・サービス購入	1,332
ギャンブル等	398
その他遊興費	209
事業資金の補てん	443
保証・借金肩代わり	256
借金の返済・クレジットカードの利用代金	635
医療費	303
その他	651

（件）0　500　1,000　1,500　2,000　2,500

注）複数回答
金融庁・消費者庁・厚生労働省・法務省「多重債務者対策をめぐる現状及び施策の動向（2023年）」

解説 安易に借金をしないように気をつけたい。

11 キャッシュカードの管理

キャッシュカード	偽造された	盗難された
過失なし	○ 全額補償	○ 全額補償
過失（カードと暗証番号メモを一緒に保管、暗証番号が生年月日、電話番号など）	○ 全額補償	△ 3/4 補償
故意または重過失（暗証番号をカードに記入したり、他人に教えたりする、他人にカードを渡すなど）	× 補償なし	× 補償なし

解説 キャッシュカードは多すぎると紛失や盗難に気づきにくく、返済額の管理が難しい。申し込む前に使用頻度や必要性をよく考えよう。

12 多重債務の解決法

相談窓口　弁護士会、司法支援センター（法テラス）、司法書士会、司法書士総合相談センター、成年後見センター・リーガルサポート、国民生活センター、消費生活センター、日本クレジットカウンセリング協会、多重債務ほっとラインなど

債務整理

手続き	窓口	内容
任意整理	司法書士等	債務を減額して返済
特定調停	簡易裁判所	債務を減額して返済
個人再生手続き	地方裁判所	債務を減額して返済
自己破産	地方裁判所	債務全額免除

振り返り
販売方法や支払い方法について理解し、適切に選択できるようになった？ 知 思
成年としての消費者信用の重要性を認識している？ 態

ひとり暮らしの家計管理

ひとり暮らしに必要な費用は？

ねらい
・ひとり暮らし開始時と月々の生活にかかる費用を理解し、家計管理意識を高める。

ひとり暮らし開始にかかる費用  住生活

手順
1．地域差を考慮して（2）、シミュレーションアプリ「ひとり暮らしを始めるまでにかかる費用は？」を実施し（1）、新生活準備にかかる費用を知る。（3）

シミュレーションアプリ
1 「ひとり暮らしを始めるまでにかかる費用は？」

2 全国のワンルーム　家賃のめやす

北海道	東北	北関東・甲信越	首都圏	中部	近畿	中国・四国	九州・沖縄
29,640円	35,343円	32,300円	60,354円	37,327円	42,275円	32,160円	32,830円

（注）ワンルームは17～20m^{2}を標準とし、駅より10分以内の平均値　（公社）全国宅地建物取引業協会連合会ほか「はじめての一人暮らしガイドブック」

3 新生活準備にかかる費用を知る

① 新居契約時の初期費用のめやす　家賃5～7か月分

○家賃先払い：入居日（日割り計算）と翌月分の家賃1か月分がめやす。退去時は日割りがほとんどである。

○共益費・管理費
建物全体の清掃や補修、共用部分の維持・保全に必要

○敷金（保証金）：家賃1～3か月分
退去時の原状回復費用。基本的に実費との差額を返還

○礼金：貸主への謝礼。返還なし。家賃の1か月分がめやす

○仲介手数料：家賃の0.5～1か月分＋消費税
不動産会社に支払う。法律で上限は家賃1か月分である

○火災保険料：1～2万円程度

○家賃保証料：家賃＋共益費0.5～1か月分
家賃保証会社を利用する場合支払う。返還なし。
※鍵交換、害虫駆除、消臭などの費用が発生する場合がある。
※礼金・敷金が不要の物件も増え、契約時の確認が必要。

② 引っ越し代　業者に依頼する場合3～10万円程度

荷物の量や距離などによって大きく異なる。見積もりは複数の会社からとるのが望ましい。一概に言えないが、業者に頼む場合は、月末・土日祝日・午前中は高くなる傾向にある。

③ 家具・電化製品・雑貨購入費　20万円程度

洗濯機、テレビ、冷蔵庫、電子レンジ、テーブル、ベッド（ふとん）、その他（雑貨）

ひとり暮らしで月々にかかる生活費のめやす

手順
1．シミュレーションアプリ「ひとり暮らしにはいくらかかるだろう？」を実施する。（4）
2．大学生・勤労者と比較し、自分の場合について考えよう。（5、6）

シミュレーションアプリ
4 「ひとり暮らしにはいくらかかるだろう？」

5 学生<下宿生> 1か月の生活費（円）

収入　合計124,290

仕送り 67,650 / 奨学金 20,640 / アルバイト 32,340 / その他 3,670

支出　合計123,630

食費 24,130 / 住居費 53,020 / 交通費 4,210 / 教養娯楽費 13,270 / 書籍費 1,540 / 勉学費 1,430 / 日常費 7,430 / 電話代 3,460 / その他 2,170 / 貯金・繰越金 12,970

全国大学生活協同組合連合会「第58回学生生活実態調査（2022年）」より作成

●使用するシミュレーションアプリ
「ひとり暮らしを始めるまでにかかる費用は？」・「ひとり暮らしにはいくらかかるだろう？」

6 勤労者

学歴別にみた初任給

厚生労働省「賃金構造基本統計調査（2023年）」

社会人1年目の生活で貯蓄した金額

ソニー生命保険（株）
「社会人1年目と2年目の意識調査2023」

単身世帯34歳以下の家計収支（円）

総務省統計局「家計調査年報（2022年）」

食料 34,385
住居 36,676
家具・家事用品 3,577
光熱・水道費 9,272
被服及び履物 7,643
保健医療 5,348
交通・通信 20,084
教養娯楽 21,908
その他の消費支出 19,306
合計158,198

払込保険料（世帯主年齢別）

29歳以下の保険料月額 約17,900円

生命保険文化センター「生命保険に関する全国実態調査（2021年）」

将来を見すえた家計管理

手順
1. ひとり暮らし期間の貯蓄目的と目標貯蓄額を考えよう。（7）
2. 貯蓄と保険の相違を理解し、リスクに備える方法について意見を交換しよう。（8、9）

7 夢実現のための1年あたりの目標貯蓄額

ひとり暮らしの間に実行したいこと、手に入れたいものを書き出し、将来の自分を描いてみよう。

予算÷何年後＝1年あたりの目標貯蓄額

1年に貯める金額は33万円！

8 貯蓄と保険の違い

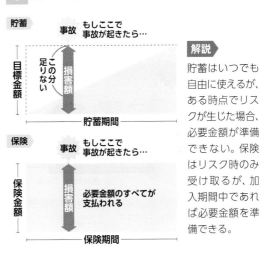

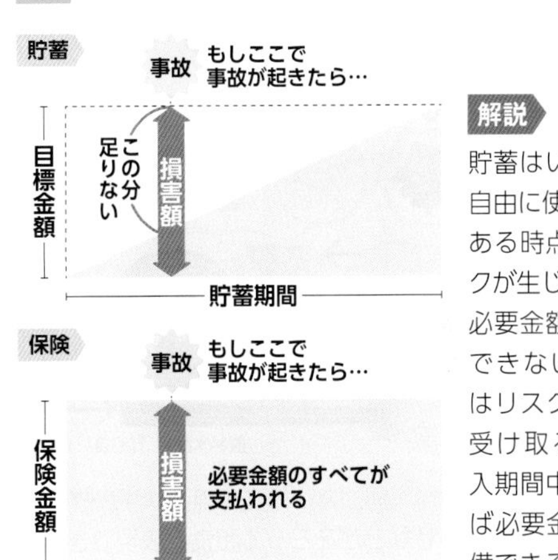

解説
貯蓄はいつでも自由に使えるが、ある時点でリスクが生じた場合、必要金額が準備できない。保険はリスク時のみ受け取るが、加入期間中であれば必要金額を準備できる。

9 社会保険

種類			用途	主な加入者	
医療保険	健康保険		病気・ケガ・出産・死亡	日本に居住する全ての人	会社員
	国民健康保険				自営業
	共済組合				公務員
年金保険	老齢	厚生	老後の生活	20歳以上	会社員、公務員
		国民			日本に居住する全ての人
	障害		障害		
	遺族		死亡		

種類	用途	主な加入者
介護保険	要介護	40歳以上
労災保険	就業／通勤中の事故によるケガ・障害・死亡	会社員
雇用保険	失業	

※社会保険料のうち、自分が負担するのは、手当も含めた月給（≒標準報酬月額）の約15%。
※健康保険と厚生年金保険、介護保険は原則会社が半額、労災保険は全額会社が負担、雇用保険は業種により会社と従業員の負担割が異なる。

振り返り
ひとり暮らし開始時と月々の生活にかかる費用を理解できた？ 知
夢の実現やリスクに備えて、家計計画を立てられた？ 態

Theme 1

和食・日本の食文化

和食のことを知っているだろうか？

・和食のすばらしさを再確認する。
・和食を伝承するにはどうしたらよいか、積極的に考える。

check! ユネスコ無形文化遺産に登録された和食の特徴を、上のマンガで出てきたこと以外に3つあげてみよう。

日本の食文化

1 和食の特徴（一汁三菜）

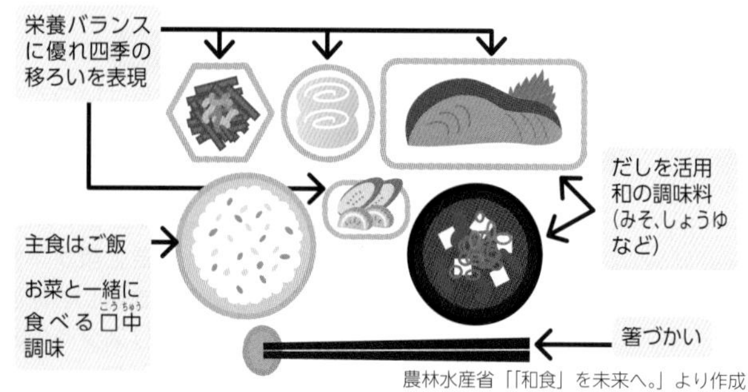

農林水産省「「和食」を未来へ。」より作成

解説 日本の食材、調理法、箸や器を使用した食べ方、一汁三菜などの組み合わせなどがそろって和食と表現できる。

2 日本の調味料　みそ

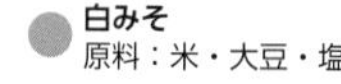

● 白みそ　原料：米・大豆・塩
● 麦みそ　原料：大豆・麦・塩
● 豆みそ　原料：大豆・塩
● 米みそ　原料：大豆・米・塩

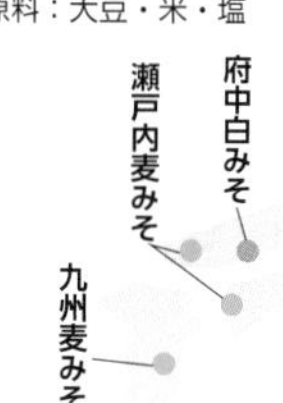

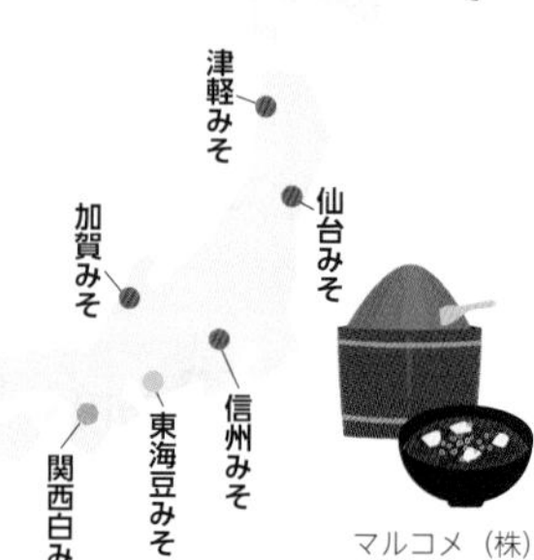

マルコメ（株）Webサイトより作成

解説 南北に長い日本では、地域によりみその種類も多種多様。みそは一例であり、食材も地域により多様である。

3 美しい和菓子

春

秋

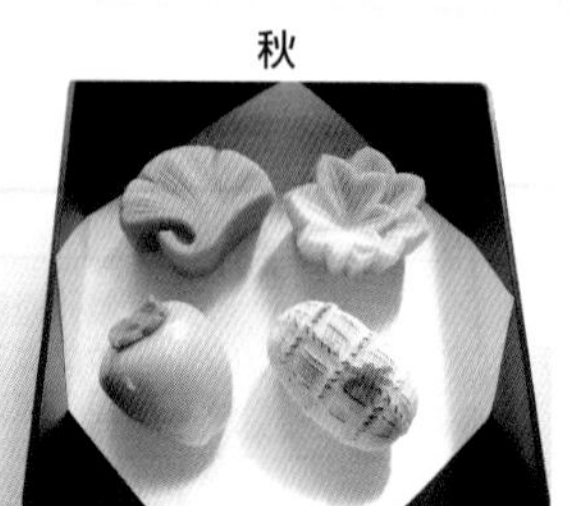

（株）巌邑堂

解説 自然の美しさや四季を表現した和菓子。料理にも四季を感じさせるものが多い。

4 行事食

月	行事	行事食	月	行事	行事食
1月	正月	おせち料理	7月	七夕	そうめん
2月	節分	恵方巻	8月	お盆	精進料理
3月	ひな祭り	ちらし寿司	9月	重陽（ちょうよう）の節句	栗飯
4月	お花見	お花見団子	11月	新嘗祭（にいなめさい）	新米
5月	端午（たんご）の節句	柏餅	12月	大晦日	年越しそば

解説 食と年中行事とは密接なかかわりを持っている。

和食の特徴を他にもあげてみよう。

世界に広がる和食

5 海外の日本食レストラン数

2023年11月

【ロシア】約3,200店
【欧州】約16,200店
【北米】約28,600店
【中東】約1,300店
【アフリカ】約690店
【中南米】約12,900店

農林水産省輸出・国際局Webサイトより作成

解説 日本食への関心の高まりにより、海外の日本食レストラン数が年々増加している。

6 SAVOR JAPAN

認定地域 ⇔（連携）⇔ 国 農林水産省

各種支援（SAVOR JAPAN推進協議会 → 認定地域）

取組み支援（国 農林水産省 → SAVOR JAPAN推進協議会）

情報発信（国 農林水産省 → 各省庁日本政府観光局の情報発信事業）

SAVOR JAPAN推進協議会 SAVOR JAPANブランドとして外国人旅行者の誘客を支援 ⇔（連携）⇔ 各省庁日本政府観光局の情報発信事業 政府系サイトでの情報発信

解説 地域の食と農林水産業を中心とし、訪日外国人の誘客を図る取り組みを「SAVOR JAPAN」と認定する制度。

あなたの地域は認定されているだろうか？

和食を伝承する取り組み

7 食文化についての意識調査

地域や家庭で受け継がれてきた伝統的な料理や作法などを継承している割合

受け継いでいる	受け継いでいないなど	無回答
64.2%	35.6%	0.2%

さらに、地域や次世代に対し伝えている割合

伝えている	伝えていないなど	無回答
68.5%	30.1%	1.4%

注）全国20歳以上の者5,000人に対する調査　農林水産省「食育に関する意識調査（2023年）」

解説 受け継いでも、伝える人が減少していけば、食文化の継承が難しくなっていく。

8 ふるさと給食自慢

農林水産省広報Webマガジンaff2020年12月号

解説 郷土料理を給食に取り入れた例。山梨県の郷土料理「ほうとう」がメインの献立となっている。

9 企業や団体の活動

農林水産省「次世代につなぐ和食文化　和食文化継承リーダー研修テキスト」

特色JASマーク
日本産品・サービスのさらなる差別化・ブランド化に向け、食肉製品のつくり方や原材料に特色があることを示すJASマーク。

和食文化の保護・継承に関する、Let's！和ごはんプロジェクト参加企業・団体が使用する和ごはんロゴマーク。

解説 和食文化継承リーダーの育成や、特色JASマーク、Let's！和ごはんプロジェクトなどがある。

10 高校生を対象にした和食の大会

全日本高校生WASHOKUグランプリ開催委員会（金沢市）

解説 高校生対象の和食大会での2022年グランプリ作品「六味調和　未来に残す　精進御膳」。三重県立相可高校の生徒の作品。

あなたが和食を伝承するなら何をする？

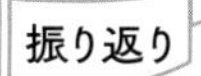

振り返り　世界でも関心の高い和食だが、日本で暮らす私たちは和食を理解し、食し、そして後世へとつなげていくことができるだろうか？ 思 態

Theme 2

食べ方と健康

私の食べ方、このままで大丈夫？

ねらい　・自分の現在の食べ方の習慣と将来の健康の関係を理解し、各自の課題と改善方法を見いだす。

check! 自分の食べ方の習慣、何が問題？

何をどう食べるか？＜食の外部化・孤食＞

1 食料支出に占める生鮮食品・調理食品・外食の割合（推移）

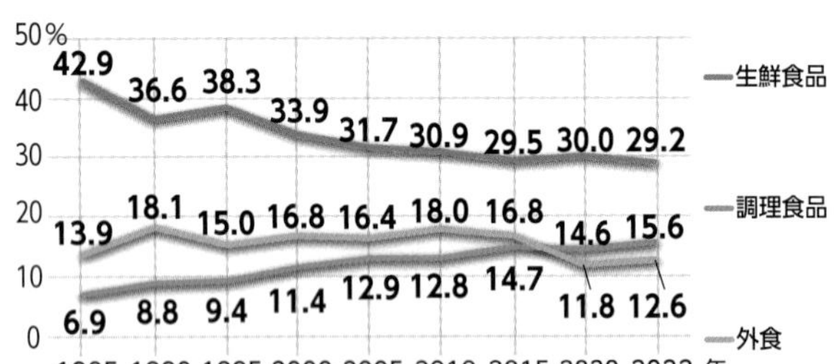

注）全国・二人以上世帯。2005年以前は農林漁家世帯を除く。生鮮食品は，米・生鮮魚介・生鮮肉・卵・生鮮野菜・生鮮果物。　総務省「家計調査」

解説　生鮮食品の支出割合は減少し、外食や調理食品の支出割合が増加している。

2 中食の購入時に気にしていること

分類	項目	%
特別感	つくれないメニューである	33.6
特別感	専門店の味が食べられる	23.0
栄養バランス	量が選べる	22.7
栄養バランス	栄養バランスがよい	19.5
特別感	お店で手作りしている	19.5
ナトリウム	味つけの濃さ	19.0
栄養バランス	カロリー	16.2
ナトリウム	塩分の量	14.4
	特にない	19.8

注）2022年調査。中食を月に1回以上利用する2000人が対象。全22項目中 上位8項目と「特にない」を抜粋。
日清オイリオグループ「生活科学研究 レポートNo.47」

解説　家庭で「つくれないメニュー」「専門店の味が食べられる」という特別感が上位。栄養バランスやナトリウムを気にする一方、特に気にせず購入する人も約2割。

3 食塩摂取量の国際比較

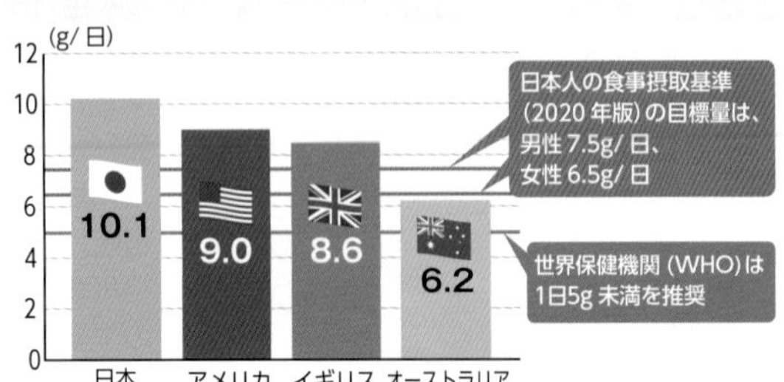

注）日本:国民健康・栄養調査2019年(20歳以上)、アメリカ:2015〜2016年(20歳以上)、イギリス:2008年（19〜64歳）、オーストラリア:2011〜2012年（19歳以上)、アメリカおよびオーストラリアはナトリウム量から換算。
厚生労働省「自然に健康になれる持続可能な食環境づくり推進検討会　報告書（2021年）」より作成

解説　日本の現状では、WHO推奨量の約2倍の食塩を摂取している。

4 朝・夕食の共食と子どもの食行動・生活習慣・健康意識の関連　子ども

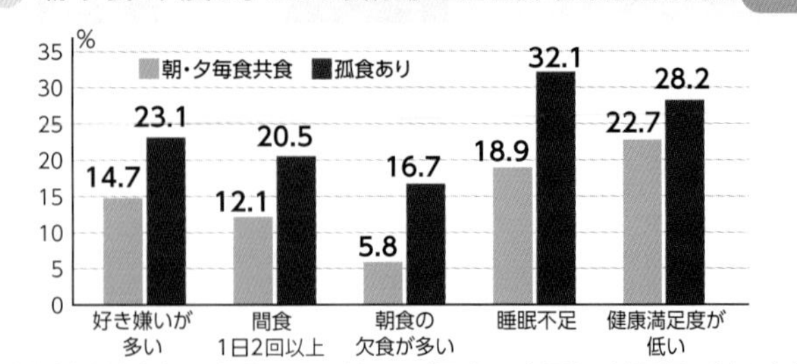

日本公衆衛生雑誌（2016）第63号　中堀ほか「子どもの食行動・生活習慣・健康と家庭環境との関連：文部科学省スーパー食育スクール事業の結果から」

解説　孤食に比べて、共食は栄養面だけでなく生活習慣や健康意識でもよい影響を及ぼしている。

p.196〜199で外食・中食メニューの栄養成分を確認しよう。あなたや家族が利用する中食のメリット・デメリットは？

5 食事で体内リズムを整える（時間栄養学）

ヒトの体内時計は24時間ぴったりではないため、調整が必要。

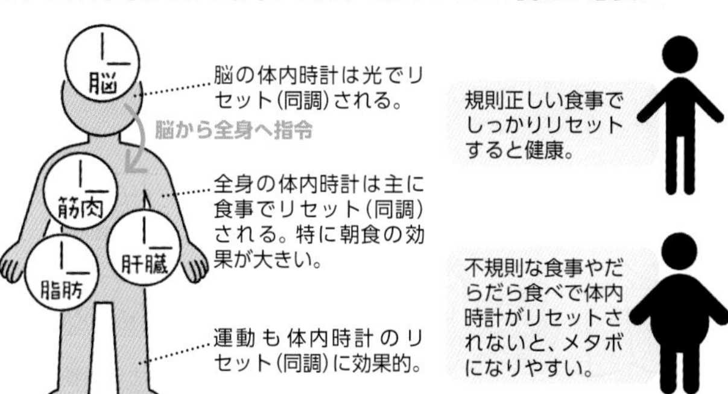

解説 全身の細胞に存在する時計遺伝子のズレをリセットすると体調がよくなる。特に朝食で糖質とたんぱく質を組み合わせてとるとリセット効果が高い。

6 共食の頻度と食品摂取頻度の関連

高齢者

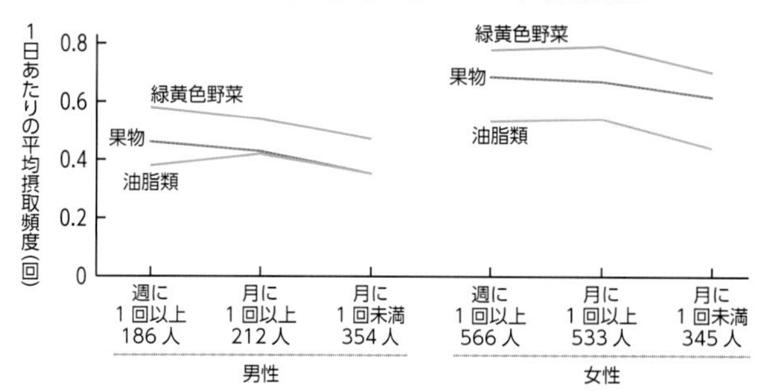

調査対象：独居の65歳以上の日本人高齢者（2196人）　佐々木敏「行動栄養学とはなにか？」

解説 高齢者の食事調査で摂取頻度に統計学的な差がある食品群だけをグラフ化。共食の機会が少ない人ほど、食事全体が簡素で肉類と緑黄色野菜が特に乏しい。

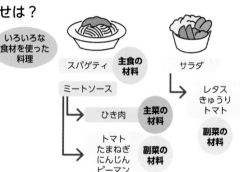

7 主食・主菜・副菜の望ましい組み合わせは？

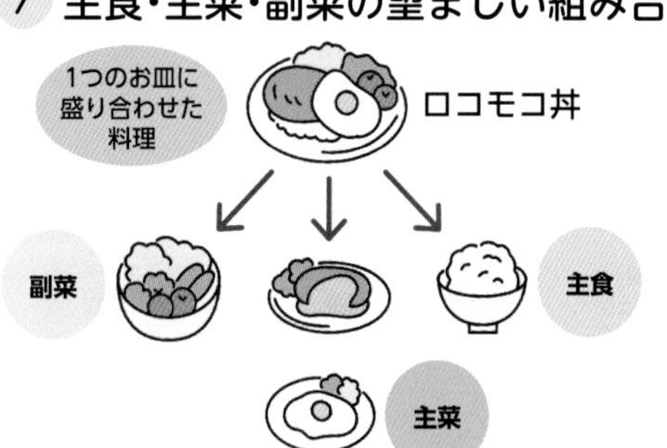

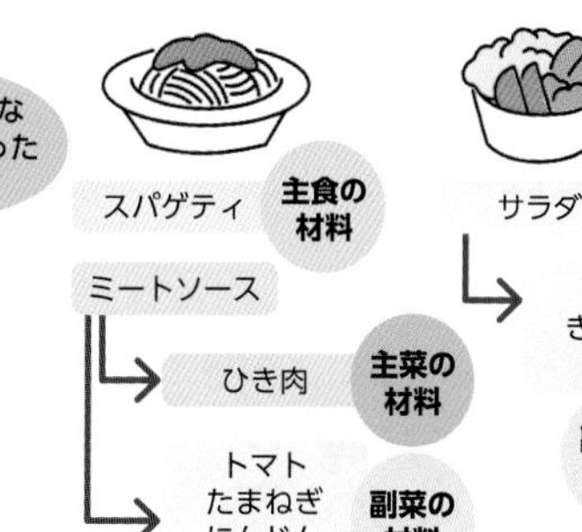

解説 丼やワンプレートでも、材料別に考えると、上手な組み合わせができる料理もある。野菜の量は適当だろうか？

農林水産省
「考える やってみる みんなで広げる ちょうどよいバランスの食生活」

column 自然に健康になれる！「こっそり減塩」

株式会社ファミリーマートでは、おいしさとボリュームをそのままにして減塩を進める「こっそり減塩」の取り組みを2018年から開始し、「炙り焼 鮭幕の内弁当」がコンビニエンスストアとして初めてスマートミールに認証された（→資料8）。2019年からは中食商品の減塩をさらに進め、1年間で、弁当・めん類・惣菜の合計26種類の減塩化を達成した。これは、約1億食販売相当で、約100トンの減塩になる。

同社のこうした取り組みは、「第9回健康寿命のばそう！アワード」の生活習慣病予防分野での「厚生労働大臣最優秀賞」に選ばれている。

「自然に健康になれる持続可能な食環境づくりの 推進に向けた検討会 報告書（2021年）」

8 どこでも、誰でも、栄養バランスの良い食事が選べる社会をめざして

スマートミール

副菜や野菜の量や種類に注目！

（株）ファミリーマート
味わい御膳

解説 スマートミールとは、1食の中で、主食・主菜・副菜がそろい、野菜がたっぷり入り、塩分の取り過ぎにも配慮した食事。「健康な食事・食環境」コンソーシアムが審査・認証。

身近な人のために、あなたなりのスマートミールを考案し、食べるタイミングや共食についてなど、食べ方のアドバイスをしよう。

自分の食習慣の課題点を見いだすことができた？ 思 態

将来の健康維持のために、食習慣をどのように変えるべきかが理解できた？ 知

Theme 3

未来のためのからだづくり

食事で理想の自分に近づけるには？

・腸活の重要性や、食品を組み合わせてとるべき理由がわかる。
・脳やからだのパフォーマンスを向上させる食べ方を考えることができる。

check! からだの変化に敏感になろう！ あなたにも栄養のかたよりが原因の不調はないかな？

腸活するとどんなよいことが？

腸活とは腸内環境をよりよくする活動のことです

1 腸内フローラ（腸内細菌叢）とは…？

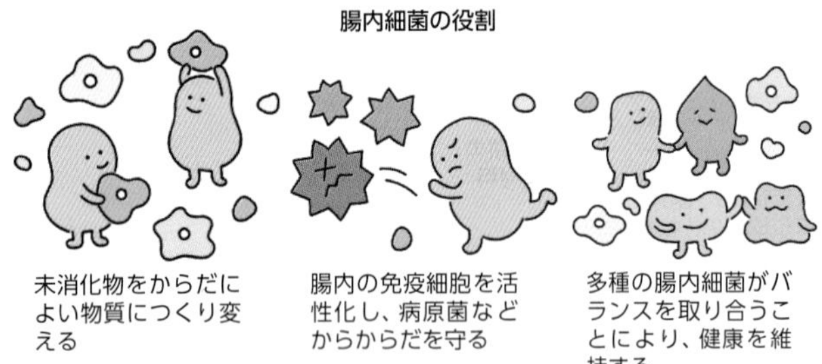

腸内細菌の役割
未消化物をからだによい物質につくり変える
腸内の免疫細胞を活性化し、病原菌などからからだを守る
多種の腸内細菌がバランスを取り合うことにより、健康を維持する

解説 腸内には約1000種100兆個の細菌が生息し、まるで花畑(flora)、叢（くさむら）のように密集している。全身の免疫細胞の7割は腸にあり、腸内環境が良好ならば免疫力が上がる。

2 細菌のバランスが大切！

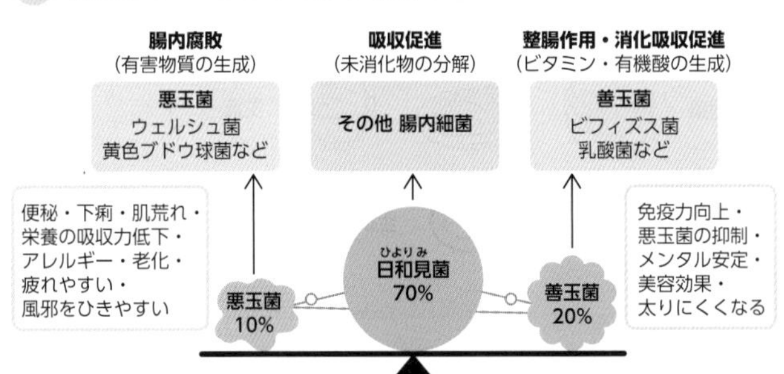

解説 服薬・ストレス・偏食などによりバランスは日々変化する。たんぱく質や脂質が過多な食事により、悪玉菌が増加して不調の原因となる。日和見菌は優勢なほうの菌に味方する。

3 肥満を防ぐメカニズム

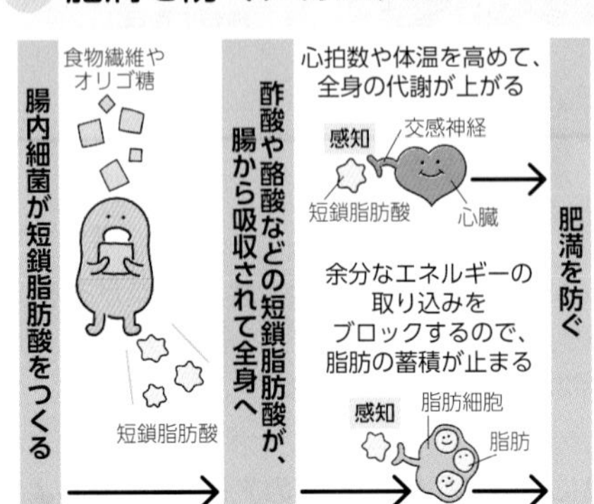

解説 特定の腸内細菌が食物繊維などをエサとして食べることで産生する短鎖脂肪酸は、肥満を防ぐ他に、アレルギーの抑制・運動の持久力向上などの作用が研究されている。

4 脳のパフォーマンスを上げるなら腸を健康に（脳腸相関）

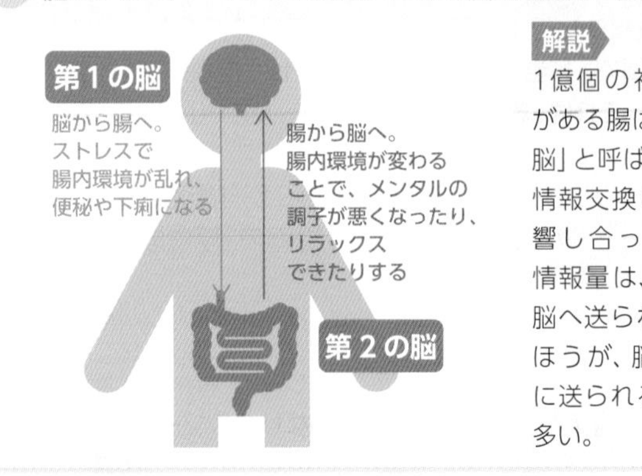

解説 1億個の神経細胞がある腸は「第2の脳」と呼ばれ、脳と情報交換をし、影響し合っている。情報量は、腸から脳へ送られる量のほうが、脳から腸に送られる量より多い。

ビオフェルミン製薬（株）「腸活ナビ」より作成

あなたの腸は健康？ 悪玉菌のせいで体調不良になっていないかな？

腸が整うと栄養素を吸収しやすくなる！ どんな自分になりたい？

5 毎日コンスタントにたんぱく質を摂取しよう 

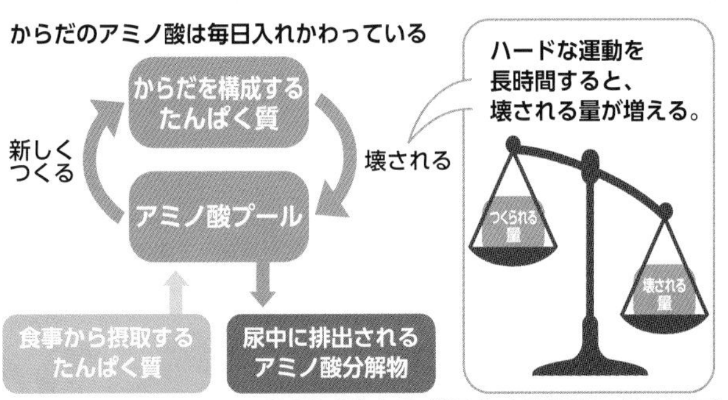

味の素（株）「アミノ酸スポーツ栄養科学ラボ」より作成

解説 健康なからだづくりに筋肉は大切。ハードな運動を長時間すると、運動中に筋肉が少しずつ減ってしまう。最低でもからだから出ていく量と同量のたんぱく質が必要。

6 持久力をアップしたいなら上手に糖質摂取 

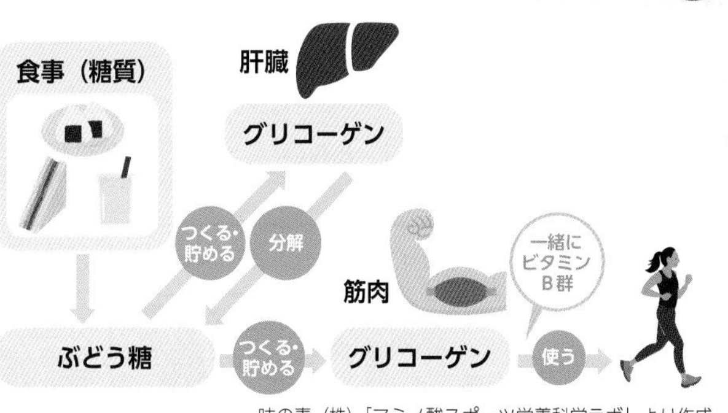

味の素（株）「アミノ酸スポーツ栄養科学ラボ」より作成

解説 スポーツの競技中にパフォーマンスが低下するのは体内のグリコーゲンが枯渇するから。普段の食事からしっかりと糖質をとり貯めておく。さらに代謝に必要なビタミン摂取を。

7 貧血だけじゃない！ 鉄不足はたいへん！

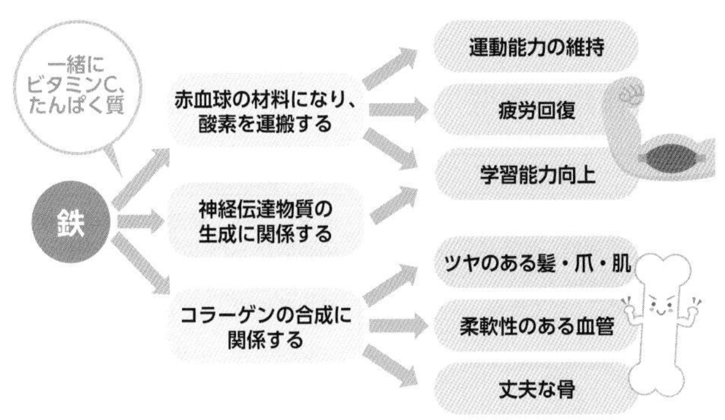

解説 鉄は不足しがちだが、スポーツ・学習・美容などに効果がある。ビタミンCやたんぱく質を一緒にとると吸収率が高まる。

8 ビタミンと腸内細菌の関係

ビタミンの役割

- 栄養の代謝を助けてエネルギーを産生
- 身体の機能を正常に保つ（細胞・内臓・目・神経など）
- 肌の健康維持
- 抗酸化力を高めるなど

ビタミン　善玉菌

善玉菌の増殖を助ける →

← ビタミンを産生

乳酸菌
ビフィズス菌

※イメージ図

ビオフェルミン製薬（株）「腸活ナビ」より作成

解説 善玉菌とビタミンは互いに助け合う関係。同時にとれば両方とも増えて、健康増進や美肌効果が期待できる。

理想の自分に近づくため、どの栄養素がどんなタイミングで必要なのか調べてみよう。食品を組み合わせて献立を考えてみよう。 

9 2種類を上手に組み合わせて相乗効果を得る

サンスター（株）「腸にいいお話」より作成

プロバイオティクス食材
善玉菌を含み、腸に届ける。乳酸菌、ビフィズス菌、納豆菌、麹菌。

＋

プレバイオティクス食材
善玉菌のエサとなり、善玉菌の増殖を促す。食物繊維、オリゴ糖。

＝

シンバイオティクス
組み合わせて食べることで相乗効果を得る

野菜たっぷりのみそ汁は手軽につくれるシンバイオティクス。地域の特産品や旬の野菜を使って、大切な人のために具だくさんのみそ汁を考えてみよう。

解説 シン(Syn)とは一緒にという意味。定着しにくい菌を毎日補充し増殖させるシンバイオティクスを続けて、よい腸内フローラを維持しよう。

振り返り
腸活のメリットや、食品を組み合わせてとるべき理由がわかった？ **知**
状況や目的に合わせて、脳や体のパフォーマンスを向上させる食べ方を考えられた？ **思** **態**

Theme 4

食品の選択

あなたの食品を選ぶ基準は何？

・食品を多角的な視点から選ぶ力を身につける。
・食品表示を理解する。

check! 食品を購入する時は、何を基準にするか話し合ってみよう。

新鮮で安全な食材と旬

1 生鮮食品の見分け方

野菜は全体的につやがあり色の濃いものがよい。へたや切り口がきれいなものがよい。

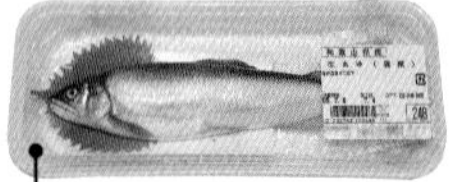

肉や魚はドリップといわれる液体が出ていないもの。魚は目が澄んでいるものがよい。

解説 新鮮な食材を選択することが大切であるが、食品ロスを削減するために新鮮だが形の悪い規格外野菜を購入することも検討してみよう。

2 農作物の農法

有機栽培	特別栽培農産物
農薬・化学肥料を使用しないで栽培した農産物。有機JASマークは、農林水産省に認定された食品のみにつけることができる。 JAS 有機JASマーク	通常に比べ、節減対象農薬の使用回数が50%以下、化学肥料の窒素成分が50%以下で栽培された農産物。 化学肥料 1/2 50%以下（窒素成分） 節減対象農薬 1/2 50%以下（使用回数）

3 生産時に必要なエネルギー量

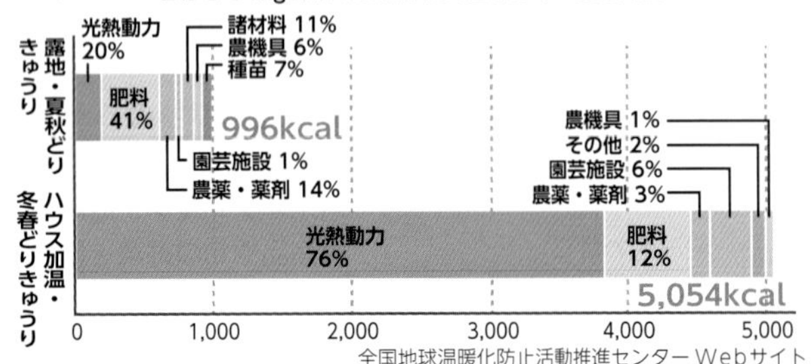

解説 旬の食材は、味がよく栄養価も高い。またCO_2の削減にもつながる。旬の食材を地産地消することは、食料自給率の向上にもつながる。

4 価格

きゅうり小売価格（1kgあたり、全国平均）

(円) 700 600 500 400 300 200 100 0

1 2 3 4 5 6 7 8 9 10 11 12 (月)

（独）農畜産業振興機構「野菜小売価格動向調査（2022年）」

解説 食品を選択する際、価格も大きな基準になるだろう。旬の食材ならば価格も抑えることができる。

春夏秋冬の旬の食材を調べよう。

5 ユニットプライス

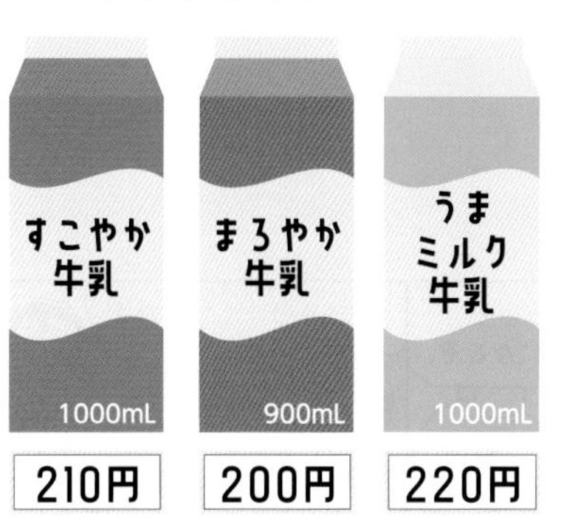

解説 一見、中央の牛乳が安価に見えるが、100mLあたりの値段はどうだろう？ 1単位あたりや、1食あたりの値段を示したユニットプライスの確認も必要である。

牛乳のユニットプライスを計算してみよう。

6 栄養成分表示

栄養成分表示
1袋（標準36g）当たり

エネルギー	182kcal
たんぱく質	3.0g
脂質	8.2g
炭水化物	22.1g
食塩相当量	0.16g

この5項目は、この順で必ず表示される

100gあたりなのか、1食あたりなのか食品単位を確認

この他に飽和脂肪酸、食物繊維を表示することが推奨されている

解説 一般加工食品は、栄養成分表示も義務化されている。エネルギー量だけでなく、その他の成分にも目を向け、食品選択の際にいかしたい。

7 原材料名

カレールウの原材料比較　（エスビー食品（株））

ゴールデンカレー90g 中辛

品名：カレールウ　原材料名：小麦粉（国内製造）、パーム油・なたね油混合油脂、砂糖、食塩、カレー粉、でん粉、酵母エキス、香辛料、焙煎香辛料（香辛料、コーン油）、たん白加水分解物（ゼラチン）、ハーブオイル、ソースパウダー／調味料（アミノ酸等）、カラメル色素、酸味料、（一部に小麦・大豆・ゼラチンを含む）　内容量：90g　賞味期限：底面に記載　保存方法：直射日光、高温多湿を避けて保存してください。　販売者：**エスビー食品株式会社**　東京都中央区日本橋兜町18-6

フォン・ド・ボー ディナーカレー97g 中辛

品名：カレールウ　原材料名：牛脂豚脂混合油脂（国内製造）、小麦粉、カレー粉、砂糖、食塩、ソテー・ド・オニオン、でん粉、ミルクパウダー、バナナフレーク、フォン・ド・ボーソース、ソースパウダー、デキストリン、トマトパウダー、香辛料、小麦グルテン酵素分解物、バター、マッシュルームエキスパウダー、煮込みマサラペースト／カラメル色素、調味料（アミノ酸等）、酸味料、乳化剤、香料、（一部に小麦・乳成分・牛肉・大豆・バナナ・りんごを含む）　内容量：97g　賞味期限：底面に記載　保存方法：直射日光、高温多湿を避けて保存してください。　販売者：**エスビー食品株式会社**　東京都中央区日本橋兜町18-6

解説 原材料に占める重量の割合の高いものから順に表示されている。何が一番多く含まれるのか確認することも必要である。食品添加物は「／」などで区切られて表示される。

8 アレルギー表示（コンタミネーション）

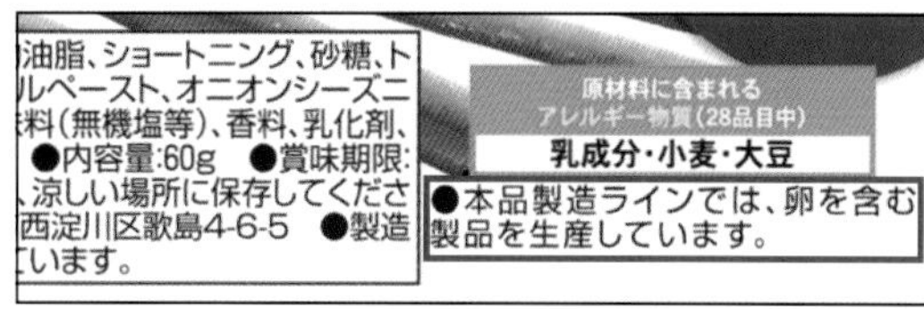

江崎グリコ（株）　トマトプリッツ

解説 コンタミネーション（アレルゲンの特定原材料が製造過程などで意図せず混入してしまうこと）の可能性が排除できない場合は、注意喚起表示が推奨されている。

9 遺伝子組換え食品

大豆・とうもろこし、またそれらの加工食品

表示例	表示条件	義務・任意
遺伝子組換え	遺伝子組換え農作物を使用している。	表示義務
遺伝子組換え不分別	遺伝子組換え農作物とそうでない農作物を分別していない。	表示義務
分別生産流通管理済み	分別生産流通管理が行われ、遺伝子組換え農作物の混入が5％以下。	任意表示
遺伝子組換えでない	分別生産流通管理が行われ、混入がない。	任意表示

解説 2023年4月より遺伝子組換え食品の任意表示が変わった。以前は5%以下の混入では「遺伝子組換えでない」と表示できていたが、現在は認められない。

10 食品のトレーサビリティ

牛の個体識別情報

出生の年月日・雌雄の別・母牛の個体識別番号
種別（品種）・飼養場所の履歴

牛の個体識別番号10桁（半角）を入力して検索ボタンを押してください。

0123456789　検索

【個体情報】　2023年02月02日12時現在

個体識別番号	出生の年月日	雌雄の別	母牛の個体識別番号	種別
0123456789	2021.07.27	去勢（雄）	1234567890	ホルスタイン種

【異動情報】

	異動内容	異動年月日	飼養施設所在地		氏名または名称
			都道府県	市区町村	
1	出生	2021.07.27	群馬県	○○○○町	○○牧場
2	転出	2021.09.23	群馬県	○○○○町	○○牧場
3	搬入	2021.09.23	群馬県	○○市	○○家畜市場
4	取引	2021.09.23	群馬県	○○市	○○家畜市場
5	転入	2021.09.24	北海道	○○市	○○肉牛生産組合
6	転出	2023.01.15	北海道	○○市	○○肉牛生産組合
7	搬入	2023.01.15	北海道	○○市	北海道畜産公社○○工場
8	と畜	2023.01.16	北海道	○○市	北海道畜産公社○○工場

（独）家畜改良センター Webサイト

解説 トレーサビリティとは、生産、製造・加工、流通、小売の各段階の情報を追跡できるシステム。牛の識別番号から上記の内容が消費者でも簡単に検索できる。

自分がよく購入する食品のパッケージにどのような情報が書かれているか調べてみよう。**態**

Theme 5

食の安全

安全な食生活を送るためには？

・食中毒の原因と、食中毒防止の方法を知る。
・食の安全性が不確かなものを知る。

check! 上のマンガで衛生的にダメなのはどれ？

食中毒を防止しよう

1 食中毒の患者数

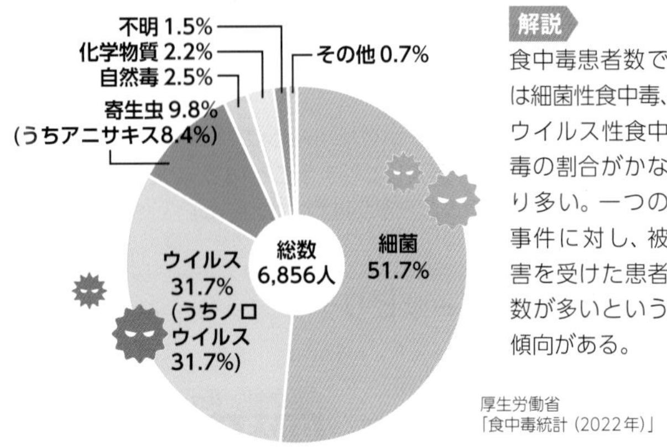

解説
食中毒患者数では細菌性食中毒、ウイルス性食中毒の割合がかなり多い。一つの事件に対し、被害を受けた患者数が多いという傾向がある。

厚生労働省
「食中毒統計（2022年）」

2 ウイルス・細菌をつけない

手洗いの方法	残存ウイルス数（手洗いなしと比較した残存数）
手洗いなし	約1,000,000個
流水で15秒手洗い	約10,000個（約1%）
ハンドソープで10秒または30秒もみ洗い後、流水で15秒すすぎ	約100個（約0.01%）
ハンドソープで60秒もみ洗い後、流水で15秒すすぎ	約10個（約0.001%）
ハンドソープで10秒もみ洗い後、流水で15秒すすぎを2回繰り返す	約数個（約0.0001%）

手洗いの時間・回数による効果（ノロウイルスの代替指標としてネコカリシウイルスを用い、手洗いによるウイルス除去効果を検討）
森巧次他「感染症学雑誌 80：496-500（2006年）」

解説 手の洗い方によって残存するウイルスや細菌の数が違ってくる。普段の手の洗い方には何秒かけているか時間をはかってみよう。

3 細菌を増やさない

食中毒細菌の増殖速度

菌種	至適温度(℃)	分／分裂※
腸管出血性大腸菌	37	18.0
サルモネラ属菌	40	18.0
腸炎ビブリオ	37	9.0
カンピロバクター	42	48.0
黄色ブドウ球菌	37	23.4

※一つの菌が１回分裂するために必要な時間

内閣府　食品安全委員会

解説 食中毒細菌は分単位で分裂し、増えることがわかる。食材を素早く調理し、素早く食卓に提供することが大切である。

4 細菌をやっつける

ハンバーグの加熱調理時間と中心温度

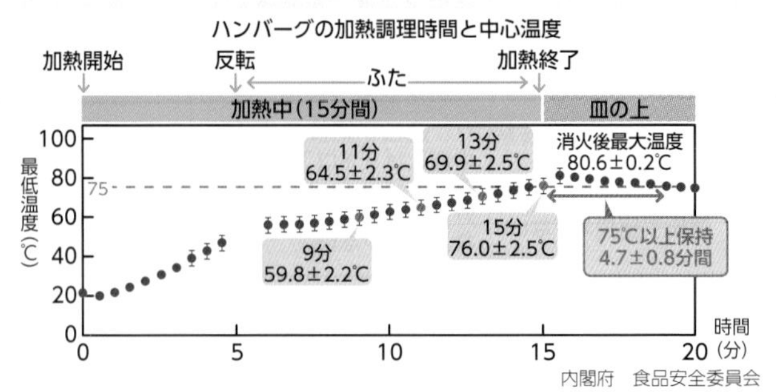

内閣府　食品安全委員会

解説 病原性大腸菌などを死滅させるには75℃、１分以上の加熱が必要である。肉などの中心部まで加熱するにはじっくりと時間をかける必要がある。

5 寄生虫(さばに寄生するアニサキス)

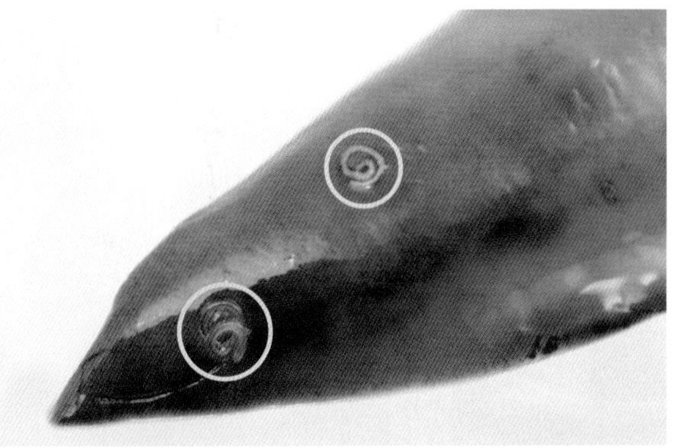

解説 アニサキスによる食中毒を予防するには、新鮮な魚を選び、内臓をなるべく早く取り除く。また目視で幼虫を駆除する。

6 HACCP(ハサップ)

企業でのHACCP:各段階での記録と確認をする。

家庭でのHACCPの応用:それぞれの工程で食品を衛生的に管理する。

食品の購入 ➡ 家庭での保存 ➡ 下準備 ➡ 調理 ➡ 食事 ➡ 残った食品

解説 HACCPとは、食中毒菌汚染や異物混入などを防ぐため、原材料入荷から製品出荷までの工程を管理し、製品の安全性を確保する衛生管理の手法。家庭でも応用できる。

過去に起きた食中毒事件の原因を調べよう。

安全性を注視する必要のある食品

7 指定成分等含有食品

成分の名称	健康食品での主な目的
コレウス・フォルスコリー	痩身・体脂肪減少
ドオウレン	鎮痛・解毒
プエラリア・ミリフィカ	豊胸・美肌・更年期障害
ブラックコホシュ	更年期障害

「フォースコリー」などの名称で、サプリメントなどの商品で販売されている

解説 厚生労働省では、上記4つの成分を含む食品を、指定成分等含有食品と指定した。健康被害が多数報告されているので注意が必要である。

8 食品添加物

カイガラムシ(原料)

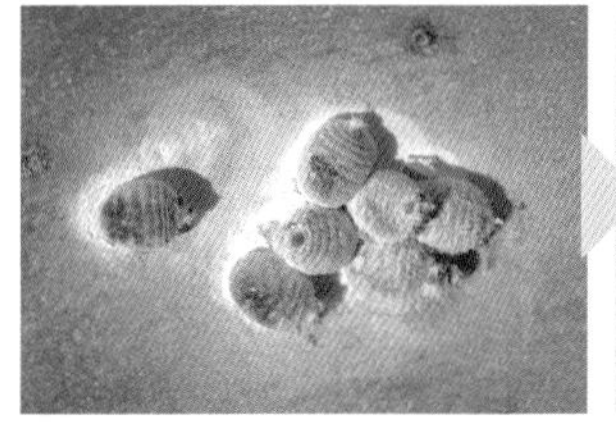

コチニール色素(食品用)

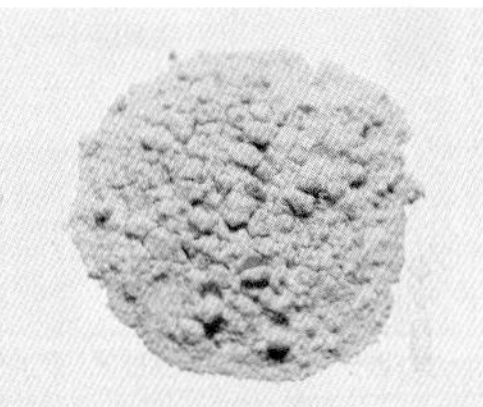

解説 食品添加物は保存性を高めるなど、現代の食品に必要なものである。しかしコチニール色素のように急性アレルギー反応が起きた報告例もある。

9 ポストハーベスト農薬

解説 国内では、収穫後の作物に農薬を散布すること(ポストハーベスト)は禁止されているが、輸入食品では、ポストハーベスト農薬が使用されている場合もある。

10 ゲノム編集食品

身の量が多いまだい

血圧が下がる成分が多いトマト

解説 ゲノム編集とは、特定の遺伝子を編集することで、食品の栄養価や肉付きなどよくする技術。食料問題解決などに期待されるが、安全性を見守っていきたい食品である。

食中毒を引き起こす細菌・ウイルスの種類や特徴を調べよう。知

安全を注視する必要のある食品を1つ選び、あなたの考えを述べてみよう。態

Theme 6

食生活で世界を変える

その買い物は誰のため？

・実践可能な食品ロスの対策を見つける。
・エシカルの観点で食生活を送ることができるようになる。

どちらの野菜を買いますか？

買う理由、買わない理由を考えよう。不ぞろい（規格外）の野菜が何割引きなら買いますか？

1

2

check! 捨てない工夫と同時に、慎重に食品選びをすると世界が変わる。自分にできることは何？

世界に依存する食料事情と食品ロスの現状

1 食料自給率の国際比較

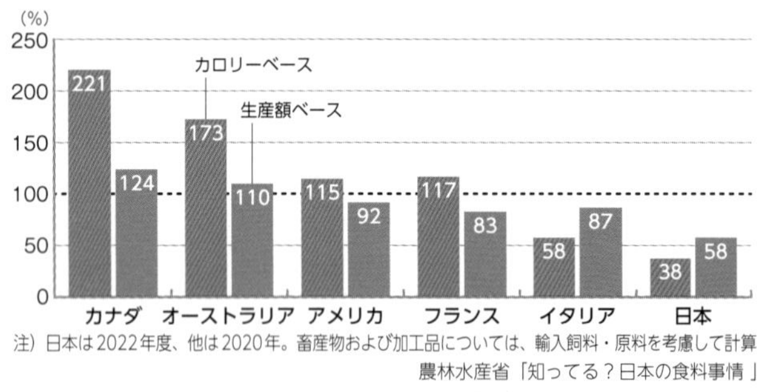

注）日本は2022年度、他は2020年。畜産物および加工品については、輸入飼料・原料を考慮して計算
農林水産省「知ってる？日本の食料事情」

解説 輸入が多いと多種多様な食品を入手できる一方、輸入が制限されれば、国民の食料が危機的な状況になる。具体的に、どんな時に入手困難になるのか考えてみよう。

2 日本の食品ロスの現状

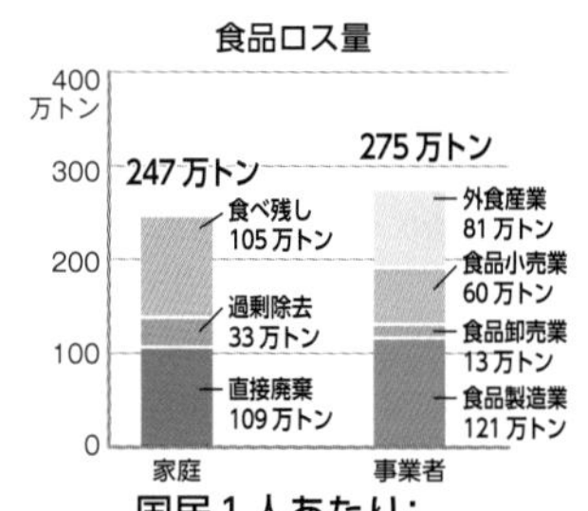

国民1人あたり：
1日約113g、年間約41kg

資料：総務省人口推計（2020年）、2019年食料需給表
農林水産省「食品ロスとは」

1世帯が1年間に廃棄する食べ物のむだにかかる費用

「食べ残し」と「手つかず食品」の購入費用 56,000円 ＋ 「燃やすごみ」を処理する費用 4,000円

＝60,000円／年／世帯

京都市食品ロスゼロプロジェクト

解説 事業者と家庭からさまざまな理由で、本来食べられる食品が捨てられている。これを金額に換算すると、1世帯につき年間6万円をむだにしていることになる。

3 家庭から出る食品ロスの原因

直接廃棄
期限切れなどにより手つかずのまま捨てる。

過剰除去
野菜の皮など食べられるところまで捨てる。

食べ残し
つくりすぎて食べきれない。

解説 それぞれ工夫次第で減らすことができる。

4 食品ロス削減はエシカル※消費の１つ

消費・経済

※エシカルとは倫理的・道徳的、多くの人が正しい、公平だと思えること。

消費者庁「食品ロス削減ガイドブック」

解説 「今だけ」「ここだけ」「自分だけ」ではなく、未来のこと、地域や世界のこと、さまざまな立場の人のことを考えた消費行動をしよう。

大量に輸入し、大量に捨てている。あなたの生活のなかでも、食品をむだにしていないかチェックしてみよう。自分や家族がすぐにできる工夫はどんなこと？

食品ロス削減につながる商品を選ぶことは、なぜエシカル？

5 食料不安を抱える人の割合

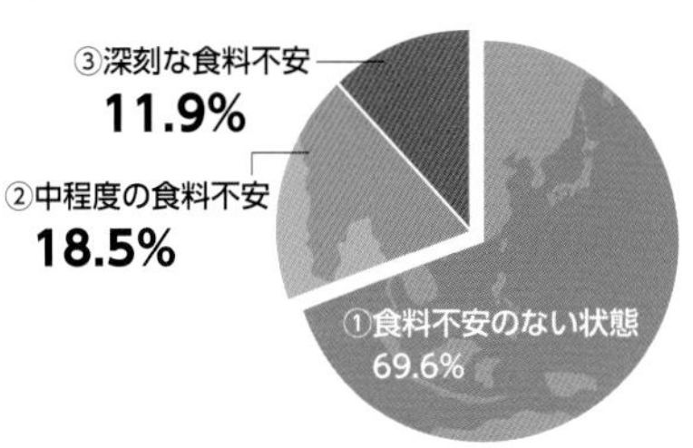

WFP「世界の食料安全保障と栄養の現状2021」

解説 世界の３分の１の人口が②（量が不十分、健康に良くない食品に頼らざるを得ない）や③（その日食べるものがない、明日以降もわからない）の状態にある。

世界を40人の教室と考えると食料不安を抱える人は何人？

6 カーボンフットプリント

肉製品（ウインナー92g）のカーボンフットプリント

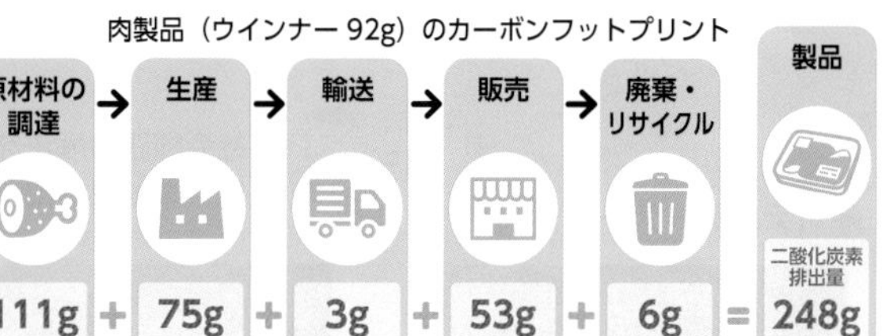

石川伸一「未来の食べもの大研究」より作成

解説 その製品のライフサイクルを通して出された温室効果ガスを見える化したもの。食品を捨てると、ごみとして処理するためにさらにエネルギーを消費することになる。

エシカルの観点で、しっかり考えて食品を選ぶ

7 プレハーベストはエシカル？

プレハーベストの流れ

収穫直前に農薬（除草剤）を散布して小麦を枯らす。

葉や茎が枯れているので、刈り取りがスムーズにできる。小麦は農薬がついたまま小麦粉に加工される。

商品化されたパンから基準値内の残留農薬が検出されている。

解説 生産者の健康や土壌環境への影響、安全性への疑問からEU諸国を中心にグリホサート（除草剤成分）の使用禁止と有機農業への推進の動きが広がっている。国産小麦では残留農薬は検出されていない。

8 畜産の生育環境はエシカル？

体重増加により、立てなくなった鶏。

さまざまな薬品が与えられる牛。

7・8石川伸一「未来の食べもの大研究」より作成

解説 生産性を高めるための品種改良や、成長促進・病気予防目的の薬品使用、密集飼育などに対して動物福祉の面から非難の声があがるようになった。

9 いつ、どのようにエシカルを意識する？  消費者庁「みんなの未来にエシカル消費」

商品・サービスを選択する時
その商品は、誰がどこでつくり、お店までどのように運ばれてきたのでしょうか。地球環境に優しいか、人の暮らしを守ってつくられているかなど、調べてから選びましょう。また、買わないという選択もエシカル消費です。
その商品の背景は？

買い物をする時
必要な人が他にもいることを想像して、必要な分だけを買うようにしましょう。お店の人に商品のことなどを聞くときは、相手の状況を考えて気持ちの良い態度で接しましょう。
購入する量は？

買ったものを使う・処分する時
世界では、人口の増加や気候変動の影響で、資源の枯渇が心配されています。一度使用した後もシェアやリサイクルなどをして、資源を大切に長く使いましょう。
長く使える？

10 エシカルな商品を探すヒント 

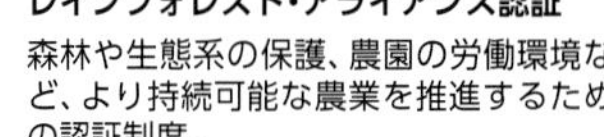

レインフォレスト・アライアンス認証
森林や生態系の保護、農園の労働環境など、より持続可能な農業を推進するための認証制度。

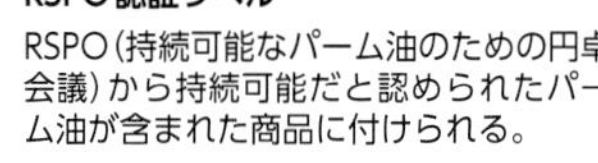

RSPO認証ラベル
RSPO（持続可能なパーム油のための円卓会議）から持続可能だと認められたパーム油が含まれた商品に付けられる。

国内の生産物のよさを再確認し、大切に消費することで自給率を上げよう！
身近な食品を取り上げて、生産の背景を調べ、使い切るための工夫を考えてみよう。

自分の生活のなかで実践可能な食品ロスの対策を見つけられた？ 思 態
エシカルの観点を理解し、豊かな食生活を送ることができるようになった？ 知 態

5の答え：②中程度：7.4人 ③深刻：4.8人

Theme 7

未来に向けた食の取り組み

みんなにとってのwell-being※な食生活とは？

※ここでは、心身だけでなく精神面・社会面も含めた意味での、よいあり方、幸福、健康など。

・社会課題の解決をめざす取り組みを知る。
・味や栄養以外に、食に求められる多様な価値を考える。

寿司テレポーテーション

職人の優れた技術でつくる寿司

→

データ化
(食材の組み合わせ・栄養・見た目・テクスチャー)

→

転送！ なんと宇宙へ！
データを3Dプリンターで再現

→

Oh! Sushi! Nice!
故郷(地球)を思い出すなぁ

OPEN MEALS

check! みんなのニーズを実現するため、テクノロジーは進化している。「幸せな食事の場面」にあなたが求める価値とは何だろう？

食料不足の対策としての技術

1 店内植物工場

プランツラボラトリー(株)、(株)西友

解説 最短距離で野菜を食卓に届け、いつでも新鮮な野菜を食べられるよう店舗で栽培。最適化された工場内の空間環境や、データに基づく栽培ノウハウをもとに実現している。

2 陸上で養殖

(株) FRDジャパン

解説 自然の影響を受けず安定生産し、消費地近郊から輸送可能。海水からのウイルスや細菌の侵入がないため抗生物質不使用。循環水なので海や川への排水がない。

3 細胞培養農業

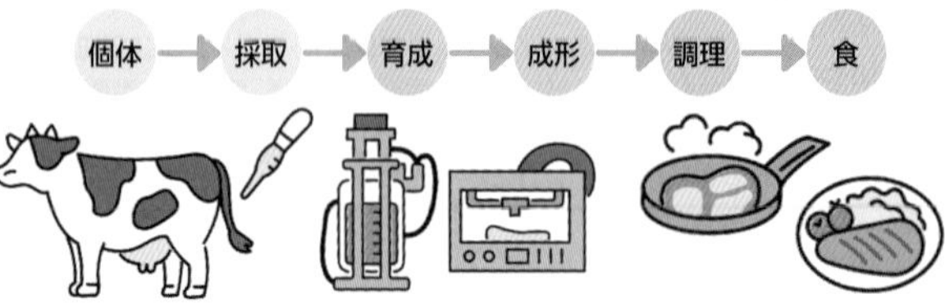

動物から起点となる種細胞を採取し、栄養満点の「培地」で細胞を育成。

効率のよい培養設備で大規模な細胞培養。

現在の培養肉は、多くはミンチ状。ステーキ肉をつくるために「立体化」「かみ応え」を実現する技術などが必要となる。

日本細胞農業協会より作成

解説 動物の細胞を体外で組織培養したもの。広い土地を必要とせず、厳密な衛生管理が可能。多種の肉や魚の筋肉や脂肪の細胞が培養され、3Dプリンターで組み合わせも可能。

4 スマート農業

AGRIST (株)

解説 農業における高齢化の進行や担い手の減少に対して、ロボット技術やICTなどの先端技術を活用し、超省力化や高品質生産などを可能にする新たな農業の展開を進めている。

新しい食料生産の発展と同時に、従来の生産方法を守るために私たちができることは何だろう。

環境負荷の低減をめざす取り組み

5 ウォーターフットプリント

ステーキ1枚(150g)のウォーターフットプリント

石川伸一「未来の食べもの大研究」より作成

解説 原材料の栽培・生産、製造、輸送、消費、廃棄・リサイクルまでに必要な水の量を表す。多くの穀物をえさとする家畜の育成には大量の水を必要とする。

6 家畜に頼らないたんぱく質食品

解説 家畜由来の食品に代わるたんぱく質の1つ。アーモンドやオーツ麦からつくる代替ミルクの他に、卵・チーズ・魚介類などの代替食品が開発中。

7 アップサイクル

ブロッコリーの茎をチップスに

オイシックス・ラ・大地(株)

解説 製造段階の廃棄部分や規格外品などに、より高い価値を持たせ、新しい製品に再生すること。素材のままいかすため、再資源化(リサイクル)より持続可能な方法である。

8 フードバンク

【従来】

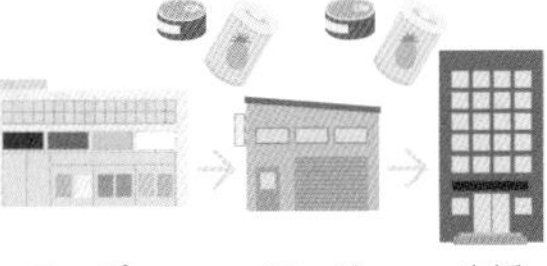

まだ食べられる食品を必要な方へ届けるためフードバンクが仲介。

【ハローズモデル】

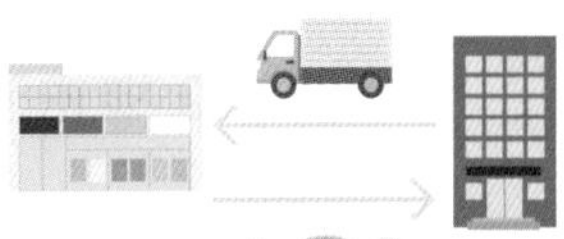

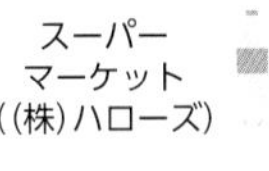

岡山県内では、80%のスーパーマーケットでフードバンクを介さずに、必要な団体に食品を提供している。これにより、早く傷んでしまう野菜や乳製品の提供も可能になった。

「食品ロス削減ガイドブック2022」より作成

身のまわりの代替たんぱく食品やフードバンクを調べてみよう。

無理なく楽しみながらヘルスケア

9 電気の力で塩味増強

電気を活用して食事の味わいを変化させる技術について 2023年 イグ・ノーベル賞(栄養学)受賞 宮下教授ら

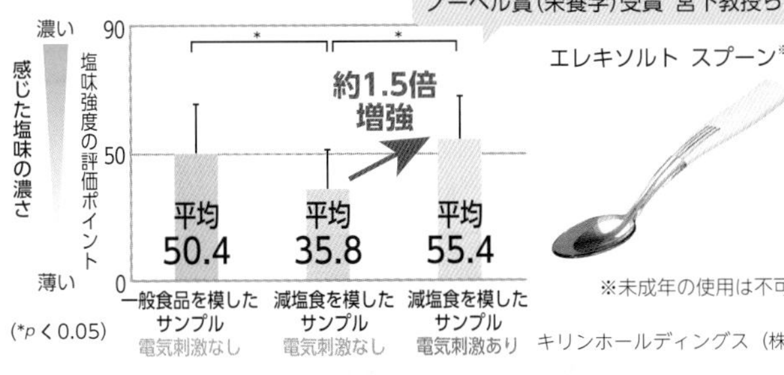

キリンホールディングス(株)

解説 「エレキソルト スプーン」は微弱な電流を用いて疑似的に食品の味の感じ方を変化させる。「減塩食はもの足りない」と感じる人も食を楽しめる。

10 個人に対応した食品

カルビー(株)

解説 検査をすると自分の腸内環境に多い菌が好む、おすすめのプレバイオティクス素材を選び届けてくれる。自分の腸にぴったりの食事により健康習慣をつくることができる。

調理を楽しむためのアプリやAI搭載家電が開発されている。あなたの「推し」を選んで紹介しよう!

振り返り

テクノロジーがどのように社会課題の解決をめざしているか理解できた? 知

楽しみや、人とのつながりなど、well-beingな食に求められる多様な価値を考えられた? 思

Theme 8

食の多様性

フードダイバーシティって何？

・さまざまな理由による食の違いを知る。
・食の多様性（フードダイバーシティ）を認め、対応する力を身につける。

check! 友人はなぜうれしそうではなかったのでしょう？ 考えられることをあげてみよう。

さまざまな理由で食べない・食べられない

1 宗教と食の多様性

解説 例えば、イスラム教徒の人々は、食に関するさまざまな禁忌がある。ハラールは許されているもの、ハラムは禁止されているもの、シュブハは疑わしいもの。

他の宗教上の食の禁忌を調べてみよう。

2 ハラール認証

ハラールしょうゆ（業務用）

キッコーマン食品（株）

杓子（しゃくし）せんべい

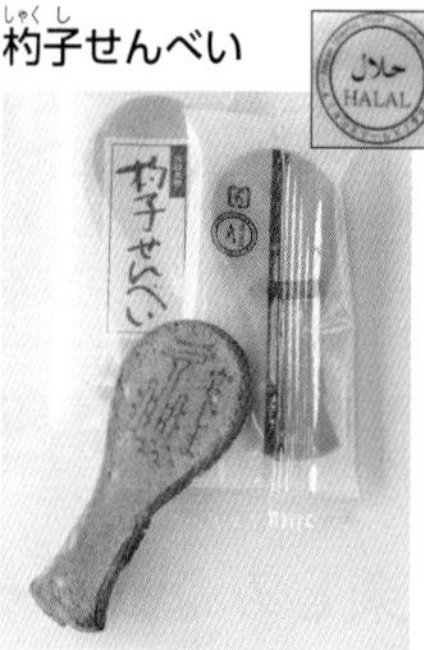

（株）やまだ屋

解説 ハラール食品はわかりづらい。わかりやすいようにハラール認証された食品にはマークがついている。マークは協会によって、若干のデザインの違いがある。

3 思想・習慣と食の多様性

	食べるもの	食べないもの
ラクト・オボ・ベジタリアン	卵 乳製品 はちみつ 植物	肉 魚
ラクト・ベジタリアン	乳製品 はちみつ 植物	肉 魚 卵
オボ・ベジタリアン	卵 はちみつ 植物	肉 魚 乳製品
ヴィーガン	植物	肉 魚 卵 乳製品 はちみつ

解説 一般にベジタリアンといっても、いくつか種類がある。宗教以外でも動物愛護や環境・健康などの理由がある。

ベジタリアンなどに注目される日本食品は何だろう？

4 プラントベース

大豆ミートのキーマカレー

カゴメ（株）

NEXTカルビ2.0

ネクストミーツ（株）

解説 プラントベースとは、健康のことを考え積極的に植物由来の食品を取り入れる考え方。「動物由来の食事を排除する」ヴィーガンとは異なる。

5 制限食が必要となる疾患を持つ人の割合

糖尿病が強く疑われる人の割合	高血圧※1の人の割合	血中コレステロールが高い※2人の割合
男性 19.7%	男性 29.9%	男性 12.9%
女性 10.8%	女性 24.9%	女性 22.4%

注）日本国民20歳以上の割合
※1 最高血圧が140mmHg以上　※2 血清総コレステロール値が240mg/dL
厚生労働省「国民健康・栄養調査報告（2019年）」

解説 疾患により、糖質やたんぱく質、塩分などの制限が必要な人が多くいる。上記以外でも制限食が必要な疾患がある。

6 食物アレルギーによる事故

※実は脱脂粉乳が入っていた

解説 食を提供する側の不注意や認識不足により、アレルギーは重大な事故を起こしやすい。知識を深め、表示などを適切に行う必要がある。

7 年代による食の違い

成長期　妊婦　高齢者

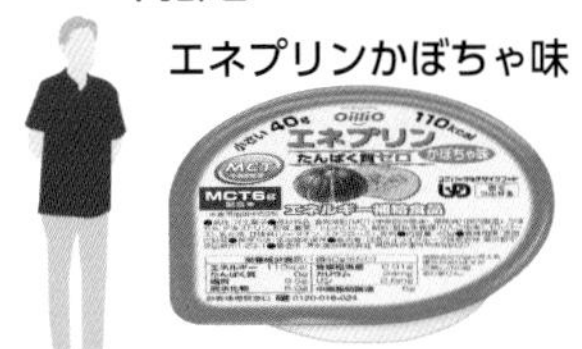

エネプリンかぼちゃ味

日清オイリオグループ（株）

人生の中で最も栄養素を必要とする。

葉酸を多く摂取する必要がある。

嚥下障害（口の中のものをうまく飲み込めなくなる状態）がある場合はとろみをつける。また、少量でもエネルギー・たんぱく質を摂取できるゼリーなどもある（→写真）。

解説 年代によっても必要な栄養素の量がちがう。家族の食事をつくる時も、それぞれに必要な栄養素を補う工夫が必要である。

8 ライフスタイルによる食の違い

BASE BREAD®
ミニ食パン・プレーン

完全メシ カレーメシ
欧風カレー

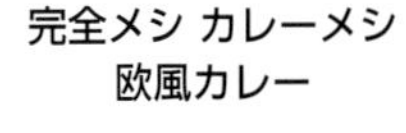

ベースフード（株）　日清食品（株）

解説 調理や食事に時間をとれない人、または災害時など、手軽に栄養を摂取できる食品が注目されている。しかし過信しすぎず、補助的に使用することを心がけたい。

食の多様性へ対応

9 特別機内食

ANA　低脂肪の機内食

2023年5月時点　画像はイメージ

解説 航空会社の機内食では、前もって申し込みをすれば、さまざまな特別機内食が提供される。

10 パーソナライズフード

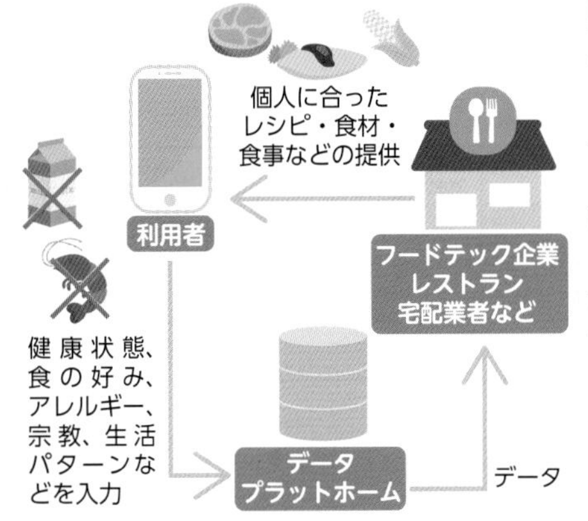

解説 パーソナライズフードでは、個に応じた食事が可能になる。また、体調管理が簡単になる、フードテック企業とつながって食料問題の解決につながるなどの可能性もある。

振り返り　今後、さまざまな国や思想・習慣の人と食事をする機会が増えてくるだろう。あなたが気をつけること、できることを考えてみよう。**思** **態**

食生活の問題点と工夫

あなたの食生活は大丈夫？

・日々の食生活について問題点を見いだす。
・健康で豊かな食生活を送るために必要な視点を養う。

あなたの食事について栄養診断をしよう。

手順
1. 献立の構成要素（料理グループ：主食、副菜、主菜、牛乳・乳製品、果物）を理解する。（1）
2. シミュレーションアプリを使って日ごろの栄養診断を行い、問題を把握する。（2、3、4、5、6）

1 食事バランスガイド

厚生労働省、農林水産省

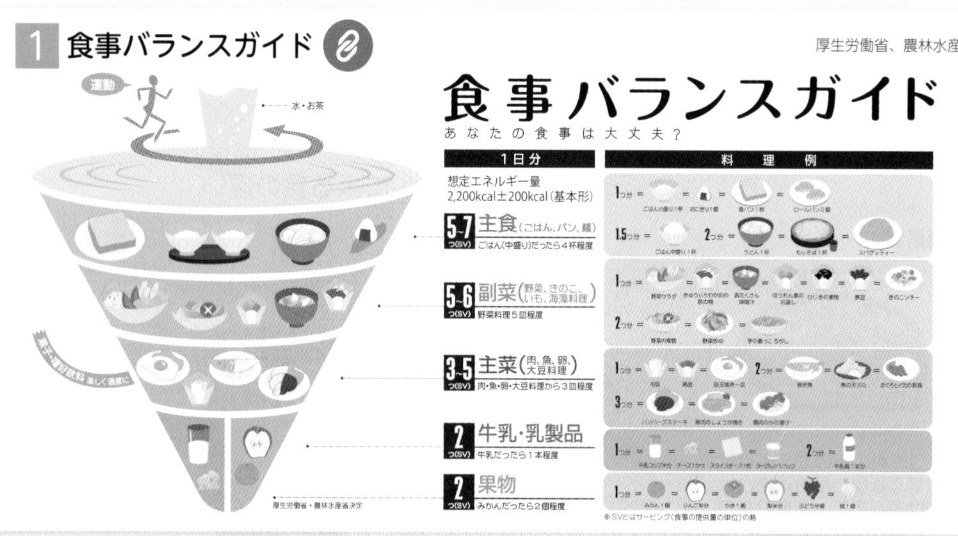

シミュレーションアプリ

2「あなたの献立のバランスは？」

①栄養診断を行う。
②問題を把握する。

3 若い世代における食生活の現状

■ほとんど毎日食べる ■週に4～5日食べる ■週に2～3日食べる ■ほとんど食べない ■無回答

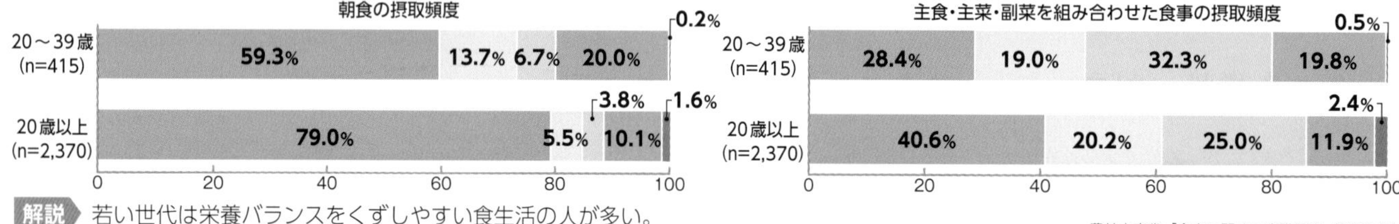

解説 若い世代は栄養バランスをくずしやすい食生活の人が多い。

農林水産省「食育に関する意識調査（2023年）」

4 栄養状況の変遷 日本人の栄養・健康状態の変遷について

厚生労働省「日本人の長寿を支える「健康な食事」のあり方に関する検討会 報告書（2014年）」より作成
注）1人1日あたり、1歳以上

指標		現在90歳代の人が20歳代の時代（1950年）	現在70歳代の人が20歳代の時代（1970年）	現在50歳代の人が20歳代の時代（1990年）	現在30歳代の人が20歳代の時代（2010年）	現代（2019年）
栄養素等摂取量	エネルギー	2,098kcal	2,210kcal	2,026kcal	1,849kcal	1,903kcal
	たんぱく質	68g	78g	79g	67g	71g
	うち動物性	17g	34g	41g	36g	40g
	脂質	18g	47g	57g	54g	61g
	うち動物性	-	20g	28g	27g	32g
	炭水化物	418g	368g	287g	258g	248g
食品群別摂取量	穀類エネルギー比率	77%	56%	46%	43%	36%
	野菜類	242g	249g	240g	268g	270g
	果実類	42g	81g	125g	101g	94g
	魚介類	61g	87g	95g	73g	64g
	肉類	8g	43g	71g	83g	103g

解説 たんぱく質・脂質・炭水化物を、エネルギー産生栄養素という。1960～70年代にエネルギー・たんぱく質・脂質の摂取量が増加し、炭水化物が減少した結果、脂肪エネルギー比率が上昇し、炭水化物エネルギー比率は低下。1970年代後半からエネルギー摂取量は減少傾向。

●使用するシミュレーションアプリ
「あなたの献立のバランスは？」

5 外食、中食の栄養価

▶コンビニの幕の内弁当に含まれる栄養素

	野菜(g)	食塩相当量(g)	脂肪エネルギー比率(%E)
平均	17.5	4.4	28
目標値(1日の摂取量)	350	10未満	25以下

▶外食・中食(調理済み食)利用者の摂取栄養素

	脂質(%E)	食物繊維(g)	
	男	男	女
外食・調理済み食群	25.9	13.5	12.7
家庭食群	24.2	15.6	14.6

注1) 外食・調理済み食群は1日のうち、1回以上外食または調理済み食による食事をとったグループ。家庭食群は3食とも内食だったグループ。
注2) 出典論文の分析結果のうち、5%水準で有意に差があり、本稿の他の図表とも関連している項目のみを抜粋している。

財務省広報誌「ファイナンス（2021年9月）」白井斗京／髙根孝次

6 食塩摂取量

▶平均値の年次推移(20歳以上)

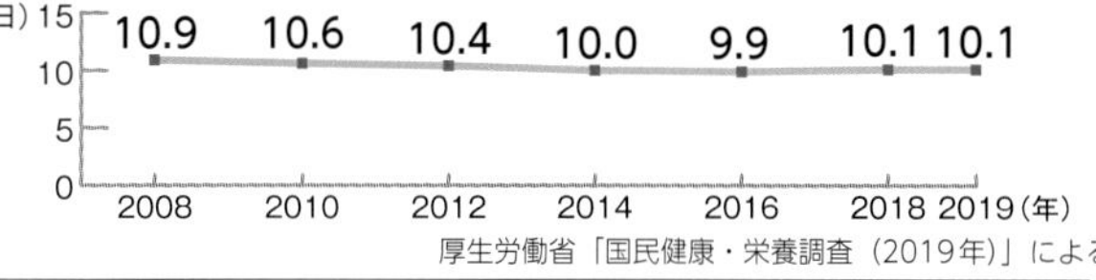

厚生労働省「国民健康・栄養調査（2019年）」による

▶各国の食塩摂取量

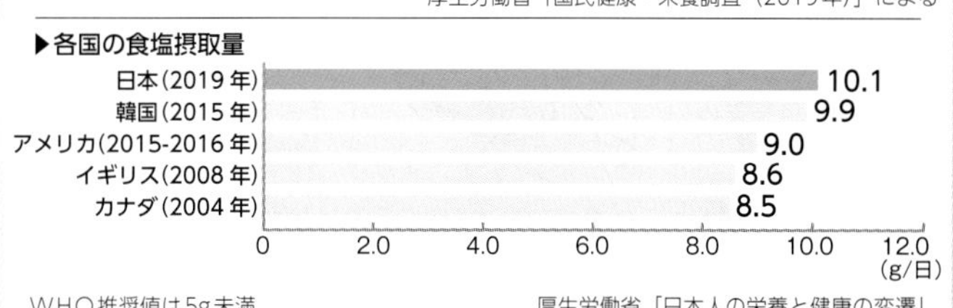

WHO推奨値は5g未満

厚生労働省「日本人の栄養と健康の変遷」

適切な量と質の食事をとるには？

手順
1. 栄養診断から食生活の課題を見いだす。(7、8)
2. 改善点(献立、栄養素、数値など)を記入して提出する。

column 栄養3・3運動

「3・3」は「3食・3色」を意味する。「3食」は、朝・昼・夕の1日3回の食事をしっかり食べること、「3色」は、毎食「3色食品群」の食品を揃えて食べることが勧められている。「3色食品群」とは、食べ物に含まれる栄養素の働きの特徴により3つに分類したもの。「赤色の食品」は、肉、魚、卵、大豆、牛乳などで「血や肉をつくる食品」、「黄色の食品」はご飯、パン、芋、砂糖、油などで「働く力になる食品」、「緑色の食品」は野菜や海藻、果物などで「体の調子を整える食品」である。

厚生労働省「e-ヘルスネット」

7 「和食」および「和食文化」に対するイメージ

	(%)
健康によい	48.9
季節を感じられる	44.9
旬のものがおいしく食べられる	43.7
栄養バランスがよい	41.8
素材のおいしさが味わえる	39.7
彩りや盛りつけが美しい	29.7
色々な食材を食べられる	29.2

注）上位7位。調査対象2,000人。

農林水産省「2019年度国産農産物消費拡大事業のうち「和食」と地域食文化継承推進委託事業のうち国民の食生活における和食文化の実態調査」

8 ごはんしっかり「3・1・2弁当箱法」

ニーズ

■わかりやすい ■使いやすい ■みんなで共有しやすい ■"食事のものさし"がほしい！

コンセプト

■「全体」から部分へ、そして全体へ ■重量ではなく、見てわかる「容積」で把握
■1日ではなく、食べる行動の単位である「1食」単位

日本の食文化の知恵
主食・主菜・副菜の組み合わせ
+
栄養学・食生態学を基礎にする"量"の概念

農場、市場、食料品店、食堂・レストラン、学校・職場・施設、家庭などで入手可能な食材・料理を活用して

食べる人にとって、ぴったりサイズの弁当箱で

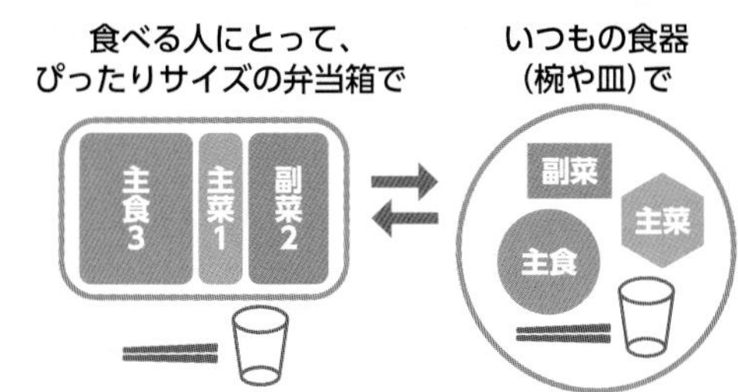

いつもの食器(椀や皿)で

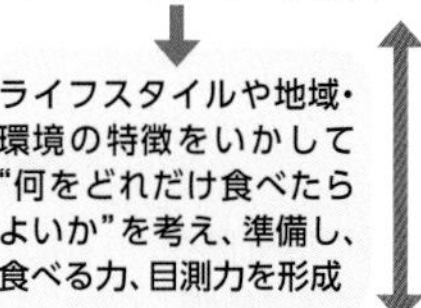

5つのルール

❶ 食べる人にとって、ぴったりサイズの弁当箱を選ぶ
(例えば、1食に700kcalがちょうどよい人は700mLの箱を)
❷ 動かないようにしっかりつめる
❸ 主食3・主菜1・副菜2の割合に料理をつめる
❹ 同じ調理法の料理(特に油脂を多く使った料理)は1品だけ
❺ 全体をおいしそう！に仕上げる

ライフスタイルや地域・環境の特徴をいかして"何をどれだけ食べたらよいか"を考え、準備し、食べる力、目測力を形成

めざしたエネルギー量(例えば700kcal)で、主要な栄養素がバランスよく組み合わさった、おいしい1食、しかも食料自給率が高い健康な1食ができあがる!!

一人ひとりの「健康・生活の質(QOL)」と「環境の質(QOE)」のよりよい共生へ

NPO法人食生態学実践フォーラム

解説 3・1・2弁当箱法とは、"1食に何を、どれだけ食べたらよいか"のものさし。1食の量を身近な弁当箱で決め、主食・主菜・副菜料理を3：1：2の割合につめる食事・食事づくり法。

自分の食生活における問題点に気づき、改善策を考えられた？ 思
栄養バランスのよい食事を実践しようとしている？ 態

1

調理の常識

料理は楽しいが、火や包丁を扱うなど危険な作業でもある。また、衛生にも気をつけなければ、食中毒になる可能性も。ここでは料理を始める前の基本常識を押さえておこう。

1 手を洗うタイミング

●調理を始める前にはしっかり洗おう

手を組むように指の間もていねいに。

手首は握るように回しながら。

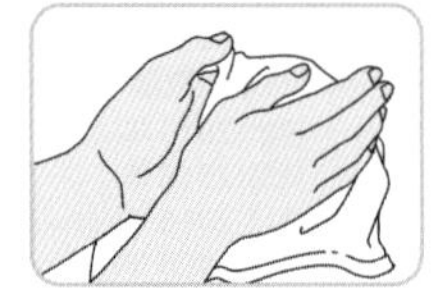

水でよく洗い流し、清潔なタオルでふく。

●その他、以下のような場合にも洗おう

- 食材が入っていたトレイに触れたあと
- 生の肉や魚に触れたあと
- そのまま食べるもの（サラダ・あえ物・刺身など）の盛りつけ前
- トイレを使ったあと

2 まな板の扱い方

●最初にぬらしてから使おう

乾いたものを切るとき以外は、必ず水でぬらし、ふきんでふいてから使う。汚れやにおいがしみこみにくく、とれやすくなる。また、魚・肉用と野菜・果物用とを使い分ける。

●物置き台にしない

まな板の上に物をいろいろ置くのは、細菌汚染のもと。切るものと材料だけを置く。

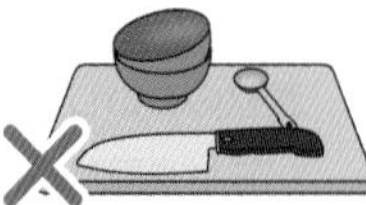

●安定よく置く

調理台がせまい場合などに、流しの上にはみ出して置いてしまいがちだが、不安定で危ない。

また、調理台から飛び出しているのもけがのもとなのでやめよう。

●洗うとき、最初は水で

肉や魚の汚れは、まず水で洗い流してから洗剤で洗う。最初に湯をかけると、熱で血やたんぱく質が固まり、落ちにくくなる。また片づける前は、角まで洗って乾燥させよう。

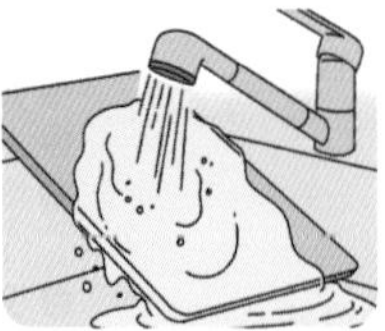

3 包丁の扱い方

●魚や肉を切ったあとは洗う

生の肉や魚を切った包丁、まな板には細菌がついているので、さっと水で流すだけでは危険。洗剤でしっかり洗おう。野菜を切ったときは、水で洗い流すだけでも大丈夫。

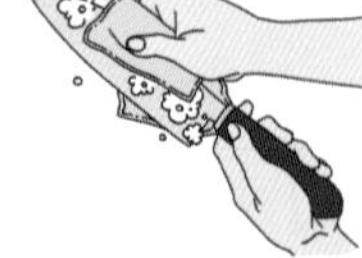

●使い終わったら、すぐ片づける

洗いおけや水切りかごの中に、他の食器とともに入れるのはけがのもと。使い終わったらすぐに片づけよう。食器とともに入れると、食器に傷がつくこともある。

4 加熱器具の扱い方

●なべの柄の位置に注意！

なべを置くときは、必ず柄はガスの炎がかからない安全な側に向ける。また、調理台から柄がはみ出していると、体にひっかけてしまう危険があるのでやめよう。

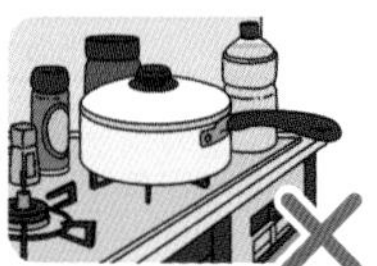

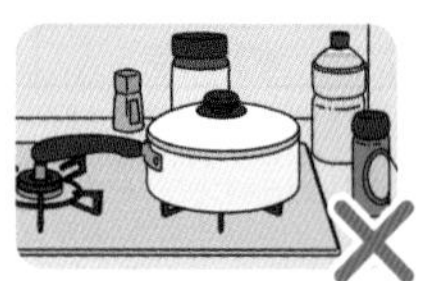

●なべをつかむときは乾いた布で

なべつかみの代わりにふきんなどを使うときは、必ず乾いた布で。ぬれた布は熱が伝わりやすいため、熱くなってなべをとり落とす危険がある。

●やかんの持ち手は立てる

じゃまにならないようにと思ってやかんの持ち手をねかせると、かえって危険。持ち手が熱くなり、やけどの原因になる。

●火のまわりに物を置かない

火のまわりにふきんなどの燃えやすいものを置くのは危険。なべのふたの上に置くのも、はみ出した部分が燃える危険があるのでやめよう。

●コンロの汚れはすぐにふこう

油はねなどの汚れは、すぐにふく。熱いうちなら汚れも簡単に落ちる。時間がたつと取れにくくなる。

5 料理レシピの基本ルール

●材料表

材料表の分量には基本ルールがあるので押さえておこう。「カップ1」と書いてあれば、どんなカップで計量してもいいわけではない。1カップ＝200mLの計量カップのことをさす。同じく、大さじ1は15mLの、小さじ1は5mLの計量スプーンをさす。

決まったものではからないと、レシピに書かれている分量とは大きな違いがでて、できあがりの味つけがまったく別のものになってしまう。気をつけよう。

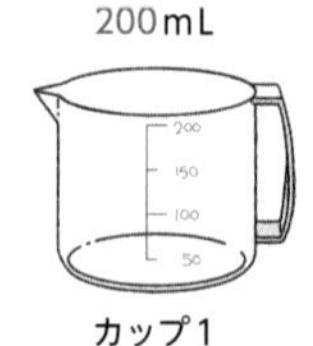

●味つけ

初めに加える調味料はひかえめにしよう。調理はたし算はできてもひき算はできない。少し薄めに味つけをし、味見をして確認することが大切。

6 包丁の使い方

●包丁の名称

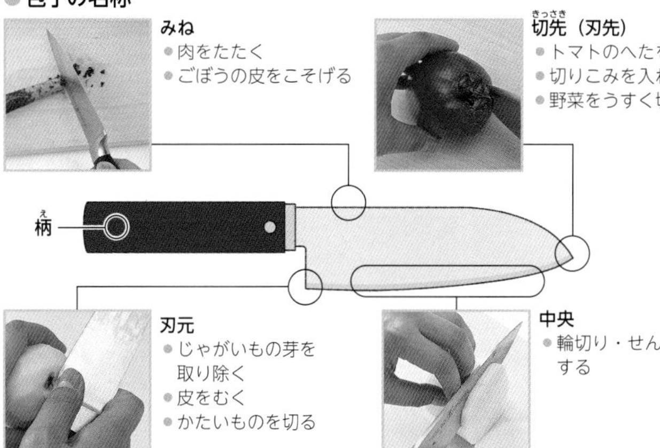

●正しい持ち方

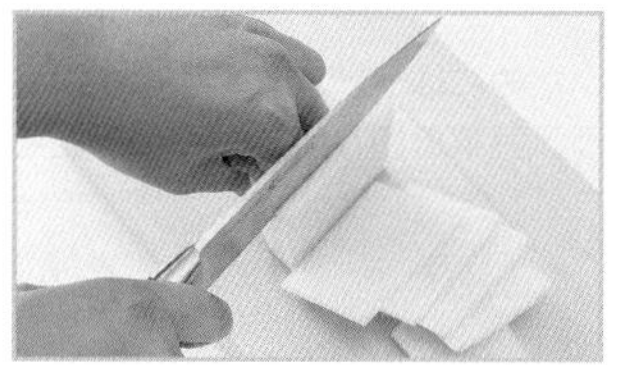

人差し指を曲げ、中指、薬指、小指で柄の元の部分をしっかり握り込むと力が入りやすく、かたいものもよく切れる。

●材料を持つ手は

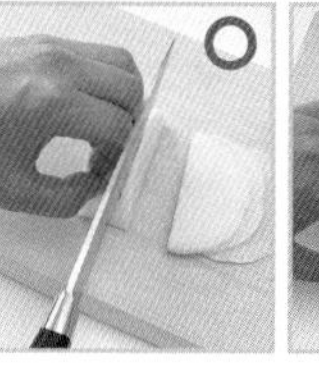

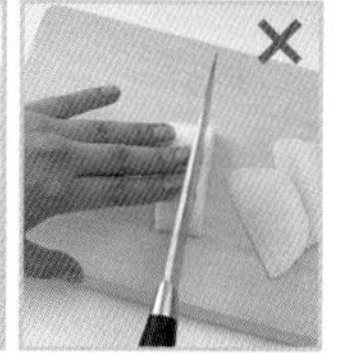

左手で材料を押さえ、切る幅に合わせて手をずらしながら切る。左手の指は内側に折り込む。指先を伸ばしたままだと危険（右）。

初めの1本は？

刃渡り18～20cmの牛刀がよい。牛刀とは、肉切り用の洋包丁の総称。魚・野菜も切れるため、もっとも一般的な万能タイプ。さびにくいステンレス製がよい。あまり安いものは、刃の質が悪い可能性も。

7 よく使う電化製品のしくみ

●電子レンジ

熱源はマイクロ波で、食品自体を発熱させて温める。マイクロ波はマグネトロンと呼ばれる真空管から発せられる。温め直し、解凍、下ごしらえなどに利用。

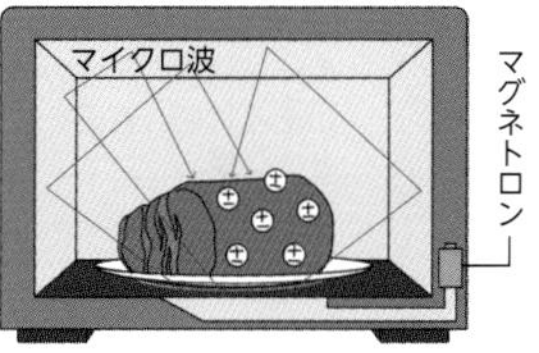

●オーブン

オーブンの熱源は電気やガス。上下にヒーターがつき、熱は食品の表面から内部へ伝わる。ケーキやロースト、パンなどに利用。

●電磁調理器（IH調理器）

電磁調理器では、磁力線がなべ底を通るときにうず電流が流れ、なべ底の電気抵抗でなべが発熱する。火を使わないので安全だが、使用できないなべがあるので注意。

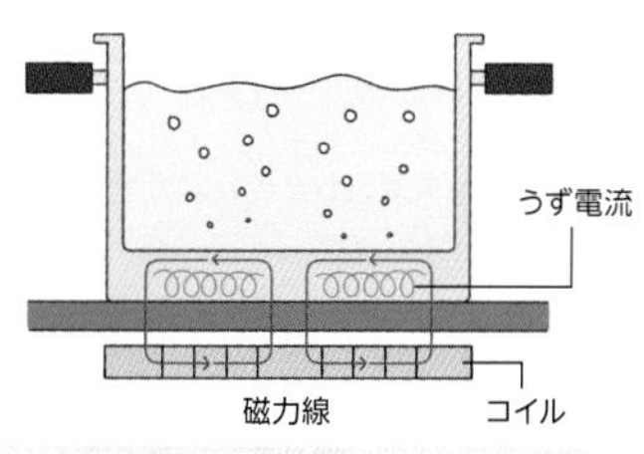

圧力なべ

密封した容器を加熱し、圧力を加えて液体の沸点を高めることで、比較的短時間に調理することができる。大きな食材に火を通しても煮くずれしにくい。一般のなべより少量の水で調理できるため、食材に含まれる水溶性の栄養成分が流出しにくい。ただし、誤った使い方は危険な事故につながるので、取り扱い説明書に従い正しく使用しよう。

フィスラージャパン（株）

●ラップあり？ なし？

電子レンジでもっとも使われる機能は、温め直し。ラップをするかしないかは迷う問題。目安は、しっとりふっくらさせたいものや煮立つと汁気があふれるものはラップが必要。飯・煮物・汁物など。耐熱温度が140℃以上のラップを選ぼう。逆に水気をとばして仕上げたいものはラップは不要。炒め物・焼き物などである。

●注意しよう！

電子レンジで使えない容器がある。アルミ、ステンレス、ホウロウなどの金属製品は、スパーク（火花）を起こすので使えない。耐熱性のないガラス製品なども使えない。また、殻つきの卵、ゆで卵（殻なしも）は、破裂することがあるので危険。

8 保存と片づけ

●冷蔵庫の使い方

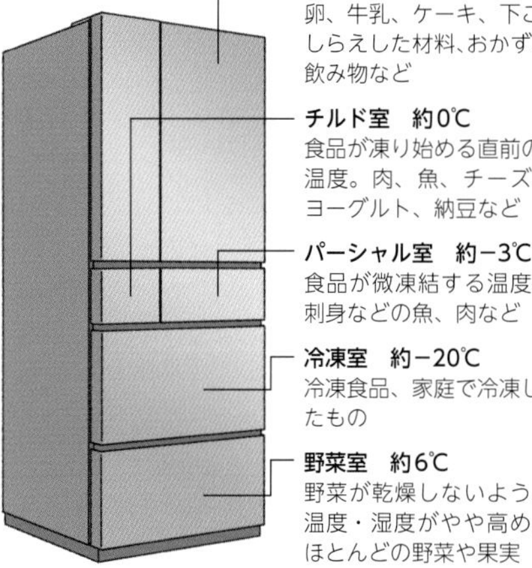

●ふきんは3枚用意しよう

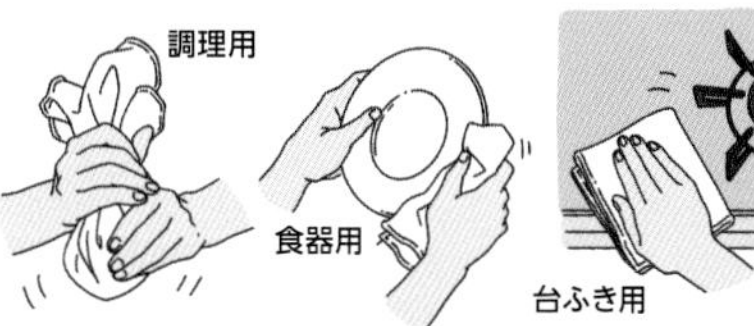

ふきんはさまざまな用途がある。野菜の水気をきるなどの**調理用**、洗った食器をふくなどの**食器用**、調理台やテーブルをふくなどの**台ふき用**の3種類を用意して使い分けるのが基本。

ぬれると雑菌が繁殖しやすい。特に直接食品に触れる調理用のふきんは、こまめに替えよう。食器用・台ふき用もその日のうちに洗って乾かすとよい。

column 粉製品の保存

粉製品に混入したダニを食べてしまうと、急性アレルギー症状が起きる場合がある。特に、ダニが好むうま味成分を多く含むお好み焼き粉やホットケーキ粉が危ないという。これまでアレルギーの原因が小麦だと思っていた人も、実はダニが原因だったという可能性も。

開封してから常温で保存している場合、粉1g当たり約1万3,000匹ものダニを検出した例もある。ほとんどの場合がチリダニで、ソファなどに大量に発生していたダニと同じだった。粉製品は、冷蔵庫で保存し、早めに使い切るようにしよう。

2

調理・計量の基本

味つけを失敗しないためには、調味料を正確に計量することが大切である。また、適切な火加減や水加減ができるようになろう。野菜の切り方は多種にわたるので、料理に応じた切り方をしよう。

1 計量の基本

●計量スプーン

大さじ1＝15mL　小さじ1＝5mL

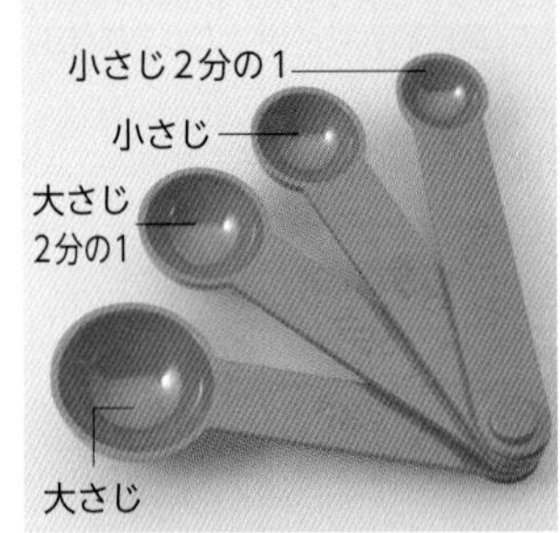

粒子状

多めにとってから、すりきる。

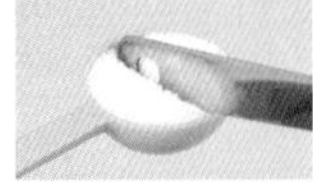

2分の1は、一度すりきり、半分落とす。

液体・ペースト

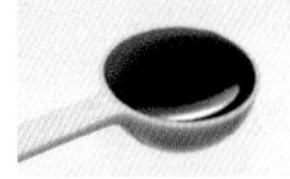

表面が盛り上がるくらいまで入れる。

2分の1は、6～7分目まで入れる。

●計量カップ

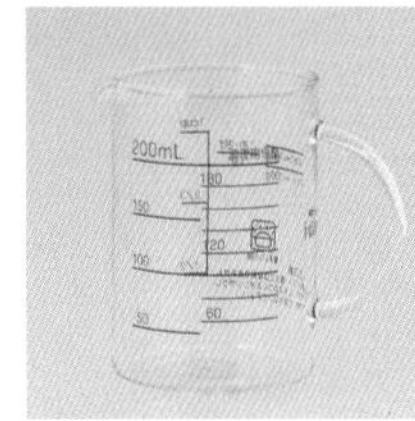

1カップ=200mL
液体をはかるときには、たいらなところにカップを置いて、はかりたい目盛りの位置まで液をそそぐ。

●手ばかり

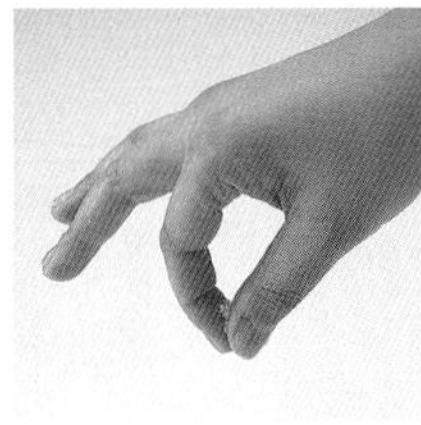

塩少量
親指と人さし指の2本の指でひとつまみすると、約小さじ12分の1（約0.5g）見当である。

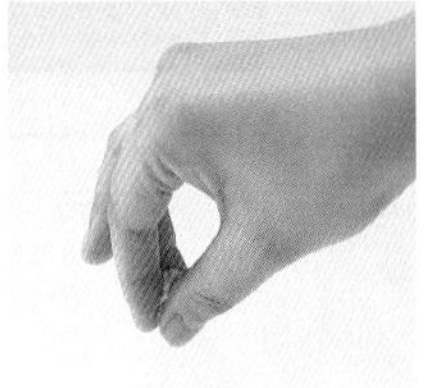

塩ひとつまみ
親指・人さし指・中指の3本の指でひとつまみすると、約小さじ6分の1（約1g）見当である。

2 火加減

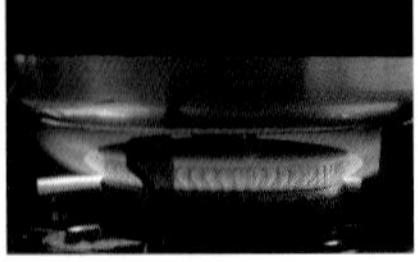

●強火
炎がなべの底全体にあたっている状態。煮立てたり炒め物をするときの火加減。

●中火
炎の先端がなべの底に少しあたるくらい。基本はこの火加減。

●弱火
中火の半分ほどで、なべの底にあたらない状態。長時間煮込むときの火加減。

3 水加減

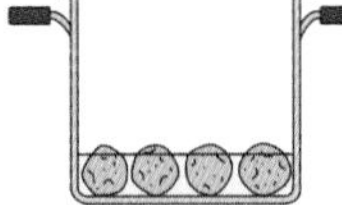

●ひたひたの水
材料が煮汁から少し頭を出している状態。煮物などをするときの量。

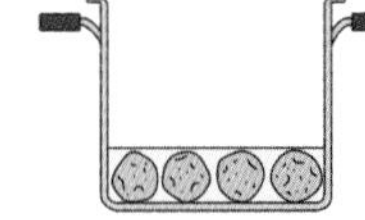

●かぶるくらいの水
材料が完全に煮汁の中に入っている状態。根菜類などをゆでるときの量。

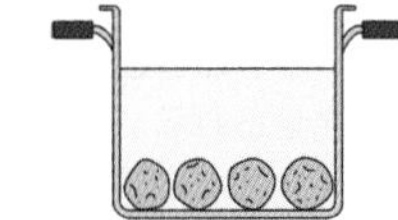

●たっぷりの水
煮汁が材料の高さの倍くらいある状態。青菜をゆでるときの量。

4 糖分と塩分

●糖分の換算

調味料	糖分含有量（%）	使用量の比率
砂糖	99.2	1
みりん	43.2	3

みりんの糖分含有量は砂糖の約4割なので、砂糖をみりんと同じ甘味にするには、4割の量を利用すればよい（体温に近い温度で強く感じる）。

●塩分の換算

調味料		塩分含有量（%）	使用量の比率
塩		99.1	1
しょうゆ	こい口	14.5	7
	うす口	16.0	6
みそ	辛口	12.4～13.0	8
	甘口	6.1	16

しょうゆの食塩量は約15%なので、食塩と同じ塩味にするには、上記の比率で使用すればよい。みそもほぼ同様とする（温度が下がると強く感じる）。

●食品の甘味（しょ糖分）

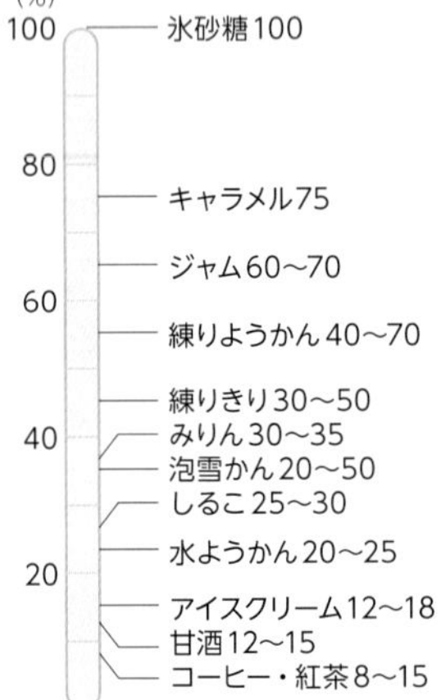

●食品の塩味

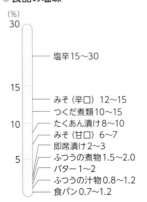

(%)
30
15
10
5

塩辛15～30
みそ（辛口）12～15
つくだ煮類10～15
たくあん漬け8～10
みそ（甘口）6～7
即席漬け2～3
ふつうの煮物1.5～2.0
バター1～2
ふつうの汁物0.8～1.2
食パン0.7～1.2

5 調味の基本

●調理中の味つけ

煮物の味つけは、「甘味から先につけ、塩分は何度かに分けて徐々にしみ込ませる」のが基本。手順は、さしすせそ、と覚える。

さ　砂糖　甘味をつけるほか、材料にほかの味をしみ込みやすくするので、必ずはじめに入れる。

し　塩　材料にすぐしみ、肉や魚の身を引き締めるので、必ず砂糖のあとに入れる。

す　酢
せ　しょうゆ
そ　みそ

醸造によってつくられた調味料で、酸味や塩味のほかに発酵による多くの香りを含む。材料にうま味を与えるが、長時間加熱すると風味が飛んでしまうので、仕上げの味つけや香りづけとして最後に加える。

＊酒の場合は、砂糖と同様最初に加える。みりんは「本みりん」と「みりん風味調味料」があり、アルコールを含んだ「本みりん」は酒と同様最初に加え、「みりん風味調味料」は風味づけとして用いられるので、しょうゆ等と同様最後に加える。

column

幼少期の味つけには注意

味を見極めるセンサーの役目を果たすのは、舌にある味蕾（みらい）という細胞である。味蕾は20歳まで増加し続けるが、成人以降では減少し、8割程度になってしまう。

つまり、幼少時から濃い味つけになじんでしまうと、成人になると感じ方が鈍ってしまうため、よりいっそう濃い味つけを求めるようになる。

酸味や辛味、香りをうまく使って味つけを工夫し、塩分を減らそう。

6 野菜などの基本切り

① 輪切り
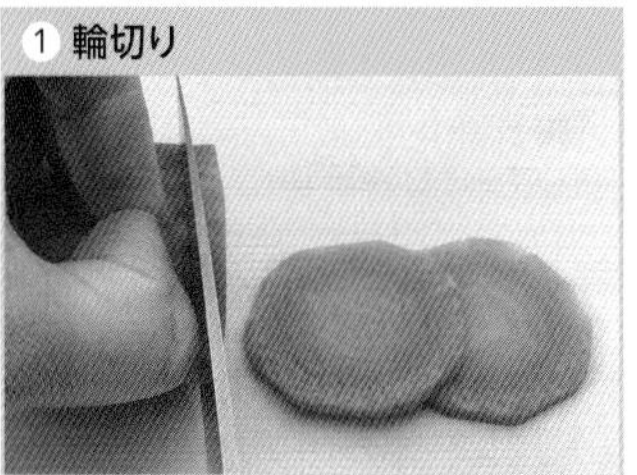
にんじん、だいこんなどの野菜の切り口が輪になるように端から同じ大きさで切る。厚さは料理による。煮物など。

② 半月切り
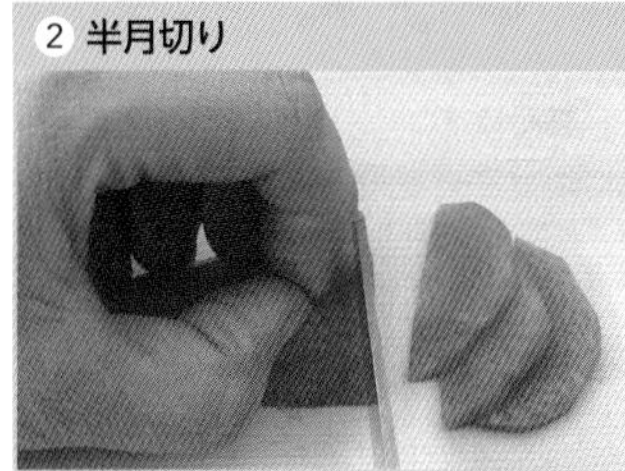
輪切りをさらに半分に切った状態。にんじんやだいこんを縦半分に切り、切り口をまな板につけて端から切る。煮物など。

③ いちょう切り
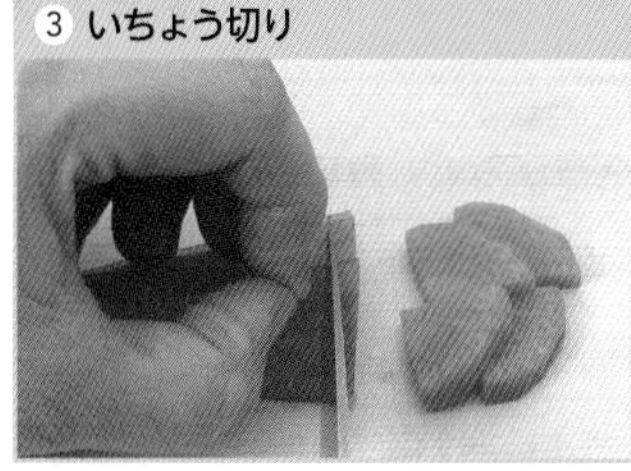
縦半分に切り、さらに縦半分に切って端から切る。半月切りをさらに半分に切った状態。汁物のにんじんやだいこんなど。

④ 拍子木切り
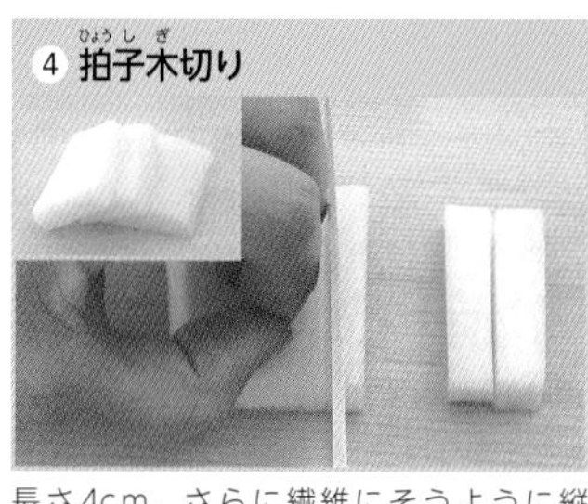
長さ4cm、さらに繊維にそうように縦1cm幅に切った後、幅1cmの細長い棒状に切る。煮物のにんじんやだいこんなど。

⑤ さいの目切り
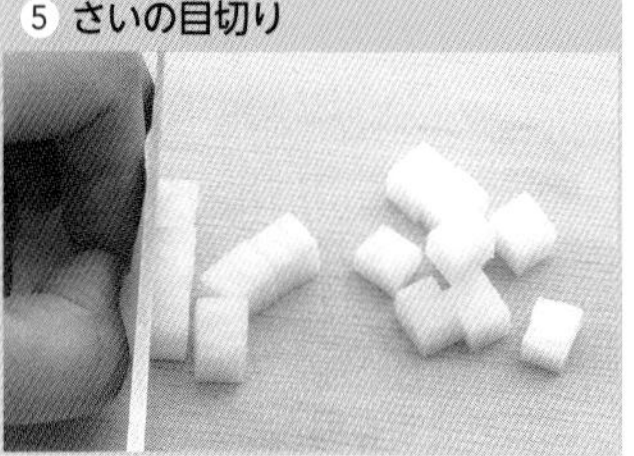
拍子木切りを0.7～1cmくらいの立方体に切る。汁物のだいこんや豆腐など。

⑥ たんざく切り
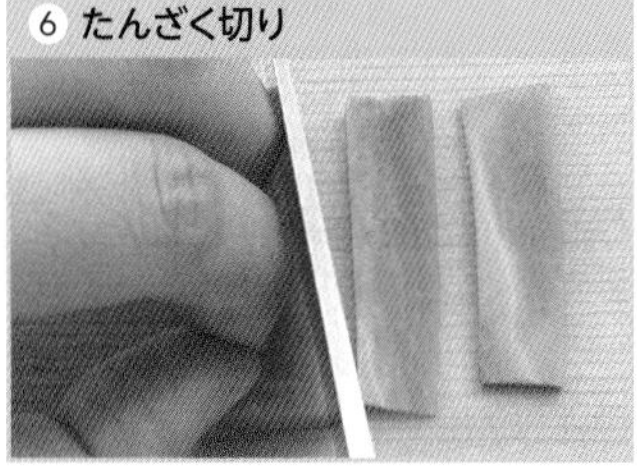
長さ4～5cm、幅1cmのものをさらに薄く切る。炒め物のにんじんなど。

⑦ 色紙切り
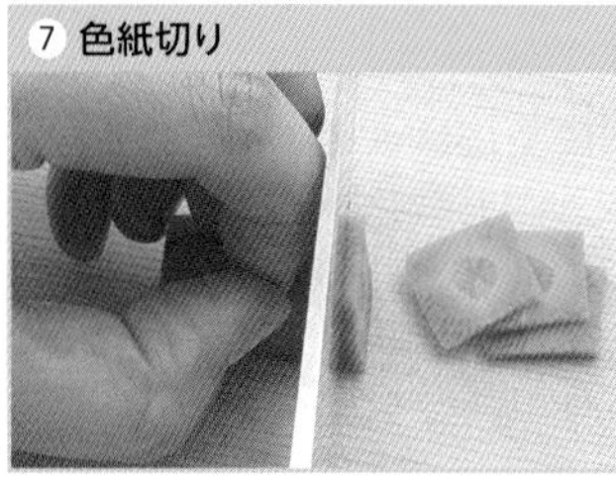
断面が正方形の立方体を薄切りにする。汁物のにんじんなど。

⑧ 小口切り
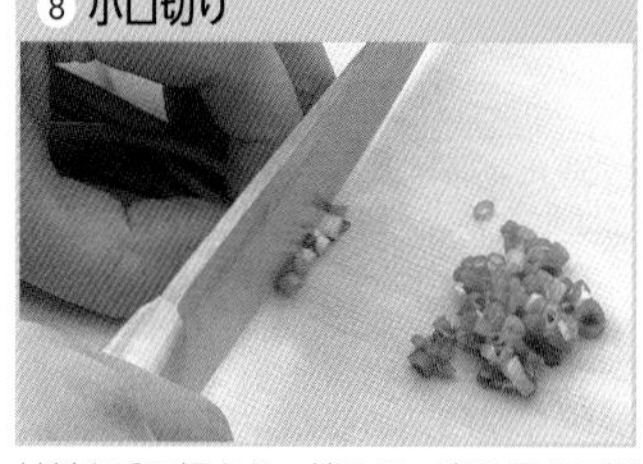
材料を手で押さえ、端から一定の長さで切る。汁物のねぎなど。

⑨ 乱切り

斜めに切る。材料を手前に90°回転して切り口の中央を同様に切る。きゅうり、煮物のにんじんなど。

⑩ くし形切り
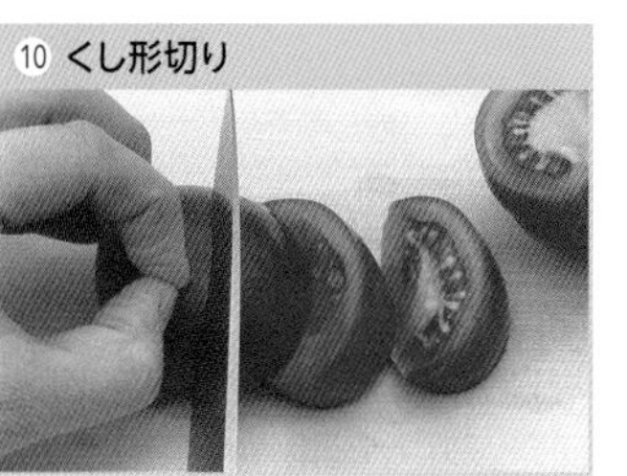
縦半分に切り、三日月形になるように切っていく。レモンやサラダのトマトなど。

⑪ ささがき

鉛筆を削る要領で材料をまわしながら刃先で薄く削っていく。きんぴらごぼうなど。

⑫ そぎ切り

包丁を寝かせて引きながら薄く切る。厚みのあるしいたけ、肉や魚、野菜など。

⑬ 斜め切り(長ねぎ)

端から包丁を斜めに入れて切る。鍋物のねぎなど。

⑭ せん切り
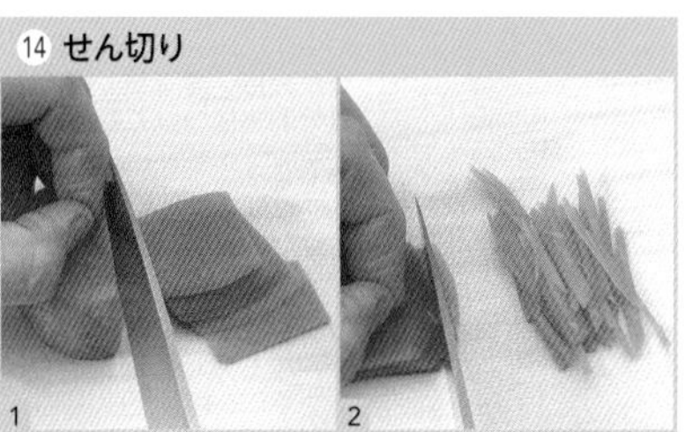
1 長さ4～5cmの薄切りにする。
2 薄切りを重ねて、端から細く切る。太さは1～2mmが一般的。サラダのキャベツやにんじんなど。

⑮ みじん切り(たまねぎ)
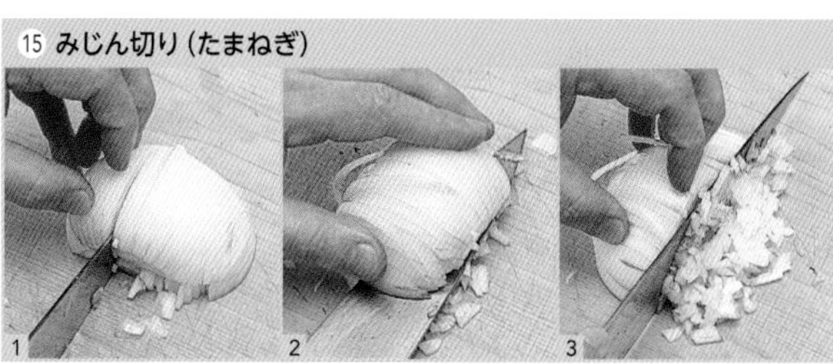
1 縦半分に切り、根元を切り離さないように、縦に細かく切り込みを入れる。
2 切り離さない程度に横に切り込みを入れる。
3 根元を押さえ、端から細かく切る。

⑯ みじん切り(長ねぎ)
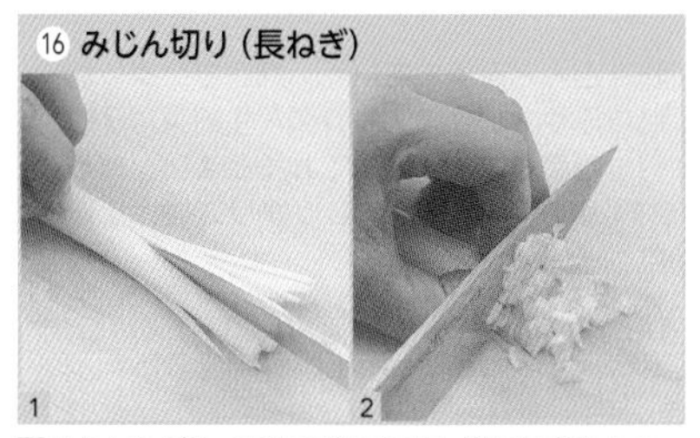
1 まわしながら、刃先で縦に何本も切れ目を入れる。
2 切り込みが広がらないように押さえ、端から細かく切る。薬味のねぎなど。

野菜の繊維

料理の本を見ると、よく目につくのが「繊維にそって切る」「繊維に直角に切る」という文。実は野菜は、繊維にそって切るか、繊維を断ち切るかで歯ごたえや風味などがちがってくるのだ。

●繊維にそって切る
加熱しても形くずれがしにくい切り方で、炒め物などに向く。シャキシャキした歯ごたえ。

●繊維に直角に切る
香りが強く出る切り方で、サラダなどの生食や、香りを出したいスープなどに向く。

繊維の方向

しょうがの繊維の方向は、皮の節目に直角

3

材料の下ごしらえ

調理の前に食材にほどこす下処理。①あくをぬく、②色をよくする、③火の通りにくいものを先に加熱しておく、④乾物をもどす、など。魚介類は鮮度を保つため、買ってきたらすぐに下処理をするとよい。

1 野菜

●水にさらす

冷水につける

じゃがいも・さつまいもなどのいも類やなすは、冷水につけてあく抜きする。

酢水につける

酢水に入れると、れんこんやごぼうは白く仕上がる。酢水につけた場合（上）とつけなかった場合（下）。

●塩でもむ

きゅうりやキャベツは塩でもむと、浸透圧の作用で野菜から水分が出てしんなりする。

●ゆでる

茎から入れ、ふたをせず短時間ゆでる。えぐみをとるため冷水にとり、色よく仕上げる。

2 肉

●焼く場合

筋を切る

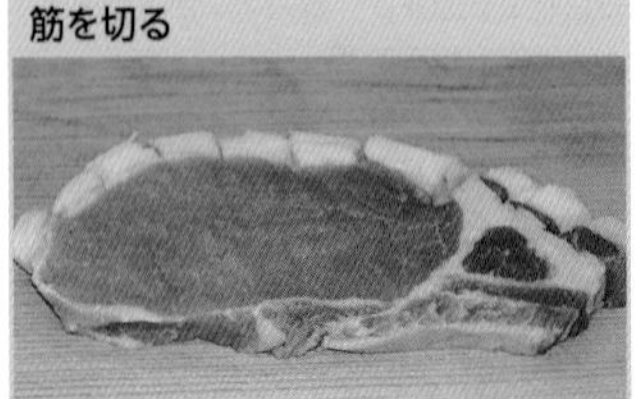

赤身と脂身の間にある筋は加熱により縮み、肉が反り返ってしまうので、何本か切れ目を入れておく。

たたく

肉たたきでたたき、形を整えて焼くと、縮まずやわらかく仕上がる。

●ゆでる場合

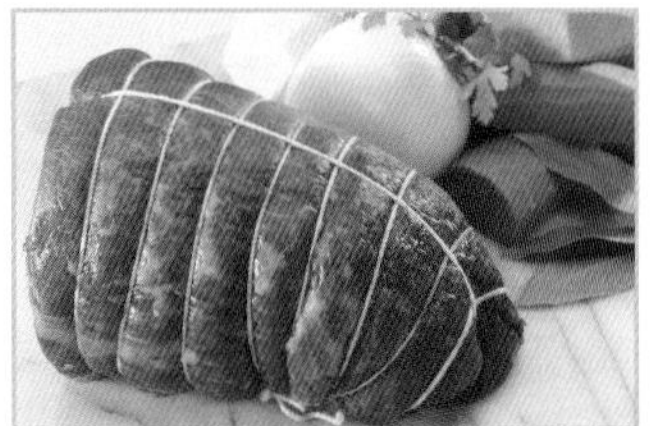

ゆでる場合には、形がくずれないように、たこ糸で巻いたりネットをかけたりする。

●血抜きをする場合

レバーは水洗いしたあと、水か牛乳に約30分つけて、血抜きや臭み抜きをする。

3 乾物・加工品

●乾物をもどす

乾しいたけは水に20～30分つけ、石づきのところが完全にやわらかくなってから使う。

切り干しだいこんはたっぷりの水でもみ洗いし、かぶるくらいの水に約10分つけてもどし、かたく絞る。

干しわかめ	水に数分間つけてもどすと、重量で約10倍にもなる。長時間水につけておくと風味が抜け、食感も悪くなるので注意する。塩蔵わかめは、塩を洗い流し、数分間水につけてもどす。
干しえび	水でさっと洗って熱湯をかけ、しばらく置く。もどし汁はだしとして使う。
かんぴょう	水洗いしてよくもみほぐし、やわらかくする。または、塩もみして水洗いし、下ゆでしてもよい。

●油抜きをする

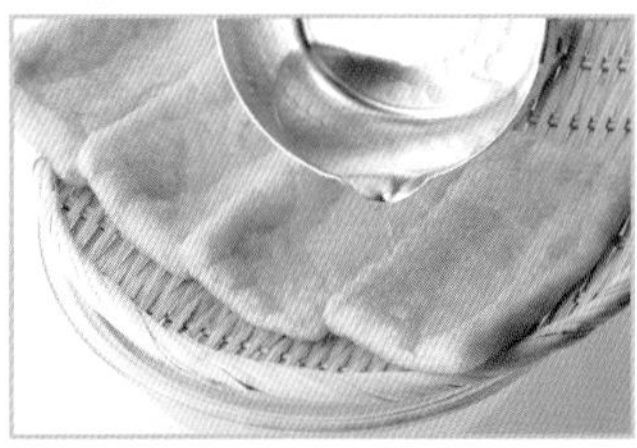

油揚げ・厚揚げ・がんもどきなどは、ざるにのせて熱湯をかけ回すか、なべの中で熱湯にくぐらせる。

ホームフリージングのポイント

1. 冷凍に向かないものは冷凍しない

水分の多い食品や、冷凍で食感（歯ざわり）が変わってしまう食品は不向き。

向く…ごはん、パン、加熱調理したもの、乾物・茶葉など乾燥したもの

向かない…とうふ・こんにゃく・たけのこなど（食感が変わる）、牛乳やクリーム（分離する）、一度解凍したもの（再冷凍は品質が悪くなる）

2. すばやく凍らせる

完全に冷凍させるまでに時間がかかるほど、食品の組織がこわれる。熱いものは必ず冷ましてから凍らせる。熱いまま入れると冷凍庫の温度が上がり、他の食品までいたむ。

3. 小分けして、密閉する

1回に使う量に分ける。できるだけ薄く、空気は抜いてしっかり密閉する。

4. 1か月以内に使い切る

冷凍しても、時間は止まらず、味はどんどん落ちていく。家庭で冷凍したものは、目安として1か月以内、いたみやすい生肉・魚介類・生野菜は2週間以内に食べる。冷凍するときに日付がわかるようにしておくとよい（買ったときの表示ラベルをはるなど）。解凍後の食べ方は、しっかり味付けをしたり加熱調理する方が、おいしく食べられる。

解凍法

- 自然解凍…肉・魚やおかずは冷蔵庫で。ゆっくり時間をかけて解凍することで、水っぽくならず生に近い味になる。
- 流水解凍…急ぐときに。水が入らない袋に入れて流水をかける。
- 電子レンジ解凍…解凍（弱）機能を使うなどして、加熱しすぎないようにする（ムラになる）。
- 加熱解凍…凍ったままゆでるなど解凍と同時に調理する。

4 魚

●一尾の処理

①あじはぜいご（かたいうろこの部分）を取る。

②えらの下側から包丁を入れ、刃先でえらを引き出す。

③横腹に切れ目を入れる。

④わたを引き出す。

［腹開き］

①わたを抜いて腹側から切り開く。

②腹側が開いて背側がついている。

［背開き］

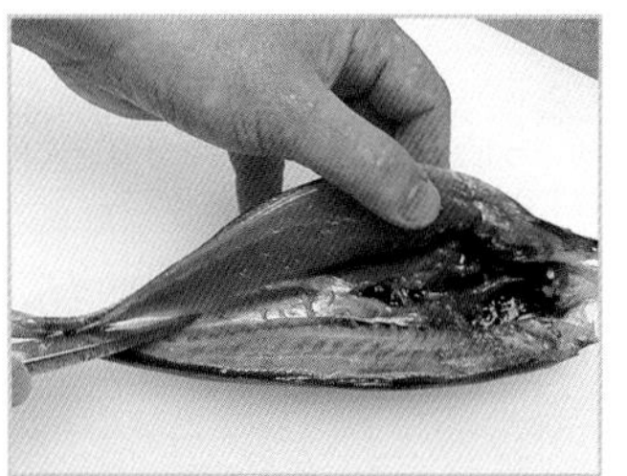

①えらからわたを抜いて背を切り開く。

②背側が開いて腹側がついている。

●二枚おろしと三枚おろし

①胸びれの下から包丁を入れ、頭を切り落とす。

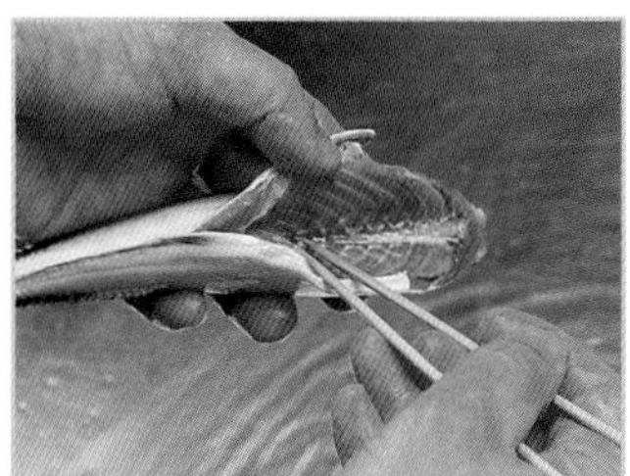

②わたを取り、汚れを洗い流す。洗ったら水気をふきとっておく。

③腹側から包丁を入れ、刃先を中骨にそわせて尾まで包丁を引く。

④背から包丁を入れ、刃先を中骨にそわせて尾から頭まで包丁を引く。

⑤返し包丁を入れてから、中骨を下身に残し、切り離す。

⑥二枚おろし。

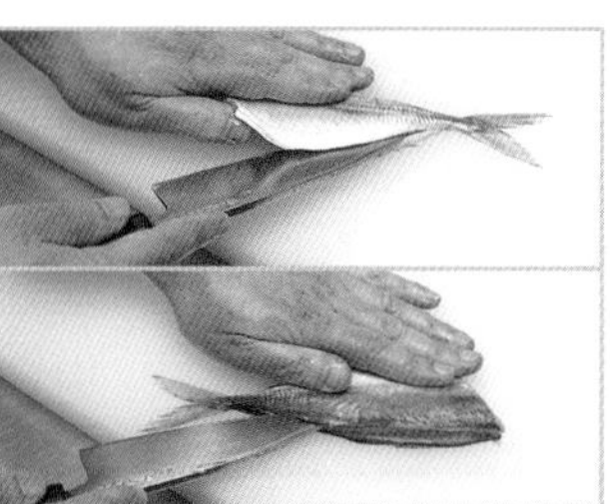

⑦中骨のついている方を下にして、背側と腹側から包丁を入れ、下身を中骨から切り離す。

⑧三枚おろし。上身の腹側に残った腹骨を薄くそぎ取る。

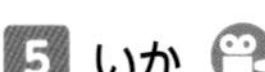

5 いか

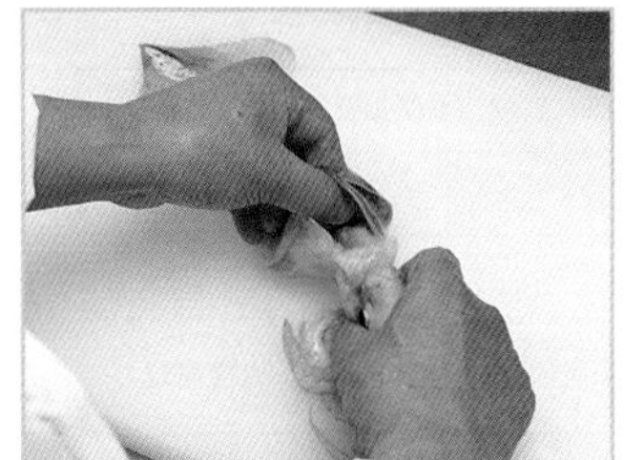

①足と胴をはがし、内臓を引き抜く。内側に残った軟骨を取る。

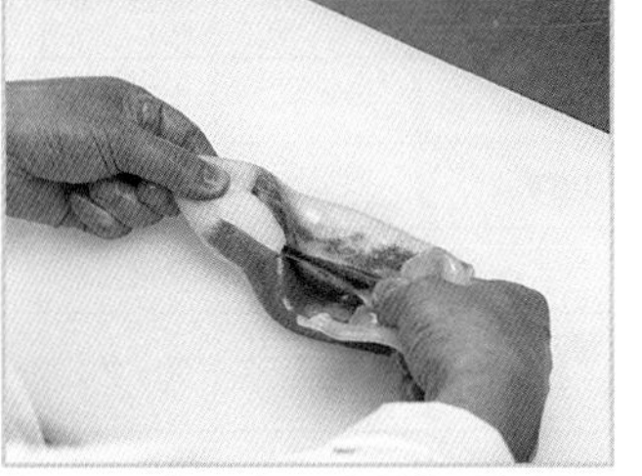

②えんぺら(胴の先の三角部分)を引っ張り、はがしながら、そのままできるだけ皮をむく。

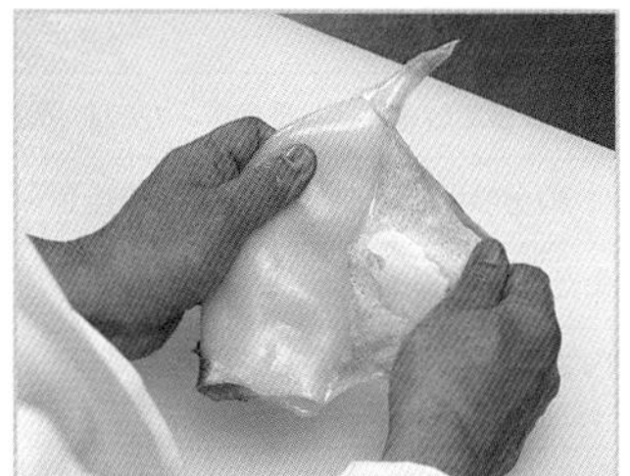

③胴全体の皮をむく。

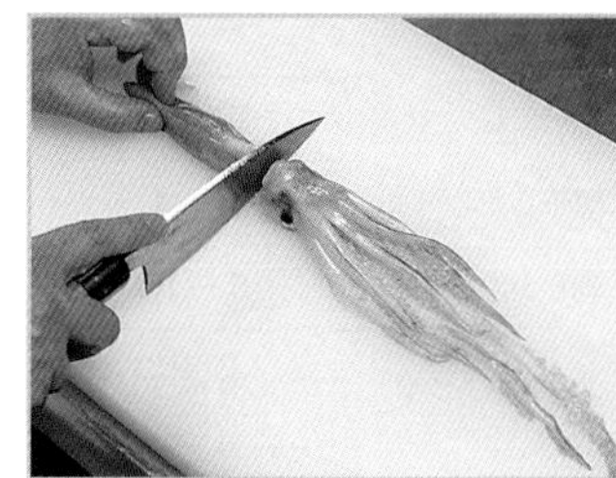

④わたを切りはずし、目、くちばしを取る。吸盤をこそげるように取る。

4

調理操作

一つの料理は、複数の操作を組み合わせてできあがる。調理操作は、煮る・焼くなどの加熱操作、調味料などで味をととのえる調味操作とその他非加熱操作に分かれる。ここでは加熱操作の基本を見てみよう。

1 飯物

●飯の炊き方

※炊飯器によっては、浸水時間や蒸らし時間まで自動で行う。

①大きめのボウルに分量の米を入れ、たっぷりの水を一気に加え、さっとかき混ぜる。

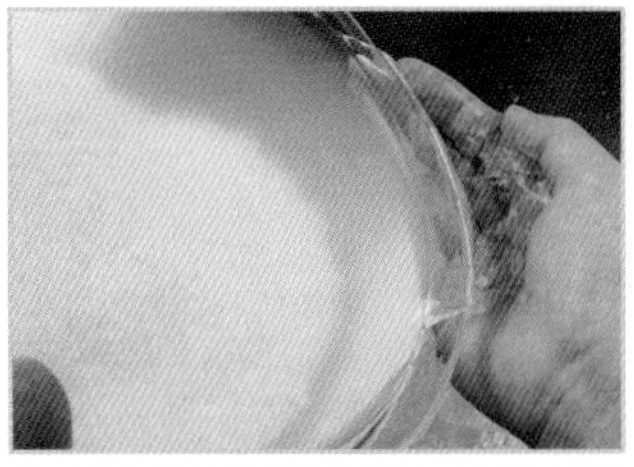

②ボウルのふちに手をあててすぐに水を捨てる（ぬか臭くならないように）。

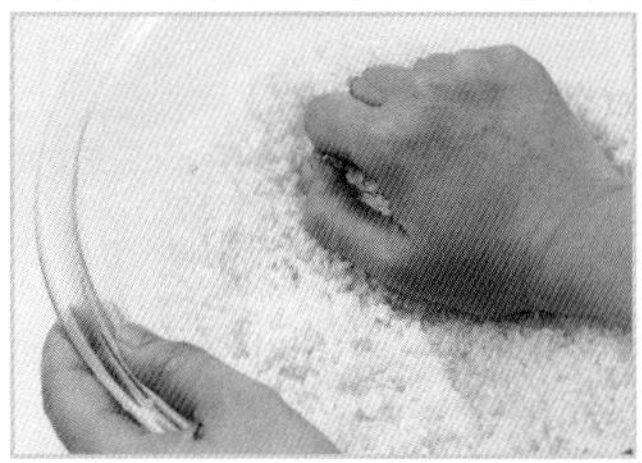

③手のひらで米を軽く押すようにして混ぜる。

④水を3～4回かえてすすぐ。

⑤炊飯器に米を入れ、米の量に合わせて水を入れる。約30分浸水させて炊く（※）。

⑥炊き上がったら約10分ほど蒸らし（※）、水で濡らしたしゃもじで全体を大きく混ぜる。

おいしく炊くポイント！

●米は乾燥しているので水分の吸収がはやく、ぬか臭さが残りやすい。最初の水はひと混ぜしてすばやく捨てることが大事。

●ぬかは、3～4回水をかえて洗うとほとんど流れてしまうので、長く洗う必要はない。

●米の量はカップで、水の量は炊飯釜の線できっちりとはかる。（水の量は米の重量の1.5倍）

●水分を多く含む新米は目盛りよりやや少なめに、反対に古米はやや多めの水加減にする。

●無洗米は⑤⑥の操作でよい。水の量を分量より若干多めにする。

●炊き上がった飯の重量は、米の重量の約2.3倍になる。含水量は約65％（白米は15.5％）。

2 汁物

●こんぶとかつおの混合だしのとり方

①なべに水（4カップ）とこんぶ（水の1～2％の重量）を入れ、約30分浸しておく。

②中火にかけ、なべ底から泡が沸々としてきたら火を止め、こんぶを取り出す。

③ふたたび沸騰させ、かつお節（だしの1～2％の重量）を加えて約1分加熱する。

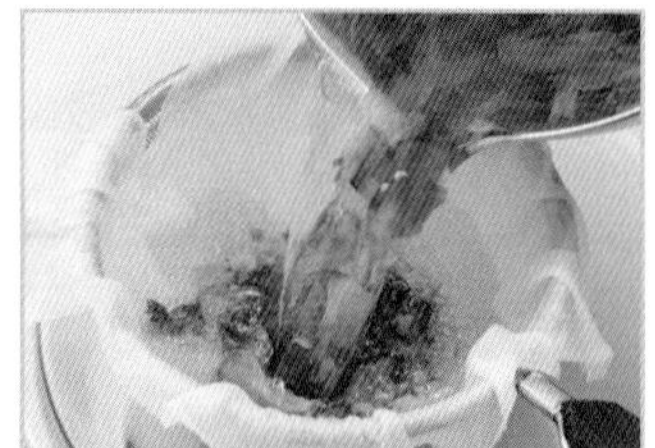

④火を止め3分ほどおき、だし汁をふきんなどでこす。

●汁のうま味と用途

種類		材料の汁に対する重量割合（％）	だし汁のとり方	用途	おもなうま味成分
こんぶだし		2～5	水に30～60分つけてから火にかけ、沸騰直前に取り出す。	すし飯　精進料理	グルタミン酸
かつお節だし	一番だし	1～4	沸騰直前にかつお節を入れ、ふたたび沸騰したら火を止め、上澄みをこす。	吸い物　茶わん蒸し	イノシン酸
	二番だし	2～4	一番だしをとったあとのかつお節に一番だしの半量の水を入れ、沸騰したら2～3分煮てこす。	煮物　みそ汁	イノシン酸
混合だし		かつお節2　こんぶ1	こんぶからだしをとり、その後、かつお節を用いてとる。	上等な吸い物　上等な煮物	グルタミン酸　イノシン酸
煮干しだし		3～4	水に30分つけてから火にかけ、沸騰後2～3分煮出す。	みそ汁　煮物	イノシン酸
乾しいたけ		5～10	水または40℃以下のぬるま湯につける。	煮物	グアニル酸
スープストック		20～30	骨肉は流水できれいに洗い、熱湯で臭みを取る。骨肉・野菜を水から弱火で1時間ほど煮出す。	スープ　ソース	アミノ酸　有機塩類
うま味調味料		0.02～0.05	汁にとかす。	各種の調味	L-グルタミン酸ナトリウム

※「一番だし」とは最初にとっただしのこと。混合だしの場合でも「一番だし」のあと「二番だし」までとることがある。

3 煮物

●おいしい煮物の作り方

1. 材料にしんが残ったり煮汁が回らなかったりしないよう、厚手で大きめのなべを使う。
2. 火加減は、一般に材料を入れて煮立つまでは強火で、その後は弱火にして煮込みながら味をふくめる。
3. 落としぶた（なべよりひと回り小さく、材料の上に直接のせるふた。アルミ製・シリコン製がある）を用い、じっくりと味をしみ込ませる。
4. 根菜類やいも類は、面取りして煮くずれを防ぐ。だいこんなどを大きいまま煮るときには、かくし包丁を入れる。火が通りにくいものは、下ゆでして煮るとよい。
5. 魚を煮るときには、生臭みを抑えうま味が流れ出ないように、必ず煮汁をひと煮立ちさせたところに入れる。

面取り
かくし包丁

4 揚げ物

●揚げ物の適温と時間のめやす

調理名		温度（℃）	時間（分）
天ぷら	魚介類	180～190	1～2
	いも類	160～180	3
かき揚げ		180～200	1～2
フライ		180	2～3
カツレツ		180	3～4
コロッケ		190～200	1～1.5
ドーナッツ		160	3
クルトン		180～190	30秒
ポテトチップス		130～140	8～10

※材料により適温は異なるので注意する。

●油の温度の見分け方（衣を少し落とす）

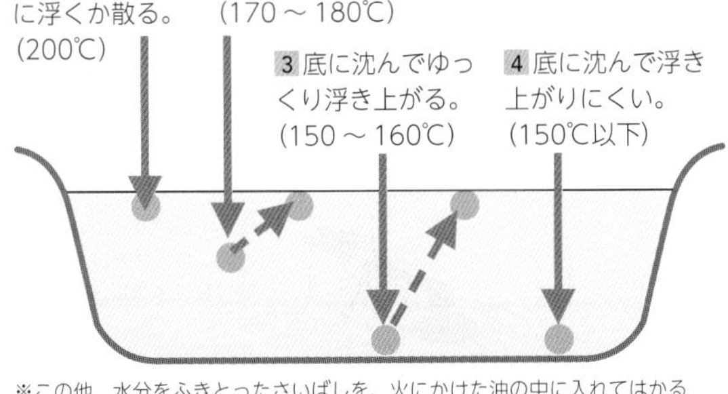
1 沈まずに表面に浮くか散る。（200℃）
2 途中まで沈んで浮き上がる。（170～180℃）
3 底に沈んでゆっくり浮き上がる。（150～160℃）
4 底に沈んで浮き上がりにくい。（150℃以下）
1
3
4

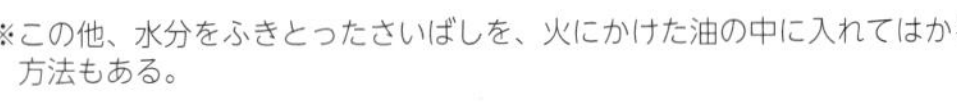
※この他、水分をふきとったさいばしを、火にかけた油の中に入れてはかる方法もある。

●おいしい揚げ物の作り方

1. 熱を一定に保ちやすい厚手のなべを用いる。
2. 油の量はなべの7分目くらい。
3. 油がはねると危険なので、材料の水切り・下ごしらえを確実に。
4. 天ぷらの衣は揚げる直前につくる。卵液に冷水を入れ、ふるった小麦粉を入れて、粘りが出ないようにさっくりと混ぜる。
5. 揚げる順番は、野菜類を先に、臭みのある魚介類・肉類はあとに。
6. 一度にたくさんの材料を入れると油の温度が下がり、べとついた仕上がりになる。なべの表面積の2/3までとし、こまめに揚げ玉をすくう。

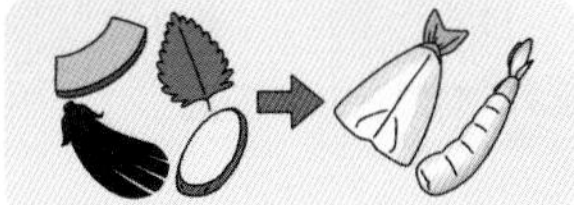

5 焼き物

●焼き魚のポイント

1 焼きはじめは、裏になる方が上。

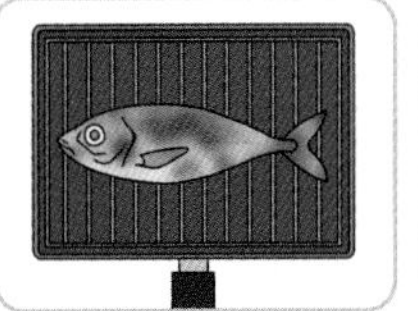
2 ひっくり返し、表を上にする。

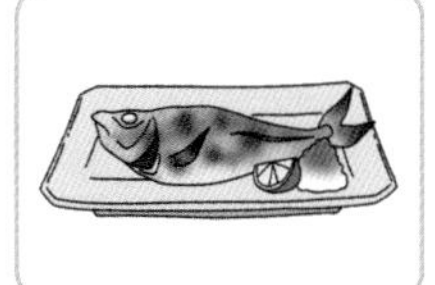
3 頭が左、尾が右になるように盛りつける。

●おいしい焼き物の作り方

1. 肉類・魚介類などたんぱく質を多く含む食品は、最初に強火で短時間加熱し、表面を熱で凝固させうま味の流出を防ぐ。
2. でん粉性食品（焼きいも・ホットケーキなど）は、十分に糊化させ甘味を引き出すため、弱火で時間をかけて焼く。

6 蒸し物

●蒸し方の種類

蒸し方	料理例
100℃を保ちながら加熱する。	まんじゅう類、だんご・もち類、蒸しカステラ、蒸しパン類、冷ご飯、いも類、魚介類、肉類など
100℃を保ちながら、ふり水またはきりをふく。	魚介類など
85～90℃を保つために弱火にしたり、ふたをずらして温度調節をしながら蒸す。	卵豆腐、茶わん蒸し、カスタードプディングなど

●蒸し器の使い方

蒸し器は、食品を動かさずそのままの状態で加熱できるので、煮くずれや栄養成分の流出の心配が少ない。

1. 蒸し水は容量の80％程度入れる。
2. 蒸し水が沸騰してから食品を入れる。
3. 蒸し水の補充は熱湯を用いる。

水滴を防ぐためふきんをかける。
•ふたをぴったりすると100℃
•ふたをずらすと85～90℃

7 酢の物・あえ物

●おいしい酢の物・あえ物の作り方

1. 口当たりをよくするために、材料は切り方をそろえる。
2. 下のような下ごしらえを行う。

塩
酢
塩をふって、しんなりさせる（野菜）。

下ゆでする（いんげん・三つ葉など）

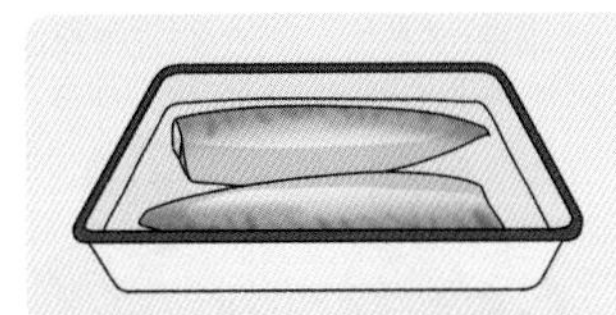
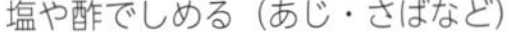
塩や酢でしめる（あじ・さばなど）

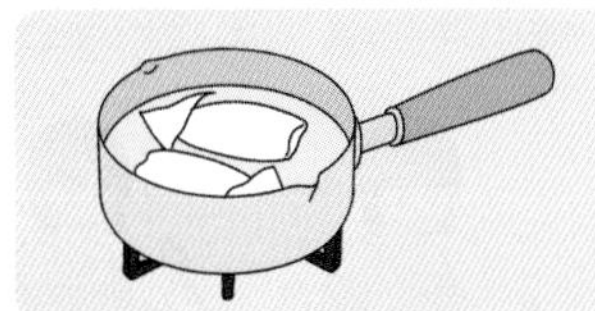
霜降りにする（いか・なまこなど）

3. 食べる直前にあえる。あえてから時間をおくと、浸透圧の作用によって水分が出て水っぽくなる。

5

配膳とテーブルマナー

食卓に着いたときのマナーとは、同じテーブルを囲む人たちが気持ちよく食事をすることができるように気を配ることである。いざというときにあわてないように、基本的な知識などを身につけよう。

1 日本料理

日本料理の献立の基本は「一汁三菜」または「一汁二菜」である。「一汁」はみそ汁やおすましなどの汁物、「菜」とはおかずの意味で、主菜・副菜・副々菜のことである。

1 日常の食事マナー

熱いものは熱いうちに、冷たいものは冷たいうちにいただく。

焼き魚や煮魚は、左から食べはじめ、食べ終わったら骨や皮をまとめておく（4参照）。料理の大きさがひと口で食べきれないときは、はしで切り分けてから口に運ぶ。

飯をよそう量は、茶碗の約8分目にする。飯と汁物は、茶碗や汁椀を必ず手に持って食べる。食事は、汁物･飯･おかず・飯のように、飯をはさんで交互に食べる。

汁物は音をたてずに飲む。

はしは、はしおきにもどす。

①焼き魚・さしみなど ②煮物など ③酢の物・あえ物など ④飯 ⑤汁物 ⑥漬け物

2 はしの持ち方

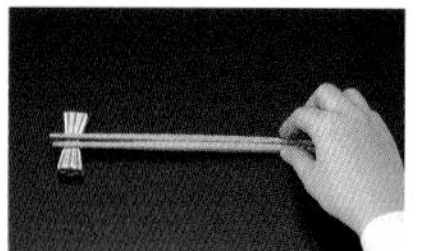

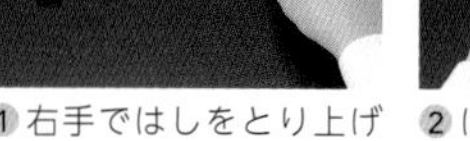

①右手ではしをとり上げる。

②はしの下に左手を添える。

③右手をはしの端まで滑らせる。

④右手を反転させ左手をはなす。

正しい持ち方

上から3分の1くらいのところを持つ。2本のはしの間に中指を添える。

3 椀を持った場合のはしのとり方

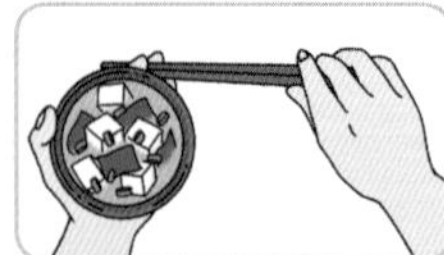

①椀を左手で持ち、右手ではしをとり、左手の人さし指と中指の間にはさむ。

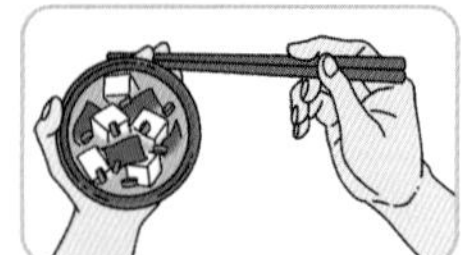

②右手ではしの上側、端、下側となぞっていく。

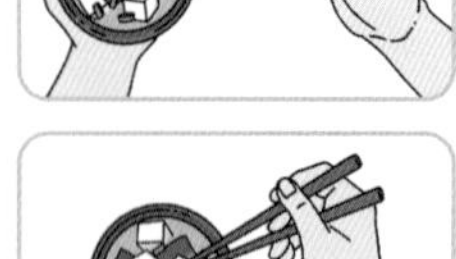

③椀を左手でしっかり持ち、右手ではしを持つ。

4 尾頭つきの魚の食べ方

①頭から尾に向かって順に食べる。

②上の身を食べたら、中骨をはずして皿のすみに置き、下の身を食べる。

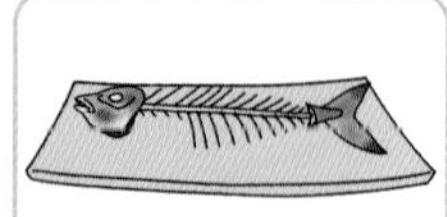

③食べ終わったら、骨はまとめておく。

5 さしみの食べ方

①花穂じそがついている場合は、はしでしごくようにして、花穂をしょうゆ皿に落とす。

②しょうゆ皿を持ってはしをとり、わさびを適量取って、さしみの上にのせる。

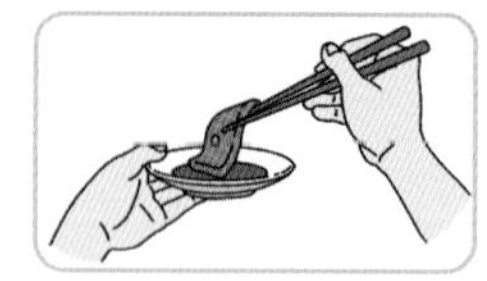

③さしみをしょうゆにつける。わさびをしょうゆにつけないように注意する。

×わさびをしょうゆに溶くのはNG。

6 はしの使い方NG集

寄せばし
器をはしで引き寄せる

刺しばし
はしでおかずを刺す

迷いばし
はしを持ってあれこれと迷う

探りばし
好きなものを探して器の中を探る

渡しばし
はしを茶碗の上に渡し掛けておく

そらばし
料理に一度はしをつけた後とらない

ねぶりばし
はしをなめまわす

指しばし
食事中にはしで人をさす

② 西洋料理

1 テーブルセッティング（フルコース）

一番外側のナイフとフォークから使う。 ①オードブル用ナイフ・フォーク ②スープスプーン ③魚用ナイフ・フォーク ④肉用ナイフ・フォーク ⑤位置皿 ⑥ナプキン ⑦パン皿 ⑧バターナイフ ⑨デザート用ナイフ・フォーク ⑩コーヒースプーン

2 フルコースのメニュー例

オードブル（前菜）
▼
スープ（パン）
▼
魚料理
▼
肉料理
（魚料理・肉料理：メイン料理）
▼
サラダ
▼
デザート・フルーツ
▼
コーヒー・紅茶

3 ナイフとフォークの扱い方

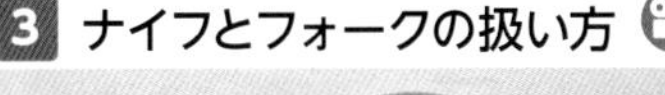

ナイフとフォークは、外側に置いてあるものから使う。原則として、ナイフは利き手で持つが、ナイフを置き、フォークを利き手に持ちかえて食べてもよい。ナイフは口に入れない。

料理を食べている最中

食べ終わり

4 料理を食べるときのマナー

料理

料理は、左からひと口大に切りながら食べる。右側から切るのはNG。また食器を持って食べてはいけない。

スープ

スープは、スプーンで手前から向こうへすくって飲む。少量になったら、皿の手前を持ち上げてすくう。音を立てて飲まないよう注意する。

パン

パンは、皿の上でひと口大にちぎって食べる。スープが出てからメイン料理が終わるまでに食べ終わる。パンくずを集めたり、テーブルの下に払い落とさないようにする。

5 ナプキンの使い方

置き方

二つ折りにし、折り目を手前にしてひざの上に。

使い方

くちびるや指先の汚れはナプキンの内側の端で押さえる程度に。

中座するとき

軽くたたんで、いすの上に置く。

食事が終わって

使用済みとわかるよう、軽くたたんでテーブルの上に置く。

6 西洋料理マナーNG集

●勝手に好きな席に着くのは×

食事をする席へは、店の人が案内するので、それに従う。

●自分で席に座るのは×

自分でいすを引いて、勝手に座ってはいけない。先に引いてもらっている人がいる場合は、いすの横に立って順番を待つ。

●自分のハンカチを使うのは×

ナプキンを汚しては悪いからと、自分のハンカチを使ってはいけない。

●器を交換するのは×

ひとつの料理をシェアしたいときは、最初に告げればお店の人が取り分けてくれる。

●落としたカトラリーを拾うのは×

ナイフやフォークを落としても自分で拾わず、店の人を呼んで新しいものをもらう。

●ナイフで食べるのは×

右利きの人は、右手が使いやすいので、ついナイフを使って食べたくなることもあるかもしれないが、フォークで食べる。

●ワゴンサービスで取りすぎるのは×

デザートがのったワゴンがテーブル席まで来て、好きなものを選べる店があるが、欲張りすぎはマナー違反。

●コーヒーや紅茶を飲むとき手を添えるのは×

コーヒーや紅茶のカップを持つときは、底に手をあてない。手をあてるのは日本式の作法なので注意する。

1 からだの組成と栄養素のはたらき

人はなぜ食べるのか

自動車はガソリンがなくなると止まってしまう。人間も同じようにからだの中のエネルギーがすべてなくなると、動けなくなってしまう。その前に脳から「エネルギーを補給しなさい」という命令が出る。これが、「おなかがすいた」ということ。では、摂取した食物はからだの中でどのように役立っているのだろうか。ただ「おなか一杯」になればいいというわけではない。一日に何をどのくらい食べれば元気に過ごせるのだろうか。これから一生営んでいく食生活について、その意味をもう一度考えてみよう。

1 からだの組成と摂取する栄養素

人のからだの組成と1日に摂取する栄養素は図のようであり、食物の摂取により細胞内で生命維持活動が営まれている。からだの組成には、性別、年齢、体型などにより個人差がある。

人のからだの組成

水分	50～60%
たんぱく質	15～20%
脂質	15～25%
ミネラル	5%
炭水化物その他	

藤田美明・奥恒行「栄養学総論」

1日に摂取する栄養素

飲料水		1.0L	2.3L
食物中の水		1.0L	
代謝水※		0.3L	
炭水化物		340g	
たんぱく質		65g	
脂質		61g	
ミネラル	食塩	10g	
	カルシウム	1100mg	
	鉄	10mg	
ビタミン類	ビタミンA	700μgRE	
	その他のビタミン類	130mg	

※代謝水：摂取した食物の栄養素が代謝されて生じる水。

2 栄養素のはたらき

栄養素は、炭水化物、脂質、たんぱく質、ビタミン、ミネラルの5つに分類でき、**5大栄養素**とよばれる（炭水化物、脂質、たんぱく質を**3大栄養素**ともいう）。これらの栄養素は、からだを構成したり、生活や成長に必要なエネルギーを生成したり、生理機能の調整などを行っている。これらの栄養素は連携しながらはたらいているため、効率的に作用させるには、多くの種類の栄養素を摂取するとよいが、食品によって含まれる種類や量が異なるため、バランスのよい食事が理想とされている。栄養素は欠乏してもいけないが、過剰摂取も健康にはよくない。

エネルギーになる（熱量素）

生きるために必要なエネルギーを供給する栄養素で、炭水化物・脂質・たんぱく質が関係する。おなかがすくと元気がなくなるのは、エネルギーが切れているからだ。

からだをつくる（構成素）

からだの骨や組織・筋肉・血液などをつくる栄養素で、脂質・たんぱく質・ミネラルが関係する。おとなの細胞の数は60兆個にもなり、毎日、新しい細胞に生まれ変わる。

からだの調子を整える（調節素）

からだの各機能を調節する栄養素で、食物繊維・たんぱく質・ミネラル・ビタミン・脂質の一部が関係する。体内のさまざまな化学反応である代謝を助け、からだの調子を整える。

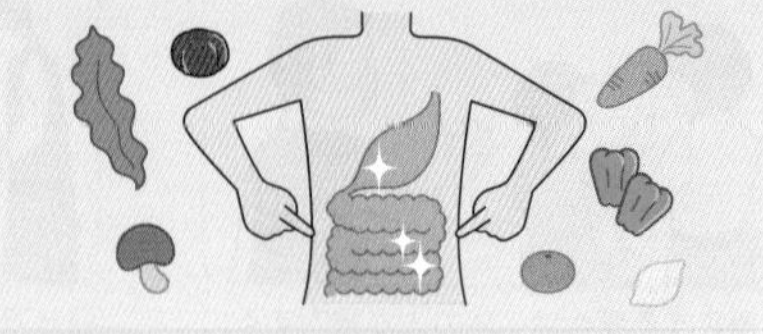

（食物繊維）

	炭水化物（➔p.134）	脂質（➔p.136）	たんぱく質（➔p.138）	ミネラル（➔p.140）	ビタミン（➔p.144）
穀類・いも類	○	×	△	△	△
肉類・魚類	×	△	○	△	△
乳類	×	△	○	△	△
豆類	△	×	△	△	△
野菜類	△	×	×	○	○
きのこ類・藻類	×	×	×	○	△

○…多く含む　△…あまり含まれない。食品や成分によっては多い　×…ほとんど含まれない

2 食物の消化と吸収

消化・吸収とは

消化とは、口から消化管の中へとり入れた食物を、消化管の壁（上皮細胞）を通りうる状態にまで分解する作用をいい、消化された物質が血液やリンパ液中にとり込まれる作用を吸収という。ぶどう糖やビタミン、ミネラル、水などはそのまま吸収されるが、でん粉などの炭水化物や脂肪、たんぱく質は分解されたのちに吸収される。この過程にはさまざまな消化酵素がはたらいている。

1 消化器官と消化酵素のはたらき

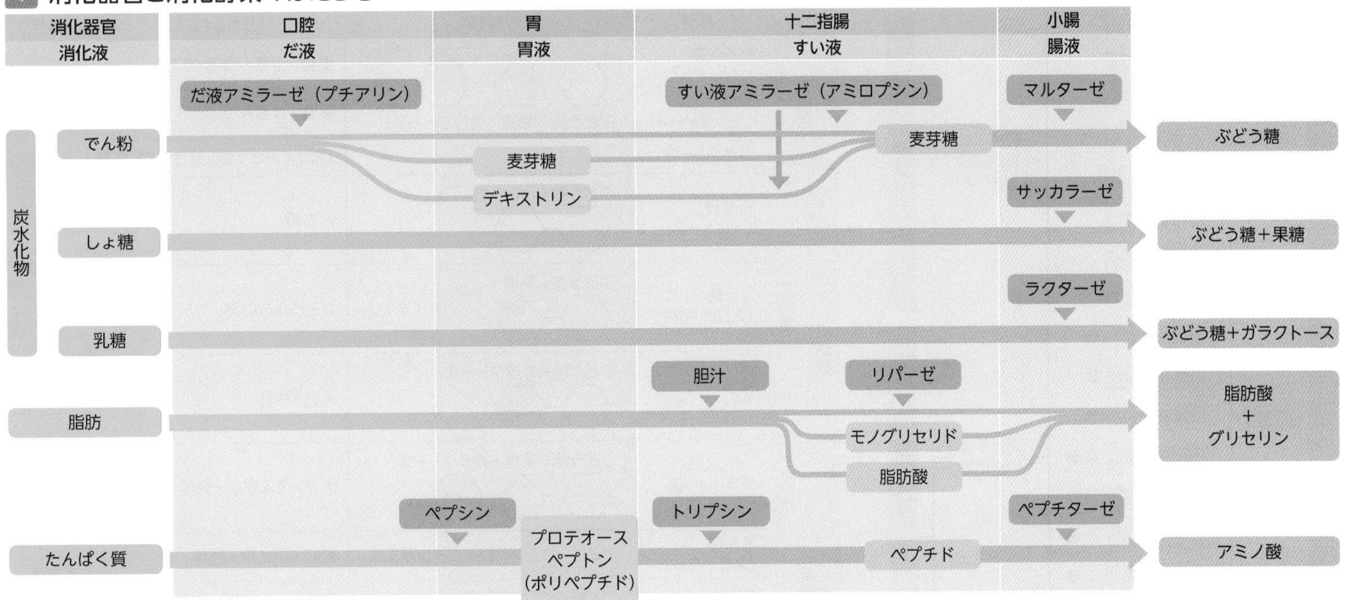

2 消化・吸収の過程

栄養素は、その9割以上が小腸で吸収される。小腸の内壁は、吸収面積を広くさせるために柔毛（じゅうもう）で覆われている。その面積はテニスコート1面ほどになる。栄養素によって、吸収場所も決まっている。

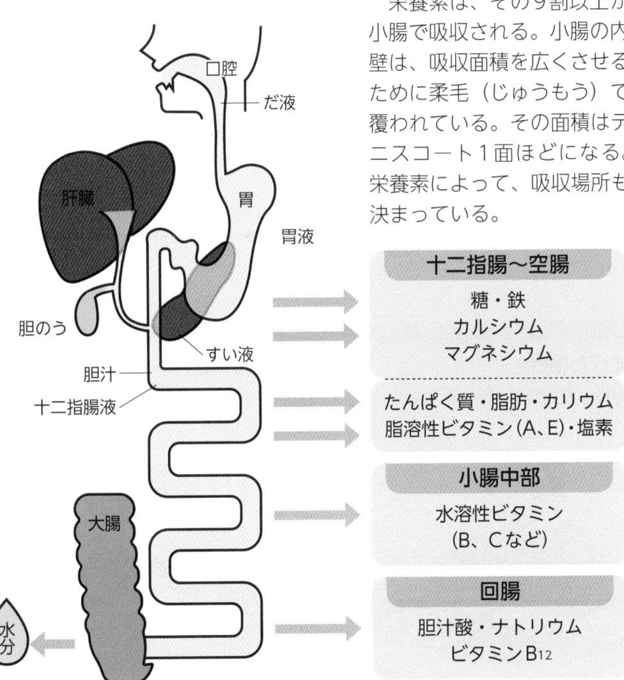

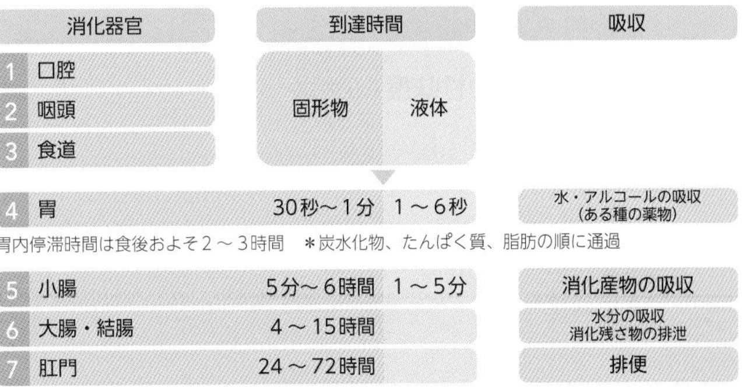

消化器官	到達時間（固形物）	到達時間（液体）	吸収
1 口腔			
2 咽頭			
3 食道			
4 胃	30秒～1分	1～6秒	水・アルコールの吸収（ある種の薬物）
5 小腸	5分～6時間	1～5分	消化産物の吸収
6 大腸・結腸	4～15時間		水分の吸収 消化残さ物の排泄
7 肛門	24～72時間		排便

胃内停滞時間は食後およそ2～3時間　＊炭水化物、たんぱく質、脂肪の順に通過

栄養素の吸収

消化された栄養素は、胃壁、腸壁を通して血管、リンパ管に入り、からだの各部分や組織に運ばれる。濃度の高低差による拡散作用であるが、有用なものを選択的に吸収する作用もある。

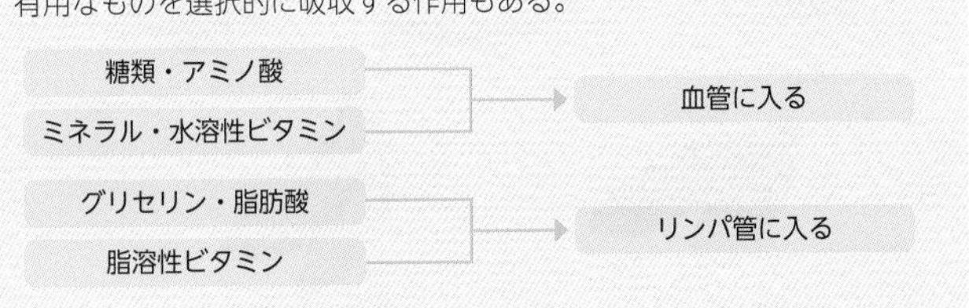

3 炭水化物（糖質・食物繊維）

Carbohydrate（Glucide・Dietary fiber）

炭水化物とは

炭素（C）、水素（H）、酸素（O）の3元素から構成され、$C_m(H_2O)_n$ の分子式であらわされる。消化酵素により消化される「糖質」と、消化されない「食物繊維」に分かれる。このうち糖質は、1gあたり4kcalのエネルギーを持ち、全摂取エネルギーの約6割を占め、重要なエネルギー源である。食物繊維はほとんどエネルギー源とはならないが、整腸作用などが注目されている。

1 糖質と食物繊維の区分

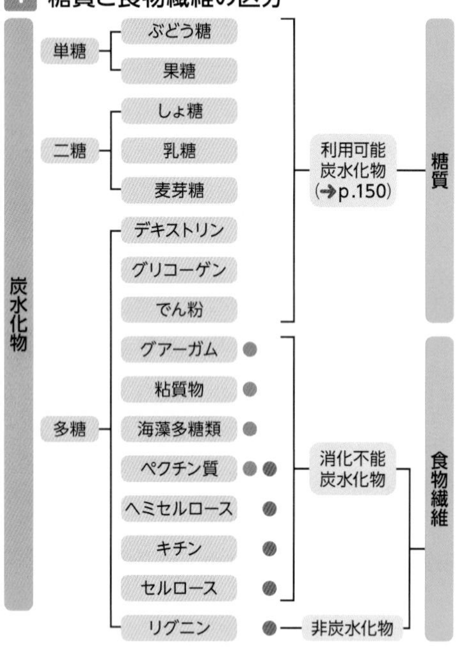

●水溶性食物繊維　●不溶性食物繊維

2 糖質の種類

分類		種類	構造	おもな所在	特性
単糖類		ぶどう糖（グルコース）	ぶどう糖　果糖　ガラクトース	果物・野菜・血液（0.1%）	水溶性 甘い
		果糖（フルクトース）		果物・はちみつ	
		ガラクトース		（乳汁にぶどう糖と結合して）乳糖	
少糖類	二糖類	麦芽糖（マルトース）	ぶどう糖＋ぶどう糖　$C_{12}(H_2O)_{11}$	水あめ	
		しょ糖（スクロース）	ぶどう糖＋果糖	さとうきびの茎・てんさいの根	
		乳糖（ラクトース）	ぶどう糖＋ガラクトース	人乳・牛乳	
	三糖類	ラフィノース	ぶどう糖＋果糖＋ガラクトース	大豆・てんさい・綿実	
多糖類		でん粉（スターチ）	アミロースとアミロペクチンがある	穀類・いも類・豆類	不溶性 甘くない
		デキストリン	でん粉の途中分解産物	あめ	
		グリコーゲン	動物の貯蔵炭水化物	動物の肝臓・筋肉	

単糖類：1個の糖から構成される。　少糖類：2～10個の単糖が結合したもの。結合数によって二糖類、三糖類などという。　多糖類：単糖が多数結合したもの。

3 単糖類・二糖類の甘味度（しょ糖100として）

糖	甘味度
しょ糖	100
ぶどう糖	74.3
果糖	173.3
ガラクトース	32.1
麦芽糖	32.5
乳糖	16.0

4 でん粉の構造

穀類やいも類に含まれているでん粉は、アミロースとアミロペクチンからなっており、その割合は食品によって異なる。

● アミロースとアミロペクチンの割合（%）

食品名	アミロース	アミロペクチン
うるち米	20	80
もち米	0	100
とうもろこし	26	74

5 糖質を多く含む食品と目標摂取量

1日の目標量（15～17歳）　男女とも、総エネルギー摂取量の50%以上65%未満（➔p.213 6）

● 多く含む食品（100gあたり）

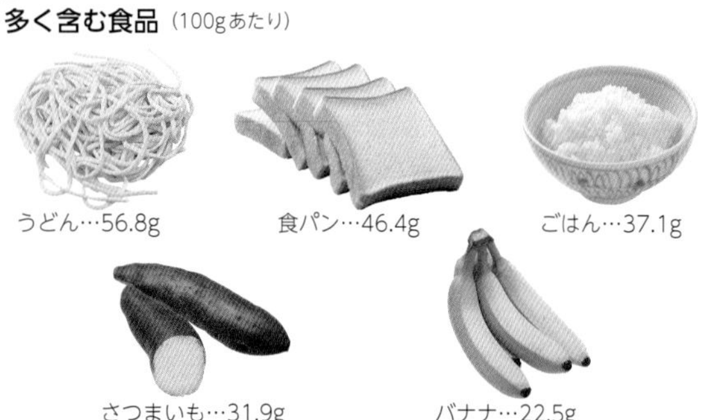

うどん…56.8g　食パン…46.4g　ごはん…37.1g　さつまいも…31.9g　バナナ…22.5g

● とりすぎた場合

肥満／糖尿病／高脂血症／脂肪肝／虫歯

● 足りない場合

疲れやすくなる／集中力がなくなる／皮膚が衰えてくる

食物繊維とは

人間のもつ消化酵素で分解されない動植物食品中に含まれる難消化成分をいい、ダイエタリーファイバーともいう。その多くが多糖類である。水溶性と不溶性があり、いずれも消化吸収されないので栄養素には含めないとされたが、近年、食物繊維の摂取量の低下と生活習慣病の増加との関連性が注目されるようになり、その有用性が見直されている。食物繊維は５大栄養素（炭水化物・たんぱく質・脂質・ビタミン・ミネラル）に続く「第６の栄養素」とよばれるようになった。

6 食物繊維の主なはたらき

1. 消化管を刺激し、その動きを活発にする
2. 食物繊維の保水性・ゲル形成機能により、便容積を増大し、かたさを正常化する（便秘予防）
3. 便量を増すことにより、消化管通過時間を短縮させる（便秘予防）
4. 満腹感を与え、エネルギーの過剰摂取を防ぐ（肥満予防）
5. 胆汁酸を吸着し排出することで、血中コレステロールの上昇を抑制する（動脈硬化予防）
6. 腸内の有害物質を吸着させ、糞便中に排出する

7 食物繊維の摂取

食物繊維を含む野菜を食べる際には、とくに加熱調理して食べると効果的である。加熱によってかさが減るので、量もたっぷりとることができる。主食には、白米のほか玄米や麦などをうまくとり入れるとよい。精白米のみでは１食0.4gの食物繊維量が、３割の押し麦を混ぜて炊くと1.9g、食パンでは2.5gの食物繊維量が、全粒粉のライ麦パンでは5.0gと、いずれもより多くの食物繊維がとれる。

一方で、食物繊維をとりすぎると、ビタミンやミネラルなどの吸収障害を引き起こすことがある。一般的に、食物繊維が豊富な食品は、ビタミンやミネラルも多く含まれているため、自然の食品から食物繊維をとっている限りはとくに問題はないが、食物繊維の摂取を目的とした加工食品や、いわゆる「サプリメント」の過剰摂取には注意が必要である。

8 食物繊維の分類

分類	含まれる部位	名称	多く含む食品
不溶性食物繊維	植物細胞壁の構成成分	セルロース	野菜、穀類、豆類、小麦ふすま
		ヘミセルロース	穀類、豆類、小麦ふすま
		ペクチン質（不溶性）	未熟な果物、野菜
		リグニン	ココア、小麦ふすま、豆類
	甲殻類の殻の構成成分	キチン	えび、かにの殻
水溶性食物繊維	植物細胞の貯蔵多糖類	ペクチン質（水溶性）	熟した果物
		植物ガム（グアーガム）	樹皮、果樹など
		粘質物（グルコマンナン）	こんにゃく
		海藻多糖類（アルギン酸、ラミナリン、フコイダン）	海藻、寒天
	食品添加物	化学修飾多糖類	
		化学合成多糖類	
その他	結合組織の成分	コンドロイチン硫酸	動物食品の骨、腱など

column
食べ物と腸内細菌の関係

腸内にはいろいろな種類の細菌がいるが、年齢や食生活によって腸内細菌の種類や数も変わってくる。ビフィズス菌などは善玉菌、大腸菌などは悪玉菌とよばれ、それぞれ違うはたらきをする。

昔ながらの日本型食生活の食材に多く含まれる「食物繊維」は、悪玉菌の繁殖をくい止め、腸の中を掃除し、善玉菌を増やすはたらきがある。大豆やたまねぎ、アスパラガスなどに多いオリゴ糖は善玉菌の栄養素となっている。逆に、肉類、たんぱく質、脂肪の過剰摂取は悪玉菌を増やすことになる。

加齢と腸内細菌の変化

●おもに有用なはたらき
▲おもに有害なはたらき
◆両方のはたらきをもつ

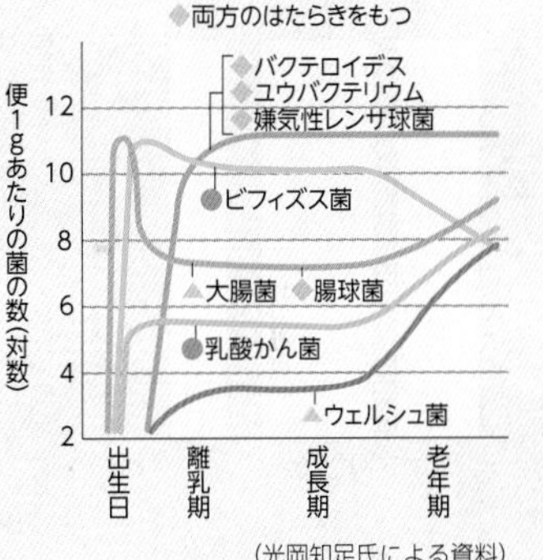

（光岡知足氏による資料）

9 食物繊維を多く含む食品と目標摂取量

1日の目標量（15～17歳） 男：19ｇ以上、女：18ｇ以上（➔p.213 7）

多く含む食品（1回使用量あたり）

ごぼう(100g)…5.7g

いんげんまめ(80g)…15.7g

おから(50g)…5.8g

とうもろこし 玄穀(150g)…13.5g

とりすぎた場合

下痢／鉄・カルシウム・亜鉛の吸収が妨げられる

足りない場合

便秘／痔（ぢ）／腸内環境の悪化＝発がんのリスクが高まる

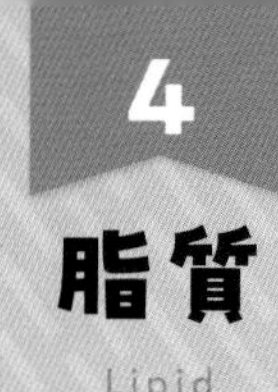

脂質

Lipid

脂質とは

炭水化物と同様に、炭素（C）、水素（H）、酸素（O）の3元素から構成される。水に溶けず、エーテル、クロロホルム、メタノールなどの有機溶剤に溶ける性質をもつ。エネルギー源、必須脂肪酸の供給源としてのはたらきのほかに、脂溶性ビタミンの吸収をよくするはたらきをもつ。水に溶けないため、体内で単一に存在することができず、リン脂質やたんぱく質などと複合体をつくり、水に可溶化されている場合が多い。1ｇあたりのエネルギー値が9kcalと高いので、エネルギーの貯蔵に適しているが、過剰摂取には要注意。

1 脂質の種類

分類	種類	構造	おもな所在	生理機能
単純脂質	中性脂肪 ろう	脂肪酸＋グリセリン 脂肪酸＋高級アルコール	食用油、まっこう鯨、魚卵	エネルギー貯蔵、保温作用
複合脂質	リン脂質 糖脂質	脂肪酸＋グリセリン＋リン酸＋コリン（レシチン）など 脂肪酸＋グリセリン＋単糖類	卵黄	細胞膜などの構成成分 脳組織に広く分布
誘導脂質	脂肪酸 ステロール	脂肪を構成する有機酸 エルゴステロール（植物性） コレステロール（動物性） 性ホルモン、胆汁酸など	バター、食用油 あさり、かき、植物油 卵黄、えび、いか	脂肪として蓄積し、分解してエネルギー供給する。 ホルモンの構成成分

●中性脂肪の模式図

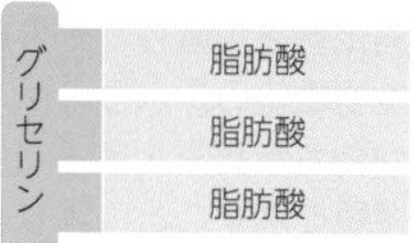

●リン脂質の模式図

グリセリン
脂肪酸
脂肪酸
リン酸　コリンなどの塩基

2 脂肪酸の種類

分類	名称	構造	炭素数(n):二重結合	おもな所在	特性
飽和脂肪酸(S)	酪酸 ヘキサン酸 カプリル酸 ラウリン酸 ミリスチン酸 パルミチン酸 ステアリン酸	$C_nH_{2n}O_2$ 例：パルミチン酸 H-C-C-C-C-C-C-C-C-C-C-C-C-C-C-C-C(=O)OH	C_4：0 C_6：0 C_8：0 C_{12}：0 C_{14}：0 C_{16}：0 C_{18}：0	バター バター バター、やし油 やし油、鯨油 やし油、落花生油 パーム油、やし油 ヘット（牛脂）、ラード（豚脂）	融点が高く、常温で固体のものが多い。 コレステロールを増やす。 中性脂肪を増やし、動脈硬化の原因となる。 酸化しにくい。
不飽和脂肪酸 一価(M)	パルミトレイン酸 オレイン酸 エルシン酸	$C_nH_{2(n-x)}O_2$ 例：リノール酸（n-6系） H-C-C-C-C-C-C=C-C-C=C-C-C-C-C-C-C-C-C(=O)OH	C_{16}：1 C_{18}：1 C_{22}：1	動植物油 魚油、オリーブ油 なたね油	融点が低く、常温で液体のものが多い。オレイン酸は酸化しにくく、コレステロールを減らす。
不飽和脂肪酸 多価(P)	リノール酸● アラキドン酸		C_{18}：2 C_{20}：4	ごま油、だいず油 肝油	n-6系　必須脂肪酸を含む。コレステロールを減らす。酸化しやすい。
不飽和脂肪酸 多価(P)	α－リノレン酸● イコサペンタエン酸（IPA） ドコサヘキサエン酸（DHA）		C_{18}：3 C_{20}：5 C_{22}：6	なたね油、しそ油 魚油 魚油	n-3系

（注）●は必須脂肪酸。リノール酸をもとにアラキドン酸、α－リノレン酸をもとにIPAとDHAが体内で合成される。これら3つを必須脂肪酸に含める場合もある。

3 必須脂肪酸

不飽和脂肪酸のうち、リノール酸やα－リノレン酸は体内では合成されず、必ず食物から摂取しなければならない。健康な人では、食品から摂取したリノール酸をもとに、体内でアラキドン酸が合成される。また、α－リノレン酸をもとにイコサペンタエン酸（IPA）、ドコサヘキサエン酸（DHA）が合成される。必須脂肪酸が欠乏すると、成長不良や皮膚異常が見られたり、感染症にかかりやすくなったりする。

それぞれの必須脂肪酸は、体内で作用の異なるホルモン様のはたらきを示すプロスタグランジン（PG）などを生成する。

プロスタグランジンにはさまざまな種類があり、ごく微量でも強い生理作用がある。プロスタグランジンには、生体内での相互の微妙なバランスにより、血圧、血糖値、コレステロール値の降下、血液の凝固阻止、血管拡張、気管支拡張など多くの作用が認められている。

（注）イコサペンタエン酸（IPA）はエイコサペンタエン酸（EPA）ともいう。本書は文部科学省「日本食品標準成分表」の表記にあわせた。

n-6系脂肪酸

リノール酸
↓
アラキドン酸

n-3系脂肪酸

α－リノレン酸
↓
IPA（EPA）
↓
DHA

トランス脂肪酸

トランス脂肪酸は、天然にはほとんど存在せず、マーガリンやショートニングの製造過程で発生する。とりすぎると悪玉コレステロールが増加し、動脈硬化や心筋梗塞の危険性が高まるという報告がある。日本人の摂取状況は、WHOによる基準（総摂取カロリーの1％未満）を下回っている（0.3％程度）と推定されるため表示義務はないが、消費者庁は、事業者に対して情報を自主的に開示するように求めている。

4 望ましい脂肪酸の摂取比率

● S：M：P比

脂質の栄養的評価は、脂肪酸のバランスに大きく左右される。

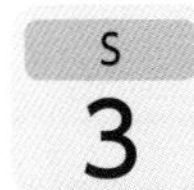

飽和脂肪酸

：

一価不飽和脂肪酸

：

多価不飽和脂肪酸

● n-6系：n-3系比

同じ多価不飽和脂肪酸でも、生体における機能が違うため、適切な摂取を心がけることが大切である。

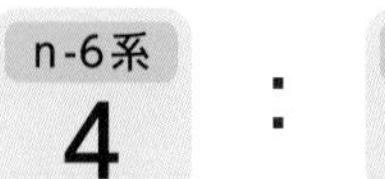

● 100 gあたりの脂肪酸総量（g）とS：M：P比　● n-6系：n-3系比

食品（脂肪酸総量）	飽和脂肪酸(S)	一価不飽和脂肪酸(M)	多価不飽和脂肪酸(P)	n-6系	n-3系
オリーブ油（94.58g）	13.29	74.04	7.24	6.64	0.60
ごま油（93.83g）	15.04	37.59	41.19	40.88	0.31
調合油（93.01g）	10.97	41.10	40.94	34.13	6.81
マーガリン 家庭用 有塩（75.33g）	23.04	39.32	12.98	11.81	1.17
無発酵バター 有塩バター（70.56g）	50.45	17.97	2.14	1.86	0.28
和牛肉 かたロース 赤肉（23.29g）	8.28	14.17	0.83	0.80	0.03
ぶた ロース 脂身つき（17.73g）	7.84	7.68	2.21	2.10	0.11
くろまぐろ 天然 脂身（22.52g）	5.91	10.20	6.41	0.60	5.81
まあじ 皮つき 生（3.37g）	1.10	1.05	1.22	0.13	1.05
	3	4	3	4	1

5 コレステロール

コレステロールは、血液中の脂質の1つである。成人の体内には約100 gのコレステロールが存在し、体成分更新のために1日1 g以上の供給が必要である。食物としてその一部を摂取し、ほかは肝臓で合成される。コレステロールは、①細胞膜の成分　②胆汁酸の成分　③性ホルモン、副腎皮質ホルモンの成分　④プロビタミン（体内でビタミンに変換されるもの）の成分としてのはたらきをもち、とくに成長期には必要とされる。しかし、肝臓が送り出すコレステロール（LDL）と、肝臓に送られてくるコレステロール（HDL）のバランスが崩れると血液中にコレステロールのかすがたまり、動脈硬化を起こす原因となる。

飽和脂肪酸は血液中のコレステロールを上昇させる作用があるが、多価不飽和脂肪酸は低下させる作用がある。しかし、多価不飽和脂肪酸は酸化されやすく、酸化された脂質は老化の原因となるので、新鮮な食品を選ぶよう気をつける。

6 コレステロールの吸収と代謝

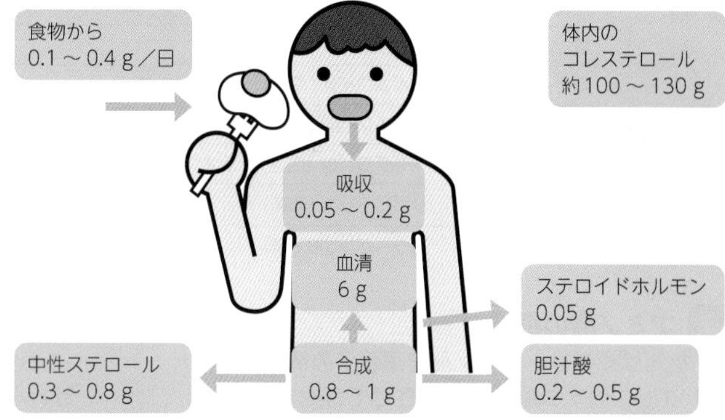

7 脂質を多く含む食品と目標摂取量

1日の目標量（15～17歳）　男女とも、総エネルギー摂取量の20％以上30％未満（➔p.213 8）

● 多く含む食品（1回使用量あたり）

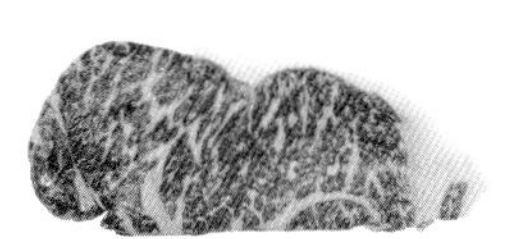
和牛肉 サーロイン（150g）…71.3g

ぶた ばら 脂身つき（100g）…35.4g

さんま 皮つき（1尾＝120g）…30.7g

アーモンド（30g）…15.5g

● とりすぎた場合

脂質異常症／肥満／動脈硬化／心臓疾患／老化／免疫力の低下

● 足りない場合

摂取エネルギー不足／発育不良／脂溶性ビタミン欠乏／血管の脆弱化／免疫力の低下

オリーブ油とオレイン酸

南イタリア地方は、他のヨーロッパ諸国に比べて心臓疾患による死亡率が低いといわれる。肉やバターを多く使う欧米諸国の食事に比べれば、南イタリア地方の摂取バランスは日本に近い。多く使われるオリーブ油のオレイン酸含有量は70％以上もあり、一価不飽和脂肪酸の特徴である酸化に強い油で、がんの原因にもなる過酸化脂質をつくりにくく、血中コレステロールを減らすはたらきもある。生で利用すると香りが高く、加熱による酸化も少ないことから、料理にも安心して使える。製法・等級によって名称が異なり、果肉を冷圧法で絞った一番絞りの「バージンオイル」にも、オレイン酸の含量の多い順に「エクストラ・バージン」「ファイン・バージン」「セミ・ファイン」の3段階がある。

5

たんぱく質

Protein

たんぱく質とは

約20種類のアミノ酸が数十～数百個以上結合したもので、炭素（C）、水素（H）、酸素（O）のほかに、窒素（N）を含む。からだを構成する細胞・酵素・ホルモン・免疫抗体・核酸は、たんぱく質からできている。1gあたり4kcalのエネルギー源となるなど、たんぱく質はからだを構成する成分として重要であるとともに、エネルギー源としても重要な栄養素である。

1 たんぱく質の種類

分類	種類	おもなものの名称と所在	特性
単純たんぱく質	アルブミン	オボアルブミン（卵白）、ラクトアルブミン（乳）、血清アルブミン（血液）	水に溶け、加熱すると凝固する。
	グロブリン	グロブリン（卵白・血液）、グリシニン（大豆）、アラキン（落花生）	水に溶けず、塩溶液に溶ける。加熱すると凝固する。
	グルテリン	オリゼニン（米）、グルテニン（小麦）	水や塩溶液に溶けず、薄い酸やアルカリに溶ける。加熱しても凝固しない。
	プロラミン	グリアジン（小麦）、ツェイン（とうもろこし）	水に溶けず、アルコールに溶ける。
	硬たんぱく質	コラーゲン（皮・骨）、エラスチン（腱）、ケラチン（爪・毛髪）	水・塩溶液・酸・アルカリなどに溶けない。
複合たんぱく質	核たんぱく質	（細胞核）	単純たんぱく質に核酸が結合したもの。
	糖たんぱく質	オボムコイド（卵白）、ムチン（血清）	たんぱく質に糖が結合したもの。
	リンたんぱく質	カゼイン（乳）、ビテリン（卵黄）	たんぱく質にリン酸が結合したもの。
	色素たんぱく質	ヘモグロビン（血液）、ミオグロビン（筋肉）	たんぱく質に色素が結合したもの。
	リポたんぱく質	リポビテリン（卵黄）	たんぱく質にリン脂質が結合したもの。
誘導たんぱく質	ゼラチン	コラーゲン（皮・骨）	たんぱく質を、物理的、化学的に処理したもの。

2 アミノ酸の種類

たんぱく質は、アミノ酸を遺伝子の情報にもとづいて、1個ずつ順番に結合させて合成するので、どれか1つでも不足すると、完全なたんぱく質ができない。たんぱく質を構成する20種類のアミノ酸のうち、体内で合成されない9種類のアミノ酸を**必須アミノ酸**、それ以外のものを**非必須アミノ酸**という。非必須アミノ酸は、体内で合成することができるので、必ずしも食事から摂取する必要はないという意味で、体内になくてもよいという意味ではない。たんぱく質の合成には、必須アミノ酸も非必須アミノ酸もどちらも必要である。

必須アミノ酸のうち、メチオニン、フェニルアラニンは、一部を非必須アミノ酸のシスチン、チロシンにより代替、合成することができる。メチオニンとシスチンを合わせて**含硫アミノ酸**、フェニルアラニンとチロシンを合わせて**芳香族アミノ酸**という。

	種類	はたらき	多く含む食品
必須アミノ酸	イソロイシン	成長促進、神経・肝機能向上、筋力向上	牛肉・鶏肉・鮭・チーズ
	ロイシン	肝機能向上、筋力向上	牛乳・ハム・チーズ
	リシン（リジン）	体組織の修復、ぶどう糖代謝促進	魚介類・肉類・レバー
	メチオニン	抑うつ状態の改善	牛乳・牛肉・レバー
	フェニルアラニン	抑うつ状態の改善、鎮痛作用	肉類・魚介類・大豆・卵・チーズ・アーモンド
	トレオニン（スレオニン）	脂肪肝予防、成長促進	卵・ゼラチン・スキムミルク
	トリプトファン	精神安定、抑うつ状態改善	チーズ・種実・大豆製品・柿・卵黄
	バリン	成長促進	プロセスチーズ・レバー・牛乳・卵
	ヒスチジン	子どもの成長に必須、神経機能	チーズ・鶏肉・ハム・牛肉
非必須アミノ酸	グリシン／アラニン／セリン／シスチン／チロシン／アスパラギン酸／グルタミン酸／プロリン／アルギニン（子どもにとっては必須アミノ酸）		

●アミノ酸の構造

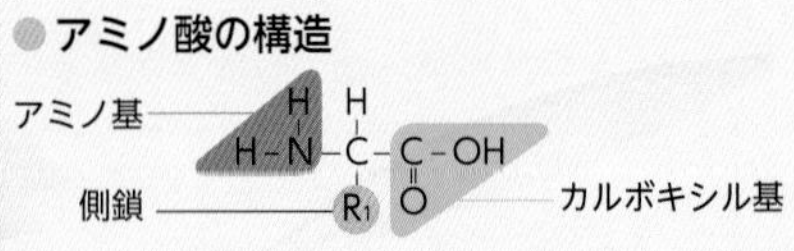

3 食品による必須アミノ酸のバランスのちがい

必須アミノ酸は、食品により含まれる量が異なっている。右のグラフは、3つの食品における、可食部100g中の必須アミノ酸量を示したものである。これを見ると、各食品によって必須アミノ酸のバランスはさまざまに異なっていることがわかる。食事摂取基準（➜p.213 9）に1日に必要なたんぱく質の推奨量が掲載されているが、1つの食品を食べることで推奨量を満たしたとしても、必須アミノ酸のバランスはとれていない場合が多い。いろんな食品を組み合わせて食べる必要がある。

可食部100g中

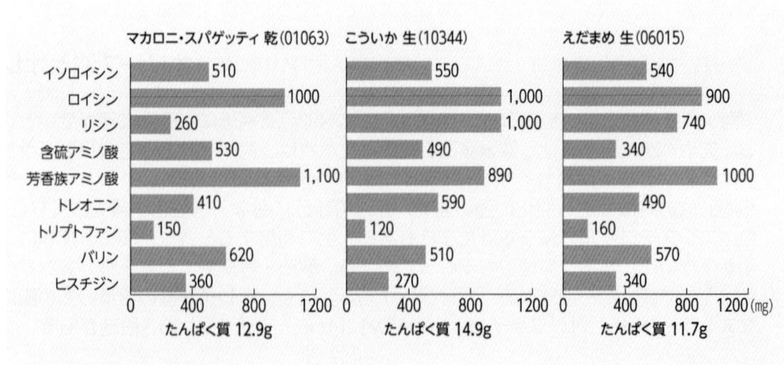

4 必須アミノ酸の必要量

必須アミノ酸は、それぞれ1日あたりどれくらい必要かが決められている。乳幼児、児童および青少年は、体重維持のためのアミノ酸必要量に加え、成長に伴うアミノ酸必要量も加えられるので、成人よりも必要量が高い。

通常の食生活を送っていれば不足する心配はない。

(mg /kg体重/日)

必須アミノ酸	6か月	1～2歳	3～10歳	11～14歳	15～17歳	18歳以上
イソロイシン	36	27	22	22	21	20
ロイシン	73	54	44	44	42	39
リシン	63	44	35	35	33	30
含硫アミノ酸	31	22	17	17	16	15
芳香族アミノ酸	59	40	30	30	28	25
トレオニン	35	24	18	18	17	15
トリプトファン	9.5	6.4	4.8	4.8	4.5	4.0
バリン	48	36	29	29	28	26
ヒスチジン	22	15	12	12	11	10

厚生労働省「日本人の食事摂取基準（2020年版）」、「WHO/FAO/UNU合同専門協議会報告（2007年）」

5 アミノ酸価（アミノ酸スコア）とは

各食品のたんぱく質の「質」つまり栄養価を評価する方法の1つに、**アミノ酸価**がある。体のたんぱく質合成のために理想的な必須アミノ酸組成を**アミノ酸評点パターン**※1（必須アミノ酸必要量パターン）として設定し、それぞれの食品に含まれている必須アミノ酸量※2がその何％にあたるかを算出する方法である。

評点パターンに満たない必須アミノ酸があると、十分に量がある必須アミノ酸が複数あったとしても、その最も少ない量のアミノ酸に見合う量でしかたんぱく質を合成できない（右表の右イラストのおけでいえば、一番短い板の部分にあたる）。評点パターンに満たないアミノ酸を**制限アミノ酸**といい、そのなかで最も比率の小さいもの（**第一制限アミノ酸**）の数値が、その食品のアミノ酸価となる。

※1 アミノ酸評点パターンは1～2歳のもの（「WHO/FAO/UNU合同専門協議会報告（2007年）」）

※2 アミノ酸成分表は、第3表「アミノ酸組成によるたんぱく質1gあたりのアミノ酸成分表」（➔p.206～211）を使用する。

$$\text{アミノ酸価 (C)} = \frac{\text{第一制限アミノ酸含量}}{\text{アミノ酸評点パターンの同アミノ酸含量 (A)}} \times 100$$

食パンの場合

食パンのアミノ酸価は44

必須アミノ酸	たんぱく質1gあたりのアミノ酸量（mg） アミノ酸評点パターン	食パン（B）	アミノ酸評点パターンに対する比率
イソロイシン	31	42	135
ロイシン	63	81	129
リシン	52	23	44(C)
含硫アミノ酸	25	42	168
芳香族アミノ酸	46	96	209
トレオニン	27	33	122
トリプトファン	7.4	12	162
バリン	41	48	117
ヒスチジン	18	27	150

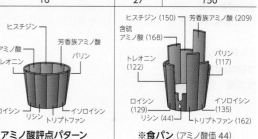

ヒスチジン　芳香族アミノ酸　含硫アミノ酸　バリン　トレオニン　ロイシン　リシン　トリプトファン　イソロイシン

アミノ酸評点パターン

ヒスチジン (150)　芳香族アミノ酸 (209)　含硫アミノ酸 (168)　トレオニン (122)　バリン (117)　ロイシン (129)　イソロイシン (135)　リシン (44)　トリプトファン (162)

※食パン（アミノ酸価 44）

※9種類すべてが100以上の場合、アミノ酸価は100になる。

6 アミノ酸価の計算方法―食パンの場合

アミノ酸評点パターン（A）に対する、食パンのたんぱく質1gあたりのアミノ酸量（B）を比べると、リシンの比率は44となり、100未満なので制限アミノ酸であり、なおかつ第一制限アミノ酸である。そのためリシンのアミノ酸評点パターンに対する比率（C）が、食パンのアミノ酸価となる。

7 たんぱく質の補足効果

食品を上手に組み合わせることで、互いに不足の必須アミノ酸（制限アミノ酸）を補いあい、全体でその効力を発揮して栄養価を総合的に高めることができる。例えば、リシンが不足している穀物とリシンを多く含む乳類や豆類を一緒に摂取する、などである。

例えば…

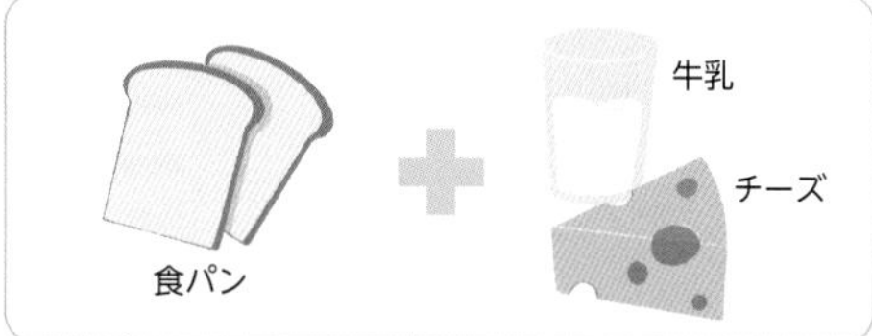

8 たんぱく質を多く含む食品と目標摂取量

1日の推奨量（15～17歳）男65g、女55g（➔p.213 9）

多く含む食品（1回使用量あたり）

かつお 春獲り(100g)…25.8g

うなぎ かば焼き(100g)…23.0g

にわとり ささみ 生(80g)…19.1g

ぶた もも 脂身つき(80g)…16.4g

とりすぎた場合

肥満／脂肪の摂取量が増える／カルシウムの尿排泄増加などをまねく

足りない場合

スタミナ不足／ウイルスなどへの抵抗力がおちる／発育障害／貧血／血管壁が弱まる／記憶力・思考力の減退／うつ病や神経症になりやすい

6

ミネラル

Minerals

ミネラルとは

人体を構成する元素は、酸素・炭素・水素・窒素が全体の約95％を占めているが、これ以外の元素を総称してミネラルという。

ミネラルは体内に約5%、約40種類存在している。人体におけるミネラルの含有量は微量であるが、それぞれの元素は重要な生理機能をつかさどっている。栄養素として不可欠なものは必須ミネラルとよばれる。なお、ミネラルは体内で合成されないので、食品から摂取しなくてはならない。欠乏症などにならないよう、バランスのよい摂取を心がけることが必要である。

●人体のミネラルの含有量

多量ミネラル	%
カルシウム (Ca)	1.5～2.2
リン (P)	0.8～1.2
カリウム (K)	0.35
ナトリウム (Na)	0.15
マグネシウム (Mg)	0.05

多量ミネラルは、1日の必要量が100mg以上のミネラル。微量ミネラルはそれ未満のミネラル。

微量ミネラル	%
鉄 (Fe)	0.004
亜鉛 (Zn)	0.003
銅 (Cu)	0.0001
マンガン (Mn)	微量
ヨウ素 (I)	微量
セレン (Se)	微量
モリブデン (Mo)	微量
クロム (Cr)	微量

1 多量ミネラル

1日の食事摂取基準の数値は15～17歳の値 （➔p.214⑩）

●カルシウム (Ca)

カルシウムは、体内に最も多く存在するミネラル。約99%は、骨や歯などの硬い組織に存在している。残り1%のカルシウムは、血液や筋肉などすべての細胞に存在する。

生理機能　骨や歯の形成。血液凝固や筋肉収縮。神経の興奮の抑制。

じょうずなとり方　牛乳中のカルシウムは吸収率が高く、効率がよい。

欠乏症　骨量が減少し、骨折や骨粗しょう症を起こす可能性が高くなる。

過剰症　泌尿器系結石を起こす。他のミネラルの吸収を阻害する。

1日の食事摂取基準

推奨量　男性800mg　女性650mg

可食部100gあたり
1人1回使用量あたり
（ ）内の数値は1人1回使用量のめやす

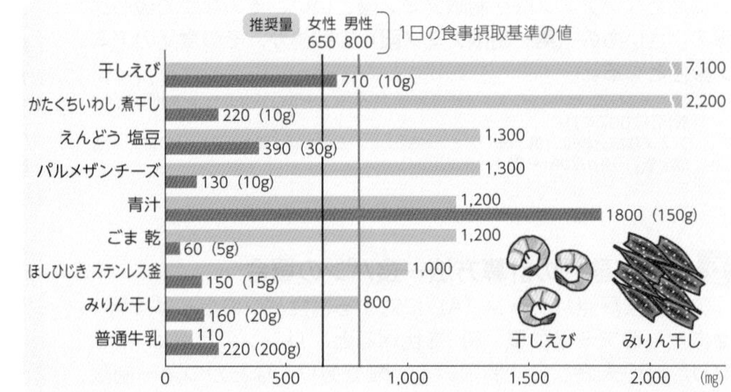

●リン (P)

カルシウムとともに骨や歯を形成したり、エネルギーを蓄える物質の成分になるなど、細胞の生命活動に欠かせない栄養素。

生理機能　骨や歯の形成。体内の酸・アルカリの平衡を保つ。

じょうずなとり方　リンは保存性を高める目的で多くの加工食品に添加されている。加工食品をよく食べる人はカルシウム不足に注意 （➔column）。

欠乏症　骨や歯が弱くなる。

過剰症　カルシウムの吸収を妨げる。肝機能低下。

1日の食事摂取基準

目安量　男性1,200mg　女性900mg

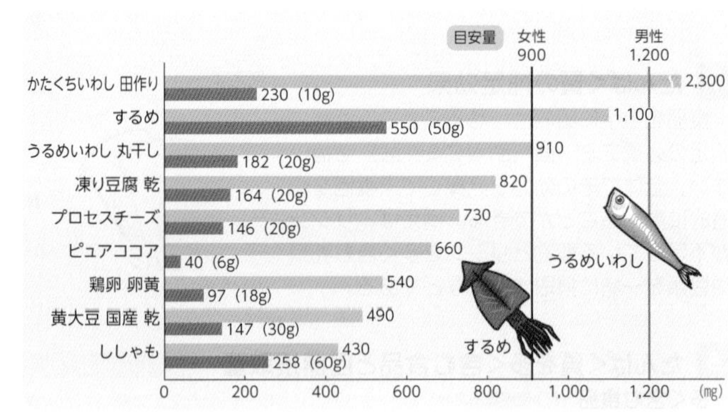

column　望ましいミネラルの摂取比率

カルシウムの体内への吸収は、他の成分の影響を受けることがわかっている。カルシウムはリンとの比が1：1のとき最も吸収がよいが、現状ではリンの摂取の方が多い。リンが過剰になるのは、肉類、魚介類などに含まれるほか、食品添加物として加工食品に多く含まれるためである。

また、カルシウムとマグネシウムの比率も、筋肉の収縮や正常な血圧の維持、骨の強化などに影響を与えている。カルシウムを多くとるほどマグネシウムは排泄されるので、マグネシウム1に対して、カルシウム2～3がよいとされている。

リン		カルシウム
1	:	1

マグネシウム		カルシウム
1	:	2

●カルシウムを助け、骨を強くする栄養素

カルシウム　マグネシウム　リン　ビタミンD　ビタミンK

Mg　P　Ca　D　K

カリウム (K)

あらゆる細胞の正常な活動をバックアップ。ナトリウムと作用し合い、細胞の浸透圧を維持したり、水分を保持したりしている。またカリウムには、ナトリウムが腎臓で再吸収されるのを抑制し、尿への排泄を促す働きがあることから、血圧を下げる作用があると考えられている。

生理機能	細胞の浸透圧の調節。細胞内の酵素反応を調節。
じょうずなとり方	あらゆる食品に含まれているが、新鮮なものほど多い。
欠乏症	脱力感や食欲不振。
過剰症	なし（とりすぎたとしても尿中に排泄される）。

1日の食事摂取基準

目安量 男性2,700mg 女性2,000mg

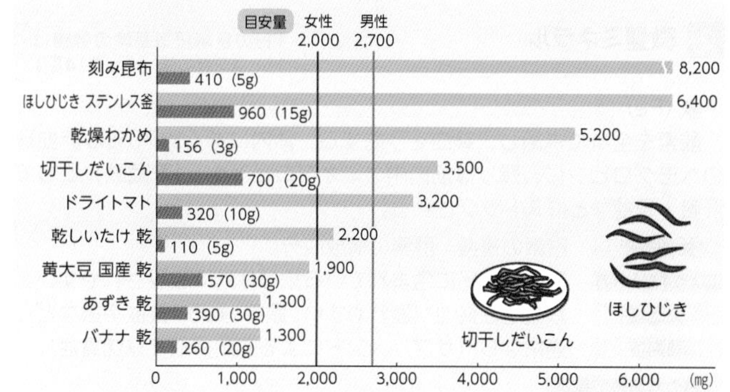

ナトリウム (Na)

細胞内外のミネラルバランスを保つために不可欠。多くは、細胞外液に含まれている。カリウムと作用し合い、細胞外液の浸透圧を維持する。

生理機能	細胞外液の浸透圧を維持。酸・アルカリの平衡を調節。
じょうずなとり方	食塩が多く使われている加工食品をひかえることが、減塩対策。
欠乏症	なし（日本人は食事から塩分を必要量以上にとっている）。
過剰症	細胞内外のミネラルバランスがくずれ、むくみが生じる。高血圧や胃がんの原因の1つ。

1日の食事摂取基準

15～17歳はなし（食塩の食事摂取基準は➜p.214 10）。

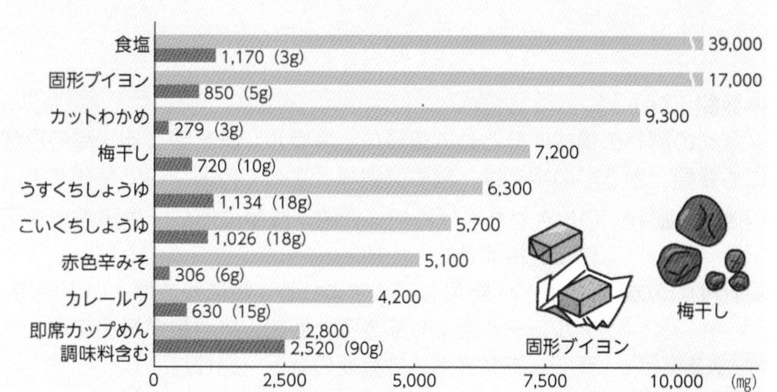

マグネシウム (Mg)

骨の成分として重要で、体内にある約6～7割は骨に含まれる。残りは肝臓や筋肉、血液などにたんぱく質と結合して存在している。マグネシウムは、300種類以上もの酵素のはたらきを助ける。

生理機能	筋肉の収縮。神経の興奮を抑える。酵素の活性化。
じょうずなとり方	加工していない食品に多く含まれる。未精製の穀類や種実、豆腐などの大豆製品からがとりやすい。
欠乏症	動悸、不整脈、神経過敏、骨・歯の形成障害。
過剰症	なし（とりすぎても、腸管からの吸収量が調節される）。

1日の食事摂取基準

推奨量 男性360mg 女性310mg

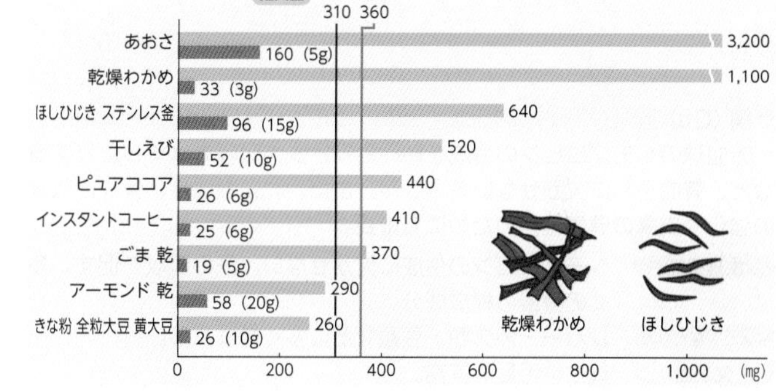

column

カルシウム不足が骨粗しょう症に

骨の主成分であるカルシウムが不足すると、骨粗しょう症になる危険性がある。骨粗しょう症とは、骨量（骨に貯えられたカルシウムの量）が減少し、骨に「す」が入ったようにもろく骨折しやすくなることである（写真参照）。

骨量は、20歳頃までは増加し、一生を通じて最高のレベルに達したときの骨は「ピーク・ボーン・マス（最大骨量）」と呼ばれるが、中高年以降は減少してしまうので（グラフ参照）、骨粗しょう症になりやすいといえる。

また最近は、若い女性にも骨粗しょう症予備軍が急増しているといわれている。骨量を増加させなければならない時期に食生活を乱したり、運動不足になることは、避けなければならない。

年齢と閉経にともなう骨量の変化（概念図）

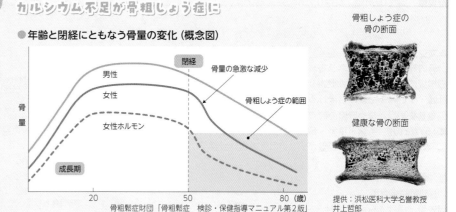

閉経 骨量の急激な減少 男性 女性 骨粗しょう症の範囲 女性ホルモン 骨量 成長期 20 50 80（歳）

骨粗鬆症財団「骨粗鬆症 検診・保健指導マニュアル第2版」

骨粗しょう症の骨の断面

健康な骨の断面

提供：浜松医科大学名誉教授 井上哲郎

2 微量ミネラル

〔1日の食事摂取基準の数値は15～17歳の値（➔p.214 10）〕

鉄（Fe）

酸素を全身に供給し、貧血を予防する。体内にある約70%は赤血球のヘモグロビンに、残りは筋肉中のミオグロビンや、「貯蔵鉄」として肝臓・骨髄などにストックされる。

生理機能 酸素の運搬。酵素の構成成分。

じょうずなとり方 動物性食品に含まれている鉄は体内に吸収されやすい。

欠乏症 鉄欠乏性貧血（疲れやすい、頭痛、動悸、食欲不振など）。

過剰症 通常なし（サプリメントによる過剰摂取で鉄沈着症）。

1日の食事摂取基準

推奨量 男性10.0mg　女性（月経あり）10.5mg

耐容上限量 男性50mg　女性40mg

可食部100gあたり
1人1回使用量あたり
（ ）内の数値は1人1回使用量のめやす

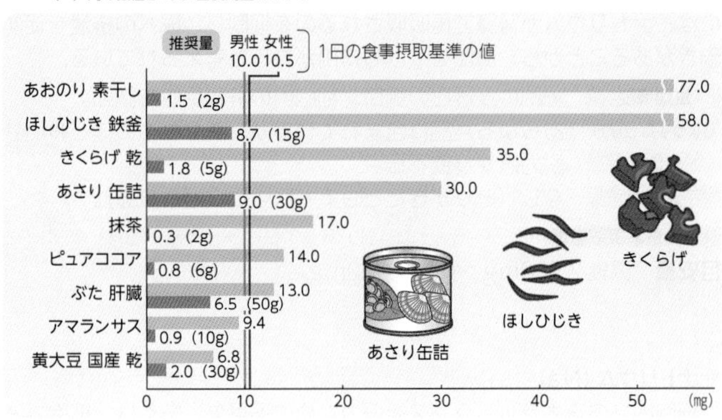

亜鉛（Zn）

多くの酵素の構成成分として重要なミネラル。味を感じる味蕾（みらい）の形成にも重要。からだの中では、骨や皮膚などすべての細胞内に存在する。

生理機能 DNAやたんぱく質の合成。味蕾の形成。生殖機能を正常に維持する。

じょうずなとり方 肉・魚介・野菜などに含まれる。特にかきはよい供給源。アルコールをとりすぎると亜鉛の排泄量が増加する。

欠乏症 貧血、味覚異常、性機能の低下（男性）。

過剰症 なし。

1日の食事摂取基準

推奨量 男性12mg　女性8mg

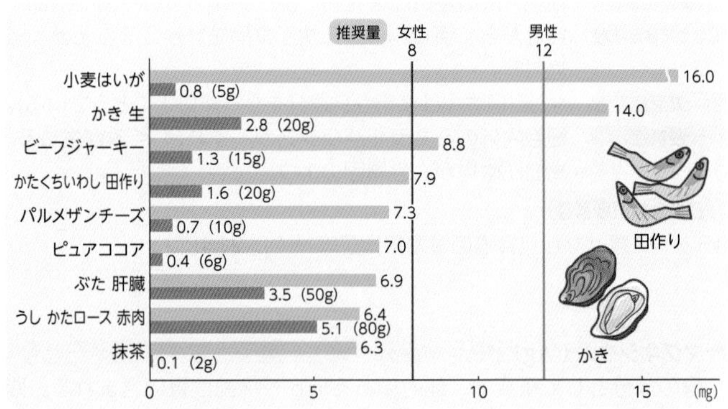

銅（Cu）

赤血球のヘモグロビンの合成を助けたり、鉄の吸収をよくしたりするなど、貧血予防に欠かせないミネラル。また、乳児の成長、骨や血管壁の強化や皮膚の健康維持のためにも重要。

生理機能 ヘモグロビンの生成に欠かせない。鉄の吸収を促す。多くの酵素の構成成分。

じょうずなとり方 レバー・魚介類・豆類などに多く含まれる。

欠乏症 貧血、毛髪の異常。

過剰症 なし。

1日の食事摂取基準

推奨量 男性0.9mg　女性0.7mg

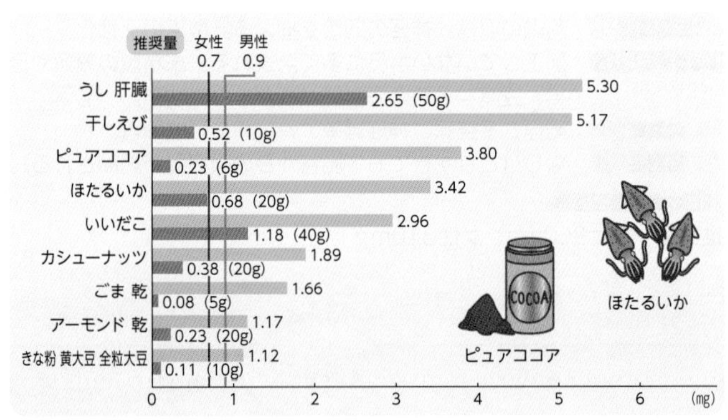

マンガン（Mn）

骨の発育に重要なミネラル。また、体内で重要なはたらきをする酵素の構成成分としても欠かせない。人や動物に存在する量はわずかだが、肝臓・すい臓・毛髪に含まれる。

生理機能 骨や肝臓の酵素作用の活性化。骨の発育促進。

じょうずなとり方 茶葉・種実・穀類・豆類に多く含まれる。

欠乏症 なし（必要量が少ないうえ、植物性食品に広く含まれている）。

過剰症 なし。

1日の食事摂取基準

目安量 男性4.5mg　女性3.5mg

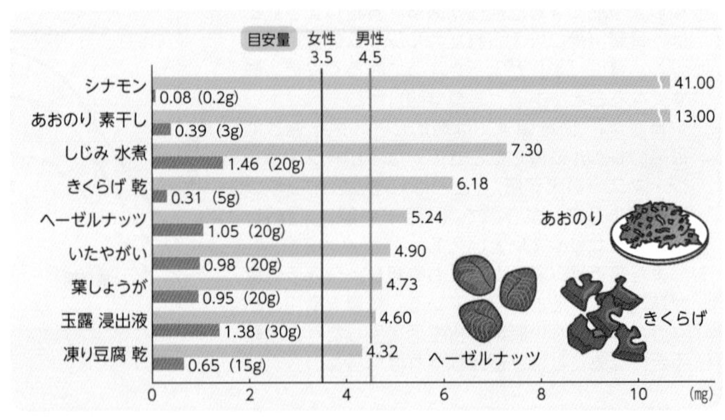

ヨウ素 (I)

成長や代謝を促す甲状腺ホルモンの成分として欠かせないミネラル。体内では、ほとんど甲状腺に集中している。

生理機能 発育の促進。基礎代謝の促進。

じょうずなとり方 魚介類・海藻類に多く含まれる。

欠乏症 甲状腺が肥大し、機能が低下。ただし、海産物をよく食べる日本人にはほとんどない。

過剰症 甲状腺ホルモンの合成ができなくなる。

1日の食事摂取基準

推奨量 男性140μg　女性140μg

耐容上限量 男性3,000μg　女性3,000μg

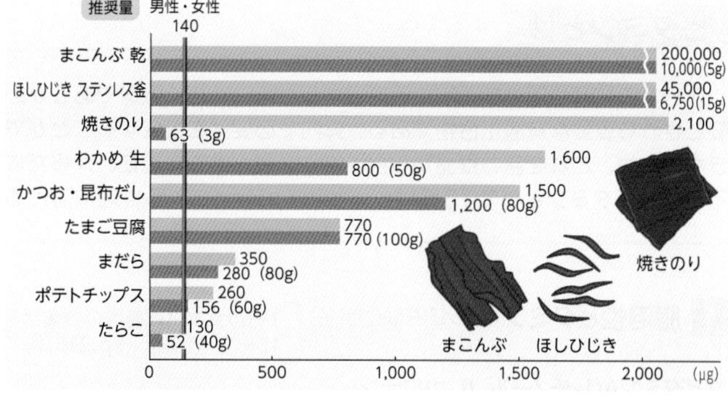

セレン (Se)

過酸化物質を分解する酵素の構成成分なので、細胞の酸化を防ぐ。胃・下垂体・肝臓に多く含まれる。

生理機能 抗酸化作用で細胞の酸化を防ぐ。

じょうずなとり方 魚介類、セレン濃度の高い土壌で育った植物に多く含まれる。

欠乏症 心筋障害。

過剰症 脱毛や爪の変形。おう吐、下痢(げり)、しびれ、頭痛。

1日の食事摂取基準

推奨量 男性35μg　女性25μg

耐容上限量 男性400μg　女性350μg

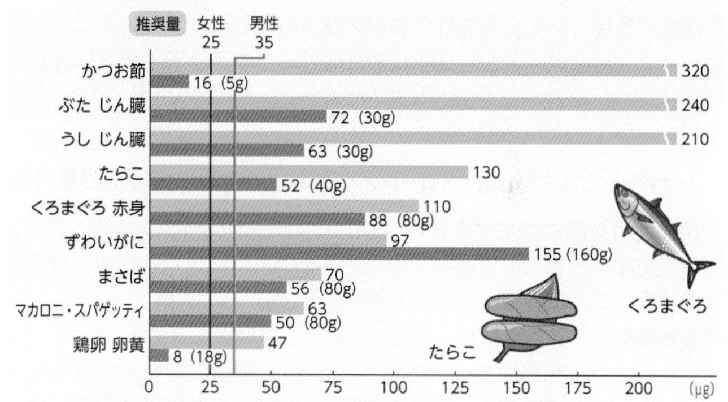

モリブデン (Mo)

体内において、尿酸という最終老廃物を作り出すために不可欠な酵素のはたらきを助ける重要なミネラル。肝臓・腎臓に含まれる。

生理機能 尿酸を作り出すはたらきをサポート。

じょうずなとり方 レバー・豆類・種実などに多く含まれる。

欠乏症 発がんの可能性。

過剰症 尿中に銅の排泄量が増える。

1日の食事摂取基準

推奨量 男性30μg　女性25μg

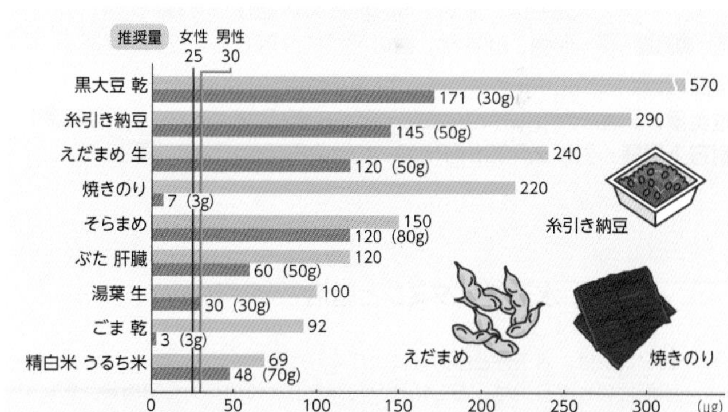

クロム (Cr)

炭水化物（糖質）や脂質の代謝を助ける重要なミネラル。血糖値を正常に保つ。すべての細胞に含まれる。

生理機能 糖質や脂質の代謝をサポート。糖尿病・高脂血症・動脈硬化の予防効果がある。

じょうずなとり方 魚介類・肉類・海藻類などに多く含まれる。

欠乏症 高血糖・動脈硬化につながる。

過剰症 呼吸器障害。

1日の食事摂取基準

15～17歳はなし。

（18～29歳　**目安量**　男性10μg　女性10μg）

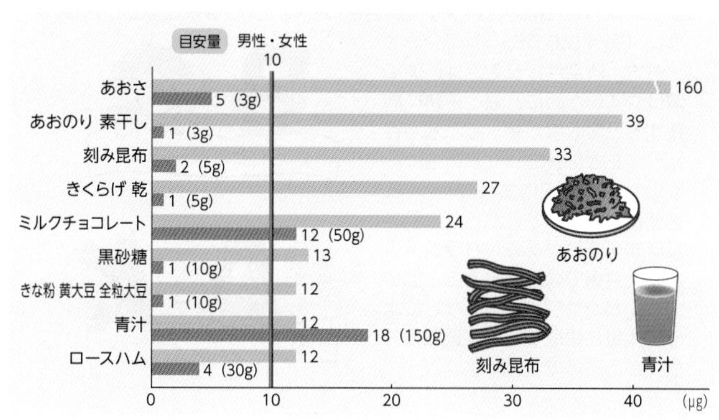

7 ビタミン

Vitamin

ビタミンとは

からだの発育や活動を正常に機能させるために、ごく微量であるが必要とされる重要な有機化合物である。体内で必要量を合成することができないため、これを含む食品から摂取する必要がある。現在、からだに不可欠なビタミンとして13種類が知られており、これらは油に溶ける脂溶性ビタミンと水に溶ける水溶性ビタミンに大別される。

またビタミンには、体内でビタミンに変化するプロビタミンという化合物があり、ビタミン摂取と同じ効果がある。ビタミンA、ビタミンD、ナイアシンなどにはプロビタミンが存在する。

1 脂溶性ビタミン（かっこ内は化学名）

1日の食事摂取基準の数値は15～17歳の値（➔p.215 11）

ビタミンA（レチノール、β-カロテン）

皮膚や粘膜、目の健康を維持するために不可欠なビタミン。

ビタミンAの効力は、レチノール活性当量であらわされる。レチノール活性当量は、おもに動物性の食品に含まれてビタミンAの形になっているレチノールと、おもに植物性の食品に含まれて体内で必要に応じてビタミンAにかわる物質（プロビタミンA）であるカロテノイド（β-カロテンなど）から求められる。

$$\text{レチノール活性当量}(\mu gRAE) = \text{レチノール}(\mu g) + \frac{1}{12}\beta\text{-カロテン当量}(\mu g)$$

植物性の食品に由来するβ-カロテンには、体内で必要に応じてビタミンAに変換されるので過剰症の心配はない。しかし、動物性の食品由来のビタミンAは、とりすぎに注意が必要。

生理機能 正常な成長・発育を促進し、皮膚や粘膜を維持する（授乳婦は多くとる必要がある）。細菌に対する抵抗力を増進させる。明るさを感じるのに必要な網膜色素の成分。

欠乏症 目の乾き、夜盲症（夜になると見えにくくなる）、乳幼児では、失明や成長障害の可能性もある。

過剰症 頭痛、吐き気。髪の毛が抜け落ちる。皮膚の剥落（はくらく）。

1日の食事摂取基準

推奨量 男性900μgRAE 女性650μgRAE（レチノール活性当量）

耐容上限量 男性2,500μgRAE 女性2,800μgRAE（同上）

水溶性ビタミンと脂溶性ビタミン

ビタミンは、水溶性と脂溶性に大きく分けられる。

水溶性のビタミンは、おもにビタミンB群とビタミンCである。水に溶けやすく、ゆでたり洗ったりするだけで水に溶け出してしまうため、調理にも工夫が必要である（➔p.148）。過剰に摂取しても、尿などによって体内から排泄されやすく、通常の食事で大きな害となることは少ない（例外もある）。

一方、脂溶性ビタミンは、油に溶けやすいために、油と一緒に調理すると吸収率が高まる。水溶性ビタミンとは異なり、水に溶けにくいために体内に蓄積しやすく、過剰に摂取すると、からだに害を及ぼす可能性がある。バランスのとれた食事で過剰となることはまずないが、サプリメントなどによって大量に摂取すると、過剰症の危険があるので注意しよう。

可食部100gあたり
1人1回使用量あたり
（ ）内の数値は1人1回使用量のめやす

レチノール活性当量

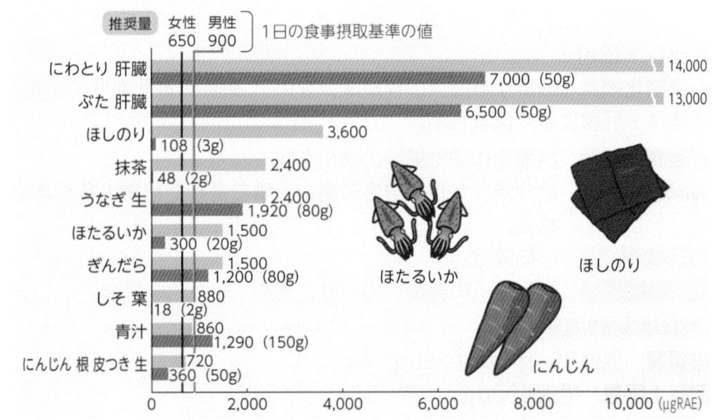

レチノール

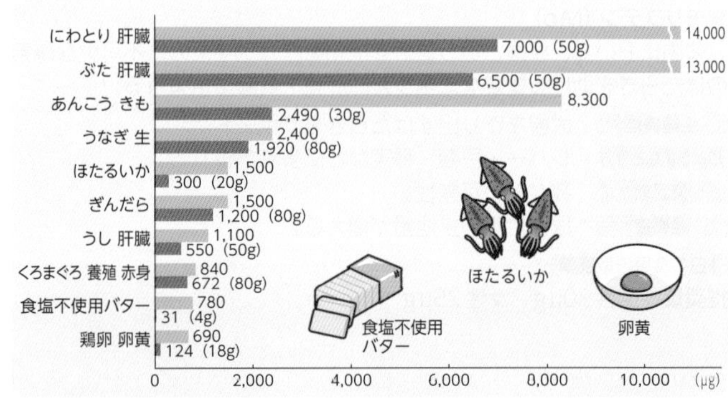

β-カロテン当量

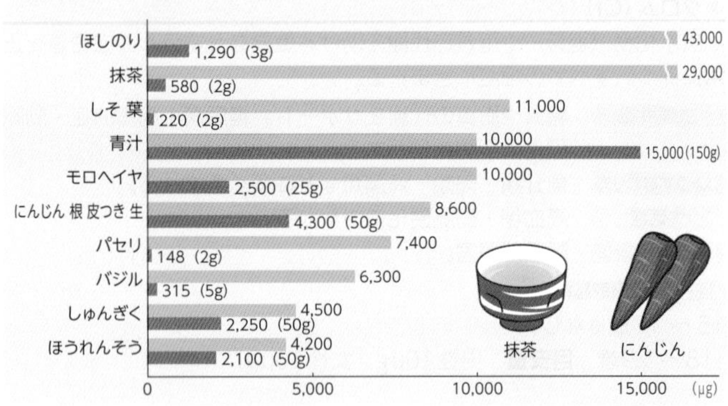

ビタミンD（カルシフェロール）

骨を作るのに欠かせないカルシウムやリンの吸収に関与する栄養素。特に乳幼児期の骨の形成に欠かせないため、妊婦や授乳婦は多くとる必要がある。日光浴により、皮膚で生成される。ビタミンAの吸収を助けるはたらきもある。

生理機能 カルシウムの吸収促進。骨や歯の成長。

欠乏症 小児のくる病（骨の変形）。成人の骨軟化症。骨粗しょう症。

過剰症 のどの渇き、目の痛み。

1日の食事摂取基準

目安量 男性9.0μg 女性8.5μg

耐容上限量 男性90μg 女性90μg

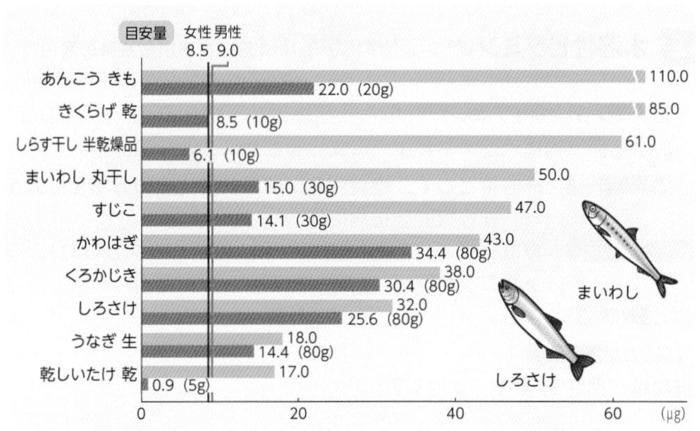

ビタミンE（トコフェロール）

細胞膜に広く存在し、強い抗酸化力で、細胞の老化を遅らせる。トコフェロールという化合物の集まりで、なかでもα-トコフェロールが強い効力を持つ。摂取量の2/3は便として排泄され、体内の蓄積は比較的短時間。

生理機能 過酸化脂質の生成抑制。血液中のLDLコレステロールの酸化抑制。老化防止。赤血球の破壊防止。

欠乏症 赤血球の溶血による貧血。神経機能の低下。無筋力症。

過剰症 なし（体内に蓄積されにくいため）。

1日の食事摂取基準

目安量 男性7.0mg 女性5.5mg

耐容上限量 男性750mg 女性650mg

α-トコフェロール

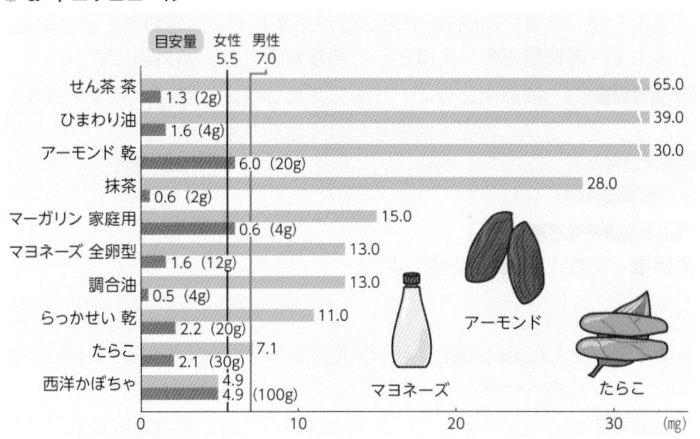

ビタミンK（フィロキノン）

血液の凝固や骨の形成にかかわるビタミン。フィロキノンはおもに植物の葉緑体に含まれる。メナキノン類は微生物が作り出すビタミンで、成人体内では、腸内細菌によって体内合成されている。

生理機能 血液の凝固に必須のプロトロンビンの生成に不可欠。ビタミンDとともに、骨の形成にも関与。

欠乏症 血液凝固の遅れ。新生児の場合は頭がい内出血や消化管出血。

過剰症 なし。

1日の食事摂取基準

目安量 男性160μg 女性150μg

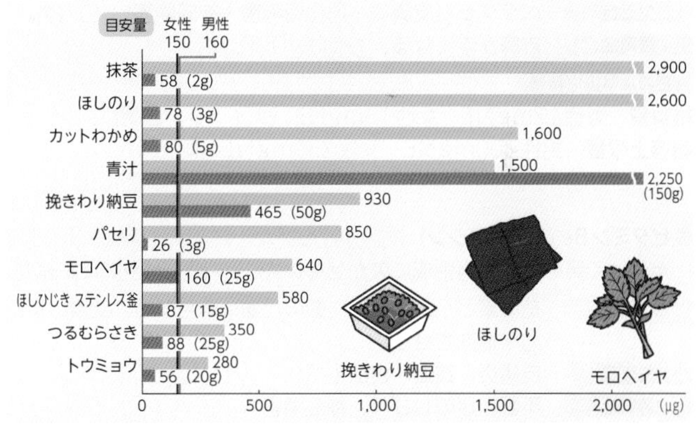

column

ビタミン様物質

ビタミンと同様のはたらきをするが、体内で合成されるため欠乏症にはなりにくいことからビタミンとは区別されている物質。日頃マスコミなどを通じて耳にするものもあるかもしれないが、研究途上のものも多い。

ルチン

ビタミンPの一種。ビタミンCの吸収を助け、抗酸化作用がある。血管を強くするはたらきや、血圧を下げる効果が期待される。そばに多く含まれ、水溶性のためゆで汁（そば湯）も飲むとよいとされる。

コエンザイムQ10

ビタミンQ、ユビキノンともいわれる物質のひとつ。抗酸化作用があり、細胞の酸化を防ぐとされる。体内で合成されるが、年齢とともに合成能力が低下し体内から失われる。

ビタミンU

水溶性の化合物で、熱に弱い。胃酸の分泌を抑え、胃腸粘膜の修復を助けるため、胃や腸の潰瘍の予防・治療に役立つとされている。キャベツから発見されたため、キャベジンともいう。パセリやセロリなどにも含まれる。

イノシトール

細胞膜を構成するリン脂質の成分。脂肪の代謝を助け、肝臓に脂肪がたまることを防ぐため、抗脂肪肝ビタミンともいわれる。神経機能の鎮静効果が期待できるという研究もある。

2 水溶性ビタミン(かっこ内は化学名)

(1日の食事摂取基準の数値は15〜17歳の値 (➔p.215 11))

●ビタミン B_1 (サイアミン)

炭水化物(糖質)がエネルギーに変わるときに必要な補酵素。

生理機能 補酵素として、糖質代謝に関与。消化液の分泌を促進する。神経機能を正常に保つ。

欠乏症 食欲不振、倦怠感、脚気(下肢のむくみやしびれ)。ウェルニッケ脳症(中枢神経が侵される障害)。

過剰症 なし。

1日の食事摂取基準

推奨量 男性1.5mg 女性1.2mg

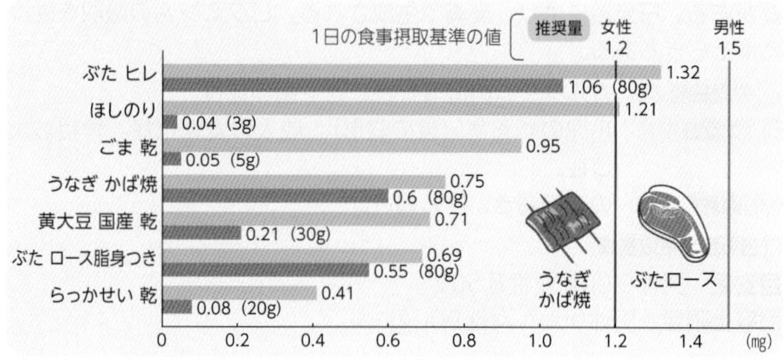

●ビタミン B_2 (リボフラビン)

炭水化物(糖質)や脂質、アミノ酸がエネルギーに変わるときに必要。エネルギー消費量が多い人ほど、必要量が増える。紫外線に弱い。

生理機能 補酵素として、三大栄養素の代謝に関与。発育を促進させ、有害な過酸化脂質を分解する。

欠乏症 口内炎、眼球炎、皮膚炎、子どもの成長障害。

過剰症 なし

1日の食事摂取基準

推奨量 男性1.7mg 女性1.4mg

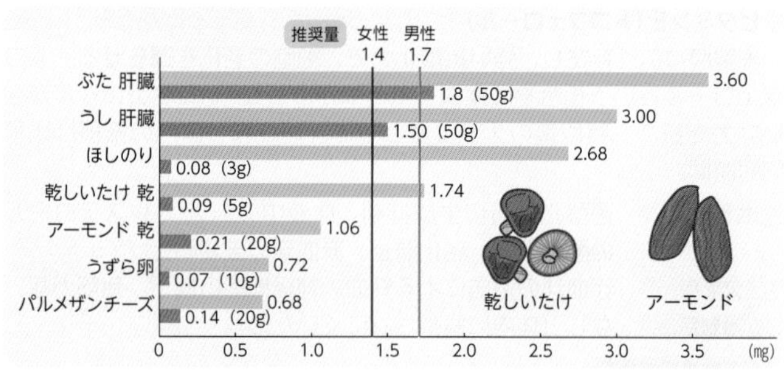

●ナイアシン(ニコチン酸)

ビタミンB群の一種。トリプトファンからも体内合成される。

生理機能 補酵素として、三大栄養素の代謝に関与。胃腸管のはたらきを維持する。皮膚を健康に保つ。

欠乏症 ペラグラ(皮膚病・消化管障害・神経障害)。口内炎。

過剰症 皮膚が赤くなる、おう吐、下痢。

1日の食事摂取基準

推奨量 男性17mgNE 女性13mgNE(ナイアシン当量)

耐容上限量 男性300mgNE 女性250mgNE(同上)

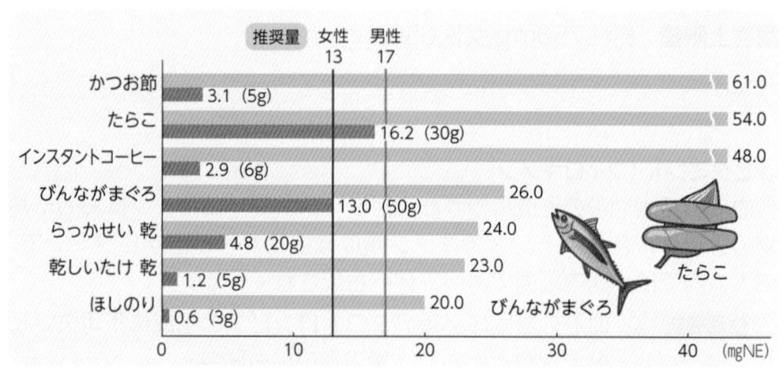

●ビタミン B_6 (ピリドキシン)

たんぱく質の分解や再合成に欠かせない。貧血や肌荒れ予防にも有効。

生理機能 補酵素として、アミノ酸の代謝に関与する。皮膚の抵抗力を増進させる。

欠乏症 皮膚炎、貧血、食欲不振。

過剰症 不眠、足のしびれ、神経障害。

1日の食事摂取基準

推奨量 男性1.5mg 女性1.3mg

耐容上限量 男性50mg 女性45mg

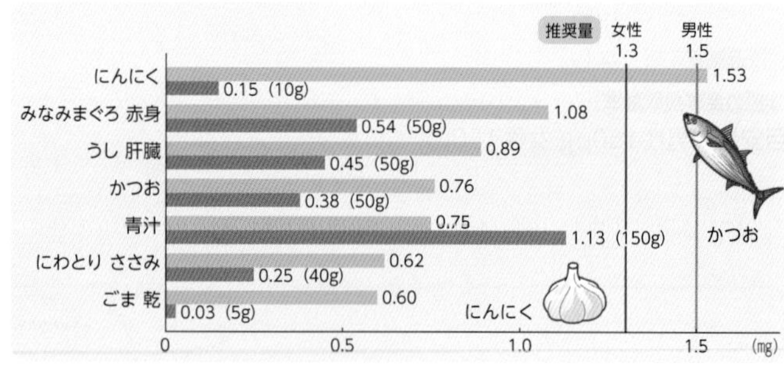

column お肌のシミとビタミンC

シミやソバカスは、紫外線などの刺激から肌を守るために、メラノサイト(色素細胞)から作られる黒色メラニンという色素が過剰に増えてしまった状態をいう。

ビタミンCには、過剰なメラニンの生成を抑制するはたらきがある。また、できてしまった黒色メラニンを無色化するはたらきもあるとされており、美容の強い味方である。しかし、ビタミンCが万能ということではない。日焼けのしすぎは避ける方が効果的だ。

なお、ビタミンCは熱に弱いが、喫煙によっても大量に破壊されてしまう(たばこ1本で、食事摂取基準の推奨量に相当する100mgを破壊するという説もある)ことも知っておこう。

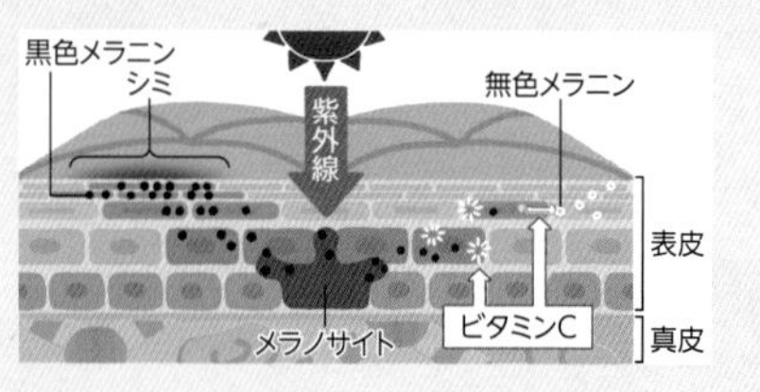

ビタミンB12（シアノコバラミン）

コバルトを含み、「赤いビタミン」ともいわれる。おもに動物性食品に含まれるため、厳格なベジタリアンでは不足することがある。水溶性ビタミンのなかでは、唯一体内に蓄積される。

生理機能 葉酸とともに赤血球を作る。中枢神経機能を維持する。

欠乏症 悪性貧血、しびれなどの神経障害。

過剰症 なし。

1日の食事摂取基準

推奨量 男性2.4μg 女性2.4μg

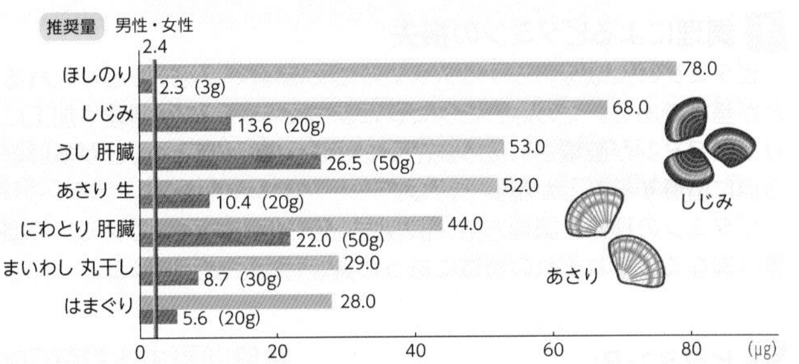

葉酸（ホラシン）

ビタミンB群の一種。緑黄色野菜やレバーに多く含まれる。光に弱い。

生理機能 ビタミンB12とともに赤血球を作る。たんぱく質の合成や細胞増殖に関与。胎児や乳幼児の正常な発育に不可欠なため、妊婦や授乳婦の推奨量はさらに多い（付加量）。

欠乏症 悪性貧血、口内炎。

過剰症 なし。

1日の食事摂取基準

推奨量 男性240μg 女性240μg

耐容上限量 男性900μg 女性900μg

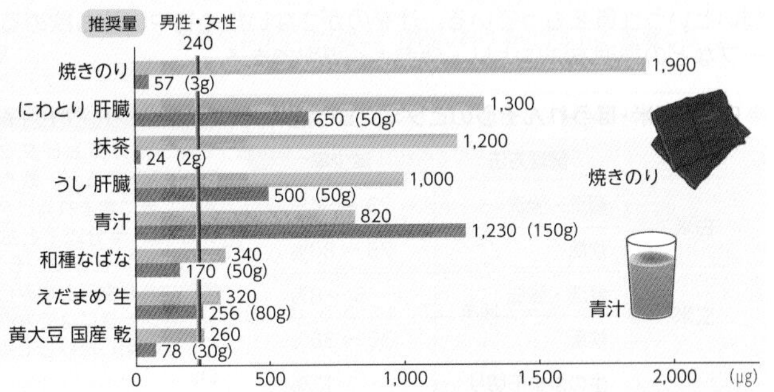

パントテン酸

ビタミンB群の一種。腸内細菌によっても合成される。

生理機能 三大栄養素からエネルギーを作るときに必要な、補酵素の構成成分。善玉コレステロールを増やしたり、ホルモンや抗体の合成にも関与。

欠乏症 頭痛、疲労、末梢（まっしょう）神経障害。

過剰症 なし。

1日の食事摂取基準

目安量 男性7mg 女性6mg

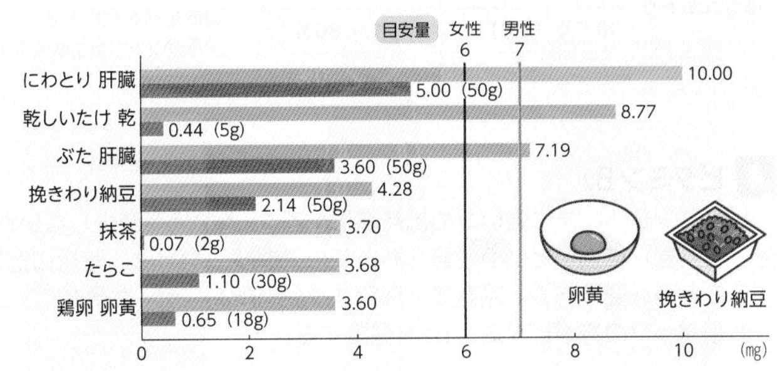

ビオチン

ビタミンB群の一種。皮膚や髪の健康に関与。

生理機能 三大栄養素がエネルギーに変わるときに代謝をサポート。

欠乏症 皮膚炎、脱毛。多くの食材に含まれ、腸内細菌によっても合成されるため、バランスのよい食事では不足しない。

過剰症 なし。

1日の食事摂取基準

目安量 男性50μg 女性50μg

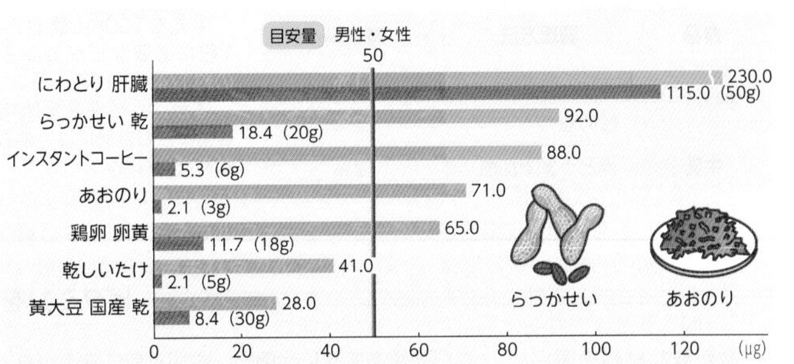

ビタミンC（アスコルビン酸）

強力な抗酸化作用があり、皮膚や血管の老化を防ぐ。人は体内で合成できず、多くとっても、尿として排出されて蓄積できない。

生理機能 軟骨などの結合組織を作るコラーゲン合成に不可欠。抗酸化作用。免疫を高める効果があり、風邪を予防する。

欠乏症 壊血病（各組織からの出血、抵抗力の低下など）。

過剰症 なし。

1日の食事摂取基準

推奨量 男性100mg 女性100mg

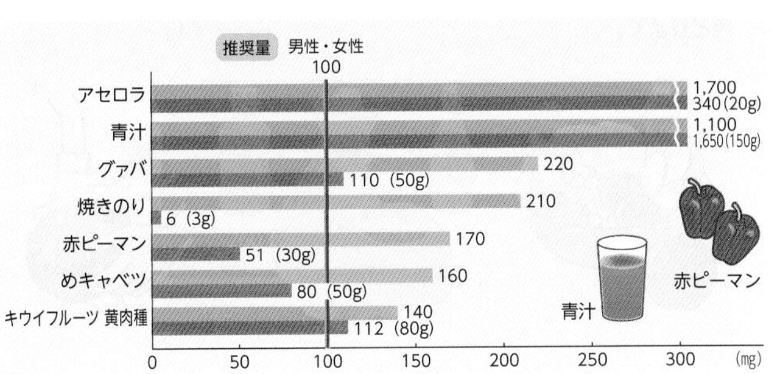

01. 穀類

・たんぱく質の青字の数値はアミノ酸組成によるたんぱく質　・脂質の青字の数値は脂肪酸のトリアシルグリセロール当量
・炭水化物の青字の数値は利用可能炭水化物（質量計）
・食物繊維総量の黒字の数値はプロスキー変法、青字の数値はAOAC 2011.25法による分析

廃棄率%　可食部100gあたり　Tr:微量　( ):推定値または推計値　ー:未測定　　グラフ1本分の相当量

食品名	廃棄率%	水分g	エネルギー kcal	たんぱく質 g（アミノ酸組成）	たんぱく質 g	脂質 g（トリアシルグリセロール当量）	脂質 g	コレステロール mg	炭水化物 g（利用可能炭水化物）	炭水化物 g	食物繊維総量 g（AOAC）	食物繊維総量 g（プロスキー変法）	ナトリウム mg	カリウム mg	カルシウム mg	リン mg	鉄 mg	亜鉛 mg	ビタミンA レチノール活性当量 µg	ビタミンA レチノール µg	ビタミンA β-カロテン当量 µg	ビタミンD µg	ビタミンE α-トコフェロール mg	ビタミンB₁ mg	ビタミンB₂ mg	葉酸 µg	ビタミンC mg	食塩相当量 g
グラフ1本分の相当量			200		20.0		20.0	100		20.0		2.0	200	200	200	200	2.0	2.0	20	20	200	2.0	2.0	0.20	0.20	20	20	1.0
こめ[米] 水稲穀粒 玄米 01080	0	14.9	346	6.0	6.8	2.5	2.7	(0)	71.3	74.3	—	3.0	1	230	9	290	2.1	1.8	Tr	(0)	1	(0)	1.2	0.41	0.04	27	(0)	0
水稲穀粒 精白米 うるち米 01083	0	14.9	342	5.3	6.1	0.8	0.9	(0)	75.6	77.6	—	0.5	1	89	5	95	0.8	1.4	(0)	(0)	0	(0)	0.1	0.08	0.02	12	(0)	0
めし[飯] 水稲めし 玄米 01085	0	60.0	152	2.4	2.8	(0.9)	1.0	(0)	32.0	35.6	—	1.4	1	95	7	130	0.6	0.8	(0)	(0)	0	(0)	0.5	0.16	0.02	10	(0)	0
水稲めし 精白米 うるち米 01088	0	60.0	156	2.0	2.5	0.2	0.3	(0)	34.6	37.1	1.5	0.3	1	29	3	34	0.1	0.6	(0)	(0)	0	(0)	Tr	0.02	0.01	3	(0)	0
かゆ[粥] 水稲全かゆ 精白米 01093	0	(83.0)	65	(0.9)	(1.1)	(0.1)	(0.1)	(0)	(14.7)	(15.7)	—	(0.1)	(Tr)	(12)	(1)	(14)	(Tr)	(0.3)	(0)	(0)	0	(0)	(Tr)	(0.01)	(Tr)	(1)	(0)	0
米粉 01158	0	11.1	356	5.1	6.0	0.6	0.7	(0)	74.3	81.9	—	0.6	1	45	6	62	0.1	1.5	(0)	(0)	(0)	—	0	0.03	0.01	9	(0)	0
米粉パン 小麦グルテン不使用のもの 01159	0	41.2	247	2.8	3.4	2.8	3.1	—	50.8	51.3	—	0.9	340	92	4	46	0.2	0.9	—	—	—	—	0.5	0.05	0.03	30	—	0.9
ビーフン 01115	0	11.1	360	5.8	7.0	(1.5)	1.6	(0)	(72.7)	79.9	—	0.9	2	33	14	59	0.7	0.6	(0)	(0)	(0)	(0)	0	0.06	0.02	4	(0)	0
もち[餅] 01117	0	44.5	223	3.6	4.0	(0.5)	0.6	(0)	45.5	50.8	—	0.5	0	32	3	22	0.1	0.9	(0)	(0)	0	(0)	Tr	0.03	0.01	4	(0)	0
白玉粉 01120	0	12.5	347	5.5	6.3	(0.8)	1.0	(0)	76.5	80.0	—	0.5	2	3	5	45	1.1	1.2	(0)	(0)	(0)	(0)	0	0.03	0.01	14	(0)	0
そば[蕎麦] 生 01127	0	33.0	271	8.2	9.8	(1.7)	1.9	(0)	(51.3)	54.5	6.0	—	1	160	18	170	1.4	1.0	(0)	(0)	(0)	(0)	0.2	0.19	0.09	19	(0)	0
とうもろこし コーンフレーク 01137	0	4.5	380	6.8	7.8	(1.2)	1.7	(0)	(82.2)	83.6	—	2.4	830	95	1	45	0.9	0.2	10	(0)	120	(0)	0.3	0.03	0.02	6	(0)	2.1

Q&A 次のうちで米料理でないものはどれ？【リゾット　ジャンバラヤ　アヤム・ゴレン　プラオ　パエリヤ】▶アヤム・ゴレン(インドネシアのから揚げ料理)。インドネシアの代表的な米料理にはナシ・ゴレンがある。リゾットはイタリア、ジャンバラヤはアメリカ、プラオはインド、パエリヤはスペインの代表的な米料理。

こめ [米] Rice

● 精白米1C=170g　1合=150g

米には、短粒で粘りけの多いジャポニカ種、長粒で粘りけが少ないインディカ種、粒が大きいジャバニカ種（ジャワ種）などがある。

●玄米：もみがらを除いた米粒のこと。胚芽とぬか層が残っているため薄いベージュ色をしている。

●精白米：搗精により、ぬか層を取る程度で、精白米などが得られる。

めし [飯] Cooked rice

● 1杯=150g

米を、研ぐ→吸水→加熱→蒸らすという手順で炊いたもの。米の種類・新古の別に応じて水加減や時間を調節するのが、おいしく炊きあげるコツである。

米粉 Fine flour

● 大1=9g

精白米を非常に細かく製粉した微細米粉のこと。小麦アレルギーの人用にパン・めんなどがつくられている。

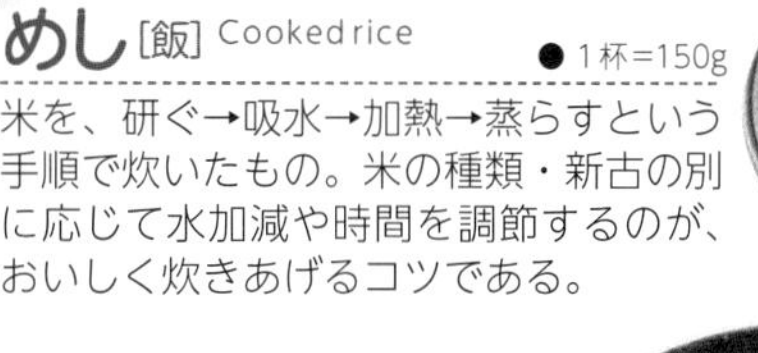

かゆ [粥] Gruel

● 全かゆ1杯=180g

白米をやわらかく煮たもの。全かゆは米の体積の6倍の水で炊いたもので、水をほぼ全部吸って、はしにのる程度のかたさである。

米粉パン Rice bread

● 1個=70g

米粉を酵母で発酵させたパン。

ビーフン Rice noodles

● 1袋=150g

うるち米を粉にして水にひたし、圧力を加えて練り、熱湯中にめん状に押し出して、ゆでて乾燥させたもの。

とうもろこし [玉蜀黍] Corn

● 生1本=300～350g

小麦・米と並ぶ世界三大作物。

●コーンフレーク：煎ってから調味液を加えて圧延・乾燥させたもの。でん粉がα化された状態を保っており、牛乳や砂糖をかけて食べることが多い。

もち [餅] Rice cake

● 1切=50g

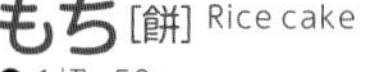

もち米を蒸して、うすに入れてつくなどの加工をしたもの。

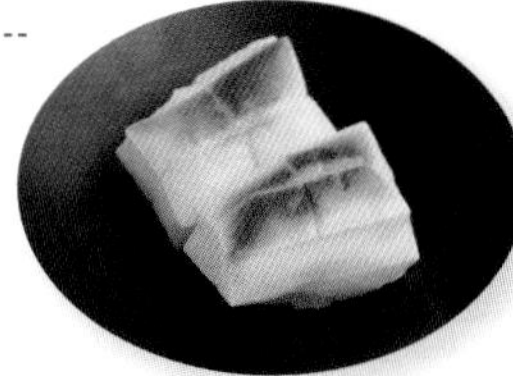

白玉粉 Flour milled in water

● 1C=130g

もち米を寒中、水にさらし、十分吸水させたあと、水挽きにして沈でん、乾燥させたもの。

そば [蕎麦] Buckwheat

● 生1玉=170g

そば粉にはたんぱく質が約12％含まれるが粘着性がなく、こねても生地を形成しにくいため、そば粉のみでそばを打つことはむずかしく、つなぎとして小麦粉を50～80％加える。

搗精とは

●搗精とは

米を搗いて、ぬか層と胚芽を取り除くことをいう。

●搗精による米の消化率と栄養素の変化

種類	歩留まり (%)	消化率 (%)	灰分 (g／100g)	ビタミンB_1 (mg／100g)
玄米	100	90	1.2	0.41
精白米	90～92	98	0.4	0.08

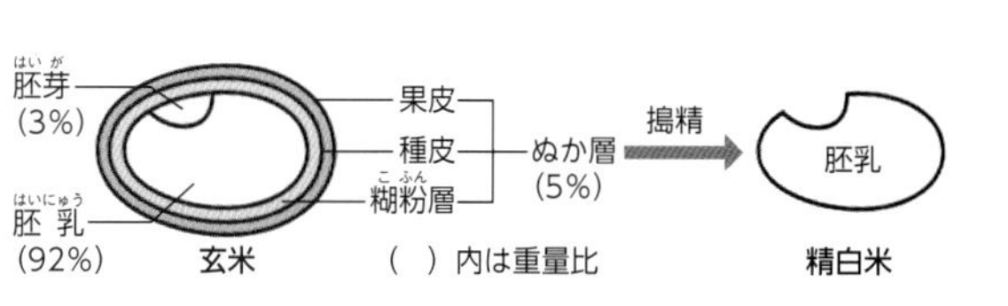

ONE POINT【ビーフンの仲間】ビーフンは台湾・中国南部の常食で、中国語で米粉（ミーフェン）と発音する。ビーフンと同じ米粉のめんは他の国にもあり、ベトナムのフォー、タイのクイティアオ、マレーシアのミーが有名だ。タイのクイティアオは形や太さで名前が変わり、極細めんをセンミー、細めんをセンレック、平らなめんをセンヤイという。

さといも畑

02. いも・でん粉類

POTATOES　STARCHES

いも類は、地下茎または根の一部が肥大して塊茎または塊根となり、その部分に多量のでん粉またはその他の多糖類が蓄えられたものである。

• たんぱく質の青字の数値はアミノ酸組成によるたんぱく質　• 脂質の青字の数値は脂肪酸のトリアシルグリセロール当量
• 炭水化物の青字の数値は利用可能炭水化物（質量計）
• 食物繊維総量の黒字の数値はプロスキー変法、青字の数値はAOAC 2011.25法による分析

廃棄率％　可食部100gあたり　Tr：微量　（ ）：推定値または推計値　ー：未測定

グラフ1本分の相当量

食品名	廃棄率％ 水分g	エネルギー kcal	たんぱく質 g	脂質 g	コレステロール mg	炭水化物 g	食物繊維総量 g	ナトリウム mg	カリウム mg	カルシウム mg	リン mg	鉄 mg	亜鉛 mg	ビタミンA レチノール活性当量 µg	レチノール µg	β-カロテン当量 µg	ビタミンD µg	ビタミンE α-トコフェロール mg	ビタミンB1 mg	ビタミンB2 mg	葉酸 µg	ビタミンC mg	食塩相当量 g
グラフ1本分の相当量		200	20.0	20.0	100	20.0	2.0	200	200	200	200	2.0	2.0	20	20	200	2.0	2.0	0.20	0.20	20	20	1.0
こんにゃく［蒟蒻］ 板こんにゃく 精粉こんにゃく 02003	0 97.3	5	– 0.1	– Tr	(0)	– 2.3	– 2.2	10	33	43	5	0.4	0.1	(0)	(0)	(0)	(0)	0	(0)	(0)	1	(0)	0
しらたき 02005	0 96.5	7	– 0.2	– Tr	(0)	– 3.0	– 2.9	10	12	75	10	0.5	0.1	(0)	(0)	(0)	(0)	0	(0)	(0)	0	(0)	0
さつまいも［薩摩芋］ 塊根 皮なし 生 02006	9 65.6	126	1.0 1.2	0.1 0.2	(0)	28.3 31.9	– 2.2	11	480	36	47	0.6	0.2	2	(0)	28	(0)	1.5	0.11	0.04	49	29	0
さといも［里芋］ 球茎 生 02010	15 84.1	53	1.2 1.5	0.1 0.1	(0)	10.3 13.1	– 2.3	Tr	640	10	55	0.5	0.3	Tr	(0)	5	(0)	0.6	0.07	0.02	30	6	0
じゃがいも［馬鈴薯］ 塊茎 皮なし 生 02017	10 79.8	59	1.3 1.8	Tr 0.1	(0)	15.5 17.3	8.9 1.2	1	410	4	47	0.4	0.2	0	(0)	3	(0)	Tr	0.09	0.03	20	28	0
塊茎 皮なし フライドポテト 02020	0 52.9	229	(2.3) 2.9	(10.3) 10.6	Tr	(25.0) 32.4	– 3.1	2	660	4	48	0.8	0.4	(0)	(0)	Tr	(0)	1.5	0.12	0.06	35	40	0
やまのいも類［薯蕷］ ながいも 塊根 生 02023	10 82.6	64	1.5 2.2	0.1 0.3	(0)	12.9 13.9	– 1.0	3	430	17	27	0.4	0.3	(0)	(0)	Tr	(0)	0.2	0.10	0.02	8	6	0
でん粉類［澱粉］ じゃがいもでん粉 02034	0 18.0	338	1.3 0.1	– 0.1	(0)	(81.6) 81.6	– –	2	34	10	40	0.6	Tr	0	0	0	(0)	–	0	0	(0)	0	0
タピオカパール 乾 02038	0 11.9	352	– 0	– 0.2	(0)	87.8	0.5	5	12	24	8	0.5	0.1	(0)	(0)	(0)	(0)	(0)	(0)	(0)	(0)	(0)	0
はるさめ［春雨］ 緑豆はるさめ 乾 02039	0 11.8	344	– 0.2	– 0.4	(0)	80.4 87.5	4.1	14	13	20	10	0.5	0.1	(0)	(0)	(0)	(0)	(0)	(0)	(0)	(0)	(0)	0

Q&A **いもはなぜ水からゆでるの？** ▶いもに限らず根菜類などを湯に入れてゆでると芯まで熱が通りにくく、逆に外側は煮えすぎて崩れてしまう。そのため水からゆでると、ゆであがる時間差が少なくなり、熱が均一に通る。

栄養上の特性

固形分の大部分は炭水化物であるが、水分を70％以上も含むため、穀類と比較してエネルギーは高くない。

選び方・保存のしかた

●さつまいも：太く、表皮が鮮やかで光沢のあるものがよい。8℃以下で低温障害（表面に黒い斑点が出る）を起こすので、直射日光の当たらない室内で保存する。水気に注意し、新聞紙などに包んでおく。

●じゃがいも：皮にしわがなく、色が一定しているものがよい。特に冷蔵保存の必要はない。風通しのよい室内で保存する。

●さといも：丸く太ったものがよい。皮が茶褐色で、適度に湿り気のあるものを選ぶ。泥つきのほうがよい。新聞紙に包み、室温で保存する。

フライドポテト

じゃがいも［馬鈴薯］Potatoes

● 中1個=150～200g

ビタミンB1・Cが多く、熱を加えて調理しても損失が少ないという特徴がある。ソラニンという毒成分が多い発芽部や緑色部皮層は取り除いて使用する。

●フライドポテト：じゃがいもを細切りにし、油で揚げたもの。

さつまいも［薩摩芋］Sweet potato

● 中1本=200～250g

いも類の中で唯一甘味をもつ。アミラーゼを多く含み、30～60℃近くまでゆっくり加熱すると、そのあいだに糖化が進み、甘味が増す。

さといも［里芋］Taro

● 中1個=50～60g

主成分は糖質（でん粉）。微量のシュウ酸塩が含まれ、直接皮膚に触れると皮膚が刺激されてかゆくなる。

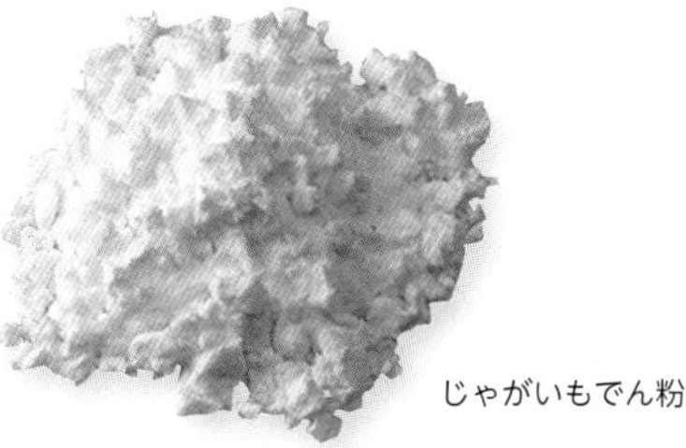

じゃがいもでん粉

でん粉類［澱粉］Starch

● じゃがいもでん粉1C=130g

植物が蓄えたでん粉を取り出し、乾燥させた無味・無臭の白色の粉末。料理に粘性を与えたり水分を吸収したり、揚げ物の衣にする。

●じゃがいもでん粉：本来かたくり（ユリ科の植物）の地下茎からつくられるかたくり粉の代用。

こんにゃく［蒟蒻］Konjac

● 板こんにゃく1枚=170～200g

こんにゃくいもを乾燥させ、粉末にして水を加えて糊状にしたのち、水酸化カルシウムを加えて凝固させたもの。

やまのいも類［薯蕷］Yam

● ながいも1本=700g

栽培種のいちょういも（手いも）および野生種のながいも、やまといも、じねんじょがある。粘りが強い。

●ながいも：粘質物が少なく、とろろ汁・酢の物・煮物に用いられる。

ながいも

春雨スープ

はるさめ［春雨］Thin starch noodles

緑豆はるさめは、緑豆のでん粉からつくったもので、中国産が多い。普通はるさめはじゃがいもでん粉やさつまいもでん粉が原料。

タピオカドリンク

タピオカパール Tapioca pearls

キャッサバの塊根から取ったでん粉を成形・加熱処理したもの。

いもが原材料なの？！

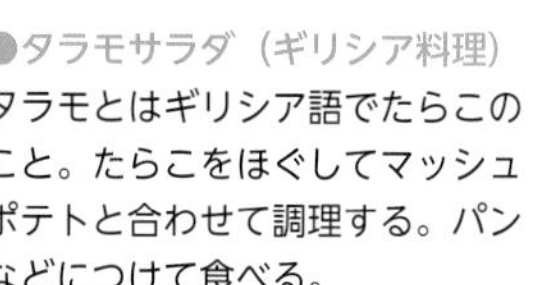

●ニョッキ（イタリア料理）

ゆでたじゃがいもをつぶし、小麦粉を加えて練り合わせてつくる。だんご状に成形して、ゆでてからソースやチーズで味をつける。

●タラモサラダ（ギリシア料理）

タラモとはギリシア語でたらこのこと。たらこをほぐしてマッシュポテトと合わせて調理する。パンなどにつけて食べる。

●ヴィシソワーズ（フランス料理）

バターで炒めたじゃがいもや玉ねぎ、香味野菜をブイヨンで煮込み、裏ごしして生クリームを加えたもの。冷製と温製がある。

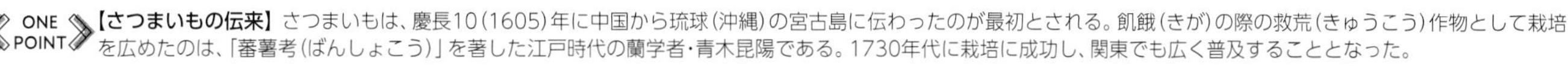

ONE POINT【さつまいもの伝来】さつまいもは、慶長10（1605）年に中国から琉球（沖縄）の宮古島に伝わったのが最初とされる。飢餓（きが）の際の救荒（きゅうこう）作物として栽培を広めたのは、「蕃薯考（ばんしょこう）」を著した江戸時代の蘭学者・青木昆陽である。1730年代に栽培に成功し、関東でも広く普及することとなった。

はちみつの採取

03.砂糖・甘味類

SUGARS　SWEETENERS

砂糖は、植物界に広く分布する炭水化物で、エネルギー源・甘味料として使われる。かんしょ、てんさいを原料とする。

- たんぱく質の青字の数値はアミノ酸組成によるたんぱく質
- 脂質の青字の数値は脂肪酸のトリアシルグリセロール当量
- 炭水化物の青字の数値は利用可能炭水化物（質量計）
- 食物繊維総量の黒字の数値はプロスキー変法、青字の数値はAOAC 2011.25法による分析

可食部100gあたり　Tr:微量　( ):推定値または推計値　－:未測定

食品名	廃棄率%	水分g	エネルギー kcal	たんぱく質 g（アミノ酸組成）	たんぱく質 g	脂質 g（トリアシルグリセロール当量）	脂質 g	コレステロール mg	炭水化物 g（利用可能炭水化物）	炭水化物 g	食物繊維総量 g（AOAC）	食物繊維総量 g	ナトリウム mg	カリウム mg	カルシウム mg	リン mg	鉄 mg	亜鉛 mg	ビタミンA レチノール活性当量 µg	ビタミンA レチノール µg	ビタミンA β-カロテン当量 µg	ビタミンD µg	ビタミンE α-トコフェロール mg	ビタミンB1 mg	ビタミンB2 mg	葉酸 µg	ビタミンC mg	食塩相当量 g
グラフ1本分の相当量			200		20.0		20.0	100		20.0		2.0	200	200	200	200	2.0	2.0	20	20	200	2.0	2.0	0.20	0.20	20	20	1.0
砂糖類																												
黒砂糖 03001	0	4.4	352	0.7	1.7	—	Tr	(0)	88.9	90.3	—	—	27	1100	240	31	4.7	0.5	1	(0)	13	(0)	(0)	0.05	0.07	10	(0)	0.1
車糖　上白糖 03003	0	0.7	391	—	(0)	—	(0)	(0)	99.3	99.3	—	—	1	2	1	Tr	Tr	0	(0)	(0)	(0)	(0)	(0)	(0)	(0)	(0)	(0)	0
車糖　三温糖 03004	0	0.9	390	—	Tr	—	(0)	(0)	99.0	99.0	—	—	7	13	6	Tr	0.1	Tr	(0)	(0)	(0)	(0)	(0)	Tr	0.01	(0)	(0)	0
ざらめ糖 グラニュー糖 03005	0	Tr	394	—	(0)	—	(0)	(0)	(99.9)	100	—	—	Tr	Tr	Tr	(0)	Tr	Tr	(0)	(0)	(0)	(0)	(0)	(0)	(0)	(0)	(0)	0
黒蜜 03029	0	46.5	199	—	1.0	—	0	0	(49.7)	50.5	—	0	15	620	140	17	2.6	0.3	0	0	0	0	0	0.03	0.04	6	0	0
はちみつ［蜂蜜］ 03022	0	17.6	329	(0.2)	0.3	—	Tr	(0)	75.2	81.9	—	—	2	65	4	5	0.2	0.1	0	(0)	1	(0)	0	Tr	0.01	7	0	0
メープルシロップ 03023	0	33.0	266	—	0.1	—	0	(0)	—	66.3	—	—	1	230	75	1	0.4	1.5	(0)	(0)	0	(0)	(0)	Tr	0.02	1	(0)	0

砂糖の分類

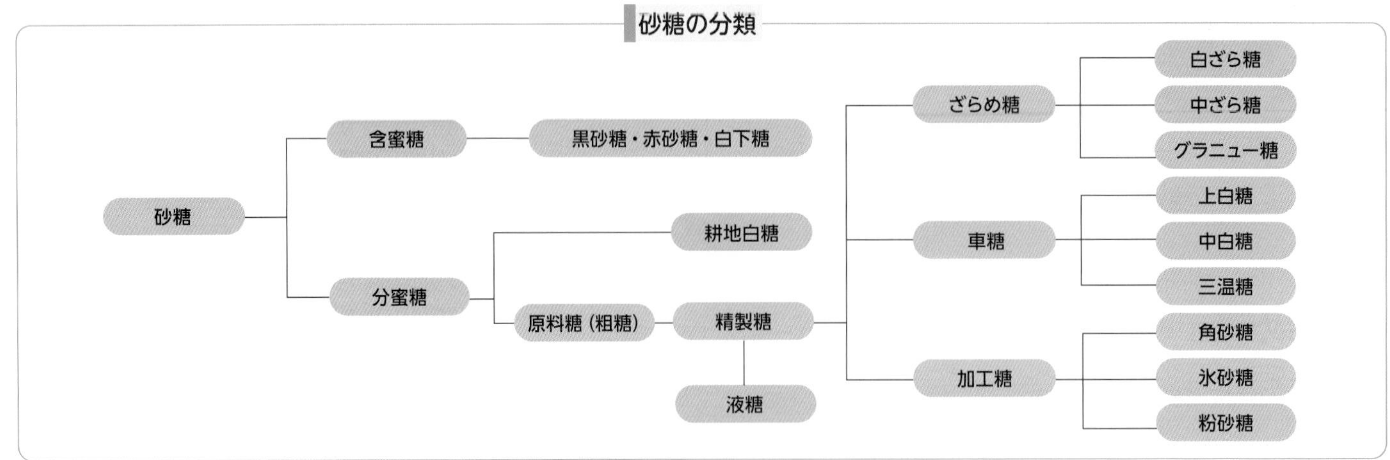

Q&A **はちみつ（蜂蜜）の白く固まったものは何？ 食べても大丈夫？** ▶はちみつの主成分はぶどう糖、しょ糖、水分、無機質などだが、白く固まったのはぶどう糖の結晶。そのためぶどう糖の多いはちみつほど結晶ができやすい。食べても問題はない。白い固まりを溶かすには、ふたを開けてびんごと湯せんにする（湯に入れてあたためる）とよい。

栄養上の特性

砂糖の主成分であるしょ糖は体内に吸収されやすく、吸収された成分はおもにエネルギー源として利用される。

保存のしかた

湿度が高いと、べとついたり変質しやすいので、ふたの閉まる容器に入れ、湿度の低いところに保存する。

上白糖
ざらめ糖
黒砂糖
三温糖

砂糖類 Sugars

●黒砂糖大1=15g　車糖大1=9g

甘味料の代表で、調理・加工用に最も広く利用される。濃厚な砂糖液には防腐性があり、食品の貯蔵にも利用される。

●黒砂糖：特有の風味で、かりん糖やようかんなどに使う。
●車糖：一般家庭で用いられる白砂糖は車糖（上白）。三温糖は黄褐色で甘みが強く、濃厚な味である。
●ざらめ糖：グラニュー糖は、ざらめ糖の一種。

メープルシロップ Maple syrup

● 大1=21g

カエデ科のさとうかえで（砂糖楓）の樹液を煮詰めてシロップ状にしたもの。

はちみつ［蜂蜜］

Honey

●大1=21g

主成分はぶどう糖と果糖。採蜜の花により栄養成分、色、香りが異なる。乳児ボツリヌス症のおそれがあるため、乳児には与えない。

黒蜜 Brown sugar syrup

● 大1=18g

さとうきびの搾り汁を煮詰めてアクなどを取り除いた、黒または茶褐色の液体。または、水で溶いた黒砂糖を煮てアクを取り、煮詰めたもの。

砂糖の性質

●脱水性
糖類全体が脱水性に富み、なかでも果糖が最も強い。
●でん粉の老化防止
砂糖の親水性により、砂糖とでん粉が共存すると、砂糖が水分をうばうので、αでん粉はβでん粉になりにくい。
例：糖分の多い練りようかんは老化しにくい。
●防腐性
砂糖濃度が高くなるほど、水分含量は少なくなるので、細菌などが繁殖しにくい。
例：ジャム。
●酸化防止
濃厚な砂糖液には酸素が溶けにくいので、脂肪が共存してもこれを酸化することはない。例：ケーキなどのクリーム。
●ゼリー形成
ペクチン分子から水分をうばい、ゼリーの網目構造をささえる。
●発酵性
イースト菌は糖を分解・発酵させて炭酸ガスとアルコールをつくり、パンをふくらませる。
●着色作用
加熱することでカラメル色に着色させる。

砂糖の加熱による変化と用途

温度℃：185　180　175　170　165　160　155　150　145　140　135　130　125　120　115　110　105　100

用途例	温度
カラメル	165～190℃
べっこうあめ	160℃
ドロップ	150～155℃
抜絲（銀絲）	140～145℃
キャンディー	135～138℃
ヌガー	130～135℃
キャラメル	120～125℃
砂糖衣	115～120℃
フォンダン	105～115℃
シロップ	100～105℃

（山崎清子他『NEW調理と理論』同文書院より）

さとうきび

ONE POINT【乳児ボツリヌス症】はちみつにはボツリヌス菌が含まれている場合がある。大人が食べても害はないが、腸が未発達の1歳未満の乳児が食べると、乳児ボツリヌス症を引き起こすおそれがある。2017年4月には東京都で生後6か月の男の子にはちみつ入り離乳食を食べさせ続けたことによる、乳児ボツリヌス症の死亡事故が発生した。

あずきの実り

04. 豆類

PULSES

豆類は、古くから世界各地で栽培されているマメ科の植物である。その種子を食用とするが、栽培がしやすく、貯蔵性に富んでいることから、穀物とともに、私たちにとって重要な食料である。

・たんぱく質の青字の数値はアミノ酸組成によるたんぱく質　・脂質の青字の数値は脂肪酸のトリアシルグリセロール当量
・炭水化物の青字の数値は利用可能炭水化物（質量計）
・食物繊維総量の黒字の数値はプロスキー変法、青字の数値はAOAC 2011.25法による分析

廃棄率％　可食部100gあたり　Tr：微量　（ ）：推定値または推計値　ー：未測定

グラフ1本分の相当量

食品名	廃棄率% 水分g	エネルギー kcal (200)	たんぱく質 g (20.0)	脂質 g (20.0)	コレステロール mg (100)	炭水化物 g (20.0)	食物繊維総量 g (2.0)	ナトリウム mg (200)	カリウム mg (200)	カルシウム mg (200)	リン mg (200)	鉄 mg (2.0)	亜鉛 mg (2.0)	ビタミンA レチノール活性当量 µg (20)	ビタミンA レチノール µg (20)	ビタミンA β-カロテン当量 µg (200)	ビタミンD µg (2.0)	ビタミンE α-トコフェロール mg (2.0)	ビタミンB1 mg (0.20)	ビタミンB2 mg (0.20)	葉酸 µg (20)	ビタミンC mg (20)	食塩相当量 g (1.0)
あずき[小豆] 全粒　乾 04001	0 14.2	304	17.8 20.8	0.8 2.0	0	42.3 59.6	24.8 15.3	1	1300	70	350	5.5	2.4	1	(0)	9	(0)	0.1	0.46	0.16	130	2	0
あん　こし生あん 04004	0 62.0	147	8.5 9.8	(0.3) 0.6	(0)	23.6 27.1	6.8	3	60	73	85	2.8	1.1	(0)	(0)	0	(0)	0	0.02	0.05	2	Tr	0
だいず[大豆] 全粒　黄大豆 国産　乾 04023	0 12.4	372	32.9 33.8	18.6 19.7	Tr	6.7 29.5	21.5 17.9	1	1900	180	490	6.8	3.1	1	(0)	7	(0)	2.3	0.71	0.26	260	3	0
きな粉[黄粉] 黄大豆　全粒大豆 04029	0 4.0	451	34.3 36.7	24.7 25.7	(Tr)	6.8 28.5	— 18.1	1	2000	190	660	8.0	4.1	Tr	(0)	4	(0)	1.7	0.07	0.24	220	1	0
豆腐 木綿豆腐 04032	0 85.9	73	6.7 7.0	4.5 4.9	0	0.8 1.5	1.1 0.4	9	110	93	88	1.5	0.6	0	(0)	0	(0)	0.2	0.09	0.04	12	0	0
生揚げ 04039	0 75.9	143	10.3 10.7	(10.7) 11.3	Tr	1.1 0.9	— 0.7	3	120	240	150	2.6	1.1	(0)	(0)	(0)	(0)	0.8	0.07	0.03	23	Tr	0
油揚げ 生 04040	0 39.9	377	23.0 23.4	31.2 34.4	(Tr)	0.5 0.4	— 1.3	4	86	310	350	3.2	2.5	(0)	(0)	(0)	(0)	1.3	0.06	0.04	18	0	0
凍り豆腐 乾 04042	0 7.2	496	49.7 50.5	32.3 34.1	(0)	0.2 4.2	— 2.5	440	34	630	820	7.5	5.2	1	(0)	9	(0)	1.9	0.02	0.02	6	0	1.1
納豆類 糸引き納豆 04046	0 59.5	190	14.5 16.5	(9.7) 10.0	Tr	0.3 12.1	— 6.7	2	660	90	190	3.3	1.9	(0)	(0)	0	(0)	0.5	0.07	0.56	120	Tr	0
豆乳 豆乳 04052	0 90.8	44	3.4 3.6	(1.8) 2.0	(0)	0.9 3.1	— 0.2	2	190	15	49	1.2	0.3	(0)	(0)	(0)	(0)	0.1	0.03	0.02	28	Tr	0

Q&A **あずきが魔除け!?** ▶ あずきは古来から人々の生活と密接に結びついた豆で、日本や中国、朝鮮では、あずきの赤色に魔除けなど神秘的な力があると信じられ、行事や儀式などに供されてきた。これらの習俗は中国に始まり、朝鮮半島を経て日本に伝えられたとされている。また、中国では薬用としても使われていたようだ。

栄養上の特性

豆類には、いずれもたんぱく質が20％前後と多く含まれている。日本のように動物性たんぱく資源の自給率の低い国では、重要なたんぱく質供給源となっている。

選び方・保存のしかた

●あずき：収穫年次の新しいものを選ぶ。よく乾燥し、皮が薄く色つやのよい、粒のそろったものを選ぶ。使うとき、水に浮き上がるものは取り除く。缶などに入れて、湿気のない場所に保存する。
●生揚げ・油揚げ：時間がたつと酸化し、味・香りとも悪くなるので、早く使い切る。乾燥しないように、ラップにくるんで冷蔵する。

あずき［小豆］ Adzuki beans

● 乾1C=150g　● あん1C=170g

代表的な品種として、大納言、金時、早生大粒などがある。主成分は炭水化物で脂質は少ない。
●こしあん：煮たあずきをこして皮を取り除いたもの。

だいず［大豆］ Soybeans

● 乾1C=130g

栄養上は動物性たんぱく質のアミノ酸組成と似てすぐれているが、組織が固いので消化率は低い。消化率を高めるため、手を加えて加工品として利用することが多い。

豆腐 Tofu

● 1丁=300～400g

最も一般的なだいずの加工品。豆腐は消化がよく、たんぱく質と脂質に富む。冷やっこ・湯豆腐、田楽など、さまざまな料理法により、広く利用される。
●木綿豆腐：水分が少ない分、たんぱく質や脂質が多い。

油揚げ Fried thin slices of pressed tofu

● 1枚=20～30g

豆腐の加工品。豆腐を薄めに切って水分をよく切り、低温の油で揚げて膨化させ、次に高温の油できつね色に揚げてつくる。

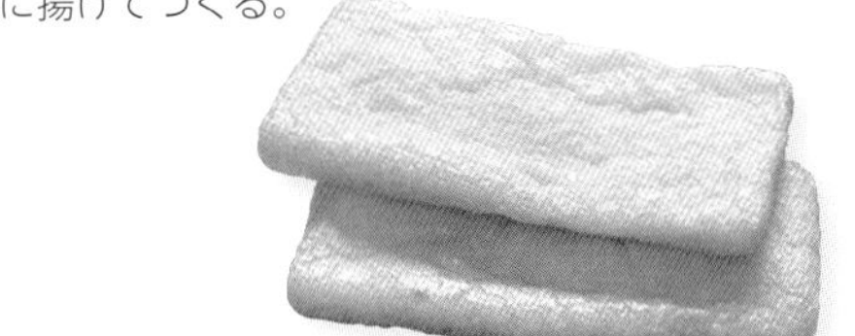

きな粉［黄粉］ Roasted and ground beans

● 大1=6g

だいずを煎って粉にしたもの。生だいずより消化がよく、香りもよい。

生揚げ Fried slices of drained tofu

● 1枚=120～140g

豆腐の加工品。厚揚げともいう。豆腐を厚めに切って水分を切り、180～200℃の高温の油で揚げてつくる。

豆乳 Soy milk

● 豆乳飲料1個=200mL

だいずを水に浸してすりつぶし、さらに水を加えて加熱し、おからをとりわけた乳濁液である。

凍り豆腐 Freeze dried tofu

● 1個=20g

豆腐の加工品。別名高野（こうや）豆腐、しみ豆腐。かためにつくった豆腐を薄く切り、冷凍室に長期間凍結・乾燥させてつくる。

納豆類 Natto

● 小1個=30～50g

だいずの加工品。蒸し煮しただいずに納豆菌を加えて発酵させた食品で、低カロリー・高たんぱくのすぐれた健康食品である。

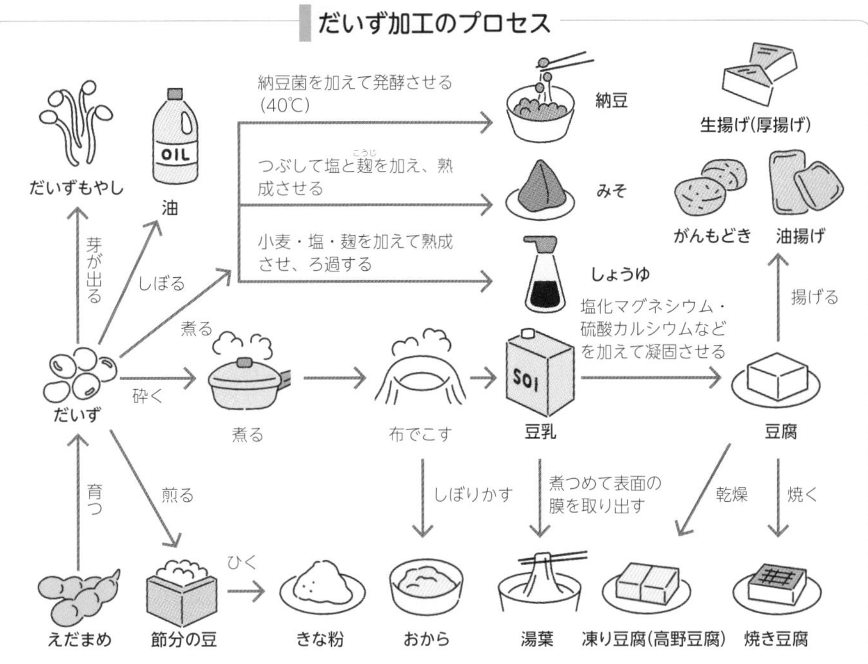

ONE POINT【関西人は納豆がお嫌い？】一般に、納豆は東日本での消費が多く、西日本ではあまり人気がないといわれてきた。しかし、例外的に熊本では古くから普及しているし、また、人の移動の増加にともなって食文化の交流が進み、最近では関西でも普通に販売・消費されている。

いちょうの実がぎんなん

05. 種実類

NUTS & SEEDS

種実類は、植物の種子や堅果類の果実で、食用にするものをいう。果実類では果肉を食用とするが、種実類では種実の胚や胚乳を食用とする。

・たんぱく質の青字の数値はアミノ酸組成によるたんぱく質　・脂質の青字の数値は脂肪酸のトリアシルグリセロール当量
・炭水化物の青字の数値は利用可能炭水化物（質量計）
・食物繊維総量の黒字の数値はプロスキー変法、青字の数値はAOAC 2011.25法による分析

廃棄率%　可食部100gあたり　Tr:微量　( ):推定値または推計値　ー:未測定

グラフ1本分の相当量

食品名	廃棄率% 水分g	エネルギー kcal 200	たんぱく質 g 20.0	脂質 g 20.0	コレステロール mg 100	炭水化物 g 20.0	食物繊維総量 g 2.0	ナトリウム mg 200	カリウム mg 200	カルシウム mg 200	リン mg 200	鉄 mg 2.0	亜鉛 mg 2.0	ビタミンA レチノール活性当量 µg 20	ビタミンA レチノール µg 20	ビタミンA β-カロテン当量 µg 200	ビタミンD µg 2.0	ビタミンE α-トコフェロール mg 2.0	ビタミンB1 mg 0.20	ビタミンB2 mg 0.20	葉酸 µg 20	ビタミンC mg 20	食塩相当量 g 1.0
アーモンド 乾 05001	0 4.7	609	18.7 19.6	51.9 51.8	–	5.2 20.9	– 10.1	1	760	250	460	3.6	3.6	1	(0)	11	(0)	30.0	0.20	1.06	65	0	0
カシューナッツ フライ 味付け 05005	0 3.2	591	19.3 19.8	47.9 47.6	(0)	(17.2) 26.7	– 6.7	220	590	38	490	4.8	5.4	1	(0)	10	(0)	0.6	0.54	0.18	63	0	0.6
ぎんなん［銀杏］ 生 05008	25 57.4	168	4.2 4.7	1.3 1.6	(0)	30.4 34.8	– 1.6	Tr	710	5	120	1.0	0.4	24	(0)	290	(0)	2.5	0.28	0.08	45	23	0
くるみ［胡桃］ いり 05014	0 3.1	713	13.4 14.6	70.5 68.8	(0)	2.6 11.7	– 7.5	4	540	85	280	2.6	2.6	2	(0)	23	(0)	1.2	0.26	0.15	91	0	0
くり類［栗］ 日本ぐり 生 05010	30 58.8	147	2.4 2.8	(0.4) 0.5	(0)	30.6 36.9	– 4.2	1	420	23	70	0.8	0.5	3	(0)	37	(0)	0	0.21	0.07	74	33	0
中国ぐり 甘ぐり 05013	20 44.4	207	(4.3) 4.9	(0.9) 0.9	(0)	(40.2) 48.5	– 8.5	2	560	30	110	2.0	0.9	6	(0)	68	(0)	0.1	0.20	0.18	100	2	0
ごま［胡麻］ 乾 05017	0 4.7	604	19.3 19.8	53.0 53.8	(0)	0.9 16.5	– 10.8	2	400	1200	540	9.6	5.5	1	(0)	9	(0)	0.1	0.95	0.25	93	Tr	0
ピスタチオ いり 味付け 05026	45 2.2	617	16.2 17.4	55.9 56.1	(0)	(7.7) 20.9	– 9.2	270	970	120	440	3.0	2.5	10	(0)	120	(0)	1.4	0.43	0.24	59	(0)	0.7
マカダミアナッツ いり 味付け 05031	0 1.3	751	7.7 8.3	76.6 76.7	(0)	(4.5) 12.2	– 6.2	190	300	47	140	1.3	0.7	(0)	(0)	Tr	(0)	Tr	0.21	0.09	16	(0)	0.5
らっかせい［落花生］ 大粒種 乾 05034	30 6.0	572	24.0 25.2	46.4 47.0	(0)	10.0 19.4	8.5 7.4	2	740	49	380	1.6	2.3	1	0	8	0	11.0	0.41	0.10	76	0	0

Q&A 落花生は土の中でできるって本当？ ▶落花生は土の中で生長する、珍しい習性をもっている（➔p.163）。花がしぼむと、花の元が伸びて（子房柄）土の中にもぐり、落花生ができる。この習性が名前の由来。英語ではピーナッツというが、ピー（Pea）は草の実、ナッツ（Nuts）は木の実、つまり「畑で採れる木の実」という意味。

栄養上の特性

たんぱく質・脂質・炭水化物のほか、カルシウム・リンなどの豊富なものが多く、高エネルギーで強壮の効能があるといわれる。

●脂質含量が多いもの：アーモンド、カシューナッツ、くるみ、ごま、ピスタチオなど

●糖質含量が多いもの：ぎんなん、くりなど

選び方・保存のしかた

●アーモンド：形が小さいものほど酸化しやすいので、密封容器に入れ、冷蔵保存する。

●ごま：密封容器に入れ、乾燥したところに置く。煎りごまやすりごまは、なるべく早く使い切る。

●落花生：油分が多いため酸化しやすいので、油臭いもの、かび臭いものは避ける。落花生のかびは有害なので注意する。室温では酸化しやすいので、密封容器に入れ、冷凍保存する。

アーモンド Almonds

● 10粒=14g

スイート種（食用）とビター種（リキュール用）がある。

くり類［栗］Chestnuts

● 日本ぐり 1粒=15～20g

世界各地の山野に自生し品種も多い。堅果類の中では唯一糖質を主成分とし、砂糖普及以前は貴重な甘味資源だった。外側の固い皮を鬼皮、実に張り付いている皮を渋皮という。

●日本ぐり：大きくて糖分が多く甘みが強いが、渋皮離れが悪い。ゆでぐり、くりきんとん、くりご飯等に使用。

●中国ぐり：甘ぐり（別名焼きぐり）などに使用される。

日本ぐり

中国ぐり（甘ぐり）

くりご飯

ピスタチオ Pistachio nuts

● 殻つき 10粒=12g

緑色が鮮やかなものほど上質。風味がよく、高級感があることからナッツの女王と呼ばれる。

カシューナッツ Cashew nuts

● 10粒=12g

常緑高木カシューの実。果実は勾玉（まがたま）に似た形をしている。煎ってそのままおやつに最適。

ごま［胡麻］Sesame seeds

● 小1=2g　大1=6g

種子の色により黒・白・金の3種類がある。製油原料のほか食用、製菓用などに用いられる。

マカダミアナッツ Macadamia nuts

● 10粒=20g

オーストラリア原産だが、19世紀にハワイに導入され、ハワイが主産地になった。

ぎんなん［銀杏］Ginkgo nuts

● 1粒=2～3g

いちょうの実。その胚乳を食用とする。でん粉が主で、たんぱく質や脂質は少なく、ビタミンCを多く含む。

くるみ［胡桃］Walnuts

● 1粒=5g

良質の脂質、たんぱく質に富み、健康食品、美容食品として珍重されてきた。

らっかせい［落花生］Peanuts

● 殻つき 10粒=25g

殻がついているものを落花生、渋皮がついているものを南京豆（なんきんまめ）、渋皮を取り除いたものをピーナッツと呼び分ける場合もある。

おもな種実類が実る様子

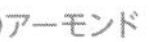

●アーモンド

固い殻に守られている。

●ピスタチオ

外皮は自然に縦に割れる。

●落花生

地中に実をつける。

●くるみ

実は4～5cmある。

●ごま

ごまは白い花をつける。

●カシューナッツ

果実の先端に種子がついている。

ONE POINT【ぎんなんで食中毒？】ぎんなんには、メチルピリドキシンという化学物質が含まれるため、食べ過ぎる（数十粒以上）と食中毒を起こし、けいれんや呼吸困難に陥ることもある。特に子どもは分解酵素が少ないため、数粒でも危険。5歳以下の子どもは食べないようにする必要がある。

オクラは収穫が早過ぎるとネバネバがない

06. 野菜類

VEGETABLES

野菜は、豊かな色彩と特有の香りと食感をもつ農作物で、栄養に富んだ食品である。食卓を飾る食材としても、健康を維持していくためにも欠かせない。

可食部100gあたり　Tr:微量　( ):推定値または推計値　ー:未測定

- たんぱく質の青字の数値はアミノ酸組成によるたんぱく質　• 脂質の青字の数値は脂肪酸のトリアシルグリセロール当量
- 炭水化物の青字の数値は利用可能炭水化物（質量計）
- 食物繊維総量の黒字の数値はプロスキー変法、青字の数値はAOAC 2011.25法による分析

食品名	緑黄色野菜	廃棄率%	水分g	エネルギー kcal	たんぱく質 g	脂質 g	コレステロール mg	炭水化物 g	食物繊維総量 g	ナトリウム mg	カリウム mg	カルシウム mg	リン mg	鉄 mg	亜鉛 mg	ビタミンA レチノール活性当量 µg	ビタミンA レチノール µg	ビタミンA β-カロテン当量 µg	ビタミンD µg	ビタミンE α-トコフェロール mg	ビタミンB1 mg	ビタミンB2 mg	葉酸 µg	ビタミンC mg	食塩相当量 g
グラフ1本分の相当量				200	20.0	20.0	100	20.0	2.0	200	200	200	200	2.0	2.0	20	20	200	2.0	2.0	0.20	0.20	20	20	1.0
アスパラガス 若茎　生 06007	○	20	92.6	21	1.8 2.6	(0.2) 0.2	Tr	2.1 3.9	— 1.8	2	270	19	60	0.7	0.5	31	(0)	380	(0)	1.5	0.14	0.15	190	15	0
いんげんまめ［隠元豆］ さやいんげん 若ざや　生 06010	○	3	92.2	23	1.3 1.8	(0.1) 0.1	Tr	2.2 5.1	— 2.4	1	260	48	41	0.7	0.3	49	(0)	590	(0)	0.2	0.06	0.11	50	8	0
えだまめ［枝豆］ 生 06015		45	71.7	125	10.3 11.7	5.7 6.2	(0)	4.3 8.8	— 5.0	1	590	58	170	2.7	1.4	22	(0)	260	(0)	0.8	0.31	0.15	320	27	0
えんどう類［豌豆］ さやえんどう 若ざや　生 06020	○	9	88.6	38	1.8 3.1	(0.2) 0.2	0	4.1 7.5	— 3.0	1	200	35	63	0.9	0.6	47	(0)	560	(0)	0.7	0.15	0.11	73	60	0
オクラ 果実　生 06032	○	15	90.2	26	1.5 2.1	(0.1) 0.2	Tr	1.9 6.6	— 5.0	4	260	92	58	0.5	0.6	56	(0)	670	(0)	1.2	0.09	0.09	110	11	0
かぼちゃ類［南瓜］ 西洋かぼちゃ 果実　生 06048	○	10	76.2	78	1.2 1.9	0.2 0.3	0	15.9 20.6	— 3.5	1	450	15	43	0.5	0.3	330	(0)	4000	(0)	4.9	0.07	0.09	42	43	0
かぶ［蕪］ 根　皮つき　生 06036		9	93.9	18	0.6 0.7	(0.1) 0.1	(0)	3.0 4.6	— 1.5	5	280	24	28	0.3	0.1	(0)	(0)	0	(0)	0	0.03	0.03	48	19	0
キャベツ類 キャベツ　結球葉 生 06061		15	92.7	21	0.9 1.3	0.1 0.2	(0)	3.5 5.2	— 1.8	5	200	43	27	0.3	0.2	4	(0)	50	(0)	0.1	0.04	0.03	78	41	0
きゅうり［胡瓜］ 果実　生 06065		2	95.4	13	0.7 1.0	Tr 0.1	0	1.9 3.0	— 1.1	1	200	26	36	0.3	0.2	28	(0)	330	(0)	0.3	0.03	0.03	25	14	0
ごぼう［牛蒡］ 根　生 06084		10	81.7	58	1.1 1.8	(0.1) 0.1	(0)	1.0 15.4	— 5.7	18	320	46	62	0.7	0.8	Tr	(0)	1	(0)	0.6	0.05	0.04	68	3	0

Q&A アスパラガスという名前の由来は？ ▶細いたけのこのように地面をおしのけて次々と生えてくる様子から、「たくさん分かれる」「激しく裂ける」という意味のギリシャ語「アスパラゴス」が語源となっている。

栄養上の特性

一般に重量の90%を水分が占め、固形分が少ないため、低エネルギーであるが、ビタミンA・C、カリウム、鉄、カルシウムなどの供給源である。また、食物繊維を多く含み、整腸作用を促すなど体調維持には欠かせない。緑黄色野菜には、特にカロテンのほかにビタミンB_1・B_2・Cが多く、淡色野菜にはカリウムやビタミンCが多い。

選び方・保存のしかた

重みがあり、張りやつやのあるものがよい。

●野菜の保存方法：ねぎ、たまねぎ、にんにくなど冷暗所での常温保存が適するものを除き、水分の蒸散を抑えるため、新聞紙やラップにきっちりと包み、冷蔵庫の野菜室へ入れる。長期間保存するときは、ゆでるなどの下ごしらえをして冷凍する。また、根や葉をつけておくと身の質が落ちるので、切り離して保存する。たまねぎやにんにくは皮つきのまま乾燥させ、日陰につるすなどして乾燥状態を保つ。

緑黄色野菜

アスパラガス Asparagus

● 1本=20～25g

ユリ科の植物で、若茎を食用とする。若茎を伸長させて収穫したものがアスパラガスである。

いんげんまめ [隠元豆] Kidney beans

● 1さや=5～10g

いんげんまめの若ざや（=さやいんげん）を食用とする。

かぶ [蕪] Turnip

● 葉1株分=40g　根中1個=80g

アブラナ科の植物で、肥大した根・葉・茎を食用とする。日本ではもっとも古い野菜の1つで、古名は春の七草の「すずな」。

キャベツ類 Cabbage

● 1枚=60g　1個=700～1kg

外の葉が大きくなると結球する野菜で、生の歯ごたえと加熱したときの甘味が親しまれる。冬キャベツは1～3月頃に出回り、扁平で葉がかため、春キャベツは3～5月頃に出回り、巻きがゆるめで葉がやわらかい。

えんどう類 [豌豆] Peas

● さやえんどう5さや=15g

●さやえんどう：えんどうの若ざやを食用とするもの。

オクラ Okra

● 1個=5～10g

アオイ科の植物。未熟な果実を食用とする。独特の粘りと風味をもつ。

えだまめ [枝豆] Soybeans

● 1さや=2～3g

だいずを完熟前に収穫したもので、塩ゆでにして食べる。山形のだだちゃ豆は、独特の風味がある。東北ではすりつぶしたあんを「ずんだ」という。

かぼちゃ類 [南瓜] Pumpkin and squash

● 1個=1～1.5kg

ウリ科に属し、カンボジアから渡来したのでこの名がある。日本かぼちゃ・西洋かぼちゃ・ぺポかぼちゃなど、多くの品種がある。

●西洋かぼちゃ：日本かぼちゃに比べ、糖質・カリウム・カロテン・ビタミンCが多い。肉質はほくほくして甘味が強い。

西洋かぼちゃ

きゅうり [胡瓜] Cucumber

● 生中1本=80～100g

ウリ科の代表的野菜で、果実の未熟なうちに食用にする。水分含量が多く栄養価は低いが、さわやかな香りと歯ざわりが好まれる。

ごぼう [牛蒡] Edible burdock

● 1本=180g

肥大した根を食用とする。素朴な香りと強い歯ごたえをもち、あくが強い。繊維が多く、整腸作用がある。

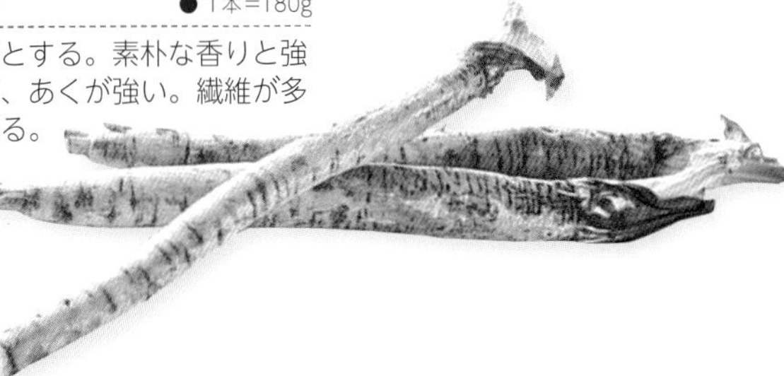

ONE POINT 【かぼちゃと先人の知恵】昔から「冬至にかぼちゃを食べると風邪や中風（脳卒中）にならない」といわれているが、これは緑黄色野菜が不足する冬の時期に、かぼちゃでビタミンを補給して体調を整えようとした先人の知恵を伝える言葉。

- たんぱく質の青字の数値はアミノ酸組成によるたんぱく質　• 脂質の青字の数値は脂肪酸のトリアシルグリセロール当量
- 炭水化物の青字の数値は利用可能炭水化物（質量計）
- 食物繊維総量の黒字の数値はプロスキー変法、青字の数値はAOAC 2011.25法による分析

可食部100gあたり　Tr：微量　（ ）：推定値または推計値　―：未測定

グラフ1本分の相当量

食品名	緑黄色野菜	廃棄率%	水分g	エネルギー kcal (200)	たんぱく質 g (20.0)	脂質 g (20.0)	コレステロール mg (100)	炭水化物 g (20.0)	食物繊維総量 g (2.0)	ナトリウム mg (200)	カリウム mg (200)	カルシウム mg (200)	リン mg (200)	鉄 mg (2.0)	亜鉛 mg (2.0)	ビタミンA レチノール活性当量 µg (20)	ビタミンA レチノール µg (20)	ビタミンA β-カロテン当量 µg (200)	ビタミンD µg (2.0)	ビタミンE α-トコフェロール mg (2.0)	ビタミンB1 mg (0.20)	ビタミンB2 mg (0.20)	葉酸 µg (20)	ビタミンC mg (20)	食塩相当量 g (1.0)
こまつな［小松菜］ 葉 生 06086	●	15	94.1	13	1.3 1.5	0.1 0.2	(0)	0.3 2.4	― 1.9	15	500	170	45	2.8	0.2	260	(0)	3100	(0)	0.9	0.09	0.13	110	39	0
しそ［紫蘇］ 葉 生 06095	●	0	86.7	32	3.1 3.9	Tr 0.1	(0)	― 7.5	― 7.3	1	500	230	70	1.7	1.3	880	(0)	11000	(0)	3.9	0.13	0.34	110	26	0
しゅんぎく［春菊］ 葉 生 06099	●	1	91.8	20	1.9 2.3	0.1 0.3	(0)	0.4 3.9	― 3.2	73	460	120	44	1.7	0.2	380	(0)	4500	(0)	1.7	0.10	0.16	190	19	0.2
しょうが類［生姜］ しょうが 根茎 皮なし 生 06103		20	91.4	28	0.7 0.9	(0.2) 0.3	(0)	4.0 6.6	― 2.1	6	270	12	25	0.5	0.1	Tr	(0)	5	(0)	0.1	0.03	0.02	8	2	0
だいこん［大根］ 根 皮つき 生 06132		10	94.6	15	0.4 0.5	Tr 0.1	0	2.6 4.1	― 1.4	19	230	24	18	0.2	0.2	(0)	(0)	0	(0)	0	0.02	0.01	34	12	0
たまねぎ類［玉葱］ たまねぎ りん茎 生 06153		6	90.1	33	0.7 1.0	Tr 0.1	1	6.9 8.4	― 1.5	2	150	17	31	0.3	0.2	0	0	1	0	Tr	0.04	0.01	15	7	0
とうもろこし［玉蜀黍］ スイートコーン 未熟種子 生 06175		50	77.1	89	2.7 3.6	1.3 1.7	0	12.0 16.8	― 3.0	Tr	290	3	100	0.8	1.0	4	0	53	(0)	0.3	0.15	0.10	95	8	0
トマト類 赤色トマト 果実 生 06182	●	3	94.0	20	0.5 0.7	0.1 0.1	0	3.1 4.7	― 1.0	3	210	7	26	0.2	0.1	45	(0)	540	(0)	0.9	0.05	0.02	22	15	0
なす類［茄子］ なす 果実 生 06191		10	93.2	18	0.7 1.1	Tr 0.1	1	2.6 5.1	2.2	Tr	220	18	30	0.3	0.2	8	(0)	100	(0)	0.3	0.05	0.05	32	4	0
にがうり［苦瓜］ 果実 生 06205		15	94.4	15	0.7 1.0	(0.1) 0.1	(0)	0.3 3.9	― 2.6	1	260	14	31	0.4	0.2	17	(0)	210	(0)	0.8	0.05	0.07	72	76	0
にら類［韮］ にら 葉 生 06207	●	5	92.6	18	1.3 1.7	(0.1) 0.3	Tr	1.7 4.0	― 2.7	1	510	48	31	0.7	0.3	290	(0)	3500	(0)	2.5	0.06	0.13	100	19	0
にんじん類［人参］ にんじん 根 皮つき 生 06212	●	3	89.1	35	0.5 0.7	0.1 0.2	(0)	5.8 9.3	― 2.8	28	300	28	26	0.2	0.2	720	(0)	8600	(0)	0.4	0.07	0.06	21	6	0.1

Q&A **いぶりがっこの食材は何？** ▶だいこん。いぶりがっこは、だいこんを燻製にして乾燥させ、食塩や米ぬかなどとともにたるに漬け込んだ秋田県の伝統食品。がっことは、秋田で漬物をさす。降雪により屋外で干すことができず、屋内の囲炉裏火の熱と煙で干したことが始まりといわれている。

こまつな［小松菜］Spinach mustard

● 1わ=300g

中国から伝わったかぶの一種で、葉を食用とする。東京の小松川の特産であったことに名前が由来する。

しゅんぎく［春菊］Garland chrysanthemum

● 1わ=200g

関西では菊菜と呼ぶ。菊に似た独特の香りをもつ。あくが少なく、若くやわらかい葉は生食できる。

しょうが類［生姜］Ginger

● しょうが1かけ=10～15g

●しょうが

しょうがの根茎（根しょうが）のことで、種しょうがから分かれてできたものを新しょうが、2年以上たつ種しょうがをひねしょうがと呼ぶ。ひねしょうがは薬味、肉や魚の臭み消しなどに利用する。

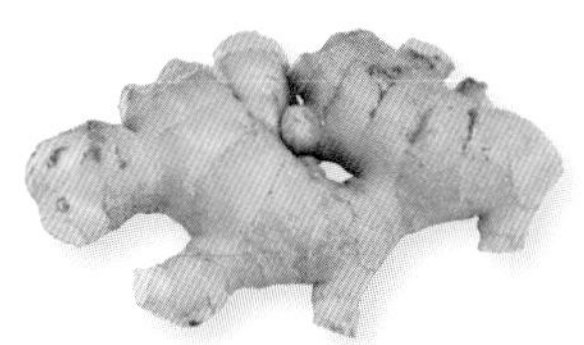

しそ［紫蘇］Perilla

● 葉1枚=0.5g　実1本=1～5g

芽から葉、実まですべて利用できる代表的な香味野菜。葉が緑色をした青じそ、紅紫色の赤じそがあるが、栄養価の差はあまりない。大葉は青じその葉のこと。

トマト類 Tomatoes

● 中1個=100～150g

世界各地で栽培されている。促成栽培・抑制栽培もおこなわれ、ほとんど1年中出回る。日本では生食されることが多く、ビタミン類のよい供給源になっている。

たまねぎ類［玉葱］Onions

● 中1個=200g

世界各地で栽培される重要な作物である。生の独特の辛味はアリシンによるもの。調理の際に目を刺激する原因物質だが、ビタミンB_1の吸収を助けるはたらきや、強い殺菌作用、消化酵素の分泌促進作用、発汗作用などがある。

とうもろこし［玉蜀黍］Corn

● 中1本=300～350g

別名とうきび。世界三大穀類の一つで、人間の食料のほか家畜の飼料や、最近ではバイオエネルギーとしても利用されている。スイートコーンは、種実が成熟しても胚乳の炭水化物がでん粉にならず、糖分のまま残るので甘い。

だいこん［大根］Japanese radishes

● 根中1本=800g

肥大した根と葉を食用とする。古名は春の七草の「すずしろ」。代表品種は宮重（みやしげ）（青首だいこん）で、1年中出回る。

なす類［茄子］Eggplant

● 1個=100g

ハウス栽培の普及で1年を通して出回る。あくが強く、褐変を起こしやすいので、切ったらすぐに水に放つとよい。

にがうり［苦瓜］Bitter melon

● 中1本=250g

別名ゴーヤ、つるれいし。沖縄・南九州で多く栽培される。ウリ科の未熟果を食用とする。果肉に独特の苦味がある。

だいこんの部位による使い分け

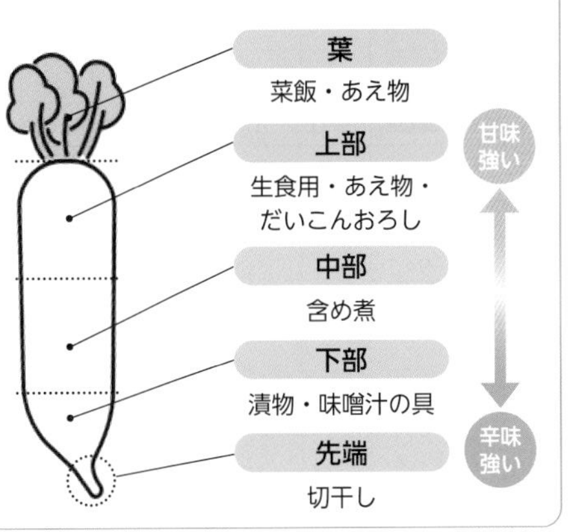

にんじん類［人参］Carrot

● 中1本=200～250g

栄養的にすぐれ、1年中供給される家庭の常備菜である。カロテンが特に多く、緑黄色野菜。

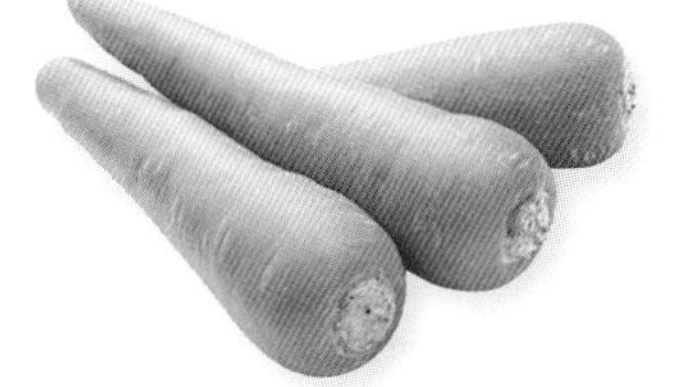

にら類［韮］Chinese chive

● 1わ=100g

りん茎から伸びた葉を食用とする。暑さや寒さに強く、伸びが早いので、1年中栽培される。

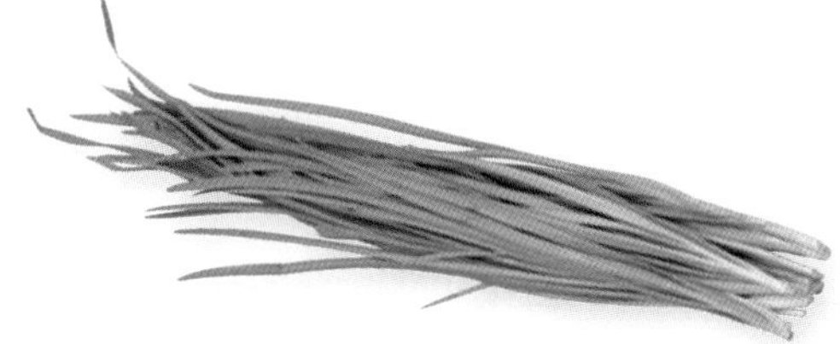

ONE POINT **【たまねぎなんかで泣きたくない】** たまねぎにはアリシンという刺激物質が含まれていて、切ったとき気化し、目を刺激することで涙が出る。たまねぎで泣きたくないときは、水につけながら切るとアリシンが水に溶けて気化しなくなる。また、あらかじめ冷蔵庫で数時間冷やしておくのもよい。やってみよう。

06. 野菜類

• たんぱく質の青字の数値はアミノ酸組成によるたんぱく質　• 脂質の青字の数値は脂肪酸のトリアシルグリセロール当量
• 炭水化物の青字の数値は利用可能炭水化物（質量計）
• 食物繊維総量の黒字の数値はプロスキー変法、青字の数値はAOAC 2011.25法による分析

可食部100gあたり　Tr：微量　（ ）：推定値または推計値　ー：未測定

緑黄色野菜 ●　廃棄率％　水分g

食品名	緑黄色野菜	廃棄率%	水分g	エネルギー kcal	たんぱく質 g（アミノ酸組成）	たんぱく質 g	脂質 g（トリアシルグリセロール当量）	脂質 g	コレステロール mg	炭水化物 g（利用可能炭水化物）	炭水化物 g	食物繊維総量 g（AOAC）	食物繊維総量 g	ナトリウム mg	カリウム mg	カルシウム mg	リン mg	鉄 mg	亜鉛 mg	ビタミンA レチノール活性当量 µg	ビタミンA レチノール µg	ビタミンA β-カロテン当量 µg	ビタミンD µg	ビタミンE α-トコフェロール mg	ビタミンB₁ mg	ビタミンB₂ mg	葉酸 µg	ビタミンC mg	食塩相当量 g
グラフ1本分の相当量				200		20.0		20.0	100		20.0		2.0	200	200	200	200	2.0	2.0	20	20	200	2.0	2.0	0.20	0.20	20	20	1.0
にんにく類 にんにく りん茎 生 06223		9	63.9	129	4.0	6.4	0.5	0.9	(0)	1.0	27.5	—	6.2	8	510	14	160	0.8	0.8	0	(0)	2	(0)	0.5	0.19	0.07	93	12	0
ねぎ類[葱] 根深ねぎ 葉 軟白 生 06226		40	89.6	35	1.0	1.4	Tr	0.1	2	3.6	8.3	—	2.5	Tr	200	36	27	0.3	0.3	7	(0)	83	(0)	0.2	0.05	0.04	72	14	0
葉ねぎ 葉 生 06227	●	7	90.5	29	1.3	1.9	0.1	0.3	(0)	0	6.5	—	3.2	1	260	80	40	1.0	0.3	120	(0)	1500	(0)	0.9	0.06	0.11	100	32	0
はくさい[白菜] 結球葉 生 06233		6	95.2	13	0.6	0.8	Tr	0.1	(0)	2.0	3.2	—	1.3	6	220	43	33	0.3	0.2	8	(0)	99	(0)	0.2	0.03	0.03	61	19	0
ピーマン類 青ピーマン 果実 生 06245	●	15	93.4	20	0.7	0.9	0.1	0.2	0	2.3	5.1	—	2.3	1	190	11	22	0.4	0.2	33	(0)	400	(0)	0.8	0.03	0.03	26	76	0
ほうれんそう[菠薐草] 葉 通年平均 生 06267	●	10	92.4	18	1.7	2.2	0.2	0.4	0	0.3	3.1	—	2.8	16	690	49	47	2.0	0.7	350	(0)	4200	(0)	2.1	0.11	0.20	210	35	0
ブロッコリー 花序 生 06263	●	35	86.2	37	3.8	5.4	0.3	0.6	0	2.3	6.6	—	5.1	7	460	50	110	1.3	0.8	75	0	900	0	3.0	0.17	0.23	220	140	0
みずな[水菜] 葉 生 06072	●	15	91.4	23	(1.9)	2.2	—	0.1	(0)	—	4.8		3.0	36	480	210	64	2.1	0.5	110	(0)	1300	(0)	1.8	0.08	0.15	140	55	0.1
もやし類 りょくとうもやし 生 06291		3	95.4	15	1.2	1.7	(0.1)	0.1	(0)	1.3	2.6		1.3	2	69	10	25	0.2	0.3	Tr	(0)	6	(0)	0.1	0.04	0.05	41	8	0
レタス類 レタス 土耕栽培 結球葉 生 06312		2	95.9	11	0.5	0.6	Tr	0.1	(0)	1.7	2.8	—	1.1	2	200	19	22	0.3	0.2	20	(0)	240	(0)	0.3	0.05	0.03	73	5	0
サニーレタス 葉 生 06315	●	6	94.1	15	(0.7)	1.2	(0.1)	0.2	(0)	(0.6)	3.2	—	2.0	4	410	66	31	1.8	0.4	170	(0)	2000	(0)	1.2	0.10	0.10	120	17	0
れんこん[蓮根] 根茎 生 06317		20	81.5	66	1.3	1.9	Tr	0.1	0	13.0	15.5	—	2.0	24	440	20	74	0.5	0.3	Tr	(0)	3	(0)	0.6	0.10	0.01	14	48	0.1

Q&A れんこんの穴の数は一般的に何個ある？ ▶8〜10個。真ん中に1個、その周りに7〜9個。れんこんの地下茎や葉、葉柄には穴があり、これらがつながっている。その穴が通気孔となり、外の空気を根に送っている。

緑黄色野菜

にんにく類 [大蒜・葫] Garlic

● 1かけ=10g

球状に肥大したりん茎を食用とする。リン・カリウムを多く含む。強烈なにおいはアリシンという成分によるもので、強い殺菌作用をもち、強壮効果がある。

ねぎ類 [葱] Welsh onions

● 根深ねぎ1本=100 ~ 150g

白い部分を食用とする根深ねぎ（別名長ねぎ）と、緑の葉の部分を食用とする葉ねぎ（別名青ねぎ）、一本ねぎを若採りしたこねぎ（市販名万能ねぎ）がある。生では特有のにおいと辛味があるが、加熱すると甘味が出る。

根深ねぎ

葉ねぎ

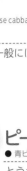

はくさい [白菜] Chinese cabbage

● 1株=1 ~ 1.5kg

結球と不結球があるが、一般には結球はくさいをさす。

ピーマン類 Sweet peppers

● 青ピーマン中1個=30 ~ 40g

とうがらしの一変種（甘味種）。比較的大型の果実をつける青果用とうがらしである。果形は球形で中空、皮が厚く、青臭さと苦味がある。

ブロッコリー Broccoli

● 1株=200g

野生キャベツの一変種。先端の花らい（つぼみ）と、その近くの茎を食用とする。

ほうれんそう [菠薐草] Spinach

● 1わ=200g

茎が長く葉に切れ込みのある東洋種は春採り、葉肉が厚く切れ込みの少なく茎の短い西洋種は秋採り。両者を交配した一代雑種が周年栽培される。

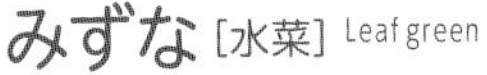

みずな [水菜] Leaf green

● 1束=200 ~ 300g

京都原産の京野菜の1つで、関東では京菜ともいう。

もやし類 Bean sprouts

● 1袋=200 ~ 300g

●りょくとうもやし：水分が多く、甘味がある。最も多く出回っているもやし。

レタス類 Lettuce

● サラダな1株=70 ~ 100g

さわやかな味わいがあり、サラダとして生で食べることができるので、調理による栄養分の損失が少ない。

●サニーレタス：葉に縮みがあり、葉先が赤紫色のもの。

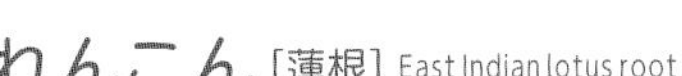

れんこん [蓮根] East Indian lotus root

● 1節=200g

はすの根茎の肥大した部分を食用とする。穴があいていることから、見通しがきくという意味で、縁起のよい野菜とされている。

レタス

サニーレタス

ONE POINT【『日本書紀』にも出てくるねぎ】ねぎはユリ科の植物で、原産地はシベリア地方（または中国）といわれている。日本にも古くから伝わり、『日本書紀』に出てくる「秋葱（あきき）」は、ねぎのこと。ねぎのことを単に「き」と呼んでいたらしい。

たわわに実るアボカド

07. 果実類

FRUITS

果実は、木の実や種実など植物の実を食用とするもので、特有の芳香、色、みずみずしさをもつ季節感あふれる食品である。

• たんぱく質の青字の数値はアミノ酸組成によるたんぱく質　• 脂質の青字の数値は脂肪酸のトリアシルグリセロール当量
• 炭水化物の青字の数値は利用可能炭水化物（質量計）
• 食物繊維総量の黒字の数値はプロスキー変法、青字の数値はAOAC 2011.25法による分析

廃棄率％　可食部100gあたり　Tr：微量　（ ）：推定値または推計値　－：未測定

グラフ1本分の相当量

食品名	廃棄率％ 水分g	エネルギー kcal (200)	たんぱく質 g (20.0)	脂質 g (20.0)	コレステロール mg (100)	炭水化物 g (20.0)	食物繊維総量 g (2.0)	ナトリウム mg (200)	カリウム mg (200)	カルシウム mg (200)	リン mg (200)	鉄 mg (2.0)	亜鉛 mg (2.0)	ビタミンA レチノール活性当量 µg (20)	ビタミンA レチノール µg (20)	ビタミンA β-カロテン当量 µg (200)	ビタミンD µg (2.0)	ビタミンE α-トコフェロール mg (2.0)	ビタミンB1 mg (0.20)	ビタミンB2 mg (0.20)	葉酸 µg (20)	ビタミンC mg (20)	食塩相当量 g (1.0)
アボカド 生 07006	30 71.3	176	1.6 2.1	15.5 17.5	Tr	(0.8) 7.9	－ 5.6	7	590	8	52	0.6	0.7	7	(0)	87	(0)	3.3	0.09	0.20	83	12	0
いちご［苺］ 生 07012	2 90.0	31	0.7 0.9	0.1 0.1	0	(5.9) 8.5	－ 1.4	Tr	170	17	31	0.3	0.2	1	(0)	18	(0)	0.4	0.03	0.02	90	62	0
かき［柿］ 甘がき　生 07049	9 83.1	63	0.3 0.4	0.1 0.2	0	13.1 15.9	－ 1.6	1	170	9	14	0.2	0.1	35	(0)	420	(0)	0.1	0.03	0.02	18	70	0
うんしゅうみかん［温州蜜柑］ じょうのう 普通　生 07027	20 86.9	49	0.4 0.7	Tr 0.1	0	8.9 12.0	－ 1.0	1	150	21	15	0.2	0.1	84	(0)	1000	(0)	0.4	0.10	0.03	22	32	0
キウイフルーツ 緑肉種　生 07054	15 84.7	51	0.8 1.0	0.2 0.2	0	9.5 13.4	－ 2.6	1	300	26	30	0.3	0.1	4	(0)	53	(0)	1.3	0.01	0.02	37	71	0
すいか［西瓜］ 赤肉種　生 07077	40 89.6	41	0.3 0.6	(0.1) 0.1	0	－ 9.5	－ 0.3	1	120	4	8	0.2	0.1	69	(0)	830	(0)	0.1	0.03	0.02	3	10	0
なし類［梨］ 日本なし　生 07088	15 88.0	38	0.2 0.3	(0.1) 0.1	0	8.1 11.3	－ 0.9	Tr	140	2	11	0	0.1	(0)	(0)	0	(0)	0.1	0.02	Tr	6	3	0
バナナ 生 07107	40 75.4	93	0.7 1.1	(0.1) 0.2	0	18.5 22.5	－ 1.1	Tr	360	6	27	0.3	0.2	5	(0)	56	(0)	0.5	0.05	0.04	26	16	0
ぶどう［葡萄］ 皮なし　生 07116	15 83.5	58	0.2 0.4	Tr 0.1	0	(14.4) 15.7	－ 0.5	1	130	6	15	0.1	0.1	2	(0)	21	(0)	0.1	0.04	0.01	4	2	0
りんご［苹果、林檎］ 皮なし　生 07148	15 84.1	53	0.1 0.1	Tr 0.2	(0)	12.2 15.5	－ 1.4	Tr	120	3	12	0.1	Tr	1	(0)	15	(0)	0.1	0.02	Tr	2	4	0

Q&A 日本での名前が、海外でもそのまま呼ばれているくだものは次のうちどれ？［なし　さくらんぼ　もも　かき］▶かき。ヨーロッパの多くの都市では“kaki”あるいは“caki”で通じてしまう。フランス語では正式に“カキ デュ ジャポン＝kaki du Japon”と呼ばれている。

栄養上の特性

甘味成分としてぶどう糖、果糖、しょ糖などを、酸味成分としてリンゴ酸、クエン酸などを含む。また、タンニンを含むものもあり、これが渋味や切り口の褐変の原因となる。ビタミンCの最適な供給源となっている。糖分を多量に含むものがあり、糖尿病の人は注意が必要。

選び方・保存のしかた

重みがあり、張りやつやのあるものを選ぶ。
●保存のしかた：ほとんどの果実は、5℃前後の低温で乾燥させないように保存する。バナナなどの亜熱帯産の果実は低温に弱く、皮が黒ずむなどの低温障害を起こすので冷蔵庫には入れない。

うんしゅうみかん［温州蜜柑］

Satsuma mandarins
●1個=100g

一般にみかんと呼ばれる。果実は扁円(へんえん)形で赤橙色。つぶつぶした果肉部分（砂じょう）と、それらを包む膜を含めてじょうのうという。

アボカド

Avocados
●中1個=200g

中南米原産のトロピカルフルーツ。「森のバター」といわれるほど栄養豊富で、サラダなどに野菜として用いられることが多い。

いちご［苺］ Strawberries

●1個=15～20g

食用にする部分は花托（かたく）が発達したもので、表面についている粒が種子である。代表的な品種は、とよのか・女峰・とちおとめ・あまおうなど。

すいか［西瓜］ Watermelon

●中1個=4kg

おもに生食され、カリウム・水分が多いので、利尿効果がある。大玉種と小玉種があり、果肉は赤色と黄色のものがある。

バナナ Bananas

●1本=100～150g

日本へは、フィリピン、台湾、エクアドルなどから輸入される。未熟な青バナナをむろに入れ、エチレンガスにより追熟して出荷される。黄色に褐色斑が入るようになると食べ頃である。

かき［柿］

Japanese persimmons
●甘がき中1個=150～200g

甘がき（富有・次郎など）と渋がき（平核無（ひらたねなし）など）がある。

ぶどう［葡萄］

Grapes
●生1粒=2g　中1房=150g

果色は赤、白、紫など多様。巨峰、デラウェア、ピオーネ、マスカット、甲州などの品種があるが、品種間では栄養素に明らかな差異はないとされる。ぶどうの渋味は抗酸化作用をもつポリフェノールによる。

デラウェア

キウイフルーツ Kiwifruit

●1個=100g

中国原産品をニュージーランドで品種改良したもの。果実が褐色の毛でおおわれている。

なし類［梨］ Pears

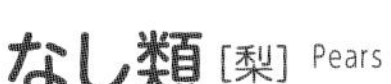

●日本なし1個=300g

多汁でさくさくした歯ざわりをもつ。果皮の色により、赤なし系の長十郎・豊水・幸水などと、青なし系の二十世紀などがある。

幸水

りんご［苹果、林檎］ Apples

●中1個=250g

有史以前から食用とされた古い果実。くせがなく、味、香りともに生食に向き、果実の中では保存性が高い。早生種（7～9月）のつがる、中生種（10月）のゴールデンデリシャス・紅玉・陸奥、晩生種（11月）のふじ・王林・国光などがある。

ふじ

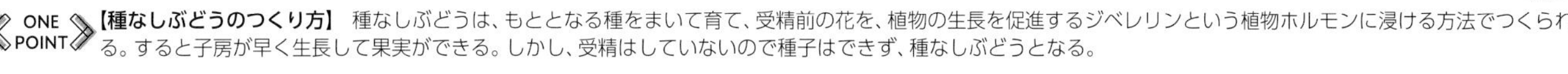

ONE POINT **【種なしぶどうのつくり方】** 種なしぶどうは、もととなる種をまいて育て、受精前の花を、植物の生長を促進するジベレリンという植物ホルモンに浸ける方法でつくられる。すると子房が早く生長して果実ができる。しかし、受精はしていないので種子はできず、種なしぶどうとなる。

自生するなめこ

08. きのこ類

MUSHROOMS

きのこは、大型の胞子組織を形成する菌類。葉緑素を含まない。森林に生えることからこの名がある。その種類は8万種にもおよぶが、食用とされるのは100〜200種である。

• たんぱく質の青字の数値はアミノ酸組成によるたんぱく質　• 脂質の青字の数値は脂肪酸のトリアシルグリセロール当量
• 炭水化物の青字の数値は利用可能炭水化物（質量計）
• 食物繊維総量の黒字の数値はプロスキー変法、青字の数値はAOAC 2011.25法による分析

廃棄率％　可食部100gあたり　Tr：微量　（ ）：推定値または推計値　ー：未測定

グラフ1本分の相当量

食品名	廃棄率%	水分g	エネルギー kcal 200	たんぱく質 g 20.0	脂質 g 20.0	コレステロール mg 100	炭水化物 g 20.0	食物繊維総量 g 2.0	ナトリウム mg 200	カリウム mg 200	カルシウム mg 200	リン mg 200	鉄 mg 2.0	亜鉛 mg 2.0	ビタミンA レチノール活性当量 µg 20	ビタミンA レチノール µg 20	ビタミンA β-カロテン当量 µg 200	ビタミンD µg 2.0	ビタミンE α-トコフェロール mg 2.0	ビタミンB1 mg 0.20	ビタミンB2 mg 0.20	葉酸 µg 20	ビタミンC mg 20	食塩相当量 g 1.0
えのきたけ［榎茸］ 生 08001	15	88.6	34	1.6 2.7	0.1 0.2	0	0.9 7.6	— 3.9	2	340	Tr	110	1.1	0.6	(0)	0	(0)	0.9	0	0.24	0.17	75	0	0
きくらげ類［木耳］ きくらげ　乾 08006	0	14.9	216	5.3 7.9	1.3 2.1	0	2.6 71.1	— 57.4	59	1000	310	230	35.0	2.1	(0)	(0)	(0)	85.0	0	0.19	0.87	87	0	0.1
しいたけ［椎茸］ 生しいたけ 菌床栽培　生 08039	20	89.6	25	2.0 3.1	0.2 0.3	0	0.7 6.4	4.9 4.6	1	290	1	87	0.4	0.9	0	0	0	0.3	0	0.13	0.21	49	0	0
乾しいたけ　乾 08013	20	9.1	258	14.1 21.2	(1.7) 2.8	0	11.2 62.5	— 46.7	14	2200	12	290	3.2	2.7	(0)	0	(0)	17.0	0	0.48	1.74	270	20	0
しめじ類［占地］ ぶなしめじ　生 08016	10	91.1	26	1.6 2.7	0.2 0.5	0	1.3 4.8	3.0 3.5	2	370	1	96	0.5	0.5	(0)	0	(0)	0.5	0	0.15	0.17	29	0	0
なめこ［滑子］ 株採り　生 08020	20	92.1	21	1.0 1.8	0.1 0.2	1	2.4 5.4	— 3.4	3	240	4	68	0.7	0.5	(0)	(0)	(0)	0	0	0.07	0.12	60	0	0
エリンギ 生 08025	6	90.2	31	1.7 2.8	0.2 0.4	(0)	2.9 6.0	— 3.4	2	340	Tr	89	0.3	0.6	(0)	(0)	(0)	1.2	0	0.11	0.22	65	0	0
ひらたけ［平茸］ 生 08026	8	89.4	34	2.1 3.3	0.1 0.3	(0)	1.3 6.2	— 2.6	2	340	1	100	0.7	1.0	(0)	0	(0)	0.3	(0)	0.40	0.40	92	0	0
まいたけ［舞茸］ 生 08028	10	92.7	22	1.2 2.0	0.3 0.5	(0)	0.3 4.4	— 3.5	0	230	Tr	54	0.2	0.7	(0)	(0)	(0)	4.9	(0)	0.09	0.19	53	0	0
マッシュルーム 生 08031	5	93.9	15	1.7 2.9	0.1 0.3	0	0.1 2.1	— 2.0	6	350	3	100	0.3	0.4	(0)	0	(0)	0.3	0	0.06	0.29	28	0	0

Q&A 欧米で「ウィンターマッシュルーム」といわれているきのこはどれ？［なめこ　まつたけ　えのきたけ　しいたけ］▶えのきたけ。冬でも見ることができるため、「ウィンターマッシュルーム」といわれる。

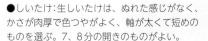

栄養上の特性

水分が多く、成分は野菜に似ているが、ビタミンCをほとんど含まない点が大きな違いである。エネルギー源となるカロリーは少ない。

選び方・保存のしかた

●しいたけ：生しいたけは、ぬれた感じがなく、かさが肉厚で色つやがよく、軸が太くて短めのものを選ぶ。7、8分の開きのものがよい。
●えのきたけ：かさが小さくそろっていて、白いものを選ぶ。
●しめじ：かさは小さく、張りがあり、たくさん固まっているものがよい。軸は太くて短く、根元が白くふくらんでいるものを選ぶ。
●マッシュルーム：軸は太くて短く、弾力があり、かさはすべすべとして丸みと厚みがあるものを選ぶ。

しいたけ［椎茸］
Shiitake　●生しいたけ1枚=10～30g

低カロリーでビタミンや食物繊維が多く、乾燥することによってうま味と香りが濃厚になる。乾しいたけは水でもどしてから利用するが、もどし汁はだしとして利用できる。

生しいたけ

乾しいたけ

エリンギ
King oyster mushrooms　●1本=30g

セリ科植物の枯死した根部に発生する。日本では自生しない。肉質がしっかりしていて歯ごたえがあり、日もちが大変よい。

えのきたけ［榎茸］
Winter mushrooms
●1袋=100g

市販品の大部分は、おがくずなどの培地で光を当てずに菌床栽培したもやし状態のもので、広葉樹の枯れ木や切り株に発生する天然のものとは異なる。天然のものや光を当てて栽培したものは茶褐色や黄褐色になる。

きくらげ類［木耳］
Tree ears　●乾10個=5g

特徴であるコリコリとした歯ざわりは、にかわ質によるもの。精進料理や中国料理によく利用される。

きくらげ

しめじ類［占地］
Shimeji　●1パック=100g

「香りまつたけ、味しめじ」といわれるほど味がよい。
●ぶなしめじ：ほんしめじと似ており、その名で販売されるものもある。まろやかなだしが出る。

ぶなしめじ

ひらたけ［平茸］
Oyster mushrooms　●1パック=100g

味にくせがなく、香りも少ないので、多くの料理に使われる。

まいたけ［舞茸］
Maitake　●1パック=100g

現在では人工栽培が可能に。体内の免疫機能を助け、抗がん作用があるといわれるグルカンという多糖類を含む。

なめこ［滑子］
Nameko　●1袋=100g

人工栽培したものが多い。別名なめたけ。独特のぬめりと歯切れ、口当たりのよさが好まれる。

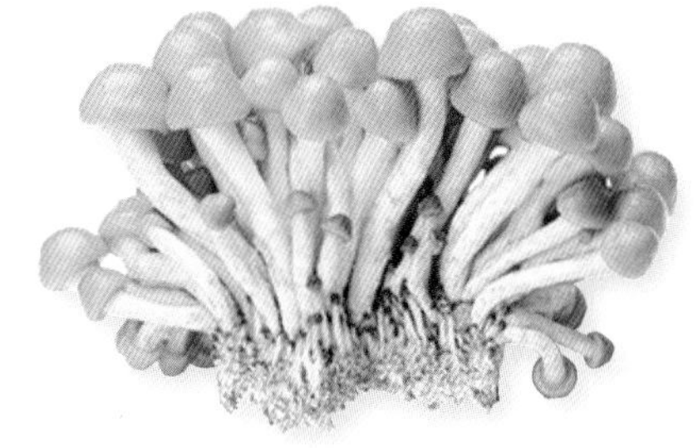

マッシュルーム
Button mushrooms
●生1個=10g

ホワイト種、ブラウン種などがある。成長するにしたがい、ひだの色が、灰色か淡いピンク色→茶色→黒色になる。成熟してひだが黒くなったもののほうがよりうま味が濃いが、日本では若いマッシュルームに人気がある。

ブラウンマッシュルーム

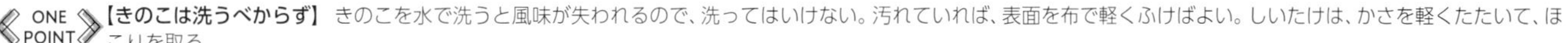

ONE POINT【きのこは洗うべからず】きのこを水で洗うと風味が失われるので、洗ってはいけない。汚れていれば、表面を布で軽くふけばよい。しいたけは、かさを軽くたたいて、ほこりを取る。

こんぶの天日干し

09. 藻類

ALGAE

藻類（海藻）とは、胞子で繁殖し水中で生長する植物をいう。現在、世界中には約8,000種の海藻が知られているが、日本近海から産するものは約1,200種ほどである。

・たんぱく質の青字の数値はアミノ酸組成によるたんぱく質　・脂質の青字の数値は脂肪酸のトリアシルグリセロール当量
・炭水化物の青字の数値は利用可能炭水化物（質量計）
・食物繊維総量の黒字の数値はプロスキー変法、青字の数値はAOAC 2011.25法による分析

可食部100gあたり　Tr：微量　（ ）：推定値または推計値　－：未測定

食品名	廃棄率% 水分g	エネルギー kcal	たんぱく質 g	脂質 g	コレステロール mg	炭水化物 g	食物繊維総量 g	ナトリウム mg	カリウム mg	カルシウム mg	リン mg	鉄 mg	亜鉛 mg	ビタミンA レチノール活性当量 µg	レチノール µg	β-カロテン当量 µg	ビタミンD µg	ビタミンE α-トコフェロール mg	ビタミンB1 mg	ビタミンB2 mg	葉酸 µg	ビタミンC mg	食塩相当量 g
グラフ1本分の相当量		200	20.0	20.0	100	20.0	2.0	200	200	200	200	2.0	2.0	20	20	200	2.0	2.0	0.20	0.20	20	20	1.0
あおのり［青海苔］ 素干し 09002	0 6.5	249	21.4 29.4	3.3 5.2	Tr	0.2 41.0	－ 35.2	3200	2500	750	390	77.0	1.6	1700	(0)	21000	(0)	2.5	0.92	1.66	270	62	8.1
あまのり［甘海苔］ 焼きのり 09004	0 2.3	297	32.0 41.4	2.2 3.7	22	1.7 44.3	－ 36.0	530	2400	280	700	11.0	3.6	2300	(0)	27000	(0)	4.6	0.69	2.33	1900	210	1.3
味付けのり 09005	0 3.4	301	31.5 40.0	(2.1) 3.5	21	13.5 41.8	－ 25.2	1700	2700	170	710	8.2	3.7	2700	(0)	32000	(0)	3.7	0.61	2.31	1600	200	4.3
こんぶ類［昆布］ まこんぶ　素干し　乾 09017	0 9.5	170	5.1 5.8	1.0 1.3	0	0.1 64.3	32.1 27.1	2600	6100	780	180	3.2	0.9	130	(0)	1600	(0)	2.6	0.26	0.31	240	29	6.6
てんぐさ［天草］ 粉寒天 09049	0 16.7	160	0.1 0.2	(0.2) 0.3	0	0.1 81.7	－ 79.0	170	30	120	39	7.3	0.3	0	(0)	0	(0)	0	0	Tr	1	0	0.4
ひじき［鹿尾菜］ ほしひじき　ステンレス釜　乾 09050	0 6.5	180	7.4 9.2	1.7 3.2	Tr	0.4 58.4	51.8	1800	6400	1000	93	6.2	1.0	360	(0)	4400	(0)	5.0	0.09	0.42	93	0	4.7
ほしひじき　鉄釜　乾 09053	0 6.5	186	－ 9.2	－ 3.2	Tr	－ 56.0	－ 51.8	1800	6400	1000	93	58.0	1.0	360	(0)	4400	(0)	5.0	0.09	0.42	93	0	4.7
もずく［海蘊］ 塩蔵　塩抜き 09038	0 97.7	4	0.2 0.2	(0.1) 0.1	0	－ 1.4	－ 1.4	90	2	22	2	0.7	0.3	15	(0)	180	(0)	0.1	Tr	0.01	2	0	0.2
わかめ［若布］ 乾燥わかめ　素干し 09040	0 12.7	164	(10.4) 13.6	(0.7) 1.6	0	－ 41.3	－ 32.7	6600	5200	780	350	2.6	0.9	650	(0)	7800	(0)	1.0	0.39	0.83	440	27	16.8
湯通し塩蔵わかめ　塩抜き　生 09045	0 93.3	16	1.3 1.5	0.2 0.3	0	0 3.4	2.9 3.2	530	10	50	30	0.5	0.2	17	(0)	210	(0)	0.1	0.01	0.01	6	0	1.4

Q&A こんぶだしをとるときにやってはいけないことは、次のどれ？［沸騰している湯で煮立てる　沸騰寸前まで火にかけ取り出す　1～3時間水に浸す］▶こんぶの組織は熱に弱く、沸騰するほど加熱すると、うま味をそこなう成分が溶け出してしまうので、沸騰している湯で煮立ててはいけない。水に浸してから沸騰寸前で取り出すとよい。

栄養上の特性

ヨウ素やカルシウムなどのミネラルや各種ビタミン類を多量に含んでいるうえ、食物繊維が豊富で、低カロリーの食品であることから、海藻は「海の野菜」と呼ばれ、世界中の注目を集めている。海藻表面のぬるぬるした物質は、粘質多糖類である。

選び方・保存のしかた

●あまのり：アルミホイルなどに包み、密閉容器に入れて、冷蔵庫で保存する。
●こんぶ：香りのよいものが、よく乾燥して熟成している。ちりめんじわや色むらのあるもの、色が薄いものは避ける。
●わかめ：塩蔵わかめは、濃緑色のものを選ぶ。
●ひじき：大きさがそろっていて、黒くて光沢があるものを選ぶ。
●もずく：細いものがよい。

こんぶ類 [昆布] Kombu

●素干し10㎝角=5g

食用にされるものは10数種類あり、根・茎・葉に区別される。うま味成分のグルタミン酸を多量に含む。
●まこんぶ：長さ2～6m、幅30cm。幅が広く肉厚のこんぶで、こんぶ類ではもっとも味がよい。

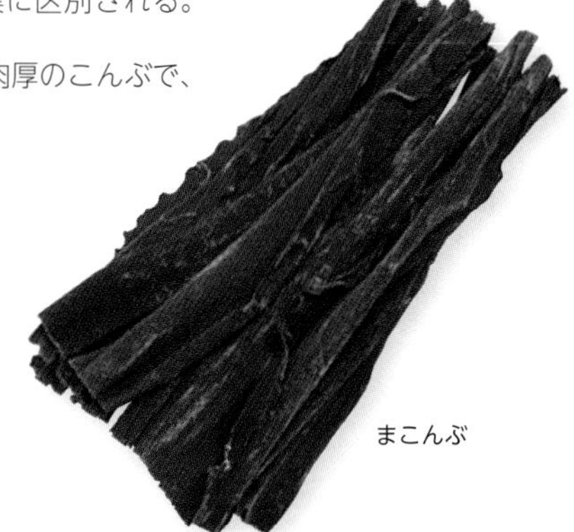
まこんぶ

あおのり [青海苔] Green laver

●小1=2g

独特の香りと鮮やかな緑色が特徴。料理の彩りや香りづけに利用する。あぶって粉末にしたものをもみあおのりといい、お好み焼きなどに使う。

あまのり [甘海苔] Purple laver

●ほしのり1枚=2g

あさくさのり、すさびのりなどの種類があり、全国各地の沿岸に生育し、養殖もおこなわれている。
●焼きのり：ほしのりを160～180℃の高温で30～60秒加熱したもの。
●味付けのり：あまのりを細かく刻んですき、乾燥させたほしのりに、調味液を塗って加熱乾燥させたもの。

味付けのり

焼きのり

もずく [海蘊] Mozuku

●1食分=50g

モズク科。ほかの海藻に巻きついて生息するため、「藻付く」が名前の由来。糸状で独特のぬめりがある。

てんぐさ [天草] Tengusa

●ところてん1食分=150g

全国各地でとれるが、夏が最盛期。食物繊維が豊富である。ところてんや寒天の原材料。
●粉寒天：てんぐさを煮てろ過した液を箱に入れて凝固させ、凍結・解凍を繰り返して乾燥させた後、粉末にしたもの。

ところてん　粉寒天

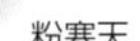

てんぐさ

わかめ [若布] Wakame

●乾燥わかめ1人分=2g

北海道南西部から九州にかけての海岸で、黒潮の影響が強い地域以外の各地に分布する。独特のぬめりは水溶性食物繊維のアルギン酸によるもの。乾燥わかめは、生わかめを乾燥したもの。湯通し塩蔵わかめは、わかめを湯通ししてから冷水で冷却し、塩蔵したもの。

湯通し塩蔵わかめ

乾燥わかめ

ひじき [鹿尾菜] Hijiki

●ほしひじき大1=2g

ホンダワラ科の海藻。生ひじきを数時間水煮して渋味を抜くため、釜の材質により、鉄含有量が異なる。水でもどしてから利用する。

ONE POINT【恋人からのプレゼントが"ひじき"!?】『伊勢物語』の中で、在原業平が恋人にひじきを贈る場面が出てくる。ひじきは当時珍しかったため、貴重な一品として考えられていたらしい。しかし、現代に振り替えてみると、プレゼントとしてひじきをもらう乙女心は複雑な気もする。

冷凍まぐろの市場

10. 魚介類

FISHES & SHELLFISHES

魚介類とは、魚類と貝類を中心とした食用水産生物の総称である。調理ずみのレトルト食品や冷凍食品などの加工品も多く、生鮮魚は回転ずしや外食産業において人気がある。

- たんぱく質の青字の数値はアミノ酸組成によるたんぱく質
- 脂質の青字の数値は脂肪酸のトリアシルグリセロール当量
- 炭水化物の青字の数値は利用可能炭水化物（質量計）
- 食物繊維総量の黒字の数値はプロスキー変法、青字の数値はAOAC 2011.25法による分析

可食部100gあたり　Tr：微量　（ ）：推定値または推計値　ー：未測定

グラフ1本分の相当量

食品	廃棄率%（※切り身・三枚おろしなど） 水分g	エネルギー kcal 200	たんぱく質 g 20.0	脂質 g 20.0	コレステロール mg 100	炭水化物 g 20.0	食物繊維総量 g 2.0	ナトリウム mg 200	カリウム mg 200	カルシウム mg 200	リン mg 200	鉄 mg 2.0	亜鉛 mg 2.0	ビタミンA レチノール活性当量 µg 20	ビタミンA レチノール µg 20	ビタミンA β-カロテン当量 µg 200	ビタミンD µg 2.0	ビタミンE α-トコフェロール mg 2.0	ビタミンB1 mg 0.20	ビタミンB2 mg 0.20	葉酸 µg 20	ビタミンC mg 20	食塩相当量 g 1.0
あじ類［鯵］ まあじ　皮つき　生 10003	55 75.1	112	16.8 19.7	3.5 4.5	68	(0.1) 0.1	ー ー	130	360	66	230	0.6	1.1	7	7	0	8.9	0.6	0.13	0.13	5	Tr	0.3
あゆ［鮎］ 天然　生 10021	45 77.7	93	15.0 18.3	1.9 2.4	83	(0.1) 0.1	ー ー	70	370	270	310	0.9	0.8	35	35	(0)	1	1.2	0.13	0.15	27	2	0.2
うなぎ［鰻］ かば焼 10070	0 50.5	285	(19.3) 23.0	19.4 21.0	230	ー 3.1	ー ー	510	300	150	300	0.8	2.7	1500	1500	(0)	19.0	4.9	0.75	0.74	13	Tr	1.3
いわし類［鰯］ しらす干し 微乾燥品 10055	0 67.5	113	19.8 24.5	1.1 2.1	250	(0.1) 0.1	ー ー	1700	170	280	480	0.6	1.7	190	190	0	12.0	1.1	0.11	0.03	27	0	4.2
さけ・ます類［鮭・鱒］ しろさけ　塩ざけ 10139	※0 63.6	183	19.4 22.4	9.7 11.1	64	(0.1) 0.1	ー ー	720	320	16	270	0.3	0.4	24	24	(0)	23.0	0.4	0.14	0.15	11	1	1.8
さば類［鯖］ まさば　生 10154	50 62.1	211	17.8 20.6	12.8 16.8	61	(0.3) 0.3	ー ー	110	330	6	220	1.2	1.1	37	37	1	5.1	1.3	0.21	0.31	11	1	0.3
さんま［秋刀魚］ 皮つき　生 10173	※0 55.6	287	16.3 18.1	22.7 25.6	68	(0.1) 0.1	ー ー	140	200	28	180	1.4	0.8	16	16	0	16.0	1.7	0.01	0.28	15	0	0.4
たい類［鯛］ まだい　天然　生 10192	50 72.2	129	17.8 20.6	4.6 5.8	65	(0.1) 0.1	ー ー	55	440	11	220	0.2	0.4	8	8	0	5	1.0	0.09	0.05	5	1	0.1
たら類［鱈］ すけとうだら からしめんたいこ 10204	0 66.6	121	(18.4) 21.0	2.3 3.3	280	ー 3.0	ー ー	2200	180	23	290	0.7	2.7	41	37	46	1	6.5	0.34	0.33	43	76	5.6
まだら　生 10205	※0 80.9	72	14.2 17.6	0.1 0.2	58	(0.1) 0.1	ー ー	110	350	32	230	0.2	0.5	10	10	0	1	0.8	0.10	0.10	5	Tr	0.3

Q&A IPAとEPAって同じ？ ちがう？ ▶実は同じものをさしている。本文にあるIPAは、EPA（エイコサペンタエン酸）と表現することもあるが、「日本食品標準成分表（文部科学省）」ではIPAの表記を採用している。このため本書でもIPAという表記で統一している。

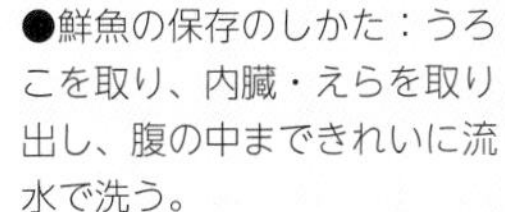

栄養上の特性

脂質の含有量は種類によって異なるが、不飽和脂肪酸が多く、イコサペンタエン酸（IPA）やドコサヘキサエン酸（DHA）は、血栓を予防するのに効果があるといわれる。

選び方・保存のしかた

●鮮魚の保存のしかた：うろこを取り、内臓・えらを取り出し、腹の中まできれいに流水で洗う。

●切り身の選び方：白身ならば、身に弾力があり、透明感のあるもの。赤身ならば血合いの色が鮮やかなもの。パックの下に水（ドリップ）のたまっているものは、解凍してから時間がたっているので避ける。

まあじ

あじ類 [鯵] Horse mackerel

●中1尾=70～100g

あじといえば、ふつう、まあじをさす。背部が暗緑または灰青色で、腹部は銀白色である。味にくせがないため和洋料理に合う。

あゆ [鮎] Ayu

●1尾=60g

背部が青黒く、腹部は銀白色で、前・尾びれが黄色を帯びた体長20cmくらいの魚で、日本の代表的な淡水魚の1つである。川魚の主とも呼ばれ、優美な姿と特有の香りをもつ。

たい類 [鯛] Sea bream

●まだい中1尾=400～500g

まだい・くろだい・ちだい・きだいなど十数種類が日本近海に生息する。秋から春の産卵前のものが味がよい。見事な姿と美しい色で日本料理の代表的な魚である。

まだい

しろさけ

塩ざけ

さけ・ます類 [鮭・鱒] Salmon and trout

●1切=70～100g

さけとますは「さけ・ます類」と呼ばれるように同じ仲間である。背びれと尾びれの間に小さな脂びれがあるのが特徴。

●しろさけ：最も一般的なさけ。全長80cmの細長い体型で、身は白っぽい。

さば類 [鯖] Mackerel

●中1尾=800g

脂ののったこくのある味で、青魚の代表的な魚である。体長は50cmほどで、おもに食用にされるのは、まさば・ごまさばである。青魚特有の不飽和脂肪酸を多く含む。

まさば

さんま [秋刀魚] Pacific saury

●1尾=120～150g

大衆魚・青魚の代表格である。「秋刀魚」と書かれるように、魚体は偏平で細長く、背部は黒紫色をしていて腹部は銀白色である。

うなぎ [鰻] Eel

●中1尾=150～200g

細長い円筒形の体でぬめりのある皮膚をもつ。各地の河川や湖沼に生息している。ビタミンAや不飽和脂肪酸が多く含まれる。かば焼は、うなぎを開いて串を打ち、たれをつけて焼いたもの。

うな重

たら類 [鱈] Cod

●たらこ1腹=50g　まだら1切=80g

北海の代表的な魚。くせのない白身で、やわらかく、加熱すると身くずれをおこしやすい。

●からしめんたいこ：すけとうだらの卵巣を塩漬け熟成し、塩抜き後に、だし汁・みりん・酒・とうがらしなどでつくった調味料に漬けたもの。

●まだら：体長1mくらい。体表のまだら模様からこの名がついた。

いわし類 [鰯] Sardine

●まいわし1尾=80g

200種類以上が温帯域を中心に世界中に分布し、群をつくって回遊するため、まとめて捕獲できる。

●しらす干し：かたくちいわし、まいわしなどの稚魚を食塩水でゆでて乾燥させたもの。

まいわし

しらす干し

からしめんたいこ

まだら

ONE POINT【電気うなぎが停電!?】アマゾン川に生息する電気うなぎの発電能力は650ボルト以上あり、800ボルト級を発電するうなぎになると、馬や牛などを倒すほどの威力。発電の目的は外敵から身を守るほか、小魚をしびれさせ捕かくするため。しかし、発電を続けると疲れて放電できなくなり、停電してしまう。うなぎも省エネが必要だ。

10. 魚介類

- たんぱく質の青字の数値はアミノ酸組成によるたんぱく質　• 脂質の青字の数値は脂肪酸のトリアシルグリセロール当量
- 炭水化物の青字の数値は利用可能炭水化物（質量計）
- 食物繊維総量の黒字の数値はプロスキー変法、青字の数値はAOAC 2011.25法による分析

廃棄率％（※切り身・三枚おろしなど）　水分g　可食部100gあたり　Tr：微量　（ ）：推定値または推計値　ー：未測定　グラフ1本分の相当量

食品名	廃棄率%	水分 g	エネルギー kcal	たんぱく質 g	脂質 g	コレステロール mg	炭水化物 g	食物繊維総量 g	ナトリウム mg	カリウム mg	カルシウム mg	リン mg	鉄 mg	亜鉛 mg	ビタミンA レチノール活性当量 µg	ビタミンA レチノール µg	ビタミンA β-カロテン当量 µg	ビタミンD µg	ビタミンE α-トコフェロール mg	ビタミンB1 mg	ビタミンB2 mg	葉酸 µg	ビタミンC mg	食塩相当量 g
グラフ1本分の相当量			200	20.0	20.0	100	20.0	2.0	200	200	200	200	2.0	2.0	20	20	200	2.0	2.0	0.20	0.20	20	20	1.0
ぶり［鰤］ 成魚　生 10241	※0	59.6	222	18.6 21.4	13.1 17.6	72	(0.3) 0.3	— —	32	380	5	130	1.3	0.7	50	50	(0)	8	2.0	0.23	0.36	7	2	0.1
まぐろ類［鮪］ くろまぐろ　天然 赤身　生 10253	※0	70.4	115	22.3 26.4	0.8 1.4	50	(0.1) 0.1	— —	49	380	5	270	1.1	0.4	83	83	0	5	0.8	0.10	0.05	8	2	0.1
缶詰　油漬 フレーク　ライト 10263	0	59.1	265	(14.4) 17.7	21.3 21.7	32	(0.1) 0.1	— —	340	230	4	160	0.5	0.3	8	8	0	2	2.8	0.01	0.03	3	0	0.9
あさり［浅蜊］ 生 10281	60	90.3	27	4.6 6.0	0.1 0.3	40	(0.4) 0.4	— —	870	140	66	85	3.8	1.0	4	2	22	0	0.4	0.02	0.16	11	1	2.2
かき［牡蠣］ 養殖　生 10292	75	85.0	58	4.9 6.9	1.3 2.2	38	2.3 4.9	— —	460	190	84	100	2.1	14.0	24	24	6	0.1	1.3	0.07	0.14	39	3	1.2
はまぐり［蛤］ 生 10306	60	88.8	35	4.5 6.1	0.3 0.6	25	(1.6) 1.8	— —	780	160	130	96	2.1	1.7	9	7	25	(0)	0.6	0.08	0.16	20	1	2.0
ほたてがい［帆立貝］ 貝柱　水煮缶詰 10315	0	76.4	87	(14.8) 19.5	0.2 0.6	62	(1.4) 1.5	— —	390	250	50	170	0.7	2.7	Tr	Tr	Tr	(0)	1.1	Tr	0.05	7	(0)	1.0
えび類［海老］ バナメイえび 養殖　生 10415	20	78.6	82	16.5 19.6	0.3 0.6	160	(0.6) 0.7	— —	140	270	68	220	1.4	1.2	0	0	(0)	0	1.7	0.03	0.04	38	1	0.3
かに類［蟹］ ずわいがに　生 10335	70	84.0	59	10.6 13.9	0.2 0.4	44	(0.1) 0.1	— —	310	310	90	170	0.5	2.6	(Tr)	Tr	(0)	(0)	2.1	0.24	0.60	15	Tr	0.8
いか類［烏賊］ するめいか　生 10345	30	80.2	76	(13.4) 17.9	0.3 0.8	250	(0.1) 0.1	— —	210	300	11	250	0.1	1.5	13	13	0	0.3	2.1	0.07	0.05	5	1	0.5
たこ類［蛸］ まだこ　生 10361	15	81.1	70	11.7 16.4	0.2 0.7	150	(0.1) 0.1	— —	280	290	16	160	0.6	1.6	5	5	(0)	(0)	1.9	0.03	0.09	4	Tr	0.7
水産練り製品 蒸しかまぼこ 10379	0	74.4	93	11.2 12.0	0.5 0.9	15	— 9.7	— —	1000	110	25	60	0.3	0.2	(Tr)	Tr	(0)	2	0.2	Tr	0.01	5	0	2.5

Q&A 230kgのくろまぐろからとれる“とろ”は、およそどのくらい？　[200kg　100kg　30kg　15kg]　▶15kg。“とろ”は、まぐろの腹肉部分をさし、1匹から少量しかとれないので、高価な値がついている。

まぐろ類［鮪］Tuna

●さしみ1切=20g

赤道を中心に南北緯度45度くらいまでの温暖地域に生息する。
●くろまぐろ：体長3mくらいで、最も高価である。
●缶詰：油漬缶詰・フレーク味付け缶詰などがあり、ツナ缶として好まれる。

成魚

ぶり［鰤］Yellowtail

●1切=100g

成長とともに呼び名が変わる出世魚。成魚をぶりと呼ぶ。冬のぶりは寒ぶりといい、脂がのって美味。

くろまぐろ

貝類・甲殻類ほか

はまぐり［蛤］
Hard clam

●中身1個=7～25g

晩秋から早春が旬の二枚貝。

かき［牡蛎］
Pacific oyster

●中身1個=8～15g

やわらかな身とほのかな甘味をもつ二枚貝。「海のミルク」といわれるほど栄養価が高く、うま味が濃い。

ほたてがい［帆立貝］
Giant ezo-scallop

●貝柱生1個=25g

中型・大型の二枚貝。貝柱は大きくてやわらかく、美味で、さしみ・フライ・煮付けなどにする。水煮缶詰・味付け缶詰も出回っている。

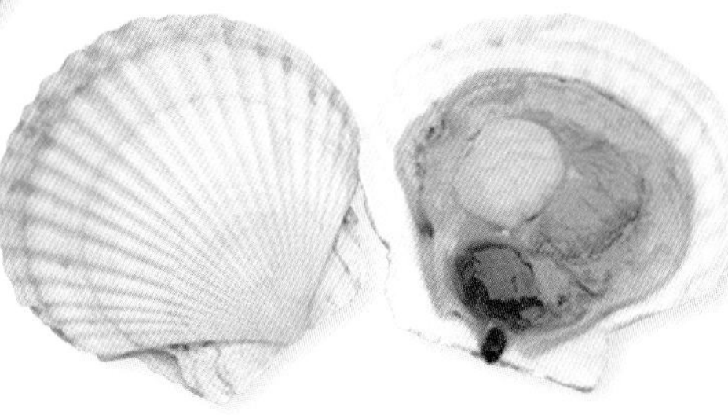

あさり［浅蜊］
Short-necked clam

●中身1個=2～3g

4cmくらいの二枚貝。太平洋沿岸の浅海で1年を通してとれる。コハク酸が多く、うま味の濃い貝である。

えび類［海老］
Prawn and shrimp

●ブラックタイガー1尾=40g

えびはおよそ3,000種あるといわれる。脂質は少なく、うま味が強いわりに淡白である。
●バナメイえび：世界中で養殖がおこなわれており、市販のむきえびの多くを占めている。

バナメイえび

ずわいがに

かに類［蟹］
Crab

●ずわいがに脚1本=80g

かには世界中に広く分布し、日本近海だけでも約1,000種類生息している。うま味のエキス分が多く、みそと呼ばれる内臓や卵は濃厚な味で、栄養価も高い。
●ずわいがに：北陸・山陰など日本海各地に分布する。

たこ類［蛸］
Octopus

●まだこ足1本=150g

●まだこ：うま味が濃く、流通量が多い。神経を休めるはたらきをもつアセチルコリンを含む。

するめいか

水産練り製品
Surimi products

●蒸しかまぼこ1本=250g

水産練り製品は、魚肉をすりつぶし、食塩・調味料・でん粉・香辛料を加えて練り上げ、加熱加工したものである。
●蒸しかまぼこ：すり身にでん粉・塩・砂糖・みりんなどを加え、練り上げ、蒸してつくる。

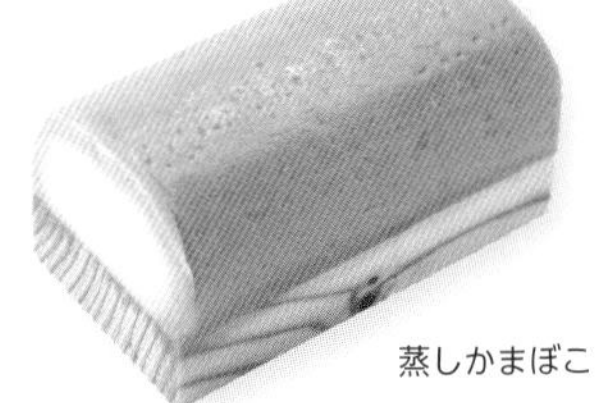
蒸しかまぼこ

まだこ

いか類［烏賊］
Squids

●中1ぱい=250～300g

日本近海に生息するいかは多種ある。新鮮ないかはさしみ・すし種に、また、天ぷら・つけ焼きなどにも向く。
●するめいか：漁獲量が最も多く、東日本で多く流通する。

ONE POINT【♂♀になる運命は栄養次第】かきは5～6月に産卵し、産卵が終わると中性になるが、翌年の産卵期の前にあまり栄養を取れなかったかきは雄に、栄養を取ったかきは雌になる。栄養状態によって雄になるか雌になるか決まるなんて、何とも落ち着かない話だ。

ある市場で売られている肉類

11. 肉類

MEATS

一般に食用とされる肉類は、畜肉(牛・豚など)、獣肉(猪・鹿)、家禽肉(鶏・合鴨など)、野鳥肉(鴨・きじなど)、その他の肉(うさぎ・鯨など)に分けられる。ハム・ソーセージなど、その加工品も多い。

- たんぱく質の青字の数値はアミノ酸組成によるたんぱく質　・脂質の青字の数値は脂肪酸のトリアシルグリセロール当量
- 炭水化物の青字の数値は利用可能炭水化物（質量計）
- 食物繊維総量の黒字の数値はプロスキー変法、青字の数値はAOAC 2011.25法による分析

可食部100gあたり　Tr：微量　( )：推定値または推計値　ー：未測定　グラフ1本分の相当量

食品名	廃棄率% / 水分g	エネルギー kcal 200	たんぱく質 g 20.0	脂質 g 20.0	コレステロール mg 100	炭水化物 g 20.0	食物繊維総量 g 2.0	ナトリウム mg 200	カリウム mg 200	カルシウム mg 200	リン mg 200	鉄 mg 2.0	亜鉛 mg 2.0	ビタミンA レチノール活性当量 µg 20	ビタミンA レチノール µg 20	ビタミンA β-カロテン当量 µg 200	ビタミンD µg 2.0	ビタミンE α-トコフェロール mg 2.0	ビタミンB1 mg 0.20	ビタミンB2 mg 0.20	葉酸 µg 20	ビタミンC mg 20	食塩相当量 g 1.0
うし[牛] 和牛肉 サーロイン 脂身つき 生 11015	0 / 40.0	460	(10.2) / 11.7	(44.4) / 47.5	86	(0.3) / 0.3	— / —	32	180	3	100	0.9	2.8	3	3	1	0	0.6	0.05	0.12	5	1	0.1
乳用肥育牛肉 サーロイン 脂身つき 生 11043	0 / 54.4	313	(14.0) / 16.5	(26.7) / 27.9	69	(0.4) / 0.4	— / —	48	270	4	150	1.0	2.9	8	8	4	0	0.4	0.06	0.10	6	1	0.1
ぶた[豚] 大型種肉 ロース 脂身つき 生 11123	0 / 60.4	248	17.2 / 19.3	18.5 / 19.2	61	(0.2) / 0.2	— / —	42	310	4	180	0.3	1.6	6	6	0	0.1	0.3	0.69	0.15	1	1	0.1
大型種肉 もも 脂身つき 生 11130	0 / 68.1	171	(16.9) / 20.5	9.5 / 10.2	67	(0.2) / 0.2	— / —	47	350	4	200	0.7	2.0	4	4	0	0.1	0.3	0.90	0.21	2	1	0.1
ひき肉 生 11163	0 / 64.8	209	15.9 / 17.7	16.1 / 17.2	74	(0.1) / 0.1	— / —	57	290	6	120	1.0	2.8	9	9	0	0.4	0.5	0.69	0.22	2	1	0.1
ハム類 ロースハム 11176	0 / 61.1	211	16.0 / 18.6	13.5 / 14.5	61	1.1 / 2.0	— / —	910	290	4	280	0.5	1.6	3	3	0	0.2	0.1	0.70	0.12	1	25	2.3
ベーコン類 ばらベーコン 11183	0 / 45.0	400	11.2 / 12.9	38.1 / 39.1	50	2.6 / 0.3	— / —	800	210	6	230	0.6	1.8	6	6	(0)	0.5	0.6	0.47	0.14	1	35	2.0
ソーセージ類 ウインナーソーセージ 11186	0 / 52.3	319	10.5 / 11.5	29.3 / 30.6	60	3.1 / 3.3	— / —	740	180	6	200	0.5	1.3	2	2	Tr	0.4	0.4	0.35	0.12	1	32	1.9
にわとり[鶏] 若どり もも 皮つき 生 11221	0 / 68.5	190	17.0 / 16.6	13.5 / 14.2	89	0 / 0	— / —	62	290	5	170	0.6	1.6	40	40	—	0.4	0.7	0.10	0.15	13	3	0.2
若どり ささみ 生 11227	5 / 75.0	98	19.7 / 23.9	0.5 / 0.8	66	(Tr) / 0.1	— / —	40	410	4	240	0.3	0.6	5	5	Tr	0	0.7	0.09	0.11	15	3	0.1

Q&A **日本人はいつから牛肉を食べていたの？** ▶飛鳥時代、仏教の浸透とともに、牛、馬などの殺生や牛肉などを食べることが禁じられた。それにともない長い間、牛肉を食べる習慣はなくなっていた。しかし、明治時代に西洋文化とともに牛肉を食べる文化も広まり、「牛鍋」が大ブームを起こした。その後、日本の本格的な肉食文化が始まった。

栄養上の特性

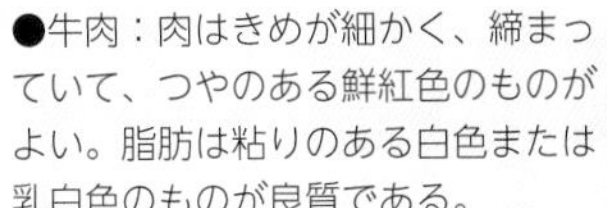

肉の種類、部位、飼育条件により、それぞれ違いが見られるが、たんぱく質・脂質・鉄分・ビタミンB群の供給源である。ただし、飽和脂肪酸が多いので、とりすぎに注意する。

選び方・保存のしかた

●牛肉：肉はきめが細かく、締まっていて、つやのある鮮紅色のものがよい。脂肪は粘りのある白色または乳白色のものが良質である。

●豚肉：淡いつやのあるピンク色をし、表面の脂肪は白くてつやと粘りがあるものがよい。

●鶏肉：毛穴が盛り上がり、肉の色が鮮やかで、皮と脂肪に透明感があることなどが新鮮なものの目安となる。

うし［牛］

Beef

●1食分=100g

肉類のなかでもとくに必須アミノ酸をバランスよく含んでいる。また、豚肉や鶏肉に比べ、鉄分が多いのが特徴。

●和牛肉：90%以上が黒毛和種である。

●乳用肥育牛肉：「国産牛」と表示されて売られる一般的な牛肉。

●サーロイン：肉質はきめが細かくてやわらかく、適度に脂肪がのっている。ヒレと並んで最高級の部位。

和牛肉 サーロイン

ロース

もも

ぶた［豚］

Pork

●1食分=100g　薄切り1枚=30g

豚肉は、牛肉や鶏肉に比べ、疲労回復に効果のあるビタミンB_1が豊富なのが特徴である。

●ロース：背中の中央部分。肉質はきめ細かくやわらかい。

●もも：赤身の多い部分で、脂肪が少なく、味は淡白である。

●ひき肉：いろいろな部位の肉を混合してひいたもの。

にわとり［鶏］

Chicken

●もも肉1枚=200g

鶏肉は、肉自体に脂肪が少ないので、皮や肉のまわりの脂肪を除けば、高たんぱく、低カロリーの食材である。

●もも：足先からつけ根までの肉。肉は赤っぽく、ややかたい。

●ささみ：笹の葉の形に似た、胸骨に沿って左右に1本ずつ付いている部分。脂肪がもっとも少なく、肉質はやわらかい。

ささみ

もも

ロースハム

ハム類

Ham

●ロースハム1枚=20g

豚肉を塩漬けにしてくん煙したり、湯煮、蒸し煮をおこなって、防腐性と独特の風味を与えた製品をいう。

●ロースハム：豚のロース肉をハムに加工したもの。

ばらベーコン

ベーコン類

Bacon

●1枚=15～20g

本来は、豚肉を塩漬けしたものの総称であったが、現在は豚のばら肉を成形・塩漬けしてから乾燥させ、くん煙したものをいう。

ソーセージ類

Sausage

●ウインナー1本=15～25g

ひき肉を原料とし、味付けして、腸（または人工のケーシング）に詰めてくん煙または加熱したもの。

●ウインナーソーセージ：羊腸または径の太さが20mm未満の人工ケーシングに詰めて、ソーセージに加工したもの。

ウインナーソーセージ

肉の焼き方はどれが好き？

	中心温度	状態
レア(rare)	55～65℃	生焼きの状態。やわらかく、肉汁が多い。収縮が少ない。
ミディアム(medium)	65～70℃	中程度の加熱状態。肉汁はわずかしか出ない。いくらか収縮する。
ウェルダン(well done)	70～80℃	加熱が十分な状態。肉汁は少なくかたい。収縮が大きい。

ONE POINT【それってハム？】 肉のかたまりに大豆、卵白、乳たんぱく、海藻抽出物等のゼリー液を注射して増量したハムを、業界ではプリンハムなどと俗称している。例えば100kgの肉から130kgのハムをつくるが、色や弾力をもたせるためにその他の食品添加物も多く使われている。

12. 卵類

EGGS

一般に食用にされている卵類は、にわとり・うずら・あひる・七面鳥だが、もっとも広く利用されているのはにわとり（鶏卵）である。卵黄・卵白ともに調理性が高く、食品加工にも利用されている。

• たんぱく質の青字の数値はアミノ酸組成によるたんぱく質　• 脂質の青字の数値は脂肪酸のトリアシルグリセロール当量
• 炭水化物の青字の数値は利用可能炭水化物（質量計）
• 食物繊維総量の黒字の数値はプロスキー変法、青字の数値はAOAC 2011.25法による分析

可食部100gあたり　Tr：微量　（　）：推定値または推計値　－：未測定　　グラフ1本分の相当量

食品名	廃棄率%	水分g	エネルギー kcal (200)	たんぱく質 g (20.0)	脂質 g (20.0)	コレステロール mg (100)	炭水化物 g (20.0)	食物繊維総量 g (2.0)	ナトリウム mg (200)	カリウム mg (200)	カルシウム mg (200)	リン mg (200)	鉄 mg (2.0)	亜鉛 mg (2.0)	ビタミンA レチノール活性当量 µg (20)	ビタミンA レチノール µg (20)	ビタミンA β-カロテン当量 µg (200)	ビタミンD µg (2.0)	ビタミンE α-トコフェロール mg (2.0)	ビタミンB1 mg (0.20)	ビタミンB2 mg (0.20)	葉酸 µg (20)	ビタミンC mg (20)	食塩相当量 g (1.0)
あひる卵[家鴨卵] ピータン 12020	45	66.7	188	— 13.7	13.5 16.5	680	0 0	—	780	65	90	230	3.0	1.3	220	220	22	6.2	1.9	Tr	0.27	63	(0)	2.0
うずら卵[鶉卵] 全卵 生 12002	15	72.9	157	11.4 12.6	10.7 13.1	470	(0.3) 0.3	—	130	150	60	220	3.1	1.8	350	350	16	2.5	0.9	0.14	0.72	91	(0)	0.3
鶏卵 全卵 生 12004	14	75.0	142	11.3 12.2	9.3 10.2	370	0.3 0.4	—	140	130	46	170	1.5	1.1	210	210	7	3.8	1.3	0.06	0.37	49	0	0.4
全卵 ゆで 12005	11	76.7	134	11.2 12.5	9.0 10.4	380	0.3 0.3	—	140	130	47	170	1.5	1.1	170	160	4	2.5	1.2	0.06	0.32	48	0	0.3
卵黄 生 12010	0	49.6	336	13.8 16.5	28.2 34.3	1200	0.2 0.2	—	53	100	140	540	4.8	3.6	690	690	24	12.0	4.5	0.21	0.45	150	0	0.1
卵白 生 12014	0	88.3	44	9.5 10.1	0 Tr	1	0.4 0.5	—	180	140	5	11	Tr	0	0	0	0	0	0	0	0.35	0	0	0.5
たまご豆腐[卵豆腐] 12017	0	(85.2)	76	(5.8) (6.5)	(4.5) (5.3)	(190)	(0.1) (0.9)	—	(390)	(99)	(26)	(95)	(0.8)	(0.6)	(83)	(83)	(2)	(0.6)	(0.6)	(0.04)	(0.17)	(25)	0	(1.0)
たまご焼[卵焼] 厚焼きたまご 12018	0	(71.9)	146	(9.4) (10.5)	(8.1) (9.2)	(320)	(6.4) (6.5)	—	(450)	(130)	(41)	(150)	(1.3)	(0.9)	(140)	(140)	(4)	(2.1)	(1.1)	(0.06)	(0.27)	(40)	0	(1.2)

卵の調理特性

●熱凝固性

鶏卵は熱を加えると水を含んだまま凝固する（例：卵料理全般、P.183の「卵と温度の関係」を参照）。

●卵白の泡立ち性（起泡性）

卵白をかくはんして空気を混ぜ込むと、しだいに泡が立ち、徐々に細かくなる。さらにかくはんすると、水に不溶のフィルム状になる。これは、卵白が起泡性と空気変性という2つの特性をあわせもつからである。菓子をつくるときにはこの性質を利用して、さまざまな形や食感のものができる（例：メレンゲ、スポンジケーキなど）。

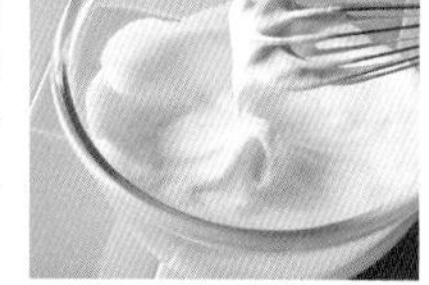

メレンゲ

●卵黄の乳化性

卵黄中のリン脂質のレシチンは、水と油を乳化させるはたらきがある（例：マヨネーズ）。

●卵白の結着性

卵白にはのりのような結着力があり、加熱すると、結着力はさらに強まる（例：ハンバーグのつなぎ）。

●その他の特性

● プリンや茶碗蒸しにすが立つのは？

高温で加熱し続けると、卵液中のたんぱく質が固まり、まわりの水分が気化するため、穴があいてしまう（すが立つ）。加熱は90度前後がよい。

● ゆで卵の卵黄のまわりが暗緑色になるのは？

卵をゆですぎると、卵白中のイオウ化合物が加熱されて硫化水素となり、卵黄中の鉄と結合して硫化鉄となるため、暗緑色を呈する。

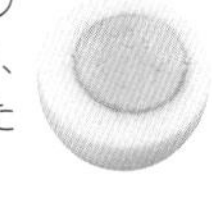

Q&A **白い卵と褐色の卵はどう違う？** ▶一般的に白いにわとりは白い卵を産み、褐色のにわとりは褐色の卵を産む。また、卵の殻の色で栄養価が大きく異なるということはない。褐色のにわとりは数が少なく貴重なため、上質な飼料を与えて卵の栄養価を高めている場合があるが、白いにわとりでも同様に飼育すれば、卵の栄養価は高くなる。

栄養上の特性

鶏卵のたんぱく質はすべての必須アミノ酸を十分に含んでいる。また、脂質中の必須脂肪酸も十分に含み、その消化率も高い。ビタミン類ではビタミンC以外のほとんどの成分を含む。卵白にはビタミンB_2が多く、卵黄には脂溶性ビタミンのA・D・E・Kが多い。ミネラルも各種含まれるが、とくに卵黄には鉄分が多い。

選び方・保存のしかた

●賞味期限やひび割れの有無を確認して購入する。輸送、保管状況で鮮度が大きく変わるので、涼しい売り場に置いてあり、商品の回転がよい店で買う。家庭で鮮度を確認するには、比重を利用したり、割ったときの濃厚卵白の盛り上がりの程度で見分けることができる。

●とくに温度に注意して保存する。5～10℃の冷蔵庫で気室のある丸い方を上にして保存するとよい。これは、卵黄が気室に遮られて、外気が出入りする殻に触れさせないためである。においが移りやすいので、魚・たまねぎなど香りの強い食品のそばは避ける。卵白は冷凍保存もできるので、ポリ袋などに入れて冷凍し、必要に応じて、室温で解凍して使うことができる。

卵黄

卵白

鶏卵 Eggs: hen

●Mサイズ殻付1個=60g　卵白1個分=35g

鶏卵は、1年を通して供給量が多く、安価で、きわめて栄養価の高い食品である。アミノ酸価100という、すぐれたアミノ酸組成をもち、脂肪は消化・吸収がよい。また、ほとんどすべてのミネラルを含み、とくに卵黄のカルシウム含量は高く、ビタミン類もCを除くすべての種類を豊富に含む。コレステロールが多いが、その値を下げるレシチンも多く含まれる。卵黄は卵白より凝固する温度が低く、この性質を利用してつくられるのが温泉卵である。

あひる卵 [家鴨卵] Eggs: domesticated duck

●1個=70g

あひるの卵の殻に、生石灰・塩などを混ぜた泥を塗り、数か月浸透させ、卵の中身をアルカリで凝固させたものをピータンという。

ピータン

うずら卵 [鶉卵] Eggs: japanese quail

●1個=10～12g

殻は灰色の地に褐色の斑点があり、小さい。栄養価は鶏卵と同様に高い。ゆでてわん種にしたり、生でとろろなどに落とす。

たまご焼 [卵焼] Tamago-yaki (Rolled omelet)

厚焼きたまごは、溶いた卵を調味し、卵焼き用の四角いフライパンで焼きながら厚く巻いていく料理。通常は砂糖が入って甘めである。

たまご豆腐 [卵豆腐] Tamago-dofu

●小1パック=100g

卵の凝固性を利用し、同量のだし汁と若干の塩を加えて蒸し、豆腐のように固めてつくる。わん種にしたり、くずあんをかけて食べる。

鶏卵の構造

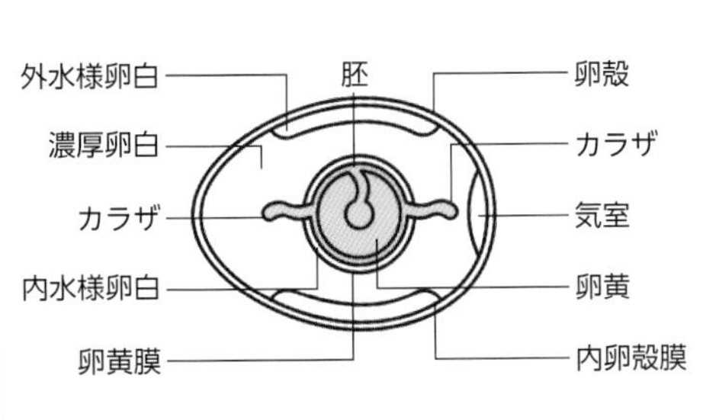

卵と温度の関係

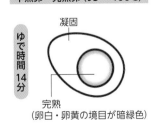

半熟卵～完熟卵（95～100℃）

ゆで時間14分

凝固

完熟
（卵白・卵黄の境目が暗緑色）

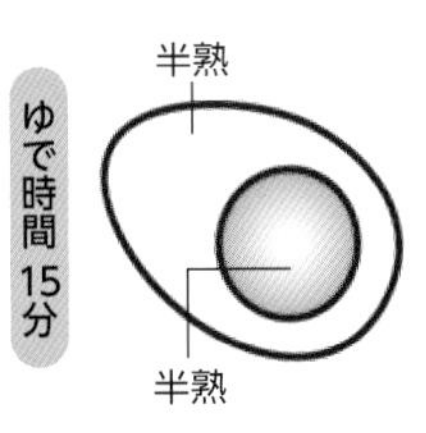

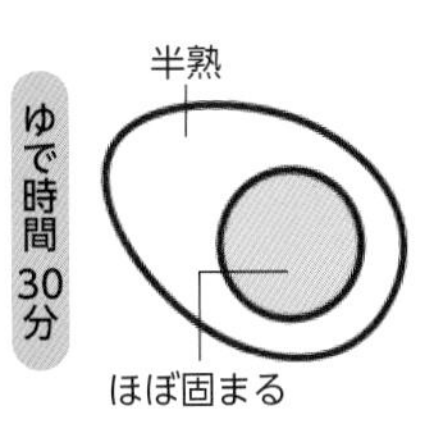

ONE POINT【ゆで卵の殻がきれいにむけない!?】これは、産卵直後の新しい卵をゆでたときによくある話。新しい卵の内側では炭酸ガスが気化して内圧が高まり、卵白が殻に密着するためむきにくくなる。ガスは徐々に抜けていくので、数日おいた卵だときれいにむける。

乳用牛（ホルスタイン種）の放牧

13. 乳類
MILKS

生乳は、ほ乳類の乳腺からの分泌物で、その動物の発育に必要な栄養素をすべて含んでいる。人間の食用とされるのは、牛乳・やぎ乳・羊乳・馬乳などである。

※Trであるが、利用上の便宜のため少数第2位まで記載
・たんぱく質の青字の数値はアミノ酸組成によるたんぱく質　・脂質の青字の数値は脂肪酸のトリアシルグリセロール当量
・炭水化物の青字の数値は利用可能炭水化物（質量計）
・食物繊維総量の黒字の数値はプロスキー変法、青字の数値はAOAC 2011.25法による分析

廃棄率%　水分g　可食部100gあたり　Tr：微量　（ ）：推定値または推計値　ー：未測定　グラフ1本分の相当量

食品名	廃棄率% / 水分g	エネルギー kcal	たんぱく質 g	脂質 g	コレステロール mg	炭水化物 g	食物繊維総量 g	ナトリウム mg	カリウム mg	カルシウム mg	リン mg	鉄 mg	亜鉛 mg	ビタミンA レチノール活性当量 µg	ビタミンA レチノール µg	ビタミンA β-カロテン当量 µg	ビタミンD µg	ビタミンE α-トコフェロール mg	ビタミンB1 mg	ビタミンB2 mg	葉酸 µg	ビタミンC mg	食塩相当量 g
グラフ1本分の相当量		200	20.0	20.0	100	20.0	2.0	200	200	200	200	2.0	2.0	20	20	200	2.0	2.0	0.20	0.20	20	20	1.0
液状乳類																							
普通牛乳 13003	0 / 87.4	61	3.0 / 3.3	3.5 / 3.8	12	4.4 / 4.8	– / –	41	150	110	93	※0.02	0.4	38	38	6	0.3	0.1	0.04	0.15	5	1	0.1
クリーム類																							
クリーム 乳脂肪 13014	0 / 48.2	404	1.6 / 1.9	39.6 / 43.0	64	2.7 / 6.5	– / –	43	76	49	84	0.1	0.2	160	150	110	0.3	0.4	0.02	0.13	0	0	0.1
ホイップクリーム 乳脂肪・植物性脂肪 13018	0 / 44.0	394	(3.5) / 4.0	(36.7) / 38.4	57	(12.6) / 12.9	– / –	130	69	42	120	0.1	0.3	180	170	96	0.2	0.4	0.01	0.06	3	(Tr)	0.3
ヨーグルト																							
全脂無糖 13025	0 / 87.7	56	3.3 / 3.6	2.8 / 3.0	12	3.8 / 4.9	– / –	48	170	120	100	Tr	0.4	33	33	3	0	0.1	0.04	0.14	11	1	0.1
脱脂加糖 13026	0 / 82.6	65	4.0 / 4.3	0.2 / 0.2	4	11.2 / 11.9	– / –	60	150	120	100	0.1	0.4	(0)	(0)	(0)	Tr	Tr	0.03	0.15	3	Tr	0.2
チーズ類																							
ナチュラルチーズ モッツァレラ 13056	0 / 56.3	269	– / 18.4	– / 19.9	62	(0) / 4.2	– / –	70	20	330	260	0.1	2.8	280	280	–	0.2	0.6	0.01	0.19	9	–	0.2
プロセスチーズ 13040	0 / 45.0	313	21.6 / 22.7	24.7 / 26.0	78	0.1 / 1.3	– / –	1100	60	630	730	0.3	3.2	260	240	230	Tr	1.1	0.03	0.38	27	0	2.8
アイスクリーム類																							
アイスクリーム 高脂肪 13042	0 / 61.3	205	3.1 / 3.5	10.8 / 12.0	32	17.3 / 22.4	– / 0.1	80	160	130	110	0.1	0.5	100	100	45	0.1	0.2	0.06	0.18	Tr	Tr	0.2
ラクトアイス 普通脂肪 13045	0 / 60.4	217	2.7 / 3.1	14.1 / 13.6	21	20.0 / 22.2	– / 0.1	61	150	95	93	0.1	0.4	10	10	0	Tr	0.6	0.03	0.15	1	Tr	0.2
人乳																							
人乳 13051	0 / 88.0	61	0.8 / 1.1	3.6 / 3.5	15	(6.4) / 7.2	– / –	15	48	27	14	※0.04	0.3	46	45	12	0.3	0.4	0.01	0.03	Tr	5	0

Q&A チーズに生えるかびは毒ではないの？ ▶かびには、人間にとって良いかびと悪いかびの2種類があり、チーズに生えるのは良いかびで、毒素をもっていない。そのため身体には害がない。また、これらのかびは悪いかびの繁殖を防ぎ、チーズの脂肪やたんぱく質を分解してよりおいしくするはたらきがある。

栄養上の特性

●アミノ酸価100で必須アミノ酸をバランスよく含んだ良質たんぱく質が多い。
●ビタミンB_2を多く含み、200mLで1日必要量の1/4がとれる。
●吸収率の高いカルシウムを多く含み、200mLで1日の必要量の1/4～1/3がとれる。

選び方・保存のしかた

●牛乳：保存期間は、保存条件によってかわる。一般に、牛乳（UHT）・加工乳・乳飲料の保存期間は、開封前10℃以下で冷蔵した場合、製造日より1週間程度である。
●ヨーグルト：きめ細かくなめらかで、気泡やひび割れがなく、上澄の液の量があまり多くないものを選ぶ。10℃以下で冷蔵する。
●チーズ：色は種類によって異なるが、全体が均一で、にごりのないものがよく、かたさも平均しているものを選ぶ。

クリーム類
Cream　●クリーム・ホイップクリーム大1=15g

●クリーム：生乳を遠心分離機にかけ、脱脂乳を分離させてとった脂肪のこと。乳等省令では乳脂肪18%以上とされる。
●ホイップクリーム：高脂肪クリームを泡立てたもの。

ホイップクリーム
クリーム

チーズ類
Cheese　●1切=30g

ナチュラルチーズとプロセスチーズがある。
●モッツァレラ：非熟成タイプで、ナチュラルチーズの一種。熱を加えると非常によく伸びる。ピザなどに利用。
●プロセスチーズ：日本ではもっとも一般的なチーズ。ナチュラルチーズを混ぜ合わせて加熱・乳化・成形したもの。殺菌してあるため熟成が止まり、保存性も高い。

プロセスチーズ

人乳
Human milk

母乳ともいわれ、乳児にもっとも適した栄養源である。牛乳に比べ、たんぱく質が少なく、糖質が多く、ミネラルは少ない。

液状乳類
Liquid milk　●1C=210g

生乳（搾乳したままの牛の乳）を殺菌処理して、直接飲用に適するようにしたのが牛乳である。
●普通牛乳：一般に牛乳と呼ばれるもので、無脂乳固形分8%以上、乳脂肪分3%以上が含まれる。

普通牛乳

ヨーグルト
Yogurt　●1C=210g

乳または乳製品を原材料とした、乳酸菌による発酵製品。
●全脂無糖：プレーンヨーグルトと呼ばれるもの。乳脂肪分を3%程度含む。
●脱脂加糖：別名普通ヨーグルト。脱脂乳を原料として、砂糖、果糖などの糖類を添加してある。

全脂無糖

アイスクリーム類
Ice cream　●中1個=80g

クリームに牛乳・砂糖・香料・乳化剤などを加え、空気を加えながら凍結させた氷菓。
●アイスクリーム：乳固形分15%以上、乳脂肪分8%以上と規定され、もっとも濃厚な味とこくを有する。
●ラクトアイス：乳固形分3%以上のもの。乳脂肪分に対する規格はない。植物性脂肪を多く含む。

アイスクリーム
ラクトアイス

牛乳およびその加工品

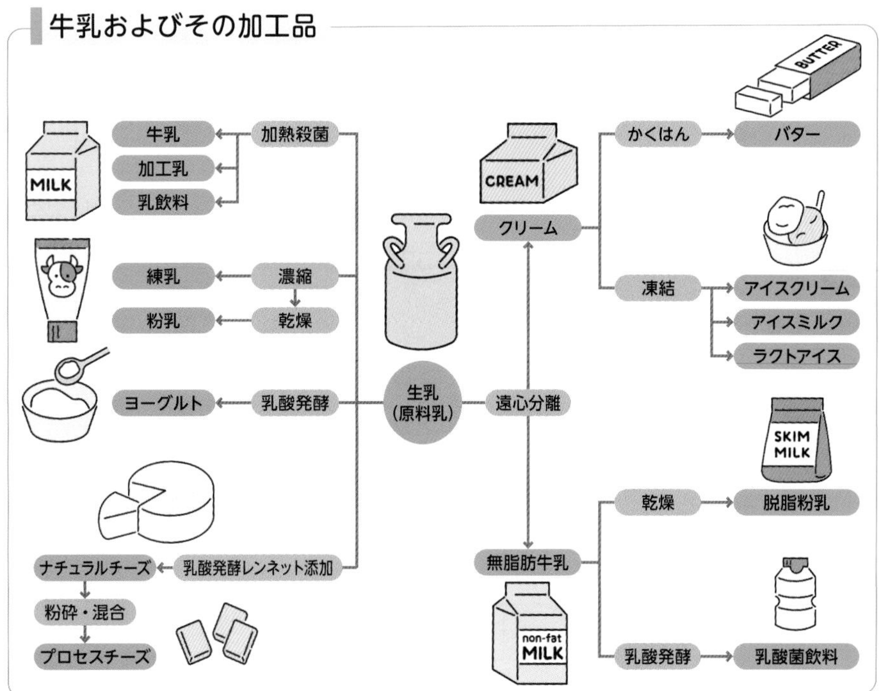

ONE POINT【牛乳は薬だった？】645年、百済からの帰化人の子である善那（ぜんな）が孝徳天皇に牛乳を献上したところ、典薬寮（てんやくりょう）の乳長上（ちちのおさのかみ）に任ぜられた。典薬寮は現代の大学の医学部や厚生労働省に相当する。つまり、牛乳は薬だと考えられたのだ。

オリーブ油

14. 油脂類

FATS & OILS

食用の油脂は、常温（15℃～20℃）で液体のものを油（oil）、固体のものを脂（fat）といい、それぞれに植物性油脂と動物性油脂などがある。

・たんぱく質の青字の数値はアミノ酸組成によるたんぱく質　・脂質の青字の数値は脂肪酸のトリアシルグリセロール当量
・炭水化物の青字の数値は利用可能炭水化物（質量計）
・食物繊維総量の黒字の数値はプロスキー変法、青字の数値はAOAC 2011.25法による分析

廃棄率％　可食部100gあたり　Tr：微量　（ ）：推定値または推計値　ー：未測定

食品名	廃棄率% / 水分g	エネルギー kcal	たんぱく質 g	脂質 g	コレステロール mg	炭水化物 g	食物繊維総量 g	ナトリウム mg	カリウム mg	カルシウム mg	リン mg	鉄 mg	亜鉛 mg	ビタミンA レチノール活性当量 µg	ビタミンA レチノール µg	ビタミンA β-カロテン当量 µg	ビタミンD µg	ビタミンE α-トコフェロール mg	ビタミンB₁ mg	ビタミンB₂ mg	葉酸 µg	ビタミンC mg	食塩相当量 g
グラフ1本分の相当量		200	20.0	20.0	100	20.0	2.0	200	200	200	200	2.0	2.0	20	20	200	2.0	2.0	0.20	0.20	20	20	1.0
オリーブ油 14001	0 0	894	— 0	98.9 100	0	— 0	—	Tr	0	Tr	0	0	0	15	0	180	(0)	7.4	0	0	(0)	(0)	0
ごま油 14002	0 0	890	— 0	98.1 100	0	— 0	—	Tr	Tr	1	1	0.1	Tr	0	0	Tr	(0)	0.4	0	0	(0)	(0)	0
調合油 14006	0 0	886	— 0	97.2 100	2	— 0	—	0	Tr	Tr	Tr	0	Tr	0	0	0	(0)	13.0	0	0	(0)	(0)	0
ラード 14016	0 0	885	— 0	97.0 100	100	— 0	—	0	0	0	0	0	Tr	0	0	0	0.2	0.3	0	0	0	0	0
バター類 無発酵バター 有塩バター 14017	0 16.2	700	0.5 0.6	74.5 81.0	210	0.5 0.2	—	750	28	15	15	0.1	0.1	520	500	190	0.6	1.5	0.01	0.03	Tr	0	1.9
無発酵バター 食塩不使用バター 14018	0 15.8	720	(0.4) 0.5	77.0 83.0	220	(0.6) 0.2	—	11	22	14	18	0.4	0.1	800	780	190	0.7	1.4	0	0.03	1	0	0
マーガリン類 マーガリン 家庭用　有塩 14020	0 14.7	715	0.4 0.4	78.9 83.1	5	0.8 0.5	—	500	27	14	17	Tr	0.1	25	0	300	11.0	15.0	0.01	0.03	Tr	0	1.3
ファットスプレッド 14021	0 30.2	579	0.1 0.2	64.1 69.1	4	0.6 0	—	420	17	8	10	Tr	Tr	31	0	380	1.1	16.0	0.02	0.02	Tr	0	1.1

油脂類の分類

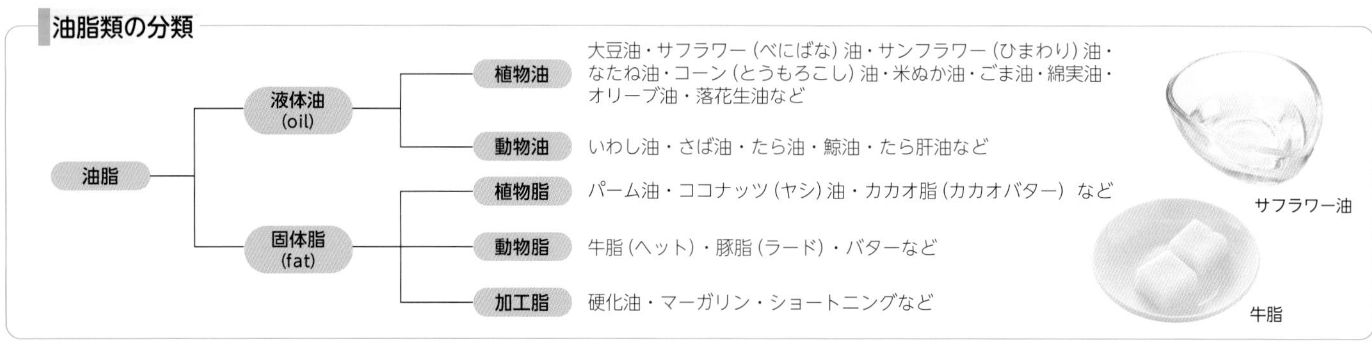

サフラワー油

牛脂

Q&A　油も凍ることはあるの？ ▶実は油も、低温の場所に置いておくと凍る。油はいろいろな種類の脂肪酸やグリセリンの混合物なので、凍る温度や凍り方はいろいろあるが、おもに白くにごったり、結晶ができたりする。凍っても品質は変化しないので、湯せんにかけるなどして温めれば元に戻る。

栄養上の特性

油脂は1gあたりのエネルギーが9kcalと多い。脂溶性ビタミン（ビタミンA・D・Eなど）は、油脂類と共にとると溶けて吸収がよく、また体内への吸収もよい。

選び方・保存のしかた

●植物油：特有の香りがあり、にごりがなく、淡色のものがよい。

●動物脂：固有の色つやがあり、組織がなめらかで異臭のないものがよい。製造年月日の新しいものを選ぶ。

●植物油・動物脂ともに空気に触れると酸化するので、密封し、冷暗所に保存する。

オリーブの実とオリーブ油

オリーブ油 Olive oil

●小1=4g　大1=12g　1C=180g

オリーブの実を圧搾してとった不乾性油。薄い黄緑色で、軽い香りがある。

ごま油 Sesami oil

●小1=4g　大1=12g　1C=180g

ごまを煎らずに生のまま採取し精製したもの。透明でくせがなく、抗酸化物質のゴマリグナンが豊富。

調合油 Vegetable oil, blend

●小1=4g　大1=12g　1C=180g

だいず油となたね油を調合した、いわゆるサラダ油のこと。ドレッシングやマヨネーズなどに用いて生で食べることを目的としている。

バター類

Butter　●大1=12g

牛乳から分離した乳脂肪分（クリーム）をさらに撹拌（かくはん）して、乳脂肪の粒子を包んでいるたんぱく質の膜を壊し、脂肪だけを取りだして練り上げたもの。有塩バターは、練り上げるときに2～3%の塩分が添加されている。

食塩不使用バターは、製造過程で塩分を加えないバターで、おもに製菓用に利用される。

ラード

Lard　●1C=170g

豚肉の脂身からとった脂肪。風味がよく、中国料理や業務用の揚げ油、マーガリン・ショートニング・即席ラーメンなどの製造に用いられる。

マーガリン類

Margarine　●大1=12g

バターの原料が牛乳なのに対し、マーガリンの原料は植物性・動物性の油脂である。油脂含有率が80%以上であるとマーガリン、80%未満であるとファットスプレッドと決められている。

マーガリン

見えるあぶらと見えないあぶら

過剰摂取が肥満につながり、生活習慣病を引き起こす原因として取り上げられることも多い油脂類。しかし、ただ油抜きの調理などにすると脂溶性ビタミンの吸収が妨げられてしまう。油脂類の摂取で注意すべきことは、その種類や特性を知った上でバランスのよい摂取を心がけることである。

また、調味料としての「見えるあぶら」だけでなく、食品に含まれる「見えないあぶら」の量も考慮して、摂取する食品を選ぶなどの姿勢も大切だ。

●厚生労働省による脂質摂取の目標量

1日に摂取する脂質の量は、総摂取エネルギー量の20～30%が望ましいとされている。しかし20歳台では、77%の人が25%を超えるエネルギーを脂質から摂取し、45%の人が、30%を超えるエネルギーを脂質から摂取している。

1日あたりの脂質摂取の内訳から見ると、見えないあぶら47.8gに対して、見えるあぶらは13.2gである。意識せずに摂取してしまう見えないあぶらの摂取量を減らす工夫が必要である。

●1日あたりの脂質摂取の内訳　(2019年/g)

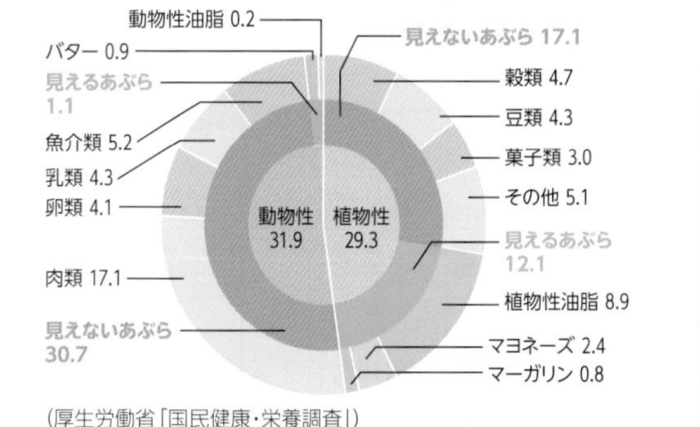

（厚生労働省「国民健康・栄養調査」）

ONE POINT【酸化しにくいオリーブ油】 オリーブ油は、血液中の悪玉コレステロールを減らす、老化の原因とされる活性酸素の活動を抑えるなどのはたらきをし、不飽和脂肪酸の中でも最も酸化しにくいオレイン酸を70%以上も含むために、健康的な油といわれる。

ブッシュ・ド・ノエル(クリスマスのケーキ)

15. 菓子類

CONFECTIONERIES

菓子は、穀粉・砂糖・油脂・卵・乳製品などを原材料とし、これにほかの食品材料を添加・加工したし好食品である。その種類は多く、和・洋・中華菓子に大別される。

・たんぱく質の青字の数値はアミノ酸組成によるたんぱく質　・脂質の青字の数値は脂肪酸のトリアシルグリセロール当量
・炭水化物の青字の数値は利用可能炭水化物（質量計）
・食物繊維総量の黒字の数値はプロスキー変法、青字の数値はAOAC 2011.25法による分析

廃棄率%　可食部100gあたり　Tr:微量　( ):推定値または推計値　ー:未測定

グラフ1本分の相当量

食品名	廃棄率% 水分g	エネルギー kcal (200)	たんぱく質 g (20.0)	脂質 g (20.0)	コレステロール mg (100)	炭水化物 g (20.0)	食物繊維総量 g (2.0)	ナトリウム mg (200)	カリウム mg (200)	カルシウム mg (200)	リン mg (200)	鉄 mg (2.0)	亜鉛 mg (2.0)	ビタミンA レチノール活性当量 µg (20)	ビタミンA レチノール µg (20)	ビタミンA β-カロテン当量 µg (200)	ビタミンD µg (2.0)	ビタミンE α-トコフェロール mg (2.0)	ビタミンB1 mg (0.20)	ビタミンB2 mg (0.20)	葉酸 µg (20)	ビタミンC mg (20)	食塩相当量 g (1.0)
草もち[草餅] つぶしあん入り 15150	0 (43.0)	227	(4.4) (4.8)	(0.6) (0.7)	(0)	(49.1) (51.1)	— (2.7)	(30)	(90)	(13)	(60)	(0.9)	(0.6)	(18)	(0)	(210)	(0)	(0.2)	(0.04)	(0.02)	(9)	(0)	(0.1)
桜もち[桜餅] 関西風 こしあん入り 15022	2 (50.0)	196	(3.0) (3.5)	(0.1) (0.3)	0	(44.7) (46.0)	— (1.7)	(33)	(22)	(18)	(27)	(0.7)	(0.5)	0	0	0	0	0	(0.01)	(0.01)	(1)	0	(0.1)
どら焼[銅鑼焼] つぶしあん入り 15027	0 (31.5)	292	(6.0) (6.6)	(2.8) (3.2)	(98)	(59.9) (57.9)	— (1.9)	(140)	(120)	(22)	(78)	(1.1)	(0.6)	(40)	(40)	(1)	(0.7)	(0.4)	(0.04)	(0.09)	(15)	(0)	(0.4)
まんじゅう[饅頭] 中華まんじゅう 肉まん 15035	0 (39.5)	242	(8.7) (10.0)	(4.7) (5.1)	(16)	(39.0) (43.4)	— (3.2)	(460)	(310)	(28)	(87)	(0.8)	(1.2)	(3)	(2)	(20)	(0.1)	—	(0.23)	(0.10)	(38)	(7)	(1.2)
シュークリーム 15073	0 (56.3)	211	(5.5) (6.0)	(10.4) (11.4)	(200)	(23.8) (25.5)	— (0.3)	(78)	(120)	(91)	(150)	(0.8)	(0.8)	(150)	(150)	(14)	(2.1)	(0.8)	(0.07)	(0.18)	(28)	(1)	(0.2)
ホットケーキ 15083	0 (40.0)	253	(7.0) (7.7)	(4.9) (5.4)	(77)	(43.8) (45.3)	— (1.1)	(260)	(210)	(110)	(160)	(0.5)	(0.5)	(52)	(51)	(5)	(0.7)	(0.5)	(0.08)	(0.16)	(15)	(Tr)	(0.7)
カスタードプリン 15086	0 (74.1)	116	(5.3) (5.7)	(4.5) (5.5)	(120)	(13.8) (14.0)	— —	(69)	(130)	(81)	(110)	(0.5)	(0.6)	(88)	(87)	(6)	(1.4)	(0.5)	(0.04)	(0.20)	(18)	(1)	(0.2)
ビスケット ハードビスケット 15097	0 2.6	422	6.4 7.6	8.9 10.0	10	71.9 77.8	— 2.3	320	140	330	96	0.9	0.5	18	18	6	Tr	0.9	0.13	0.22	16	(0)	0.8
ポテトチップス 成形ポテトチップス 15104	0 2.2	515	(6.3) 5.8	28.8 32.0	—	— 57.3	— 4.8	360	900	49	140	1.2	0.7	0	0	0	—	2.6	0.25	0.05	36	9	0.9
チョコレート類 ミルクチョコレート 15116	0 0.5	550	(5.8) 6.9	32.8 34.1	19	(56.5) 55.8	— 3.9	64	440	240	240	2.4	1.6	66	63	37	1	0.7	0.19	0.41	18	(0)	0.2

Q&A **和菓子のルーツは？** ▶和菓子のおおもとは果物や木の実だが、仏教の伝来とともに唐の国(中国)から米・小麦・あずき・だいず・ごま・甘味料などが原料の唐(から)菓子が伝わり、鎌倉時代にはまんじゅうやようかんなどの原型ができた。室町時代にはこんぺいとう、カステラなどの南蛮(なんばん)菓子が渡来した。

菓子の分類

菓子は、明治以前に定着した伝統的な「和菓子」と、明治以降に欧米から入った「洋菓子」に大きく分類され、これ以外に「中華菓子」がある。さらに、水分の含有量によって、生菓子（30%以上）、半生菓子（20～30%）、干菓子（20%以下）に分類される。

保存のしかた

和・洋菓子とも、干菓子は日もちはよいが、湿気に弱いので、缶などふたの閉まる容器に入れて保存するとよい。生菓子は日もちのしないものが多く、すぐに食べ切るのがよい。保存する場合には、必ず冷蔵庫に入れる。保存する容器は、いつも清潔に保つことも大切である。

草もち［草餅］Kusa-moch

● 1個=60g

上新粉によもぎを加えてつくったもちであんを包んだ生菓子。昔はよもぎではなく、春の七草の1つである御形（ごぎょう）が使われていた。

桜もち［桜餅］Sakura-mochi

● 1個=50g

薄紅色に着色した生菓子で、塩漬けにした桜の葉で包んだもの。関東と関西では、外側の生地が異なる。

●関西風：道明寺粉を蒸してあんを芯にして丸めたもの。

関西風

肉まん

まんじゅう［饅頭］Manju

● 中華1個=80g

●中華まんじゅう：純粋な中華菓子ではなく、日本人の口に合うようにつくられている。肉まん・あんまんのほか、種類は多種におよぶ。

シュークリーム Custard cream puff

● 1個=60g

シューとはフランス語でキャベツのこと。シュー生地を焼き、これにカスタードクリームを詰めたもの。

どら焼［銅鑼焼］Dorayaki

● 1個=90g

小麦粉・卵・砂糖などを混ぜた生地を円形に2枚焼き、間にあんをはさんだもの。形がどら（銅鑼）に似ていることからこの名がついた。

ホットケーキ Thick pancake

● 1枚=80g

小麦粉、砂糖、卵、牛乳、ベーキングパウダーでつくるゆるめの生地を、フライパンやホットプレートなどで手軽に焼くパンケーキ。

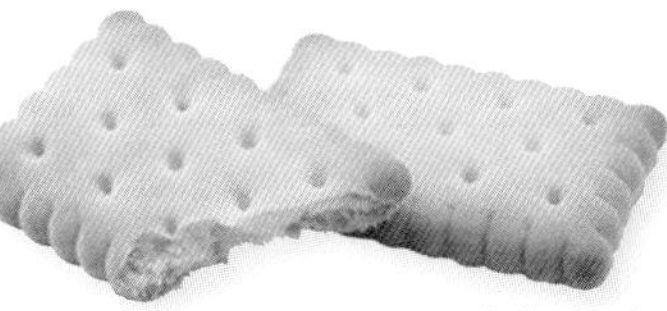

ハードビスケット

ビスケット Biscuits

● 1袋=80g

卵・砂糖・小麦粉・バターを使った小型の焼き菓子。小麦粉や砂糖・バターの配合の違いによりハードタイプとソフトタイプがある。

カスタードプリン Caramel custard

● 1個=100g

卵、砂糖、牛乳を主材料としてつくる蒸し菓子の一種で、カラメルにより不足の糖分を補う。デザートとして人気が高い。

ポテトチップス Potato chips

● 1袋=80g

じゃがいもの薄切りを揚げたスナック菓子。成形ポテトチップスは、乾燥マッシュポテトを成形後、油で揚げて調味したもの。

成形ポテトチップス

チョコレート類 Chocolate

● ミルクチョコレート1枚=50g

カカオ豆を加工したカカオマスやカカオバターを原料として使用した菓子。

●ミルクチョコレート：カカオマスにミルクを加えてつくられたもの。ミルクとしては、粉乳・クリームが使われる。

和菓子で使われる粉の種類

種類	上新粉	白玉粉	道明寺粉
特徴	うるち米を精米して製粉したもの。団子や草もちなどに使われる。	もち米を水につけてすりつぶし、さらして乾燥させたもの。白玉団子でわかるように、やわらかさと弾力が特徴。	もち米を蒸し、乾燥させてから砕いたもの。もち米と同じ食感だが、小粒なので上品。桜もち・おはぎなどに使われる。

ONE POINT【おやつが3時の理由】おやつは漢字で「御八つ」と書く。昔、1日2食だった時代に、夕食までの空腹感を紛らすために、午後2時から午後4時の間（八刻：やつどき）に軽くものを食べていた。おやつが3時なのは、この習慣のなごりだといわれる。江戸時代に入って菓子が普及するまでは、おやつは漬物やいも、豆やもちなどだった。

茶摘み

16. し好飲料類

BEVERAGES

し好飲料とは、栄養摂取をおもな目的としない、香味や刺激を楽しむための飲料である。アルコールを含む飲料とアルコールを含まない飲料（ソフトドリンク）に大別される。

• たんぱく質の青字の数値はアミノ酸組成によるたんぱく質　• 脂質の青字の数値は脂肪酸のトリアシルグリセロール当量
• 炭水化物の青字の数値は利用可能炭水化物（質量計）
• 食物繊維総量の黒字の数値はプロスキー変法、青字の数値はAOAC 2011.25法による分析

可食部100gあたり　Tr：微量　（ ）：推定値または推計値　ー：未測定

グラフ1本分の相当量

食品名	廃棄率%	水分g	エネルギー kcal 200	たんぱく質 g 20.0	脂質 g 20.0	コレステロール mg 100	炭水化物 g 20.0	食物繊維総量 g 2.0	ナトリウム mg 200	カリウム mg 200	カルシウム mg 200	リン mg 200	鉄 mg 2.0	亜鉛 mg 2.0	ビタミンA レチノール活性当量 µg 20	ビタミンA レチノール µg 20	ビタミンA β-カロテン当量 µg 200	ビタミンD µg 2.0	ビタミンE α-トコフェロール mg 2.0	ビタミンB₁ mg 0.20	ビタミンB₂ mg 0.20	葉酸 µg 20	ビタミンC mg 20	食塩相当量 g 1.0
清酒 純米酒 16002	0	83.7	102	(0.3) 0.4	0 Tr	0	(2.3) 3.6	– 0	4	5	3	9	0.1	0.1	0	0	0	0	0	Tr	0	0	0	0
ビール［麦酒］ 淡色 16006	0	92.8	39	0.2 0.3	0 0	0	Tr 3.1	– 0	3	34	3	15	Tr	Tr	0	0	0	0	0	0	0.02	7	0	0
ぶどう酒［葡萄酒］ 赤 16011	0	88.7	68	– 0.2	– Tr	(0)	(0.2) 1.5	– –	2	110	7	13	0.4	Tr	(0)	(0)	(0)	(0)	–	0	0.01	0	0	0
緑茶類 せん茶 浸出液 16037	0	99.4	2	(0.2) 0.2	– (0)	(0)	– 0.2	– –	3	27	3	2	0.2	Tr	(0)	(0)	(0)	(0)	–	0	0.05	16	6	0
ほうじ茶 浸出液 16040	0	99.8	0	– Tr	(0)	(0)	– 0.1	–	1	24	2	1	Tr	Tr	(0)	(0)	(0)	(0)	–	0	0.02	13	Tr	0
発酵茶類 紅茶 浸出液 16044	0	99.7	1	– 0.1	– (0)	(0)	– 0.1	– –	1	8	1	2	0	Tr	(0)	(0)	(0)	(0)	–	0	0.01	3	0	0
コーヒー 浸出液 16045	0	98.6	4	(0.1) 0.2	(Tr) Tr	0	(0) 0.7	– –	1	65	2	7	Tr	Tr	0	0	0	0	0	0	0.01	0	0	0
スポーツドリンク 16057	0	94.7	21	– 0	– Tr	0	– 5.1	Tr	31	26	8	0	Tr	0	0	0	0	0	0	0	0	0	Tr	0.1
炭酸飲料類 コーラ 16053	0	88.5	46	– 0.1	– Tr	(0)	(12.0) 11.4	– –	2	Tr	2	11	Tr	Tr	(0)	(0)	0	(0)	–	0	0	–	0	0
麦茶 浸出液 16055	0	99.7	1	– Tr	– (0)	(0)	– 0.3	– –	1	6	2	1	Tr	0.1	(0)	(0)	(0)	(0)	0	0	0	0	(0)	0

Q&A 世界で一番強いお酒は何？ ▶現在世界で一番強いとされているのは、ポーランド産のウオッカ「スピリタス」。アルコール分は96％で、完成するまでに70数回の蒸留を繰り返す。アルコール分が非常に高く引火しやすいため、取り扱いには注意が必要。

保存のしかた

●清酒：香り、味、色が変化しやすいので、直射日光を避け、冷暗所に置く。
●洋酒：保存性が高く、室温で保存できるが、空気に触れると酸化し、香りが飛ぶ。
●ぶどう酒：コルクが乾燥すると品質が低下するので、寝かせて保存する。
●茶：湿気に注意し、とくに緑茶ははやく使い切る。缶などに密封し、冷暗所に置くのがよい。

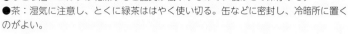

清酒 Sake

● 1合（180mL）=180g

蒸し米・米こうじを原料として糖化・発酵させた「もろみ」を搾ったもので、日本古来の酒である。

ビール［麦酒］Beer

● 中1缶（350mL）=350g

大麦の麦芽・ホップ・水を原料とし、発酵させた発泡性の飲料。ホップの加え方により、各メーカーの銘柄の特徴が出されている。

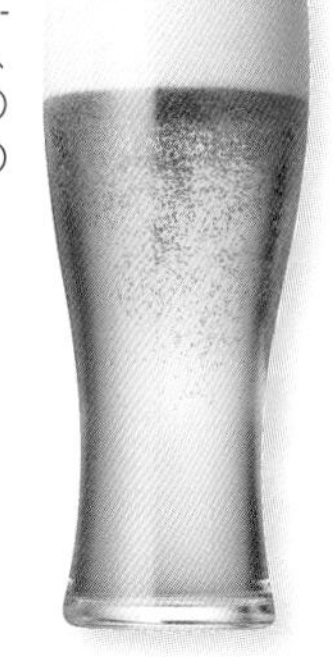

淡色

ぶどう酒［葡萄酒］Wine

● グラス1杯（100mL）=100g

ぶどうからつくられる醸造酒。ワインの名が一般的。赤・白・ロゼの種類がある。

赤

発酵茶類 Fermented tea

● 大1=6g　1C=200g

●紅茶：摘んだ葉を蒸さずに自然乾燥させてから揉み、赤褐色になるまで発酵させた発酵茶。

紅茶

緑茶類 Green tea

● 大1=6g　1C=200g

加工工程で発酵させていないため、ほかの発酵茶（ウーロン茶・紅茶）よりビタミンCがずば抜けて多い。また、抗酸化作用があるといわれる緑茶カテキンも豊富である。
●せん茶：4～5月に摘んだ若葉を蒸し、揉みながら乾燥させたもの。日本茶の8割を占める。
●ほうじ茶：中級のせん茶と番茶を高温で煎ったもの。煎ることで香ばしい香りがつき、色も茶色になる。

せん茶

ほうじ茶

コーヒー Coffee

● 1C=200g

コーヒー豆（実から外皮と果肉を取り除いた種子）を焙煎し、その浸出液を飲む。コーヒー豆は原産国や産地の名前がついているものが多く、それぞれに酸味や渋味などのバランスに特徴があるため、好みでブレンドする。

麦茶 Mugi-cha

● 1C=200g

大麦や裸麦を殻ごと煎って煮出したもの。香ばしく、夏の飲み物として好まれる。カフェインを全く含まない。

スポーツドリンク Sports drink

● 1本=500g

運動などで失われた水分やミネラル分などを効率よく補給する飲料。水に糖分・クエン酸・ビタミン・ミネラルなどを加えたものが多い。

炭酸飲料類 Carbonated beverage

● 1本=515g

炭酸ガスが水に溶け込んだ、発泡性の飲料。清涼感を楽しむもので、ほとんどが水分と糖分。
●コーラ：複数の香料を独自にブレンドした黒褐色の炭酸飲料。日本でも昭和30年代より製造・販売。

コーラ

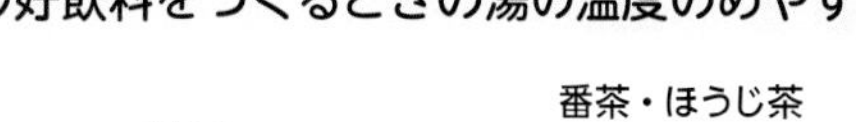

し好飲料をつくるときの湯の温度のめやす

紅茶
90～100℃で2～5分
（茶葉の大小による）

番茶・ほうじ茶
100℃で
約30秒

コーヒー
85～95℃
（透過法の場合）

せん茶
80℃で約1分

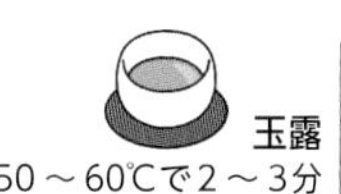

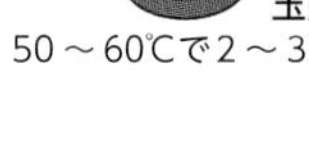

玉露
50～60℃で2～3分

ONE POINT【清涼飲料水で死亡も】清涼飲料水を大量に飲むと血液中のぶどう糖濃度が高くなるため、尿中に多量のぶどう糖と水分を排出する。すると、またのどが渇（かわ）き、同じことが繰り返されると急性の糖尿病になり、突然に悪化して昏睡（こんすい）状態になる。これを「ペットボトル症候群」という。

スパイス各種

17. 調味料・香辛料類
SEASONINGS・SPICES

調味料類は、調味の基本である塩味、甘味、酸味、うま味などを料理や食品に与える材料で、人のし好を満たし、食欲を増進させるものである。香辛料類には、スパイス(香辛料)やハーブ(香草)があり、料理の風味づけや臭み消し、着色、消化吸収を高めるなどの目的に利用される。

・たんぱく質の青字の数値はアミノ酸組成によるたんぱく質　・脂質の青字の数値は脂肪酸のトリアシルグリセロール当量
・炭水化物の青字の数値は利用可能炭水化物（質量計）
・食物繊維総量の黒字の数値はプロスキー変法、青字の数値はAOAC 2011.25法による分析

可食部100gあたり　Tr:微量　( ):推定値または推計値　―:未測定

食品名	廃棄率% 水分g	エネルギー kcal	たんぱく質 g	脂質 g	コレステロール mg	炭水化物 g	食物繊維総量 g	ナトリウム mg	カリウム mg	カルシウム mg	リン mg	鉄 mg	亜鉛 mg	ビタミンA レチノール活性当量 µg	ビタミンA レチノール µg	ビタミンA β-カロテン当量 µg	ビタミンD µg	ビタミンE α-トコフェロール mg	ビタミンB1 mg	ビタミンB2 mg	葉酸 µg	ビタミンC mg	食塩相当量 g
グラフ1本分の相当量		200	20.0	20.0	100	20.0	2.0	200	200	200	200	2.0	2.0	20	20	200	2.0	2.0	0.20	0.20	20	20	1.0
しょうゆ類[醤油] こいくちしょうゆ 17007	0 67.1	76	6.1 7.7	― 0	(0)	1.6 7.9	― ―	5700	390	29	160	1.7	0.9	0	0	0	(0)	0	0.05	0.17	33	0	14.5
食塩 17012	0 0.1	0	― 0	― 0	(0)	― 0	― ―	39000	100	22	(0)	Tr	Tr	(0)	(0)	(0)	(0)	―	(0)	(0)	(0)	(0)	99.5
食酢類 穀物酢 17015	0 93.3	25	― 0.1	― 0	(0)	― 2.4	― ―	6	4	2	2	Tr	0.1	0	0	0	(0)	―	0.01	0.01	0	0	0
だし類[出汁] かつお・昆布だし 荒節・昆布だし 17021	0 99.2	2	(0.2) 0.3	― Tr	―	― 0.3	― ―	34	63	3	13	Tr	Tr	(Tr)	(Tr)	0	―	0	0.01	0.01	1	Tr	0.1
固形ブイヨン 17027	0 0.8	233	(8.2) 7.0	4.1 4.3	Tr	― 42.1	― 0.3	17000	200	26	76	0.4	0.1	0	0	0	Tr	0.7	0.03	0.08	16	0	43.2
トマト加工品類 トマトピューレー 17034	0 86.9	44	(1.4) 1.9	(0.1) 0.1	(0)	(5.2) 9.9	― 1.8	19	490	19	37	0.8	0.3	52	0	630	(0)	2.7	0.09	0.07	29	10	0
ドレッシング類 マヨネーズ　全卵型 17042	0 16.6	668	1.3 1.4	72.5 76.0	55	(2.1) 3.6	― ―	730	13	8	29	0.3	0.2	24	24	1	0.3	13.0	0.01	0.03	1	0	1.9
みそ類[味噌] 米みそ　甘みそ 17044	0 42.6	206	8.7 9.7	3.0 3.0	(0)	― 37.9	― 5.6	2400	340	80	130	3.4	0.9	(0)	(0)	(0)	(0)	0.3	0.05	0.10	21	(0)	6.1
料理酒 17138	0 82.4	88	0.2 0.2	― Tr	0	3.5 4.7	― 0	870	6	2	4	Tr	Tr	0	0	0	0	0	Tr	0	0	0	2.2
カレー粉 17061	0 5.7	338	(10.2) 13.0	11.6 12.2	8	― 63.3	― 36.9	40	1700	540	400	29.0	2.9	32	0	390	(0)	4.4	0.41	0.25	60	2	0.1

Q&A 辛さの単位とは？ ▶スコヴィル値といい、辛味成分のカプサイシンの量で測定する。タバスコは約2,500、ハラペーニョは約8,000、ハバネロは約35万といわれる。現在世界一辛いトウガラシとしてギネスに登録されているのはキャロライナ・リーパーで、スコヴィル値は300万に達するものもあるという。

選び方・保存のしかた

●しょうゆ：塩分によって多くの種類が市販されているので、健康状態や用途に応じて使い分けるのがよい。いずれも透明感があり、異臭のないものを選ぶ。

●食塩：精製方法により品質が異なるので、用途に応じて使い分ける。湿気に弱いので、よく乾燥させて保存する。

●食酢：原料により種類があり、こくや香りに違いがあるので、用途に応じて使い分けるのがよい。香りを飛ばさないよう、密封して冷暗所に保存する。

●みそ：それぞれの製法により、かたさが保たれているものを選ぶ。光沢があり、香りがよく、塩味と酸味がよく調和しているものがよい。みそは開封した後は、密閉容器などに入れて、冷蔵庫で保存する。

●香辛料類：瓶詰、缶入り、量り売りがあるが、ほとんど密封された状態で販売されているので、賞味期限の表示を確認し、新しいものを選ぶ。冷暗所に置き、密封すれば2年間は品質が保てる。

こいくちしょうゆ

しょうゆ類［醤油］ Soy sauce

● 小1=6g

だいずや小麦を原料として、こうじ菌を育成させてもろみをつくり、これを熟成させて絞った液を殺菌してつくる。

●こいくちしょうゆ：消費の8割以上を占め、だいずと小麦がほぼ半々の割合でつくられている。

食塩 Edible salt

● 小1=6g

調味料のうち、最も基本的なもので、海水または岩塩からとる。主成分は、塩化ナトリウム（99%以上）。

食酢類 Vinegar

● 小1=5g

穀物や果汁などを醸造してつくられる、酸味が特徴の調味料。

●穀物酢：小麦・大麦・コーンなどの、米以外の穀類を主原料にした酢である。

穀物酢

だし類［出汁］ Soup stock

● 粉小1=4g　大1=12g

味の出る材料を水に浸したり、煮出したりしてうま味を引き出した汁をだしという。

●日本料理のだし：日本料理では、一般に昆布またはかつお節のだし、あるいはこれらの混合だしが使われる。

●固形ブイヨン：別名固形コンソメ。熱湯を加えることで肉風味の澄んだスープができる。

かつお節
昆布
固形ブイヨン

トマト加工品類 Tomato products

● 大1=15g

●トマトピューレー：熟したトマトを裏ごしして低温で真空濃縮したもの。調味料が添加されていないため、トマトの風味がいき、利用範囲が広い。

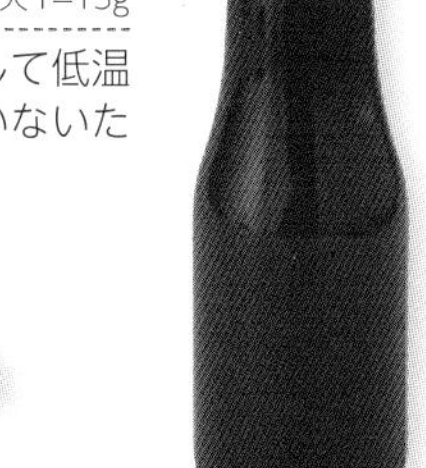
トマトピューレー

マヨネーズ

ドレッシング類 Dressing

● マヨネーズ大1=12g

ドレッシングはその形態から、半固体状、分離液状、乳化液状に区分される。

●マヨネーズ：植物油・卵・酢を主原料に、調味料・香辛料を加えた半固体状のソース。

料理酒 Sake for cooking

● 小1=5g　大1=15g

素材の生臭さを消す、やわらかくする、うま味やこくを出すなどのはたらきをする。飲用できないよう、食塩や酢などを添加している。

みそ類［味噌］ Miso

● 大1=18g

米・麦・だいずなどの植物原料に、こうじ菌・酵母菌・乳酸菌などの微生物をはたらかせてつくる日本古来の醸造調味料。

●米みそ：蒸し煮だいずに米こうじと食塩を加え、発酵・熟成させたもので、全国生産の8割を占める。

米みそ

カレー粉 Curry powder

● 小1=2g

インド発祥で、複数の香辛料をカレー用に20～30種類配合した混合香辛料。カレーや炒め物に利用する。

カレー

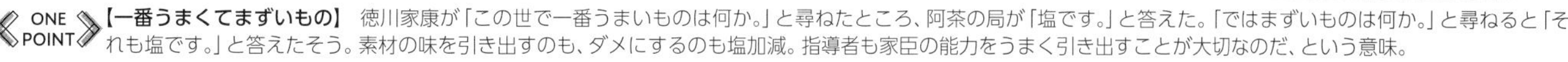
ONE POINT【一番うまくてまずいもの】 徳川家康が「この世で一番うまいものは何か。」と尋ねたところ、阿茶の局が「塩です。」と答えた。「ではまずいものは何か。」と尋ねると「それも塩です。」と答えたそう。素材の味を引き出すのも、ダメにするのも塩加減。指導者も家臣の能力をうまく引き出すことが大切なのだ、という意味。

18. 調理済み流通食品類
PREPARED FOODS

調理の手間をかけずに食べられるよう加工された食品。日常の食生活に定着している。食品にかかわる各種技術の革新により多様なものがつくられている。

• たんぱく質の青字の数値はアミノ酸組成によるたんぱく質　• 脂質の青字の数値は脂肪酸のトリアシルグリセロール当量
• 炭水化物の青字の数値は利用可能炭水化物（質量計）
• 食物繊維総量の黒字の数値はプロスキー変法、青字の数値はAOAC 2011.25法による分析

可食部100gあたり　Tr：微量　（ ）：推定値または推計値　ー：未測定　　グラフ1本分の相当量

食品	廃棄率%	水分g	エネルギー kcal (200)	たんぱく質 g (20.0)	脂質 g (20.0)	コレステロール mg (100)	炭水化物 g (20.0)	食物繊維総量 g (2.0)	ナトリウム mg (200)	カリウム mg (200)	カルシウム mg (200)	リン mg (200)	鉄 mg (2.0)	亜鉛 mg (2.0)	ビタミンA レチノール活性当量 µg (20)	ビタミンA レチノール µg (20)	ビタミンA β-カロテン当量 µg (200)	ビタミンD µg (2.0)	ビタミンE α-トコフェロール mg (2.0)	ビタミンB1 mg (0.20)	ビタミンB2 mg (0.20)	葉酸 µg (20)	ビタミンC mg (20)	食塩相当量 g (1.0)
和風 汁物類 とん汁 18028	0	(94.4)	26	(1.3) (1.5)	(1.4) (1.5)	(3)	(0.9) (2.0)	ー (0.5)	(220)	(63)	(10)	(18)	(0.2)	(0.2)	(17)	0	(200)	(Tr)	(0.1)	(0.03)	(0.01)	(7)	(1)	(0.6)
和風 煮物類 牛飯の具 18031	0	(78.8)	122	(3.5) (4.1)	(8.8) (9.4)	(18)	(4.0) (6.4)	ー (1.0)	(400)	(110)	(18)	(45)	(0.6)	(0.9)	(4)	(2)	(16)	0	(0.2)	(0.02)	(0.04)	(9)	(2)	(1.0)
肉じゃが 18036	0	(79.6)	78	(3.8) (4.3)	(1.1) (1.3)	(9)	(10.3) (13.0)	ー (1.3)	(480)	(210)	(13)	(44)	(0.8)	(0.9)	(53)	(1)	(630)	0	(0.2)	(0.05)	(0.05)	(14)	(9)	(1.2)
洋風 カレー類 チキンカレー 18040	0	(75.2)	131	(5.4) (5.6)	(8.4) (8.8)	(29)	(5.6) (8.4)	ー (1.2)	(540)	(170)	(20)	(58)	(0.7)	(0.5)	(46)	(12)	(410)	(Tr)	(0.6)	(0.04)	(0.07)	(10)	(3)	(1.4)
洋風 コロッケ類 ポテトコロッケ 18018	0	(55.5)	226	(4.5) (5.3)	(12.1) (12.6)	(14)	(23.2) (25.2)	ー (2.0)	(280)	(250)	(15)	(60)	(0.8)	(0.5)	(10)	(5)	(67)	(0.1)	(1.5)	(0.11)	(0.05)	(23)	(10)	(0.7)
洋風 スープ類 コーンクリームスープ 粉末タイプ 18004	0	2.1	425	ー 8.1	ー 13.7	ー	ー 67.4	ー	2800	470	120	190	1.2	ー	8	0	90	ー	ー	0.15	0.41	ー	2	7.1
洋風 ハンバーグステーキ類 合いびきハンバーグ 18050	0	(62.8)	197	(11.7) (13.4)	(11.2) (12.2)	(47)	(4.3) (10.0)	ー (1.1)	(340)	(280)	(29)	(110)	(1.3)	(2.4)	(18)	(11)	(84)	(0.2)	(0.6)	(0.23)	(0.15)	(17)	(2)	(0.9)
洋風 フライ類 えびフライ 18020	0	(50.5)	236	(13.2) (15.9)	(11.0) (11.6)	(120)	(20.0) (20.5)	ー (1.0)	(340)	(200)	(69)	(200)	(0.6)	(1.3)	(13)	(13)	(1)	(0.2)	(2.2)	(0.08)	(0.05)	(22)	0	(0.9)
洋風 その他 えびグラタン 18003	0	(74.1)	128	(4.8) (5.5)	(6.4) (6.9)	(23)	(3.0) (12.1)	ー (0.9)	(380)	(140)	(97)	(110)	(0.3)	(0.6)	(69)	(32)	(440)	(0.2)	(0.6)	(0.04)	(0.11)	(13)	(2)	(1.0)
中国 点心類 ぎょうざ 18002	0	(57.8)	209	(5.8) (6.9)	(10.0) (11.3)	(19)	(19.7) (22.3)	ー (1.5)	(460)	(170)	(22)	(62)	(0.6)	(0.6)	(10)	(3)	(77)	(0.1)	(0.6)	(0.14)	(0.07)	(22)	(4)	(1.2)

Q&A **フリーズドライ食品って何？** ▶食品を凍らせ、真空に近い状態で水分を氷からそのまま水蒸気にして乾燥させる製法（真空凍結乾燥法）で乾燥させたもの。氷の粒があったすきまにお湯や水が入ることで食品が復元される。食材の色や香り、風味、食感がそこなわれにくく、常温で長期間の保存ができる。

レトルトパウチ食品

アルミ箔とプラスチックフィルムを３層に貼り合わせた袋（レトルトパウチ）に調理・加工済みの食品を入れ、空気を抜いて密封し、高圧釜（レトルト）で120℃・４分以上の高温・高圧で殺菌したもの。

●特徴：無菌状態で気密性・遮光性が高いため、保存料や殺菌料を使わずに常温で１～２年の長期保存が可能。

冷凍食品

前処理（下ごしらえ）し、-18℃以下になるよう急速冷凍して適切に包装し、-18℃以下で保管・流通しているもの。

●特徴：冷凍下で微生物が増殖しないため、保存料・殺菌料が必要ない。１年間の長期保存ができる。

チルド食品

凍結しない程度の低温冷蔵で保存・輸送・販売される食品。一般的に０～10℃の温度で管理される。

●特徴：低温冷蔵することで酵素の活性や有害微生物の成育を抑制できる。

粉末状食品

一般的に、液状の食品を加工によって粉末状にし、食用時に水または湯で復元する食品。

●特徴：栄養価の損失が少ない。保存期間が長い。

※１食分（18.6g）あたりの食塩相当量1.0g

和風 汁物類 Soup

汁物は汁を主にした料理。

●とん汁：豚肉・多種の野菜・こんにゃくなどを煮込んでねぎと七味とうがらしをふった具だくさんのみそ汁。

洋風 スープ類 Soup

●コーンクリームスープ　粉末タイプ：スイートコーンが主原料のクリームスープ。粉末タイプは熱湯を注ぐとスープ状になるものが主流だが、冷たい牛乳を混ぜるだけでできるものもある。

洋風 その他

●えびグラタン：えび・野菜・マカロニなどとホワイトソースを混ぜてグラタン皿に入れ、チーズやパン粉を振って焼き色がつくまでオーブンで焼いた料理。

和風 煮物類 Boiled foods

煮物とは、材料を煮てしょうゆ・砂糖・塩・みそ・みりんなどで調味した料理。

●牛飯の具：牛肉とたまねぎを甘辛く煮たもの。丼に盛った飯にのせて紅しょうがやみつばなどを添える。

●肉じゃが：肉・たまねぎ・じゃがいも・にんじん・しらたきなどをいため、だし汁としょうゆ・砂糖などで煮た料理。

肉じゃが

牛飯の具

洋風 ハンバーグステーキ類 Humburg steak

● ハンバーグ１個=120g

●合いびきハンバーグ：牛肉と豚肉をあわせた合いびき肉を主原料にして楕円形にまとめ、両面を焼いた料理。

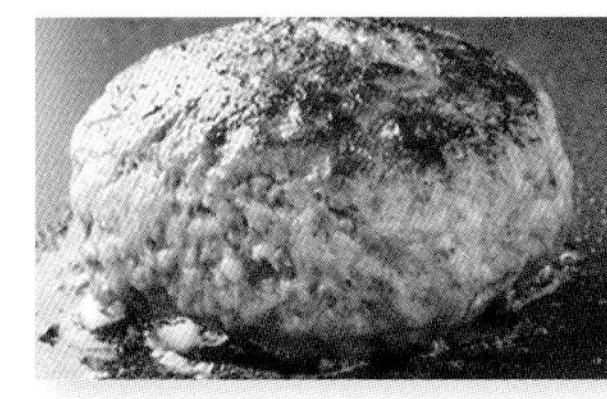

中国 点心類 Chinese snacks

● ぎょうざ１個=25g

点心とは中国料理の軽食の総称。

●ぎょうざ：ひき肉と野菜を混ぜたあんを小麦粉製の皮で包み、焼く、ゆでる、蒸すなどした料理。

洋風 カレー類 Japanese curry

肉や野菜などをカレーソースで煮込んだ料理。

●チキンカレーなど：インドでは、宗教上の理由で牛肉・豚肉を食べない人が多いため、とり肉が多く利用される。

洋風 コロッケ類 Croquettes

● コロッケ１個=60g

●ポテトコロッケ：ゆでてつぶしたじゃがいもにひき肉やたまねぎのみじん切りなどをいためて混ぜ、小判型に整えて衣をつけて揚げた料理。

洋風 フライ類 Fried foods

● えびフライ１尾=25g

フライとは、食材に小麦粉・溶き卵・パン粉の順で衣をつけ、160～180℃で揚げた料理。

●えびフライ：えびのからと背わたを取ってフライにしたもの。

ONE POINT【凍ったまま持ち帰る方法】 冷凍食品の品質を守るには、凍ったまま持ち帰ることが重要。買い物の最後に買う、１個だけではなく何個かまとめて買う、保冷剤や保冷袋を利用する、買い物袋の中央に入れて防熱するなどくふうしてみよう。

[凡例] 身体活動レベルⅡの 15 ～ 17 歳男女の栄養摂取基準の約 1/3 を示す。

	男子	女子
エネルギー	933kcal	767kcal
たんぱく質	21.7g	18.3g
脂質	25.9g	21.3g
炭水化物	134.2g	110.2g
カルシウム	267mg	217mg
鉄	3.3mg	3.5mg
ビタミンA	300µg	217µg
ビタミンB1	0.50mg	0.40mg
ビタミンB2	0.57mg	0.47mg
ビタミンC	33mg	33mg
食塩相当量	2.5g	2.2g

注
- 各企業の分析により発表された栄養価を元に左の凡例に対する充足値を示した。
- 有効桁数は食品成分表にそろえている。食塩相当量はナトリウム量に2.54を乗じた。
- 原材料は，量の多い順に表示されている。
- 成分の－は未測定，または非公表。

エッグマックマフィン®
内容量139g

イングリッシュマフィン・卵・カナディアンベーコン（ロースハム）・チェダースライスチーズ

1個食べたら	
エネルギー	314kcal
たんぱく質	19.6g
脂質	13.5g
炭水化物	27.2g
カルシウム	170mg
鉄	1.4mg
ビタミンA	115µg
ビタミンB1	0.13mg
ビタミンB2	0.30mg
ビタミンC	0mg
食塩相当量	1.6g

マクドナルド
（2023年7月現在）

ハンバーガー
内容量104g

バンズ・ビーフパティ・オニオン・ピクルス

1個食べたら	
エネルギー	257kcal
たんぱく質	12.8g
脂質	9.4g
炭水化物	30.3g
カルシウム	30mg
鉄	1.2mg
ビタミンA	14µg
ビタミンB1	0.10mg
ビタミンB2	0.10mg
ビタミンC	1mg
食塩相当量	1.4g

マクドナルド
（2023年7月現在）

ビッグマック®
内容量217g

バンズ・ビーフパティ・オニオン・ピクルス・レタス・チェダースライスチーズ

1個食べたら	
エネルギー	526kcal
たんぱく質	25.9g
脂質	28.2g
炭水化物	41.9g
カルシウム	140mg
鉄	2.2mg
ビタミンA	72µg
ビタミンB1	0.18mg
ビタミンB2	0.24mg
ビタミンC	2mg
食塩相当量	2.5g

マクドナルド
（2023年7月現在）

フィレオフィッシュ®
内容量137g

バンズ・フィッシュポーション（スケソウダラ）・チェダースライスチーズ

1個食べたら	
エネルギー	336kcal
たんぱく質	14.7g
脂質	14.1g
炭水化物	38.0g
カルシウム	77mg
鉄	0.5mg
ビタミンA	28µg
ビタミンB1	0.12mg
ビタミンB2	0.09mg
ビタミンC	0mg
食塩相当量	1.7g

マクドナルド
（2023年7月現在）

ミニッツメイドオレンジ（M）
内容量425g

1杯飲んだら	
エネルギー	143kcal
たんぱく質	3.3g
脂質	0.0g
炭水化物	33.8g
カルシウム	29mg
鉄	0.3mg
ビタミンA	13µg
ビタミンB1	0.33mg
ビタミンB2	0mg
ビタミンC	133mg
食塩相当量	0g

マクドナルド
（2023年7月現在）

モスバーガー
内容量210.8g

バンズ・ハンバーガーパティ・トマト・オニオン・ミートソース・アメリカンマスタード・カロリーハーフマヨネーズタイプ

1個食べたら	
エネルギー	368kcal
たんぱく質	15.6g
脂質	16.0g
炭水化物	40.6g
カルシウム	34mg
鉄	1.4mg
ビタミンA	29µg
ビタミンB1	0.11mg
ビタミンB2	0.10mg
ビタミンC	10mg
食塩相当量	2.1g

モスバーガー
（2023年7月現在）

モスライスバーガー（海鮮かきあげ（塩だれ））
内容量183g

ライスプレート・海鮮かきあげ・海鮮かきあげソース

1個食べたら	
エネルギー	373kcal
たんぱく質	8.5g
脂質	10.5g
炭水化物	61.5g
カルシウム	44mg
鉄	0.6mg
ビタミンA	56µg
ビタミンB1	0.09mg
ビタミンB2	0.04mg
ビタミンC	0mg
食塩相当量	1.9g

モスバーガー
（2023年7月現在）

ロースカツバーガー

内容量174.4g

バンズ・ロースカツ＋カツソース・キャベツの千切り・アメリカンマスタード

1個食べたら	
エネルギー	410kcal
たんぱく質	16.6g
脂質	16.4g
炭水化物	49.6g
カルシウム	36mg
鉄	1.0mg
ビタミンA	9μg
ビタミンB1	0.61mg
ビタミンB2	0.10mg
ビタミンC	12mg
食塩相当量	2.4g

モスバーガー
(2023年7月現在)

オニオンフライ

内容量80.4g

オニオン

1袋食べたら	
エネルギー	250kcal
たんぱく質	4.0g
脂質	14.5g
炭水化物	26.0g
カルシウム	112mg
鉄	0.4mg
ビタミンA	0μg
ビタミンB1	0.03mg
ビタミンB2	0.40mg
ビタミンC	2mg
食塩相当量	1.2g

モスバーガー
(2023年7月現在)

アイスカフェラテ(M)

内容量210g

1杯飲んだら	
エネルギー	109kcal
たんぱく質	5.4g
脂質	6.1g
炭水化物	8.1g
カルシウム	177mg
鉄	0.0mg
ビタミンA	61μg
ビタミンB1	0.06mg
ビタミンB2	0.25mg
ビタミンC	2mg
食塩相当量	0.2g

モスバーガー
(2023年7月現在)

オリジナルチキン

内容量87g
(可食部平均)

鶏肉・小麦粉・卵・牛乳・食塩・スパイス類

1ピース食べたら	
エネルギー	218kcal
たんぱく質	16.5g
脂質	12.8g
炭水化物	9.1g
カルシウム	15mg
鉄	0.6mg
ビタミンA	48μg
ビタミンB1	0.09mg
ビタミンB2	0.48mg
ビタミンC	4mg
食塩相当量	1.5g

ケンタッキーフライドチキン

チキンフィレバーガー

内容量161g

全粒粉バンズ・チキンフィレ・レタス・オリーブオイル入りマヨソース

1個食べたら	
エネルギー	401kcal
たんぱく質	24.5g
脂質	20.0g
炭水化物	31.0g
カルシウム	24mg
鉄	0.9mg
ビタミンA	20μg
ビタミンB1	0.19mg
ビタミンB2	0.13mg
ビタミンC	3mg
食塩相当量	2.4g

ケンタッキーフライドチキン

コールスロー M

内容量130g

キャベツ・にんじん・たまねぎ風味が加わったコールスロードレッシング

1カップ食べたら	
エネルギー	137kcal
たんぱく質	1.6g
脂質	10.2g
炭水化物	10.3g
カルシウム	44mg
鉄	0.4mg
ビタミンA	43μg
ビタミンB1	0.04mg
ビタミンB2	0.04mg
ビタミンC	39mg
食塩相当量	0.9g

ケンタッキーフライドチキン

天丼

ご飯、天ぷら粉、たれ、えび、れんこん、漬物、アジ、揚げ油、おくら、のり

1杯食べたら	
エネルギー	602kcal
たんぱく質	16.4g
脂質	9.8g
炭水化物	107.0g
カルシウム	—
鉄	—
ビタミンA	—
ビタミンB1	—
ビタミンB2	—
ビタミンC	—
食塩相当量	2.7g

和食さと
(2022年7月現在)

ざるそば

そば、めんつゆ、青ネギ、わさび、のり

1枚食べたら	
エネルギー	277kcal
たんぱく質	13.0g
脂質	2.2g
炭水化物	51.6g
カルシウム	—
鉄	—
ビタミンA	—
ビタミンB1	—
ビタミンB2	—
ビタミンC	—
食塩相当量	2.0g

和食さと
(2022年7月現在)

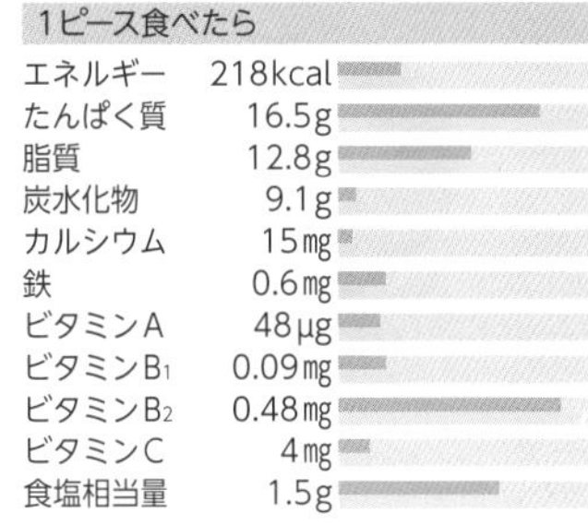

牛丼　並盛

1杯食べたら	
エネルギー	733kcal
たんぱく質	22.9g
脂質	25.0g
炭水化物	104.1g
カルシウム	14mg
鉄	1.4mg
ビタミンA	6μg
ビタミンB1	0.1mg
ビタミンB2	0.2mg
ビタミンC	2.2mg
食塩相当量	2.5g

すき家

焼鮭たまかけ朝食（ごはん並）

1食食べたら	
エネルギー	761kcal
たんぱく質	31.5g
脂質	24.2g
炭水化物	104.6g
カルシウム	66mg
鉄	1.6mg
ビタミンA	191μg
ビタミンB1	0.2mg
ビタミンB2	0.4mg
ビタミンC	5mg
食塩相当量	4.3g

すき家

とろ〜り3種のチーズ牛丼　並盛

1杯食べたら	
エネルギー	921kcal
たんぱく質	35.0g
脂質	38.5g
炭水化物	109.2g
カルシウム	321mg
鉄	1.9mg
ビタミンA	99μg
ビタミンB1	0.12mg
ビタミンB2	0.33mg
ビタミンC	3mg
食塩相当量	4.0g

すき家

おろしポン酢牛丼　並盛

1杯食べたら	
エネルギー	754kcal
たんぱく質	24.1g
脂質	25.1g
炭水化物	108.3g
カルシウム	59mg
鉄	1.6mg
ビタミンA	28μg
ビタミンB1	0.12mg
ビタミンB2	0.16mg
ビタミンC	8mg
食塩相当量	3.7g

すき家

ミラノ風ドリア

米、ホワイトソース、ミートソース、粉チーズ他

1皿食べたら	
エネルギー	521kcal
たんぱく質	12.0g
脂質	26.4g
炭水化物	57.4g
カルシウム	—
鉄	—
ビタミンA	—
ビタミンB1	—
ビタミンB2	—
ビタミンC	—
食塩相当量	2.5g

サイゼリヤ
（2023年7月現在）

小エビのサラダ

甘エビ、レタス、トマト、にんじん他

1皿食べたら	
エネルギー	192kcal
たんぱく質	8.5g
脂質	14.5g
炭水化物	7.8g
カルシウム	—
鉄	—
ビタミンA	—
ビタミンB1	—
ビタミンB2	—
ビタミンC	—
食塩相当量	1.5g

サイゼリヤ
（2023年7月現在）

タラコソースシシリー風

1皿食べたら	
エネルギー	552kcal
たんぱく質	17.2g
脂質	15.5g
炭水化物	81.9g
カルシウム	—
鉄	—
ビタミンA	—
ビタミンB1	—
ビタミンB2	—
ビタミンC	—
食塩相当量	2.1g

サイゼリヤ
（2023年7月現在）

ハンバーグステーキ

牛肉、じゃがいも、コーン、ホワイトソース、卵他

1皿食べたら	
エネルギー	582kcal
たんぱく質	29.6g
脂質	34.8g
炭水化物	36.1g
カルシウム	—
鉄	—
ビタミンA	—
ビタミンB1	—
ビタミンB2	—
ビタミンC	—
食塩相当量	2.7g

サイゼリヤ
（2023年7月現在）

生姜焼き

豚肉、玉ねぎ、キャベツ、タレ、調味料他

1個食べたら	
エネルギー	544kcal
たんぱく質	16.1g
脂質	47.0g
炭水化物	9.9g
カルシウム	—
鉄	—
ビタミンA	—
ビタミンB_1	—
ビタミンB_2	—
ビタミンC	—
食塩相当量	2.1g

キッチンオリジン・オリジン弁当
(2023年7月現在)

タルタルのり弁当

ご飯、白身魚フライ、ちくわ天、きんぴらごぼう、しょうゆ、かつお節、のり、加工でん粉、調味料他 (別添タルタルソース、しょうゆ)

1個食べたら	
エネルギー	605kcal
たんぱく質	18.2g
脂質	13.6g
炭水化物	98.9g
カルシウム	—
鉄	—
ビタミンA	—
ビタミンB_1	—
ビタミンB_2	—
ビタミンC	—
食塩相当量	2.8g

キッチンオリジン・オリジン弁当
(2023年7月現在)

海老とブロッコリーのサラダ

ブロッコリー、マヨネーズ、ゆで玉子、ボイルエビ、調味料他

100g食べたら	
エネルギー	248kcal
たんぱく質	11.1g
脂質	21.6g
炭水化物	2.3g
カルシウム	—
鉄	—
ビタミンA	—
ビタミンB_1	—
ビタミンB_2	—
ビタミンC	—
食塩相当量	0.8g

キッチンオリジン・オリジン弁当
(2023年7月現在)

のり弁当（ソース）

米、のり、かつお節、こんぶ、だいこん、にんじん、ごぼう、魚のすり身、白身魚、小麦粉、パン粉、調味料他

1個食べたら	
エネルギー	702kcal
たんぱく質	18.9g
脂質	20.7g
炭水化物	113.7g
カルシウム	—
鉄	—
ビタミンA	—
ビタミンB_1	—
ビタミンB_2	—
ビタミンC	—
食塩相当量	3.3g

ほっともっと
(2023年9月現在)

肉野菜炒め弁当

米、豚肉、枝豆、キャベツ、もやし、たまねぎ、にんじん、調味料他

1個食べたら	
エネルギー	646kcal
たんぱく質	22.7g
脂質	16.9g
炭水化物	106.3g
カルシウム	—
鉄	—
ビタミンA	—
ビタミンB_1	—
ビタミンB_2	—
ビタミンC	—
食塩相当量	4.3g

ほっともっと
(2023年9月現在)

ロースかつ丼

米、豚肉、卵、玉ねぎ、かつお節、だいこん、小麦粉、パン粉、調味料他

1個食べたら	
エネルギー	944kcal
たんぱく質	31.7g
脂質	36.6g
炭水化物	126.5g
カルシウム	—
鉄	—
ビタミンA	—
ビタミンB_1	—
ビタミンB_2	—
ビタミンC	—
食塩相当量	4.3g

ほっともっと
(2023年9月現在)

デラックスMサイズ (ハンドトス)

1ピース (1/8枚) 食べたら	
エネルギー	147kcal
たんぱく質	6.5g
脂質	6.0g
炭水化物	15.8g
カルシウム	—
鉄	—
ビタミンA	—
ビタミンB_1	—
ビタミンB_2	—
ビタミンC	—
食塩相当量	0.9g

ピザハット
(2023年9月現在)

マルゲリータMサイズ (ハンドトス)

1ピース (1/8枚) 食べたら	
エネルギー	134kcal
たんぱく質	5.4g
脂質	5.1g
炭水化物	15.8g
カルシウム	—
鉄	—
ビタミンA	—
ビタミンB_1	—
ビタミンB_2	—
ビタミンC	—
食塩相当量	0.7g

ピザハット
(2023年9月現在)

市販食品

FOODS ON THE MARKET

※パッケージは現在と異なる場合がある。

［凡例］身体活動レベルⅡの15～17歳男女の栄養摂取基準の約1/3を示す。

	男子	女子
エネルギー	933kcal	767kcal
たんぱく質	21.7g	18.3g
脂質	25.9g	21.3g
炭水化物	134.2g	110.2g
カルシウム	267mg	217mg
鉄	3.3mg	3.5mg
ビタミンA	300μg	217μg
ビタミンB1	0.50mg	0.40mg
ビタミンB2	0.57mg	0.47mg
ビタミンC	33mg	33mg
食塩相当量	2.5g	2.2g

注
- 各企業の分析により発表された栄養価を元に左の凡例に対する充足値を示した。
- 有効桁数は食品成分表にそろえている。食塩相当量はナトリウム量に2.54を乗じた。
- 原材料は、量の多い順に表示されている。
- 成分の－は未測定、または非公表。

冷凍食品

冷凍 日清スパ王プレミアム 海老のトマトクリーム

内容量304g

めん〔スパゲティ（デュラム小麦のセモリナ）（イタリア製造）〕・トマトペースト・えび・植物油脂・乳等を主要原料とする食品・野菜（ブロッコリー・たまねぎ）・豚脂・全粉乳・食塩・砂糖・野菜調味油・クリーム・野菜エキス・えび調味油・ガーリックペースト・アメリケーヌソース・トマトパウダー・プロセスチーズ・えび醤・魚介エキス・乾燥パセリ・香辛料　ほか

1袋食べたら	
エネルギー	459kcal
たんぱく質	14.3g
脂質	17.6g
炭水化物	60.8g
カルシウム	—
鉄	—
ビタミンA	—
ビタミンB1	—
ビタミンB2	—
ビタミンC	—
食塩相当量	2.5g

日清食品冷凍（株）
（2023年8月現在）

具だくさんエビピラフ

内容量450g

米・野菜（にんじん・スイートコーン・さやいんげん・たまねぎ・赤ピーマン）・ボイルえび・マッシュルーム・食塩・野菜加工品・乳等を主要原料とする食品・砂糖・ブイヨン風調味料・ワイン・焦がしバター風味油・卵白・香辛料・なたね油・チキンエキス・でん粉・アサリエキス調味料・魚介エキス調味料・発酵調味料・いため油（ラード・なたね油）／調味料（アミノ酸等）　ほか

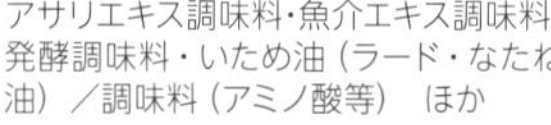

1/2袋（225g）食べたら	
エネルギー	308kcal
たんぱく質	6.8g
脂質	3.2g
炭水化物	63.0g
カルシウム	—
鉄	—
ビタミンA	—
ビタミンB1	—
ビタミンB2	—
ビタミンC	—
食塩相当量	2.2g

味の素冷凍食品（株）
（2023年8月現在）

お弁当にGood!® からあげチキン

内容量126g（6個）

鶏肉（タイ産又は国産（5%未満））・しょうゆ・粒状植物性たん白・植物油脂・砂糖・鶏油・粉末状植物性たん白・香辛料・粉末卵白・チキンエキス・発酵調味料・酵母エキスパウダー・食塩・酵母エキス・衣（コーンフラワー・でん粉・食塩・小麦たん白加工品・香辛料・粉末しょうゆ・コーングリッツ・粉末卵白・モルトエキスパウダー）・揚げ油（大豆油）／加工でん粉・pH調整剤・増粘多糖類　ほか

3個食べたら	
エネルギー	132kcal
たんぱく質	6.6g
脂質	7.5g
炭水化物	9.3g
カルシウム	—
鉄	—
ビタミンA	—
ビタミンB1	—
ビタミンB2	—
ビタミンC	—
食塩相当量	1.2g

（株）ニチレイフーズ
（2023年8月現在）

ほしいぶんだけ 五目春巻

内容量132g（6個）

野菜（たけのこ・にんじん・にら・ねぎ）・粒状植物性たん白・ラード・豚肉・はっ酵調味料・はるさめ・しょうゆ・がらスープ・植物油脂・オイスターソース・おろしにんにく・おろししょうが・でん粉・ポークエキス・チキンエキス・乾燥しいたけ・XO醤・しいたけエキスパウダー・食塩・香辛料・酵母エキス・酵母エキスパウダー　ほか

1個食べたら	
エネルギー	74kcal
たんぱく質	1.4g
脂質	4.8g
炭水化物	6.5g
カルシウム	—
鉄	—
ビタミンA	—
ビタミンB1	—
ビタミンB2	—
ビタミンC	—
食塩相当量	0.3g

（株）ニッスイ
（2023年8月現在）

ミックスベジタブル

内容量270g

スイートコーン・グリンピース・にんじん

1/3袋（90g）食べたら	
エネルギー	75kcal
たんぱく質	2.8g
脂質	1.1g
炭水化物	13.5g
カルシウム	—
鉄	—
ビタミンA	—
ビタミンB1	—
ビタミンB2	—
ビタミンC	—
食塩相当量	0.1g

味の素冷凍食品（株）
（2023年8月現在）

コンビニ食品

シーフードピラフ

米・えび・いか・マッシュルーム・コーン・にんじん・グリンピース・パセリ・にんにく・pH調整剤・グリシン・調味料・酢酸Na・メタリン酸Na・増粘剤・カロチノイド色素・香料・乳酸Ca・保存料・ビタミンB1

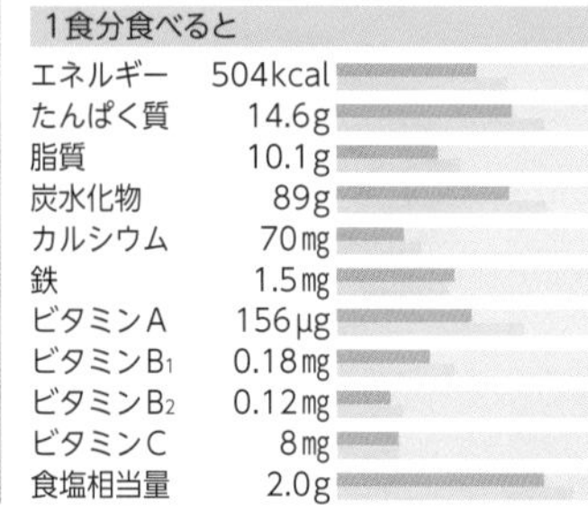

1食分食べると	
エネルギー	504kcal
たんぱく質	14.6g
脂質	10.1g
炭水化物	89g
カルシウム	70mg
鉄	1.5mg
ビタミンA	156μg
ビタミンB1	0.18mg
ビタミンB2	0.12mg
ビタミンC	8mg
食塩相当量	2.0g

牛丼

米・牛肉・たまねぎ・紅しょうが・しょうゆ・砂糖・調味料・pH調整剤・グリシン・着色料・酸味料・保存料・水酸化Ca

1食分食べると	
エネルギー	863kcal
たんぱく質	25.7g
脂質	30.8g
炭水化物	121g
カルシウム	27mg
鉄	2.0mg
ビタミンA	13μg
ビタミンB1	0.11mg
ビタミンB2	0.17mg
ビタミンC	3mg
食塩相当量	1.9g

インスタント麺

※パッケージは現在と異なる場合がある。

カップヌードル

内容量 78 g（めん65 g）

油揚げめん（小麦粉（国内製造））・植物油脂・食塩・チキンエキス・ポークエキス・しょうゆ・ポーク調味料・たん白加水分解物・香辛料）・かやく（味付豚ミンチ・味付卵・味付えび・味付豚肉・ねぎ）・スープ（糖類・粉末しょうゆ・食塩・香辛料・たん白加水分解物・香味調味料・ポーク調味料・メンマパウダー）／加工でん粉・調味料（アミノ酸等）・炭酸Ca・カラメル色素・かんすい・増粘多糖類　ほか

1個食べたら	
エネルギー	351kcal
たんぱく質	10.5g
脂質	14.6g
炭水化物	44.5g
カルシウム	105mg
鉄	—
ビタミンA	—
ビタミンB_1	0.19mg
ビタミンB_2	0.32mg
ビタミンC	—
食塩相当量	4.9g

日清食品（株）
（2023年8月現在）

チキンラーメン

内容量 85 g

油揚げめん（小麦粉（国内製造））・植物油脂・しょうゆ・食塩・チキンエキス・香辛料・糖類・たん白加水分解物・卵粉・デキストリン・香味調味料・オニオンパウダー）／加工でん粉・調味料（アミノ酸等）・炭酸Ca・かんすい・酸化防止剤（ビタミンE）・ビタミンB_2・ビタミンB_1　ほか

1袋食べたら	
エネルギー	377kcal
たんぱく質	8.2g
脂質	14.5g
炭水化物	53.6g
カルシウム	278mg
鉄	—
ビタミンA	—
ビタミンB_1	0.61mg
ビタミンB_2	0.74mg
ビタミンC	—
食塩相当量	5.6g

日清食品（株）
（2023年8月現在）

日清焼そばU.F.O.

内容量 128 g（めん100 g）

油揚げめん（小麦粉（国内製造）・植物油脂・食塩・しょうゆ・香辛料）・ソース（ソース・糖類・植物油脂・還元水あめ・食塩・香辛料・ポークエキス・ポーク調味油・たん白加水分解物・香味油）・かやく（キャベツ・味付豚肉・青のり・紅生姜）／加工でん粉・カラメル色素・調味料（アミノ酸等）・炭酸Ca・かんすい・香料・酸味料・グリセリン・ベニコウジ色素　ほか

1個食べたら	
エネルギー	556kcal
たんぱく質	9.4g
脂質	20.9g
炭水化物	82.6g
カルシウム	167mg
鉄	—
ビタミンA	—
ビタミンB_1	0.47mg
ビタミンB_2	0.69mg
ビタミンC	—
食塩相当量	5.9g

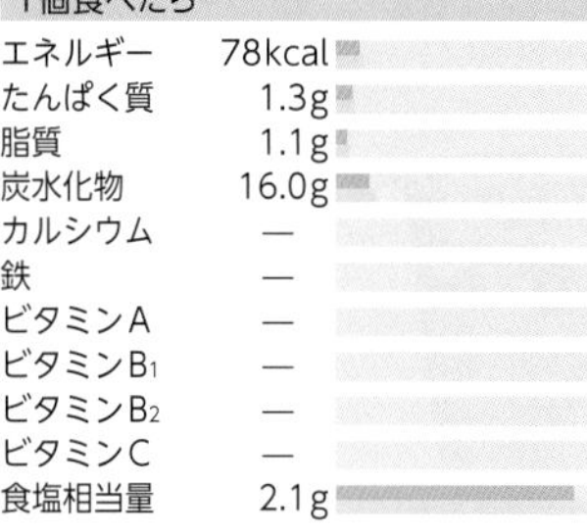

日清食品（株）
（2023年8月現在）

スープはるさめ（ワンタン）

内容量 22 g

春雨（中国製造（でん粉・醸造酢））・かやく（ワンタン・卵・ねぎ）・スープ（食塩・ごま・粉末しょうゆ・チキン調味料・オニオンパウダー・たん白加水分解物・砂糖・香辛料・チキンパウダー・香味調味料・全卵粉）／調味料（アミノ酸等）・カラメル色素・香料・酸味料・カロチノイド色素・微粒二酸化ケイ素・酸化防止剤（ビタミンE）　ほか

1個食べたら	
エネルギー	78kcal
たんぱく質	1.3g
脂質	1.1g
炭水化物	16.0g
カルシウム	—
鉄	—
ビタミンA	—
ビタミンB_1	—
ビタミンB_2	—
ビタミンC	—
食塩相当量	2.1g

エースコック（株）
（2023年8月現在）

日清のどん兵衛 きつねうどん（東）

内容量 96 g（めん74 g）

油揚げめん（小麦粉（国内製造）・植物油脂・食塩・植物性たん白・こんぶエキス・大豆食物繊維・糖類）・かやく（味付油揚げ・かまぼこ）・スープ（食塩・糖類・魚粉（そうだかつお・にぼし・かつお）・粉末しょうゆ・かつおぶし調味料・デキストリン・七味唐辛子・ねぎ）／加工でん粉・調味料（アミノ酸等）・増粘剤（アラビアガム）・炭酸Ca・リン酸塩（Na）・カラメル色素・香料・香辛料抽出物・酸味料　ほか

1個食べたら	
エネルギー	421kcal
たんぱく質	9.9g
脂質	17.4g
炭水化物	56.1g
カルシウム	203mg
鉄	—
ビタミンA	—
ビタミンB_1	0.20mg
ビタミンB_2	0.22mg
ビタミンC	—
食塩相当量	5.0g

日清食品（株）
（2023年8月現在）

マルちゃん 緑のたぬき天そば（東）

内容量 101 g（めん72 g）

油揚げめん（小麦粉（国内製造）・そば粉・植物油脂・植物性たん白・食塩・とろろ芋・卵白）・かやく（小えびてんぷら・かまぼこ）・添付調味料（砂糖・食塩・しょうゆ・たん白加水分解物・粉末かつおぶし・香辛料・粉末そうだがつおぶし・ねぎ・香味油脂）／加工でん粉・調味料（アミノ酸等）・炭酸カルシウム・カラメル色素・リン酸塩（Na）・増粘多糖類・レシチン・酸化防止剤（ビタミンE）　ほか

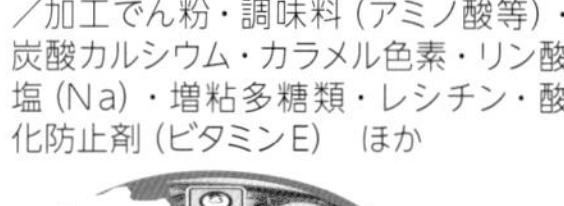

1個食べたら	
エネルギー	482kcal
たんぱく質	11.8g
脂質	24.3g
炭水化物	53.9g
カルシウム	152mg
鉄	—
ビタミンA	—
ビタミンB_1	0.37mg
ビタミンB_2	0.32mg
ビタミンC	—
食塩相当量	5.8g

東洋水産（株）
（2023年9月現在）

パン

コッペパン（ジャム＆マーガリン）

小麦粉（国内製造）・苺ジャム・マーガリン・糖類・ショートニング・脱脂粉乳・パン酵母・食塩・発酵風味料・発酵種・植物油脂／乳化剤・ゲル化剤（増粘多糖類）・酢酸（Na）・酸味料・香料・イーストフード・カロテノイド色素・V.C・（一部に乳成分・小麦・大豆を含む）

1個食べたら	
エネルギー	471kcal
たんぱく質	9.4g
脂質	19.7g
炭水化物	64.0g
カルシウム	—
鉄	—
ビタミンA	—
ビタミンB_1	—
ビタミンB_2	—
ビタミンC	—
食塩相当量	0.9g

山崎製パン（株）
（2023年8月現在）

ランチパック（たまご）

内容量 2個

卵フィリング（卵・ドレッシング・その他）（国内製造）・小麦粉・砂糖混合異性化液糖・マーガリン・パン酵母・食塩・脱脂粉乳／増粘剤（加工デンプン・増粘多糖類）・酢酸Na・グリシン・乳化剤・調味料（アミノ酸）・pH調整剤・イーストフード・カロテノイド色素・V.C　ほか

1個食べたら	
エネルギー	151kcal
たんぱく質	4.3g
脂質	8.2g
炭水化物	14.9g
カルシウム	—
鉄	—
ビタミンA	—
ビタミンB_1	—
ビタミンB_2	—
ビタミンC	—
食塩相当量	0.8g

山崎製パン（株）
（2023年8月現在）

※パッケージは現在と異なる場合がある。

チップスター S（うすしお味）

内容量45g

ヤマザキビスケット（株）

ポテトフレーク（アメリカ製造又はドイツ製造又はその他）・植物油脂・食塩／乳化剤・調味料（アミノ酸）

1箱食べたら	236 kcal
たんぱく質	2.8 g
脂質	13.2 g
炭水化物	26.6 g
食塩相当量	0.4 g

（2023年8月現在）

堅あげポテト（うすしお味）

内容量65g

カルビー（株）

じゃがいも（国産又はアメリカ）・植物油・食塩・でん粉・かつおエキスパウダー・こんぶエキスパウダー／調味料（アミノ酸等）・酸化防止剤（ビタミンC）

1/2袋食べたら	167 kcal
たんぱく質	2.0 g
脂質	8.7 g
炭水化物	20.1 g
食塩相当量	0.3 g

（2023年8月現在）

PURE POTATO じゃがいも心地（オホーツクの塩と岩塩）

内容量55g

（株）湖池屋

馬鈴薯（日本：遺伝子組換えでない）・植物油・でん粉分解物・食塩（オホーツクの塩50%・岩塩50%）・たんぱく加水分解物（鶏肉を含む）・鶏油／調味料（アミノ酸等）

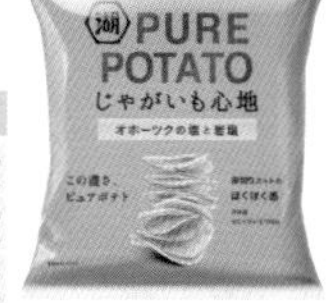

1/2袋食べたら	149 kcal
たんぱく質	1.8 g
脂質	8.8 g
炭水化物	15.8 g
食塩相当量	0.4 g

（2023年8月現在）

じゃがりこ（サラダ）

内容量57g

カルビー（株）

じゃがいも（国産）・植物油・乾燥じゃがいも・脱脂粉乳・粉末植物油脂・乳等を主要原料とする食品・食塩・乾燥にんじん・パセリ・こしょう／乳化剤（大豆を含む）・調味料（アミノ酸等）・酸化防止剤（V.C）・香料

1カップ食べたら	285 kcal
たんぱく質	4.2 g
脂質	13.7 g
炭水化物	36.1 g
食塩相当量	0.7 g

（2023年8月現在）

おっとっと（うすしお味）

内容量52g（2袋）

森永製菓（株）

乾燥じゃがいも（アメリカ製造又はオランダ製造）・小麦粉・ショートニング・とうもろこしでん粉・ホエイパウダー・植物油脂・砂糖・シーズニングパウダー（食塩・乳糖・チキンパウダー・オニオンエキスパウダー・酵母エキスパウダー（大豆を含む）・麦芽糖・香辛料）・食塩・たんぱく加水分解物／加工デンプン・調味料（アミノ酸等）・貝Ca・乳化剤・膨脹剤・グルコン酸ca ほか

1袋食べたら	113 kcal
たんぱく質	1.6 g
脂質	3.2 g
炭水化物	19.5 g
カルシウム	80 mg
食塩相当量	0.4 g

（2023年8月現在）

プリッツ（旨サラダ）

内容量69g（2袋）

江崎グリコ（株）

小麦粉（国内製造）・植物油脂・ショートニング・砂糖・でん粉・乾燥ポテト・野菜ペースト・ブイヨン混合品・イースト・小麦たんぱく・食塩・酒かす・コンソメシーズニング・香味油・こしょう／調味料（無機塩等）・加工デンプン・乳化剤・香料・酸味料・（一部に乳成分・小麦を含む）

1袋食べたら	177 kcal
たんぱく質	3.3 g
脂質	7.9 g
炭水化物	22.3 g
食塩相当量	0.5 g

（2023年8月現在）

アルフォート ミニチョコレート

内容量59g（12個）

（株）ブルボン

砂糖（外国製造・国内製造）・小麦粉・全粉乳・カカオマス・ショートニング・小麦全粒粉・植物油脂・ココアバター・小麦ふすま・食塩／加工デンプン・乳化剤（大豆由来）・膨脹剤・香料・酸化防止剤（V.E）

1箱食べたら	311 kcal
たんぱく質	5.0 g
脂質	17.3 g
炭水化物	34.9 g
食塩相当量	0.2 g

（2023年8月現在）

ポッキーチョコレート

内容量72g（2袋）

江崎グリコ（株）

小麦粉（国内製造）・砂糖・カカオマス・植物油脂・全粉乳・ショートニング・モルトエキス・でん粉・イースト・食塩・ココアバター／乳化剤・香料・膨張剤・アナトー色素・調味料（無機塩）・（一部に乳成分・小麦・大豆を含む）

1袋食べたら	182 kcal
たんぱく質	3.0 g
脂質	8.2 g
炭水化物	24.1 g
食塩相当量	0.2 g

（2023年8月現在）

トッポ（チョコレート）

内容量72g（2袋）

（株）ロッテ

小麦粉（国内製造）・砂糖・植物油脂・全粉乳・でん粉・カカオマス・ショートニング・加糖れん乳・ココアパウダー・クリームパウダー・モルトエキス・食塩・ココアバター・大豆胚芽エキス／膨脹剤・乳化剤・香料

1袋食べたら	192 kcal
たんぱく質	2.6 g
脂質	10.4 g
炭水化物	21.9 g
食塩相当量	0.3 g

（2023年8月現在）

きのこの山

内容量74g

（株）明治

砂糖・小麦粉・カカオマス・植物油脂・全粉乳・ココアバター・乳糖・ショートニング・練乳加工品・脱脂粉乳・クリーミングパウダー・異性化液糖・麦芽エキス・食塩・イースト／乳化剤・膨脹剤・香料・（一部に小麦・乳成分・大豆を含む）

1箱食べたら	423 kcal
たんぱく質	6.3 g
脂質	26.7 g
炭水化物	39.4 g
食塩相当量	0.3 g

（2023年8月現在）

パイの実

内容量73g

（株）ロッテ

小麦粉（国内製造）・マーガリン・砂糖・植物油脂・カカオマス・麦芽糖・乳糖・全粉乳・ホエイパウダー・食塩／乳化剤（大豆由来）・香料

1箱食べたら	396 kcal
たんぱく質	4.5 g
脂質	22.8 g
炭水化物	43.1 g
食塩相当量	0.5 g

（2023年8月現在）

カントリーマアム（贅沢バニラ）

内容量170g（16枚）

（株）不二家

小麦粉・砂糖・植物油脂・チョコレートチップ（乳成分を含む）・還元水あめ・卵・白ねりあん（乳成分を含む）・全脂大豆粉・水あめ・脱脂粉乳・食塩・卵黄（卵を含む）・全粉乳・乳等を主原料とする食品・バニラビーンズ／加工デンプン・乳化剤 ほか

8枚食べたら	408 kcal
たんぱく質	4.0 g
脂質	19.2 g
炭水化物	54.4 g
食塩相当量	0.4 g

（2023年8月現在）

※パッケージは現在と異なる場合がある。

チョコパイ
内容量（1個31g×6個）

（株）ロッテ

小麦粉（国内製造）・ショートニング・砂糖・水あめ・植物油脂・カカオマス・液卵・乳糖・全粉乳・脱脂粉乳・ホエイパウダー・ココアバター・乳等を主要原料とする食品・洋酒・食塩・でん粉・脱脂濃縮乳・還元水あめ・乾燥卵白・卵黄・乳たんぱく／ソルビトール・酒精・乳化剤（大豆由来）・膨脹剤・加工でん粉・香料・増粘剤（セルロース・カラギーナン）

1個食べたら	157 kcal
たんぱく質	1.7 g
脂質	9.4 g
炭水化物	16.2 g
食塩相当量	0.1 g

（2023年8月現在）

オレオ（バニラクリーム）
内容量（6枚入り2パック）

モンデリーズ・ジャパン（株）

小麦粉・砂糖・植物油脂・ココアパウダー・コーンスターチ・食塩／膨張剤・乳化剤・香料・酸味料・酸化防止剤（V.C・V.E）・（一部に小麦・大豆を含む）

3枚食べたら	147 kcal
たんぱく質	1.6 g
脂質	6.4 g
炭水化物	20.8 g
食塩相当量	0.3 g

（2023年9月現在）

明治ミルクチョコレート
内容量 50g

（株）明治

砂糖（外国製造）・カカオマス・全粉乳・ココアバター／レシチン・香料・（一部に乳成分・大豆を含む）

1枚食べたら	283 kcal
たんぱく質	3.8 g
脂質	18.4 g
糖質	24.5 g
食塩相当量	0.1 g

（2023年8月現在）

小枝（ミルク）
内容量（4本入り11袋）

森永製菓（株）

砂糖（タイ製造）・植物油脂・乳糖・カカオマス・全粉乳・米パフ・小麦パフ・ホエイパウダー・アーモンド・脱脂粉乳・果糖／乳化剤（大豆由来）・香料

1小袋食べたら	29 kcal
たんぱく質	0.3 g
脂質	1.7 g
炭水化物	3.2 g
食塩相当量	0.008 g

（2023年9月現在）

ぱりんこ
内容量 95.4g（30枚）

三幸製菓（株）

米（国産）・植物油脂・食塩・砂糖・粉末しょうゆ（小麦・大豆を含む）・油脂加工品・こしょう／加工でん粉・調味料（アミノ酸等）・植物レシチン（大豆由来）

3袋（6枚）食べたら	90 kcal
たんぱく質	0.9 g
脂質	3.6 g
炭水化物	13.8 g
食塩相当量	0.33 g

（2023年8月現在）

18枚ばかうけ（青のり）
内容量 105g（2枚×9袋）

（株）栗山米菓

米（うるち米（国産・米国産）・うるち米粉（米国産・国産））・植物油脂・でん粉・しょう油（小麦・大豆を含む）・砂糖・醸造調味料・青のり・あおさ・焼のり・みりん・ペパーソース（食酢・唐辛子・食塩）／加工でん粉・調味料（アミノ酸等）

1袋（2枚）食べたら	52.7 kcal
たんぱく質	0.7 g
脂質	2.1 g
炭水化物	7.8 g
食塩相当量	0.2 g

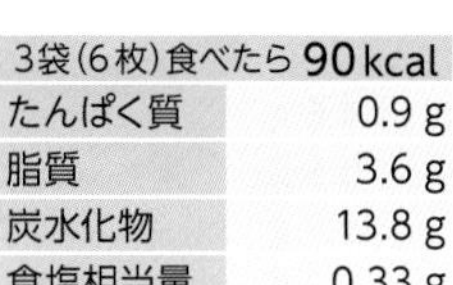

（2023年8月現在）

ミルキー
内容量 108g（30粒程度）

（株）不二家

水あめ（国内製造）・加糖練乳・上白糖・生クリーム（乳成分を含む）・植物油脂・牛乳・食塩／乳化剤

5粒食べたら	75 kcal
たんぱく質	0.5 g
脂質	1.5 g
炭水化物	15.0 g
カルシウム	20.0 mg
食塩相当量	0.1 g

（2022年8月現在）

三ツ矢サイダーキャンディ（アソート）
内容量 108g（24粒程度）

アサヒグループ食品（株）

砂糖（国内製造）・水飴・植物油脂・ぶどう濃縮果汁・レモン濃縮果汁・みかん濃縮果汁／酸味料・重曹・香料・着色料（紅花黄・パプリカ色素）

5粒食べたら	90 kcal
たんぱく質	0 g
脂質	0〜0.3 g
炭水化物	21.7 g
食塩相当量	0.3 g

（2023年9月現在）

ハイチュウ（ストロベリー）
内容量（12粒）

森永製菓（株）

水あめ（国内製造）・砂糖・植物油脂・ゼラチン・濃縮ストロベリー果汁・乳酸菌飲料（乳成分を含む）／酸味料・グリセリン・香料・乳化剤・アカキャベツ色素

1粒食べたら	19 kcal
たんぱく質	0.07 g
脂質	0.36 g
炭水化物	3.8 g
食塩相当量	0 g

（2023年8月現在）

メントス（グレープ）
内容量 37.5g（14粒）

クラシエ（株）

砂糖・水飴・植物油脂・濃縮グレープ果汁・でん粉・デキストリン・ココアバター／酸味料・香料・増粘剤（増粘多糖類・CMC）・乳化剤・光沢剤・ブドウ果皮色素

1製品当たり	144 kcal
たんぱく質	0 g
脂質	0.7 g
炭水化物	34.4 g
食塩相当量	0.04 g

（2023年10月現在）

ミンティア（ワイルド＆クール）
内容量 7g（50粒）

アサヒグループ食品（株）

甘味料（ソルビトール・アスパルテーム・L-フェニルアラニン化合物）・香料・微粒酸化ケイ素・ショ糖エステル・クチナシ色素・（一部にゼラチンを含む）

10粒食べたら	5 kcal
たんぱく質	0 g
脂質	0 〜 0.1 g
炭水化物	1.3 g
食塩相当量	0 g

（2023年8月現在）

クロレッツXP（オリジナルミント）
内容量（14粒）

モンデリーズ・ジャパン（株）

マルチトール（中国製造又はタイ製造）・還元水飴・緑茶エキス／甘味料（ソルビトール・キシリトール・アスパルテーム・L-フェニルアラニン化合物・アセスルファムK）・ガムベース・香料・アラビアガム　ほか

1粒食べたら	2 kcal
たんぱく質	0.01 g
脂質	0.01 g
炭水化物	1.0 g
食塩相当量	0.0003 g

（2023年9月現在）

冷菓子

※パッケージは現在と異なる場合がある。

Bigプッチンプリン
内容量160g

江崎グリコ（株）

加糖練乳（国内製造）・砂糖・ローストシュガー・植物油脂・脱脂粉乳・生乳・バター・加糖卵黄・クリーム・濃縮にんじん汁・食塩・うるち米でん粉・こんにゃく粉・寒天／糊料（増粘多糖類）・香料・酸味料・（一部に卵・乳成分を含む）

1個食べたら	212kcal
たんぱく質	2.8g
脂質	9.8g
炭水化物	28.1g
食塩相当量	0.3g

（2023年8月現在）

フルティシエ ちょっと贅沢 ぶどう
内容量190g

マルハニチロ（株）

砂糖・異性化液糖（国内製造）・ぶどうシロップ漬・果糖・ぶどう濃縮果汁・ぶどう種子エキス／酸味料・ゲル化剤（増粘多糖類）・乳酸Ca・香料・乳化剤

1個食べたら	141kcal
たんぱく質	0g
脂質	0.5g
炭水化物	34.0g
食塩相当量	0.2g

（2023年8月現在）

森永アロエヨーグルト
内容量118g

森永乳業（株）

アロエベラ（葉内部位使用）（タイ産）・生乳・乳製品・砂糖・乳たんぱく質／香料・増粘多糖類・酸味料

1個食べたら	101kcal
たんぱく質	3.9g
脂質	2.6g
炭水化物	15.6g
カルシウム	130mg
食塩相当量	0.1g

（2023年8月現在）

大きなツインシュー

山崎製パン（株）

カスタードクリーム（砂糖・水あめ・植物油脂・脱脂粉乳・卵・でん粉・小麦粉・乳たん白・食塩）（国内製造）・ホイップクリーム・卵・ファットスプレッド・小麦粉・砂糖・ミックス粉（小麦粉・米粉・ショートニング・小麦ふすま）・牛乳・ラード・生クリーム・脱脂濃縮乳・バター／加工デンプン・グリシン・乳化剤・膨脹剤・増粘多糖類・リン酸塩（Na）・pH調整剤・香料・カロテノイド色素・V.C・（一部に乳成分・卵・小麦・大豆を含む）

1個食べたら	292kcal
たんぱく質	4.9g
脂質	19.7g
炭水化物	23.8g
食塩相当量	0.3g

（2023年8月現在）

ハーゲンダッツ ミニカップ『バニラ』
内容量110mL

（アイスクリーム）

ハーゲンダッツ ジャパン（株）

クリーム（生乳（北海道））・脱脂濃縮乳・砂糖・卵黄／バニラ香料・（一部に乳成分・卵を含む）

1個食べたら	244kcal
たんぱく質	4.6g
脂質	16.3g
炭水化物	19.9g
食塩相当量	0.1g

（2023年8月現在）

明治エッセル スーパーカップ超バニラ
内容量200mL

（ラクトアイス）

（株）明治

乳製品（国内製造又は外国製造）・植物油脂・砂糖・水あめ・卵黄・ぶどう糖果糖液糖・食塩／香料・アナトー色素・（一部に卵・乳成分を含む）

1個食べたら	374kcal
たんぱく質	5.6g
脂質	23.4g
炭水化物	35.3g
食塩相当量	0.2g

（2023年8月現在）

アイスボックス
内容量135mL

（グレープフルーツ）（氷菓）

森永製菓（株）

グレープフルーツ果汁（イスラエル製造）・異性化液糖・食塩／香料・酸味料・甘味料（スクラロース・アセスルファムK）・ビタミンC・ポリリン酸Na・カロテン色素

1個食べたら	15kcal
たんぱく質	0g
脂質	0g
炭水化物	3.7g
食塩相当量	0.2g

（2023年8月現在）

ピノ
内容量60mL（6粒）

（アイスクリーム）

森永乳業（株）

乳製品（国内製造・オーストラリア製造・その他）・チョコレートコーチング・砂糖・水あめ／乳化剤・安定剤（増粘多糖類）・香料・（一部に乳成分・大豆を含む）

1箱食べたら	186kcal
たんぱく質	2.4g
脂質	12.0g
炭水化物	17.4g
食塩相当量	0.1g

（2023年8月現在）

パピコ（チョココーヒー）
内容量160mL（2本）

（ラクトアイス）

江崎グリコ（株）

乳製品（国内製造・外国製造）・砂糖・果糖ぶどう糖液糖・生チョコレート・植物油脂・コーヒー・コーヒーペースト／安定剤（増粘多糖類・ゼラチン・寒天）・乳化剤・香料・（一部に乳成分・ゼラチンを含む）

1本食べたら	89kcal
たんぱく質	1.7g
脂質	3.8g
炭水化物	12.1g
食塩相当量	0.1g

（2023年8月現在）

飲料

ペプシコーラ／ペプシBIG〈生〉ゼロ
内容量490mL（ペプシコーラ）
600mL（ペプシBIG〈生〉ゼロ）

サントリー食品インターナショナル（株）

＊ペプシコーラ　糖類（果糖ぶどう糖液糖（国内製造）・砂糖）／炭酸・香料・酸味料・カラメル色素・カフェイン

＊ペプシBIG〈生〉ゼロ　食塩（国内製造）／炭酸・カラメル色素・酸味料・香料・クエン酸K・甘味料（アスパルテーム・L-フェニルアラニン化合物・アセスルファムK・スクラロース）・カフェイン

	ペプシコーラ	ペプシBIG〈生〉ゼロ
1本飲んだら	235kcal	0kcal
たんぱく質	0g	0g
脂質	0g	0g
炭水化物	58.3g	0g
食塩相当量	0g	0.1g

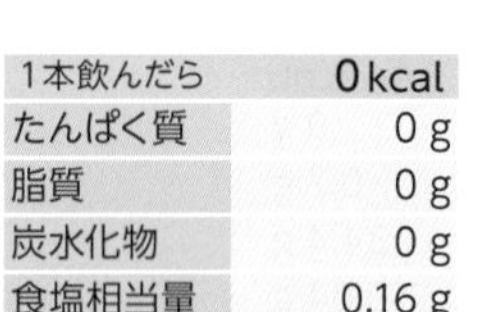

（2023年9月現在）

生茶
内容量525mL

キリンビバレッジ（株）

緑茶（国産）・生茶葉抽出物（生茶葉（国産））／ビタミンC

1本飲んだら	0kcal
たんぱく質	0g
脂質	0g
炭水化物	0g
食塩相当量	0.16g

（2023年8月現在）

午後の紅茶（ストレートティー／レモンティー／ミルクティー）

内容量500mL

キリンビバレッジ（株）

＊ストレートティー　砂糖類（果糖ぶどう糖液糖（国内製造）・砂糖）・紅茶（ディンブラ（スリランカ）20%）／香料・ビタミンC
＊レモンティー　砂糖類（果糖ぶどう糖液糖（国内製造）・砂糖）・紅茶（ヌワラエリア（スリランカ）15%）・レモン果汁　ほか
＊ミルクティー　牛乳（生乳（国産））・砂糖・紅茶（キャンディ（スリランカ）20%）・全粉乳・脱脂粉乳・デキストリン・食塩／香料・乳化剤・ビタミンC

	ストレートティー	レモンティー	ミルクティー
1本飲んだら	80kcal	140kcal	180kcal
たんぱく質	0g	0g	3.0g
脂質	0g	0g	0～5.0g
炭水化物	20.0g	35.5g	36.5g
カリウム	50mg	35mg	175mg
リン	—	—	70mg
食塩相当量	0.1g	0.1g	0.4g

（2023年8月現在）

ポカリスエット

内容量500mL

大塚製薬（株）

砂糖（国内製造）・果糖ぶどう糖液糖・果汁・食塩／酸味料・香料・塩化K・乳酸Ca・調味料（アミノ酸）・塩化Mg・酸化防止剤（ビタミンC）

1本飲んだら	125kcal
たんぱく質	0g
脂質	0g
炭水化物	31.0g
カリウム	100mg
カルシウム	10mg
マグネシウム	3.0mg
食塩相当量	0.6g

（2023年8月現在）

ボス

内容量185g

（贅沢微糖／無糖ブラック／カフェオレ）

サントリー食品インターナショナル（株）

＊贅沢微糖　牛乳（国内製造）・コーヒー・砂糖・乳製品・デキストリン／カゼインNa・乳化剤・香料・塩化K・甘味料（アセスルファムK）・塩化Mg
＊無糖ブラック　コーヒー（コーヒー豆（ブラジル・エチオピア・その他））
＊カフェオレ　牛乳（国内製造）・砂糖・コーヒー・脱脂粉乳・クリーム・全粉乳・デキストリン／カゼインNa・乳化剤・香料・安定剤（カラギナン）

	贅沢微糖	無糖ブラック	カフェオレ
1缶飲んだら	39kcal	0kcal	81kcal
たんぱく質	0~2.2g	0g	0.9~2.8g
脂質	0~1.9g	0g	0.9~2.8g
炭水化物	6.5g	0~1.9g	15.4g
食塩相当量	0.2g	0.1g	0.2g

（2023年9月現在）

野菜生活100 オリジナル

内容量200mL

カゴメ（株）

野菜（にんじん（輸入又は国産（5%未満））・小松菜・ケール・ブロッコリー・ピーマン・ほうれん草・アスパラガス・赤じそ・だいこん・はくさい・セロリ・メキャベツ（プチヴェール）・紫キャベツ・ビート・たまねぎ・レタス・キャベツ・パセリ・クレソン・かぼちゃ）・果実（りんご・オレンジ・レモン）　ほか

1パック飲んだら	68kcal
たんぱく質	0.8g
脂質	0g
炭水化物	16.6g
カルシウム	9～34mg
カリウム	180～540mg
食塩相当量	0～0.4g

（2023年12月現在）

特定保健用食品

三ツ矢サイダー W

内容量485mL

アサヒ飲料（株）

食物繊維（難消化性デキストリン）（アメリカ製造又は韓国製造）／炭酸・香料・酸味料・甘味料（アセスルファムK・ステビア）

1本飲んだら	0kcal
たんぱく質	0g
脂質	0g
炭水化物	5.5～9.0g
食塩相当量	0.1～0.3g

（2023年8月現在）

伊右衛門 特茶

内容量500mL

サントリー食品インターナショナル（株）

緑茶（国産）／酵素処理イソクエルシトリン・ビタミンC

1本飲んだら	0kcal
たんぱく質	0g
脂質	0g
炭水化物	0g
食塩相当量	0.1g

（2023年9月現在）

キリン メッツ コーラ

内容量480mL

キリンビバレッジ（株）

難消化性デキストリン（食物繊維）（韓国製造又はアメリカ製造）／炭酸・カラメル色素・香料・酸味料・甘味料（アスパルテーム・L-フェニルアラニン化合物・アセスルファムK・スクラロース）・グルコン酸Ca・カフェイン

1本飲んだら	0kcal
たんぱく質	0g
脂質	0g
糖質	1.3g
食物繊維	5.4g
食塩相当量	0g

（2023年8月現在）

クラッシュタイプの蒟蒻畑 ライト（ぶどう味）

内容量150g

（株）マンナンライフ

果糖ぶどう糖液糖（国内製造）・難消化性デキストリン・エリスリトール・果汁（ぶどう・ブルーベリー）・洋酒・果糖・こんにゃく粉／ゲル化剤（増粘多糖類）・酸味料・乳酸Ca・香料・甘味料（スクラロース）

150g食べたら	39kcal
たんぱく質	0g
脂質	0g
糖質	12.8g
食物繊維	6.7g
食塩相当量	0.12g

（2023年8月現在）

ビヒダス プレーンヨーグルト

内容量400g

森永乳業（株）

生乳（国産）・乳製品

100g食べたら	65kcal
たんぱく質	3.7g
脂質	3.1g
炭水化物	5.5g
カルシウム	120mg
食塩相当量	0.1g

（2023年8月現在）

キシリトールガム

内容量143g

〈ライムミント〉ファミリーボトル

（株）ロッテ

マルチトール（外国製造）／甘味料（キシリトール・アスパルテーム・L-フェニルアラニン化合物）・ガムベース・香料・増粘剤（アラビアガム）・光沢剤・リン酸一水素カルシウム・フクロノリ抽出物・着色料（紅花黄・クチナシ）ヘスペリジン・（一部にゼラチンを含む）

14粒食べたら	39kcal
たんぱく質	0g
脂質	0g
炭水化物	15.6g
食塩相当量	0g

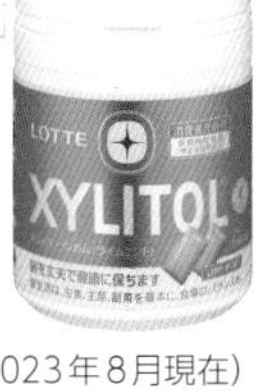

（2023年8月現在）

日本食品標準成分表2020年（八訂）

アミノ酸成分表編

「第３表 アミノ酸組織によるたんぱく質1g当たりのアミノ酸成分表」より抜粋

■アミノ酸成分表とは

たんぱく質はアミノ酸が結合した化合物であり、たんぱく質の栄養価は主に構成アミノ酸の種類と量（組成）によって決まる。そのため、摂取に当たっては、アミノ酸総摂取量のほか、アミノ酸組成のバランスをとることが重要となる。

アミノ酸成分表は、食品のたんぱく質の質的評価を行う際に活用できるよう、日常摂取する食品のたんぱく質含有量とともに、アミノ酸組成がとりまとめられている。

なお、「日本食品標準成分表2020年版（八訂）アミノ酸成分表編（以下「アミノ酸成分表2020」）」では、以下の４種類が収載されている。

第１表　可食部100g当たりのアミノ酸成分表
第２表　基準窒素1g当たりのアミノ酸成分表
第３表　アミノ酸組成によるたんぱく質1g当たりのアミノ酸成分表（**本書掲載**）
第４表　（基準窒素による）たんぱく質1g当たりのアミノ酸成分表
※第３表・第４表は、Webでのみ収載。

■本書のアミノ酸成分表の使い方（➔p.139）

本書のアミノ酸成分表は、アミノ酸評点パターン（人体にとって理想的な必須アミノ酸組成）と比較できるよう、第３表「アミノ酸組成によるたんぱく質1g当たりのアミノ酸成分表」から必須アミノ酸を抜粋したものである。なお、ここで使用するアミノ酸評点パターンは、成長のために必要量の多い１～２歳の数値である。本表では、制限アミノ酸の数値（アミノ酸評点パターンに満たない数値）は、赤色で示し、かつ第一制限アミノ酸は**太字**とした。

また、アミノ酸価（制限アミノ酸のうち、もっとも比率の小さいアミノ酸の数値）も併記している。例えば「01137　とうもろこし　コーンフレーク」のアミノ酸価を求めてみる。制限アミノ酸は、リシンとトリプトファンの２つである。それぞれアミノ酸評点パターンと比較すると、リシンは10/52×100≒19、トリプトファンは6.0/7.4×100≒81となるので、コーンフレークのアミノ酸価は、数値のもっとも低いリシンの19になり、**19**Lysと表記した。

参考として、15～17歳と18歳以上のアミノ酸評点パターンを使用した場合のアミノ酸価も併記している。

なお、本書では、第３表に掲載されている食品の中から448食品を抜粋した。

食品番号	食品名	イソロイシン Ile	ロイシン Leu	リシン Lys	含硫アミノ酸 AAS	芳香族アミノ酸 AAA	トレオニン Thr	トリプトファン Trp	バリン Val	ヒスチジン His	アミノ酸価（1～2歳）	アミノ酸価（15～17歳）	アミノ酸価（18歳以上）
アミノ酸評点パターン（1～2歳）		**31**	**63**	**52**	**25**	**46**	**27**	**7.4**	**41**	**18**			
アミノ酸評点パターン（15～17歳）		30	60	47	23	40	24	6.4	40	16			
アミノ酸評点パターン（18歳以上）		30	59	45	22	38	23	6.0	39	15			
1　穀類													
01002	**あわ**　精白粒	47	150	**22**	59	97	46	21	58	26	**42**Lys	47Lys	49Lys
01004	**えんばく**　オートミール	48	88	**51**	63	100	41	17	66	29	**98**Lys	100	100
01006	**おおむぎ**　押麦　乾	43	85	**40**	51	100	44	16	60	27	**77**Lys	85Lys	89Lys
01167	**キヌア**　玄穀	50	84	74	49	91	52	17	61	39	**100**	100	100
01011	**きび**　精白粒	47	140	**17**	56	110	38	15	57	26	**33**Lys	36Lys	38Lys
	こむぎ												
01015	**[小麦粉]**　薄力粉　1等	41	79	**24**	50	92	34	14	49	26	**46**Lys	51Lys	53Lys
01016	2等	41	78	**26**	48	92	34	13	49	26	**50**Lys	55Lys	58Lys
01018	中力粉　1等	41	79	**24**	48	92	33	13	49	26	**46**Lys	51Lys	53Lys
01019	2等	40	78	**24**	47	91	34	13	49	26	**46**Lys	51Lys	53Lys
01020	強力粉　1等	40	78	**22**	46	92	32	13	47	26	**42**Lys	47Lys	49Lys
01021	2等	40	78	**22**	44	92	33	13	47	26	**42**Lys	47Lys	49Lys
01146	プレミックス粉　お好み焼き用	40	75	**26**	39	88	33	12	47	26	**50**Lys	55Lys	58Lys
01025	天ぷら用	43	81	**26**	48	92	34	13	51	27	**50**Lys	55Lys	58Lys
01026	**[パン類]**　角形食パン　食パン	42	81	**23**	42	96	33	12	48	27	**44**Lys	49Lys	51Lys
01028	コッペパン	43	80	**23**	41	94	35	12	50	27	**44**Lys	49Lys	51Lys
01031	フランスパン	41	79	**21**	43	95	34	13	48	26	**40**Lys	45Lys	47Lys
01032	ライ麦パン	42	77	**33**	43	92	43	12	56	28	**63**Lys	70Lys	73Lys

食品番号	食品名	イソロイシン Ile	ロイシン Leu	リシン Lys
アミノ酸評点パターン（1～2歳）		**31**	**63**	**52**
アミノ酸評点パターン（15～17歳）		30	60	47
アミノ酸評点パターン（18歳以上）		30	59	45
01034	ロールパン	43	81	25
01148	ベーグル	42	79	21
	[うどん・そうめん類]			
01038	うどん　生	42	79	23
01041	干しうどん　乾	40	79	23
01043	そうめん・ひやむぎ　乾	41	79	22
01047	**[中華めん類]**　中華めん　生	41	79	24
01049	蒸し中華めん　蒸し中華めん	43	80	23
01056	**[即席めん類]**　即席中華めん　油揚げ味付け	37	69	19
	[マカロニ・スパゲッティ類]			
01063	マカロニ・スパゲッティ　乾	43	83	21
01149	生パスタ　生	42	83	27
01066	**[ふ類]**　焼きふ　釜焼きふ	44	81	19
01070	**[その他]**　小麦はいが	43	79	83
01150	冷めん　生	41	79	26
	こめ			
01080	**[水稲穀粒]**　玄米	46	93	45
01083	精白米　うるち米	47	96	42
01151	もち米	48	95	41
01152	インディカ米	47	95	42
01153	発芽玄米	46	93	45
01085	**[水稲めし]**　玄米	46	93	47
01168	精白米　インディカ米	48	96	42
01088	うるち米	46	95	41
01154	もち米	48	97	39
01155	発芽玄米	46	93	45
01110	**[うるち米製品]**　アルファ化米　一般用	48	95	40
01111	おにぎり	47	94	42
01114	上新粉	48	96	40
01158	米粉	47	95	40
01159	米粉パン　小麦グルテン不使用	49	95	42
01160	米粉めん	47	94	40
01115	ビーフン	48	94	44
01117	**[もち米製品]**　もち	47	94	39
01120	白玉粉	49	97	39
01122	**そば**　そば粉　全層粉	44	78	69
01127	そば　生	42	79	38
01129	干しそば　乾	42	79	34
01137	**とうもろこし**　コーンフレーク	44	170	10
01138	**はとむぎ**　精白粒	44	150	18
01139	**ひえ**　精白粒	55	120	16
01142	**ライむぎ**　全粒粉	41	77	46
01143	ライ麦粉	41	74	44
2　いも・でん粉類				
02068	**アメリカほどいも**　塊根　生	55	99	68
02006	**さつまいも**　塊根　皮なし　生	50	74	59
02048	**むらさきいも**　塊根　皮なし　生	50	76	58
02010	**さといも**　球茎　生	39	91	57
02050	**セレベス**　球茎　生	41	98	55
02052	**たけのこいも**　球茎　生	39	87	54
02013	**みずいも**　球茎　生	41	82	65
02015	**やつがしら**　球茎　生	43	99	57
02017	**じゃがいも**　塊茎　皮なし　生	42	65	68
02021	乾燥マッシュポテト	46	80	74
02022	**ながいも**　いちょういも　塊根　生	45	75	55
02023	ながいも　塊根　生	39	57	47
02025	やまといも　塊根　生	47	78	58
02026	**じねんじょ**　塊根　生	49	83	56
02027	**だいじょ**　塊根　生	48	85	55

含硫アミノ酸 AAS	芳香族アミノ酸 AAA	トレオニン Thr	トリプトファン Trp	バリン Val	ヒスチジン His	アミノ酸価（1～2歳）	アミノ酸価（15～17歳）	アミノ酸価（18歳以上）
25	**46**	**27**	**7.4**	**41**	**18**			
23	40	24	6.4	40	16			
22	38	23	6.0	39	15			
43	95	35	12	50	27	**48**Lys	53Lys	56Lys
41	94	33	12	49	27	**40**Lys	45Lys	47Lys
42	92	33	13	49	26	**44**Lys	49Lys	51Lys
42	92	34	12	48	25	**44**Lys	49Lys	51Lys
42	94	33	13	49	26	**42**Lys	47Lys	49Lys
40	98	33	12	50	25	**46**Lys	51Lys	53Lys
49	91	33	14	48	28	**44**Lys	49Lys	51Lys
36	79	30	10	44	24	**37**Lys	40Lys	42Lys
44	91	34	13	52	30	**40**Lys	45Lys	47Lys
40	95	35	12	50	27	**52**Lys	57Lys	60Lys
51	95	32	12	47	26	**37**Lys	40Lys	42Lys
40	83	54	13	65	32	**100**	100	100
41	95	34	13	49	26	**50**Lys	55Lys	58Lys
54	110	45	17	70	32	**87**Lys	96Lys	100
55	110	44	16	69	31	**81**Lys	89Lys	93Lys
55	120	43	16	70	30	**79**Lys	87Lys	91Lys
62	120	45	17	69	29	**81**Lys	89Lys	93Lys
58	110	45	17	69	32	**87**Lys	96Lys	100
52	110	45	17	70	32	**90**Lys	100	100
64	120	45	18	70	29	**81**Lys	89Lys	93Lys
56	110	45	17	66	30	**79**Lys	87Lys	91Lys
55	120	44	17	71	30	**75**Lys	83Lys	87Lys
54	120	46	17	69	33	**87**Lys	96Lys	100
58	120	44	16	71	30	**77**Lys	85Lys	89Lys
51	120	44	17	70	31	**81**Lys	89Lys	93Lys
57	110	43	16	72	30	**77**Lys	85Lys	89Lys
55	120	43	17	70	30	**77**Lys	85Lys	89Lys
52	120	46	17	71	30	**81**Lys	89Lys	93Lys
56	120	44	17	69	30	**77**Lys	85Lys	89Lys
63	120	46	18	70	29	**85**Lys	94Lys	98Lys
58	120	43	16	69	29	**75**Lys	83Lys	87Lys
56	120	43	16	71	30	**75**Lys	83Lys	87Lys
53	84	48	19	61	31	**100**	100	100
43	89	38	15	51	27	**73**Lys	81Lys	84Lys
44	92	37	15	52	27	**65**Lys	72Lys	76Lys
44	110	38	6.0	55	33	**19**Lys	21Lys	22Lys
47	99	32	5.6	60	24	**35**Lys	38Lys	40Lys
46	120	41	14	66	26	**31**Lys	34Lys	36Lys
50	88	45	14	59	30	**88**Lys	98Lys	100
48	83	42	13	57	30	**85**Lys	94Lys	98Lys
31	110	67	25	76	43	**100**	100	100
37	110	76	17	71	24	**100**	100	100
43	110	69	17	72	23	**100**	100	100
52	130	54	26	63	24	**100**	100	100
45	120	52	24	63	27	**100**	100	100
43	110	51	21	61	25	**100**	100	100
48	100	52	21	61	31	**100**	100	100
43	110	56	22	67	27	**100**	100	100
36	82	48	14	66	22	**100**	100	100
36	98	52	16	66	26	**100**	100	100
32	100	40	20	58	27	**100**	100	100
26	79	44	19	51	25	**90**Lys	95Leu	97Leu
33	110	41	22	58	29	**100**	100	100
34	110	46	23	59	30	**100**	100	100
31	110	49	20	57	31	**100**	100	100

食品番号	食品名	イソロイシン Ile	ロイシン Leu	リシン Lys	含硫アミノ酸 AAS	芳香族アミノ酸 AAA	トレオニン Thr	トリプトファン Trp	バリン Val	ヒスチジン His	アミノ酸価（1～2歳）	アミノ酸価（15～17歳）	アミノ酸価（18歳以上）
	アミノ酸評点パターン（1～2歳）	**31**	**63**	**52**	**25**	**46**	**27**	**7.4**	**41**	**18**			
	アミノ酸評点パターン（15～17歳）	30	60	47	23	40	24	6.4	40	16			
	アミノ酸評点パターン（18歳以上）	30	59	45	22	38	23	6.0	39	15			
4	**豆類**												
04001	**あずき** 全粒 乾	51	93	90	33	100	47	13	63	39	**100**	100	100
04004	あん こし生あん	53	100	88	29	110	44	12	63	38	**100**	100	100
04005	さらしあん（乾燥あん）	62	100	84	35	110	48	13	69	39	**100**	100	100
04006	つぶし練りあん	51	97	87	30	100	47	12	62	40	**100**	100	100
04007	**いんげんまめ** 全粒 乾	58	98	82	32	110	53	14	67	38	**100**	100	100
04009	うずら豆	57	100	81	23	100	57	13	67	39	**92**AAS	100	100
04012	**えんどう** 全粒 青えんどう 乾	49	85	89	31	94	50	11	58	31	**100**	100	100
04017	**ささげ** 全粒 乾	54	93	82	38	110	48	14	63	40	**100**	100	100
04019	**そらまめ** 全粒 乾	50	90	80	24	89	48	11	57	33	**96**AAS	100	100
	だいず												
	［全粒・全粒製品］												
04023	全粒 黄大豆 国産 乾	53	87	72	34	100	50	15	55	31	**100**	100	100
04025	米国産 乾	53	88	74	35	99	50	16	55	33	**100**	100	100
04026	中国産 乾	52	88	74	34	97	49	15	56	33	**100**	100	100
04077	黒大豆 国産 乾	38	88	75	34	100	50	16	55	32	**100**	100	100
04078	いり大豆 黄大豆	54	90	66	34	99	50	16	57	33	**100**	100	100
04028	水煮缶詰 黄大豆	54	92	70	33	100	50	15	57	31	**100**	100	100
04029	きな粉 黄大豆 全粒大豆	55	91	59	33	100	50	15	58	34	**100**	100	100
04030	脱皮大豆	56	92	57	32	100	51	16	59	34	**100**	100	100
04031	ぶどう豆	55	92	70	31	100	51	15	58	32	**100**	100	100
04032	**［豆腐・油揚げ類］** 木綿豆腐	52	89	72	30	110	48	16	53	30	**100**	100	100
04033	絹ごし豆腐	53	88	72	32	110	48	15	55	31	**100**	100	100
04039	生揚げ	53	89	71	30	110	48	16	56	30	**100**	100	100
04040	油揚げ 生	54	91	69	27	110	47	15	57	30	**100**	100	100
04041	がんもどき	54	90	69	27	110	47	15	56	30	**100**	100	100
04042	凍り豆腐 乾	54	91	71	27	110	48	15	57	29	**100**	100	100
04046	**［納豆類］** 糸引き納豆	54	89	78	40	110	46	17	59	34	**100**	100	100
04047	挽きわり納豆	53	90	75	35	110	47	16	59	33	**100**	100	100
04051	**［その他］** おから 生	52	91	75	37	99	54	15	60	34	**100**	100	100
04052	豆乳 豆乳	51	86	72	33	100	48	16	53	31	**100**	100	100
04053	調製豆乳	52	86	72	31	100	47	15	55	30	**100**	100	100
04054	豆乳飲料・麦芽コーヒー	53	87	70	31	100	46	15	56	31	**100**	100	100
04059	湯葉 生	55	90	71	30	110	49	14	57	30	**100**	100	100
04060	干し 乾	54	89	71	31	110	49	14	56	30	**100**	100	100
04071	**りょくとう** 全粒 乾	51	95	84	25	110	42	12	64	35	**100**	100	100
5	**種実類**												
05001	**アーモンド** 乾	46	78	35	27	89	35	11	53	30	**67**Lys	74Lys	78Lys
05041	**あまに** いり	54	72	33	36	89	49	20	65	29	**63**Lys	70Lys	73Lys
05005	**カシューナッツ** フライ 味付け	50	86	55	48	91	43	19	68	28	**100**	100	100
05008	**ぎんなん** 生	46	80	45	45	75	61	19	64	23	**87**Lys	96Lys	100
05010	**日本ぐり** 生	41	68	61	33	74	45	15	54	28	**100**	100	100
05014	**くるみ** いり	48	84	32	41	91	41	15	58	29	**62**Lys	68Lys	71Lys
05017	**ごま** 乾	44	79	32	61	93	46	19	57	32	**62**Lys	68Lys	71Lys
05046	**チアシード** 乾	44	79	56	62	100	46	16	57	34	**100**	100	100
05026	**ピスタチオ** いり 味付け	52	85	60	39	91	40	17	71	29	**100**	100	100
05038	**ひまわり** 乾	54	76	41	51	88	45	17	64	32	**79**Lys	87Lys	91Lys
05039	**ヘーゼルナッツ** いり	45	83	31	40	86	38	17	58	30	**60**Lys	66Lys	69Lys
05031	**マカダミアナッツ** いり 味付け	38	70	45	55	93	38	13	49	28	**87**Lys	96Lys	100
05033	**まつ** いり	44	80	41	56	86	36	11	56	28	**79**Lys	87Lys	91Lys
05034	**らっかせい** 大粒種 乾	40	76	42	28	110	35	11	51	29	**81**Lys	89Lys	93Lys
05037	ピーナッツバター	41	78	38	27	100	35	11	52	30	**73**Lys	81Lys	84Lys
6	**野菜類**												
06007	**アスパラガス** 若茎 生	41	70	69	33	74	48	14	59	24	**100**	100	100
06010	**いんげんまめ** さやいんげん 若ざや 生	44	70	63	30	86	60	15	63	32	**100**	100	100
06015	**えだまめ** 生	52	87	73	33	99	48	15	55	33	**100**	100	100
06020	**えんどう類** さやえんどう 若ざや 生	47	66	72	25	73	59	14	68	24	**100**	100	100

自立・家族 子ども 高齢者・共生 衣生活 住生活 消費・経済 食生活 調理 栄養 外食・中食 市販食品 アミノ酸成分表 食事摂取基準 生活の知識

食品番号	食品名	イソロイシン Ile	ロイシン Leu	リシン Lys	含硫アミノ酸 AAS	芳香族アミノ酸 AAA	トレオニン Thr	トリプトファン Trp	バリン Val	ヒスチジン His	アミノ酸価（1～2歳）	アミノ酸価（15～17歳）	アミノ酸価（18歳以上）
	アミノ酸評点パターン（1～2歳）	31	63	52	25	46	27	7.4	41	18			
	アミノ酸評点パターン（15～17歳）	30	60	47	23	40	24	6.4	40	16			
	アミノ酸評点パターン（18歳以上）	30	59	45	22	38	23	6.0	39	15			
06023	グリンピース　生	51	91	89	25	99	54	11	59	29	100	100	100
06032	**オクラ**　果実　生	41	67	60	32	79	47	17	54	27	100	100	100
06036	**かぶ**　根　皮つき　生	48	80	87	36	90	62	17	71	32	100	100	100
06046	**日本かぼちゃ**　果実　生	48	75	72	37	93	42	18	63	28	100	100	100
06048	**西洋かぼちゃ**　果実　生	46	81	78	41	100	47	18	58	31	100	100	100
06052	**からしな**　葉　生	48	88	78	35	99	63	22	69	28	100	100	100
06054	**カリフラワー**　花序　生	53	85	88	40	95	60	17	76	28	100	100	100
06056	**かんぴょう**　乾	51	71	61	32	86	46	7.2	61	28	97Trp	100	100
06061	**キャベツ**　結球葉　生	35	55	56	29	62	47	12	52	32	87Leu	92Leu	93Leu
06065	**きゅうり**　果実　生	44	70	59	29	82	41	16	53	24	100	100	100
06084	**ごぼう**　根　生	38	46	58	20	58	38	12	43	27	73Leu	77Leu	78Leu
06086	**こまつな**　葉　生	51	88	72	24	110	58	25	73	29	96AAS	100	100
06093	**ししとう**　果実　生	46	72	79	41	95	53	17	63	28	100	100	100
06099	**しゅんぎく**　葉　生	53	93	69	30	110	59	21	70	26	100	100	100
06103	**しょうが**　根茎　皮なし　生	40	58	29	28	77	60	18	55	24	56Lys	62Lys	64Lys
06119	**セロリ**　葉柄　生	43	64	57	18	73	47	15	65	26	72AAS	78AAS	82AAS
06124	**そらまめ**　未熟豆　生	48	87	80	23	95	45	10	55	33	92AAS	100	100
06130	**だいこん**　葉　生	53	95	75	33	110	64	24	73	29	100	100	100
06132	根　皮つき　生	45	57	61	30	70	53	12	67	28	90Leu	95Leu	97Leu
06149	**たけのこ**　若茎　生	35	62	61	32	110	45	12	54	25	98Leu	100	100
06153	**たまねぎ**　りん茎　生	21	38	66	26	70	29	17	27	24	60Leu	63Leu	64Leu
06160	**チンゲンサイ**　葉　生	49	81	69	17	95	58	23	67	27	68AAS	74AAS	77AAS
	とうもろこし類												
06175	スイートコーン　未熟種子　生	41	120	57	52	95	51	11	61	30	100	100	100
06182	**トマト類**　赤色トマト　果実　生	31	49	51	30	65	37	10	35	24	78Leu	82Leu	83Leu
06370	ドライトマト	26	42	32	26	59	34	8.2	30	19	62Lys	68Lys	71Lys
06191	**なす**　果実　生	46	72	76	31	88	50	16	62	33	100	100	100
06205	**にがうり**　果実　生	50	82	90	32	110	57	20	67	39	100	100	100
06207	**にら**　葉　生	50	86	74	34	100	62	25	65	24	100	100	100
06212	**にんじん**　根　皮つき　生	46	68	67	32	77	54	16	64	25	100	100	100
06223	**にんにく**　りん茎　生	29	55	61	33	73	37	17	48	22	87Leu	92Leu	93Leu
06226	**根深ねぎ**　葉　軟白　生	38	65	68	34	82	46	14	52	22	100	100	100
06227	**葉ねぎ**　葉　生	53	91	82	37	100	58	21	65	27	100	100	100
06233	**はくさい**　結球葉　生	43	71	71	32	78	53	14	61	27	100	100	100
06239	**パセリ**　葉　生	55	100	74	39	120	63	27	72	30	100	100	100
06240	**はつかだいこん**　根　生	41	57	62	24	73	50	15	71	27	90Leu	95Leu	97Leu
06245	**ピーマン類**　青ピーマン　果実　生	46	76	76	43	90	59	16	63	26	100	100	100
06263	**ブロッコリー**　花序　生	44	71	75	35	81	51	16	64	34	100	100	100
06267	**ほうれんそう**　葉　通年平均　生	50	86	67	39	110	56	25	66	31	100	100	100
06287	**もやし類**　だいずもやし　生	52	74	54	28	97	49	17	62	35	100	100	100
06289	ブラックマッペもやし　生	61	69	46	22	110	47	17	83	44	88AAS	96AAS	100
06291	りょくとうもやし　生	56	62	69	16	110	39	15	75	43	64AAS	70AAS	73AAS
06305	**らっきょう**　りん茎　生	33	53	83	28	79	34	18	42	29	84Leu	88Leu	90Leu
06312	**レタス**　土耕栽培　結球葉　生	51	79	68	28	87	62	16	62	24	100	100	100
06313	**サラダな**　葉　生	52	89	67	32	96	60	21	64	25	100	100	100
06317	**れんこん**　根茎　生	25	38	38	32	61	38	13	34	24	60Leu	63Leu	64Leu
06324	**わらび**　生わらび　生	45	81	63	30	110	53	17	63	26	100	100	100

7　果実類

食品番号	食品名	Ile	Leu	Lys	AAS	AAA	Thr	Trp	Val	His	アミノ酸価（1～2歳）	アミノ酸価（15～17歳）	アミノ酸価（18歳以上）
07006	**アボカド**　生	53	91	79	49	95	58	18	69	34	100	100	100
07012	**いちご**　生	38	65	51	42	58	44	13	50	23	98Lys	100	100
07015	**いちじく**　生	42	63	57	35	52	45	13	57	21	100	100	100
07019	**うめ**　生	33	49	48	19	51	35	10	43	26	76AAS	82Leu	83Leu
07049	**かき**　甘がき　生	61	92	82	56	87	71	24	69	30	100	100	100
07027	**うんしゅうみかん**　じょうのう　普通　生	35	60	65	36	56	40	9.7	47	24	95Leu	100	100
07030	ストレートジュース	22	37	40	28	47	29	7.0	31	15	59Leu	62Leu	63Leu
07040	**オレンジ**　ネーブル　砂じょう　生	32	53	60	31	51	36	9.2	44	22	84Leu	88Leu	90Leu
07062	**グレープフルーツ**　白肉種　砂じょう　生	22	37	46	27	38	31	7.8	31	20	59Leu	62Leu	63Leu
07093	**なつみかん**　砂じょう　生	31	53	57	27	49	35	8.6	42	21	84Leu	88Leu	90Leu
07142	**ゆず**　果皮　生	41	67	67	33	86	45	12	53	30	100	100	100

食品番号	食品名	イソロイシン Ile	ロイシン Leu	リシン Lys
	アミノ酸評点パターン（1～2歳）	31	63	52
	アミノ酸評点パターン（15～17歳）	30	60	47
	アミノ酸評点パターン（18歳以上）	30	59	45
07156	**レモン**　果汁　生	20	32	33
07054	**キウイフルーツ**　緑肉種　生	62	75	67
07077	**すいか**　赤肉種　生	49	53	49
07080	**にほんすもも**　生	32	42	43
07088	**日本なし**　生	31	40	29
07097	**パインアップル**　生	44	59	59
07107	**バナナ**　生	49	97	71
07116	**ぶどう**　皮なし　生	29	48	49
07179	**マンゴー**　ドライマンゴー	53	88	72
07135	**メロン**　露地メロン　緑肉種　生	26	37	35
07136	**もも**　白肉種　生	25	40	40
07184	黄肉種　生	45	49	49
07148	**りんご**　皮なし　生	39	59	52

8　きのこ類

食品番号	食品名	Ile	Leu	Lys
08001	**えのきたけ**　生	51	81	76
08006	**きくらげ類**　きくらげ　乾	49	96	64
08039	**しいたけ**　生しいたけ　菌床栽培　生	53	82	75
08042	原木栽培　生	52	84	75
08013	乾しいたけ　乾	48	80	71
08016	**ぶなしめじ**　生	52	81	74
08020	**なめこ**　株採り　生	61	96	64
08025	**ひらたけ類**　エリンギ　生	56	87	82
08026	ひらたけ　生	53	82	70
08028	**まいたけ**　生	49	57	72
08031	**マッシュルーム**　生	58	88	68
08034	**まつたけ**　生	48	83	67

9　藻類

食品番号	食品名	Ile	Leu	Lys
09001	**あおさ**　素干し	48	83	57
09002	**あおのり**　素干し	46	86	57
09003	**あまのり**　ほしのり	52	91	63
09017	**こんぶ類**　まこんぶ　素干し　乾	38	68	47
09023	つくだ煮	47	74	49
09049	**てんぐさ**　粉寒天	100	170	41
09050	**ひじき**　ほしひじき　ステンレス釜　乾	60	100	42
09033	**ひとえぐさ**　つくだ煮	50	78	54
09037	**おきなわもずく**　塩蔵　塩抜き	54	99	58
09038	**もずく**　塩蔵　塩抜き	53	100	63
09044	**わかめ**　カットわかめ　乾	58	110	73
09045	湯通し塩蔵わかめ　塩抜き　生	57	100	71
09047	めかぶわかめ　生	46	86	69

10　魚介類

食品番号	食品名	Ile	Leu	Lys
10002	**あこうだい**　生	57	95	120
10003	**あじ類**　まあじ　皮つき　生	52	91	110
10393	まるあじ　生	52	91	110
10015	**あなご**　生	58	95	110
10018	**あまだい**　生	59	96	110
10021	**あゆ**　天然　生	49	90	100
10025	養殖　生	50	91	110
10032	**あんこう**　きも　生	57	96	91
10033	**いかなご**　生	56	96	100
10042	**いわし類**　うるめいわし　生	56	93	110
10044	かたくちいわし　生	54	91	110
10047	まいわし　生	56	93	110
10396	しらす　生	53	95	100
10055	しらす干し　微乾燥品	53	94	110
10056	半乾燥品	53	94	110
10397	缶詰　アンチョビ	63	97	99

含硫アミノ酸 AAS	芳香族アミノ酸 AAA	トレオニン Thr	トリプトファン Trp	バリン Val	ヒスチジン His	アミノ酸価（1～2歳）	アミノ酸価（15～17歳）	アミノ酸価（18歳以上）
25	**46**	**27**	**7.4**	**41**	**18**			
23	40	24	6.4	40	16			
22	38	23	6.0	39	15			
23	40	24	6.9	30	13	**51**Leu	53Leu	54Leu
65	75	61	18	68	30	**100**	100	100
41	71	35	19	49	34	**84**Leu	88Leu	90Leu
17	39	34	5.3	37	21	**67**Leu	70Leu	71Leu
30	32	38	6.4	53	14	**56**Lys	62Lys	64Lys
74	69	43	17	55	28	**94**Leu	98Leu	100
41	63	49	14	68	110	**100**	100	100
35	44	48	10	42	36	**76**Leu	80Leu	81Leu
42	94	55	14	69	37	**100**	100	100
29	44	37	12	44	23	**59**Leu	62Leu	63Leu
21	36	36	5.8	34	19	**63**Leu	67Leu	68Leu
26	51	37	8.7	39	23	**78**Leu	82Leu	83Leu
41	45	40	9.2	45	22	**94**Leu	98Leu	100
32	120	67	22	66	44	**100**	100	100
34	100	81	26	70	37	**100**	100	100
24	89	66	20	65	29	**96**AAS	100	100
32	89	67	19	65	28	**100**	100	100
36	81	64	19	59	28	**100**	100	100
26	90	65	12	64	32	**100**	100	100
33	57	78	11	75	35	**100**	100	100
32	98	69	22	70	28	**100**	100	100
26	100	65	19	68	32	**100**	100	100
28	100	73	22	73	35	**90**Leu	95Leu	97Leu
27	77	66	21	70	30	**100**	100	100
32	92	69	15	60	33	**100**	100	100
44	100	66	20	75	24	**100**	100	100
48	95	64	20	69	22	**100**	100	100
49	89	65	16	81	18	**100**	100	100
41	65	51	12	53	18	**90**Lys	100	100
29	66	44	6.4	58	22	**86**Lys	100	100
32	120	42	4.7	120	6.5	**36**His	41His	43His
47	100	67	21	74	22	**81**Lys	89Lys	93Lys
25	62	46	4.7	60	24	**64**Trp	73Trp	78Trp
57	110	64	22	69	22	**100**	100	100
53	110	65	23	70	23	**100**	100	100
46	98	64	23	75	26	**100**	100	100
49	110	62	23	73	25	**100**	100	100
48	87	60	17	69	25	**100**	100	100
50	90	57	12	60	27	**100**	100	100
47	88	57	13	59	47	**100**	100	100
50	88	57	14	60	56	**100**	100	100
50	87	54	13	61	36	**100**	100	100
53	89	56	13	63	26	**100**	100	100
49	87	55	13	57	36	**100**	100	100
49	89	56	14	59	33	**100**	100	100
50	110	63	17	72	32	**100**	100	100
53	90	60	14	64	32	**100**	100	100
47	91	56	14	65	61	**100**	100	100
49	89	57	13	63	60	**100**	100	100
46	90	58	13	64	61	**100**	100	100
47	93	59	14	64	34	**100**	100	100
46	94	60	15	63	31	**100**	100	100
48	95	60	14	63	32	**100**	100	100
51	100	60	19	70	40	**100**	100	100

食品番号	食品名	イソロイシン Ile	ロイシン Leu	リシン Lys	含硫アミノ酸 AAS	芳香族アミノ酸 AAA	トレオニン Thr	トリプトファン Trp	バリン Val	ヒスチジン His	アミノ酸価（1～2歳）	アミノ酸価（15～17歳）	アミノ酸価（18歳以上）
	アミノ酸評点パターン（1・2歳）	**31**	**63**	**52**	**25**	**46**	**27**	**7.4**	**41**	**18**			
	アミノ酸評点パターン（15～17歳）	30	60	47	23	40	24	6.4	40	16			
	アミノ酸評点パターン（18歳以上）	30	59	45	22	38	23	6.0	39	15			
10067	**うなぎ** 養殖 生	44	77	90	43	76	51	9.4	50	42	**100**	100	100
10071	**うまづらはぎ** 生	60	97	110	51	89	54	14	68	29	**100**	100	100
10079	**かさご** 生	50	90	110	48	87	58	12	54	26	**100**	100	100
10083	**かじき類** くろかじき 生	59	90	100	50	83	53	14	65	98	**100**	100	100
10085	めかじき 生	54	93	110	48	88	58	14	60	69	**100**	100	100
10086	**かつお類** かつお 春獲り 生	51	88	100	47	85	56	15	59	120	**100**	100	100
10087	秋獲り 生	53	89	100	47	86	56	15	61	120	**100**	100	100
10091	加工品 かつお節	56	92	100	46	89	59	15	63	88	**100**	100	100
10092	削り節	55	93	100	47	92	60	16	64	75	**100**	100	100
10098	**かます** 生	58	97	110	57	92	55	13	64	34	**100**	100	100
10100	**かれい類** まがれい 生	54	95	110	49	88	58	13	60	29	**100**	100	100
10103	まこがれい 生	48	85	98	46	82	53	12	55	25	**100**	100	100
10107	**かわはぎ** 生	52	92	110	48	87	58	13	59	28	**100**	100	100
10424	**かんぱち** 背側 生	56	94	110	49	89	59	14	62	49	**100**	100	100
10109	**きす** 生	53	93	110	49	88	57	13	59	28	**100**	100	100
10110	**きちじ** 生	50	92	110	49	89	57	11	55	25	**100**	100	100
10115	**ぎんだら** 生	52	89	100	48	86	57	12	56	27	**100**	100	100
10116	**きんめだい** 生	51	90	110	49	90	55	13	59	37	**100**	100	100
10117	**ぐち** 生	60	96	110	53	92	55	13	66	27	**100**	100	100
10119	**こい** 養殖 生	50	88	100	46	87	55	12	57	40	**100**	100	100
10124	**このしろ** 生	59	97	110	54	90	54	14	66	45	**100**	100	100
	さけ・ます類												
10134	しろさけ 生	54	90	100	49	89	60	13	63	53	**100**	100	100
10141	すじこ	72	110	90	50	100	56	12	85	31	**100**	100	100
10144	たいせいようさけ 養殖 皮つき 生	52	89	100	47	88	59	13	61	31	**100**	100	100
10148	にじます 淡水養殖 皮つき 生	48	85	100	49	84	56	12	56	41	**100**	100	100
10154	**さば類** まさば 生	54	89	100	51	87	58	13	64	73	**100**	100	100
10404	ごまさば 生	52	90	100	46	88	57	15	60	78	**100**	100	100
10168	**よしきりざめ** 生	62	96	110	50	90	58	15	60	30	**100**	100	100
10171	**さわら** 生	56	91	110	49	87	57	13	62	40	**100**	100	100
10173	**さんま** 皮つき 生	53	89	99	47	87	56	14	60	73	**100**	100	100
10182	**ししゃも類** からふとししゃも 生干し 生	58	96	93	51	91	58	16	72	30	**100**	100	100
10192	**たい類** まだい 天然 生	58	95	110	49	89	58	13	64	31	**100**	100	100
10193	養殖 皮つき 生	54	92	110	47	89	57	13	61	32	**100**	100	100
10198	**たちうお** 生	56	92	110	53	89	59	12	62	30	**100**	100	100
10199	**たら類** すけとうだら 生	48	88	100	52	85	55	13	55	30	**100**	100	100
10202	たらこ 生	63	110	87	39	99	58	13	69	25	**100**	100	100
10205	まだら 生	50	90	110	51	88	56	12	56	31	**100**	100	100
10213	**どじょう** 生	55	92	100	46	86	55	12	62	27	**100**	100	100
10215	**とびうお** 生	59	95	110	52	88	54	14	64	59	**100**	100	100
10218	**にしん** 生	59	98	110	53	90	55	13	68	31	**100**	100	100
10225	**はぜ** 生	58	97	110	52	94	55	13	61	29	**100**	100	100
10228	**はたはた** 生	52	90	100	48	83	56	12	57	26	**100**	100	100
10231	**はも** 生	58	94	120	50	86	52	13	61	33	**100**	100	100
10235	**ひらめ** 養殖 皮つき 生	53	91	110	47	88	58	12	61	31	**100**	100	100
10238	**ふな** 生	58	96	110	49	92	54	12	63	34	**100**	100	100
10241	**ぶり** 成魚 生	56	90	110	49	87	56	14	63	91	**100**	100	100
10243	はまち 養殖 皮つき 生	52	86	99	44	83	56	13	58	75	**100**	100	100
10246	**ほっけ** 生	57	96	120	47	90	58	12	63	34	**100**	100	100
10249	**ぼら** 生	59	95	110	51	85	55	14	65	39	**100**	100	100
	まぐろ類												
10252	きはだ 生	54	89	100	46	84	57	13	60	100	**100**	100	100
10253	くろまぐろ 天然 赤身 生	54	90	100	46	84	55	13	61	110	**100**	100	100
10254	脂身 生	54	88	110	47	86	55	14	63	100	**100**	100	100
10450	養殖 赤身 生	49	89	110	46	85	56	14	62	110	**100**	100	100
10255	びんなが 生	55	92	110	48	89	59	15	65	75	**100**	100	100
10256	みなみまぐろ 赤身 生	57	93	110	48	90	58	15	66	70	**100**	100	100
10257	脂身 生	56	91	110	47	89	58	14	67	72	**100**	100	100
10425	めばち 赤身 生	54	92	110	47	88	58	15	62	78	**100**	100	100
10426	脂身 生	52	89	100	46	87	58	14	62	76	**100**	100	100

食品番号	食品名	イソロイシン	ロイシン	リシン	含硫アミノ酸	芳香族アミノ酸	トレオニン	トリプトファン	バリン	ヒスチジン	アミノ酸価（1〜2歳）	アミノ酸価（15〜17歳）	アミノ酸価（18歳以上）
		Ile	Leu	Lys	AAS	AAA	Thr	Trp	Val	His			
アミノ酸評点パターン（1〜2歳）		**31**	**63**	**52**	**25**	**46**	**27**	**7.4**	**41**	**18**			
アミノ酸評点パターン（15〜17歳）		30	60	47	23	40	24	6.4	40	16			
アミノ酸評点パターン（18歳以上）		30	59	45	22	38	23	6.0	39	15			
10268	**むつ**　生	53	94	110	49	90	59	13	58	35	**100**	100	100
10271	**めばる**　生	58	96	120	53	91	55	13	62	27	**100**	100	100
10272	**メルルーサ**　生	58	96	110	53	90	54	13	64	25	**100**	100	100
10276	**わかさぎ**　生	54	93	100	54	89	53	12	64	30	**100**	100	100
10279	**貝類**　あかがい　生	50	84	83	49	82	57	12	53	26	**100**	100	100
10281	あさり　生	48	81	84	45	86	58	12	54	25	**100**	100	100
10427	あわび　くろあわび　生	39	72	60	36	68	52	10	44	16	**89**His	100	100
10292	かき　養殖　生	49	78	85	46	88	59	13	55	28	**100**	100	100
10295	さざえ　生	45	82	69	46	72	50	10	49	18	**100**	100	100
10297	しじみ　生	51	80	91	47	97	76	17	64	30	**100**	100	100
10300	つぶ　生	45	91	76	49	77	53	11	55	25	**100**	100	100
10303	とりがい　斧足　生	55	89	92	52	82	55	12	57	23	**100**	100	100
10305	ばかがい　生	53	84	87	46	82	53	12	51	21	**100**	100	100
10306	はまぐり　生	52	84	89	50	84	53	14	56	29	**100**	100	100
10311	ほたてがい　生	46	79	81	47	75	55	10	49	26	**100**	100	100
10313	貝柱　生	47	87	91	52	77	51	11	46	23	**100**	100	100
10320	**えび類**　いせえび　生	49	84	94	43	87	45	11	51	25	**100**	100	100
10321	くるまえび　養殖　生	43	78	88	41	80	43	10	46	22	**100**	100	100
10328	しばえび　生	53	91	93	51	88	46	13	53	23	**100**	100	100
10415	バナメイえび　養殖　生	48	86	96	45	88	46	12	50	24	**100**	100	100
10333	**かに類**　毛がに　生	49	82	85	44	86	53	11	52	26	**100**	100	100
10335	ずわいがに　生	52	83	89	41	90	53	13	55	28	**100**	100	100
10344	**いか類**　こういか　生	52	95	97	46	84	55	11	48	25	**100**	100	100
10417	するめいか　胴　皮つき　生	53	90	91	47	83	54	12	51	33	**100**	100	100
10348	ほたるいか　生	61	91	90	69	100	56	15	64	30	**100**	100	100
10352	やりいか　生	49	86	91	46	81	54	11	48	24	**100**	100	100
10361	**たこ類**　まだこ　生	53	88	85	39	81	59	11	52	27	**100**	100	100
10365	**その他**　うに　生うに	53	79	81	53	95	58	17	65	26	**100**	100	100
10368	おきあみ　生	61	92	99	48	94	57	14	66	29	**100**	100	100
10371	しゃこ　ゆで	57	93	100	45	92	52	14	62	31	**100**	100	100
10372	なまこ　生	41	55	41	31	65	64	9.6	50	14	**78**His	87Lys	91Lys
10379	**水産練り製品**　蒸しかまぼこ	58	94	110	49	82	53	12	61	24	**100**	100	100
10388	魚肉ソーセージ	55	90	93	46	80	48	12	59	25	**100**	100	100
11	**肉類**												
11003	**うさぎ**　肉　赤肉　生	58	94	110	46	90	58	13	62	55	**100**	100	100
	うし												
11011	**[和牛肉]** リブロース　脂身つき　生	51	91	98	41	86	53	12	59	40	**100**	100	100
11016	サーロイン　皮下脂肪なし　生	56	98	110	47	88	60	13	59	47	**100**	100	100
11020	もも　皮下脂肪なし　生	55	96	110	45	91	57	15	59	48	**100**	100	100
11037	**[乳用肥育牛肉]** リブロース　脂身つき　生	50	90	98	41	85	53	13	58	40	**100**	100	100
11041	赤肉　生	54	95	110	44	89	57	14	58	47	**100**	100	100
11042	脂身　生	32	66	63	25	62	38	5.7	49	35	**77**Trp	89Trp	95Trp
11044	サーロイン　皮下脂肪なし　生	52	91	100	46	86	55	13	57	46	**100**	100	100
11046	ばら　脂身つき　生	48	87	95	43	83	52	12	55	42	**100**	100	100
11048	もも　皮下脂肪なし　生	54	96	110	44	91	57	15	59	48	**100**	100	100
11059	ヒレ　赤肉　生	55	98	110	45	92	59	15	60	43	**100**	100	100
11254	**[交雑牛肉]** リブロース　脂身つき　生	51	91	98	42	86	54	13	59	42	**100**	100	100
11260	ばら　脂身つき　生	51	91	100	41	86	54	13	58	42	**100**	100	100
11261	もも　脂身つき　生	51	92	100	42	87	55	14	57	43	**100**	100	100
11267	ヒレ　赤肉　生	55	98	110	45	91	58	15	59	42	**100**	100	100
11067	**[輸入牛肉]** リブロース　脂身つき　生	53	93	100	43	88	55	14	57	45	**100**	100	100
11076	もも　皮下脂肪なし　生	53	94	100	43	89	56	14	59	46	**100**	100	100
11089	**[ひき肉]**　生	50	91	100	41	85	54	13	55	42	**100**	100	100
11090	**[副生物]**　舌　生	51	95	100	42	88	55	13	58	34	**100**	100	100
11091	心臓　生	55	100	94	46	92	54	16	64	32	**100**	100	100
11092	肝臓　生	53	110	92	47	100	55	17	71	35	**100**	100	100
11093	じん臓　生	53	110	84	49	99	55	19	72	32	**100**	100	100
11274	横隔膜　生	51	98	100	42	91	55	14	57	39	**100**	100	100
11109	**うま**　肉　赤肉　生	58	96	110	44	89	57	14	60	59	**100**	100	100

食品番号	食品名	イソロイシン	ロイシン	リシン
		Ile	Leu	Lys
アミノ酸評点パターン（1〜2歳）		**31**	**63**	**52**
アミノ酸評点パターン（15〜17歳）		30	60	47
アミノ酸評点パターン（18歳以上）		30	59	45
11110	**くじら**　肉　赤肉　生	56	100	120
11275	**しか**　にほんじか　赤肉　生	52	88	100
	ぶた			
11123	**[大型種肉]**　ロース　脂身つき　生	53	91	100
11127	赤肉　生	54	94	100
11128	脂身　生	32	65	65
11129	ばら　脂身つき　生	49	88	95
11131	もも　皮下脂肪なし　生	54	94	100
11140	ヒレ　赤肉　生	56	96	110
11150	**[中型種肉]**　ロース　皮下脂肪なし　生	57	94	100
11163	**[ひき肉]**　生	49	88	96
11164	**[副生物]**　舌　生	55	97	99
11165	心臓　生	55	100	94
11166	肝臓　生	54	110	89
11167	じん臓　生	53	110	83
11198	**[その他]**　ゼラチン	14	34	42
	めんよう			
11199	**[マトン]** ロース　脂身つき　生	52	93	100
11245	皮下脂肪なし　生	50	96	110
11202	**[ラム]**　ロース　脂身つき　生	50	91	98
11246	皮下脂肪なし　生	47	97	110
11203	もも　脂身つき　生	53	95	100
11204	**やぎ**　肉　赤肉　生	56	96	110
11247	**かも**　あひる　肉　皮なし　生	56	97	100
11284	皮　生	33	64	64
11210	**しちめんちょう**　肉　皮なし　生	59	94	110
	にわとり			
11285	**[若どり・主品目]** 手羽さき　皮つき　生	44	78	84
11286	手羽もと　皮つき　生	50	86	95
11219	むね　皮つき　生	54	92	10[illegible]
11220	皮なし　生	56	93	10[illegible]
11221	もも　皮つき　生	51	88	98
11224	皮なし　生	55	93	100
11230	**[二次品目]**　ひき肉　生	52	89	9[illegible]
11231	**[副品目]**　心臓　生	56	100	95
11232	肝臓　生	55	100	9[illegible]
11233	すなぎも　生	51	89	8[illegible]
11234	皮　むね　生	40	71	75
11235	もも　生	32	62	6[illegible]
11293	**[その他]**　つくね	53	89	90
11240	**ほろほろちょう**　肉　皮なし　生	59	96	110
12	**卵類**			
12002	**うずら卵**　全卵　生	60	100	85
12004	**鶏卵**　全卵　生	58	98	8[illegible]
12010	卵黄　生	60	100	89
12014	卵白　生	59	96	7[illegible]
13	**乳類**			
13001	**液状乳類**　生乳　ジャージー種	57	110	9[illegible]
13002	ホルスタイン種	62	110	9[illegible]
13003	普通牛乳	58	110	9[illegible]
13005	加工乳　低脂肪	56	110	9[illegible]
13007	乳飲料　コーヒー	57	110	8[illegible]
13010	**粉乳類**　脱脂粉乳	59	110	8[illegible]
13011	乳児用調製粉乳	68	110	9[illegible]
13013	**練乳類**　加糖練乳	58	110	9[illegible]
13014	**クリーム類**　クリーム　乳脂肪	56	110	8[illegible]
13016	植物性脂肪	48	110	9[illegible]
13020	コーヒーホワイトナー　液状　乳脂肪	56	100	8[illegible]

含硫アミノ酸 AAS	芳香族アミノ酸 AAA	トレオニン Thr	トリプトファン Trp	バリン Val	ヒスチジン His	アミノ酸価(1～2歳)	アミノ酸価(15～17歳)	アミノ酸価(18歳以上)
25	46	27	7.4	41	18			
23	40	24	6.4	40	16			
22	38	23	6.0	39	15			
42	87	56	14	55	45	100	100	100
47	88	58	14	62	53	100	100	100
44	86	56	14	58	48	100	100	100
45	89	58	14	58	52	100	100	100
27	65	39	5.9	50	40	80Trp	92Trp	98Trp
39	85	53	12	57	41	100	100	100
47	90	57	15	60	50	100	100	100
46	92	59	16	61	48	100	100	100
47	86	57	14	62	59	100	100	100
42	84	54	13	55	44	100	100	100
48	88	53	16	62	35	100	100	100
50	92	55	16	64	31	100	100	100
50	100	57	17	71	33	100	100	100
48	100	54	19	70	33	100	100	100
9.8	26	23	0.1	31	7.8	1Trp	2Trp	2Trp
40	88	57	14	57	48	100	100	100
47	91	60	15	57	43	100	100	100
43	87	56	13	58	43	100	100	100
47	91	59	15	59	53	100	100	100
44	89	57	15	58	46	100	100	100
47	90	57	13	59	49	100	100	100
45	92	58	15	59	40	100	100	100
30	63	39	5.6	45	23	76Trp	88Trp	93Trp
46	87	56	14	61	62	100	100	100
38	75	48	10	51	39	100	100	100
42	82	53	13	56	46	100	100	100
45	87	56	15	58	62	100	100	100
46	88	57	15	59	61	100	100	100
43	84	54	13	55	41	100	100	100
45	88	56	15	58	43	100	100	100
44	86	55	14	57	49	100	100	100
50	94	55	16	67	31	100	100	100
48	100	59	17	69	34	100	100	100
47	82	52	11	56	26	100	100	100
40	66	41	8.6	55	50	100	100	100
29	60	39	5.7	43	32	77Trp	89Trp	95Trp
38	82	53	13	58	41	100	100	100
45	88	55	15	62	61	100	100	100
71	110	66	16	76	34	100	100	100
63	110	56	17	73	30	100	100	100
50	100	61	17	69	31	100	100	100
71	120	54	18	78	30	100	100	100
36	110	52	15	70	31	100	100	100
40	98	50	15	76	32	100	100	100
36	110	51	16	71	31	100	100	100
36	110	51	15	69	31	100	100	100
35	110	51	15	71	32	100	100	100
36	110	51	15	72	33	100	100	100
48	84	65	15	74	28	100	100	100
35	98	52	14	72	33	100	100	100
41	110	57	14	68	32	100	100	100
37	110	54	13	72	32	100	100	100
36	110	51	14	71	32	100	100	100

食品番号	食品名	イソロイシン Ile	ロイシン Leu	リシン Lys	含硫アミノ酸 AAS	芳香族アミノ酸 AAA	トレオニン Thr	トリプトファン Trp	バリン Val	ヒスチジン His	アミノ酸価(1～2歳)	アミノ酸価(15～17歳)	アミノ酸価(18歳以上)
	アミノ酸評点パターン（1～2歳）	31	63	52	25	46	27	7.4	41	18			
	アミノ酸評点パターン（15～17歳）	30	60	47	23	40	24	6.4	40	16			
	アミノ酸評点パターン（18歳以上）	30	59	45	22	38	23	6.0	39	15			
	■発酵乳・乳酸菌飲料												
13025	ヨーグルト 全脂無糖	62	110	90	39	100	50	15	74	31	100	100	100
13053	低脂肪無糖	56	110	89	35	110	52	15	70	32	100	100	100
13054	無脂肪無糖	60	110	92	36	100	56	16	71	31	100	100	100
13026	脱脂加糖	55	100	88	34	100	50	14	69	31	100	100	100
13027	ドリンクタイプ 加糖	57	110	91	35	110	52	15	71	32	100	100	100
13028	乳酸菌飲料 乳製品	62	110	84	41	98	50	13	75	32	100	100	100
	■チーズ類												
13033	ナチュラルチーズ カテージ	56	110	89	33	120	49	14	71	33	100	100	100
13034	カマンベール	55	100	85	33	120	46	14	72	34	100	100	100
13035	クリーム	57	110	90	35	110	51	16	70	33	100	100	100
13037	チェダー	59	110	89	38	120	41	14	75	33	100	100	100
13055	マスカルポーネ	57	110	90	37	110	52	15	71	32	100	100	100
13040	プロセスチーズ	59	110	90	33	120	41	14	75	34	100	100	100
	■アイスクリーム類												
13042	アイスクリーム 高脂肪	58	110	90	39	100	53	14	71	33	100	100	100
13045	ラクトアイス 普通脂肪	64	110	92	40	90	53	13	77	32	100	100	100
13048	■カゼイン	60	100	86	37	120	48	14	74	33	100	100	100
13051	■人乳	63	120	79	47	100	55	18	69	31	100	100	100
14	**油脂類**												
14017	■バター類 無発酵バター 有塩バター	56	110	88	40	100	56	13	72	34	100	100	100
	■マーガリン類												
14020	マーガリン 家庭用 有塩	58	110	88	37	110	53	9.8	71	33	100	100	100
14021	ファットスプレッド	65	110	94	34	97	71	12	71	32	100	100	100
15	**菓子類**												
15125	■揚げパン	44	81	27	42	95	35	12	52	27	52Lys	57Lys	60Lys
15127	■カレーパン 皮及び具	(45)	(80)	(34)	(37)	(91)	(38)	(12)	(52)	(29)	65Lys	72Lys	76Lys
15132	■メロンパン	45	82	30	47	95	37	13	53	27	58Lys	64Lys	67Lys
15097	■ビスケット ハードビスケット	49	88	19	46	89	35	13	56	27	37Lys	40Lys	42Lys
16	**し好飲料類**												
16001	■清酒 普通酒	43	69	39	27	95	45	4.0	66	34	54Trp	63Trp	67Trp
16006	■ビール 淡色	30	42	38	41	84	38	17	53	36	67Leu	70Leu	71Leu
16025	■みりん 本みりん	49	89	41	12	110	47	6.4	74	30	48AAS	52AAS	55AAS
16035	■抹茶 茶	49	91	76	40	98	52	21	63	31	100	100	100
16048	■ココア ピュアココア	45	78	46	45	110	55	19	71	25	88Lys	98Lys	100
16056	■青汁 ケール	51	96	65	39	100	61	22	70	32	100	100	100
17	**調味料・香辛料類**												
17002	■ウスターソース類 中濃ソース	34	48	46	18	60	40	3.1	48	26	42Trp	48Trp	52Trp
17007	■しょうゆ類 こいくちしょうゆ	62	91	69	26	70	53	2.9	67	27	39Trp	45Trp	48Trp
17008	うすくちしょうゆ	60	88	66	30	66	51	2.7	66	29	36Trp	42Trp	45Trp
17009	たまりしょうゆ	50	66	72	23	59	54	2.5	62	27	34Trp	39Trp	42Trp
17093	■だし類 顆粒中華だし	16	30	33	13	28	21	2.5	24	22	34Trp	39Trp	42Trp
17107	■調味ソース類 魚醤油 ナンプラー	45	59	120	38	52	69	9.1	74	44	94Leu	98Leu	100
	■ドレッシング類												
17118	マヨネーズタイプ調味料 低カロリータイプ	32	52	45	30	57	31	8.4	40	16	83Leu	87Leu	88Leu
17044	■みそ類 米みそ 甘みそ	54	95	58	31	110	49	14	62	33	100	100	100
17045	淡色辛みそ	58	93	68	30	110	49	13	64	33	100	100	100
17046	赤色辛みそ	60	96	62	34	110	50	10	66	31	100	100	100
17047	麦みそ	55	91	51	38	100	48	10	62	29	98Lys	100	100
17048	豆みそ	56	90	56	28	100	49	9.1	61	33	100	100	100
17119	減塩みそ	56	90	67	33	100	51	11	64	31	100	100	100
18	**調理済み流通食品類**												
18007	■コロッケ ポテトコロッケ 冷凍	47	76	57	40	81	39	13	59	24	100	100	100
18002	■ぎょうざ	47	79	57	39	79	40	12	54	27	100	100	100
18012	■しゅうまい	50	84	74	39	80	44	12	56	33	100	100	100

1

日本人の食事摂取基準

Dietary Reference Intakes for Japanese

※摂取量平均値は「令和元年国民健康・栄養調査」より15～19歳を抜粋
（2020年版　2020年4月～2025年3月）

食事摂取基準とは

日本人の食事摂取基準は、健康な個人並びに集団を対象とし、エネルギー摂取の過不足を防ぐこと、栄養素の摂取不足や過剰摂取による健康障害を防ぐことを基本としている。また、生活習慣病の予防も目的とする。なお、2020年版では、高齢者の低栄養予防などの観点から、年齢区分が細分化された。

1 活用の基本的考え方

※事前影響評価

2 エネルギーの指標

エネルギー摂取量－エネルギー消費量によって、エネルギーの摂取量及び消費量のバランス（エネルギー収支バランス）がわかる。そのため2015年版の食事摂取基準から、エネルギー収支バランスの維持を示す指標としてBMIが採用されている。

実際には、エネルギー摂取の過不足について体重の変化を測定して評価する。また測定されたBMIの値が、目標とする範囲におさまっているかどうかも考慮し、総合的に判断する。なお、エネルギー必要量の概念※は重要であること、目標とするBMIの提示が成人に限られていることなどから、推定エネルギー必要量が参考として示されている。

※エネルギー必要量は、WHOの定義に従い、「ある身長・体重と体組織の個人が、長期間に良好な健康状態を維持する身体活動レベルの時、エネルギー消費量との均衡が取れるエネルギー摂取量」と定義する。

3 目標とするBMIの範囲（18歳以上）

年齢（歳）	目標とするBMI（kg／㎡）
18～49	18.5～24.9
50～64	20.0～24.9
65～74	21.5～24.9
75以上	21.5～24.9

$$BMI^{※} = \frac{体重\ (kg)}{身長\ (m) \times 身長\ (m)}$$

※BMIは、あくまでも健康を維持し、生活習慣病の発症予防を行うための要素の一つとして扱うに留める。また、個人差が存在することにも注意する。

参考資料

■推定エネルギー必要量

成人では、推定エネルギー必要量を以下の方法で算出する。

推定エネルギー必要量（kcal/日）＝基礎代謝量（kcal/日）×身体活動レベル

基礎代謝量とは、覚醒状態で必要な最小限のエネルギーであり、早朝空腹時に快適な室内（室温など）において測定される。

身体活動レベルは、健康な日本人の成人で測定したエネルギー消費量と推定基礎代謝量から求めたものである。

なお、小児、乳児、及び妊婦、授乳婦では、これに成長や妊娠継続、授乳に必要なエネルギー量を付加量として加える。

■推定エネルギー必要量（kcal／日）

性別	男性			女性		
身体活動レベル	Ⅰ	Ⅱ	Ⅲ	Ⅰ	Ⅱ	Ⅲ
0～5（月）	-	550	-	-	500	-
6～8（月）	-	650	-	-	600	-
9～11（月）	-	700	-	-	650	-
1～2（歳）	-	950	-	-	900	-
3～5（歳）	-	1,300	-	-	1,250	-
6～7（歳）	1,350	1,550	1,750	1,250	1,450	1,650
8～9（歳）	1,600	1,850	2,100	1,500	1,700	1,900
10～11（歳）	1,950	2,250	2,500	1,850	2,100	2,350
12～14（歳）	2,300	2,600	2,900	2,150	2,400	2,700
15～17（歳）	2,500	2,800	3,150	2,050	2,300	2,550
18～29（歳）	2,300	2,650	3,050	1,700	2,000	2,300
30～49（歳）	2,300	2,700	3,050	1,750	2,050	2,350
50～64（歳）	2,200	2,600	2,950	1,650	1,950	2,250
65～74（歳）	2,050	2,400	2,750	1,550	1,850	2,100
75歳以上	1,800	2,100	-	1,400	1,650	-
妊婦（付加量）初期				（+50）	（+50）	（+50）
中期				（+250）	（+250）	（+250）
後期				（+450）	（+450）	（+450）
授乳婦（付加量）				（+350）	（+350）	（+350）
摂取量平均値	2,515			1,896		

※身体活動レベルⅠの場合、少ないエネルギー消費量に見合った少ないエネルギー摂取量を維持することになるため、健康の保持・増進の観点からは、身体活動量を増加させる必要がある。

■基礎代謝量（kcal／日）

性別	男性	女性
年齢（歳）	基礎代謝量（kcal／日）	基礎代謝量（kcal／日）
1～2	700	660
3～5	900	840
6～7	980	920
8～9	1,140	1,050
10～11	1,330	1,260
12～14	1,520	1,410
15～17	1,610	1,310
18～29	1,530	1,110
30～49	1,530	1,160
50～64	1,480	1,110
65～74	1,400	1,080
75以上	1,280	1,010

■身体活動レベル別に見た活動内容と活動時間の代表例

※代表値。（　）内はおよその範囲。

身体活動レベル※	低い（Ⅰ） 1.50（1.40～1.60）	ふつう（Ⅱ） 1.75（1.60～1.90）	高い（Ⅲ） 2.00（1.90～2.20）
日常生活の内容	生活の大部分が座位で、静的な活動が中心の場合	座位中心の仕事だが、職場内での移動や立位での作業・接客等、通勤・買い物での歩行、家事、軽いスポーツ、のいずれかを含む場合	移動や立位の多い仕事への従事者、あるいは、スポーツ等余暇における活発な運動習慣を持っている場合
中程度の強度（3.0～5.9メッツ）の身体活動の1日当たりの合計時間（時間／日）	1.65	2.06	2.53
仕事での1日当たりの合計歩行時間（時間／日）	0.25	0.54	1.00

4 栄養素の指標

栄養素については、次の5種類の指標がある。

推定平均必要量	ある対象集団に属する50%の人が必要量を満たすと推定される摂取量。
推奨量	ある対象集団に属するほとんどの人（97～98%）が充足している量。推奨量は、推定平均必要量があたえられる栄養素に対して設定される。
目安量	特定の集団における、ある一定の栄養状態を維持するのに十分な量。十分な科学的根拠が得られず「推定平均必要量」が算定できない場合に算定する。
耐容上限量	健康障害をもたらすリスクがないとみなされる習慣的な摂取量の上限量。これを超えて摂取すると、過剰摂取によって生じる潜在的な健康障害のリスクが高まると考えられる。
目標量	生活習慣病の予防を目的として、特定の集団において、その疾患のリスクや、その代理指標となる値が低くなると考えられる栄養状態が達成できる量。現在の日本人が当面の目標とすべき摂取量として設定する。

5 食事摂取基準の各指標を理解するための概念

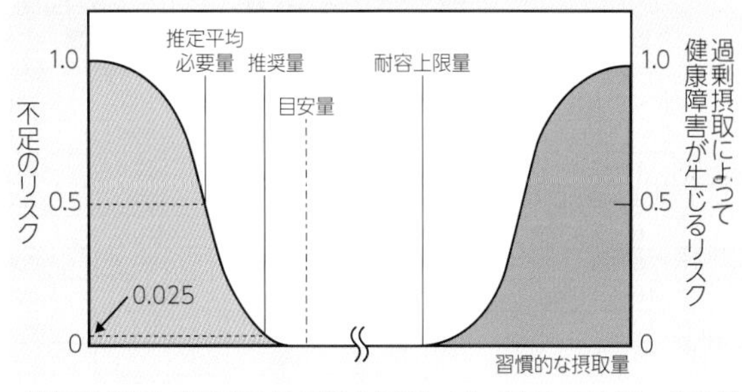

※推定平均必要量では不足のリスクが0.5（50%）あり、推奨量では0.02～0.03（中間値として0.025）（2～3%または2.5%）あることを示している。
※目標量については、ここに示す概念や方法とは異なる性質のものであるため、ここには図示できない。

6 炭水化物の食事摂取基準

（% エネルギー：総エネルギーに占める割合）

性別	男性	女性
年齢等（歳）	目標量	目標量
0～5（月）	-	-
6～11（月）	-	-
1～2	50～65	50～65
3～5	50～65	50～65
6～7	50～65	50～65
8～9	50～65	50～65
10～11	50～65	50～65
12～14	50～65	50～65
15～17	50～65	50～65
18～29	50～65	50～65
30～49	50～65	50～65
50～64	50～65	50～65
65～74	50～65	50～65
75以上	50～65	50～65
妊婦		50～65
授乳婦		50～65
摂取量平均値	56.0	53.6

7 食物繊維の食事摂取基準

（g／日）

性別	男性	女性
年齢等（歳）	目標量	目標量
0～5（月）	-	-
6～11（月）	-	-
1～2	-	-
3～5	8以上	8以上
6～7	10以上	10以上
8～9	11以上	11以上
10～11	13以上	13以上
12～14	17以上	17以上
15～17	19以上	18以上
18～29	21以上	18以上
30～49	21以上	18以上
50～64	21以上	18以上
65～74	20以上	17以上
75以上	20以上	17以上
妊婦		18以上
授乳婦		18以上
摂取量平均値	20.0	17.0

8 脂質の食事摂取基準

（% エネルギー：総エネルギーに占める割合）

性別	男性		女性	
年齢等（歳）	目標量	目安量	目標量	目安量
0～5（月）	-	50	-	50
6～11（月）	-	40	-	40
1～2	20～30	-	20～30	-
3～5	20～30	-	20～30	-
6～7	20～30	-	20～30	-
8～9	20～30	-	20～30	-
10～11	20～30	-	20～30	-
12～14	20～30	-	20～30	-
15～17	20～30	-	20～30	-
18～29	20～30	-	20～30	-
30～49	20～30	-	20～30	-
50～64	20～30	-	20～30	-
65～74	20～30	-	20～30	-
75以上	20～30	-	20～30	-
妊婦			20～30	-
授乳婦			20～30	-
摂取量平均値	29.8		31.3	

●**飽和脂肪酸の目標量**　男女とも3～14歳で10%以下、15～17歳で8%以下、18歳以上と妊婦・授乳婦で7%以下

9 たんぱく質の食事摂取基準（g／日）

性別	男性		女性	
年齢等（歳）	推奨量	目安量	推奨量	目安量
0～5（月）	-	10	-	10
6～8（月）	-	15	-	15
9～11（月）	-	25	-	25
1～2	20	-	20	-
3～5	25	-	25	-
6～7	30	-	30	-
8～9	40	-	40	-
10～11	45	-	50	-
12～14	60	-	55	-
15～17	65	-	55	-
18～29	65	-	50	-
30～49	65	-	50	-
50～64	65	-	50	-
65～74	60	-	50	-
75以上	60	-	50	-
妊婦（付加量）初期			(+0)	-
中期			(+5)	
後期			(+25)	
授乳婦（付加量）			(+20)	-
摂取量平均値	88.7		71.8	

※乳児の目安量は、母乳栄養児の値である。

■ エネルギー産生栄養素バランス（% エネルギー）

エネルギー産生栄養素バランスは、エネルギーを産生する栄養素、すなわち、たんぱく質、脂質、炭水化物とそれらの構成成分が総エネルギー摂取量に占めるべき割合（% エネルギー）として指標とされる構成比率である。

年齢等（歳）	目標量（男女共通）			
	炭水化物	脂質		たんぱく質
		脂質	飽和脂肪酸	
0～11（月）	-	-	-	-
1～2	50～65	20～30	-	13～20
3～14	50～65	20～30	10以下	13～20
15～17	50～65	20～30	8以下	13～20
18～49	50～65	20～30	7以下	13～20
50～64	50～65	20～30	7以下	14～20
65以上	50～65	20～30	7以下	15～20
妊婦　初期・中期	50～65	20～30	7以下	13～20
妊婦　後期・授乳婦	50～65	20～30	7以下	15～20

※必要なエネルギー量を確保した上でのバランスとすること。
※各栄養素の範囲については、おおむねの値を示したものであり、弾力的に運用すること。
※脂質については、その構成成分である飽和脂肪酸など、質への配慮を十分に行う必要がある。
※食物繊維の目標量を十分に注意すること。

10 ミネラルの食事摂取基準　■は多量ミネラル、■は微量ミネラル

※妊婦・授乳婦の（＋数値）は付加量を示す
摂取量平均値は「令和元年国民健康・栄養調査」より15～19歳を抜粋

年齢等（歳）	カルシウム（mg／日）❶		リン（mg／日）❷		カリウム（mg／日）		ナトリウム（食塩相当量g／日）❸		マグネシウム（mg／日）❹	
	推奨量		目安量		目安量		目標量		推奨量	
	男性	女性	男性	女性	男性	女性	男性	女性	男性	女性
0～5（月）	*200*	*200*	120	120	400	400	*0.3*	*0.3*	*20*	*20*
6～11（月）	*250*	*250*	260	260	700	700	*1.5*	*1.5*	*60*	*60*
1～2	450	400	500	500	900	900	3.0未満	3.0未満	70	70
3～5	600	550	700	700	1,000	1,000	3.5未満	3.5未満	100	100
6～7	600	550	900	800	1,300	1,200	4.5未満	4.5未満	130	130
8～9	650	750	1,000	1,000	1,500	1,500	5.0未満	5.0未満	170	160
10～11	700	750	1,100	1,000	1,800	1,800	6.0未満	6.0未満	210	220
12～14	1,000	800	1,200	1,000	2,300	1,900	7.0未満	6.5未満	290	290
15～17	800	650	1,200	900	2,700	2,000	7.5未満	6.5未満	360	310
18～29	800	650	1,000	800	2,500	2,000	7.5未満	6.5未満	340	270
30～49	750	650	1,000	800	2,500	2,000	7.5未満	6.5未満	370	290
50～64	750	650	1,000	800	2,500	2,000	7.5未満	6.5未満	370	290
65～74	750	650	1,000	800	2,500	2,000	7.5未満	6.5未満	350	280
75以上	700	600	1,000	800	2,500	2,000	7.5未満	6.5未満	320	260
妊婦（付加量）		(+0)		800		2,000		6.5未満		(+40)
授乳婦（付加量）		(+0)		800		2,200		6.5未満		(+0)
摂取量平均値	504	454	1,181	985	2,280	2,060	10.4	8.8	239	213

❶1. カルシウムの耐容上限量は18歳以上男女ともに2,500mg／日。 2. 0～11（月）児の値は男女ともに目安量。 ❷リンの耐容上限量は18歳以上男女ともに3,000mg／日。 ❸1. ナトリウムの0～11（月）児の値は男女ともに目安量。 2. 18歳以上男女のナトリウムの推定平均必要量は600mg／日（食塩相当量1.5g／日）。 3. 高血圧及び慢性腎臓病（CKD）の重症化予防のための食塩相当量は、男女とも6.0g／日未満とした。 ❹1. 通常の食品以外からのマグネシウム摂取量の耐容上限量は成人の場合350mg／日、小児では5mg/kg体重／日とする。通常の食品からの摂取の場合、耐容上限量は設定しない。 2. 0～11（月）児の値は男女ともに目安量。

年齢等（歳）	鉄（mg／日）❺					亜鉛（mg／日）❻				銅（mg／日）❼		マンガン（mg／日）❽	
	推奨量			耐容上限量		推奨量		耐容上限量		推奨量		目安量	
	男性	女性月経なし	女性月経あり	男性	女性	男性	女性	男性	女性	男性	女性	男性	女性
0～5（月）	*0.5*	*0.5*	-	-	-	*2*	*2*	-	-	*0.3*	*0.3*	0.01	0.01
6～11（月）	5.0	4.5	-	-	-	*3*	*3*	-	-	*0.3*	*0.3*	0.5	0.5
1～2	4.5	4.5	-	25	20	3	3	-	-	0.3	0.3	1.5	1.5
3～5	5.5	5.5	-	25	25	4	3	-	-	0.4	0.3	1.5	1.5
6～7	5.5	5.5	-	30	30	5	4	-	-	0.4	0.4	2.0	2.0
8～9	7.0	7.5	-	35	35	6	5	-	-	0.5	0.5	2.5	2.5
10～11	8.5	8.5	12.0	35	35	7	6	-	-	0.6	0.6	3.0	3.0
12～14	10.0	8.5	12.0	40	40	10	8	-	-	0.8	0.8	4.0	4.0
15～17	10.0	7.0	10.5	50	40	12	8	-	-	0.9	0.7	4.5	3.5
18～29	7.5	6.5	10.5	50	40	11	8	40	35	0.9	0.7	4.0	3.5
30～49	7.5	6.5	10.5	50	40	11	8	45	35	0.9	0.7	4.0	3.5
50～64	7.5	6.5	11.0	50	40	11	8	45	35	0.9	0.7	4.0	3.5
65～74	7.5	6.0	-	50	40	11	8	40	35	0.9	0.7	4.0	3.5
75以上	7.0	6.0	-	50	40	10	8	40	30	0.8	0.7	4.0	3.5
妊婦（付加量）初期		(+2.5)	-		-		(+2)		-		(+0.1)		3.5
中期・後期		(+9.5)	-		-								
授乳婦（付加量）		(+2.5)	-		-		(+4)		-		(+0.6)		3.5
摂取量平均値	7.9	-	7.0	-	-	11.4	8.6	-	-	1.29	1.05	-	-

❺鉄の推奨量の表にある0～5（月）児の値は男女ともに目安量。 ❻亜鉛の推奨量の表にある0～11（月）児の値は男女ともに目安量。 ❼1. 銅の耐容上限量は18歳以上男女ともに7mg／日。 2. 0～11（月）児の値は男女ともに目安量。 ❽マンガンの耐容上限量は18歳以上男女ともに11mg／日。

年齢等（歳）	ヨウ素（μg／日）❾				セレン（μg／日）❿				モリブデン（μg／日）⓫				クロム（μg／日）⓬	
	推奨量		耐容上限量		推奨量		耐容上限量		推奨量		耐容上限量		目安量	
	男性	女性	男性	女性	男性	女性	男性	女性	男性	女性	男性	女性	男性	女性
0～5（月）	*100*	*100*	250	250	*15*	*15*	-	-	*2*	*2*	-	-	0.8	0.8
6～11（月）	*130*	*130*	250	250	*15*	*15*	-	-	*5*	*5*	-	-	1.0	1.0
1～2	50	50	300	300	10	10	100	100	10	10	-	-	-	-
3～5	60	60	400	400	15	10	100	100	10	10	-	-	-	-
6～7	75	75	550	550	15	15	150	150	15	15	-	-	-	-
8～9	90	90	700	700	20	20	200	200	20	15	-	-	-	-
10～11	110	110	900	900	25	25	250	250	20	20	-	-	-	-
12～14	140	140	2,000	2,000	30	30	350	300	25	25	-	-	-	-
15～17	140	140	3,000	3,000	35	25	400	350	30	25	-	-	-	-
18～29	130	130	3,000	3,000	30	25	450	350	30	25	600	500	10	10
30～49	130	130	3,000	3,000	30	25	450	350	30	25	600	500	10	10
50～64	130	130	3,000	3,000	30	25	450	350	30	25	600	500	10	10
65～74	130	130	3,000	3,000	30	25	450	350	30	25	600	500	10	10
75以上	130	130	3,000	3,000	30	25	400	350	25	25	600	500	10	10
妊婦（付加量）		(+110)		-		(+5)		-		(+0)		-		10
授乳婦（付加量）		(+140)		-		(+20)		-		(+3)		-		10
摂取量平均値	-	-	-	-	-	-	-	-	-	-	-	-	-	-

❾1. ヨウ素の妊婦及び授乳婦の耐容上限量は2,000μg／日。 2. 推奨量の表にある0～11（月）児の値は男女ともに目安量。 ❿セレンの推奨量の表にある0～11（月）児の値は男女ともに目安量。⓫モリブデンの推奨量の表にある0～11（月）児の値は男女ともに目安量。 ⓬クロムの耐容上限量は18歳以上男女ともに500μg／日。

11 ビタミンの食事摂取基準 ▨は脂溶性ビタミン、▨は水溶性ビタミン

※妊婦・授乳婦の（＋数値）は付加量を示す
摂取量平均値は「令和元年国民健康・栄養調査」より15～19歳を抜粋

年齢（歳）	ビタミンA（μgRAE／日）❶				ビタミンD（μg／日）❷				ビタミンE（mg／日）❸				ビタミンK（μg／日）	
	推奨量		耐容上限量		目安量		耐容上限量		目安量		耐容上限量		目安量	
	男性	女性	男性	女性	男性	女性	男性	女性	男性	女性	男性	女性	男性	女性
0～5（月）	*300*	*300*	600	600	5.0	5.0	25	25	3.0	3.0	-	-	4	4
6～11（月）	*400*	*400*	600	600	5.0	5.0	25	25	4.0	4.0	-	-	7	7
1～2	400	350	600	600	3.0	3.5	20	20	3.0	3.0	150	150	50	60
3～5	450	500	700	850	3.5	4.0	30	30	4.0	4.0	200	200	60	70
6～7	400	400	950	1,200	4.5	5.0	30	30	5.0	5.0	300	300	80	90
8～9	500	500	1,200	1,500	5.0	6.0	40	40	5.0	5.0	350	350	90	110
10～11	600	600	1,500	1,900	6.5	8.0	60	60	5.5	5.5	450	450	110	140
12～14	800	700	2,100	2,500	8.0	9.5	80	80	6.5	6.0	650	600	140	170
15～17	900	650	2,500	2,800	9.0	8.5	90	90	7.0	5.5	750	650	160	150
18～29	850	650	2,700	2,700	8.5	8.5	100	100	6.0	5.0	850	650	150	150
30～49	900	700	2,700	2,700	8.5	8.5	100	100	6.0	5.5	900	700	150	150
50～64	900	700	2,700	2,700	8.5	8.5	100	100	7.0	6.0	850	700	150	150
65～74	850	700	2,700	2,700	8.5	8.5	100	100	7.0	6.5	850	650	150	150
75以上	800	650	2,700	2,700	8.5	8.5	100	100	6.5	6.5	750	650	150	150
妊婦（付加量） 初期		(+0)		-										
中期		(+0)		-		8.5		-		6.5		-		150
後期		(+80)		-										
授乳婦（付加量）		(+450)		-		8.5		-		7.0		-		150
摂取量平均値	529	446	-	-	5.9	5.3	-	-	7.3	6.6	-	-	237	215

❶1. レチノール活性当量（μgRAE）＝レチノール（μg）＋β-カロテン（μg）×1/12+α-カロテン（μg）×1/24+β-クリプトキサンチン（μg）×1/24＋その他のプロビタミンAカロテノイド（μg）×1/24 2. ビタミンAの耐容上限量はプロビタミンAカロテノイドを含まない数値。 3. 推奨量の表にある0～11（月）児の値は男女ともに目安量（プロビタミンAカロテノイドを含まない）。 ❷日照により皮膚でビタミンDが産生されることを踏まえ、フレイル予防を図る者はもとより、全年齢区分を通じて、日常生活において可能な範囲での適度な日光浴を心掛けるとともに、ビタミンDの摂取については、日照時間を考慮に入れることが重要である。 ❸ビタミンEは、α-トコフェロールについて算定。α-トコフェロール以外のビタミンEは含んでいない。

年齢（歳）	ビタミンB1（mg／日）❹		ビタミンB2（mg／日）❺		ナイアシン（mgNE／日）❻				ビタミンB6（mg／日）❼			
	推奨量		推奨量		推奨量		耐容上限量		推奨量		耐容上限量	
	男性	女性	男性	女性	男性	女性	男性	女性	男性	女性	男性	女性
0～5（月）	*0.1*	*0.1*	*0.3*	*0.3*	*2*	*2*	-	-	*0.2*	*0.2*	-	-
6～11（月）	*0.2*	*0.2*	*0.4*	*0.4*	*3*	*3*	-	-	*0.3*	*0.3*	-	-
1～2	0.5	0.5	0.6	0.5	6	5	60（15）	60（15）	0.5	0.5	10	10
3～5	0.7	0.7	0.8	0.8	8	7	80（20）	80（20）	0.6	0.6	15	15
6～7	0.8	0.8	0.9	0.9	9	8	100（30）	100（30）	0.8	0.7	20	20
8～9	1.0	0.9	1.1	1.0	11	10	150（35）	150（35）	0.9	0.9	25	25
10～11	1.2	1.1	1.4	1.3	13	10	200（45）	150（45）	1.1	1.1	30	30
12～14	1.4	1.3	1.6	1.4	15	14	250（60）	250（60）	1.4	1.3	40	40
15～17	1.5	1.2	1.7	1.4	17	13	300（70）	250（65）	1.5	1.3	50	45
18～29	1.4	1.1	1.6	1.2	15	11	300（80）	250（65）	1.4	1.1	55	45
30～49	1.4	1.1	1.6	1.2	15	12	350（85）	250（65）	1.4	1.1	60	45
50～64	1.3	1.1	1.5	1.2	14	11	350（85）	250（65）	1.4	1.1	55	45
65～74	1.3	1.1	1.5	1.2	14	11	300（80）	250（65）	1.4	1.1	50	40
75以上	1.2	0.9	1.3	1.0	13	10	300（75）	250（60）	1.4	1.1	50	40
妊婦（付加量）		(+0.2)		(+0.3)		(+0)		-		(+0.2)		-
授乳婦（付加量）		(+0.2)		(+0.6)		(+3)		-		(+0.3)		-
摂取量平均値	1.17	0.98	1.32	1.11	-	-	-	-	1.31	1.09	-	-

❹❺1. ビタミンB1はチアミン塩化物塩酸塩（分子量=337.3）の重量。 2. ビタミンB1、B2は、身体活動レベルⅡの推定エネルギー必要量を用いて算定。 3. 0～11（月）児の値は男女ともに目安量。 ❻1. NE=ナイアシン当量=ナイアシン+1/60トリプトファン 2. ナイアシンは、身体活動レベルⅡの推定エネルギー必要量を用いて算定。 3. 耐容上限量は、ニコチンアミドの重量（mg/日）、( ) 内はニコチン酸の重量（mg/日）。 4. 推奨量の表にある0～11（月）児の値は男女ともに目安量（0～5（月）児の単位はmg/日）。 ❼1. ビタミンB6は、たんぱく質の推奨量を用いて算定（妊婦・授乳婦の付加量は除く）。 2. 耐容上限量は、ピリドキシン（分子量=169.2）の重量。 3. 推奨量の表にある0～11（月）児の値は男女ともに目安量。

年齢（歳）	ビタミンB12（μg／日）❽		葉酸（μg／日）❾				パントテン酸（mg／日）		ビオチン（μg／日）		ビタミンC（mg／日）❿	
	推奨量		推奨量		耐容上限量		目安量		目安量		推奨量	
	男性	女性	男性	女性	男性	女性	男性	女性	男性	女性	男性	女性
0～5（月）	*0.4*	*0.4*	*40*	*40*	-	-	4	4	4	4	*40*	*40*
6～11（月）	*0.5*	*0.5*	*60*	*60*	-	-	5	5	5	5	*40*	*40*
1～2	0.9	0.9	90	90	200	200	3	4	20	20	40	40
3～5	1.1	1.1	110	110	300	300	4	4	20	20	50	50
6～7	1.3	1.3	140	140	400	400	5	5	30	30	60	60
8～9	1.6	1.6	160	160	500	500	6	5	30	30	70	70
10～11	1.9	1.9	190	190	700	700	6	6	40	40	85	85
12～14	2.4	2.4	240	240	900	900	7	6	50	50	100	100
15～17	2.4	2.4	240	240	900	900	7	6	50	50	100	100
18～29	2.4	2.4	240	240	900	900	5	5	50	50	100	100
30～49	2.4	2.4	240	240	1,000	1,000	5	5	50	50	100	100
50～64	2.4	2.4	240	240	1,000	1,000	6	5	50	50	100	100
65～74	2.4	2.4	240	240	900	900	6	5	50	50	100	100
75以上	2.4	2.4	240	240	900	900	6	5	50	50	100	100
妊婦（付加量）		(+0.4)		(+240)		-		5		50		(+10)
授乳婦（付加量）		(+0.8)		(+100)		-		6		50		(+45)
摂取量平均値	4.9	4.4	260	245	-	-	6.85	5.60	-	-	75	81

❽1. ビタミンB12の0～11（月）児の値は男女ともに目安量。 2. シアノコバラミン（分子量=1,355.37）の重量。 ❾1. プテロイルモノグルタミン酸（分子量=441.40）の重量。 2. 耐容上限量は、通常の食品以外の食品に含まれる葉酸（狭義の葉酸）に適用する。 3. 妊娠を計画している女性、妊娠の可能性がある女性及び妊娠初期の妊婦は、胎児の神経管閉鎖障害のリスク低減のために、通常の食品以外の食品に含まれる葉酸（狭義の葉酸）を400μg/日摂取することが望まれる。 4. 推奨量の表にある0～11（月）児の値は男女ともに目安量。 ❿1. L-アスコルビン酸（分子量=176.12）の重量。 2. ビタミンCの0～11（月）児の値は男女ともに目安量。

2 食品群と食品構成

食品群の種類

食品群とは、日常の食生活でだれもが簡単に栄養的な食事をつくれるように考案されたものである。

食事摂取基準の値を十分に満たすために、すべての食品を栄養成分の類似しているものに分類して食品群をつくり、食品群ごとに摂取量を決め、献立作成に役立てるようにした。

食品群は、それぞれの国の食料事情や国民の栄養状況によってつくられ、栄養摂取の指標となっている。わが国でも、次のような食品群が提唱されている。

1 3色食品群 (岡田正美案　1952年)

広島県庁の岡田正美技師が提唱し、栄養改善普及会の近藤とし子氏が普及につとめた。含有栄養素の働きの特徴から、食品を赤、黄、緑の3つの群に分けた。簡単でわかりやすいので、低年齢層や食生活に関心の薄い階層によびかけができたが、量的配慮がないのが欠点である。

赤群	魚介・肉・豆類 乳・卵	たんぱく質・脂質 ビタミンB_2・カルシウム	血や肉をつくる
黄群	穀類・砂糖 油脂・いも類	炭水化物・ビタミンA・D ビタミンB_1・脂質	力や体温となる
緑群	野菜・海藻 くだもの	カロテン・ビタミンC カルシウム・ヨウ素	からだの調子をよくする

2 4つの食品群 (香川明夫監修　2014年改定)

日本人の食生活に普遍的に不足している栄養素を補充して完全な食事にするため、牛乳と卵を第1群におき、他は栄養素の働きの特徴から3つの群に分けた。食事摂取基準を満たす献立が簡単につくれるよう、分量が決められている (➔p.217)。また、4つの食品群をもとに、それぞれの食品群から食品を選びやすくする4群点数法も考案されている。

1群	乳・乳製品 卵	良質たんぱく質・脂質 ビタミンA・B_1・B_2・カルシウム	不足しがちな栄養を補って栄養を完全にする
2群	魚介・肉 豆・豆製品	良質たんぱく質・脂質 カルシウム・ビタミンA・B_2	血や肉をつくる
3群	野菜・芋 果物	ビタミンA・カロテン・ビタミンC ミネラル・食物繊維	からだの調子をよくする
4群	穀類・油脂・砂糖	糖質・たんぱく質・脂質	力や体温となる

3 6つの基礎食品 (相坂ほか4名案　1990年)

1948年、厚生省 (当時) が、アメリカで行われていた食品群の分類を参考にして、わが国の状況に応じて考案した。バランスのとれた栄養に重点をおき、含まれる栄養素の種類によって食品を6つに分け、毎日とるべき栄養素と食品の組み合わせを示した。1990年には「6つの食品群別摂取量のめやす」が発表された。これは1日に摂取すべき食品の種類と概量を6つの食品群に対応させ、生活に定着させようとしているが、過不足なくすべて摂取することは難しく、補足事項が示されている。

1類	魚介・肉・卵・ 豆・豆製品	たんぱく質・ビタミンB_2・脂質	血液や筋肉などをつくる
2類	牛乳・乳製品 小魚・海藻	カルシウム・たんぱく質 ビタミンB_2	骨・歯をつくる 体の各機能を調節する
3類	緑黄色野菜	カロテン・ビタミンC・鉄 カルシウム・ビタミンB_2	皮膚や粘膜を保護する 体の各機能を調節する
4類	その他の野菜 果物	カルシウム・ビタミンC ビタミンB_1・B_2	体の各機能を調節する
5類	穀類・いも類・砂糖	糖質	エネルギー源となる
6類	油脂類	脂質	効率的なエネルギー源となる

4群点数法

バランスのよい食事をするために、4つの食品群から、それぞれの食品をどれだけとればよいのかをあらわす方法として考案されたのが、4群点数法である。点数では、食品ごとに、エネルギー80kcalを1点とした、1点あたりの重量 (たとえば、鶏卵は1個・55g、低脂肪牛乳は約4/5カップ・170g) が決められている。これにもとづき、摂取する食品のエネルギーが、すべて点数であらわされる。

食品摂取の基本 (大人) は、第1群3点 (乳・乳製品2点、卵1点)、第2群3点 (魚介類と肉類2点、豆・豆製品1点)、第3群3点 (野菜1点、芋類1点、果物1点)、第4群11点 (穀類9点、油脂1.5点、砂糖0.5点) を1日にバランスよくとることとされ、このうち、第1～3群は毎日とるべきものであり、第4群は個人の必要に応じて加減することができることとなっている。

1 4つの食品群と点数法※ (80kcalを1点として、おもな食品の1点重量)

第1群　乳・乳製品、卵	
低脂肪牛乳	170g
ヨーグルト (全脂無糖)	130g
プロセスチーズ	24g
鶏卵	55g

第2群　魚介・肉、豆・豆製品			
かつお	70g	牛ヒレ (輸入)	60g
あじ	65g	鶏ささ身	75g
しじみ	160g	絹ごし豆腐	140g
豚もも	45g	糸引き納豆	40g

第3群　野菜、芋、果物			
にんじん	220g	さつまいも	60g
ほうれん草	400g	りんご	150g
キャベツ	350g	みかん	170g
じゃがいも	110g	いちご	240g

第4群　穀類、油脂、砂糖			
米	22g	食パン	30g
めし	50g	有塩バター	11g
干しうどん	23g	調合油	9g
うどん・ゆで	75g	上白糖	21g

※上表に記載のない食品の1点 (80kcal) 重量や、どの群に分類されるのかを知りたい場合は、女子栄養大学出版部発行「食品80キロカロリーガイドブック」を参照するとよい。

2 4群点数法による食品摂取の基本 (1日20点の組み合わせ例・大人)

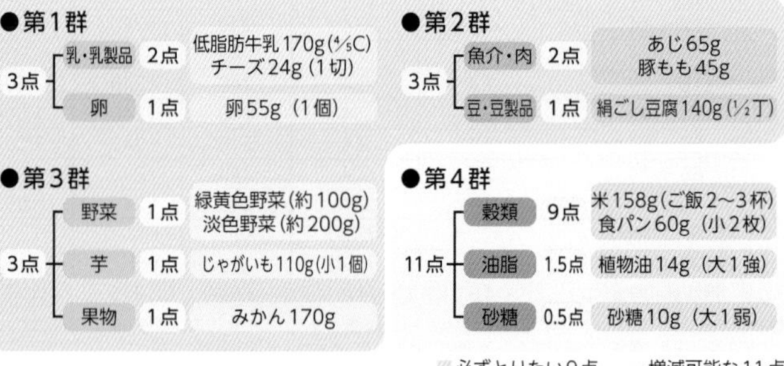

3 4つの食品群の年齢別・性別・身体活動レベル別食品構成 (1人1日あたりの重量＝g)

(香川明夫監修)

身体活動レベル	食品群	第1群 乳・乳製品		第1群 卵		第2群 魚介・肉		第2群 豆・豆製品		第3群 野菜		第3群 芋		第3群 果物		第4群 穀類		第4群 油脂		第4群 砂糖	
	▼年齢 性別▶	男性	女性	男性	女性	男性	女性	男性	女性	男性	女性	男性	女性	男性	女性	男性	女性	男性	女性	男性	女性
身体活動レベルⅠ(低い)	6～7歳	250	250	30	30	80	80	60	60	270	270	50	50	120	120	200	170	10	10	5	5
	8～9	300	300	55	55	100	80	70	70	300	300	60	60	150	150	230	200	10	10	10	10
	10～11	320	320	55	55	100	100	80	80	300	300	100	100	150	150	300	270	15	15	10	10
	12～14	380	380	55	55	150	120	80	80	350	350	100	100	150	150	360	310	20	20	10	10
	15～17	320	320	55	55	150	120	80	80	350	350	100	100	150	150	420	300	25	20	10	10
	18～29	300	250	55	55	180	100	80	80	350	350	100	100	150	150	370	240	20	15	10	10
	30～49	250	250	55	55	150	100	80	80	350	350	100	100	150	150	370	250	20	15	10	10
	50～64	250	250	55	55	150	100	80	80	350	350	100	100	150	150	360	230	20	15	10	10
	65～74	250	250	55	55	120	100	80	80	350	350	100	100	150	150	340	200	15	10	10	10
	75以上	250	200	55	55	120	80	80	80	350	350	100	100	150	150	270	190	15	10	10	5
	妊婦 初期		250		55		100		80		350		100		150		260		15		10
	妊婦 中期		250		55		120		80		350		100		150		310		15		10
	妊婦 後期		250		55		150		80		350		100		150		360		20		10
	授乳婦		250		55		120		80		350		100		150		330		20		10
身体活動レベルⅡ(ふつう)	1～2歳	250	250	30	30	50	50	40	40	180	180	50	50	100	100	120	110	5	5	3	3
	3～5	250	250	30	30	60	60	60	60	240	240	50	50	120	120	190	170	10	10	5	5
	6～7	250	250	55	55	80	80	60	60	270	270	60	60	120	120	230	200	10	10	10	10
	8～9	300	300	55	55	120	80	80	80	300	300	60	60	150	150	270	240	15	15	10	10
	10～11	320	320	55	55	150	100	80	80	350	350	100	100	150	150	350	320	20	20	10	10
	12～14	380	380	55	55	170	120	80	80	350	350	100	100	150	150	430	390	25	20	10	10
	15～17	320	320	55	55	200	120	80	80	350	350	100	100	150	150	480	380	30	20	10	10
	18～29	300	250	55	55	180	120	80	80	350	350	100	100	150	150	440	320	30	15	10	10
	30～49	250	250	55	55	180	120	80	80	350	350	100	100	150	150	450	330	30	15	10	10
	50～64	250	250	55	55	180	120	80	80	350	350	100	100	150	150	440	300	25	15	10	10
	65～74	250	250	55	55	170	120	80	80	350	350	100	100	150	150	400	280	20	15	10	10
	75以上	250	250	55	55	150	100	80	80	350	350	100	100	150	150	340	230	15	15	10	10
	妊婦 初期		250		55		120		80		350		100		150		340		15		10
	妊婦 中期		250		55		150		80		350		100		150		360		20		10
	妊婦 後期		250		55		180		80		350		100		150		420		25		10
	授乳婦		320		55		180		80		350		100		150		380		20		10
身体活動レベルⅢ(高い)	6～7歳	250	250	55	55	100	100	60	60	270	270	60	60	120	120	290	260	10	10	10	10
	8～9	300	300	55	55	140	100	80	80	300	300	60	60	150	150	320	290	20	15	10	10
	10～11	320	320	55	55	160	130	80	80	350	350	100	100	150	150	420	380	20	20	10	10
	12～14	380	380	55	55	200	170	80	80	350	350	100	100	150	150	510	450	25	25	10	10
	15～17	380	320	55	55	200	170	120	80	350	350	100	100	150	150	550	430	30	20	10	10
	18～29	380	300	55	55	200	150	120	80	350	350	100	100	150	150	530	390	30	20	10	10
	30～49	380	250	55	55	200	150	120	80	350	350	100	100	150	150	530	390	30	20	10	10
	50～64	320	250	55	55	200	150	120	80	350	350	100	100	150	150	530	360	25	20	10	10
	65～74	320	250	55	55	200	130	80	80	350	350	100	100	150	150	480	340	25	15	10	10
	授乳婦		320		55		170		80		350		100		150		470		25		10

注) 1) 野菜はきのこ、海藻を含む。また、野菜の1/3以上は緑黄色野菜でとることとする。 2) エネルギー量は、「日本人の食事摂取基準(2020年版)」の参考表・推定エネルギー必要量の93～97%の割合で構成してある。各人の必要に応じて適宜調整すること。 3) 食品構成は「日本食品標準成分表2020年版(八訂)」で計算。

4 4つの食品群の年齢別・性別点数構成(抜粋) …… 特記がない場合は身体活動レベルⅡ(ふつう)

(1人1日あたりの点数 1点=80kcal)

年齢	第1群 乳・乳製品		第1群 卵		第2群 魚介・肉		第2群 豆・豆製品		第3群 野菜		第3群 芋		第3群 果物		第4群 穀類		第4群 油脂		第4群 砂糖		合計	
	男性	女性	男性	女性	男性	女性	男性	女性	男性	女性	男性	女性	男性	女性	男性	女性	男性	女性	男性	女性	男性	女性
10～11歳	2.5	2.5	1.0	1.0	3.0	2.0	1.0	1.0	1.0	1.0	1.0	1.0	1.0	1.0	13.5	12.5	2.0	2.0	0.5	0.5	26.5	24.5
12～14	3.0	3.0	1.0	1.0	3.5	2.5	1.0	1.0	1.0	1.0	1.0	1.0	1.0	1.0	16.5	15.5	2.5	2.0	0.5	0.5	31.0	28.5
15～17(レベルⅠ)	2.5	2.5	1.0	1.0	3.0	2.5	1.0	1.0	1.0	1.0	1.0	1.0	1.0	1.0	16.0	11.5	2.5	2.0	0.5	0.5	29.5	24.0
15～17(レベルⅡ)	2.5	2.5	1.0	1.0	4.0	2.5	1.0	1.0	1.0	1.0	1.0	1.0	1.0	1.0	18.5	15.0	3.0	2.0	0.5	0.5	33.5	27.5
15～17(レベルⅢ)	3.0	2.5	1.0	1.0	4.0	3.5	1.5	1.0	1.0	1.0	1.0	1.0	1.0	1.0	21.0	16.5	3.0	2.0	0.5	0.5	37.0	30.0
18～29	2.5	2.0	1.0	1.0	3.5	2.5	1.0	1.0	1.0	1.0	1.0	1.0	1.0	1.0	17.0	12.5	3.0	1.5	0.5	0.5	31.5	24.0
30～49	2.0	2.0	1.0	1.0	3.5	2.5	1.0	1.0	1.0	1.0	1.0	1.0	1.0	1.0	17.5	13.0	3.0	1.5	0.5	0.5	31.5	24.5
妊婦		2.0		1.0		2.5～3.5		1.0		1.0		1.0		1.0		13.0～16.0		1.5～2.5		0.5		24.5～29.5
授乳婦		2.5		1.0		3.5		1.0		1.0		1.0		1.0		15.0		2.0		0.5		28.5

注) 1) 野菜はきのこ、海藻を含む。また、野菜の1/3以上は緑黄色野菜でとることとする。 2) エネルギー量は、「日本人の食事摂取基準(2020年版)」の参考表・推定エネルギー必要量の93～97%の割合で構成してある。各人の必要に応じて適宜調整すること。 3) 食品構成は「日本食品標準成分表2020年版(八訂)」で計算。

贈り物・お見舞

贈り物は、親しみや感謝、喜びを分け合う思いやりの心である。あまり高価なものを贈る必要はない。季節のあいさつやお祝いに、気持ちをこめて贈りたい。お見舞は、病気やケガが治るようにと励ますためのもの。相手や家族の気持ちを第一に思いやりたい。

贈り物のマナー

いろいろなシーンで物を贈ることがある。その時に合ったものを贈るのはもちろん、受け取った後のお礼のしかたにも決まりがある。また、場合によっては贈るのを避けたほうがよいものもあるので気をつけなければならない。

1 品物を贈る場合

お祝いごと	贈り物の例	贈る時期	お返しの例
出産	ぬいぐるみ、ベビーウェア、銀のスプーン・フォーク、現金、ギフト券などをお祝いのカードを添えて贈る	生後1週間～1か月ごろ	お菓子、タオル、石けんなどの消耗品
七五三	ぞうり・靴、リボンなど当日身につけられるもの、現金、図書カード	当日より前	赤飯、お菓子など
入園・入学	学用品、現金、図書カード	入園・入学の10日前ごろ	お菓子など
卒業・就職	定期入れ、財布、ネクタイなどの品物、現金、商品券など	3月中（新生活が始まる前）	お礼状を出す
成人	現金、花、時計、ネックレス、ネクタイ、財布など大人になっても使えるものが好まれる	成人式の1週間前ごろ～当日	お菓子など 本人からのお礼のことばを添える
結婚	キッチン用品、食器、バス用品など新生活で役立つもの、ご祝儀など	結納後～式の10日前ごろ ご祝儀として当日に渡すことも	引き出物、式に招待することがお返しになる
新築	花びん、食器、観葉植物など	新築披露当日までに	新居披露がお返しになる
昇進・昇格	祝賀会を開く、ベルトやネクタイなど身の回りのもの	辞令が出てから1週間以内がめやす	お礼状を出す
定年退職	花束、退職後の趣味につながるようなもの、お酒など	退職の決定後1週間以内がめやす	お礼状を出す
引っ越し	植物、新居で使えるもの（スリッパ、マット、食器など）	引っ越して2週間後～1か月ごろ	新居に招いてもてなす
開店・開業	先方の希望を聞く、植物、時計、お店の商品を購入するなど	開店、開業の前日、または当日	名前を入れた記念品、お菓子など
長寿	マフラー、カーディガン、茶器、お祝いの席を設ける、旅行など 最近は簡単な機能の携帯電話も多い	本人の誕生日のころ	祝賀会を開く場合は引き出物 内祝いとしては菓子折りや食器、袱紗（ふくさ）など

2 お中元（ちゅうげん）・お歳暮（せいぼ）

（贈る時期：お中元…7月初旬～15日ごろ、
お歳暮…12月初旬～20日ごろ）

お世話になっている人に、日ごろの感謝の気持ちをこめて贈り物をすること。親、親戚、会社の上司や仕事関係の人、恩師などに贈ることが多い。

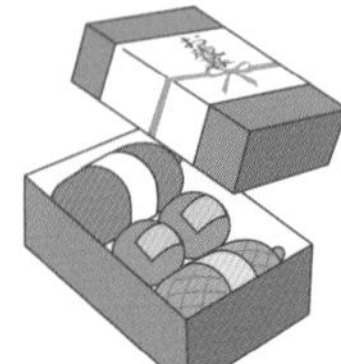

もとは、江戸時代に商人の間でお盆と年末に贈答品を贈る習慣があり、これが現在のお中元・お歳暮として定着したといわれている。

3 いただく側のマナー

贈り物をいただく側にも基本的なルールがある。先方の心づかいに感謝し、きちんとお礼の気持ちを伝えることが必要である。内祝（うちいわ）いは、「お返し」としてお祝いをいただいた人だけに行うのが、現在一般的になっている。

結婚内祝い

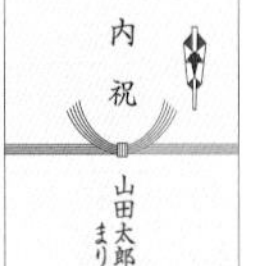

- 披露宴に出席しなかった人からいただいた場合
- いただいたお祝いの半額程度

出産内祝い

- いただいたお祝いの半額から1/3程度
- 赤ちゃんの名前で贈る

贈り物のNG

お茶は葬式を連想させるので、慶事には出さないほうがよいとされている。結婚祝いでは「切る」「別れる」を連想させる刃物はタブー。長寿祝いなど目上の人に贈る時は、スリッパやマットは「踏みつける」ということから失礼にあたるため、やめたほうがよい。新築や引っ越しの祝いには、灰皿など火を連想させるものも贈らないほうがよい。

お見舞

病気・ケガ見舞

病気やケガで療養している人を見舞う時は、まず相手の状況や気持ちを考えなければならない。入院している場合は、相手の家族に容態（ようだい）を尋（たず）ねて見舞えるかどうか、いつごろ伺（うかが）えばいいかを事前に確認しておく。また、同室の人に迷惑をかけないように、少人数で大声を出さないように気をつけて、短時間（15分程度）で帰るよう心がける。お見舞の品物は、食事がとれるようなら小分けの菓子や果物など、また気軽に気分転換ができるアイテムも喜ばれる。近年生花の持ちこみを禁止している病院が増えている。プリザーブドフラワーは問題ない。

- 大勢で押しかけない ×

- 派手な服装・香水は避ける ×

病気見舞にふさわしくないもの

鉢（はち）植えは「ね（寝・根）つく」ということで贈るべきではない。

また、花が根元からポロリと取れるもの、シクラメンや菊のような「死」や「苦」を連想させるものも避ける。

快気祝い（お返し）

できればお礼状を添えて本人が持参し、元気な姿を見せたい。「きれいに治った」「あとに残らない」という意味で、消耗品を贈るのが一般的。

冠婚葬祭

冠婚葬祭の「冠」とは、成人式のこと。古くは男性が成人したしるしに髪を結って冠をかぶる元服の儀式をさした。現在では出産から長寿の祝いまで、人の一生の間にある人生の節目の祝いごとをすべて「冠」の儀式とするのが一般的になっている。

帯祝い

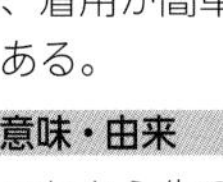

何をする?

妊娠5か月目の戌の日に妊婦が腹帯を巻く祝い。腹帯には、伝統的な紅白の絹や木綿の布の他、着用が簡単なタイプもある。

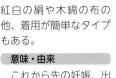

意味・由来

これから先の妊娠、出産の無事を祈って巻く。戌の日に行うのは、犬が多産、安産であることから。

効果

妊婦の動きを楽にし、胎児の位置を安定させる。

上の写真が腹帯

お宮参り

何をする?

赤ちゃんの生後30日前後に、家族で神社にお参りをする。神社で祝詞をあげてもらい、おはらいを受ける。「産土参り」ともいう。

意味・由来

地域の守り神と赤ちゃんを対面させ、無事誕生したことを報告し、健やかに育つようお祈りをする儀式。平安時代に貴族の間で行われていた「歩行初め」という習わしが起源といわれる。

お食い初め

何をする?

生後100日目または120日目の赤ちゃんにご飯を食べさせる真似をする。

意味・由来

平安時代に行われていた、重湯にお餅を入れて赤ちゃんに食べさせる「百日」という行事が起源といわれる。「一生子どもが食に困らぬように」という願いがこめられている。

七五三

何をする?

11月15日に、男の子は(3歳と)5歳、女の子は3歳と7歳のとき、神社へ参拝する。

意味・由来

昔は子どもの死亡率が高かったため、縁起がいいとされる奇数の年齢に、子どもがこれまで無事に成長できたことへの感謝と幸福を祈願したのが起源といわれる。

成人式

何をする?

国民の祝日である1月の第2月曜日に、その年度に満20歳となる人を祝う。一般的には、地域ごとの自治体などで式典が開かれる。

意味・由来

「大人になったことを自覚し、自ら生き抜こうとする青年を祝いはげます」という趣旨で成人の日は制定され、社会で祝われている。

結婚記念日

1年	紙婚式	9年	陶器婚式	25年	銀婚式
2年	わら・綿婚式	10年	錫婚式	30年	真珠婚式
3年	革婚式	11年	鋼鉄婚式	35年	珊瑚・ひすい婚式
4年	書籍婚式	12年	絹・麻婚式	40年	ルビー婚式
5年	木婚式	13年	レース婚式	45年	サファイヤ婚式
6年	鉄婚式	14年	象牙婚式	50年	金婚式
7年	銅婚式	15年	水晶婚式	55年	エメラルド婚式
8年	電気器具婚式	20年	磁器婚式	60/75年	ダイヤモンド婚式

(一例)

夫婦が結婚した日を記念して祝う日。西洋から伝わってきた風習だが、明治天皇が銀婚式のお祝いをされてから、日本でも一般的に祝われるようになった。なかでも銀婚式と金婚式はよく祝われる。

結婚記念日には、その年の記念日の名前になっている宝石や金属を、夫から妻へ贈る習慣もある。

長寿の祝い

年齢	名称	由来
60歳	還暦	干支がひと回りし、生まれた干支に戻ることから
70歳	古希	「人生七十古来稀なり」という杜甫の詩から
77歳	喜寿	喜の略字が㐂と書くことから
80歳	傘寿	傘の略字が仐と書くことから
88歳	米寿	米の字が八十八を組み合わせて書くことから
90歳	卒寿	卒の略字が卆と書くことから
99歳	白寿	百の字から一を引くと白になることから

長寿の祝いは、古くは中国から伝わったもので、本来は数え年(満年齢+1)で行ったが、最近では、満年齢で行うことが多くなってきた。還暦の人には、赤いチャンチャンコや頭巾を贈るのが習わしであった。しかし、最近では赤やえんじのマフラーやセーターなど、普段着として身につけられるものや、本人の希望したものを贈ることが多い。

厄年

	前厄	大厄	後厄
男	24歳	25歳	26歳
	41歳	42歳	43歳
	60歳	61歳	62歳
女	18歳	19歳	20歳
	32歳	33歳	34歳
	36歳	37歳	38歳

厄年とは、陰陽道で災難にあいやすいため、とくに注意しなければならない年のことをさす。厄年は迷信ともいわれ、厄のとらえかたもさまざまなうえ、地方によっても違いがあるが、身体的にも社会的にも大きな節目となる年齢に設けられている。

男性40代は働き盛りだが体力的に無理をしやすい、女性30代は妊娠、出産、子育てなどの時期にあたり身体的な変化が多く見られる。そのため、現代でもこの年齢の厄にあたる人は神社や寺などで厄払いを行うことが多い。

※「冠」の内容は、地域や慣習によって異なることがあります。

冠婚葬祭

冠婚葬祭の「婚」は、婚礼をさす。冠婚葬祭の4つの儀礼の中で最も華やかに行われる儀式。見合いや結納、挙式などの祝儀を意味する。最近では、結納を行うかわりに双方の両親と当人どうしで食事をするというケースも多くなっている。

披露宴に招かれたら

1 返信はがきの書き方

出席の場合

「出席」に○をつけ、「御欠席」を消す。自分への敬語表現には、2本線を引く（「御」など）。届いたらすぐに返信するのがよい。遅くとも2週間以内に返信するのがマナー。

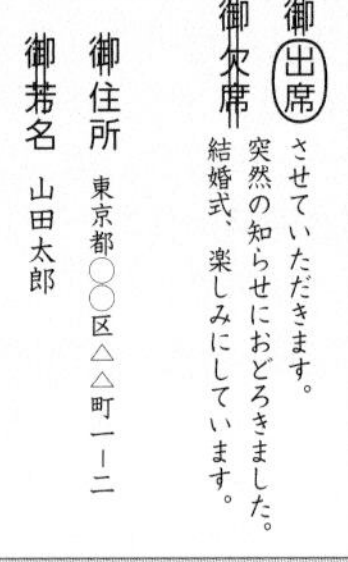

御（出席）させていただきます。
突然の知らせにおどろきました。
結婚式、楽しみにしています。
~~御欠席~~
御住所　東京都○○区△△町一－二
御芳名　山田太郎

欠席の場合

「欠席」に○をつけ、「御出席」を消す。どうしても出席できないときは、お祝いのことばを添えて欠席理由を失礼にならないように伝える。ただし縁起の悪いことは書かないようにする。

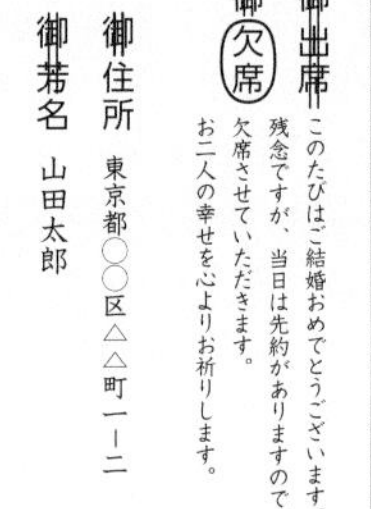

~~御出席~~　このたびはご結婚おめでとうございます。
残念ですが、当日は先約がありますので、
欠席させていただきます。
お二人の幸せを心よりお祈りします。
御（欠席）
御住所　東京都○○区△△町一－二
御芳名　山田太郎

2 服装は？

女性

結婚式は、男性のスーツや黒留袖などで、黒っぽい色が多くなりがちなので、女性は明るく華やかな印象の服装がよい。ただし、花嫁の色である白や、目立ちすぎる服装はひかえるべき。

男性

ブラックかダークスーツに白いネクタイと胸元にチーフが一般的なスタイル。黒白のストライプや銀色のネクタイなどを着けることもある。靴と靴下は黒のプレーンなものにするのが一般的。男女とも、学生の場合は制服でもよい。

お祝い

お祝い金のめやす

陰陽道では奇数を縁起のいい数字と考え、祝いごとに使われる。ただし、新郎新婦との関係や立場によって包む金額は変わってくる。

新郎新婦との関係	金額
家族・親戚	3～10万円
会社の上司	3万円～
会社の同僚、友人・知人	3万円

祝儀（しゅうぎ）用のし袋

婚礼は一度きりという思いをこめて、ほどけやすい「蝶結び」ではなく、「あわじ結び」「結び切り」の水引を使う。

自身の名前は毛筆か筆ペンを使用し、フルネームで、表書きより少し小さめに書く。

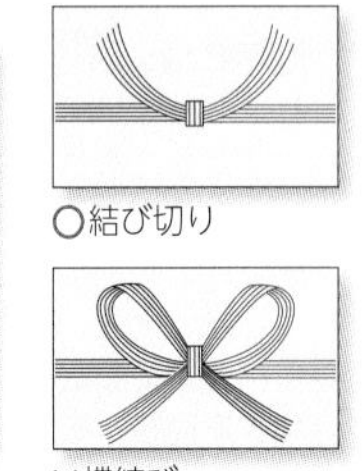

○あわじ結び　○結び切り　×蝶結び

袱紗（ふくさ）

のし袋を袱紗に包むのは、きれいなまま渡したいという心づかいである。お祝いでは、えんじ色や赤色などの明るい色を使う。紫色はお祝い・お悔やみの両方に使えて便利。

披露宴でスピーチを頼まれたら

❶原稿を書いてみる

3分程度にまとまるように次の順で構成。お祝いのことば→自己紹介→新郎（新婦）の人柄を紹介するエピソード→はなむけと結びのことば。

原稿の量でいうと、400字詰め原稿用紙2枚分がだいたい3分である。

❷話題をしぼる

学生時代の友人なら学校や友人どうしでのエピソード、仕事の同僚なら仕事にまつわる内容でテーマをしぼって話す。

❸話し方

背筋を伸ばし、明るい声ではっきりと、いつもよりゆっくりと話すとよい。原稿の棒読みや、キョロキョロするのはNG。

❹スピーチで使わない忌みことば

- 別れを連想させることば
  切れる、離れる、出る、戻る、など。
- 再婚を連想させることば
  重ね重ね、しばしば、繰り返す、など。

婚約指輪・記念品

結納や婚約パーティーのような席で、身内や仲人が立ち会う中で互いに交換するのがよい。

結婚指輪は石の入らないシンプルなものが多いが、婚約指輪は、男性から相手の誕生石が入った指輪を贈るのが一般的。最近では真珠やダイヤモンドを贈る人も多い。

女性から男性への記念品は、腕時計やネクタイピンなど身につけるものが好まれている。

結納品・結納金

略式結納品セットの例。

結納品は、かつお節やするめ、こんぶなど、7つの品物を中心に5品、9品と奇数の組み合わせで目録を添えて用意する。品目は両家同数のものをそろえて交換するのがしきたり。

結納金は、男性の月収の2～3倍程度の額を「御帯料」として男性側から贈る。女性は届いた金額の半額を「御袴料」として半返しするのが一般的だが、いずれも地方によって異なる場合が多い。

※「婚」の内容は、地域や慣習、宗派によって異なることがあります。

冠婚葬祭

冠婚葬祭の「葬」とは、臨終(りんじゅう)から年忌供養(ねんきくよう)までをさす。臨終後は、通夜(つや)をし、葬儀・告別式を迎え、火葬、そして納骨するという流れで故人の霊をとむらう。

納骨後も末長く供養していく一連の儀式が「葬」であると考えるのが一般的。

弔事(ちょうじ)の服装

- 髪が長い場合はまとめる
- 香水や化粧はひかえめに
- アクセサリーはつけない（ひかえめなパールは可）
- 黒いワンピースやスーツ
- 黒いストッキングと靴

※通夜の場合は、正式な喪服でなくとも地味な色のスーツなどでもよい。学生であれば、通夜・告別式とも学生服でもよい。

- 黒いスーツとネクタイに白いワイシャツ
- 黒い靴下と靴

香典(こうでん)

1 香典とは

香典は、線香のかわりに差し上げるお金のことをいう。供物(くもつ)や供花(きょうか)を贈る場合には必要のない時もある。お札は新券は避け、裏向きで肖像画を下にして香典袋（不祝儀袋(ぶしゅうぎぶくろ)）に入れ、袱紗(ふくさ)に包んで持って行くのがマナー。

2 香典のめやす

包む金額は縁起が悪いとされる偶数と、4（死）、9（苦）などの不吉なことばを連想させる数字は避ける。

近隣の人	3,000円〜
友人・知人	5,000円〜
会社の上司・同僚	5,000円〜
親族	10,000円〜
家族	50,000円〜

表の金額は、あくまでめやす。亡くなった人との関係や立場によって変わってくる。

3 「御霊前(ごれいぜん)」と「御仏前(ごぶつぜん)」の使い分け

「御霊前」は、一般的に四十九日の法要が行われるまでの期間に使用される。一方、「御仏前」は故人が成仏(じょうぶつ)した後に差し出すものなので、宗派による違いはあるが、通夜では使用しない。また「仏前」は、仏教以外の宗派には使用しない。

御霊前

宗派を問わず使える。亡くなった人の宗派がわからない時にも失礼にならない。

御玉串料

神式の葬儀の場合に使用する。「御神前」と書かれたものでもよい。

御花料

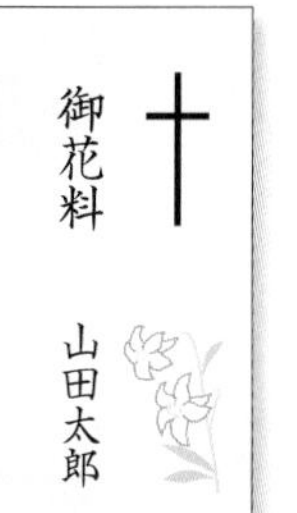

主にキリスト教の葬儀で使用される。「御ミサ料」はカトリックのみで使用。

内袋の裏書き

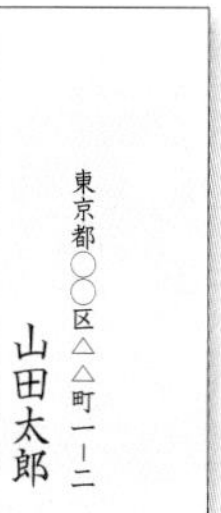

内袋の裏の左側に、住所と氏名を必ず書いておく。

焼香(しょうこう)の仕方（仏式の場合）

焼香に先立ち、僧侶や遺族に向かって一礼し、焼香台の前で遺影に向かってさらに一礼する。終わったら逆の順序で一礼をする。

❶抹香(まっこう)を右手の3本の指でつまむ。

❷軽く頭を下げ、目の高さまで持ち上げる。

❸香炉の中に静かに落とす（数回）。

❹合掌する。

通夜(つや)と告別式

通夜は本来、線香の火を絶やさないように家族が一晩中お守りし、亡くなった人との最後のお別れをする儀式。式は夕方から始まり、僧侶の読経(どきょう)に続いて焼香(しょうこう)が行われる。式後「通夜ぶるまい」といって供養(くよう)の食事がふるまわれる。

告別式は、亡くなった人と地上での最後のお別れをするもの。読経、焼香に加え弔辞(ちょうじ)があり出棺を見送る。その後、近親者であれば火葬場まで参列する。

喪中(もちゅう)はがきの書き方

喪中のあいさつは、自分にとって二親等以内（祖父母、両親、兄弟等まで）の親族が亡くなった場合に出す。送る時期は、一般的に人々が年賀状を書き始める12月初旬までに届くようにしたい。

うら

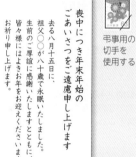

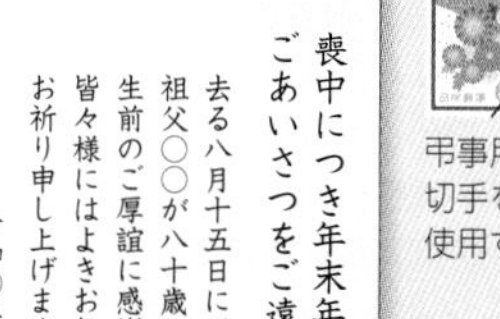

喪中につき年末年始のごあいさつをご遠慮申し上げます
去る八月十五日に、
祖父〇〇が八十歳で永眠いたしました。
生前のご厚誼に感謝いたしますとともに、
皆々様にはよきお年をお迎えくださいますよう
お祈り申し上げます。
令和〇年十二月
〒123-4567
東京都〇〇区△△町一-二
山田太郎

弔事用の切手を使用する

仏式法要(ほうよう)の時期

初七日	亡くなった日を入れて7日目
七七日（四十九日）	亡くなった日から49日目
百ヶ日	亡くなった日から100日目
一周忌	亡くなった年の翌年の命日
三回忌	満2年の命日
七回忌	満6年の命日
十三回忌	満12年の命日
十七回忌	満16年の命日
三十三回忌	満32年の命日
三十七回忌	満36年の命日
五十回忌	満49年の命日

二十三、二十五、二十七回忌もあるが、宗派によって異なるため一般的なものを取り上げた。

法要は、亡くなった人の命日を縁として、近親者が集まり、僧侶の読経で末永く供養していくもの。鎌倉時代から室町時代ごろには三十三回忌に永代供養をし、あとの法要は打ち切ったといわれる。

※「葬」の内容は、地域や慣習、宗派によって異なることがあります。

冠婚葬祭

冠婚葬祭の「祭」とは、古くは祖先や神を迎えて供物をささげ、霊を慰め祈る儀式であった。現在ではその形式のみを残し、年中行事という形で定着している。行事に込められた思いはどれも、家族の健康、先人や神への感謝である。

★は五節句。季節の節目。

●二十四節気とは●

陰暦上で季節（四季）を表すめやすとして、太陽の黄道上の位置によって1年を24に等分したもの。中国から伝わった。

春

❶**立春** ・2月4日ごろ
暦のうえで春が始まる日。だんだん暖かくなる。

❷**雨水** ・2月19日ごろ
雪が雨に変わるころ。氷も溶け始める。

❸**啓蟄** ・3月6日ごろ
冬眠していた虫が目を覚まし、地上に出るころ。

❹**春分** ・3月21日ごろ
昼夜の長さがほぼ等しくなる。彼岸の中日。

❺**清明** ・4月5日ごろ
草木が芽吹き、いきいきと見えるころ。

❻**穀雨** ・4月20日ごろ
穀物の芽の成長を促す雨が降るころ。

夏

❼**立夏** ・5月6日ごろ
暦のうえで夏が始まる日。春分と夏至の中間。

❽**小満** ・5月21日ごろ
春に出た芽がしだいに伸び緑が満ちるころ。

❾**芒種** ・6月6日ごろ
麦や稲のように、のぎ（とげ）のある作物を植えるころ。

❿**夏至** ・6月21日ごろ
北半球で昼の長さが1年で最も長くなる日。

⓫**小暑** ・7月8日ごろ
梅雨が明けて本格的に暑くなるころ。

⓬**大暑** ・7月23日ごろ
暦のうえで暑さが最も厳しくなるとされるころ。

春

節分 ・2月3日

節分とは、季節の分かれ目を意味する。この日の夜、煎った大豆を「鬼は外、福は内」の掛け声とともに家の内外にまく。年の数だけ豆を食べると、災難から逃れられるといわれている。

また、いわしの頭をヒイラギの枝に刺して玄関に飾る地域もある。

ひな祭り（上巳の節句） ・3月3日 ★

女児の成長を祝い、幸せを願う行事。川で身を清める中国の習慣が伝わり、紙でつくった人形を川に流す風習が生まれた。これが貴族のひいな遊び（人形遊び）と結びつき、ひな人形になった。祭の当日は、祝い膳を囲み、祝う。人形は約1週間前までに飾り、終了後はすぐに片付ける。別名、桃の節句。

春分・彼岸

春分の日を中日にして、前後合わせて1週間を春の彼岸という。先祖の墓をきれいにした後、墓前や仏前にぼたもちや団子を供え、お参りをする。

おはぎとぼたもち

基本的には同じ食べ物である。春の彼岸に食べるものを「ぼたもち」、秋の彼岸に食べるものを「おはぎ」と一般的にはいう。春に咲くぼたん、秋に咲く萩になぞらえているという説がある。

夏

端午の節句 ・5月5日 ★

かぶと飾り

菖蒲湯

男の子がたくましく育つようにとの願いが込められた行事。こいのぼりを立て、武者人形やよろいかぶとを飾り、かしわもち・ちまきを食べて祝う。別名、菖蒲の節句ともいい、この日に菖蒲湯に入ると病気にならないといわれている。

七夕の節句 ・7月7日 ★

8月に行われる仙台七夕まつり

中国の乞巧奠（裁縫、習字の上達を願う行事）、日本の棚機女（神に衣を捧げるために機を織る女性）、星伝説（織姫／彦星）などが結びついた行事。五色の短冊は陰陽五行説に基づく色。別名、笹の節句。

盂蘭盆会 ・7月13～16日

お盆 ・8月13～16日

先祖の霊を供養する仏事。仏壇の前にきゅうりの馬やなすの牛などを供える。13日は迎え火、16日は送り火をたく。

土用の丑 ・7月下旬

立秋前18日間を土用といい、この間の丑の日を「土用の丑」という。この日にうなぎを食べる習慣がある。

暑中見舞を送る時期

7月20日ごろ～立秋（8月8日ごろ）。

時期が遅れたら「残暑見舞」とし、8月末日までに出す。

暑中御見舞い
申し上げます
①季節のことがら
②相手への気遣い
③近況 など

秋

重陽の節句　●9月9日ごろ　★

菊酒

中国から伝わった行事で、この日に、菊の花を浮かべた酒を飲むと長寿になれるといわれていた。現在はこの慣習は薄れたものの、全国でこの時期に菊にちなんだ祭が開かれている。別名、菊の節句。

二百十日、二百二十日　●9月上旬

日本独自の雑節。立春から数えて「210日目」と「220日目」の日は、旧暦8月1日の「八朔」と合わせて、農家の三大厄日とされている。

稲が開花するころに台風被害に見舞われることが多いことから、厄日として戒められるようになった。農作物を守るため、風をしずめる祭が全国各地に残っている。

秋分・彼岸

秋分の日を中日にして、その前後合わせて1週間を秋の彼岸という。基本的に春の彼岸とすることは同じである。

墓前・仏前に供えるおはぎは、ぼたもちよりも小さめにつくられる。

お月見

旧暦8月15日の満月の夜（十五夜）に行う月を観賞する行事。「中秋の名月」、「芋名月」とも呼ばれる。秋の豊作を願い、また収穫のお礼として満月に月見団子や里芋などを供える。月見団子とともに、ススキをはじめとする秋の七草を飾ることもある。

秋の七草

秋の七草は主に観賞用として親しまれている。萩、ススキ、葛、なでしこ、藤ばかま、女郎花、桔梗。

冬

新嘗祭　●11月23日

明治神宮の新嘗祭

秋の収穫を祝い、天皇が新米を神に供え感謝を示す祭典。転じて勤労を感謝する日になった。現在は「勤労感謝の日」と呼ばれ祝日になっている。

冬至　●12月22日ごろ

ゆず湯

この日にかぼちゃを食べたり、ゆず湯に入ったりすると風邪を引かないといわれている。本格的な寒さに耐えるための知恵と考えられる。

大晦日　●12月31日

年が明けないうちに年越しそばを食べ、除夜の鐘とともに新たな気持ちで新年を迎える日。

正月

初詣

家を清め、正月飾りをほどこして、穏やかな気持ちで新年を迎えるのが正しい正月の迎え方とされている。1月1日から3日までを三が日という。

●**おせち料理**

家族の健康や子孫繁栄を願って食べられる。よろ「こぶ」や、「まめ」に暮らすなどすべての料理に意味が込められている。

●**正月飾り**

門松

年神様を迎えるために門に飾る。

しめ飾り

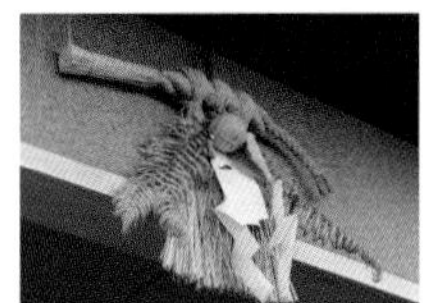

神聖な場所を示すための飾り。

鏡もち

年神様への供物として飾る。

人日の節句　●1月7日　★

七草がゆ

せり、なずな、ごぎょう、はこべら、ほとけのざ、すずな（かぶ）、すずしろ（だいこん）の春の七草をかゆに入れて、1月7日の朝に食べる。おせち料理で疲れた胃を休める効果がある。また、邪気を払うともいわれている。別名、七草の節句。

●**鏡開き**　●1月11日

年神様が宿ったとされる鏡もちを食べることで無病息災を願う行事。鏡もちは木づちなどで割る。

小正月　●1月15日

どんど焼き（火をつける前）

小豆がゆを食べて家族の健康を祈る。「女正月」ともいう。正月のしめ飾りや書き初めなどを燃やす「どんど焼き」も行われる。

寒中見舞を送る時期

小寒（1月6日ごろ）～立春（2月4日ごろ）

喪中に年賀状をもらった場合の返信としてもよい。立春以降は「余寒見舞」とし、2月末日までに出す。

秋

⑬**立秋**　●8月8日ごろ
暑い日が続くが、この日から秋が始まるとされる。

⑭**処暑**　●8月23日ごろ
暑さが弱まってくるころ。台風がやってくるシーズンでもある。

⑮**白露**　●9月8日ごろ
秋らしい気配が強くなってくるころ。露が草に見られるようになる。

⑯**秋分**　●9月23日ごろ
昼夜の長さがほぼ等しくなる日。北半球ではこの日以降、徐々に夜が長くなっていく。秋の彼岸の中日でもある。

⑰**寒露**　●10月8日ごろ
秋が深まり、朝晩が寒く感じられるころ。朝露も冷たく感じる。

⑱**霜降**　●10月23日ごろ
霜が降り始めるころ。

冬

⑲**立冬**　●11月7日ごろ
暦のうえで冬が始まる日。近畿地方や関東地方では木枯らしが吹き始める。

⑳**小雪**　●11月22日ごろ
寒い地方では、雪がちらつき始めるころ。

㉑**大雪**　●12月7日ごろ
山は雪に覆われ、平地にも雪が降るころ。

㉒**冬至**　●12月22日ごろ
北半球では1年で最も昼が短く、夜が長くなる日。

㉓**小寒**　●1月6日ごろ
「寒の入り」ともいい、寒さが一段と厳しいころ。

㉔**大寒**　●1月20日ごろ
冬の寒さが最も厳しくなるころ。

※「祭」の内容は、地域や慣習によって異なることがあります。

生活マナーの基本

マナーを身につけておくと、相手に好印象を与えることができる。豊かな人間関係を築くために、最低限のマナーは身につけておきたい。ただし、マナーは形だけではなく、相手のことを思いやる心を持つことが大切。家族や友人に対しても思いやりの心を持とう。

マナーの基本

1 時間を守る

時間を守れないと、けじめのない人と見なされることも。遅刻をしないのはもちろん、期限も守ること。

2 決まりを守る

決定されたことを守るのは大事だ。自分くらいは…と思っていると後で大変なことになるので気をつける。

3 相手を不快にしない

ため息や舌打ち、髪をいじる、ほおづえをつく、話のコシを折ることや否定するなどの行為は、相手をイライラさせる原因となる。本人も無意識のことが多いため、意識して気をつけること。また、話をする時は相手に体を向けることも大切。

電車・バスの中で

1 座り方

なるべく多くの人が座れるように、ひざを閉じる。荷物は網棚の上かひざの上に載せ、人の迷惑にならないよう心がける。

2 ぬれた傘の持ち方

傘をたたんだら必ずひもで留める。自分の体に近づけて、柄の部分を持つようにする。近くの人がぬれないよう気を配る。

3 席をゆずる

高齢者や体の不自由な人を見かけたら、すぐに席をゆずる。ゆずるのを迷う相手の時は、さりげなく席を立つとよい。

4 音楽の聞き方

ヘッドホンをつけていても、音量が大きいと周囲にも聞こえている。音がもれていないか、はじめにチェックしてから聞くとよい。

江戸しぐさ

江戸しぐさとは、江戸時代の商人たちの道徳観や倫理観を表す約束事のようなもの。相手に対する思いやりのしぐさが多い。

- うかつあやまり（踏まれても先に謝る）

- 傘かしげ

あいさつ

1 明るく大きな声で

あいさつは相手に敬意や仲良くなりたいという意志を伝える、一番わかりやすいコミュニケーションの手段。特に初対面でのあいさつは大切。相手に届く声の大きさで、地声よりもやや高めの声を意識し、笑顔ではっきりとあいさつする。

2 相手の目を見て

あいさつは、まず相手の目を見てからすること。あいさつの末尾で頭を下げて、お辞儀をする。お辞儀し終わったら、再び相手の目を笑顔で見る。

日ごろから、積極的に自分からあいさつするように心がける。何より心を込めることが大切。

TPOを考えよう

「TPO」とは、「Time（時間）」「Place（場所）」「Occasion（場合）」の頭文字をとったことば。時・場所・場合に応じて服装や行為・ことばなどを使い分ける考え方。

1 「平服」と指定されても…

パーティーの招待状に「平服でお越しください」とあっても、普段着は着ていかない。困ったら、招待者に聞いてもよい。

2 電車は自分の部屋ではない！

電車の中で食べたり、大声で騒いだりするのは、周りの人に迷惑。公共の場では、周囲のことを考えて行動する。

3 似合っていれば何を着ても良い？

バーベキューやハイキングなどでは、周りの人に気を遣わせないよう、動きやすく汚れてもよい服を着る。

4 食事に行くとき、気をつけることは…

料理は香りも楽しむものなので、強すぎる香水など香料の強いものは身につけないようにする。つける場合はほのかに香る程度に。

敬語の使い方

1 尊敬語

相手を尊敬して使うことば。話題中の人や、聞き手に直接使うこともある。

2 謙譲語（けんじょうご）

相手への尊敬を表すため、自分の動作などをへり下って言うことば。

3 丁寧語（ていねいご）

話題の内容に関係なく、話し手が聞き手に敬意を表し、丁寧に言うことば。

普通の表現	尊敬語	謙譲語	丁寧語
する	なさる	いたす	します
与える	くださる	さしあげる、あげる	与えます
飲む、食べる	召し上がる	いただく	飲みます、食べます
見る	ご覧になる	拝見する	見ます
行く	いらっしゃる	参る、うかがう	行きます
来る	いらっしゃる	参る	来ます
言う	おっしゃる	申す	言います
聞く	お聞きになる	承る、うかがう	聞きます
持つ	お持ちになる	お持ちする	持ちます
話す	お話しになる	お話しする	話します

和室のマナー

1 和のあいさつ

招待を受けた場合は、まずお礼のあいさつを。室内に入ったら下座のあたりに正座をし、両手をついてお礼を述べ、丁寧にお辞儀をする。手みやげがある場合は、この時に渡す。

2 座布団の座り方

座布団の下座側にいったん座り、両手を軽く握り座布団につく。手を支えにしてひざを座布団の上に進める。

座布団の中央まで進んだら、ひざをそろえて座る。背筋を伸ばし、手はももの上で重ねる。

3 和室のNG

●敷居を踏む

敷居はその家の象徴とされ、それを踏むことは家や家人を踏みつけることと同じという考え方。

●畳のへりを踏む・座る

畳のへりはその家の格式を表しており、それを踏むことは先祖や家人の顔を踏むことと同じという考え方。

●座布団を踏む

座るときはもちろん、歩きながら座布団を踏むのもNG。もてなしの心を踏みにじる行為。

●素足、ペディキュア

和室では、素足はNG。また、人が見て驚くような色のペディキュアは避けるようにしたい。

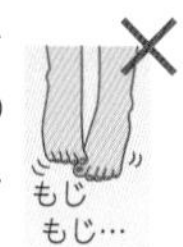

手紙の書き方

1 手紙の構成（お礼状の例）

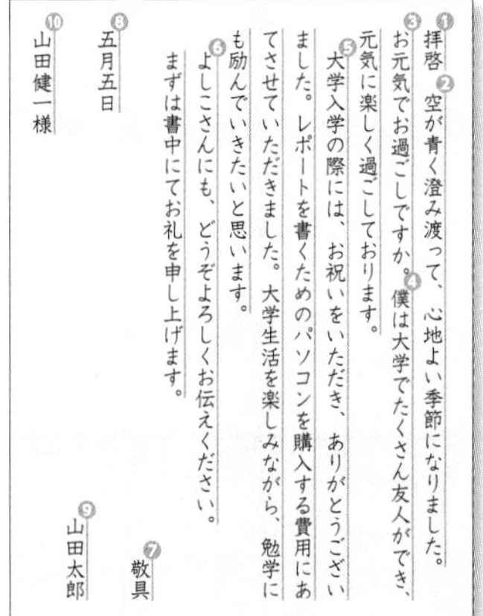

①拝啓 ②空が青く澄み渡って、心地よい季節になりました。
③お元気でお過ごしですか。④僕は大学でたくさん友人ができ、元気に楽しく過ごしております。
⑤大学入学の際には、お祝いをいただき、ありがとうございました。レポートを書くためのパソコンを購入する費用にあてさせていただきました。大学生活を楽しみながら、勉学にも励んでいきたいと思います。
⑥よしこさんにも、どうぞよろしくお伝えください。
まずは書中にてお礼を申し上げます。
⑦敬具
⑧五月五日
⑨山田太郎
⑩山田健一様

①頭語　②時候のあいさつ　③相手の安否　④自分の安否　⑤お礼の内容　⑥結び　⑦結語　⑧日付　⑨差出人名　⑩宛先人名

頭語と結語はセットで使うもの。覚えておこう。

頭語	結語
拝啓	敬具
謹啓	謹白
急啓	草々
前略	草々
拝復	敬具
再啓	敬具

2 お礼状のポイント

好意を受けたら1週間以内に相手に届くように出すのがマナー。相手に感謝の気持ちを伝えるものなので、具体的なエピソードもまじえてうれしかった気持ちをメインに書く。

3 書き方のポイント

万年筆か黒色のペンを使い、縦書きで書く。相手が読みやすい字で書くことがポイント。書き上げたら誤字や脱字がないか、敬語の間違いがないかなどをチェックしてから出すようにする。

4 時候のあいさつの例

1月	初春の候／厳寒の候
2月	立春の候／梅花の候
3月	早春の候／春暖の候
4月	陽春の候／桜花の候
5月	新緑の候／初夏の候
6月	梅雨の候／紫陽花の候
7月	盛夏の候／大暑の候
8月	残暑の候／晩夏の候
9月	初秋の候／名月の候
10月	秋涼の候／紅葉の候
11月	晩秋の候／落ち葉の候
12月	初冬の候／師走の候

5 おもてがき・うらがき

封筒 タテ

封筒 ヨコ

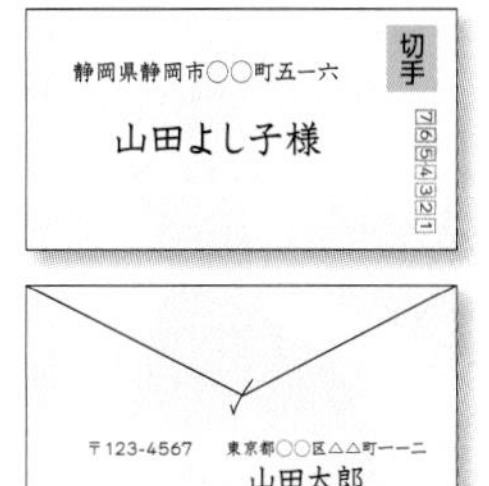

はがき おもて

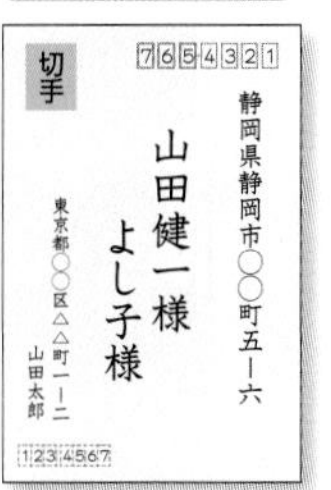

往復はがき

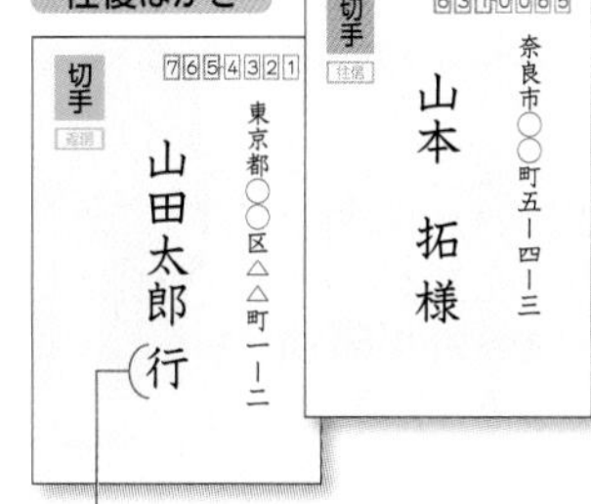

返信を出すときは「行」を消して「様」とする

はがきの種類には、大きく分けて通常の往信だけのはがきと往復はがきの2種類がある。郵政往復はがきには、往信面は水色、返信面には緑色の切手が印字されている。往復はがきを出す場合は、あらかじめ返信用はがきのおもてに自分の住所と名前を書いて送る。

社会人になる

希望の仕事に就くには、履歴書と面接が大切だ。きちんと自分を表現し、成功するためのポイントを確認しよう。

また、ビジネスの場では学生気分は通じない。社会人として必要なルールやノウハウを1日も早く習得しよう。

履歴書の書き方

❶黒または青色のペンで記入。文字は楷書（かいしょ）。
❷3か月以内に撮影した上半身のもの。プリクラやスナップ写真は使用しない。服装は清潔感のあるもので、学生の場合は制服が一般的。
❸連絡先は現住所欄に書いた住所と同じであれば「同上」と記入する。別の連絡先住所がある場合にのみそれを記入。

エントリーシート（ES）
履歴書と同様に、名前・連絡先・学歴・職歴などの他に、企業が独自に設定した項目ー志望理由や実現したいことなどを、具体的に書かせ、その内容によって書類選考が行われる方法も一般化している。

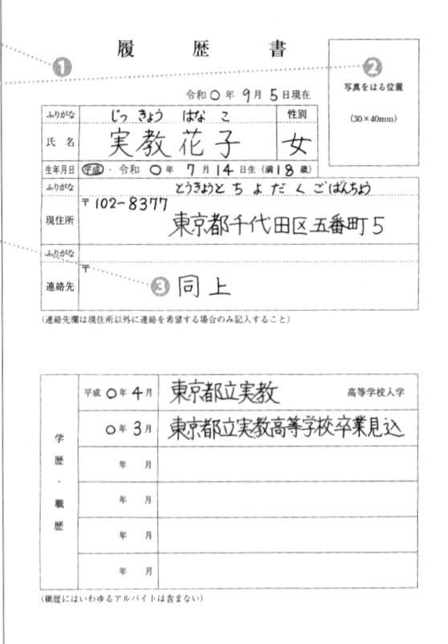

履　歴　書 ❶

❷ 写真をはる位置（30×40mm）

令和○年 9月 5日現在

ふりがな	じっきょう　はなこ	性別
氏名	実教花子	女
生年月日	平成・令和 ○年 7月 14日生（満18歳）	
ふりがな	とうきょうと ちよだく ごばんちょう	
現住所	〒102-8377 東京都千代田区五番町5	
ふりがな		
連絡先	〒 ❸同上	

（連絡先欄は現住所以外に連絡を希望する場合のみ記入すること）

学歴・職歴		
	平成 ○年 4月	東京都立実教　高等学校入学
	○年 3月	東京都立実教高等学校卒業見込
	年　月	
	年　月	
	年　月	
	年　月	

（職歴にはいわゆるアルバイトは含まない）

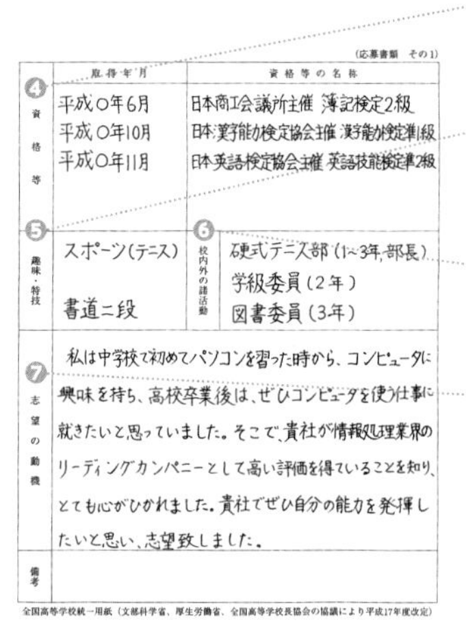

（応募書類　その1）

❹資格等	取得年月	資格等の名称
	平成○年6月	日本商工会議所主催 簿記検定2級
	平成○年10月	日本漢字能力検定協会主催 漢字能力検定準1級
	平成○年11月	日本英語検定協会主催 英語技能検定準2級

❺趣味・特技		❻校内外の諸活動	
	スポーツ（テニス）		硬式テニス部（1～3年、部長）
			学級委員（2年）
	書道二段		図書委員（3年）

❼志望の動機
私は中学校で初めてパソコンを習った時から、コンピュータに興味を持ち、高校卒業後は、ぜひコンピュータを使う仕事に就きたいと思っていました。そこで、貴社が情報処理業界のリーディングカンパニーとして高い評価を得ていることを知り、とても心がひかれました。貴社でぜひ自分の能力を発揮したいと思い、志望致しました。

備考

全国高等学校統一用紙（文部科学省、厚生労働省、全国高等学校長協会の協議により平成17年度改定）

❹応募する仕事に関係のない資格でも取得したものはすべて取得順に書く。資格名は正式名称で書く。
❺「計算が速い」や「ヒップホップダンスを趣味でしている」など日常的なことでも得意とするものは、PRにつながるので書いておいたほうがよい。
❻学内での委員会や係、部活動などの経験を書く。どのくらい所属したかも書いておくとよい。
❼志望動機は自分の言葉で気持ちが伝わるように書く。「この会社に入ってこんなことがしたい」などの自己PRを入れる。

※例として、全国高等学校統一用紙を用いた。

面接

1 事前の準備

以下の項目に答えられるように準備しておくとよい。

- 自己PRをしてください。
- 学校生活で打ちこんだことは何ですか。
- 当社を志望した理由は何ですか。
- 得意科目は何ですか。
- 勤務地の希望はありますか。
- 最近のニュースで関心を持っていることは何ですか。
- 現在の日本の首相はだれですか。

このほかにも、志望企業や職種に関しての質問は多いので、情報はできるだけ多く集めておこう。

履歴書に記入したことは、詳しく質問されやすいので、ポイントを整理してスムーズに答えられるようにしておく。また、社会常識について質問されることがあるので、ニュースなどにも関心を持とう。

想定される質問に対して、答えだけではなくその理由や意見を説明できるようにしておくとよい。

2 面接の流れ

控え室でのマナー

控え室から面接は始まっている。姿勢を正して座り、静かに順番を待つこと。自分の名前が呼ばれたらはっきりと返事をし、入室準備をする。

入室時のマナー

ドアをノックして応答を確認する。「失礼いたします」とあいさつをして、面接官に背中を向けないように中に入る。ノブを反対の手に持ちかえて静かに閉める。

面接時のマナー

いすの脇に立ってあいさつをし、面接官にいすを勧められたら「失礼いたします」と言って座る。その時バッグはいすの下に置くのがよい。

受け答えは明るく丁寧に。伏し目がちになったり、キョロキョロしたりするのは禁物。受け答えは相手の目を見て、それ以外は面接官の胸元を見るなど、視線を安定させておくとよい。

退室時のマナー

いすの脇に立ち「ありがとうございました」や「失礼します」と言って一礼し、ドアに向かう。ドアの前で面接官の方に向き直り、再度「失礼いたします」と言って一礼し、退室する。

服装・身だしなみ

男性はスーツにネクタイ、女性はスーツやワンピースなど清潔感のある服装で。学生の場合は制服でもよい。靴下やシャツなどがだらしなくならないようにしたい。

ビジネスマナー

社会の一員になったとき、必要とされるのがビジネスマナー。仕事に対する態度に加え、電話対応、他社の社員との付き合い方、目上の人との接し方や自分自身の身だしなみにも気を配ることが大切。

1 電話の基本的な対応

●電話が鳴ったら3コール以内に出る

「はい、○○社です。」

→ 相手が名乗る 「いつもお世話になっております。」
→ 相手が名乗らない 「失礼ですが、どちら様でしょう。」

→ 相手を待たせる 「少々お待ちください。」

- **電話を再開する**：「お待たせいたしました。」必要に応じて相づちを打ち、要件を復唱するとよい。
- **相手の要望に応えられない**：「大変申し訳ございませんが——。」 このとき、代替案を提案できるとよい。
- **注文を受ける**：「かしこまりました。」もう一度、受けた内容を復唱し、間違いがないか確認する。
- **電話を切る**：「ありがとうございました、失礼いたします。」相手が切るのを待ってから切ること。

2 社会人にふさわしいことばづかい

	会社	自分・相手	同行者	訪問
自称	弊社・小社	わたくしども	連れの者	うかがう
他称	御社・貴社	そちら様	お連れ様	いらっしゃる

すみません → 申し訳ございません
だれ → どちら様
ここ → こちら
さっき あとで → 先ほど 後ほど
ちょっと 少し → 少々
どう しよう → いかが いたしましょう
いい ですか → よろしいでしょうか

※地域や慣習、企業、業界などにより、異なることがあります。

3 名刺交換の基本

名刺は目下の方から差し出すのがルール。もし相手が先にあいさつをしたら、「申し遅れました。」と一言付け加えることが大切。同時に名刺交換をする場合は、右手で自分の名刺を出し、左手で相手の名刺を受け取ること。

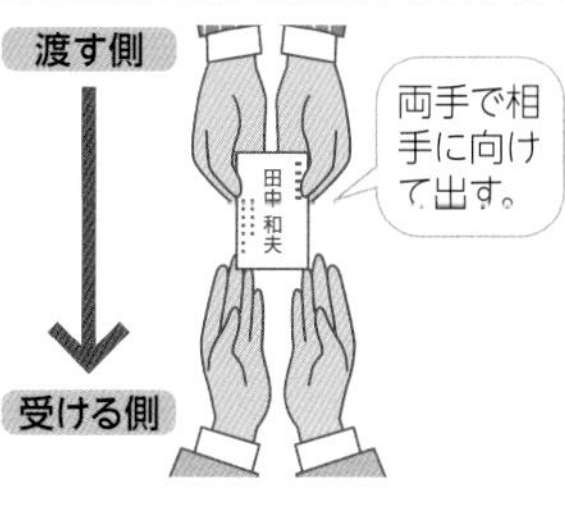

4 お辞儀の種類

会釈（えしゃく）

人とすれ違ったときや入退室など、軽くあいさつをするときは会釈を。

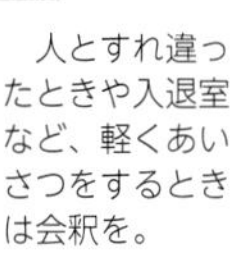

敬礼（けいれい）

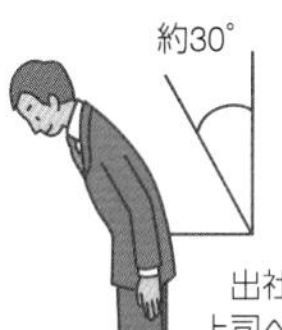

出社・退社や上司へのあいさつ、お客様を迎えるときは敬礼を。

最敬礼

感謝や謝罪などの気持ちを表すときは一番丁寧な最敬礼を。

5 ビジネスの心得

●給料を得る責任

仕事の対価としてお金を得る、ということを改めて考えよう。

●身だしなみ

「外見よりも中身で勝負！」ではダメ。第一印象も社会人の基本。

●時間厳守

時間を守ることは信用の基本。遅れるときは、あらかじめ連絡すること。

●チームワーク

仕事は協力し合ってこそ結果がでる。コミュニケーションをうまくとるように心がけよう。

●報告・連絡・相談

- 指示された仕事を終えたら必ず報告する。
- 予定変更などの連絡は迅速に。
- わからないことやトラブル発生時は必ず相談。自分勝手な判断は厳禁。

席次について

お客様や上司と一緒の席になった場合、座る場所にも配慮が必要となる。
それぞれの場合についてのルールがある。間違えると失礼にあたるので、気をつけよう。

●応接室の場合

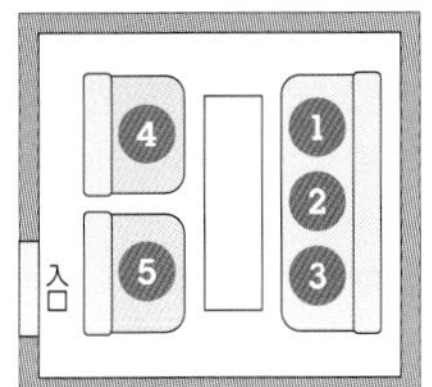

基本は、部屋の出入口に近い方が下座、遠い方が上座となる。下座が出入口に近いのは、雑用をこなすという意味もある。

●和室の場合

基本は、床の間の位置で決まる。上座は、床の間（床柱）を背にした席。床の間側が次席。脇床側がその次となる。

●車の場合

タクシー

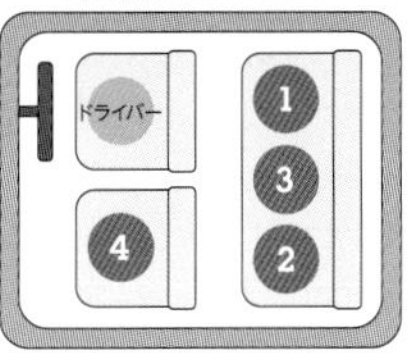

タクシーなどの場合は、運転席の真後ろが上座。下座は助手席になる。当事者が運転する場合と混乱しやすいので注意。

当事者が運転

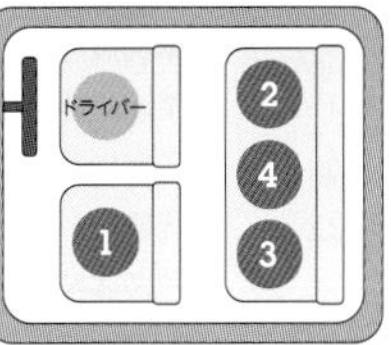

当事者のだれかが運転をするときは、上座は助手席に変わる。後部座席の真ん中が下座になるので注意する。

●電車の場合

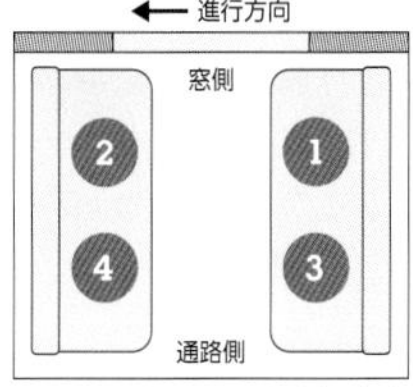

進行方向の窓側が上座、進行方向反対の通路側が下座になる。ただし、窓側がまぶしいときは席を変わることもマナー。

●エレベーターの場合

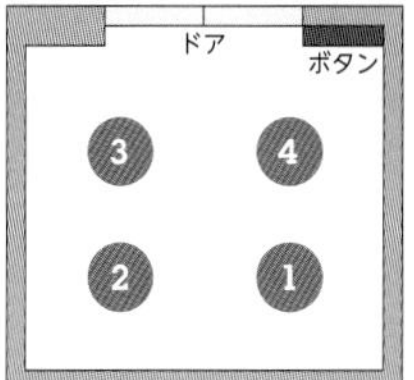

エレベーターでは、ボタンがある側の奥が上座、その横、その前、と続く。下座はボタンを操作する役目もある。

さくいん

す

せ

そ

た

ち

つ

て

と

な

に

ね

の

は

さくいん

食品名さくいん

・[　] 内は食品番号（複数掲載したものは省略した）。
・一般に使用されることの多い別名や地方名については、成分表掲載食品名と参照ページを示した。
例：厚揚げ→生揚げ（…160）

写真・資料提供

FSCジャパン
RSPO
YKK AP(株)
アサヒ飲料(株)
味の素(株)
味の素冷凍食品(株)
アフロ(株)
(一社)MSCジャパン
伊藤ハム米久HD(株)
エスビー食品(株)
(株)Mizkan
(株)アマナイメージズ
(株)伊藤園
(株)大香
(株)日清製粉ウェルナ
(株)明治
スリーボンド貿易(株)
タカナシ乳業(株)
(特非)フェアトレード・ラベル・ジャパン
日仏貿易(株)
ハーゲンダッツ・ジャパン(株)
はごろもフーズ(株)
ピクスタ(株)
ポッカサッポロフード&ビバレッジ(株)
マルハニチロ(株)
雪印メグミルク(株)
よつ葉乳業(株)
レインフォレスト・アライアンス

本書の食品成分値は、文部科学省科学技術・学術審議会資源調査分科会による「日本食品標準成分表2020年版(八訂)」および「同　アミノ酸成分表編」に準拠しています。本書の食品成分値を複製または転載する場合には、文部科学省の許諾が必要となる場合があります。

QRコードは(株)デンソーウェーヴの登録商標です。

表紙デザイン／(株)ウエイド
本文デザインDTP／(株)リナリマ
マンガ／松尾達
イラストレーション／株式会社キーステージ21、新子真紀、石塚美貴、宮川亜加里

Life Design 資料＋成分表＋ICT 2024

編　者　実教出版編修部
発行者　小田良次
印刷所　広研印刷株式会社

発行所　実教出版株式会社
〒102-8377
東京都千代田区五番町5
電話〈営業〉(03) 3238-7777
〈編修〉(03) 3238-7723
〈総務〉(03) 3238-7700
https://www.jikkyo.co.jp/

002402024　ISBN978-4-407-36321-0

食品の重量のめやす

(単位g)

■計量カップ・スプーン1杯の食品の重量［単位g］

▼食品	計量器▶［容器］	小さじ［5mL］	大さじ［15mL］	カップ［200mL］
水・酢・酒		5	15	200
しょうゆ		6	18	230
みりん		6	18	230
みそ		6	18	230
砂糖	・上白糖	3	9	130
	・グラニュー糖	4	12	180
食塩		6	18	240
油・バター		4	12	180
ショートニング		4	12	160
米	・精白米	−	−	170
	・無洗米	−	−	180
小麦粉（薄力粉、強力粉）		3	9	110
米粉		3	9	100
コーンスターチ		2	6	100
かたくり粉		3	9	130
ベーキングパウダー		4	12	−
パン粉		1	3	40
粉ゼラチン		3	9	−
牛乳（普通牛乳）		5	15	210
粉チーズ		2	6	90
脱脂粉乳		2	6	90
いりごま、すりごま		2	6	−
トマトケチャップ		6	18	240
トマトピューレー		6	18	230
ウスターソース		6	18	240
マヨネーズ		4	12	190
レギュラーコーヒー		2	6	−
煎茶、番茶、紅茶（茶葉）		2	6	−
抹茶		2	6	−
ココア		2	6	−

女子栄養大学発表の標準値

むき身	・はまぐり	200
	・あさり	180
	・かき	200
あずき		150
だいず		130
煮干し		40
けずりぶし		12〜15

■廃棄率を使った食品の重量の求め方

$$可食部重量 = 購入重量 \times \left(1 - \frac{廃棄率}{100}\right)$$

$$購入重量 = 可食部重量 \times \left(\frac{100}{100 - 廃棄率}\right)$$

豆類

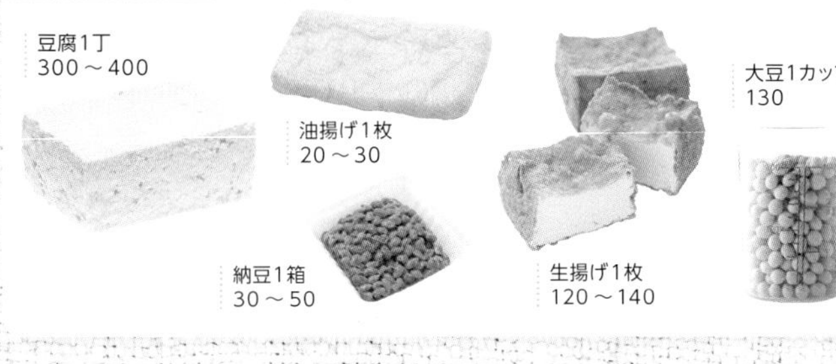

乳・卵類

魚介・肉類

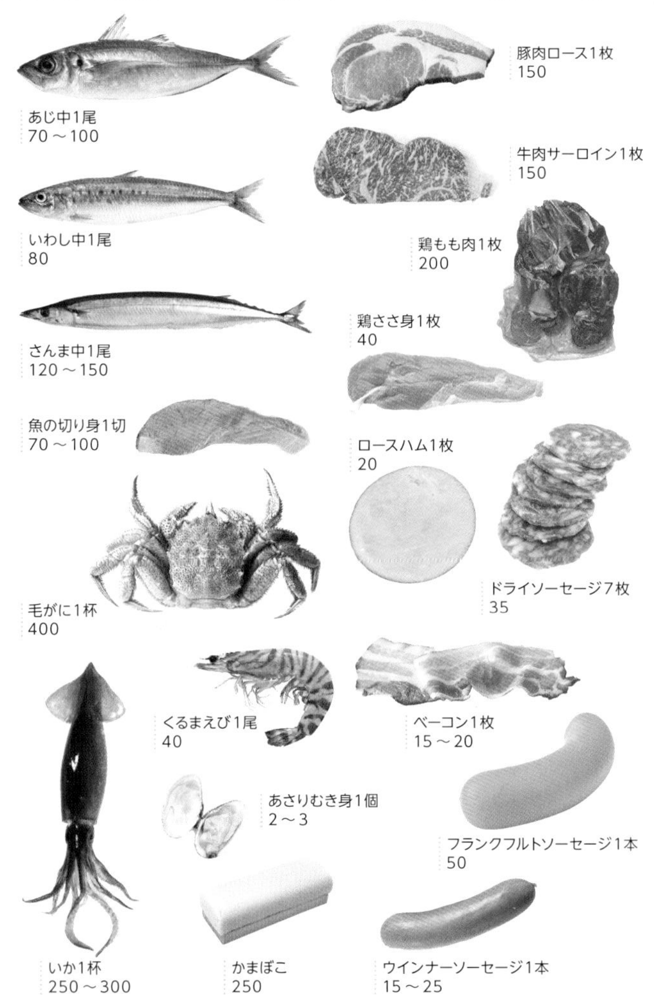